Vonette Bright & Nancy Moser

Das Haus der Rosen

Roman

Über die Autorinnen

Vonette Bright ist die Witwe des 2003 verstorbenen Gründers von „Campus für Christus". Sie ist sehr viel als Evangelistin und Autorin unterwegs.
Nancy Moser ist Autorin von acht Büchern, darunter auch „Der Flug, der alles veränderte". Sie unterrichtet „Kreatives Schreiben" an einem College. Sie und ihr Ehemann haben drei fast erwachsene Kinder und drei fast erwachsene Katzen.

Erich Adalbert Wulff

Irrfahrten

Autobiografie eines Psychiaters

Edition Das Narrenschiff
im
Psychiatrie-Verlag

Die Deutsche Bibliothek – CIP-Einheitsaufnahme
Wulff, Erich Adalbert:
Irrfahrten : Autobiografie eines Psychiaters / Erich A. Wulff. -
Bonn : Ed. Das Narrenschiff, 2001
ISBN 3-88414-301-8

Die Edition Das Narrenschiff wird herausgegeben von
Beatrice Alder und Asmus Finzen
www.psychiatrie.de/verlag

Umschlaggestaltung: Dorothea Posdiena, bild-werk, Dortmund
Satz: Marina Broll, Dortmund
Druck: Clausen & Bosse, Leck

Inhalt

Zweites Buch

Prolog

Hier? Nein, nicht in diesem Zimmer, nicht hier kann ich mit meinen Aufzeichnungen beginnen. Und überhaupt: Mit meinen 71 Jahren, nach so langer Zeit? Bisher waren es neben ein paar Aufsätzen, Reise- und Fachbüchern nur Trauer- und Festreden, die ich geschrieben habe. Jetzt soll es etwas ganz anderes werden, etwas viel Gewagteres und schwerer Fassbares: mein ganzes bisheriges Leben eben, dieses vor sich hin plätschernde Rinnsal ineinander verschwimmender Bilder, von denen viele dem Sumpf der Vergessenheit, in den sie eingemündet sind, erst entrissen werden müssen, um dann vielleicht wieder zusammengesetzt zu werden ... ja, zu was eigentlich? Bestenfalls zu nach außen gewendeten Kartenhäusern mit auf einmal sichtbar gewordenen Buben, Herzdamen, Assen, aber auch Siebenen und Zweien - kann ich das, will ich das? Nein, in diesem Zimmer nicht, nicht auf diesem lächerlichen, wurmstichigen, vorne schon etwas abgeschilferten, auf vier spidderigen Säulchen stehenden Tisch, den Marina gerade, entschlossenen Blickes und mit etwas auftrumpfenden Bewegungen, frei geräumt hat, um Platz zu schaffen: »So, nun schreib doch endlich, nach so vielen leer gelaufenen Ankündigungen, du und deine unerträgliche Unentschlossenheit.«
Es ist nicht nur der Anfang, der schwer fällt, nicht nur in diesem Zimmer unserer neuen Pariser Wohnung, nicht nur an diesem Tisch. Auch nebenan, im großen, hellen, weiträumigen Salon, dessen harmonische Abmessungen zum Innehalten, zum Nachdenken, zum Aufzeichnen von Erinnerungen geradezu einladen, nein, selbst da wäre es mir nicht besser ergangen. Nicht schon Angst, aber doch eine leichte Beklemmung legt sich auf die Brust: Vielleicht wird überhaupt nichts daraus, denke ich etwas besorgt, aber auch halb erleichtert. Ich habe ja keinerlei Pläne, keinerlei Gliederung im Kopf, keine Szenenfolge, die es abzuarbeiten gälte. Ich weiß nicht einmal, wie es gleich weitergehen soll. Vielleicht wird alles nur ein endloses Füllsel, einzig dazu bestimmt, den Wortfluss noch für eine Weile aufrechtzuerhalten. Doch selbst der droht nach den ersten Absätzen zu versiegen: Zu nahe ist die Geschichte an mir, ihrem Autor, dran. Vielleicht hilft es, sie in dritter Person und

unter meinem bislang immer schamhaft verschwiegenen zweiten Vornamen Adalbert niederzuschreiben, dann wäre der endlich auch zu irgendetwas nutze.

Und wo beginnen? In Hapsal? Hier in Paris?

Paris 1998. Der Regen, hier sonst viel diskreter, hat gerade damit aufgehört, heftig und großtropfig gegen die Fensterscheiben und auf das Blechdach unten im Hof zu klopfen. Noch nicht die Sonne, aber immerhin ein aufgehelltes, leuchtend kräftiges Weißgrau wird zwischen den Dächern am Himmel sichtbar. Nur eine Woche bleibt ihnen noch in dieser stark verregneten Lichterstadt, dann muss Adalbert wieder zu seinen Doppelmördern und Kinderschändern, Marina zu ihren künftigen Französischlehrern und zu ihren drei gestrengen, nicht immer angenehmen Seminardirektoren zurück.

Paris: Wann hat das Wort zum ersten Mal in seinen Ohren geklungen? In Estland schon, vielleicht in Reval, vielleicht in Hapsal, sprachen seine Eltern es wohl irgendwann einmal aus. Es war der Name einer Stadt, zu der sie niemals hingelangt waren auf ihren Reisen, die sie immerhin nach Prag, Karlsbad und Wien, nach Berlin und Warschau, nach Stockholm und Helsinki geführt hatten. Unerreichbar, entlegen hörte sich dieses Wort, Paris, für die Kinder an, nicht viel anders als Kapstadt, wohin »unsere Bankiers« – Onkel Klaus, sein Taufpate, gehörte dazu – angeblich fuhren, um dort zu »überwintern«, einem auf »Hintern« sich reimenden Spottvers zufolge, den sein Vater bisweilen zitierte, wenn die Rede auf solch weite Reisen ganz reicher Leute kam. Und dann ging von diesem Wort auch noch ein Hauch von Eleganz, Leichtlebigkeit und Frivolität aus, in es hineintransportiert von ein paar alten französischen Grammofonplatten, die sie in Hapsal, zum Ärger ihrer Eltern, immer wieder abgespielt hatten.

Wenn solche Vorstellungen überhaupt je in anderer als musikalischer Form zu ihnen, den Kindern, durchgedrungen waren, so wurden sie jedenfalls rasch zugedeckt von Madame Wilhelmsons pedantischer Strenge und säuerlicher Unzufriedenheit. Die Eltern hatten die verarmte Witwe teils aus Menschenfreundlichkeit, teils um seiner Schwester und ihm einen Grundstock französischer Sprachkenntnisse zuteil werden zu lassen, im Sommer 1939 in ihr Hapsaler Ferienhaus eingeladen. Neben französischer Konversation zu den gemeinsam eingenommenen Mahlzeiten war als Ge-

genleistung auch eine tägliche Unterrichtsstunde vorgesehen. Sie fand fast immer im Garten oder auf der offenen Veranda statt, von weitem hörten sie das Tuckern der Motorboote, die tagsüber Sommerfrischler über die Bucht nach Paralepp, dem gegenüberliegenden Waldstrand, brachten, am Horizont zogen Segler ihre unbeirrbare Bahn.

Madame fragte die aufgegebenen Vokabeln ab, Russisch-Französisch, weil sie weder Deutsch noch Estnisch verstand, und im Margot, dem vor 1914 gängigen Unterrichtswerk, das sie mitgebracht hatte, entzifferten sie vor ihren Augen mühselig die kyrillischen Schriftzeichen, um aus ihnen zunächst russische Laute, Worte und Sätze zu formen, die dann erst ins Französische übersetzt werden konnten. Von Madames braunfleckigen, schon etwas durchsichtig gewordenen Händen ging dabei eine eigenartige Zudringlichkeit aus, die in spinnennetzförmigen Rissen die Unantastbarkeit ihrer ansonsten granitenen Fassade durchbrach. Wenn ihre knotigen Finger sich den französischen Worten im Lesebuch näherten, so war es, als sollten die sich in klingende Münze, zumindest aber in einen schlagenden Unterrichtserfolg verwandeln – eine Hoffnung, die sich aber, weil er und seine Schwester ihre Aufgaben meistens nicht gründlich genug gemacht hatten, alsbald in nichts auflöste, was Madames verbitterten Gesichtsausdruck nur noch schärfer hervortreten ließ.

Und doch konnte sie es nicht verhindern, dass in dieser Sprache, in der Musik ihrer Worte, in der Vielfalt ihrer grammatischen Formen, in der Eleganz ihrer syntaktischen Fügungen eine Weite und Großzügigkeit zurückblieben, die sich mit dem zwischen flachen Inseln hier und da doch den Horizont erreichenden Meer, mit dem lauen Wind, mit der hautwarmen Sonne, mit dem weißblauen Himmel, ja mit der ganzen Szenerie dieses ihres letzten Kindheitssommers verbanden.

ERSTES BUCH

1. Kapitel: Am Abgrund: Eden

1.

Zwischen Hapsal und Reval hatte sich bis zu jenem 6. November 1939, an dem sie Estland verlassen mussten, ihr ganzes bisheriges Leben zugetragen, in einem alljährlich wiederkehrenden Rhythmus. Drei Sommer- und Ferienmonate – Juni, Juli, August – verbrachten sie auf ihrer Hapsaler Datscha, die restliche Zeit, mit Schule und wohl geordnetem Alltag, in ihrem Revaler Haus. Ihr Heimatland, nicht größer als Belgien, zählte gerade eine Million Einwohner, zu über zwei Dritteln Kleinbauern, die erst 1920, durch die entschädigungslose Enteignung der Großgrundbesitzer aus deutschbaltischem Adel, zu eigenem Land und uneingeschränkter Bewegungsfreiheit gekommen waren, nach sechshundertjähriger Leibeigenschaft und darauf folgendem hundertjährigem Frondienst. In der Hauptstadt Reval mit ihren damals rund 100.000 Einwohnern, die seit der Unabhängigkeit 1918 Tallinn hieß, lebten die meisten der wohlhabenderen Kaufleute und der überwiegende Teil der »Literaten« – mit diesem eigenartigen Sammelbegriff bezeichneten die Deutschbalten nicht nur Zeitungsleute, Lehrer und Advokaten, sondern auch Ärzte und Apotheker sowie die Fabrikanten und Financiers. Zu diesen zählte Adalberts Taufpate Klaus Scheel, der neben seiner Bank die Ölschieferwerke »Kiviöli«, die einzige reiche Energiequelle des Landes, kontrollierte: Von ihm ging die Rede, halb Estland gehöre schon ihm.
Irgendwo müssen natürlich auch die Arbeiter ihre Behausung gehabt haben, aber Adalbert erinnert sich nicht daran, dass zu Hause viel von ihnen gesprochen wurde, man vermied dieses Thema, vielleicht weil es mit so Gefährlichem wie den kommunistischen Putschversuchen etwas zu tun hatte – 1924 hatte es einen solchen Versuch gegeben. Hingegen waren ihm die Fabrikanten- und Bankiersnamen von Kindheit an geläufig, denn bei ihnen handelte es sich meistens um Freunde, zumindest um nähere oder entferntere Bekannte der Eltern. Sie gehörten wie sein Vater der deutschspra-

chigen Minderheit an, die es auch nach der Enteignung ihres Adels verstanden hatte, einen großen Teil der Wirtschaftsmacht des Landes in ihren Händen zu behalten. Wenn Adalbert sich heute diese Lage vergegenwärtigt, so kann er sich die Spannungen zwischen der estnischen Mehrheitsbevölkerung, vor allem ihrer damals noch jungen, tatendurstigen politischen Elite, und der deutschen nationalen Minderheit besser erklären – als Kind hat er sie nur atmosphärisch gespürt. Die Gutsbesitzer hatten den Verlust ihrer Latifundien nicht verschmerzt, ebenso nicht den der politischen Macht, über die die deutschbaltische Ritterschaft, die Repräsentanz des Adels, im Zarenreich bis 1917 uneingeschränkt verfügt hatte. Manche der Grafen und Barone waren nun völlig verarmt und auf Hilfe von wohlhabenderen Angehörigen angewiesen, andere waren plötzlich gezwungen, von der eigenen Hände Arbeit und das hieß: nicht mehr »standesgemäß« zu leben.

Die Literaten waren von den politischen und gesellschaftlichen Veränderungen zunächst weniger tief greifend betroffen, aber die zunehmende Zahl estnischer Hochschulabsolventen machte ihnen mit der Zeit doch Konkurrenz.

Die deutschen Kaufleute schließlich hatten einen Teil ihrer zahlungskräftigsten Stammkundschaft, die Großgrundbesitzer, verloren, sodass es wohl nur die in ihrer Mehrheit deutschsprachigen Industriellen und Bankiers waren, die von der mit dem Untergang des Zarenreiches einsetzenden Liberalisierung des Geschäftslebens profitierten. Nach der Erringung der staatlichen Unabhängigkeit erhoben sich aber gegen die Konzentration dieser wachsenden wirtschaftlichen Macht in Händen von Angehörigen der deutschen Minderheit Proteste, die in ihr eine Fortsetzung der jahrhundertelangen Herrschaft über die Esten lediglich mit anderen, subtileren Mitteln erblickten. Sie schwollen nach der Machtübernahme der Nazis in Deutschland, 1933, heftig an, mit der einleuchtenden Begründung, man könne jetzt der staatsbürgerlichen Loyalität der Deutschbalten nicht mehr sicher sein. Auch erschollen Rufe nach einer administrativ verfügten Bevorzugung der Angehörigen der estnischen Mehrheitsbevölkerung: bei der Vergabe von Stellen im öffentlichen Dienst, von Staatslizenzen oder von Auftragsarbeiten sowie von Studienplätzen an der Tartuer Universität – und manche dieser Appelle fanden bei Regierung und Parlament auch Gehör. Sie trafen besonders die weniger Betuchten unter den

Deutschbalten. An die Macht der Fabrikanten und Bankiers, die einzige wirklich ernst zu nehmende Gefahr für die estnische Souveränität, traute sich niemand heran, auch die estnische Regierung nicht. Trotz dieser politischen Spannungen existierte aber seit den zwanziger Jahren eine großzügige, ja seinerzeit sogar als vorbildlich geltende Regelung, die allen nationalen Minderheiten eine Kulturselbstverwaltung mit dem Recht einräumte, staatlich anerkannte Schulen zu unterhalten, in denen in der eigenen Sprache unterrichtet werden durfte – und die blieb auch bis zum vorläufigen Ende der staatlichen Selbstständigkeit Estlands, 1940, in Kraft. In dieses kurzlebige Zwischenreich, eine biedermeierliche Idylle mit ihren kleinen überschaubaren und, wenn man zu den etwas Wohlhabenderen gehörte, zumeist auch lösbaren Konflikten, wurde Adalbert am 6. November 1926 hineingeboren. Zwei Jahre zuvor hatte seine Mutter, sie war damals 28, in zweiter Ehe den fast 38-jährigen Vater geheiratet, einen damals schon bekannten und das bedeutete auch gut verdienenden Revaler Lungenarzt, und die zweieinhalbjährige Ivy in diese Verbindung mit eingebracht. Über die ersten Ehejahre seiner Eltern und was diesen unmittelbar vorausging, sind nur einige wenige Geschichten vom Vater und der Mutter direkt zu Adalbert gelangt. Das meiste davon kennt er nur aus Ivys Erzählungen, in denen sich zwangsläufig deren eigene Erinnerungsbruchstücke, später Gehörtes und nachträgliche, die eigene Lebensgeschichte und die der Eltern stilisierende Ergänzungen und Ausblendungen vermischt haben. So kann er sich eigentlich nur an ein paar Erinnerungsfetzen meist unklarer Herkunft und unsicherer Verlässlichkeit halten – und außerdem an ein paar bereits vergilbte Fotografien.

2.

Petrograd 1917, wohin die Mutter 1916, beim Herannahen der deutschen Truppen, von ihren Eltern in eine vermeintliche Sicherheit fortgeschickt worden war! Gerade 20 Jahre war sie damals alt, frisch gebackene Grundschullehrerin, ein Beruf, mit dem sie in der fremden Stadt aber nichts anfangen konnte. Triugolnik, die seinerzeit weltbekannte Gummigaloschenfabrik: Hat sie da tatsächlich inmitten der Ausdünstungen des dickflüssig brodelnden Kautschuks am Fließband gestanden oder war sie nur, proper und adrett, irgendwo in einem Büro dieser Firma tätig gewesen? Spricht für das Letztere vielleicht, dass man sie auf einem Foto mit ebenso gut aussehenden wie gut angezogenen Arbeitskollegen und -kolleginnen des Werkes in diesem Revolutionsjahr ein Fest feiern sieht? Auf keinem der Bilder jener Jahre in Petrograd sieht irgendjemand besonders mager oder gar unterernährt aus. Und doch weiß Adalbert ganz genau, dass seine Mutter ihm bei irgendeiner Gelegenheit erzählt hat, dass es der allgegenwärtige, nur durchs Rauchen zu beschwichtigende Hunger war, der sie seinerzeit nikotinsüchtig gemacht hat. Dann 1919, immer noch Petrograd, eine viel dramatischere und zugleich romantischere Szene: Sie findet ihren künftigen ersten Mann, Ferdinand Saphir, für sie damals noch ein Unbekannter, der sich nur allzu bald als immerhin charmanter Hochstapler erweisen sollte, fleckfieberkrank und bewusstlos auf ihrer Türschwelle liegend vor, verliebt sich auf den ersten Blick, pflegt ihn gesund und heiratet ihn. Zwei Jahre später, die Scheidung steht schon vor der Tür, kommt Ivy zur Welt. Und irgendwann muss sie zwischendurch, auch das in der Stadt der proletarischen Weltrevolution und gemeinsam mit ihrer Freundin Ljubow, ein Künstlercafé geführt haben, in welchem der dann in den dreißiger Jahren in Berlin als Schlagersänger bekannt gewordene Georges Boulanger als Tischgeiger auftrat.

Wie sah sie damals aus, seine Mutter, die diese bewegten Jugendjahre hinter sich hatte? Die Fotos aus jener Zeit, bevor sie seinen Vater kennen lernte und lange vor Adalberts Geburt, zeigen eine dunkelhaarige, schlanke, wenn auch vielleicht ein ganz klein wenig zur Fülle neigende Schönheit mit erstaunlich hellen Augen, einem etwas offen stehenden, vollen Mund und langen, wohl geformten Marlene-Dietrich-Beinen, von denen ihre Bewunderer behauptet haben sollen – auch das gehört zur Familienlegende –, sie seien, solange dieser Staat bestand, die bezauberndsten Estlands gewesen. Adalbert glaubt sich noch an einen Schönheitswettbewerb am Hapsaler Strand zu erinnern, bei dem sie einen der Preise gewann, zum nachträglich geäußerten Missvergnügen seines Vaters, der das unschicklich fand, sich aber heimlich doch wohl darüber freute. Am meisten beeindruckt hat ihn jedoch der pathetische Gesichtsausdruck seiner Mutter auf fast allen diesen Bildern. An ihm lässt sich ablesen, dass sie mit ihren damals erst 25 oder

Adalberts Mutter,
3. August 1923

26 Jahren schon viel erlebt haben musste und sich von ihren Mitmenschen nichts mehr vormachen ließ. Aber dieser Blick hat auch etwas Bodenloses an sich, etwas von einem Brunnen, der köstliches Nass spenden, in den man aber auch hineinfallen kann. Deshalb meint Adalbert heute, dass es ihm immer etwas Angst gemacht habe, wenn sie den Blick in eine unbestimmbare Ferne – oder war es bloß Leere – schweifen ließ und den damit sich auftuenden Abgrund nicht sogleich durch ein an ihn, seine Schwester, ihren Vater oder sonst jemand gerichtetes Lächeln wieder schloss. Da es aber genau dieser Blick war, der ihre sonst eher handfeste Schönheit mit einem mysterienhaften Schleier umgab, kann es auch gut sein, dass die Atelierfotografen jener Zeit ihn besonders hervorhoben.

3.

Die Eltern hatten sich im Februar 1923 kennen gelernt, auf dem Maskenball der Schwarzhäuptergilde, die ursprünglich nur die reichen Kaufleute der Stadt vereint hatte, zu jener Zeit aber schon zu einem der Clubs für alle Wohlhabenden unter der deutschsprachigen Gesellschaft Revals geworden war. Vorausgegangen war ein Versöhnungsversuch der Mutter mit ihrem ersten Mann: Sie hatte es fertig gebracht, zwei Karten zu diesem Fest einer exklusiven deutschen Vereinigung aufzutreiben – für eine in Estland lebende Lettin mit nur wenig gesellschaftlichen Kontakten eine erstaunliche Leistung. Saphir aber hatte sie sitzen gelassen, er war einfach nicht erschienen – sie lebten zu dieser Zeit schon getrennt –, und so war sie voller Wut ohne Partner, in Begleitung eines ihr flüchtig bekannten Ehepaares dorthin abgerauscht. Der Vater war auf den ersten Blick von ihr hingerissen, wie er immer wieder berichtet hat. Ob er ihr schon in jener Nacht seinen Heiratsantrag gemacht hat, weiß Adalbert nicht – auch das gehörte zu den von beiden schamhaft verschwiegenen Details, aber viel später kann es nicht gewesen sein, denn ihre Mutter war bald danach geschieden, die Verlobung folgte auf dem Fuße und schon im Sommer 1924 wurde Hochzeit gefeiert.

Vater und Mutter auf einem Winterspaziergang, Katharinental 1933

Es war eine für die damaligen Verhältnisse außergewöhnliche Verbindung, die in der Stadt viel von sich reden machte und zunächst nicht überall auf ungeteilte Zustimmung stieß. Dr. Wulff, einziger Sohn des lange verstorbenen Petersburger Hofzahnarztes, den der Familienlegende zufolge seine großfürstlichen Patienten noch Jahre nach seiner Zurruhesetzung in Reval besucht hatten, einer der begehrtesten Junggesellen der Stadt mit einer gut gehenden lungenärztlichen Praxis – Tuberkulosekranke gab es ja damals genug –,

Freund und gelegentlicher Zechkumpan des reichsten Mannes der Stadt, des schon erwähnten Bankiers Klaus Scheel, und wohl nur auf Grund seiner geschickt verborgenen Schüchternheit noch nicht unter der Haube, dieser Mann heiratete eine Lettin und dazu noch, was schlimmer war, eine geschiedene Frau, die ein Kind in die Ehe brachte und erst kürzlich aus der bolschewistischen Hochburg Petrograd ins Land eingereist war. Der Vater führte sie, ohne den geringsten Zweifel daran zu lassen, dass eine einzige Unfreundlichkeit ihr gegenüber zum Bruch führen würde, in seinen Freundeskreis ein, und schon nach kürzester Zeit brachten ihre Schönheit, aber auch ihr Charme, dem weder seine Freunde noch deren Frauen lange widerstehen konnten, es mit sich, dass ihre Herkunft nicht einfach vergessen, sondern zu einem alle interessierenden Gesprächsgegenstand gemacht werden konnte. Der Preis, den sie dafür zu zahlen hatte, bestand darin, dass sie diese Herkunft zu ihrer Vergangenheit machen musste. Mit ihrem Mann und für diesen war sie nun selbst beinahe Deutschbaltin geworden.

Allerdings eben auch nur »beinahe«. Dass sie von Geburt Lettin, also eben doch keine Deutschbaltin war, erwies sich nach einigen Jahren in mancher Hinsicht als unerwarteter Vorteil. Inzwischen hatte nämlich die estnische »gute Gesellschaft«, die sich seit dem letzten Drittel der 19. Jahrhunderts auch in Reval zu bilden begonnen hatte, nicht nur alle politischen Fäden in der Hand, sie hatte auch immer mehr an wirtschaftlichem und an kulturellem Einfluss gewonnen. Theater und Musikveranstaltungen, aber auch karitative Aktivitäten wie die Geldsammlungen für den Kampf gegen die Tuberkulose wurden nun immer häufiger auch von ihr organisiert. Die deutschbaltischen Vereinigungen mussten deshalb ihre Anstrengungen mit denen der estnischen Vereine koordinieren, und da trug gerade die Zwischenstellung der Mutter als gebürtige Lettin erheblich zu ihrer Akzeptanz bei. Bald schon saß sie mit der Schwiegertochter des Präsidenten Konstantin Päts, mit der Frau des Oberbefehlshabers der Streitkräfte, General Laidoner, mit der einen oder anderen Botschaftergattin im Café Feischner an einem Tisch, um als informelle Repräsentantin der deutschen Hilfsvereine die Organisation des nächsten Wohltätigkeitsballes oder der nächsten Straßensammlung abzusprechen. Damit war sie auch für die deutschbaltische Gesellschaft unersetzlich geworden und stand jenseits jeder böswilligen oder dünkelhaften Kritik.

Dennoch blieb ein kleiner Makel, der allerdings nur hin und wieder von Kindermund, selten genug glücklicherweise, ausgesprochen wurde. »Eure Mutter ist doch Lettin«, konnte plötzlich ein Schulkamerad sagen, wenn er sich über Adalbert oder seine Schwester Ivy geärgert hatte. In einer Klasse, deren Schüler zur Hälfte Adelsnamen trugen, musste Adalbert fürchten, dass so etwas doch eine Spur Resonanz fand, und sei es nur in Form eines peinlich berührten Schweigens. Jedenfalls empfand er es als unangenehm und hörte am liebsten weg, wenn jemand auch ganz ohne böse Absicht die Rede auf Mischehen wie die seiner Eltern brachte, er wollte es eben nicht wahrhaben, dass es vom guten Willen der anderen abhing, ob er von ihnen ganz als einer der ihren anerkannt wurde. Solche Ängste verstärkten sich bald. Als sein Vater versucht hatte einen Familienstammbaum zusammenzustellen, erfuhr Adalbert nämlich auch noch, dass der Urgroßvater väterlicherseits, der Revaler Goldschmiedemeister und Gildenälteste Georg Wilhelm Wulff, 1812 als Kind eines estnischen Leibeigenen geboren worden war. Eine lettische Mutter, so mag Adalbert es damals empfunden haben, mochte noch angehen, das hatte sogar noch einen etwas exotischen Reiz an sich. Väterlicherseits aber von einem estnischen Leibeigenen abzustammen, von dem sich herausstellte, dass erst er den eigenen, deutsch klingenden Familiennamen eingebracht hatte, das bedeutete, etwas mit dem Mehrheitsvolk gemein zu haben, gemein mit den namenlosen »Grauen«, wie der Adel sie früher genannt hatte. Auf einer viel banaleren, alltäglicheren und zugleich viel eindeutigeren Ebene hieß es aber auch, dass man sich von den estnischen Straßenkindern, mit denen man nicht spielen sollte, gar nicht mehr so eindeutig und klar unterschied. Adalbert glaubt sich zu erinnern, dass seiner Mutter die plötzliche Entdeckung, sie hätte nun doch keinen reinen Deutschen geheiratet, ein bisschen peinlich war. Sie versuchte ihre Tragweite herunterzuspielen und ihr, trotz der eindeutigen Belege in den Kirchenbüchern, den Status einer bloßen Annahme, schlimmstenfalls einer gewissen Wahrscheinlichkeit zuzusprechen, während der Vater sie mit einem eher wohlwollenden Erstaunen zur Kenntnis nahm. Bei ihrer Autoreise durch Estland im Sommer 1939, ihrer ersten und letzten, bestand er sogar darauf, in Lihula vorbeizufahren, am ehemaligen Gutsschloss der Barone Fersen, die seinerzeit die Herren seines Großvaters und seiner Vorfahren gewesen waren.

4.

Der Vater ist auf seinen Jugendfotos als großer, stattlicher, etwas überschlanker, nicht allzu muskulöser Mann mit schütterem Haarwuchs zu erkennen, immer wie »aus dem Ei gepellt«, im Winter in Anzug und Krawatte, im Sommer im Segeldress, auf einigen Bildern auch im weißen Arztkittel. Das Gesicht, vielleicht etwas unbeweglich, verrät Ruhe und Ausgeglichenheit, aber man könnte auch Humor, Verständnis und Güte darin vermuten.

Vater Erich Julius Wulff, 1939

Was hat Adalbert von dem Vorleben seines Vaters aus der Zeit, bevor seine eigene bewusste Erinnerung einsetzt, mitbekommen? Er wurde in Sankt Petersburg 1887 geboren, wo sein Vater, wie bereits erwähnt, Hofzahnarzt war. Nachdem sich dieser zu Ruhe gesetzt hatte, etwa zehn Jahre später, kehrte die Familie nach Reval zurück, wo sie ein kleinen Holzhaus mit großem Garten in der kleinen Rosenkranzstraße bezog. Im Alter von 17 oder 18 Jahren machte Adalberts Vater das Abitur an der dortigen Oberrealschule, in der, wie in allen Schulen des Landes während der Russifizierung von 1880 bis 1905, nur auf Russisch unterrichtet werden durfte. Von 1905 bis 1910 studierte er Medizin in Freiburg und in Königsberg, dem heutigen Kaliningrad, und schloss seine Promotion mit magna cum laude ab. 1911 legte er auch noch das russische Staatsexamen in Charkow ab. Vor dem Ersten Weltkrieg, zwischen 1912 und 1914, war er als Assistenzarzt in Düsseldorf tätig und absolvierte in Berlin eine Weiterbildung in Lungenheilkunde und Innerer Medizin. Kurz vor Kriegsbeginn kehrte er nach Reval zurück, wo er eine eigene Praxis eröffnete und zugleich Leiter eines kleinen Lungensanatoriums in Nömme, einer Waldsiedlung am Rande der Stadt, wurde. Irgendwann in dieser Zeit gewann er noch beinahe die Revaler Tennismeisterschaft: Immerhin wurde er Zweiter.

Brüche sind in dem ersten Abschnitt seiner Lebensgeschichte nicht zu erkennen. Aber es gab Gerüchte über einen früh an Epilepsie verstorbenen Bruder, über einen Pfeilschuss, der Adalberts Großmutter ins linke Auge traf, das daraufhin erblindete, und schließlich über eine Schwester des Vaters, Adalberts Tante Leni. Die hatte nach jahrelangem Aufenthalt in China ihren Mann, den Bankier Eduard Blacher, dort zurückgelassen, vielleicht weil sie von ihm vorher schon selbst verlassen worden war, und lebte seit 1922 oder 1923 wieder im Revaler Haus der Familie. War nun Tante Leni geschieden oder war der mysteriöse Onkel Eduard, den die Kinder nie zu Gesicht bekommen hatten, von dem aber ab und zu Postkarten mit gelben Drachenmarken zu Hause ankamen, noch immer ihr Mann, eine Frage, die umso schwerer zu beantworten war, weil er inzwischen mit einer anderen Frau zusammenleben sollte. So hatte also auch die väterliche Familie, in der auf den ersten Blick alles so geordnet und geradlinig verlaufen zu sein schien, ihre wunden Punkte, die versteckt werden mussten. War das der Grund, so fragt sich Adalbert heute, warum Tante Leni auf die Gesellschaftsabende, zu denen die Eltern gingen, niemals mitgenommen wurde?

5.

Als Baby war Adalbert rundlich und pausbäckig. Aber dann magerte er ab und wurde hohlwangig, mit haarlosem Schädel und riesigen, tief liegenden Augen. Das lag daran, dass bei ihm das »Drüsenfieber«, die damals über 90 Prozent der Kinder treffende tuberkulöse Erstinfektion der im Brustkorb liegenden Lymphknoten, auf die Lungen selbst, auf die Haut und, so war vermutet worden, auch auf den Darm übergegriffen hatte, und dies bereits im zarten Alter von gerade drei Monaten. Ein Jahr lang war um sein Leben gerungen worden. Onkel Wolja Blacher, Schwippschwager seines Vaters und bis 1920 Professor für Kinderheilkunde in St Petersburg, wurde eine Zeit lang fast täglich zum Konsilium an sein Bett gerufen. Erst als Dreijähriger hatte Adalbert die Infektion völlig überwunden: Aus Krankheitsherden waren Narben geworden, was nicht hieß, dass sie bei Überanstrengungen und unvernünftiger Lebensführung nicht jederzeit wieder aufs Neue aufbrechen konnten. Das war gefährlich, weil es gegen die Tuberkulose damals noch keinerlei Medikamente gab. Man musste auf die Selbstheilungskräfte des Körpers bauen, die durch Liegekuren und Höhenluft zwar gefördert werden konnten. Wenn dies nicht ausreichte, konnte man auch noch den am stärksten befallenen Lungenflügel durch Lufteinfüllungen in den Brustkorb, den so genannten Pneumothorax, still legen. Aber auch das hielt die Zerstörung des Lungengewebes nicht immer auf und so stand diese Krankheit, volkstümlich »Schwindsucht« genannt, damals unter den Todesursachen junger Menschen an erster Stelle.

Später, als er in den Kindergarten kam, wurde ihm durch kleine beiläufige Bemerkungen wie »Für dich ist es draußen zu kalt«, »Das ist zu anstrengend«, »Vermeide es, zu schwitzen« oder »Bleib nicht zu lange in der Sonne« auch vermittelt, dass er ein schwächliches, kränkelndes Kind war, ein Kind, auf dessen Gesundheit ständig geachtet werden musste.

Das erklärt die Sorge und Angst, die Adalberts Eltern, aber auch und vielleicht besonders Ija Maria, sein Kindermädchen, um seine Gesundheit hatten. Sein Vater musste sich sagen, dass vielleicht er es gewesen war, der die Krankheitskeime von seiner im gleichen Haus gelegenen Praxis ins Zimmer seines kleinen Sohnes eingeschleppt hatte, aber auch auf alle anderen fiel ein Verdacht. Ob die Mutter dem Vater oder, was wahrscheinlicher ist, Ija Maria wegen dieser Ansteckung Vorwürfe machte, aber alles ungesagt blieb und so die Atmosphäre vergiftete, das lässt sich heute nicht mehr aufklären. Auf alle Fälle war Adalbert das Karnickel, bei jeder Erwähnung seiner Anfälligkeit mussten die mühsam heruntergeschluckten Schuldgefühle wieder hochkommen. Deshalb kann es auch sein, dass seine Eltern und Ija Maria die gebotene Vorsicht fortan übertrieben, damit nur ja nichts Schlimmes, vor allem kein Rückfall mehr passierte, während in Ivy wohl eher Ärger und Unverständnis über eine solche Rücksicht wach wurden, die Adalbert ihr gegenüber beim Spielen oder bei kleinen Kabbeleien unangemessene Vorteile verschaffte und ihr, wer weiß, vielleicht auch in Erinnerung brachte, dass nur er und nicht sie das Kind ihrer beider Eltern war.

6.

Das erste eigene Erinnerungsbild bleibt undatiert, aber viel älter als zwei kann Adalbert damals nicht gewesen sein: Die Köpfe Ija Marias und der Mutter beugen sich über sein Kinderbett, es ist Abend, nur eine kleine Lampe brennt und er glüht wieder einmal vor Fieber. Ija führt ein Glas gepressten Apfelsinensaft an seine Lippen, er schmeckt scheußlich! Mit verzogenem Gesicht schluckt er der Saft brav herunter, er will nicht, dass die Mutter seine Abwehr bemerkt, dass seine Ija Schimpfe bekommt, ja, er hat Angst davor, dass sie deswegen vielleicht sogar weggeschickt wird. Warum hat sich diese Szene, eher ein Fiebertraum, so tief in Adalberts Gedächtnis eingegraben?
Zwischen beiden Frauen bestand, das hatte er schon als kleiner Junge gewusst, eine starke Rivalität, in der es natürlich um niemand anderen als um ihn selbst ging. Ija war seine Pflege, ja, der größte Teil der Alltagssorge um ihn anvertraut, und sie war, bevor er mit fünf Jahren vormittags zum Kindergarten ging, fast den ganzen Tag über um ihn. Bei seinen kleinen Streitigkeiten mit Ivy beschützte sie ihn und nahm auch völlig ungeniert für ihn Partei, sehr zum Ärger seiner Schwester, die darin eine ungerechtfertigte Einmischung in von ihnen, den Kindern, selbst zu regelnde Angelegenheiten erblickte. Die Mutter hingegen kam während seiner ersten Lebensjahre regelmäßig nur zum Gute-Nacht-Kuss und außerdem natürlich dann, wenn er mit Fieber im Bett lag. Später waren es noch die Mittagsmahlzeiten, zu denen er sie für eine halbe Stunde sah. Darüber hinaus aber hatte sie kaum Zeit für die Kinder; ihre gesellschaftlichen Verpflichtungen und auch ihre häufigen Bridgeabende nahmen sie zu sehr in Anspruch.
Trotzdem oder gerade deshalb: Wenn sie den kleinen Adalbert aus plötzlich aufwallenden mütterlichen Gefühlen oder auch nur aus Laune einmal zu sich nehmen wollte, musste Ija Maria ihn sofort herausgeben. Seine Kinderfrau mag das als ungerecht empfunden

Adalbert und Ivy im Hapsaler »Spielhäuschen«, 1928

haben, weil sie selbst die ganze Arbeit machte und sich deshalb wohl auch als die bessere Mutter sah. Umgekehrt dürfte der Mutter natürlich auch nicht entgangen sein, wie stark Adalbert an seiner Ija Maria hing, und das dürfte auch bei ihr unvermeidlich mit eifersüchtigen Regungen einhergegangen sein. Wie heftig die daraus erwachsenden Spannungen waren, kann Adalbert an der Angst ablesen, die er als kleiner Junge davor verspürt hatte, Ija, die Mutter oder sogar beide zugleich zu verlieren – eine Angst, die er als Erwachsener längst völlig vergessen hatte, an die er sich aber seit jenem Tag in Hué, als ihn seine erste Frau Veronika verließ, wieder ganz deutlich erinnert. Und es fiel ihm seinerzeit auch wieder ein schweres nächtliches Gewitter in Hapsal ein, bei dem er plötzlich aufwachte und von Ija Maria gesagt bekam, unter Beben und Zittern, aber auch mit einer Portion Missbilligung, sie müssten jetzt alle beten, denn die Mutter befände sich noch mit Freunden auf einer Segelyacht auf dem Meer.

Auch den giftigen Ton hatte er plötzlich wieder im Ohr, in welchem Ija Maria wütend hervorstieß, die Mutter sei eine geschiedene Frau und schon ihrem ersten Mann davongelaufen. Wer dies einmal getan habe, dem sei zuzutrauen, dass er das auch ein zweites Mal täte, Gott sei Dank hätte Adalbert dann noch sie, seine Ija, aber nur solange vermieden werden könne, dass die Mutter sie im

Streit vor die Tür setze. So wurde Adalbert schon als ganz kleines Kind unter dem Hinweis, sonst ganz allein dazustehen, die Schlichtung der Konflikte zwischen den beiden Frauen aufgebürdet, ja noch mehr, die Sorge darum, dass Streit zwischen ihnen erst gar nicht aufkam.

Und da war auch noch die Geschichte von Hansis Pimmel, mit der diese Aufforderungen, nein, es waren schon Drohungen, garniert und so wie Sonnenlicht von einem Brennglas gebündelt Angst erregend schmerzhaft verstärkt wurden. Bei den Stackelbergs war Ija, unmittelbar bevor sie zu den Wulffs kam, Kindermädchen gewesen. Hansi, den sie betreute, war damals gerade zwei oder drei Jahre alt. Irgendwann erzählte sie Adalbert, ihr damaliger Zögling hätte sich an seinem kleinen Schwänzchen so lange gerieben, bis ein Stück davon hätte wegoperiert werden müssen. Bis zur Bigotterie fromm und Angehörige einer pietistischen Erweckungssekte, brachte sie diese sündhafte Manipulation auch noch mit der endgültigen Trennung der Stackelberg-Eltern in Verbindung – so als wenn sie deren eigentlicher Grund gewesen wäre. Als Adalbert sich später im Alter von sieben oder acht Jahren mit Hansi angefreundet hatte, der inzwischen mit seiner Mutter und seiner älteren Schwester Mausi in Hapsal lebte, versuchte er beim gemeinsamen Pinkeln einen raschen Blick auf den Pimmel seines um zwei Jahre älteren Spielkameraden zu werfen, um zu sehen, um wie viel kürzer der nun wirklich war. Aber er sah nichts Bemerkenswertes und wagte natürlich nie, Hansi nach dieser Geschichte zu fragen, die er auch schon bald völlig vergaß.

7.

Adalbert ist mit diesen Erinnerungsspuren tief in die eigene Unterwelt abgestiegen, in seine eigene, aber auch in diejenige seiner Kinderfrau, seiner Schwester und in die seiner Eltern. Aber seine Kindheit war doch nur zu einem geringen Teil von solchen leicht schwülen, unheimlichen und hie und da auch hinterrücks bösartigen Geschichten ausgefüllt. Die meisten Bilder bleiben, wenn er sie hervorholt, heiter und luftig, sie atmen eher ein von einer guten Fee hingezaubertes, ruhiges Glück, dessen Ausmaß ihm allerdings erst richtig im allerletzten Feriensommer in Hapsal zum

Bewusstsein kam, zu einem Zeitpunkt also, als es durch die politischen Verhältnisse schon tödlich bedroht war.
1930, als er vier Jahre alt wurde, schien ihr Leben noch in gleichmäßigem Rhythmus ruhig und friedlich dahinzufließen. Die kleine Rosenkranzstraße war noch nicht zu Lasten der alten Holzhäuser zu der Pärnu Maantee, die sie später wurde, verbreitert, und Ija Maria schlief auch noch immer mit ihm in demselben Raum. In diesem Dachzimmer wachte er wie alljährlich am 6. November, seinem Geburtstag, aus einem unruhigen Schlaf auf, sah einen großen grauen Pappzeppelin an der niedrigen Lage (das deutschbaltische Wort für die Zimmerdecke) hängen, und er wusste gleich: Sein größter Geburtstagswunsch war in Erfüllung gegangen. An diesem Tag hatte er Augen nur für den Zeppelin, ein getreues Abbild des wirklichen, der in einigen Tagen auf seinem Flug um die Erde eine Runde auch über Reval ziehen würde – ein paar Fotos in den Familienalben künden bis heute davon. Ob damals für seine Eltern und so auch für ihn schon eine Rolle gespielt hat, dass dies technische Wunderwerk von deutschen Köpfen erdacht und von deutschen Händen verfertigt worden war, kann Adalbert heute nicht mehr entscheiden. Dem »Über alles in der Welt«-Wahn war damals noch kaum jemand verfallen, aber eine kleine Portion Stolz kam für die meisten Deutschbalten und wohl auch für die Familie Wulff nicht ganz ungelegen.

8.

Lange vor der Schulzeit, mit gerade fünf Jahren, hat Adalbert lesen und kurz darauf mit krakeligen Großbuchstaben auch schreiben gelernt. Er hat sich das im Wesentlichen selbst beigebracht, vielleicht ist ihm Tante Leni dabei etwas zur Hand gegangen. Als seine erste Kindergärtnerin heiraten und ihre Berufstätigkeit deshalb aufgeben wollte, schrieb er an ihren Bräutigam in schiefen und oft aus der Reihe tanzenden Majuskeln einen Brief und bat ihn darum, die Hochzeit doch noch um ein Jahr aufzuschieben, damit »Tante Ulla« ihnen weiter so schön *Peterchens Mondfahrt* vorlesen könne. Seinem Wunsch wurde zwar nicht entsprochen, aber er erntete von der Kindergartentante doch einen Kuss, der ihm bereits etwas peinlich war, jedoch lange nicht so sehr wie der Stolz, von dem erfüllt seine Mutter die ihr schließlich übergebene Epistel ihres Sohnes in ihrer ganzen Bekanntschaft herumreichte. Zum ersten Mal in seinem Leben hatte er dabei das Gefühl, von Erwachsenen, denen er vertraut hatte, werde eines seiner innigsten Geheimnisse respektlos preisgegeben.

Vielleicht wandte er sich auch deshalb so früh den Büchern zu. Mit sieben Jahren, in der ersten Schulklasse, las er das *Dschungelbuch*, nicht das von Walt Disney, das gab es damals noch nicht, sondern das originale, von Anfang bis zu Ende durch und bald danach auch Jack Londons *Wolfsblut* - von dem zunächst allerdings nur das erste Kapitel, dann klappte er das Buch wieder zu. Er erinnert sich daran, dass ihn das Kipling'sche Werk, nach dem Bestehen all seiner Abenteuer, in einen Zustand wohliger Zufriedenheit versetzt hatte, während ihn, sobald er *Wolfsblut* nur aufschlug, die Angst überfiel, in einer Schneewüste plötzlich völlig allein dazustehen. Er verfiel dann auf den Ausweg, zu Tante Leni ins Zimmer zu gehen, wenn er weiterlesen wollte. In ihrer Gegenwart fühlte er sich sicher genug, vielleicht weil er wusste, wie weit sie in der Welt herumgekommen war und dass sie nicht nur lange Zeit in China, sondern ein paar Jahre auch in Sibirien verbracht hatte, wo es ja ebenfalls Wölfe und Schnee gab. Außerdem war sie, ein unschätzbarer Vorteil, seit einem 1933 erlittenen Schlaganfall fast immer zu Hause. Bei Tante Leni wurde man zwar kaum je gestreichelt, geküsst oder in den Arm genommen, was Vater und Mutter zwar viel zu selten, aber doch immerhin taten, aber sie war die Geduld und Diskretion in Person.

Ihr Zimmer war für ihn eine unerschöpfliche Fundgrube und es war auch ein Hort des Friedens, wo er sich der Gluckenwärme Ija Marias, ihren erbaulich frommen Sprüchen und ihren mit Duldermiene ausgeteilten Seitenhieben gegen seine Mutter für ein oder zwei Stunden entziehen konnte. Adalbert erinnert sich noch genau an die kleinen Lacktischchen, die man ineinander stellen konnte und auch an die vielen Porzellanvasen unterschiedlichen Fassungsvermögens. Die beiden größten von ihnen, die in das Zimmer nicht hineinpassten, Geschenke der chinesischen Kaiserinmutter, standen im Erdgeschoss im Rokokosalon, von dem ein Teil, durch eine rote Kordel abgetrennt, dem Vater tagsüber als Patientenwartezimmer diente. Eine von ihnen enthielt einen Asperagustopf, die andere eine seltene Lilienart, die angeblich nur alle hundert

Jahre blühte – dies geschah übrigens im Frühjahr 1939, schon im neuen Haus also, niemand jedoch wollte zu diesem Zeitpunkt ein Urteil darüber abgeben, ob es ein gutes oder ein schlechtes Vorzeichen war. Auch einige Elfenbeinschnitzereien standen auf den Regalen, aber den größten Schatz bildete doch ein großes, schweres Album in gelbem Leinen, dekoriert mit Feuer speienden Drachen: Es enthielt zahllose fernöstliche Märchen und Legenden, die Tante Leni Adalbert eine Zeit lang regelmäßig vorlas. In dessen Bildern, kolorierten Fotografien von chinesischen Berglandschaften, Reisfelder und höfischer Zeremonien konnte er sich auch allein stundenlang vergraben, während seine weit gereiste Tante, einen englischen Roman in der unversehrt gebliebenen rechten Hand, still vor sich hin las.

Abgebildet in diesem Buch war auch sehr Aufregendes, der Boxeraufstand von 1900 zum Beispiel und seine Unterdrückung durch ein internationales Expeditionskorps der damals führenden Weltmächte. Tante Leni hatte ihn, wie sie erzählte, selbst miterlebt, und sie konnte die Belagerung des Botschaftsviertels, seine schließliche Entsetzung durch ein von Europa entsandtes Expeditionskorps und die darauf folgenden massenhaften Hinrichtungen der Aufrührer auch schaurig schön schildern, fast als ob es Geschichten aus dem *Dschungelbuch* wären, die ihrerseits durch diese Berichterstattung viel an eigenem Wirklichkeitsanschein hinzugewannen. Die Glorifizierung der deutschen Regimenter in diesem Kampf und namentlich ihres Kommandeurs, des Grafen Waldersee, überging sie allerdings schweigend, ebenso wie den im Album unter einer Kampfszene abgedruckten Schlachtruf *The Germans to the Front*, dorthin also, wo sie gleich danach das erste Massaker des neu herangebrochenen Jahrhunderts veranstalten sollten, denn ihrer ruhigen, unprätentiösen, vielleicht auch etwas unterkühlten Art war jedes, und so auch das wilhelminische Pathos zutiefst zuwider. China blieb auch in den darauf folgenden Jahren, als Adalbert größer wurde, das Leitmotiv ihrer beider Gespräche, nur dass die Märchen und Legenden allmählich durch Erzählungen ersetzt wurden, in denen es nun um die Wanderschaften der Familie Blacher durch das riesige Land und, während des Ersten Weltkrieges, auch noch durch Sibirien und die Mandschurei ging. Selbst wenn er inzwischen manches davon vergessen hat: Alles, was aus Tante Lenis Zimmer in Adalberts eigene Mythen- und Bilderwelt eingesickert ist, hat für seine Entscheidung, 1961 nach Vietnam zu gehen, den Boden bereitet.

9.

Und dann gab es noch den Garten, er stand voller Obstbäume. Die Klar- und Champagneräpfel, die Reine Claude und die zahllosen kleinen grünen Birnchen sind Adalbert fest in der Erinnerung geblieben. Die Letzteren, roh gegessen gar nicht besonders schmackhaft, wurden im Herbst eingeweckt. Zu besonderen Gelegenheiten wie zu Geburtstagen, aber auch schon mal sonntags gab es sie als von allen freudig erwartetes Dessert, und wohl deshalb ist Birnenkompott bis heute eine von Adalberts Lieblingsspeisen geblieben. Im Winter fuhr er, von Ija beaufsichtigt, mit seinem kleinen Schlitten den mit einer dicken Schneeschicht bedeckten Müllhaufen hinunter, die einzige, gerade einen Meter hohe Erhebung im Garten, und wenn das Frühjahr kam, wollte er der Erste sein, der die von der aufgebrochenen Schneedecke befreiten Märzbecherkelche entdeckte.

Eines Tages hatte sich, zu seinem und Ivys Entzücken, die Gartengröße verdoppelt, die Eltern hatten das dahinter liegende Stück, besetzt mit vielen Johannisbeer- und Stachelbeersträuchern, dazugekauft. Aber das Vergnügen dauerte nicht lange, denn auch zu den Kindern war durchgesickert, dass wegen einer von der Stadt geplanten Straßenverbreiterung das alte Haus abgerissen und, nach den neuen Bauvorschriften, dahinter ein neues, fünf Stockwerke hohes Gebäude errichtet werden sollte. Adalbert bekam, obwohl er erst sieben oder acht Jahre alt war, durch die etwas angespanntere Atmosphäre zu Hause schon mit, dass dies alles für seine Eltern ein Grund zur Sorge war. Die zu veranschlagenden Baukosten konnten von den finanziellen Ressourcen der Familie nicht mehr aufgefangen werden, der Vater musste sich also nach einem kapitalkräftigen Partner umsehen, der Miteigentümer des neu zu errichtenden Mietshauses werden wollte. Einen solchen ausfindig zu machen war 1933 und 34, inmitten der Weltwirtschaftskrise, die auch Estland getroffen hatte, gar nicht so einfach. Er fand sich schließlich doch in Gestalt Dr. Hoffmanns, eines als geschäftstüchtig geltenden Hals-Nasen-Ohrenarztes, dessen spindeldürre Erscheinung, glatzköpfig, ziegenbärtig und kneiferbewehrt, Adalbert ziemlich genau in sein Gedächtnis eingeprägt hat, obwohl er ihn nur selten zu sehen bekam, und das überhaupt erst viel später im Treppenflur des neuen Hauses, in welchem der Doktor die Etage über den Wulffs bewohnte und dort auch seine Praxis betrieb. Die Eltern waren, daran erinnert sich Adalbert noch, merklich erleichtert durch Dr. Hoffmanns Einstieg in das durch die neuen Vorschriften unabwendbar gewordene, aus ihrer Sicht aber immer noch überdimensionierte Bauvorhaben, zumal der neue Teilhaber ihnen in der architektonischen Gestaltung weitgehend freie Hand ließ, dafür allerdings seine eigenen Vorstellungen über die Festlegung der Besitzverhältnisse an der neuen Immobilie gnadenlos durchsetzte. Darüber klagte in den Jahren danach vor allem die Mutter, die meinte, ihr Grundeigentum sei zu niedrig bewertet worden und die 50:50-Regelung, auf die man sich schließlich geeinigt hatte, eigentlich unangemessen. Aber der Vater sagte, die einzige Alternative wäre ein Verkauf unter Preis und der Verzicht auf ein eigenes Haus gewesen, und darauf wollten sich beide Eltern in diesen wirtschaftlich unsicheren Zeiten nicht einlassen.

10.

Noch während sie im alten Haus wohnten, begann Adalberts Schulzeit, zwei Monate vor seinem siebten Geburtstag. Die Schule wurde nach ihrer Direktorin, einer tatkräftigen Pastorenwitwe, überall die »Hesse'sche« genannt. Ja sogar einen zweiten Spitznamen besaß sie: die »kleine« Domschule, im Unterschied zu der »großen«, dem gerade 700 Jahre alt gewordenen, ebenfalls deutschsprachigen früheren Adelsgymnasium, das ihr gegenüber in der gleichen engen Gasse auf dem Domberg lag. Von dieser höchsten Erhebung der Stadt eröffnete sich ein atemberaubendes Panorama auf die rotweiß gedeckten Dächer der Altstadt, die grau aufragenden gotischen Kirchturmnadeln und das zartblaue, am Horizont mit dem Himmel verschmelzende Meer. Während der zwanzigminütigen großen Pause ging Adalbert, allerdings erst später, als er selbst schon »großer« Domschüler geworden war, des Öfteren auf die nur wenige Schritte entfernte Terrasse hinaus, von der aus er sich in diesen Blick richtig hineinfallen lassen konnte.

Die Vorschule wurde, anders als das Gymnasium oder die Oberrealschule, wo schon Geschlechtertrennung herrschte, noch von den kleinen Jungen und Mädchen gemeinsam besucht, und Adalbert fand da schon bald seinen ersten Schwarm, Daisy, ein braun gelocktes Mädchen mit hellen blauen Augen wie seine Mutter. Nach Schulschluss begleitete er manchmal Daisy Händchen haltend auf großen Umwegen über die Parkanlagen nach Hause. Das machte bizarre Entschuldigungen erforderlich: etwa, er hätte wieder nachsitzen müssen, Entschuldigungen, durch welche seine Eltern natürlich nicht lange getäuscht wurden, aber diesmal ließen sie ihm sein kleines Geheimnis. In der zweiten Klasse war die ganze Sache schnell zu Ende, wobei unklar bleibt, ob nun tatsächlich deshalb, weil Runar, ein sitzen gebliebener Mitschüler, ihm Daisy abspenstig machte oder aber sie einfach genug von den künstlich verlängerten Heimwegen hatte, dem Einzigen, was sie wirklich verband, denn da die Eltern nicht miteinander verkehrten, hatten sie es auch nicht gern, wenn die Kinder zu Hause miteinander spielten. Diese sozialen Unterschiede und ihre Regeln wurden in Gegenwart der Kinder nicht erwähnt, sie blieben unausgesprochen, sodass es auch keine aus ihnen hergeleiteten ausdrücklichen Verbote gab. Wenn aber Wünsche geäußert wurden wie: »Darf Daisy morgen Nachmittag mal herkommen?«, dann wurden sie so lange mit irgendwelchen Ausflüchten, wie »Morgen geht es nicht, vielleicht nächste Woche« beantwortet, bis man die Lust verlor, noch weiter zwecklose Fragen zu stellen.
Statt Daisy kam also Karin, Tochter eines kleinadeligen, das heißt nur mit einem »von« im Namen ausgestatteten Rechtsanwaltes, mit dem der Vater in irgendwelchen Wohltätigkeitsvereinen zu tun hatte. Sie wohnte in der großen Rosenkranzstraße, nur fünf Minuten Kinderfußweg vom eigenen Haus entfernt, ein ebenfalls hübsches, aber sehr stilles Mädchen in makellos sauberen Kleidchen, das sich anders als Daisy stets gemessenen Schrittes bewegte, nicht herumtollte oder auf Bäume kletterte, was Adalbert an ihrer Vorgängerin, obwohl er selbst dabei nicht sehr weit mithalten konnte, in staunende Bewunderung versetzt hatte. Mit Karin spielten sie nun in seinem Zimmer, zumeist Autorennen, sie ließen die kleinen bleiernen Wagen, von denen jeder einem bekannten Rennfahrer zugeordnet wurde – die Namen Nuvolari, Hans Stuck und Rudolf Caracciola sind Adalbert noch in Erinnerung –

auf einer schiefen Ebene herumtollen, und wer am weitesten kam, hatte gewonnen. Sicherlich werden sie noch andere Spiele gespielt und auch miteinander über gelesene Bücher, über die Schule, nicht über die Eltern, das verbot sich, gesprochen haben. Genau weiß er noch, dass er sich an Karin nicht nur gewöhnt, sondern sie wegen ihres sanften Wesens, ihrer Anmut und ihrer Beständigkeit nach einiger Zeit sogar etwas gemocht hat, was er ihr jedoch nicht sagte, denn anders als Daisy und er spielten sie niemals ein kleines Paar.

Als sich ihre Schulwege nach der vierten Klasse trennten, sahen sie sich immer seltener, denn es war in diesem Alter verpönt, mit Mädchen zu spielen, außer in den großen Ferien im Sommer, wo andere Regeln galten, aber da waren sie niemals am selben Ort. Anfang der fünfziger Jahre, seine Eltern waren beide schon tot und er studierte in Köln Medizin und Philosophie, erfuhr er von Ali Hagemeister, einem ehemaligen Klassenkameraden, der inzwischen Schauspieler in einer Wandertruppe geworden war und dem er in Zukunft noch einmal begegnen sollte, dass sie nur 20 Minuten von seinem Studentenheim entfernt wohnte, mit ihrem gräflichen oder freiherrlichen Mann und zwei Kindern. Er schrieb ihr und wurde postwendend zu einem Sonntagmittagessen zu ihr nach Hause eingeladen. Sanft, anmutig, von einem Hauch Zärtlichkeit wie von einem diskreten Parfum umwölkt war sie noch immer, er mochte sie auch gleich wieder, sah aber zugleich, dass sie sich in eine andere, für ihn schon vergangene Welt hineingeflüchtet hatte, in die Welt der Landsmannschaften und der Traditionsverbände, in der man so tat, als ob alles noch an seinem Platz wäre. So blieb es bei diesem einzigen Zusammentreffen, was für niemanden kränkend war, denn bald danach musste Adalbert Köln verlassen, um die ihm angebotene Pflichtassistentenstelle in Marburg anzutreten.

Natürlich spielte Adalbert damals nicht nur mit Mädchen. Zwar schienen die Eltern Freundschaften mit diesen eher zu fördern, vielleicht weil mit ihnen ruhigere, körperlich weniger anstrengende Spiele zu erwarten standen, aber ein paar Jungen waren trotzdem zu Hause zugelassen. Nils Hansen gehörte zu ihnen, erstaunlicherweise eigentlich, denn der zeichnete sich eher durch Tollkühnheit und Herumtoben aus, sodass hier vielleicht der Umstand den Ausschlag gegeben hat, dass Frau Hansen die Schwägerin Karl Starks, des Volta-Direktors und eines der besten Freunde der Wulffs, war.

An Nils ärgerte Adalbert allerdings, dass er jedes begonnene Spiel nach ein paar Minuten abbrechen und dafür ein neues anfangen wollte, und dies öfter, etwa durch Zusammenwerfen der gerade erst mühsam aufgebauten Holzkonstruktionen, auch durchzusetzen verstand.
Außer Nils kam noch Sven Busch zu ihnen ins Haus, ein immer picobello angezogener Junge, der sich schon damals, mit sieben oder acht Jahren, Pomade ins Haar strich und bei den meisten von Adalbert vorgeschlagenen Spielen einfach nicht mitmachen wollte, sodass sie häufig, jeder für sich mit irgendwelchen Spielsachen beschäftigt, das Ende des verordneten Besuches abwarteten. Warum Sven überhaupt kommen musste, ist Adalbert bis heute nicht völlig klar. Er war zwar Kollegensohn, seine Eltern aber waren mit denen Adalberts nicht sonderlich befreundet, und er lebte mit seiner vom Vater seit längerem geschiedenen Mutter zusammen, einer, wie Adalbert damals schien, aufgetakelten, grell geschminkten, im Winter mit kostbaren Pelzen behangenen Frau. Sie hieß Zima, jedenfalls nannte Adalberts Vetter Boris Blacher, Tante Lenis Sohn, sie so, von dem eine Zeit lang das Gerücht ging, er mache ihr während seiner Ferienbesuche in Estland den Hof. Und Zima war, wie es sich auch bis zu den Wulff-Kindern herumgesprochen hatte, Jüdin. Ob die anderen Kinder deshalb mit ihm nicht spielen sollten? Adalbert erinnert sich, dass Sven außer ihm so gut wie gar keine Freunde hatte, zu denen er gehen durfte. Ob nun die Wulff-Eltern durch die häufigen Einladungen zu ihnen nach Haus ein gutes Werk tun wollten, ob Borjas Freundschaft zu Zima dabei eine untergründige Rolle spielte oder doch nur die Tatsache, dass Sven ein ruhiges Kind aus den ihnen entsprechenden gesellschaftlichen Kreisen war, weiß Adalbert bis heute nicht.

11.

Vor ihrem Haus, an der kleinen Straßenkreuzung zur Peter-Süda-Straße, stand, bis die Verbreiterungsarbeiten Ende 1935 begannen, eine Litfaßsäule. An ihr klebten neben Geschäftsanzeigen Kino-, Konzert- und Theaterprogramme und auch politische Plakate. Nicht die Kommunisten hatten sie dort angebracht, die saßen alle oder doch fast alle seit dem misslungenen Putschversuch der Komintern 1924 im Gefängnis und waren natürlich verboten. Vielmehr warben sie für die Vabsen, die »Freiheitskämpfer«, wie sie sich nannten, estnische Nazis, die in der Wirtschaftskrise auch einen Teil der Arbeiterschaft hatten hinter sich bringen können und eine faschistische Diktatur nach Mussolinis Vorbild anstrebten. Adalbert erinnert sich noch an ein solches Plakat, auf dem mit schwarzen Lettern auf blutrotem Grund – das Design war damals in der estnischen Politik sonst noch unüblich – »Larka Riigivanemaks« (Macht Larka zum Staatsältesten!) zu lesen stand. Adalbert verstand diese Forderung nicht, denn einen Staatsältesten gab es doch schon, und das war Konstantin Päts. Auf seine Nachfrage antworteten die Eltern, die Vabsen seien fast so schlimm wie die Kommunisten, auch sie wollten denen, die ihr Geld redlich verdienten, an den Besitz, nicht nur, wie sie vorgäben, den üblen Geschäftemachern, und außerdem würden die deutschen Vereine und Schulen wohl verboten, wenn sie ans Ruder kämen. Larka sei ein General aus dem Freiheitskrieg und lasse sich von ihnen, für Geld wahrscheinlich, missbrauchen. Päts sei schon der Richtige, der hätte am 24. Februar 1918 die Unabhängigkeit Estlands proklamiert, und er werde es den Vabsen, ebenso wie vor zehn Jahren den Kommunisten, schon zeigen.

Genau dies geschah dann auch bald. Die Vabsen versuchten, 1934 war das wohl, ihren eigenen Putsch, den der Staatsälteste, diesmal aber unblutig, niederschlagen ließ. Einige ihrer Führer verschwanden für kurze Zeit hinter Gittern und Päts nahm die gute Gelegenheit wahr, das Parlament aufzulösen und hinfort, mit praktisch unbeschränkten persönlichen Vollmachten, allein zu regieren. Von all diesen Vorgängen hat Adalbert nur wenig mitbekommen, er war da gerade erst acht Jahre alt: nur einen Tag oder zwei, an denen die Kinder nicht auf die Straße hinausdurften, eine sorgenvolle Unruhe zu Hause und einen noch einige Jahre lang rezitierten estnischen Spottvers, der auf Deutsch etwa lautete: »Larka-Wachmann sitzen im Loch, doch die Millionen haben sie noch.« Das spielte auf die Unterstützung der Vabsen durch einen mächtigen estnischen Industriellen an. Niemand wusste allerdings, ob die paar Kommunisten im Untergrund ihn lanciert hatten oder Päts' eigene Propagandadienste.

Im Jahr 1938, als die Vabsen nahezu jeden politischen Einfluss verloren hatten und es in Estland auch wirtschaftlich wieder etwas aufwärts ging, setzte Päts zum Erstaunen vieler wieder eine demokratische Verfassung in Kraft und veranstaltete halbwegs freie Wahlen, von denen die Vabsen, wie auch die Kommunisten – das Letztere verstand sich damals von selbst –, natürlich ausgeschlossen blieben. Wieder gab es ein Parlament und sogar eine gemäßigte, sozialdemokratische Opposition, die von dem Tartuer Staatsrechtler Professor Uluots angeführt wurde.

12.

Für den Juni und Juli 1935 hatten die Eltern zum ersten Mal die untere Etage des Hapsaler Hauses an eine ihnen entfernt bekannte dänische Familie vermietet, wohl weil für den geplanten Neubau in Reval doch mehr Geld als erwartet aufgebracht werden musste. Die Familie Wulff wollte diese Monate in Lettland verbringen, in einem von Onkel Karl, dem Bruder von Adalberts Mutter, angemieteten Ferienhaus, das nur drei Kilometer von Cesis, dem Stammsitz der mütterlichen Familie entfernt lag. Cesis war eine von den Deutschen »Wenden« genannte lettische Kleinstadt, in deren riesiger Burg, inzwischen eine Ruine, vor Jahrhunderten der Meister des Deutschen Ordens residiert hatte, damals unbeschränkter Herrscher über das Leben aller Letten und Esten. In einem eigens für sie reservierten Abteil waren sie furchtbar lange, so kam es Adalbert jedenfalls vor, dorthin unterwegs, einen Abend und die ganze darauf folgende Nacht – auf Holzbänken der dritten Klasse, denn es musste Geld gespart werden und die Polster der zweiten galten den Eltern Wulff ohnehin als überflüssiger Luxus. Frühmorgens, in einer dünnhäutigen Unausgeschlafenheit an ihrem Bestimmungsort angekommen, wurden sie am Bahnhof von ihren Verwandten begrüßt, und Adalbert lernte nun auch den lettischen Zweig seiner Familie näher kennen.

Die lettische Familie, das war an erster Stelle die »Wenden'sche Omi« Mathilde Dzirkalis, Witwe eines zu Geld gekommenen Haus- und Hotelbesitzers, eine harte und strenge Frau, vor deren schneidender Stimme Adalbert eine ihm damals unerklärliche Angst hatte, denn sie hat ihn niemals angeschrien und natürlich schon gar nicht geschlagen. Aber wo immer er sie sah, fühlte er sich von ihr schon ertappt, auch wenn er gar nichts Verbotenes getan, ja noch nicht einmal an so etwas gedacht hatte. Irgendwie schien sie es einfach vorauszusetzen, dass er an irgendetwas schuld sein musste, sodass es nur darauf ankam, herauszubekommen, was es jetzt gerade war. Zu seinem Glück blieb die Großmutter in Cesis zurück, als die Mutter, Ivy und er am nächsten Morgen unter Onkel Karls Führung zu Fuß zum Ferienhaus aufbrachen.

Was ist von diesem Sommer noch in seiner Erinnerung hängen geblieben? Die vielen, zu groß geratenen, rot leuchtenden Walderdbeeren in dem kleinen Gehölz auf dem Weg nach Cesis; eine Fahrt mit dem Leiterwagen zu den hoch aufragenden, ziegelfarbenen Gaujafelsen am Fluss; ein alter Gaul, der sich nur dann vorwärts bewegte, wenn man mit einem Heubündel vor ihm herlief; das im Vergleich zur Hapsaler Bucht eiskalte Flusswasser; die Sommerhitze, die zum Johannistag Ende Juni, als der Vater sie besuchen kam, so unerträglich wurde, dass dieser den Fußweg von Cesis bis zu ihnen im Pyjama zurücklegte, was sie alle bei seiner Ankunft in basses Erstaunen versetzte, weil es seiner sonstigen Gewohnheit tadelloser Kleidung zuwiderlief; die heidnischen Ligua-Lieder in der Sonnenwendnacht, der, wie Adalbert erst viel später erfuhr, über Jahrhunderte einzige Protest gegen die »Meister aus Deutschland«. Aber wenn er an diese sechs Wochen denkt, dann empfindet er auch eine gewisse Beengung. Alle drei – mit dem Vater zu Besuch sogar alle vier – waren sie in einem kleinen niedrigen Raum untergebracht, dessen Fenster wegen der Mückenplage nachts nicht geöffnet werden konnten; der Zwang, sich morgens draußen an der Pumpe, vor dem Angesicht aller, und die lettischen Onkel und Tanten waren für Adalbert beinahe noch Fremde, ausziehen und waschen zu müssen; die ihnen auferlegte Verpflichtung, immer leise zu sein, weil die beiden kleinen Vettern, Gastons und Marions, schon wieder schliefen; und überhaupt das Gefühl: Wir sind hier nicht bei uns und müssen immerfort Rücksicht nehmen – ein Gefühl, von dem er nicht weiß, ob es nur durch Ermahnungen der Mutter oder auch durch eine entsprechende Erwartungshaltung ihres Gastgebers Onkel Karl geweckt worden war. Vor diesem Onkel hatte Adalbert zwar nicht, wie vor der Wenden'schen Oma, eine ständige Angst. Er war ihm eher unangenehm, schon seine süßlich einschmeichelnde Stimme flößte ihm einen leisen Widerwillen ein, sie kam ihm falsch und hinterhältig vor, ebenso wie seine rücksichtheischenden Hinweise auf Adalberts Kränklichkeit, die, so empfand dieser es, hinterrücks darauf abzielten, ihn vor allen als verzärtelt und feige hinzustellen. So musste Adalbert sich geradezu dazu zwingen, die feuchten Guten-Morgen- und Gute-Nacht-Küsse dieses Onkels über sich ergehen zu lassen. Von seiner Frau, Tante Tassja, hat Adalbert nur ihre ikonische Schönheit noch im Gedächtnis, die diejenige der Mutter noch übertraf – vielleicht kam es ihm deshalb so vor, als ob sie immer nur aus weiter Entfernung an ihm vorbeischwebte.

13.

Nicht lange nach ihrer Rückkehr nach Reval, im September 35, war es so weit: Das alte Haus musste abgerissen werden, um dem vorgesehenen Neubau Platz zu machen. Die Obstbäume im Garten fielen und zugleich verlor auch die Straße ihren Namen. Aber vorher wurde noch ein Mal geerntet, gerade in diesem Jahr hatte der Birnbaum eine unvorstellbare Menge von Früchten getragen. Adalbert erinnert sich noch, dass er heftig geweint hat, als ein Baum nach dem anderen krachend herniedersauste und ihr schöner Garten plötzlich aussah wie die Schneise eines Taifuns. Jetzt mussten sie für ein Jahr fünfzig Meter weiter in ein dem Architekten Kühnert, einem etwas entfernteren Freund seiner Eltern, gehöriges, im Bauhausstil errichtetes Gebäude in der Peter-Süda-Straße umziehen, in eine für ihre Verhältnisse winzige Vier-Zimmer-Wohnung. Die Praxis des Vaters und Tante Leni wurden, ebenso provisorisch, in einem Holzhaus auf dem gleichen Gelände untergebracht, während Ija Maria, in ein viel weiter weg gelegenes Zimmer eingemietet, nur noch tagsüber zu ihnen kam. Dieser erste endgültige Verlust, über den die Eltern ihn vergeblich hinwegzutrösten suchten, blieb lange, ja das ganze Jahr, das sie dort wohnten, wie ein Kloß in seinem Hals stecken.

Doch das Ganze war gleichzeitig auch ein Abenteuer, denn in dem Kühnert gehörigen Gebäudekomplex, von einem großen Garten umgeben, wohnten auch Kinder, mit denen man im Garten und auf dem Hof spielen konnte, und außerdem ließ sich von dort aus das Wachsen ihres neuen Hauses, eines riesigen, diesmal nun wirklich Ewigkeit versprechenden Steinquaders, tagtäglich beobachten. Hier geschah es auch zum ersten Mal, dass Adalbert mit fremden

Kindern, dazu noch mit estnischen von »niedrigem Stand«, zusammentraf und mit ihnen auch, natürlich nur draußen, spielen durfte. Zuvor waren es von Zäunen umgebene, den Eltern oder deren Freunden gehörige Gärten gewesen, in die Ivy und er zusammen mit sorgfältig ausgewählten Spielkameraden Auslauf gehabt hatten. In Hapsal kam zwar auch noch Eedi dazu, der dortige Hausmeistersohn, Ivy etwa gleichaltrig, mit dem sie häufig umhertollte, ja manchmal sogar auch auf kleine Bootsfahrten ging, aber das Territorium ihrer Spiele beschränkte sich meistens auf das kleine Hofstück zwischen der Waschküche, der Hobelwerkstatt, dem Hausmeisterhaus sowie auf die zwei Meter, die das Grundstück vom Meer trennten. In den herrschaftlichen Garten mit seinen gepflegten Blumenbeeten und Rasenrondellen, wo die weiß gestrichenen Sessel und die Liegestühle standen und die Hängematte zwischen Schatten spendenden Bäumen aufgespannt war, dorthin traute sich Eedi nur selten, auch wenn ihn Ivy noch so dringlich dazu aufforderte. Hier, in der Peter-Süda-Straße, gab es solche imaginären Grenzen nicht. Hof und Garten ließen sich nicht unterscheiden, und Lembit, der älteste Hausmeistersohn, er war vielleicht 13, ebenso wie seine kleineren Geschwister gehörte auch nicht zu den »Straßenkindern«, obwohl einige ihrer Freunde, die manchmal dazukamen, diesen in Kleidung, Gehabe und Ausdrucksweise verdächtig ähnlich waren. Aber sie waren natürlich auch nicht den Kindern aus ihren eigenen Gesellschaftskreisen zuzuzählen, mit denen Ivy und Adalbert bisher, und dies ausschließlich in sicher umhegten Räumen, hatten spielen dürfen. Dürfen? Auch hier hatte es keine ausdrücklichen Verbote, nur einige Warnungen seit frühester Kindheit gegeben. Es war einfach so gewesen, nie wäre Adalbert, Ivy war da ohnehin ein bisschen kühner, auf den Gedanken gekommen, die gezogenen Grenzen zu überschreiten, dazu war die Angst vor den als Schläger, Diebe und kleine Räuber hingestellten Straßenkindern viel zu groß.

Nun schien plötzlich alles ganz anders. Außerhalb der eigenen Wohnung gab es sicher geborgene Räume überhaupt nicht mehr, stattdessen, in diesem riesigen, verwinkelten und etwas verwahrlosten Hof, ein Zwischenreich, das weder richtig heimisch noch völlige Wildnis war. Allerdings führte Lembit, der unbestrittene Anführer der kleinen Horde, sie auch ab und an über die Grundstücksgrenzen hinaus auf die Straße oder in einen zu einem leer

stehenden, zum Abriss bestimmten Haus gehörigen Garten. Das lockte ein von unterdrückter Angst unterlegtes prickelndes Spannungsgefühl, aber auch ein schlechtes Gewissen versetzt mit einem Schuss Scham in Adalbert hervor: wohl weil er wusste, dass die Eltern das missbilligten, aber auch weil solche Ausflüge sie unvermeidlich in die Nähe der von ihnen verachteten, aber mehr noch gefürchteten Straßenkinder brachten.
Eine Zeit lang ging alles gut, Lembit nahm Adalbert, den Jüngsten von ihnen, unter seine Fittiche. Dann aber gab es plötzlich einen Zwischenfall, an den Adalbert sich nicht mehr genau erinnert: sei es, dass sie mit einer Bande von wirklichen Straßenkindern zusammentrafen und es zu einer Prügelei kam, sei es, dass Adalbert von irgendeinem Zaun herunterspringen sollte, Angst bekam und wie gelähmt sitzen blieb, Lembit schließlich die Geduld verlor, ihm grob anherrschte oder gar herunterschubste. Jedenfalls fanden diese Spiele ein jähes Ende, vielleicht weil Adalbert sich abends bei seiner Mutter ausgeweint und ihr auf ihre Fragen alles erzählt, aus der Sicht der Kinder also »gepetzt« hatte. Lembit blieb jedenfalls fortan kurz angebunden und war zu keinerlei Spiel mehr bereit, und Adalbert erinnert sich auch, dass er selbst sich, ob des Petzens wegen oder aber weil er sich mit Lembit und seinen Geschwistern überhaupt eingelassen hatte, wahrscheinlich wegen beidem, eine Zeit lang furchtbar geschämt hat.

14.

Im Frühjahr 1936, im April oder Mai, wurde Adalbert wieder einmal krank, aber diesmal blieb es nicht bei einer Erkältung mit etwas Fieber, die Temperatur überstieg 39 Grad, der trockene, bellende Husten wurde immer heftiger und schließlich förderte er auch den bräunlichen Auswurf zutage, der an der Diagnose einer Lungenentzündung keine Zweifel mehr zuließ. Nach langer Zeit musste Onkel Wolja wieder konsultiert werden. Adalbert erinnert sich noch an die sorgenvollen Gesichter, als das Fieber die 41 Grad überschritt, aber er war viel zu benommen, um selbst eine Gefahr wahrnehmen oder gar Todesangst verspüren zu können. Onkel Wolja empfahl schließlich Antiphlogestin, eine graue Paste, mit der sein Oberkörper, wie ein Osterschinken mit Brotteig, zuge-

schmiert wurde und die sich dann unter der Hitzeentwicklung des Körpers zu einer Kruste verhärtete. Am nächsten Morgen war die Temperatur auf normale Werte abgesunken und das Ärgste war vorüber. Die Mutter, die die vergangenen Tage und Nächte an seinem Bett zugebracht hatte, ließ ihn nun wieder für Stunden im Zimmer allein, während derer er sich in sein geliebtes Dschungelbuch vertiefte, seine bevorzugte Krankenlektüre. Aus dem daneben liegenden Wohnraum, den sie nicht verließ, vernahm er ja immer noch ihre Schritte und die anderen ihre Gegenwart anzeigenden vertrauten Geräusche: das Öffnen von Schubladen, das Scheppern von Geschirr. Eine Woche später durfte er aufstehen und in der Wohnung etwas hin und her gehen, und bald erschien es nicht mehr vermessen, schon für die letzten Maitage genauso wie in all den Jahren zuvor die Abfahrt nach Hapsal zu planen.
Adalbert erinnert sich, dass er im Bett voll ängstlicher Spannung im *Revaler Boten*, der Tageszeitung der Deutschbalten, die Meldungen über den Abessinien-Krieg verfolgte, als leidenschaftlicher Parteigänger des Negus, Kaiser Haile Selassi. Diesen verehrte er nicht so sehr aus irgendwelchen politischen Überlegungen heraus, dazu war er noch viel zu klein, sondern weil ein Studienfreund seines Vaters, ein Dr. Harrer, diesem Monarchen zehn Jahre lang als Arzt gedient und über diese Zeit auch ein schmales bebildertes Bändchen verfasst hatte, das in Dr. Wulffs Bücherschrank stand und dort an irgendeinem Samstagnachmittag vom darin herumstöbernden Adalbert entdeckt worden war. Hinzu kam, dass es sich um einen Kaiser handelte, um einen Herrscher und Schutzherren wie denjenigen, dem sein Großvater gedient hatte, und von dessen Rang es auf der ganzen übrigen Welt nur noch ganz wenige gab. Adalbert hoffte immer noch, gegen alle Vernunft, denn die Zeitungen sprachen von einem unaufhaltsamen italienischen Vormarsch, dass die Armeen seines Helden den Eindringlingen, wie schon 1896 bei Adua – das hatte er in *Meyers Konversationslexikon* nachgelesen –, im letzten Augenblick eine vernichtende Niederlage beibringen würden. Irgendwie hatte er diese Hoffnung sogar mit derjenigen auf seine eigene baldige Genesung verbunden, aber während diese, nach der über Tod und Leben entscheidenden Krisis, tatsächlich bald eintrat, gelang es den Italienern doch, nach Addis Abeba vorzudringen und den Negus aus dem Land zu vertreiben.

Merkwürdig bleibt, dass Adalbert schon bald nach dem Sieg der Italiener an Abessinien und an seinen Negus kaum mehr dachte, vielleicht weil er sich schämte, als Verlierer dazustehen, vielleicht aber auch nur deshalb, weil die Sommerferien nahten und er nun anderes im Kopf hatte als ausgerechnet diesen entlegenen Krieg. Und auch vom Spanischen Bürgerkrieg, der bald danach begann, ist ihm überhaupt nur zweierlei im Gedächtnis geblieben: eine Schlagzeile aus dem *Revaler Boten* mit dem Titel »Die Nationalen siegen«, irgendwann im Sommer 36, die Zeitung lag, vom Vater mitgebracht, auf dem Hapsaler Verandatisch, und etwas später die Entsetzung der im Alcazar von Toledo eingeschlossenen Franquisten – das Wort »Guernica« hörte er erst nach dem Zweiten Weltkrieg.

15.

Als Adalbert zwei Wochen fieberfrei war, brachte der Vater die Familie zum neuen Express, der für die hundert Kilometer nach Hapsal nicht mehr viereinhalb, sondern nur noch etwas mehr als zwei Stunden benötigte. Dort angekommen begann zunächst alles wie früher: Vom Hapsaler Bahnhof, einem gegen 1880 für den damaligen Zaren Alexander III. errichteten Paradebau mit seinen in einer Reihe aufmarschierten eisernen Säulchen und dem durchbrochenen Dachgiebel, der den Jugendstil schon etwas vorweggenommen hatte, fuhr eine Pferdedroschke sie zu ihrem Haus am Meer. Das Klacken der Hufe, der mit dem des Schmieröls der Radachsen sich vermischende Pferdegeruch, die vertrauten Bilder der Abendpromenade und der an ihnen vorbeiziehenden Sträßchen mit ihren bunten Holzhäusern und blumenbestandenen Vorgärten läuteten wie jedes Jahr für sie alle den Beginn ihres Sommers ein. Und doch empfand es Adalbert diesmal ein bisschen anders: so als wenn ihm dies alles wiedergeschenkt würde, nachdem es ihm im vergangenen Jahr, durch die Vermietung an nahezu Fremde, entzogen und vor einigen Wochen durch seine schwere Krankheit aufs Neue und dabei von einem viel endgültigeren Verlust bedroht gewesen war.

Im Haus stürzte er sich sofort in Ivys Zimmer, wo ein Rotholzsekretär in einem Schubfach das noch vom Großvater Adalbert erworbene Fernrohr barg, lief damit zum Meer und richtete es auf Paralepp, den Wald auf der anderen Seite der Bucht, auf die ihn verlängernde Halbinsel Pullapää, an deren Spitze ein winziger weißer Quader sichtbar wurde, das Häuschen der dort allein lebenden alten Frau, die ihnen regelmäßig Walderdbeeren und Blaubeeren ins Haus brachte, und schließlich, das war der letzte Beweis, auf die am Horizont schon verschwimmende Insel Worms, deren Hafen Sviby sich an klaren Tagen durch das Glas deutlich abzeichnete – ja man erkannte dann, wenngleich nur als kleine Pünktchen, sogar die Menschen, die sich dort auf der Mole bewegten. Erst als er sich davon überzeugt hatte, dass immer noch alles so war wie zuvor, dass ihn also niemand eines seiner Lieblingsanblicke beraubt hatte und er immer noch mit seinem durchs Fernglas verlängerten Auge zu ihnen hinauslangen konnte, gab er sich zufrieden und nahm, wie seine Mutter und Ivy, nun auch das Haus selbst wieder in Besitz: die überall blank gescheuerten Dielen, die Glasveranda mit ihren grün gestrichenen, schilfbeflochtenen Holzmöbeln, den Salon mit seinen weiß lackierten Biedermeiersesseln und dem kleinen Aufziehgrammaphon, den engen, etwas düsteren Schlafraum der Eltern und schließlich Tante Lenis bisheriges Zimmer, das jetzt ihm überlassen worden war. Und gleichzeitig wusste er schon: Später, an allen Samstagnachmittagen, würde ihm das Fernrohr, wie in den Jahren zuvor, auch noch dazu dienen, als Erster den gerade am Bahnhof ankommenden Vater zu erspähen – wie dieser den Weg bis zu ihnen nach Hause zu Fuß zurücklegt, sein kleines braunledernes Wochenendköfferchen in der Hand, in welchem drei Tafeln Stude'scher Nussschokolade, der feinsten im ganzen Land, nur darauf warten, nach seiner Ankunft an ihre Mutter, an Ivy und an ihn ausgeteilt zu werden.

Die ersten Wochen war er allerdings noch Rekonvaleszent. Vor- und nachmittags musste er für jeweils zwei bis drei Stunden in die Hängematte oder in den Liegestuhl. Dann aber, fast von einem Tag zum anderen, kam der Umschwung, der ihn aus einem von den Eltern und Ija Maria abhängigen Kind, das sogar seine Spielkameraden verordnet bekam, zu einem auf seine Vorstellungen, seine Wünsche, Vorlieben und Freundschaften beharrenden kleinen Jungen werden ließ. Während er noch in seiner Hängematte vor sich hin träumte, tauchte nämlich Hansi Stackelberg vor ihm auf, ob ganz aus eigenem Antrieb oder von Adalberts Mutter dazu auf-

gefordert, hat Adalbert nie erfahren, und er brachte ihm die Bücher mit, die sein Leben für ein paar Jahre völlig umkrempeln sollten: nämlich die drei Bände von Karl Mays *Winnetou*. Nach fünfzig Seiten schon wurde ihm klar: Er war weder Rudolf Caracciola noch Hans Stuck, und auch nicht der Ras Makonnen, der getreue Lehnsmann, der den Negus im letzten Augenblick vielleicht doch noch errettet, nein, er war Old Shatterhand, Blutsbruder Winnetous, und damit auch der Erzähler der ganzen Geschichte: Karl May. Aus der diesem Buch entstiegenen Figur, wie sie Adalbert von Seite zu Seite immer deutlicher entgegentrat, und einigen anderen, an Ort und Stelle vorfindlichen Versatzstücken wie einem braun gefärbten Trapperhemd, einem alten Hut und einem zum Henrystutzen ernannten Spazierstock zimmerte er sich eine neue Identität zurecht, in deren Gestalt er sich jederzeit, wenn er nur übers Meer in den Wald nach Paralepp und Pullapää hinüberschaute, aus seiner Hängematteneinsamkeit in den wilden Westen versetzen konnte, ja manchmal genügte für eine solches Abenteuer schon ein Blick in den eigenen Garten.
Er blieb dabei nicht lange allein. Sobald er für längere Zeit aufstehen durfte, ließ er sich von Hansi, der sich die Rolle Winnetous vorbehalten hatte, als das Greenhorn, das er, genauso wie Old Shatterhand im ersten Halbband, ja noch war, nun auch im gemeinsamen Spiel in diese neue Welt einführen: Sie zogen mit Stöcken und Pfeil und Bogen bewaffnet durch verwilderte Gärten, die sich leichter als die eigenen, von ihren Familien bevölkerten in Prärien und Wälder verwandeln ließen, und sie weiteten, als Adalbert für völlig gesund erklärt worden war, ihr Spielfeld sogar aus bis nach Paralepp, also in einen wirklichen und nicht bloß eingebildeten Wald, in welchem sie sich verstecken, an kampierende Sommerfrischler anschleichen und sogar ein Lagerfeuerchen anzünden konnten, das ihre Büffellende – ein von Adalberts Mutter mitgegebenes Stück Kalbfleisch – mehr oder weniger gar briet.
Es blieb nicht nur bei diesen Spielen. Vielleicht weil er selbst einiges von seiner Ängstlichkeit abgelegt hatte, vielleicht auch weil die gerade erst überstandene Lungenentzündung eine lange versteckte Bedrohung endlich an den Tag gebracht und damit überwindbar gemacht hatte, zeigten seine Eltern sich nicht mehr ständig besorgt um seine Gesundheit und ließen ihn halbe Tage mit Hansi allein. Dieser, zwei Jahre älter als er, war zu seinem Schutzpatron, zu ei-

ner Art größerem Bruder geworden, zu seinem Blutsbruder, der keinerlei Unterwerfungsgesten von ihm einforderte, aber wie seine Rolle im Buch es ihm vorschrieb, im Notfall immer zur Stelle war. Und der trat sehr bald danach auch schon ein: Nils Hansen und er sind auf das vielleicht zwei Meter hohe Dach des kleinen Spielhäuschens in ihrem Garten geklettert, Nils springt juchzend auf das darunter liegende Rasenbeet, Adalbert, von einer panischen Angst ergriffen, weigert sich, es ihm nachzutun, ein paar Augenblicke später ist Nils, eben noch sein Spielkamerad, wieder oben und versucht ihn hinunterzustoßen. Adalbert ruft um Hilfe, plötzlich ist Hansi da, neben ihnen beiden, er reißt den Bösewicht von ihm weg und droht diesen nun selbst runterzuwerfen, woraufhin der, seinerseits in Panik, nochmals springt und sich schleunigst in Sicherheit bringt.

Auch diese Szene ist eigentlich zu einprägsam, um ganz der Welt der Wirklichkeit zu entstammen, sie gehört wohl eher dem Ursprungsmythos seiner Freundschaft zu Hansi an, aber irgendein wahrer Kern lässt sich ihr wahrscheinlich trotzdem nicht absprechen. Adalbert wusste nun jedenfalls, dass im Notfall immer jemand da sein würde, um ihm zu helfen.

Diese neue Sicherheit brachte es wohl auch mit sich, dass Adalbert noch in jenem Sommer nicht nur, beinahe auf einen Schlag, schwimmen und Rad fahren lernte, sondern sein Vater ihm auf seinen Segeltouren bei ruhiger See auch für eine Viertelstunde das Ruder und die Segelleine überließ. Während er früher immer ein bisschen Angst vor dem Meer gehabt hatte, freute er sich jetzt auf diese Ausflüge mit der kleinen Hapsaler Jolle, die sein Vater in diesem Jahr erstanden hatte und deren Anlegeplatz am Nebenquai des Yacht-Clubs lag, eine knappe halbe Stunde Fußweg von ihrem Haus entfernt. Und er schwamm auch zu der kleinen schilfbewachsenen Insel inmitten der Bucht, auf halber Strecke nach Paralepp hinüber, obwohl er unterwegs, über zweihundert Meter vielleicht, keinen Boden mehr unter den Füßen fand. Die Kruste kleinkindhafter Abhängigkeit und besorgter Verzärtelung zersprang jedenfalls, und damit war er auch für neue Vorbilder, für neue reale und imaginierte Szenarien empfänglich geworden.

16.

Erst in diesem Sommer tritt auch das Bild Borja Blachers, seines Vetters, für ihn etwas deutlicher hervor, der auch noch, als Tante Leni nach ihrem Schlaganfall 1935 nicht mehr in die Sommerferien mitkam, regelmäßig vier Wochen lang bei ihnen in Hapsal verbrachte. Er sieht ihn dort als gut angezogenen, sehr schlanken, ja mageren, großen, etwas vornübergeneigten jungen Mann vor sich, in weißer oder hellgrauer Hose und elegantem Kamelhaarpullover, der abends einem Blazer mit Fliege Platz machte, und hört seine in einem angedeutet russischen Tonfall leicht gedehnte, sogar etwas schleppende Stimme, mit der ein trockener, schlagfertiger Humor kontrastierte, so etwas wie ein gemeinsames Markenzeichen der Familien Blacher und Wulff. Die etwas dandyhafte Aufmachung sollte später völlig verschwinden. Als Adalbert ihn im Januar 46 wieder sah, trug er einen alten, ausgewaschenen Pullover und eine zerknitterte Hose, in der ersten Nachkriegszeit die typische Kleidung derer, die nicht das Glück hatten, alte Uniformstücke aus der Kriegsgefangenschaft mitgebracht zu haben.
Zu ihnen, den Kindern, hatte dieser, wegen des Altersunterschiedes von über zwanzig Jahren von ihnen »Onkel Borja« genannte Vetter immer etwas Distanz gewahrt. Er hielt sich mehr an die Erwachsenen, und wenn er sich den Kleinen doch einmal zuwandte, dann nur mit Worten, zumeist mit irgendeinem trockenen Scherz. Adalbert kann sich an kein einziges Mal erinnern, dass er von seinem Vetter in den Arm genommen, übers Haar gestreichelt oder überhaupt nur irgendwie berührt worden wäre. Vielleicht lag das daran, dass ihm, als er noch sehr klein war, Onkel Borjas Hände, seine überlangen dünnen Finger mit ihren rilligen, tabakgelb verfärbten Nägeln manchmal wie zwei riesige langbeinige Insekten vorgekommen waren, von vertrauten Berührungen noch ungezähmt, und er seinem Vetter-Onkel deshalb eine Scheu signalisiert hatte, die eine größere Nähe gar nicht aufkommen ließ.
In Hapsal saß Borja an den wenigen bedeckten oder gar verregneten Tagen am Verandatisch und krakelte etwas auf seine in dicken Paketen mitgebrachten Notenblätter. Wenn die Sonne schien, begleitete er den Vater, Ivy und jetzt auch Adalbert auf Segeltouren, oder er ging mit seinem Vater und ihm auch zum Baden in die Bergfeld'sche Anstalt, deren weißrote, auf Stelzen in das fla-

Bootsausflug in der Hapsaler Bucht mit Mutter und Tante Leni Blacher

che Ostseewasser hineingebaute, streng nach Geschlechtern getrennte Umkleidekabinen auch von ihrem Garten aus sichtbar waren. Borja gehörte, im Sommer jedenfalls, einfach dazu. Wäre er ein Jahr nicht gekommen, hätte ihn ein jeder vermisst. Und doch wurde er, von ihrer Mutter vor allem, aber wohl auch von ihnen, den Kindern, nur am Rande wahrgenommen, er, der damals noch arme Verwandte, dem der Vater aus vollem Herzen, die Mutter vielleicht etwas widerstrebend die nötige Unterstützung zukommen ließ, von dem man aber auch erwartete, dass er sich stillschweigend den ungeschriebenen Regeln ihres Familienlebens anpasste, dass er also in der Gesellschaft nicht aneckte und sich natürlich auch nicht in den Mittelpunkt schob.
Nicht immer kam er dieser Erwartung ganz nach. Adalbert erinnert sich an einige missbilligende Bemerkungen seiner Mutter darüber, dass Borja schon wieder das *Must Kass*, das einzige als etwas anrüchig verschriene Nachtlokal der Stadt, aufgesucht hätte und frühmorgens nicht ganz nüchtern nach Hause gekommen sei. 1935 allerdings, als eines seiner Orchesterwerke, für alle damals völlig überraschend, von den Berliner Philharmonikern unter Carl Schuricht aufgeführt und ihm bald darauf eine Professur für Komposition am Dresdner Konservatorium angeboten wurde, begann die ganze Familie auf ihn stolz zu sein. Die Schallplatte seiner

»Konzertanten Musik« wurde, wenn er nicht da war, auf dem schon etwas defekten Hapsaler Grammophon, das man alle zwei Minuten neu aufziehen musste, immer häufiger abgespielt. Schließlich wurden ihm, dem anerkannten Künstler, auch seine kleinen Eskapaden ins Revaler Nachtleben nachgesehen.
Kurz vor Kriegsbeginn hatte Borja seine Dresdner Professur allerdings wieder verloren: und zwar durch die unvorsichtige Ahnenforschung eines Rigaer Vetters, der, fanatischer Nazi, in eine SS-ähnliche Auslandsorganisation der Partei aufgenommen werden wollte und dabei entdecken musste, dass zwei ihm und Borja gemeinsame Urgroßväter, evangelische Pastoren, wie es zunächst schien, in Wirklichkeit zum Christentum übergetretene Rabbiner waren. Damit galt Borja, den Nürnberger Gesetzen zufolge, als Mischling 2. Grades, dem keinerlei Unterrichtstätigkeiten an deutschen Hochschulen mehr gestattet waren, und er musste sich mit privatem Klavier- und Kompositionsunterricht durchschlagen, was im allmählich provinziell verkümmernden Berlin nicht mehr so einfach war. Jetzt, nach über 60 Jahren, fällt es Adalbert freilich auf, dass über Borjas politisches Missgeschick und seine Unterstützungsbedürftigkeit nur im engsten Familienkreise gesprochen wurde, so als ob es sich bei beidem, bei der Hilfe zu Borjas Lebensunterhalt ebenso wie bei seiner Entlassung aus »rassischen« Gründen, um verfängliche Themen gehandelt hätte, um etwas, was der Familie hätte schaden können und dessen sie sich vielleicht sogar hätten schämen müssen.

17.

Noch drei weitere Sommer sollten ihnen allen in Hapsal beschieden sein und Adalbert genoss sie mit einer Intensität, die schon eine Ahnung vom nahenden Ende enthielt. Ob sie alle so warm und sonnig waren wie seine heutige Erinnerung es ihm vorgaukelt, muss dahingestellt bleiben, nur für den letzten, 1939, kann er da ganz gerade stehen.
Ivy wuchs in der Zeit von einem Backfisch – so nannte man damals pubertierende weibliche Teenager – zu einem hübschen, schlagfertigen, für kumpelhafte Freundschaften ebenso wie für harmlose Flirts begabten jungen Mädchen heran, das auf der

Garten der Wulff'schen Datscha, von links: Großmutter, Tante Leni, Boris Blacher, Tante Emmi, Ivy, eine Amme, Adalbert auf dem Arm, Onkel Wolja Blacher, Mutter, 1927

Strandpromenade einen Teil der männlichen Blicke auf sich zog, die bis dahin allein ihrer Mutter gegolten hatten. Und der ungarische Dirigent des Strandorchesters, ein Dr. Rajter, der die Ältere bis dahin verehrt und mit Blumengebinden beschenkt hatte, machte plötzlich der 16-jährigen Tochter einen mindestens halb ernst gemeinten Heiratsantrag. Adalberts Schwester waren im Umgang mit Altersgenossen im Hapsaler Sommer im Übrigen keinerlei Restriktionen auferlegt, sie durfte mit ihnen scherzen, flirten, ja sogar auf mehrtägige Segeltouren gehen, aber es wurde als selbstverständlich vorausgesetzt, dass die letzte Grenze dabei nicht überschritten wurde: Das Gegenteil hätte zu strengsten Sanktionen gegen alle Beteiligten Anlass gegeben. Warum hingegen im Revaler Winter, während der Schulmonate, eine viel straffere Reglementierung herrschte, die lediglich Tanzstunden, Schlittschuhbahn und kontrollierte Besuche einiger handverlesener junger Männer zu Hause als Begegnungsfelder zwischen den Geschlechtern vorsah, dafür gab es keine verständige Erklärung, das war eben einfach so. Für Adalbert trat neben die Indianerspiele mit Hansi, denen sich inzwischen auch der mit ihnen wieder versöhnte Nils Hansen an-

Ivy, Mutter und Adalbert auf einem Hapsaler Dünenweg

geschlossen hatte, nun auch das Yachtclub-Leben, das ja nicht nur aus den Segelpartien mit dem Vater, Borja Blacher und Ivy bestand: Nun begleitete er, wenn der Vater nicht da war, oft auch die Mutter dorthin, die auf der Clubveranda mit ihrem freien Ausblick aufs Meer, zumeist mit dreien, zusammen, wie sie sagte, über zweihundert Jahre alten verarmten Baronen Bridge spielte und dabei meistens auch gewann. Adalbert selbst stand während der Zeit mit irgendjemand Älterem, der dazu bereit war, an der inzwischen vom Club angeschafften Tischtennisplatte und mühte sich, die ihm zugespielten Bälle wenigstens zurück übers Netz und auf die andere Hälfte zu bringen. Das gelang ihm schon nach kurzer Zeit so gut, dass er, es muss im vorletzten Sommer, 1938 also, gewesen sein, zusammen mit den Erwachsenen an dem vom Club organisierten Turnier teilnehmen durfte, bei dem er allerdings, und das enttäuschte ihn doch etwas, nur als Zweitletzter abschnitt.
Manchmal saß er auch nur auf der Veranda und sah den Booten nach, die geräuschlos auf das offene Meer und die Inseln zuglitten oder von dorther zurückkehrten oder er verfolgte, was spannender war, die gelegentlich stattfindenden Regatten, in denen sich die Segler des deutschen und des benachbarten estnischen Clubs miteinander maßen. Auch hierbei waren die Esten keine zu bekämp-

fenden Gegner und schon gar keine Feinde, aber eben doch »die anderen«, und dies nicht so sehr deshalb, weil sie eine andere Sprache sprachen, die man ja selbst fast genauso gut verstand, sondern weil sie, und das nicht nur beim Segeln, »dem anderen Club« angehörten. So blieb es meistens bei einer eher freundlichen, nicht immer ganz konsequent durchgehaltenen Apartheid, auf der, anders als in Südafrika oder in den USA, hier beide Seiten bestanden, die Esten im Stolz auf ihre selbst errungene Unabhängigkeit, die Deutschen in einer rückwärts gewandten Sehnsucht nach ihrem verlorenen Herrenstand und, bei manchen von ihnen, auch nach dem Zarenreich, das diesen Status für sie über zwei Jahrhunderte aufrecht erhalten hatte.

Freilich gab es auch Ausnahmen. So ging die estnische Familie Tamm im deutschen Yachtclub fast täglich ein und aus, ohne dass irgendjemand daran auch den geringsten Anstoß nahm, und wenn Adalbert sich recht erinnert, verfügte sie dort sogar über ein eigenes Bötchen. Mit Igor, dem schlanken, blond gelockten Tamm-Sohn, verband Ivy sogar eine über Jahre währende Freundschaft, bis die Wulffs Estland verließen. Sie gingen miteinander segeln, spielten zusammen Volleyball und Tennis und feierten in der während der Ferien leer stehenden deutschen Schule mit den anderen Jugendlichen des Clubs abendliche Tanzfeste mit Johannisbeersaft und Meet, dem ortsüblichen Honiggetränk. Igor machte, auf schüchterne Weise, Ivy wohl auch ein bisschen den Hof, das schmeichelte ihr, aber sie wusste es so einzurichten, dass es nicht zu Erklärungen kam, denn als Flirtpartner kam er für sie nicht in Frage, schon weil er etwas jünger als sie war, und, wer weiß, vielleicht spielte es da doch auch eine Rolle: eben ein Este war.

Irgendwann in den sechziger Jahren erfuhr Hansi Eggers, ein früherer Studienkamerad Adalberts, der anlässlich eines Fortbildungsaufenthalts in Amerika im von Igor geleiteten New Yorker Rockefeller-Institut für Biochemie tätig war, zufällig bei einem Gespräch von dessen seinerzeitigen Freundschaft zu Ivy und stellte den in den Kriegswirren abgerissenen Kontakt zwischen beiden wieder her, der dann bis zu Igors Tod bestehen blieb.

18.

Aber auch Adalberts Revaler Leben hatte sich, seit sie in ihr neues Haus eingezogen waren, gründlich verändert. Nicht nur dass der Fahrstuhl, er hatte vorher noch nie einen gesehen, ungeahnte Möglichkeiten zum Spielen bot, nicht nur, dass der estnische Hausmeister Arumäe, Kohlenstaub an den Händen und im Gesicht, in seinem Keller immer gerne für einen kleinen Schwatz zur Verfügung stand. Adalbert war auch eine richtige Leseratte geworden. Fast jede Woche lieh er sich aus der nur knapp zehn Minuten entfernten Carnegie-Bibliothek, der Stiftung eines amerikanischen Millionärs für die Stadt, einen neuen Karl-May-Band aus, in welchen nun aber immer häufiger der Nahe Osten an die Stelle des Wilden Westens, Kara Ben Nemsi an die Old Shatterhands trat. Das verlangte Adalbert einen weiteren Schub an innerer Selbstständigkeit ab. Nicht nur, dass sein neuer Held, in dessen Haut er nun schlüpfte, keinen Winnetou mehr an seiner Seite hatte. Auch Hansi, der ja den Winter über in Hapsal blieb und dort auf die deutsche Schule ging, konnte ihn nicht unterstützen, sodass Adalbert in der Hauptstadt niemanden hatte, um seine neuen Leseabenteuer in einem gemeinsamen Spiel in Szene zu setzen – er blieb auf die Lektüre und auf das, was durch sie in seiner Fantasie in

Salon im neuen Haus, 1936

Bewegung geriet, angewiesen. Das war aber erstaunlich viel, jedenfalls solange der Vorrat der Bibliothek an Karl-May-Bänden reichte, und der war, als sie Estland verlassen mussten, immer noch nicht ganz aufgebraucht.
Mit den Eltern verstand er sich weiterhin wunderbar. Sie widmeten ihm jetzt auch immer mehr Zeit und mit Ivy ging es ebenfalls von Jahr zu Jahr besser, er machte mancher ihrer Freundinnen sogar schüchtern den Hof. Ija Maria hingegen hielt er sich etwas mehr vom Leibe, schon um allen deutlich zu machen, dass es eines Kindermädchens für ihn nicht mehr bedurfte – ihr Gezänk mit der Mutter war übrigens, seit sie nicht mehr im Hause der Wulffs wohnte, fast völlig verstummt. Nur morgens ließ er sich gefallen, dass sie ihn rechtzeitig für die Schule weckte, ihm das Frühstück zurechtmachte und ihm manchmal sogar die Schnürsenkel zuknotete, eine Verrichtung, für die er selbst immer noch viel zu viel Zeit benötigte. Sie brachte ihm auch die estnische Morgenzeitung, das *Päevaleht*, an den Tisch, dessen politischen Teil er, ungefähr von seinem 11. Lebensjahr an, während des Frühstückens aufmerksam las. Zur Schule ging er schon lange allein, und nach dem gemeinsamen Mittagessen mit der Mutter und Ivy, der Vater kam von seinen Hausbesuchen erst später heim, konnte er bis zum Abendessen selbst über seine Zeit verfügen und lesen, mit Freunden spielen oder allein spazieren gehen.

19.

Am 24. Februar, *vabariigi aastapäev*, dem Jahrestag der Republik, fand alljährlich eine große Militärparade statt. Deren Marschkolonnen zogen an ihrem Haus vorüber zum Freiheitsplatz, wo sie an einer Ehrentribüne vorbeidefilierten. Im letzten Februardrittel war es in Estland fast jedes Jahr bitter kalt, die Quecksilbersäule sank oft auf minus 20 Grad, niemand ging, wenn er nicht unbedingt musste, aus dem Haus. So sahen Dienstboten und Kinder, die Eltern waren an dem Spektakel weniger interessiert, die Soldaten durch die vorsorglich aufgetauten Fensterscheiben vorüberziehen, wobei die Blasmusikkapellen und die durch Hufgeklapper im Dreivierteltakt sich ankündigenden Reiterzüge Ivy und Adalbert am stärksten begeisterten.

Adalberts Mutter 1934

1938 wurde zu diesem Staatsfeiertag eine Sensation angekündigt: Der Marschall der Sowjetunion Jegorov werde an der feierlichen Parade zum Gedenken der estnischen Unabhängigkeit teilnehmen – einige Monate später bekam er von Stalins Hinrichtungskommando, ob mit oder ohne vorangegangenen Schauprozess, den Genickschuss verpasst. Da Adalbert inzwischen eigenständiger und gesundheitlich robuster war, durfte er im Winter jetzt auch bei größerer Kälte allein auf die Straße. So schritt er, warm in Wintermantel, Schal und Pelzmütze verpackt, an diesem Tag über die von festgetretenem harschem Schnee bedeckte, verbreiterte nunmehrige Pärnu Maantee die drei Minuten, die er dazu benötigte, zum Freiheitsplatz hinunter, mischte sich unter die Schaulustigen, die merkwürdigerweise gar nicht so zahlreich erschienen waren – die Angst vor dem kommunistischen Marschall war auch aus einer Entfernung von 50 Metern noch immer zu groß –, und versuchte wenigstens einen kurzen Blick auf den seltsamen, an dieser Stelle völlig unpassend erscheinenden, ja das festliche Ereignis geradezu Lügen strafenden Ehrengast zu erhaschen.
Da stand der nun, regungslos festgefroren an seinem Tribünenplatz, aus der Distanz kaum größer als ein Spielzeugsoldat, und legte von Zeit zu Zeit ruckartig die Hand an die Mütze, auch noch als der Kaitseliit an ihm vorüberzog, eine Staatsschutzmiliz, deren vordringlichste Aufgabe es doch war, seine Genossen aufzuspüren und ins Gefängnis zu werfen. Jegorov war der erste Kom-

munist, den Adalbert leibhaftig zu Gesicht bekam. Als er seinen Vater fragte, ob das plötzliche Auftauchen des Marschalls Gutes oder Schlechtes voraussehen lasse, wusste dieser ihm nicht zu antworten. Wahrscheinlich wollte die Sowjetunion, nach der deutschen Wiederaufrüstung und nach Hitlers immer häufiger geäußerten Absichten, im Osten neuen »Lebensraum« für das deutsche Volk zu erobern, durch die Entsendung eines hohen Offiziers nach Estland ein Zeichen dafür setzen, dass sie sich solchen Plänen, sollten sie das Baltikum betreffen, notfalls auch militärisch entgegenstellen werde.

20.

Mit nicht ganz elf Jahren kam Adalbert in die »große« Domschule. Er bestand das Aufnahmeexamen ins Gymnasium ganz anstandslos, geradezu kinderleicht kamen ihm die Prüfungsaufgaben vor. Dort fand er auch rasch neue Freunde, und das war auch notwendig, denn einige seiner bisherigen Spielkameraden, so Nils Hansen, wanderten zur Oberrealschule ab. Am besten kam er mit Schorschik zurecht, dem einzigen Sohn eines Petersburger Emigrantenehepaars. Von der russischen Mutter war in der Klasse kaum je die Rede, umso mehr vom deutschsprachigen Vater: der hing nämlich der okkulten Wissenschaft an, das heißt, er verbrachte seine Zeit damit, Verstorbene durch irgendwelche Klopfzeichen zum Reden zu bringen. Wenn Schorschik deswegen gehänselt wurde, verteidigte er die Überzeugungen seines Vaters vehement, diskutierte man hingegen in aller Ruhe mit ihm, so war er schon viel vorsichtiger und behauptete nur, es gäbe einstweilen keinen Gegenbeweis. Für sein Alter wusste er eine Menge, er tat auch viel für die Schule, wohl weil ihm klar war, dass seine Eltern sich abmühen mussten, um ihn dorthin schicken zu können. Vor allem aber erwies er sich als absolut zuverlässig, man konnte auf sein Wort, hatte er es einmal gegeben, unter allen Umständen bauen. Adalbert versuchte ihn zunächst in die Welt seiner Idole Old Shatterhand und Kara Ben Nemsi einzuführen, mit nur wenig Erfolg, aber sie spielten begeistert miteinander Seeschlacht und unterhielten sich bald auch immer mehr über Politik.

Diese hatte nämlich begonnen, an den deutschen Schulen eine

beherrschende Rolle zu spielen, zunächst allerdings nur bei den älteren Jahrgängen. In Ivys Klasse waren fast alle Mädchen schon »Pfadfinder«, die zwar der internationalen Scout-Bewegung angeschlossen, aber in Estland nach Volkszugehörigkeiten getrennt waren, und die deutschen waren nach 1933 allmählich von den örtlichen Nazis unterwandert worden. Die alten Rituale der Jugendbewegung – Wanderungen, Zelten, Singen am Lagerfeuer – führten sie zwar noch fort, sie dienten aber nun vor allem als Köder, um möglichst viele Mitglieder anzuwerben, die dann umso leichter ideologisch indoktriniert werden konnten. 1936 waren die »Deutschen Pfadfinder« schon nichts anderes mehr als eine nationalsozialistische Tarnorganisation, und in der Schule nahm der Druck auf diejenigen, die noch nicht dazugehörten, tagtäglich zu. Ivy lag den Eltern ständig damit in den Ohren, in diesen Ableger der »Bewegung« eintreten zu dürfen. Die Mutter war unentschlossen, der Vater, der die Nazis auf Grund seiner christlichen Überzeugung nicht mochte, verbot es eine Weile, bis die Ankündigung eines internationalen Sommerlagers der Scouts, ausgerechnet in Paralepp, seinen Widerstand brach.

Adalbert allerdings, von Schorschik und zwei oder drei anderen Klassenkameraden darin unterstützt, verweigerte sich, was in der Quinta noch verhältnismäßig einfach war. Stattdessen trat er der deutschen Sektion des CVJM, des Christlichen Vereins Junger Männer, bei, die auch Uniform trug, wanderte und sang, mit den Nazis aber erklärtermaßen keine gemeinsame Sache machte. Warum Adalbert das tat? Vielleicht wollte er sich mit diesem Schritt nur von seiner älteren Schwester etwas stärker abgrenzen. Seine Wahl wurde merkwürdigerweise sowohl von ihr als auch von der eigenen Klasse respektiert. Natürlich hielten die Pfadfinder die CVJMler für schlappe Betbrüder, sie wurden von ihnen als »Käser« gehänselt, aber sie galten bei ihnen doch mehr als die »Spießer«, wie man die völlig Nichtorganisierten nannte. So war der Druck, Pfadfinder zu werden, durch seinen Eintritt bei der Konkurrenz vorerst von ihm genommen.

Seine Mitgliedschaft in der christlichen Jugend dauerte nicht lange, denn schon kurze Zeit nach seinem Eintritt verbot die estnische Regierung alle in Sprachgruppen aufgegliederten uniformierten Jugendorganisationen, und damit nicht nur die Pfadfinder, sondern auch den deutschen CVJM. Während der christliche Jungmännerbund sich mit dem Verbot abfand und die Jugendarbeit nun völlig den Kirchengemeinden überließ, gaben die deutschbaltischen Nazis so schnell nicht auf. An jeder Schule wurde ein deutscher »Schülerbund« gegründet, dessen Mitglieder sich durch ein ständig, auch während des Unterrichts zu tragendes weißes Hemd und weiße Kniestrümpfe von den Nichtorganisierten, vor allem aber von den Esten, Russen und Juden sichtbar abheben sollten. Während die meisten Älteren, unter ihnen auch einige ehemalige CVJMler, rasch Mitglied wurden, regte sich in den Unterklassen seiner Schule dagegen zunächst mehr Widerstand.

Der Druck wurde aber doch so stark, dass man ihm allein kaum standhalten konnte. So gründeten Schorschik und zwei andere Klassenkameraden, Gero und Peter, beide von Adel, der eine Graf, der andere Baron, mit Adalbert eine Anti-Schülerbund-Gruppe, die sich einmal wöchentlich traf und beriet, mit welchen Argumenten man sich aus der neuen Nazi-Organisation heraushalten könne. Das elterliche Verbot, die eigene christliche Einstellung, dass der Schülerbund nur eine verkappte Pfadfindergruppe war und deshalb nichts für ehemalige CVJMler, viel mehr fiel ihnen dabei allerdings nicht ein. Dagegen führten die Nazis ins Feld, die Esten hätten ja den CVJM auch verboten, seine ehemaligen Mitglieder säßen deshalb nun mit denen der Pfadfindergruppe in einem Boot. Der Schülerbund sei natürlich für beide da, im Übrigen seien sie alle Deutsche und dürften sich solche Unterdrückungsmaßnahmen nicht widerstandslos gefallen lassen – das täten nur Feiglinge, zu denen sie, die Zögernden, doch nicht gezählt werden wollten. Diesem psychischen Druck gesellten sich bald auch Schikanen hinzu. Nach altem Brauch führten in den Pausen nicht die Lehrer, sondern von ihren Klassen gewählte ältere Schüler die Aufsicht, sie allein waren in dieser Zeit für die Disziplin verantwortlich und mussten auch Streithähne trennen – und fast alle dieser Pausenaufseher waren nun plötzlich Nazis. Sie griffen sich diejenigen, die kein weißes Hemd und keine weißen Socken trugen, heraus, machten sie lächerlich und kündigten an, niemand würde mehr ein Wort mit ihnen reden, ja manchmal drohten sie sogar mit Prügel. Besonders unliebsam tat sich dabei Didi Luther hervor, Sohn eines millionenschweren Möbelfabrikanten. Später, kaum in Deutschland angekommen, war er schon Offizier der Waffen-SS.

Irgendwann, es war wohl im Jahre 1938, war dieser Druck so unerträglich geworden, das Gefühl, nicht mehr zu den anderen, zu der ganzen Schulgemeinschaft zu gehören, so quälend, dass Adalbert und seine drei Freunde ihren Widerstand aufgaben und, wenn auch widerwillig, gemeinsam ihren Beitritt erklärten. Zu ihrem Glück wurde kurz danach auch der Schülerbund von der estnischen Regierung verboten, und zwar mit der Begründung, das weiße Hemd zusammen mit den weißen Socken stellten eben doch eine Art Uniform dar. Erst viel später wurde Adalbert klar, dass die deutschbaltischen Nazis nur versucht hatten, ihre sudetendeutschen Gesinnungsgenossen zu kopieren, die das Uniformverbot der tschechoslowakischen Regierung durch eine ähnliche Tracht erfolgreich unterlaufen hatten. Die neue Regelung brachte die Wut der Revaler Jungnaziführer zwar zum Kochen, diese konnten nun nicht mehr vor ihren Truppen, Jugendlichen und Kindern, posieren und ihnen schneidige Reden halten, aber sie führte nach kurzer Zeit schon, wenigstens in den Unterklassen, wieder zu Ruhe und Frieden. Der Ruf, es jetzt mit dem weißen Hemd allein zu versuchen, verhallte ergebnislos, das hätte auch wenig Sinn gehabt, weil auch viele Esten und Russen, ja wahrscheinlich auch Juden mit einem solchen bekleidet herumliefen, und so waren bald der Schülerbund ebenso wie die Auseinandersetzungen, die durch ihn heraufbeschworen worden waren, schon vergessen – und Adalbert fühlte sich in seiner Schule wieder wohl.

Die politische Großwetterlage wurde allerdings immer brenzliger, und das bekamen auch sie, die Kinder, jetzt allmählich zu spüren. Zunächst die Sudetenkrise, wo der Krieg erst im letzten Augenblick abgewendet worden war, und das auch nur durch das Nachgeben Englands und Frankreichs und deren Verrat an der Tschechoslowakei. In den Tagen vor dem Münchner Abkommen, das die Krise beendete, hatten die Eltern, wie die meisten, die sich das leisten konnten, alle möglichen Vorräte ins Haus geschafft. Adalbert erinnert sich noch an mehrere Speckseiten und zwei 100-Kilo-Säcke Zucker, und die Luft war die ganzen Tage über wie zum Schneiden gewesen. Das Ganze dann noch einmal im März 39, beim Einmarsch der Deutschen nach Prag. Aber vielleicht weil es eine Wiederholung war oder auch weil es diesmal Vorwarnungen nicht gab und dem Gewaltstreich kein Austausch von Kriegsdrohungen vorausging, erlebten sie es nicht ganz so nachhaltig – eine kleine Spur waren sie wohl auch schon desensibilisiert. Und be-

reits wenige Monate später die neuen Forderungen Hitlers nach dem Anschluss Danzigs und einem Korridor nach Ostpreußen, das seit 1919, durch den Versailler Vertrag, ja vom übrigen Reich abgeschnitten gewesen war.
Bei jeder dieser Krisen brach natürlich die Angst auf, im Falle eines Krieges könnte die Sowjetunion ihre Chance nutzen und sich das Baltikum einverleiben – der Einzige, der das verhindern oder die schon eingedrungenen Russen wieder aus dem Land hinauswerfen konnte, schien den Deutschbalten und auch einigen Esten, den wohlhabenderen und mächtigeren unter ihnen, Hitler zu sein. Der wieder machte nicht so sehr Adalberts Mutter, aber doch seinem Vater heftige Angst, sodass in der Familie das Gefühl entstand, in einer Mausefalle zu stecken. Zwei Mal unternahmen die Eltern Anstrengungen, für diesen Notfall ein schwedisches Visum ausgestellt zu bekommen, das erste Mal, im März 1939, auch mit Erfolg, aber das nutzten sie nur, nach der vorübergehenden Entspannung der politischen Lage, Ende Mai 1939 für eine Besuchsreise. Der zweite Antrag, kurz vor oder nach Kriegsausbruch, wurde jedoch abgelehnt, nur wenige, sehr gut betuchte Bürger der baltischen Staaten wie Adalberts Taufpate, der Bankier Scheel, bekamen in jenen Tagen noch das begehrte, jeweils sechs Monate gültige Papier.

21.

Der letzte Sommer, 1939, war durch nichts mehr zu überbieten: drei Monate von nur wenigen Gewittern unterbrochene strahlende Sonne bei Temperaturen um die 30 Grad. Ende Mai, zu Pfingsten, waren die Eltern mit Ivy für zehn Tage nach Vadstena zu schwedischen Bekannten, den Sjunnessons, aufgebrochen, auch um, wie Adalbert später erfahren sollte, etwas Geld in dieses bei den befürchteten Kriegswirren vermutlich neutral bleibende Land zu schaffen, in das man eines Tages vielleicht sogar fliehen musste. Nur Adalbert blieb für diese Zeit, beaufsichtigt von Frau Sabelina, Ivys Klavierlehrerin, in Hapsal zurück. Er war in dieser Zeit viel mit Hansi zusammen. Sie spielten mit Steinschleudern Taubenjagd, aber auch das vermochte ihm seine unterschwellige Angst nicht völlig zu nehmen. So machte er sich daran, seine alte, eigentlich schon abgelegte hölzerne Burg mit einem zweiten Wallgraben und einem Drahtdach auszustatten, um sie völlig uneinnehmbar zu machen. Als er damit fertig war, versuchte er Hansi und Nils dazu zu bringen, mit ihren Zinnsoldaten und Spielzeugkanonen die Angreifer zu spielen, was seinen Freunden aber nur wenig Spaß machte, denn sie hatten nun gegen ihn keinerlei Chance.

Auch las er weiterhin viel. Auf Ivys Nachttisch hatte er ein Buch entdeckt, das seine Schwester einige Monate zuvor zu ihrer Konfirmation geschenkt bekommen hatte und das, seiner Mutter zufolge, nichts für kleine Jungen war: *Vom Winde verweht*. Er nahm es an sich und las es in den heißen und fast taghellen Sommernächten rasch zu Ende, sodass es wieder an seinem Platz lag, als die Mutter und Ivy nach Hapsal zurückkehrten. Die Geschichte von Rhett Butler und Ashley Wilkins, von Melanie und von Scarlett O'Hara überdeckte Winnetous und Old Shatterhands Abenteuer. Wenn Adalbert von ihrer Liebe auch nur die melancholische und nicht die sinnliche Seite mitbekam, passten doch der amerikanische Sezessionskrieg und das trotzige Überleben der Besiegten zur spannungsgeladenen Atmosphäre, die sie alle seit der Sudetenkrise im Herbst 38 umgab.

Als die Eltern und Ivy zurückkehrten, waren Adalberts Ängste, für eine Weile jedenfalls, wieder wie weggefegt. Sie erzählten begeistert von der Schönheit Stockholms und der schwedischen Seen, der Liebenswürdigkeit der Vadstenaer Gastgeber und von dem angenehmen, entspannten Leben in diesem Land. Heute kommt es Adalbert allerdings so vor, als hätten die Eltern ihm und wohl auch sich selbst mit ihrem Überschwang die Perspektive einer eventuell nötig werdenden Übersiedlung nach Schweden näher bringen und erträglicher machen wollen.

Danach schien der Sommer wieder so werden zu wollen wie jeder andere zuvor. Adalberts Verselbstständigung machte weitere Fortschritte. Einmal schwamm er, allerdings stand das Wasser besonders niedrig, ganz bis nach Paralepp hinüber, und er durfte innerhalb der Bucht nun auch alleine segeln gehen. Das Indianerspiel mit Hansi und Nils wurde zwischendurch ebenfalls fortgesetzt, begann aber langsam gegenüber dem Segeln, dem Tischtennisspiel und den neuen Leseerfahrungen an Reiz zu verlieren – war man doch auch in der Wirklichkeit mittlerweile von einer Welt umgeben, die voller Gefahren und somit voll von künftigen Abenteuern steckte. Das machte Adalbert zwar weiterhin Angst, verursachte aber gleichzeitig eine prickelnde Spannung. Mit Hansi verkroch er sich, wie schon vor Jahren, im Kellerverlies des Stockelberg'schen Hauses, dem Freunde zufolge ein Geheimversteck, in dem sie sich so lange vor den Kommunisten verbergen konnten, bis die Befreier kämen. Das konnten, wie Hansi sagte, natürlich nur die Deutschen sein. Während sich ein deutsches Kriegsschiff, vermutlich der Kreuzer *Königsberg,* auf Flottenbesuch in Estland befand und seine Besatzung für einen Tag auch in Hapsal war, fühlte Adalbert sich, als drei der Matrosen nachmittags zu Kaffee und Kuchen ins Haus kamen, wieder vollkommen geborgen und sicher. Vielleicht waren die Sorgen der Eltern ja auch unnötig, der Schutz des neuen, mächtigen Deutschlands würde die Bolschewiken schon abschrecken und der Krieg bliebe so aus.

22.

Für Anfang Juli sagte sich Tante Marta, die Schwester seiner Mutter, mit ihrem Mann in Hapsal zum Besuch an. Sie waren beide erst vor wenigen Wochen nach Warschau zurückgekehrt, aus Tokyo, wo Onkel Jacek Stellvertreter des polnischen Botschafters und in den letzten Jahren, während dessen langer Abwesenheit, sogar Geschäftsträger seines Landes gewesen war. Adalbert erinnert sich an die langen, auf durchsichtiges Luftpostpapier getippten Briefe, in denen von Gespenstergeschichten, von Wunderheilungen durch Massagen und meditative Techniken die Rede war, aber auch von prunkvollen Empfängen im Kaiserpalast, von ergebenen Dienstboten, von Paraden und Feuerwerken, von Reisen in unwirtliche Berglandschaften und ans erholsame Meer. Diese Briefe waren eine Fortsetzung der Erzählungen Tante Lenis gewesen, die nach ihrem zweiten Schlaganfall kaum mehr sprechen konnte, sodass er dem Erscheinen Tante Martas, die er 1932, mit noch nicht ganz sechs Jahre zum letzten Mal gesehen hatte, voll freudiger Erwartung entgegensah.
Natürlich hoffte er auch etwas darüber zu erfahren, wie Polen sich die Lösung des Konfliktes mit Deutschland über Danzig und den so genannten Korridor nach Ostpreußen vorstellte, eines Konfliktes, der den Zeitungen zufolge bald schon in einen Krieg ausarten

könnte. Aber kurz bevor die Verwandten kamen, hatten die Eltern Ivy und ihn dringend gebeten, ja geradezu von ihnen verlangt, keinerlei politische Gespräche mit diesen zu beginnen. Daran hielten sie sich, und Adalbert erinnert sich auch nicht daran, dass seine Eltern dieses Thema in Gegenwart der Tante oder des Onkels je angeschnitten hätten. Aber vielleicht gerade deshalb lag während ihres ganzen Besuches eine unausgesprochene Spannung in der Luft, man ging, so als befände man sich auf einem Minenfeld, eher übervorsichtig miteinander um, in der Hoffnung, auf diese Weise unkontrollierbare Explosionen zu vermeiden.

Die polnischen Gäste waren immer noch in Hapsal, als die Familie Mitte Juli, der Urlaub des Vaters hatte gerade begonnen, mit ihrem ersten Auto, einem kleinen Opel Olympia, zu einer Rundreise durch Estland und Lettland aufbrach. War alles schon von langer Hand geplant, waren die Hotelzimmer nicht mehr abzubestellen gewesen, hatten sich die lettischen Verwandten auf den Termin ihrer Ankunft so fest eingestellt, dass keine Verschiebung, sondern nur noch ein Verzicht auf die ganze Reise möglich gewesen wäre? Und hatten die Eltern, weil sie den Krieg schon herannahen sahen, auf die Reise trotz des Besuches von Tante Marta und Onkel Jacek bestanden, gleichsam als vorweggenommener Abschied von ihrem Land? Oder war die Atmosphäre in Hapsal wegen der politischen Spannungen doch so geladen gewesen, dass eine längere gemeinsame Anwesenheit mit den polnischen Anverwandten für sie alle nicht mehr zuträglich gewesen war?

Als sie losfuhren, waren die Spannungen, falls es sie damals tatsächlich gegeben haben sollte, allerdings sämtlich verflogen. Die kleine Straße nach Pärnu, dem größten Badeort des Landes, ein schmales rötliches Band, nichts als Schotter und Staub, führte sie zunächst durch dichte Wälder. Von der sumpfigen Landschaft um die Matsalu-Bucht, die sie danach durchquerten, hieß es damals, sie sei nur von Fröschen, Fischen und Wasservögeln bewohnt. Unterwegs kamen sie auch am Schloss Leal, auf Estnisch *Lihula*, vorbei, das den Baronen Fersen gehört hatte, deren Leibeigener ihr Urgroßvater als Kind gewesen war, und ihr Vater wies sie voller Stolz darauf hin, wozu dieser sein Großvater es trotzdem gebracht hatte. Von Pärnu selbst ist Adalbert nur das Meer in Erinnerung geblieben, der kilometerlange Sandstrand, das handwarme, flache Wasser, das einem erst nach 50 Metern bis an die Brust reichte, und das vornehme Strandkasino, in dem sie eine üppige Mahlzeit, beginnend mit einer Rindfleischbouillon, vorgesetzt bekamen. Dann taucht als Nächstes Riga vor ihm auf, die Kalkstraße mit ihren vornehmen Geschäften und ein Garten, in dem sie mit allen Verwandten Kaffee trinken, aber er ist sich nicht sicher, ob dieses Bild nicht von einer später betrachteten Fotografie dieser Szene, die Tante Tassja ihm 1987 zeigte, in seinen Gedächtnisspeicher eingeschmuggelt worden ist. Auf jeden Fall fühlte er sich Onkel Karl – Großmutter Mathilde war im Frühjahr verstorben – nicht mehr so hilflos ausgeliefert wie noch vor vier Jahren: weil er größer und auch selbstbewusster geworden war, aber auch durch die Gegenwart seines Vaters, die dem Onkel, was auf Adalbert gemünzte zweideutige Bemerkungen anging, mehr Zurückhaltung auferlegte. Und: Sie waren ja nur für zwei Tage da.

Danach durchquerten sie Südestland mit seinen lieblichen bewaldeten Hügeln, seinen Seen und Flüssen. Das war eine Landschaft, die Adalberts Mutter, in einer ähnlichen groß geworden, außerordentlich gefiel, ihn selbst allerdings nicht von seiner Vorliebe für die kargen, steinigen Halbinseln der Hapsaler Bucht mit ihren vereinsamten Kiefern und ihren wie grüne Flammen vor sich hin züngelnden mannshohen Wacholderbüschen abbringen konnte. Von Dorpat, des Landes einziger Universitätsstadt, später Tartu, sind nur wenige Ausschnitte in seiner Erinnerung: Teufelsbrücke, Engelsbrücke, viel Grün, gepflegte Holzhäuser mit blumengeschmückten Vorgärten, der im livländischen Krieg halb ausgebrannte Dom, nichts dagegen von der bezaubernden barockenen Innenstadt. Der eindrucksvolle klassizistische Universitätsbau ist wohl auch erst vor einigen Jahren, als er Tartu wieder sah, in diese Bilderfolge hineinkopiert, aber die Wanzen, die nachts im Hotel über sie herfielen, die ersten und letzten, die er zu sehen, nein, zu spüren bekommen hat, wird er sein Lebtag lang nicht vergessen. Über die Embachbrücken ging es zum Peipussee, der so breit war, dass man das andere Ufer nicht erkennen konnte – das Wasser stieß gleich mit dem Himmel – oder war es die Hölle? –zusammen. Ein leises Schaudern überfiel Adalbert damals, als er sich vorstellte, dass dieser riesige See winters zufriert und die Bolschewiken ihn dann unbehindert überqueren könnten.

Anschließend fuhren sie vielleicht 100 Kilometer durch die größten und wildesten Wälder Estlands, in seinem Schülerkalender

hatte er gelesen, dass in ihnen noch ein paar Bären und Wölfe hausen sollten. Ihre nächste Station, Narva, die kleine Grenzstadt, von der der Zweite Weltkrieg nur Trümmer und Asche übriggelassen hat, ist aus Adalberts Kopf völlig ausradiert. Nur aus Fotografien kann er ihre hoch aufragende Burg, die Hermannsfeste, rekonstruieren, welche die Nazis als heldisches Sinnbild nordischen Geistes den niedrig geduckten Mauern der am anderen Flussufer liegenden russischen Festung Ivangorod gegenüberzustellen sich anmaßten.
Die Rückfahrt nach Reval führte sie schließlich an der Nordküste Estlands entlang, mit ihren Steilufern aus weißgrauem Kalkstein und den damals nur von ein paar Fischern bewohnten einsamen Buchten. Unterbrochen wurde sie durch einen Kaffeebesuch auf Schloss Oru, beim Staatspräsidenten Konstantin Päts, den der Vater noch aus dem Unabhängigkeitskrieg gegen die junge Sowjetunion 1918/19 her kannte. Adalbert platzte vor Stolz, als ihm der alte Herr, wie Politiker das so zu tun pflegen, über das Haar strich, und es gibt heute noch ein Foto, auf dem man sie alle, außer Ivy, die es aufgenommen hat, mit dem Präsidenten auf der Schlossterrasse stehen sieht. Worüber die Erwachsenen gesprochen haben, der Besuch dauerte immerhin an die zwei Stunden – die Kinder saßen dabei am Katzentisch – hat Adalbert nie erfahren, wahrscheinlich haben die Eltern bei dem Staatsoberhaupt erkunden wollen, was im Falle eines Krieges zu tun sei. Am späten Abend waren sie in Reval und zwei Tage später wieder unterwegs zurück nach Hapsal. Adalbert war immer noch wie benebelt, er wusste nicht, was ihm auf dieser Reise zugestoßen war. Erst später begriff er, dass er in diesen Tagen zum ersten Mal ihr ganzes Land, nicht nur wie bisher lediglich die Strecke zwischen Hapsal und Reval, in Besitz genommen hatte, um es kurz danach schon für immer, jedenfalls für ein halbes Jahrhundert zu verlieren.

24.

Als sie in Hapsal eintrafen, fanden sie Tante Marta und Onkel Jacek dort nicht mehr vor: Eine lebensbedrohliche Darminfektion ihrer zwei Töchter hätte ihre sofortige Rückkehr nach Warschau nötig gemacht. Wenige Tage später erfuhren sie, dass Onkel Jaceks

Mutter, ebenfalls erkrankt, an der Infektion gestorben war, die Kinder sich jedoch auf dem Weg der Genesung befänden. Dieser plötzliche Tod erschien ihrer eigenen Mutter, die seit jeher ein bisschen abergläubisch war, als ein böses Vorzeichen: Würde Polen, würden sie alle bald schon so enden? Für Ivy und Adalbert aber setzte der Hapsaler Sommer sich einfach fort, fast als wäre gar nichts geschehen – nur dass sie vielleicht noch etwas bewusster jeden ihnen verbliebenen Tag auskosteten, sodass es keinen einzigen gab, an dem sie nicht segeln, schwimmen, Tennis oder Tischtennis spielen oder nach Paralepp Pilze sammeln gingen. Und an den Abenden reihten sich für Ivy die Feste aneinander, während Adalbert zweimal wöchentlich im kleinen städtischen Kino Mustangherden über die Leinwand galoppieren, Indianer ihre Feinde skalpieren und Jeanette MacDonald in wehenden Gewändern ihre pistolenbewehrten Verehrer verrückt machen sah. Sogar eine Motorbootfahrt nach Worms kam noch zustande, der entferntesten der noch mit bloßem Auge sichtbaren Inseln. Bis zu ihrer Abreise in den letzten Augusttagen blieb es sonnig und warm – anders als in den Jahren zuvor, wo die Mitte ihres letzten Ferienmonats Abkühlung und Regentage gebracht hatte, wollte dieser Sommer einfach nicht gehen.

Die internationale Lage spitzte sich weiter zu, bis am 24. August die Nachricht vom deutsch-sowjetischen Nichtangriffspakt kam. Auch hier wussten die Eltern es zunächst nicht, ob es eine gute oder eine schlechte Nachricht war: Dass das Letztere zutraf, wurde ihnen, wie den meisten ihrer Freunde und Bekannten, erst etwas später, beim Kriegsausbruch am 1. September klar. Zunächst aber schien sie zu besagen, dass die baltischen Staaten außer Gefahr wären, selbst zum Kriegsschauplatz zu werden, da ja eine bewaffnete Auseinandersetzung zwischen den beiden Mächten, die sie dazu hätte machen können, für den Augenblick jedenfalls abgewendet war. Für Leib und Leben gab es also in den nächsten Wochen und Monaten nichts zu befürchten, zudem die Sowjetunion auch die Erklärung abgegeben hatte, sie werde die Neutralität Estlands respektieren – und viele glaubten, dass Deutschland dies nun auch garantiere.

Polen stand jetzt allerdings völlig wehrlos da. Aber die meisten Menschen in Estland, auch die meisten Deutschbalten, waren der Überzeugung, Hitler werde sich mit seinen Forderungen nach

Danzig und einem Stück Korridor durch Westpreußen begnügen, diese zwar, wenn die Polen nicht nachgäben, auch mit Waffengewalt durchsetzen, das übrige Land jedoch unangetastet lassen. Sie rechneten also schlimmstenfalls mit einem ganz kurzen, nur wenige Tage dauernden Krieg. Ihr Hapsaler Hausmeister Jaan allerdings, mit dem sich die Mutter darüber unterhielt, schüttelte zu solchen Mutmaßungen nur den Kopf: Er sah schon das Ende kommen und die Bolschewisten im Land, denn Hitler hatte seiner Meinung nach einen Pakt mit dem Teufel geschlossen.
Klar war nach einigem Nachdenken jedenfalls allen, dass in den nächsten Tagen eine Entscheidung über Krieg oder Frieden fallen würde, und deshalb kam der Vater auch etwas vorzeitig, schon am 26. oder 27. August, mit seinem kleinen Auto angefahren, um sie alle nach Reval zurückzuholen. Adalbert weiß nicht mehr, ob er beim Abschied weinte, aber danach zumute war ihm bestimmt.

25.

Am 1. September brach der von allen befürchtete Krieg wirklich aus und schon nach drei Tagen war klar, dass es wieder ein Weltkrieg werden würde. Im *Päevaleht* sah Adalbert allmorgendlich den blitzartigen Vormarsch der deutschen Truppen auf kleinen Kartenskizzen eingezeichnet und schon nach zehn Tagen wusste man, dass Polen diesmal wirklich verloren war. Manche hofften immer noch, dass die Deutschen sich nach einem militärischen Sieg aus dem größten Teil des Landes wieder zurückziehen oder allenfalls die Gelegenheit nutzen würden, die Gebiete zu annektieren, die bis 1918 unter deutscher Herrschaft gestanden hatten: die damaligen Provinzen Posen und Westpreußen, zusammen mit Danzig natürlich. Aber bald schon ließen Hitlers Erklärungen keinen Zweifel daran, dass er von seinen Eroberungen nichts mehr hergeben wollte, und der Einmarsch sowjetischer Truppen in den Ostteil des Landes bewies endgültig, dass die Teilung Polens in vollem Gange war.
Adalbert mit seinen knapp 13 Jahren konnte die Lage damals natürlich noch nicht so analysieren, einiges entnahm er den sehr zurückhaltenden Äußerungen seiner Eltern, das meiste bekam er aber durch die Gefühlsströmungen mit, die die Kriegsereignisse

im ganzen Land und so auch zu Hause in Gang setzten, und die bestanden in einer Mischung aus geladener Spannung und Angst: weil niemand recht wusste, was jetzt auch ihnen in den baltischen Staaten zustoßen konnte. Nur so viel schien nach der Unterwerfung und Teilung Polens klar: England und Frankreich würden den Krieg fortsetzen.

Der Unterricht in seiner Schule ging zunächst weiter, als sei gar nichts geschehen. Der Krieg wurde nicht thematisiert, und ob unter den Schülern darüber gesprochen wurde, kann Adalbert nicht mehr sagen. Diese völlige Ausblendung erweckt natürlich den Verdacht, er habe solche Debatten und damit seine eigene Begeisterung für die deutschen Siege verdrängt. Aber dagegen spricht, dass er sich an die spätere Begeisterung über den erfolgreichen Blitzkrieg in Norwegen und Frankreich durchaus noch erinnert, die Annahme einer gelähmten Ratlosigkeit damals also erheblich wahrscheinlicher ist. Was Adalbert genau weiß, ist, dass er die Schulstunden in jenen sechs Wochen, die ihnen bis zur Schließung der deutschen Unterrichtseinrichtungen noch blieben, fast alle genossen hat. Das Lernen um seiner selbst willen, die Vermittlung interessanten Lehrstoffes wie der antiken Geschichte, aber auch von Denkfähigkeit wie in der Mathematik machte ihm plötzlich Spaß, und er begriff nun auch, wie fähige Lehrer sie in der Schule hatten. Übrigens trug nur einer von diesen die im oberen Teil etwas verbreiterte Stecknadel an seinem Revers, mit der sich deren Träger im Baltikum, wo Hakenkreuze verboten worden waren, als politisch aktive Nazis zu erkennen gaben.

Anfang Oktober schlug der erste Blitz auch in ihr Land ein. Nach einem Zwischenfall – ein polnisches U-Boot hatte in estnischen Gewässern Schutz gesucht und die Besatzung war aus der Internierung geflohen – hatte die Sowjetunion von allen drei baltischen Staaten und von Finnland ultimativ gefordert, ihr bestimmte Häfen, in Estland waren es Hapsal und Paldiski, als Militärbasen einzuräumen, einen Beistandspakt auf Gegenseitigkeit mit ihr abzuschließen und zugleich eine neue, nicht mehr sowjetfeindlich eingestellte Regierung zu bilden. Während Finnland, an das zudem noch territoriale Ansprüche gestellt wurden, durch Verhandlungen Zeit zu gewinnen suchte, um sechs Wochen später endgültig abzulehnen, was Mitte November zu einem drei Monate währenden Krieg mit der Sowjetunion führte, willigten die übrigen Län-

der zähneknirschend in diese Forderungen ein. Sowjetische Kriegsschiffe umlagerten den Revaler Hafen. Sie warteten dort, das war eine unausgesprochene Drohung, die Bereitstellung der zugesagten Basen ab. Ein Sozialdemokrat, der bisherige Oppositionsführer im Parlament, Professor Uluots, wurde, weiterhin unter Päts' Präsidentschaft, Regierungschef.
Sonst aber änderte sich für die meisten Bewohner des Landes vorerst noch nicht viel, und manche von ihnen begannen sogar zu hoffen, es werde bei diesen begrenzten Einschnitten in die nationale Souveränität Estlands bleiben, während andere, und dazu gehörten Adalberts Eltern, darin nur den ersten Schritt zu einer bolschewistischen Machtübernahme mit Hilfe der bereits im Lande stationierten Roten Matrosen sahen. Wie nicht selten in der Politik, sollten auch hier die Pessimisten Recht behalten: Nach einem Dreivierteljahr war Estland Sowjetrepublik.
Nur wenige Tage später richtete Hitler an die Deutschbalten, aber auch an die Bukowina- und Wolhyniendeutschen, die in Rumänien bzw. in Ostpolen lebten, seinen Appell: »Heim ins Reich«. Wer nicht käme, so hieß es in seiner Rede, der schlösse sich selbst aus der Gemeinschaft des deutschen Volkes aus und ginge in Zukunft auch ihres Schutzes verlustig. Das war nahezu Klartext, auch der Letzte begriff jetzt, dass die baltischen Staaten schon bald der Sowjetunion ausgeliefert werden sollten. Die Vertreter der deutschen Kulturselbstverwaltung – in Estland war, anders als in Lettland, kein einziger Nazi darunter – berieten und berieten und kamen, ebenso wie die meisten Familien, auch die Wulffs, zu dem Ergebnis, dass es einen anderen Ausweg als die ihnen abverlangte »Umsiedlung« nicht gab. Die einzige Alternative dazu, so schien es den meisten, war die schon absehbare Verschickung nach Sibirien, wenn nicht sogar, nach den durchgesickerten Informationen über die Moskauer Prozesse, für einige auch der Genickschuss. Vater Wulff suchte noch einmal Konstantin Päts auf, um dessen Rat einzuholen, der ihm, wie er später erzählte, gesagt haben soll: »Fahren Sie, bringen Sie sich in Sicherheit; wenn ich das könnte, würde ich das auch tun.«
Warum haben die Wulffs trotzdem nicht abgewartet, um im letzten Moment – wenn das wirklich eintrat, was sie für das Schlimmste hielten, nämlich eine sowjetische Machtübernahme –, notfalls auch ohne Visum, über Finnland nach Schweden zu fliehen? Warum

haben sie den Weg in das kriegerische Nazi-Deutschland, das der Vater fürchtete und dessen Politik er moralisch missbilligte, einer solchen, wenn auch unsichereren Option vorgezogen? Die weitaus größere Angst vor den Bolschewiken dürfte der hauptsächliche Beweggrund dafür gewesen sein: Da wollten sie auch nicht das mindeste Risiko eingehen. Hinzu kam sicherlich, dass Vater Wulff in Schweden keinerlei Arbeitschancen für sich als Arzt sah. Um praktizieren zu dürfen, hätte er mit 52 Jahren das ganze Studium und alle Prüfungen noch einmal hinter sich bringen müssen.
Das in Vadstena deponierte Geld hätte zudem, so geht aus alten Briefen hervor, nur für ein knappes Jahr Lebensunterhalt gereicht. Danach wären sie alle auf die Mildtätigkeit schwedischer Bekannter angewiesen gewesen, die noch lange keine engeren Freunde waren. Und außerdem: Nach Schweden hätten sie allein fliehen müssen, und dort angekommen hätten sie keinerlei Institutionen vorgefunden, von denen sie empfangen und willkommen geheißen worden wären, nur misstrauische Einwanderungsbehörden, die sie im schlimmsten Falle sogar zurückgeschickt hätten – während Deutschland versprochen hatte, zunächst für Wohnen und Essen zu sorgen und sodann für alle seine neuen Bürger auch Arbeitsmöglichkeiten im eigenen Beruf bereitzustellen. Ja, vielleicht hat das sogar den Ausschlag gegeben: Angesichts der Tatsache, dass seine Mutter gerade, nach langjährigen vergeblichen Versuchen ein drittes Kind zu bekommen, endlich wieder schwanger geworden war und alle Risiken unterwegs und im Ankunftsland deshalb minimiert werden mussten.
So wurde den Wulff-Kindern von den Eltern eröffnet, dass man sich der Umsiedlungsaktion anschließen werde. Der Vater und die Mutter fuhren noch einmal, allein, nach Hapsal, um einige ihnen besonders lieb gewordene Sachen wie die handgewebten Decken und Kissen des »Wormser Zimmers« und vielleicht auch Schriftstücke, die ihre Eigentümerschaft bewiesen, aus dem Haus zu holen, in das nun ja wahrscheinlich schon bald ein sowjetischer Marineoffizier einziehen würde. Aus irgendeinem Grund, vielleicht wegen der Truppenbewegungen, die schon in Gang waren, wurden die Kinder auf diese Fahrt nicht mehr mitgenommen, was Adalbert dazu brachte, im Bett vor sich hin zu weinen.
Die Schule schloss, und nun mussten sie nur noch darauf warten, bis sie an die Reihe kamen, eines der großen KdF-Schiffe zu be-

steigen, die schon im Revaler Hafen darauf warteten, die »Umsiedler« nach Deutschland zu bringen. Auf eines der ersten wurde Tante Leni verladen, nach dem zweiten Schlaganfall hilflos gelähmt – wie sie einen Monat später erfuhren, hatte sie die Überfahrt oder die Ankunft in Deutschland nicht überlebt. Vielleicht war sie auch von den Nazi-Ärzten, die den »Krankentransport« in Danzig in Empfang nahmen, als Gelähmte und Sprachbehinderte einfach »abgespritzt« wurden, denn genau sechs Wochen zuvor hatte die von Hitler angeordnete Tötungsaktion der psychisch Kranken, der so genannten Schwachsinnigen und Krüppel begonnen.
Bevor sie dann selbst zur Abreise aufbrachen, machten sie alle noch einen großen Spaziergang auf eine Anhöhe, von der man den Revaler Hafen überblicken konnte. Von dort aus sahen sie über die ganze Stadt, über die mittelalterlichen Kirchen und spitzgiebligen gotischen Kaufmannshäuser hinweg, auf die Reede im grauen Herbstnebel, wo die sowjetische Ostseeflotte und die deutschen Transportdampfer einander gegenüberlagen. »Die einen kommen, die anderen gehen, bald sind auch wir nicht mehr da«, sagte sein Vater mit etwas belegter, zitternder Stimme.
Kurz vor dem Ende begann das Packen. Der Rokokosalon, einige vom Urgroßvater hergestellte Silbersachen, aber auch Tante Lenis chinesische Lacktischchen und Porzellanvasen durften, wie überhaupt Antiquitäten und Kunstgegenstände, nicht mitgenommen werden. So bekam Präsident Päts die kaiserlichen Vasen von den Eltern als Abschiedsgeschenk, das andere wurde, ebenso wie der Revaler Hausanteil, unter Verlusten verkauft, wohingegen die Hapsaler Datscha, jetzt im Perimeter der sowjetischen Militärbase gelegen und damit praktisch wertlos, einfach zurückblieb. Was mit nach Deutschland sollte, verschwand Stück für Stück in Koffern und Kisten. Zuletzt war es zu Hause so ungemütlich geworden, dass sie den Abfahrtstermin geradezu herbeisehnten.
Am 6. November 1939, Adalberts 13. Geburtstag, war es schließlich so weit. Von der weinenden Ija Maria begleitet, fuhren sie zum Hafen und bestiegen, nach nur kurzen Zollformalitäten, die *Sierra Cordoba*, das größte und luxuriöseste der KdF-Schiffe, die für den Transport der Estlanddeutschen im Hafen lagen. Eine Passage musste nicht gezahlt werden, die Außenkabine mit vier Betten im ersten Oberdeck und die Mahlzeiten waren gratis, nur für Getränke an der Bar wurde deutsches Geld verlangt, das man in be-

scheidenem Umfang an Bord schon eintauschen konnte. Bevor sie abgefahren waren, befanden sie sich also schon in deutschem Währungsgebiet. Trotz des Nieselregens, der den ganzen Tag über der Stadt niedergegangen war und immer noch anhielt, gingen sie, als ihr Gepäck in der Kabine sicher verstaut war, noch einmal aufs Deck hinaus, winkten den nicht allzu vielen Menschen, die zum Abschied der fünf- oder sechshundert Eingeschifften gekommen waren, und unter denen auch Ija Maria stand.

Dann wurde abgelegt und die Lichter der Stadt – die Dunkelheit war längst hereingebrochen – verschwanden nach nur wenigen Minuten so rasch und endgültig im immer dichter werdenden Nebel, dass für Tränen kaum mehr Zeit blieb. Heute fragt Adalbert sich natürlich, weshalb nur so wenige estnische Bekannte und Freunde der Eltern sie zum Hafen begleitet haben. Die Antwort, die er sich gibt, lautet, dass sie sich und ihr Land von den Abreisenden in dieser Stunde der Not wahrscheinlich im Stich gelassen, ja vielleicht sogar verraten gefühlt haben.

2. Kapitel: Vertreibungen

1.

Am nächsten Morgen, nach bleiernem Schlaf, war der Schmerz schon etwas verblasst, der Schmerz über den Verlust der ersten 13 Jahre seines Lebens, die er an der inzwischen längst entschwundenen estländischen Küste zurücklassen musste. Der Schmerz darüber, dass das Leben dort künftig auch ohne ihn weiterging, hatte kaum erst zu bohren begonnen, aber Jahr um Jahr sollte er ihn hinfort begleiten.

Adalbert streifte auf dem großen Dampfer umher, der vor dem Krieg die Hamburg-Südamerika-Linie befahren hatte, er unterhielt sich mit dem Steward und den Matrosen über die fernen Länder, bis zu denen sie auf ihren Fahrten vorgedrungen waren. Abends saß er mit seinen Eltern und Ivy im teak- oder mahagonigetäfelten 1.-Klasse-Salon bei Operetten- und Schlagermusik. Unter den Passagieren herrschte eine Stimmung gespannter, ja sogar festlicher Erwartung, deren Absurdität sich auch auf die Kinder übertrug: So als wenn sie Ferienreisende und nicht Flüchtende wären, glitten sie an Bord dieses Luxusliners mitten hinein in den Krieg. Welcher Hafen ihr Ziel sein sollte, wurde ihnen nicht gesagt, das blieb militärisches Geheimnis.

Zwei Tage später legte ihr Schiff in Stettin an.

An Land spielten Musikkapellen schon irgendwelche ihm unbekannte Märsche auf, von vielen Transparenten, auf denen etwas Ähnliches stand wie: »Das Großdeutsche Reich begrüßt seine heimgekehrten baltendeutschen Volksgenossen«, wurden sie willkommen geheißen. BDM-Mädchen kamen mit Blumensträußen an Bord, aber auch streng blickende Uniformierte, die bald schon in harschem Befehlston zum Verlassen des Schiffes aufforderten: in alphabetischer Reihenfolge, wodurch die Wulffs von ihren näheren Freunden getrennt wurden, und sie sollten diese so bald auch nicht wieder sehen. Es ging also schon ausgesprochen militärisch zu in diesem Deutschland, obwohl sich unter den Uniformierten

– Parteifunktionären, SA- und SS-Leuten – gar keine Soldaten befanden.

Mit anderen Umsiedlern, von denen sie kaum jemanden persönlich kannten, wurden sie, wahrscheinlich per Bus, in ein hinterpommersches Dorf verfrachtet. Auch unterwegs wurden ihnen über ihr Ziel keinerlei Informationen gegeben, es hieß nur, man brächte sie jetzt zu ihren provisorischen Unterkünften. Diese Ungewissheit – wurden nur sie, die Eingewanderten, in ihr gehalten oder war sie in diesem Land selbstverständlich? – machte Adalbert wieder Angst. Sie schüchterte ihn ein und zog ihm die Kehle zusammen. Sie war auch das erste Lehrstück darüber, dass man hier zu gehorchen hatte, ohne zu fragen. Wenn es Äußerungen von Unzufriedenheit gab, wurde der Ton ihrer Betreuer nämlich schärfer, ja manchmal sogar etwas drohend, und Adalbert registrierte, dass seine Eltern ihn nun nicht mehr vor allem, was ihn bedrängte, beschützen konnten.

Das Dorf, in dem sie ausgeladen wurden, hieß Groß Latzkow. Der Novemberregen hatte die Straße zu einem lehmigen Brei verrührt, das Gut mit seinen Stallungen war von einem Kranz schäbiger, grauer Landarbeiterhäuser umgeben, irgendwo muss auch das dazugehörige Herrenhaus oder Schloss gestanden haben, aber Adalbert hat daran nicht mehr die geringste Erinnerung. Mit den Salzbergs, einer Dorpater Arztfamilie, die ebenfalls zwei Kinder hatte, wurden sie in der Dachboden-Etage einer solchen Kate untergebracht, jede Familie in einem einzigen unbeheizbaren Zimmer. Zum Schlafen standen ihnen, auch wieder je Familie, zwei Betten und dazu noch zwei auf dem Boden liegende Strohsäcke zur Verfügung. Geld hatte niemand, die Lebensmittel brachte die Gemeindeschwester von der NSV, der »nationalsozialistischen Volkswohlfahrt«, ins Haus, der einzige Mensch, der sich um sie kümmerte. Das Essen musste auf einem kleinen Kohleherd zubereitet werden, den sie sich mit den Salzbergs teilten.

Hier machte Adalbert zum ersten Male Bekanntschaft mit Kälte und Nässe selbst in Wohn- und Schlafräumen. Wenn man von draußen kam, gab es keinen Ort mehr, an dem man sich aufwärmen konnte, es blieb einem nichts anderes übrig, als sich unter den schweren Federbetten, die Schwester Frieda schließlich mitbrachte, zu verkriechen. Das waren aufgeplusterte, sackartige Gebilde, die sie vorher nicht gekannt hatten und in die eingehüllt, allein

gelassen mit der immer etwas miefigen Kuscheligkeit der eigenen Körperausdünstungen, sie sich der Eiseskälte einer unfreundlichen Außenwelt einigermaßen erwehren konnten. Tat Adalbert dies zu lange Zeit, so wurde ihm schließlich unbehaglich, er begann sich dann vor dem Bettmief, vor sich selbst also, zu ekeln, zog sich, meist ungewaschen – eine schlechte Angewohnheit, die er bei Kälte noch über Jahre beibehalten sollte –, rasch an und lief nach draußen. Da gab es, selbst noch in dieser pommerschen November-Einöde, einiges Interessante und für ihn vollkommen Neue zu sehen: vor allem die riesigen Ställe, in denen hunderte, so schien es ihm damals, in Boxen nebeneinander aufgereihte Kühe alle zur selben Zeit von fast ebenso vielen jungen Mädchen und alten Frauen gemolken wurden, und einige von diesen ließen ihn von der kuhwarmen Milch auch gleich kosten.
Wie ging diese Zeit zu Ende, während derer sie sich alle so fühlten, als seien sie auf einen großen Abfallhaufen geworfener, überflüssig gewordener Müll? Natürlich stieg diese Empfindung nur deshalb in ihnen auf, weil sie sich insgeheim doch als etwas Besseres fühlten, denn was ihnen zugemutet wurde, war ja lediglich, zu wohnen, noch nicht einmal zu arbeiten wie das hinterpommersche Landproletariat. Und dies auch nur für drei oder vier Wochen. Danach fanden sich die Wulffs in einem kleinen Hotel der Kreisstadt Pyritz wieder, über das Adalbert jetzt aus alten Briefen seiner Mutter entnehmen kann, dass es nach seinen Besitzern *Hotel Sikora* hieß. Von Ivy stammt die Version, dass ihr Vater, höchst besorgt um die Schwangerschaft seiner Frau, sich an den örtlichen »Ärzteführer« gewandt und diesen gebeten hatte, sich ihre Unterkunft einmal anzusehen. Dieser hätte nach seinem Besuch sofort die Einquartierung der Familie in das Pyritzer Hotel veranlasst, und zwar auf Staatskosten. Jedenfalls war es dort überall warm, sie hatten zwei Zimmer und jeder von ihnen wieder ein eigenes Bett. Um die Mahlzeiten brauchten sie sich nicht zu kümmern, diese wurden von Obern in mittlerem Alter, die Jüngeren waren wohl inzwischen bei den Soldaten, geräuschlos serviert.
Abends saßen sie im Foyer und hörten die Nachrichten: Die ersten Sondermeldungen über deutsche U-Boot-Erfolge in Scapa Flow liefen ein. »Ja, wir fahren gegen Engelland«, tönte es aus dem Volksempfänger, denn aus dem knapp sechs Wochen dauernden Polenfeldzug war nun unwiderruflich der Zweite Weltkrieg gewor-

den. Aber ganz ernsthaft schien ihn im Augenblick niemand führen zu wollen, ziemlich untätig, wie man hörte, lagen sich an der französischen Grenze die feindlichen Heere gegenüber. Mehr Angst bereitete den Wulffs schon der sowjetische Angriff auf Finnland, obwohl auch der zunächst auf der Stelle trat. »Als Nächstes kommt Estland dran«, murmelte die Mutter, und: »Gott sei Dank, dass wir raus sind.« Nach einigen Tagen schon wurde der Vater nach Zinnowitz, einem Badeort auf der Insel Usedom, abberufen, wo er ein Sanatorium für tuberkulosekranke Umsiedler leiten sollte. Die übrige Familie blieb noch eine Woche im Hotel zurück, so lange bis dort eine Wohnung gefunden worden war.

In Zinnowitz musste Adalbert sich zunächst von einer Angina erholen, die leichte Nierenkomplikationen mit sich gebracht hatte, und durfte die erste Zeit dort nicht nach draußen. Aber er erinnert sich auch nicht daran, später je die Vier-Zimmer-Wohnung verlassen zu haben, die sie mit einem Rigaer Kollegen des Vaters teilten. Vielleicht war es zu kalt dazu, vielleicht auch zu dunkel und grau, vielleicht hatte der winterliche Anblick des Meeres, das nur durch eine niedrige Düne vom Vorgarten ihres Hauses abgehalten wurde, ihm auch Angst eingeflößt: die hohen, schaumgekrönten, gegeneinander peitschenden Wellen, die das Meer, das er als ein sanftes Gekräusel wie in der Hapsaler Bucht kannte und liebte, inzwischen mit Haut und Haaren verschlungen zu haben schienen.

Weihnachten feierten sie alle zusammen noch in Zinnowitz, aber auch davon ist nichts in seinem Gedächtnis geblieben. Irgendwann im Januar erhielt Ivy die Nachricht, in der »Gauhauptstadt« Posen, wie Poznan inzwischen hieß, werde ein Abiturskurs für estländische Oberprimaner eingerichtet, und sie machte sich dorthin auf den Weg. Wenig später folgte ihr der Vater, der nach der Auflösung des Zinnowitzer Sanatoriums zum Leiter der Lungenheilstätte Rundhausen bei Obornik, 30 Kilometer von Posen entfernt, berufen worden war. In den ersten Februartagen holte er Adalbert und die Mutter in den »Warthegau« ab, nach Posen einstweilen, wo sie bleiben sollten, bis die Renovierung der Rundhausener Chefarztvilla abgeschlossen war.

2.

War es nun Glück oder Pech, dass sie erst so spät, fast vier Monate nach den ersten Umsiedlern, in Posen eintrafen? Adalbert wird in diesem Kapitel den deutschen Namen für die Stadt beibehalten. Würde er, politisch korrekt, von Poznan sprechen, so käme er sich anbiedernd und verlogen vor. Juden gab es nicht mehr in der Stadt, und abgeebbt waren inzwischen auch die ersten großen Deportationswellen, die einen beträchtlichen Teil der polnischen Bevölkerung nach Ostpolen, ins so genannte Generalgouvernement, gespült hatten. Die von ihnen Verschonten hatte man fast alle aus ihren Wohnungen in Kellerlöcher oder abbruchreife Häuser in den Vorstädten vertrieben. Nicht mehr als eine Stunde, so ging die Rede, war den Betroffenen gelassen worden, um ein paar Sachen zu packen, und so stand, als die Umsiedler in ihre neuen Behausungen geführt wurden, in manchen von ihnen das Essen der Vorbewohner noch auf dem Tisch. Alles, was zurückgelassen worden war, Möbel und Kleider, Bücher und Kücheneinrichtungen, ging, jedenfalls de facto als eine Art Kriegsbeute, in den Besitz der neuen Wohnungsinhaber über. Erst sehr viel später, als antike Geschichte auf dem Unterrichtsplan von Adalberts eigenen heranwachsenden Kindern stand und er sich mit ihnen wieder mit diesem Thema beschäftigte, wurde ihm klar, dass die Nazis in Polen mit dieser Praxis ein archaisches Kriegsrecht, das der Sklavenhaltergesellschaften, wieder zum Leben erweckt hatten.
Die Wohnung, die den Wulffs vorläufig zugewiesen wurde, in der damals so benannten Rigaer Straße, stand wenigstens leer. Ihre Bewohner waren also schon vor geraumer Zeit aus ihr vertrieben, ihre Einrichtung war entweder gestohlen oder aber, was wahrscheinlicher ist, untergestellt worden in einem der großen staatlichen Depots. Diese waren von der Einwanderungsbehörde eingerichtet worden, zugehörig dem Himmler unterstehenden Reichskommissariat zur Festigung des deutschen Volkstums im Osten, damit die Umsiedler sich aus ihnen bedienen konnten, gegen Bezahlung oder gegen Verrechnung mit ihren einer deutschen Treuhandgesellschaft überlassenen Lat- oder Kronenguthaben. Da ihre in Estland aufgegebenen Möbelstücke noch nicht eingetroffen und doch wenigstens Betten, ein Tisch und ein paar Stühle erforderlich waren, um überhaupt schlafen und essen zu können,

holten sich auch die Wulffs aus einem solchen Depot das Notwendigste – darunter ein Schlafzimmer aus karelischer Birke, das der Vater, er empfing ja schon ein paar Monate lang ein gutes Gehalt, gleich bar bezahlte. Alles schien dabei völlig korrekt zuzugehen: Es handelte sich hier ja nicht um einen Raub wie da, wo jemand dasjenige, was andere in der ihm zugewiesenen Wohnung hatten zurücklassen müssen, einfach einkassiert, so als wenn es sein Eigentum wäre, sondern um einen regulären Kauf in einer Art Laden, durch eine Quittung dokumentiert, von einem Eigentümer, der diesmal sogar der Staat war, und der würde die Menschen, denen das alles vorher gehört hatte, so beruhigte man sich, schon irgendwie und irgendwann entschädigen, spätestens nach dem gewonnenen Krieg. Dass dafür kaum eine Chance bestand, so wie dieser Staat mit den Polen umsprang, dass sie von ihm also, trotz der formalen Korrektheit des Geschäftsvorganges, Hehlerware erstanden hatten. Dass ihre ganze Lebensgrundlage in diesem Warthegau, einschließlich ihres rechtlichen Rahmens, auf Gewalt und Staatshehlerei beruhte, mochten sich wohl auch die Wulffs damals nicht eingestehen.

Adalbert bekam von solchen Überlegungen nur ein paar zufällig mitgehörte Gesprächsbrocken mit. Er erinnert sich daran, dass seine Eltern ihre Erleichterung darüber äußerten, in eine leere Wohnung eingezogen zu sein, eine Wohnung, die ihnen ohnehin nur als Provisorium dienen sollte, bis sie mit ihrem bis dahin hoffentlich aus Estland eingetroffenen eigenen Mobiliar ihr Chefarzthaus in Rundhausen in Besitz nehmen konnten. Dort würden sich ihnen moralische Probleme wie in Posen gar nicht stellen, weil es sich ja um eine Dienstwohnung handelte und es das Natürlichste von der Welt schien, sie dem neuen Leiter zur Verfügung zu stellen. Adalbert erinnert sich freilich nicht, dass irgendjemand die Frage gestellt hätte, was aus dem Vorgänger geworden war. Dass ein Pole einen solchen Posten nicht mehr bekleiden konnte, nahmen wohl auch seine Eltern als selbstverständlich, jedenfalls als unabänderlich, als eben den Lauf der Dinge hin.

All diese neuen Selbstverständlichkeiten oder Unabänderlichkeiten, Letztere gingen unmerklich in Erstere über, verfestigten sich allmählich zu einer kaum mehr befragten Grundlage des gesamten eigenen Wahrnehmens, Denkens und Handelns, und schließlich wohl auch des eigenen Empfindens – am raschesten natürlich bei ihnen, den Kindern, vor denen die Eltern, aus begreiflichen Gründen, um sie alle nicht in Gefahr zu bringen, ihre verbliebenen eigenen Skrupel weiterhin verbargen.

3.

Ende April, Anfang Mai brach der Sommer über sie herein, ein heißer Sommer wieder, aber voll stickiger, staubiger Luft, wie sie es in Estland nicht gekannt hatten. Ivy war nach einem glanzvollen, mit Auszeichnung bestandenen Abitur, zum Arbeitsdienst nach Neutomischel, einer kleinen Kreisstadt nahe an der Altreichsgrenze, eingerückt. Für Adalbert begann die Schule erst nach Ostern, und so langweilte er sich zunächst, weil er nicht wusste, wer von seinen Revaler Freunden gleich ihm in Posen gestrandet war, bis er eines Tages Schorschik zufällig auf der Straße traf.
Schon bald kamen auch die Werber vom Jungvolk, der Organisation der 10- bis 14-jährigen Hitlerjungen zu ihnen ins Haus. Sie lockten mit der Kameradschaft in der Gruppe, mit Geländespielen, Lagerfeuern und Freizeiten, kündigten jedoch gleich schon an, dass die Mitgliedschaft in ihrer Organisation auch im Warthegau in wenigen Wochen ohnehin zur Pflicht eines jeden deutschen Jungen erklärt werden würde und dass diejenigen, die mit dem Eintritt so lange zögerten, dann schwere Zeiten zu erwarten hätten, denn sie meinten es mit ihrer Treue zum Deutschtum offenbar nicht ganz ernst und müssten dazu wohl erst mit Geduld und Strenge erzogen werden. »So wie damals im Schülerbund«, dachte Adalbert. Er beriet sich mit Schorschik. Das Problem kannten sie ja beide. Keiner von ihnen wollte sich noch einmal großen Ärger einhandeln und deshalb traten sie beide irgendwann im April in das gleiche Fähnlein ein.
Sie hatten dabei zunächst noch Glück: Es ging in dieser Einheit vorerst recht unmilitärisch zu. Meistens saß man zusammen und ließ sich von seinen neuen Führern etwas erzählen, über die Helden des Ersten Weltkrieges, über die Geschichte der HJ und der nationalsozialistischen Bewegung – es war fast eine Märchenstunde. Die dazwischen eingestreuten Geländespiele erinnerten Adalbert an seine Karl-May-Abenteuer. Nur das Antreten, die Einordnung jedes Einzelnen nach seiner Körpergröße, die Ausrichtung

des ganzen Fähnleins, zusammen rund 100 Jungen, wie nach einem Lineal und der Gleichschritt beim Marschieren waren ihm zuwider. Aber auch dabei gab es vorerst noch kein Geschrei, wenn alles nicht gleich wie nach dem Reglement vorgesehen klappte. Erst ein Dreivierteljahr später, als er, vierzehn Jahre alt geworden, vom Jungvolk zur HJ überwechseln musste, wurde alles ganz anders. Der Drill begann, die körperliche Ertüchtigung und die nicht mehr abreißende Kette von Demütigungen, wenn einer nicht mithalten konnte.

Im April 1940 waren Dänemark und Norwegen von den Deutschen besetzt worden, am 10. Mai fiel die Wehrmacht über Holland und Belgien her und bald danach überrollten deutsche Panzer ganz Frankreich. Für Adalbert waren das aufregende Tage, die deutschen Siege erfüllten ihn mit Stolz, und zugleich wurde wieder die Hoffnung in ihm genährt, mit ihnen könnte der ganze Krieg schnell zu Ende gehen – und vielleicht würde es dann ja wieder möglich werden, Estland wenigstens zu besuchen. Auch die Mutter ließ sich von dieser Begeisterung, für kurze Zeit allerdings nur, anstecken, während der Vater bei seinem skeptischen Schweigen blieb.

4.

Adalbert ging in diesen aufregenden Tagen bereits wieder zur Schule. Es war die Hindenburgschule in der damaligen Saarlandstraße, gleich gegenüber befand sich ein kleines, billiges Kino, das vorzugsweise Operettenfilme brachte. Wenn Adalbert sich richtig erinnert, war sie die einzige höhere Jungenschule in der Stadt, offen natürlich nur für Deutsche. Polnische Kinder waren vom Besuch aller weiterführenden Lehranstalten ausgeschlossen, sie durften nur, zwei oder drei Jahre lang, Lesen, Schreiben und die elementarsten Rechenoperationen erlernen. Eltern, die ihnen mehr beibrachten, liefen Gefahr, deswegen in ein Konzentrationslager eingesperrt zu werden. Von dieser Konsequenz erfuhr Adalbert allerdings erst später, wahrscheinlich Ostern 1941, von Tante Marta, die zu diesem Zeitpunkt, zur Beerdigung der völlig überraschend verstorbenen Mutter, für drei Tage aus dem Generalgouvernement angereist kam. Er fand das unmöglich, wollte es zuerst nicht glauben. Aber andererseits stellte auch er nicht in Frage, dass die Polen im Warthegau nicht dazugehörten, dass sie dort als Menschen zweiter Klasse galten. Das war eben so, eine Art Grundgesetz der neu ins Reich eingegliederten Ostgebiete, das der Führer selbst verkündet hatte, und alles, was dort vor sich ging, funktionierte schon nach dieser Leitlinie, als sie dort eingetroffen waren. Im Generalgouvernement, so hieß es, und damit gaben sich fast alle zufrieden, könnten die Polen ja über vieles, was ihnen hier untersagt oder in aller Strenge vorgeschrieben war, selbst zumindest mitbestimmen.

Die Schule hatte ungleich mehr Schüler und Lehrer als seine Revaler Domschule, wo sie in ihrer Klasse nur vierzehn Schüler gewesen waren. Hier gab es zwei Parallelklassen und sie saßen zu etwa fünfundzwanzig in einem Raum. Reichsdeutsche und deutschbaltische Lehrer hielten sich ungefähr die Waage, ihr Verhältnis verschob sich im Laufe der Jahre allerdings immer mehr zugunsten der Ersteren. Nur ein einziger aus dem Warthegau stammender Volksdeutscher, er unterrichtete Englisch, ein für Adalbert neues Fach, ist ihm noch in Erinnerung. War es ein oppositioneller Akt gewesen, als er ihnen das Lied *We will hang our washing on the Siegfried Line* vorsang und Satz für Satz beibrachte – oder sollte bloß, nach dem siegreichen Frankreich-Feldzug, die Absurdität solcher Verszeilen höhnisch triumphierend noch einmal unterstrichen werden? Damals stellte sich Adalbert diese Frage gar nicht, er amüsierte sich nur, ebenso wie die meisten seiner Klassenkameraden, über die schnodderige Komik dieses englischen Kriegsliedes, das sich vom Heroismus der deutschen so merkwürdig absetzte. Aber wenn er jetzt den Oberlehrer Matzky wieder vor sich sieht, immer tadellos, aber betont zivil gekleidet, in Nadelstreifenanzug und Krawatte, und, was noch viel auffallender war, mit deutlich längerem, etwas pomadigem Fasson-Haarschnitt, dann erscheint es ihm wahrscheinlicher, dass dieser Lehrer, damals als Einziger, es versucht hatte, durch die Auswahl dieser Verse eine von den Nazis ungern gehörte, wenn auch nicht gleich schon subversive Botschaft bei ihnen unterzubringen.

Von den übrigen Lehrern, die in seiner Klasse unterrichteten, kann Adalbert nur wenig berichten. Einige von ihnen, so auch der kommissarische Direktor, Oberstudienrat Ehlers, stammten aus Riga, von seinen früheren Domschullehrern war niemand dabei. Ein

oder zwei Reichsdeutsche, überzeugte Nazis, hat er nur aus den letzten zwei Jahren, 1943 und 44, in deutlicherer Erinnerung. Zunächst schien die Schule so ähnlich zu laufen wie bei ihnen zu Hause. Von einer offenen ideologischen Indoktrination war noch nicht viel zu spüren, und dass schon die Auswahl des Unterrichtsstoffes politisch motiviert war, bemerkte Adalbert zunächst überhaupt nicht: In Geschichte kamen plötzlich die germanischen Völkerschaften sehr ausführlich auf den Stundenplan, in Deutsch statt Lessing und Heine Hermann Löns und Walter Flex.
Schorschik war wieder in seiner Klasse, Robbi Schneider, der Sohn des Revaler Ratsapothekers, Peter Stackelberg, einer der seinerzeitigen Widerständler gegen den Schülerbund, und noch ein oder zwei andere alte Klassenkameraden. Die meisten seiner früheren Freunde, so Hansi und Nils, waren allerdings in entferntere Gegenden verschlagen worden, zumeist nach Gotenhafen, wie die Nazis Gdinya umgetauft hatten, in den »Reichsgau Danzig Westpreußen«. Von dessen Gauleiter Forster hieß es, er böte allen Polen, die das wünschten, an, sie schrittweise »einzudeutschen«, in krassem Gegensatz zu seinem Kollegen Greiser in Posen, der auf Unterdrückung bis zur Ausrottung setzte. Manche, so auch Adalberts Mutter, lobten Forsters Vorgehen als eine humanere Methode der Volkstumspolitik, obwohl es sich doch nur um verschiedene Varianten der ethnischen Säuberung handelte, die hier im Großversuch auf ihre Wirksamkeit überprüft wurden, und jeder der beiden Provinzherrscher wollte dabei natürlich der erfolgreichere sein.
Das einzig wirklich Schlimme an der Schule war, von Anfang an, der Turnunterricht. Er wurde von einem Rigaer Nazi erteilt, einem Herrn Ozolins, seinem Namen nach lettischer Abkunft. Fünf Stunden pro Woche waren vorgeschrieben, denn Sport galt nun plötzlich als das wichtigste Hauptfach: eine Fünf konnte, wenn sie nicht durch sehr gute Noten in anderen Hauptfächern kompensiert wurde, zum Sitzenbleiben und schließlich auch zum Verweis von der Schule führen. In der Leichtathletik kam Adalbert noch einigermaßen zurecht, er konnte ganz gut über kurze Strecken laufen und weit springen. Den 1000 Meter-Lauf musste er allerdings fast immer vorzeitig abbrechen, weil er keine Luft mehr bekam – was Ozolins zu Bemerkungen wie »Das Muttersöhnchen kann wohl nicht mehr« Anlass gab, die vor allem von einigen

reichsdeutschen Mitschülern mit beifällig höhnischem Lachen quittiert wurden.
Noch schlimmer war es im Winter, in der Turnhalle. Wenn Adalbert Klimmzüge machen sollte, hing er hilflos am Reck, beim Anlauf auf das Pferd oder den Bock überfiel ihn unmittelbar vor dem Absprung eine panische Angst, die ihn plötzlich abbremsen ließ, sodass er entweder anhielt oder aber mit vermindertem Schwung doch noch lossprang und dann mit vom Schmerz verzogenem Gesicht mit seinem Steiß auf dem anderen Ende des Gerätes aufprallte. Als weder Spott noch Ermutigung weiterhalfen, bemerkte Ozolins, mit schwächlichen und dazu noch feigen Jungen wie ihm könne der Führer nichts anfangen, es läge wohl an seinem minderwertigen Erbgut, und er kündigte an, ihm trotz seiner befriedigenden Leistungen in der Leichtathletik eine Fünf zu verpassen – eine Drohung, die er dann aber doch nicht wahrmachte.

5.

Am 17. Mai 1940 kam sein kleiner Bruder Peter zur Welt, gegen alle Befürchtungen hatte es bei der Geburt keinerlei Komplikationen gegeben. Als die Mutter am Vorabend in die nur eine Straßenecke entfernte Knüpfer'sche Klinik gegangen war, hatte Adalbert wieder einmal gefürchtet, sie zu verlieren, die ganze Nacht lang, bis am Morgen die erlösende Nachricht gekommen war. Nach einer Woche waren seine Mutter und sein Brüderchen schon zu Hause. Ganz hingerissen schaute er beim Wickeln zu, und ab und an, wenn die Muttermilch nicht ausgereicht hatte, durfte er ihm auch selbst das Fläschchen geben. Genau so muss ich damals ausgesehen haben, dachte er, genau so habe auch ich an der Brust meiner Mutter gelegen.
In den letzten Juni-Tagen, so ist es in den erhalten gebliebenen Briefen der Mutter verzeichnet, zogen sie nach Rundhausen. Die Sommerferien, die hier nur sechs Wochen, keine drei Monate mehr dauerten, hatten gerade begonnen, die Versetzung in die fünfte Klasse war für Adalbert, trotz sechs Monate versäumter Unterrichtszeit, glatt vonstatten gegangen: Die ehemaligen Domschüler waren ihren reichsdeutschen Klassenkameraden, was ihre Kenntnisse anging, weit voraus, und Ozolins hatte noch einmal Gnade

vor Recht ergehen lassen. Ihre Villa lag am Rande des Heilstättengeländes mitten im Wald, man brauchte nur ein paar Schritte zu gehen, um Walderdbeeren, Blaubeeren und später in Herbst Birken- und Steinpilze zu finden. Anders als im Altreich gab es in den Landkreisen des Warthegaus zu jener Zeit noch Milch, Butter und Fleisch markenfrei und im Überfluss, allerdings nur für Deutsche. Allein Eier waren rationiert, was die Mutter dazu veranlasste, fünf Hühner und einen Hahn anzuschaffen, für die eine kleine Holzhütte aufgestellt und eine Gartenecke als Auslauf mit Draht abgesperrt wurde. Nur fünf Minuten Fußweg durch den Wald trennten sie von der Welna, dem kleinen Flüsschen, das sich in Obornik, der Kreisstadt, in die Warthe ergoss und im Sommer zum Baden gerade noch warm genug war. Für Adalbert war das ein neues Ferienparadies, es konnte Hapsal zwar nicht das Wasser reichen, aber er fühlte sich, zum ersten Mal seit sie Estland verlassen hatten, wieder einigermaßen geborgen und wohl.

Bei manchem galt, besser gar nicht erst daran zu denken. Kurz nach ihrer Ankunft in Rundhausen war die deutsche Bevölkerung des Kreises Obornik aufgefordert worden, bei der öffentlichen Hinrichtung von 30 polnischen Gefangenen zugegen zu sein. Ob es Geiseln waren oder was ihnen zur Last gelegt wurde, weiß Adalbert nicht mehr, aber er erinnert sich noch genau an die Empörung seiner Eltern über eine solche Barbarei. Wenn sie ihr in Gegenwart von Posener Bekannten vorsichtig Ausdruck verliehen, gab es freilich auch besänftigende Stimmen: Die gegen die Volksdeutschen verübten Verbrechen – sie wurden, maßlos übertrieben, von der Goebbels'schen Propaganda in der Presse monatelang ausgeschlachtet – dürften nicht ungesühnt bleiben. Nur das würde den Polen ein für alle Male klar machen, dass sie jetzt arbeiten und gehorchen müssten; nur dann werde endgültig Ruhe und Ordnung einkehren und die »polnische Wirtschaft« ihr Ende finden.

Und noch ein anderes Wochenende aus dieser ersten Rundhausener Zeit hat sich tief in sein Gedächtnis eingegraben: Ein heißer Sommernachmittag in den letzten Juli-Tagen, sie trinken im Garten Kaffee, die ersten kommunistischen Zeitungen aus Estland liegen auf dem Tisch. Sie zeigen Fotos von Massenkundgebungen, der Anschluss des Landes an die Sowjetunion steht unmittelbar bevor. Damit war für sie alle die Trennung von Hapsal und Reval vollends unwiderruflich geworden.

6.

Im Januar 1941 wurde die Lungenheilstätte plötzlich geschlossen. Der Vater verlor seine Stelle und musste sich vorerst mit der Praxisvertretung für einen jüngeren Rigaer Kollegen begnügen, der sich aus lauter Begeisterung für die Nazis freiwillig zur Wehrmacht gemeldet hatte. Jetzt kam auch der Vater an den Wochenenden, manchmal zusammen mit Adalbert, aus Posen nach Rundhausen auf Besuch zur übrigen Familie, der man die Villa einstweilen noch belassen hatte. Es herrschte aber plötzlich eine gespannte Stimmung. Die Kutsche wurde für sie nicht mehr angespannt und der Verwalter, ein »Märzgefallener«, wie man die im März 1933 in die Nazipartei Eingetretenen nannte, gab deutlich zu erkennen, dass sie hier nicht mehr erwünscht waren und sich schleunigst um eine Wohnung in Posen zu kümmern hätten.
Später hat Adalbert von irgendjemandem erfahren, dass der Vater für eine neue leitende Position woanders nicht mehr in Betracht kam, weil er sich geweigert hatte, die letzten vier oder fünf schwerkranken Polen in der Heilstätte »abzuspritzen«. In den Briefen, die von der Mutter aus jener Zeit erhalten sind, ist davon allerdings nicht die Rede, was allerdings wenig besagt, denn die Briefe waren ins Ausland gegangen und hatten sämtlich die Zensur zu passieren. Adalbert weiß also nicht, ob diese Geschichte wahr ist oder nur Teil eines sich in des Vaters christliche Überzeugungen gut einfügenden Familienmythos. Als offizielle Begründung für die Schließung der Heilstätte gab die Behörde an, ihre Beheizung im Winter verschlinge zu viel Kohle und eine Modernisierung des Kesselhauses jetzt, während des Krieges, sei viel zu aufwendig. Aber schon wenige Monate später sickerte durch, dass Umbauarbeiten zu einem Reservelazarett der Wehrmacht mit mehreren Hundert von Betten bereits begonnen hatten, und spätestens am 22. Juni 1941 wurde es jedem klar, dass es sich dabei schon um Vorbereitungen auf den »Plan Barbarossa«, den Überfall auf die Sowjetunion, handelt hatte.

7.

Zwei Monate vorher schon, am Ostermontag 1941, hatte der Tod in ihre Familie eingeschlagen. Aus fast völliger Gesundheit streckte er die Mutter nieder. Adalbert war gerade vierzehn Jahre alt, sein Brüderchen kaum elf Monate. In der schauerlichen Unbefangenheit derer, die ihre Augen bisher noch jedesMal rechtzeitig vor dem nur halbherzig verdeckten Grauen der Nazis hatten verschließen können, waren sie gerade dabei gewesen, sich auf das Auferstehungsfest vorzubereiten, zu dem viele der in der »Gauhauptstadt« wohnenden alten Freunde aus Reval, aber auch ein paar neu kennen gelernte Volks- und Reichsdeutsche aus der Kreisstadt Obornik geladen waren. Die Mutter hatte am Vortag noch einen in Brotteig eingehüllten Osterschinken gebacken. Am frühen Morgen – wenige Stunden später sollten bereits die Gäste eintreffen – hatte ihr Vater sie aber geweckt und – in einem solchen Zustand hatten Ivy und Adalbert ihn noch nie zu Gesicht bekommen – weinend gestammelt, Mutter läge im Sterben.
Völlig hilflos standen sie zwei Minuten später alle um ihr Bett herum und versuchten vergeblich, aus den gebrochenen Augen noch einen Blick, aus dem verzerrten, bläulich verfärbten Gesicht noch eine an sie gerichtete Regung herauszulesen, oder wenigstens doch eine Erinnerung daran, wie sie gestern noch ausgesehen hatte. »Ein Herzinfarkt«, sagte ihr Vater fassungslos, selbst verzweifelt vor Schmerz und Wut und Hilflosigkeit, denn er hatte kein einziges Medikament zur Hand, und er konnte in der Minutenfrist, um die es hier ging, auch keines herbeischaffen. Eine halbe Stunde später setzte nach ein paar letzten Seufzern der Atem aus. Immer dann, wenn Adalbert später jemanden sterben sah, ist ihm dieses Bild vom Tod seiner Mutter vor Augen getreten.
Ihre Leiche wurde noch am selben Morgen von Ivy gewaschen und im Totenkleid – dasjenige, in dem sie seinerzeit den Vater kennen gelernt hatte – in einem kleinen Zimmer im zweiten Stock aufgebahrt, wo sie fast vier Tage liegen blieb, bis auch Tante Marta, die mit ihrer Familie nunmehr in Tschenstochau lebte, nach vielfältigen Interventionen zur Besorgung der nötigen Reisepapiere versehen zum Begräbnis eintreffen konnte. Wegen dieser Verzögerung stieg einem in dem Zimmer, kurz bevor man sie wegbrachte, schon ein beißender, süßlicher Verwesungsgeruch in die Nase. Adalbert

erinnert sich, dass er in diesen drei Tagen viele, viele Male in dieses Zimmer hochstieg, in der wahnwitzigen Hoffnung, seine Mutter würde wieder anfangen sich zu bewegen, zu sprechen, ihn in den Arm nehmen, und er kommt auch heute noch schwer darüber hinweg, dass die letzte Erinnerung an ihr Gesicht mit den Verwesungsflecken und mit diesem Geruch unlösbar verbunden geblieben ist. Erst als man den Sarg geschlossen hatte, wurde ihm unwiderruflich klar, dass mit diesen entsetzlichen Einzelheiten sie selbst für immer entschwunden war.

Wo sie gestanden, gesungen, gelacht, in den letzten Jahren auch gearbeitet und manchmal gescholten hatte, wo sie von Rechts wegen auch immer noch hätte sein müssen, da war jetzt nichts mehr, nur ein schwarzes Loch, das ihn einzusaugen drohte und dem er sich auch in Gedanken besser nicht näherte. So war es nur noch an ihrem Grab, zu dem er mit seinem Vater fast jeden Sonntag pilgerte, wo er ungefährdet an sie denken und mit seinem Vater über die Zeit reden konnte, in der sie noch bei ihnen gewesen war. Dieser Friedhof in der Tannenbergstraße in Posen soll nach der Befreiung, im Februar 1945, eingeebnet und in einen öffentlichen Park verwandelt worden sein, sodass Adalbert 1997, bei seinem ersten Besuch nach dem Krieg, ihr Grab auch nicht mehr auffinden konnte.

Die kurze Ruhe, die er in den drei Jahren nach ihrem Tod dort manchmal fand, mitten im immer mörderischer werdenden Krieg, half ihm aber nicht, seinen Frieden mit dem christlichen Gott zu machen, an den er bis dahin fast ungebrochen geglaubt hatte, so wie seine Eltern es ihn gelehrt hatten. Ein Gott, der ihm die Mutter geraubt oder ihren Tod zumindest zugelassen hatte, der konnte nicht gut und allmächtig zugleich sein, und deshalb konnte er einfach nicht existieren. Von diesem Augenblick an war Adalbert Atheist, auch wenn er sich, um seinem Vater keinen unnötigen Schmerz zu bereiten, im Jahr danach noch konfirmieren ließ – und er ist es bis heute geblieben.

Außer bei diesen Friedhofsbesuchen hat Adalbert in den darauf folgenden Jahren an seine Mutter nur selten gedacht, wie ihm jetzt scheint, um den Vernarbungsprozess nicht zu stören, der das Gewebe seiner Empfindungsfähigkeit allmählich mit einer schmerzisolierenden Schicht zu überziehen begann. Erst viel später, als Ivy sich nach plötzlichen Tod ihres ersten Mannes, in Wiehl im Oberbergischen Land, niedergelassen hatte, holte er wieder die alten, von seiner Schwester über verschlungene Fluchtwege geretteten Fotoalben hervor, aber auch da waren es die Jugendbilder ihrer Mutter, die sie als betörend schöne Frau in der Kleidung der frühen zwanziger Jahre zeigten, vor denen er länger verharrte und eben nicht die Bilder aus ihrer letzten Lebenszeit.

Mitte der achtziger Jahre, bald nach der ersten Baltikumreise, die er mit Marina und den Kindern, mit seinem Bruder Peter und dessen späterer Frau Evi, mit Gerty Blacher, ihrer Tochter Romana und ihrem Sohn Andrej unternommen hatte, stellte sein Bruder ein schmales bebildertes Erinnerungsbändchen an ihre Mutter mit Reproduktionen von Briefen zusammen, die diese zwischen dem Frühjahr 1939 und ihrem Tod an die Sjunnessons in Vadstena gerichtet hatte und die nach dem Tode der Adressaten, lange nach Kriegsende, von deren Kindern an Ivy wieder zurückgesandt worden waren.

Erst beim Lesen dieser Briefe ging Adalbert auf, dass vor allem seine Mutter in dieser reichen Industriellenfamilie einen Rettungsanker, eine mögliche Zuflucht für die Zeit der unabwendbar bevorstehenden Kriegswirren gesucht hatte, Leute, denen man einen Teil seines Geldes anvertrauen und von denen man erhoffen konnte, dass sie im Notfall auch die für eine Einreise nach Schweden erforderliche Bürgschaftserklärung abgaben, wobei diese letztere Hoffnung sich bald schon als trügerisch herausgestellt hatte. Die etwas einschmeichelnde Unterwürfigkeit der Anredeformeln, die überall eingestreuten und deshalb übertrieben wirkenden Höflichkeitsfloskeln, die überschwenglichen Dankesbezeigungen nach dem kurzen Besuch der Eltern und Ivys zu Pfingsten 1939 in Vadstena, die leicht aufdringlich, manchmal sogar penetrant klingenden Anstrengungen, durch minutiös genaue Schilderungen ihres Alltagslebens mehr Anteilnahme bei den zu Schutzpatronen erkorenen schwedischen Großbürgersleuten zu erwecken.

Natürlich schmerzte es Adalbert, das alles nun, um Jahrzehnte verspätet, zur Kenntnis nehmen zu müssen, besonders weil er seine Mutter sonst als eine stolze, von allen geachtete und von vielen geliebte Frau in Erinnerung behalten hatte, die sich vor niemandem übertrieben verneigte und niemandem nach dem Munde redete. Aber er verstand, nachdem er über den ersten Schreck hinweggekommen war, dass sie ihren Stolz geopfert und für die ganze

Familie, vor allem aber für sie, die Kinder, den Versuch gemacht hatte, Freundschaft und Schutz durch eine Anhäufung von Beteuerungen der eigenen Ergebenheit und Bewunderung herbeizubeschwören und im Schreiben dieser Briefe daran vielleicht auch selbst zu glauben. Die Sjunnessons im neutralen Schweden, mit ihrem Besitz, ihrem Geld und ihrer gesellschaftlichen Stellung, waren ein Halt, dem auch die Wechselfälle des herannahenden Krieges voraussichtlich nichts würden anhaben können und die auch noch, nachdem die Eltern alles auf die deutsche Karte gesetzt hatten, eine stille Reserve bildeten, für den Fall, dass dieser ihr erster Einsatz doch noch verloren ging.

Eine Gänsehaut überlief Adalbert allerdings, als er in den Briefen nicht nur eine Vielzahl die Kriegspolitik der Nazis rechtfertigende Äußerungen fand, sondern auch naiv antisemitische Klischees über die Juden als Spekulanten und Kriegshetzer, von denen die internationale Wirtschaft und Presse beherrscht werde. Er hat keinerlei Erinnerungen daran, dass ähnliche Worte in seinem Elternhaus jemals gefallen wären, aber er muss jetzt die Möglichkeit einräumen, dass er sie dort gelegentlich dennoch gehört und im Rahmen seiner antifaschistischen Nachkriegskonversion später verdrängt hat. Letztlich stammte die Mutter aus einer zu Geld gekommenen lettischen Kleinbürgerfamilie bäurischen Ursprungs, also aus Kreisen, in denen Antisemitismus damals, an der Wende zum 20. Jahrhundert, nicht gerade selten war, sodass sie vielleicht nur in Gegenwart des Vaters ihre Vorurteile, die dieser nicht teilte, etwas zurückhielt. Adalbert war jedenfalls zumute, als würde beim Lesen dieser Briefe nicht nur seiner toten Mutter, sondern auch ihm selbst das Kainsmal des für den Massenmord Mitverantwortlichen eingebrannt, das er jahrzehntelang nur auf anderen, fremden Stirnen, denen der Nazis und Revanchisten, gesehen hatte.

8.

Die Sommerferien 1941verbrachte er noch in Rundhausen, das inzwischen mit Verwundeten von der rasch nach Osten vorrückenden Front voll belegt worden war. Im Juli wurde Lettland, im August auch Estland von deutschen Truppen besetzt. Neue Hoffnungen auf eine mögliche Rückkehr keimten in Adalbert auf. Auch dieser zweite deutsche Sommer ließ sich an Hitze kaum überbieten.

Einer der jungen Ärzte des Lazaretts machte Ivy den Hof, oft lagen die beiden, mit oder ohne Peterle, am Welnaufer im Gras und redeten; wenn er dazukam, spürte Adalbert zwar oft, dass er störte, aber er wollte im jetzt halb verwaisten Haus nicht allein zurückbleiben und die Aussicht auf ein kühlendes Bad war zu verführerisch, um aus Rücksicht auf seine Schwester darauf zu verzichten.

Ende August oder Anfang September hatte der Vater dann schließlich in Posen eine Wohnung und auch Praxisräume in der Gartenstraße 19 gefunden. Er bekam nun auch die Erlaubnis, auf eigene Rechnung als niedergelassener Lungenfacharzt tätig zu werden, und schon bald zogen sie um. Damit hatte die Restfamilie wieder eine gemeinsame Wohnstatt und Adalbert endlich sein festes Zuhause auch während der Unterrichtszeit. Ivy allerdings verschwand während der Semesterzeiten nach Königsberg, um dort ihr Studium fortzusetzen, denn der Vater hatte inzwischen eine Haushälterin und Betreuerin für Peterle gefunden, Tante Hilda, wie sie schon bald von ihnen allen genannt wurde.

Adalbert gewöhnte sich rasch an das Leben in ihrer neuen Behausung. Der Vater kam mittags meistens erst nach 15 Uhr und abends nach 22 Uhr zu den Mahlzeiten. Adalbert setzte sich dann, auch wenn er selbst längst schon gegessen hatte, zu ihm an den Tisch. Sie redeten über die Schule, über die HJ, über die polnischen Patienten des Vaters, über die militärische Lage. Manchmal saßen sie sich auch nur gegenüber und schwiegen. Während der Semesterferien schlief er neben dem Vater im Schlafzimmer. Wenn Ivy in Königsberg war, nistete er sich oft in ihrem kleinen Zimmer ein, stundenlang in die von ihr dagelassenen Bücher versenkt: Gedichtbände, Liebesgeschichten und in der ersten Zeit auch die damals beliebten patriotischen Zukunftsromane von Hans Domnick, in denen der deutsche Erfindergeist hoch gelobt und vom Ausland bezahlte Werkspione durch die Wachsamkeit der Ingenieure und Arbeiter gerade noch rechtzeitig entdeckt wurden.

In der Schule kam er auch jetzt ohne größere Anstrengungen zurecht, Szenen, in denen Ozolins ihn wieder gequält hätte, kommen ihm aus dieser Zeit nicht mehr in Erinnerung. Vielleicht hatte er sich diesem gegenüber etwas mehr Dickfelligkeit zugelegt, vielleicht war der Turnlehrer auch inzwischen zu den Soldaten geholt und durch einen milder gestimmten Nachfolger ersetzt worden. Im Mathe-Unterricht machte er allerdings die Erfahrung, wie stark seine Leistungen vom Zutrauen abhingen, das in ihn gesetzt wurde: Drei Monate lang »verhaute« er jede Arbeit, nachdem ein neuer, streng und abweisend blickender Lehrer aus kurländischem Adel ihn einmal an der Tafel fertig gemacht hatte, weil er zu lange überlegte. Als dieser von der ganzen Klasse gehasste Mann wieder zurück an die Ostfront musste, schnellten Adalberts Mathe-Noten von »mangelhaft« wieder auf ein sicheres »Gut« hoch, sodass auch diese Episode schnell vergessen war.

9.

Im Sommer 1942 besuchte Borja Blacher die Wulffs, zum ersten Mal seit sie im Warthegau ansässig waren. Durch die kriegsbedingte Mangelernährung in Berlin war eine alte Lungeninfektion bei ihm wieder aufgeflammt, Gottfried von Einem, ein wohlhabender Schüler und Freund, der in den Nachkriegsjahren berühmt wurde, hatte Borja daraufhin in seinem Chalet im Alpenvorland aufgenommen, ihn pflegen und aufpäppeln lassen, und der Erfolg dieser Kur sollte nun im Warthegau konsolidiert werden. In einem Ferienort, den die Deutschen Krummfließ nannten, war von Adalberts Vater ein Sommerhaus angemietet worden, nur wenige hundert Meter entfernt von einem kleinen, waldumschlossenen See. Auch dieses Haus hatte aller Wahrscheinlichkeit nach vor dem Krieg einem jetzt ins Generalgouvernement abgeschobenen oder ins Gefängnis geworfenen Polen, vielleicht sogar einem ermordeten Juden gehört, aber diese Art Enteignungspraxis war inzwischen so sehr zur selbstverständlichen Voraussetzung, ja zur Geschäftsgrundlage für die im Osten angesiedelten Deutschen geworden, dass selbst die wenigen, die über dieses Prinzip weiterhin empört waren wie sein Vater, sich im Einzelfall, wenn sie ein solches Haus anmieteten, nicht viel Gedanken machten: als wenn sie mit der Bezahlung des Mietpreises an den neuen Besitzer, das deutsche Reich, ihre Schulden schon abgetragen hätten. Auch Borja, selbst Opfer antisemitischer Rassengesetze, stellte solche Fragen nicht, jedenfalls nicht in Gegenwart der Kinder, vielleicht weil er Gast war, vielleicht aber auch, weil eine derartige Praxis so-

gar für ihn, wie für jeden, der annektierten Boden betrat, inzwischen unvermeidlich geworden war.
Von diesem Ferienaufenthalt seines Vetters ist Adalbert nur ein einziges Erinnerungsbild haften geblieben: ein Waldspaziergang mit ihm. Wenige Stunden zuvor war eine Sondermeldung des Oberkommandos der Wehrmacht, wie immer eingeläutet von Fanfarengetön, durchs Radio gekommen: Auf dem Elbrus, dem höchsten Berge im Kaukasus, wehe nunmehr die Reichskriegsflagge. Adalbert hatte das Hissen dieser Flagge dort als Beleg für seine Hoffnung genommen, nun ginge der Krieg wohl zu Ende. »Da wird sie schon bald wieder herunterkommen«, hatte sein Vetter ihm trocken erwidert. Wie er selbst auf diese Antwort, die an Eindeutigkeit nichts zu wünschen übrig ließ, reagiert hatte, erschreckt, empört oder doch ein bisschen nachdenklich, weiß er nicht mehr. Auf alle Fälle aber trat, was Borja vorausgesagt hatte, schon nach wenigen Monaten ein.

10.

Der Krieg im Osten zog sich mehr und mehr in die Länge und die Kriegslage löste in unregelmäßigen Abständen bei Adalbert mal Hoffnungen, mal Enttäuschungen aus, wobei zunächst die Hoffnungen, später immer mehr die Enttäuschungen überwogen. Der alles niederwalzende Vormarsch mit seinen Kesselschlachten, der die deutschen Armeen bis vor die Tore Moskaus und Leningrads geschwemmt hatte; dann das Erstarren der Front im klirrenden Frost und die ersten Meldungen über nötige Frontbegradigungen; der Aufruf zur Pelz- und Wintersachensammlung für die Soldaten, wie man später erfuhr, eine von Goebbels inszenierte bloße Propagandaaktion, kein Soldat hat je einen der gespendeten Damenpelze getragen; die von manchen, so auch von seinem Vater schon nicht mehr für möglich gehaltene, spät begonnene Sommeroffensive 1942, die bis in die Kalmückensteppe und die schneebedeckten Gipfel des Kaukasus führte; dann die Einkesselung und Vernichtung der 6. Armee in Stalingrad; als Antwort darauf Goebbels »Wollt ihr den totalen Krieg?«. Danach setzte ein zäher, verbissene deutsche Widerstand ein, der aber nicht verhindern konnte, dass die Sowjettruppen schließlich, im Frühherbst 1944,

vor Warschau an der Weichsel und an der ostpreußischen Grenze standen, sodass nur noch die Hoffnung auf des Führers Wunderwaffen übrig blieb, deren erste, die V1, ein Vorläufer der heutigen Marschflugkörper, ab Sommer 44 auch tatsächlich auf London niedergegangen war.
Aber weder sie noch der schon im Dezember 41 erfolgte Kriegseintritt der Japaner, denen 1942 fast ganz Südostasien und ein Teil der pazifischen Inselwelt in die Hände gefallen war, hatte in Europa eine Wendung des Kriegsglücks gebracht: Gegen die Hoffnungen vieler hatten Hitlers fernöstliche Verbündete die Sowjetunion nicht angegriffen und ihr damit einen Zweifrontenkrieg erspart. Adalbert zitterte um die deutschen Soldaten, wenn er den täglichen Wehrmachtsbericht in ihrem kleinen Volksempfänger hörte, gegen die Bolschewisten stand er noch immer völlig auf ihrer Seite, während der Vater doch schon manchmal zu erkennen gab, dass er nicht mehr so genau wusste, wer das größere Unrecht begangen habe, und ein wie auch immer ausfallendes Ende des Krieges herbeisehnte. Die Untaten der SS und Polizeieinheiten im Osten, von denen sich schließlich doch etwas bis zu ihnen herumgesprochen hatte, mehr ein Geraune, setzte Adalbert, wie viele in jener Zeit, aufs Konto örtlicher Befehlshaber, wie er auch, bis er im Januar 1945 an der ostpreußischen Front eines Besseren belehrt wurde, immer noch an den Endsieg dank weiterer, vorerst noch geheimer Wunderwaffen glaubte, oder wenigstens an einen Kompromissfrieden mit den Westmächten, die die »bolschewistische Weltgefahr« eines Tages doch erkennen und sich dann mit dem Reich verbünden würden – die SS und die Parteibonzen würden dann ganz schön »alt« aussehen, sagte er sich.
In solchen Überzeugungen, manchmal waren es auch nur unsinnige Hoffnungen, herrschte am Ende keinerlei Logik mehr, es handelte sich um einen puren Wunderglauben: Nur ein solcher konnte ja bei der immer verzweifelter werdenden militärischen Lage überhaupt noch helfen, und der verlangte nach einer mit übernatürlichen Fähigkeiten ausgestatteten gottähnlichen Lichtgestalt, als die Hitler sich schon seit Jahren mit durchschlagendem Erfolg zu profilieren versucht hatte – in den Vorkriegsjahren hatten ihm die Beseitigung der Arbeitslosigkeit und der rasch wachsende Wohlstand ja auch den nötigen Kredit dazu gegeben. Der Appell an Wunder und Wundertäter konnte in den Köpfen so vie-

ler, ansonsten eher nüchterner Menschen allerdings nur dann funktionieren, wenn die Alternative zu ihnen Tod und Vernichtung war, und das hatte die NS-Propaganda dem Volk und auch Adalbert damals gründlich glauben gemacht.
Mit diesem Glauben in einem scharfen Widerspruch, den er zu jener Zeit aber nicht bemerkte, stand die Abneigung, die Angst, ja der Ekel, den er vor jedem HJ-Dienst empfand. Mit 14 Jahren war Adalbert vom Jungvolk in die Flieger-HJ übernommen worden, die zunächst im Ruf stand, eher eine Art Sportverein zu sein, in dem Modelle gebastelt wurden und wo man später auch Segelfliegen durfte. Er musste aber rasch erkennen, dass seine Fingerfertigkeit für die Herstellung der Modellflugzeuge nicht hinreichte. Das von ihm gebaute stürzte schon beim ersten Versuch, es in die Luft zu bringen, schmählich ab. So wurde er zu Hilfsarbeiten für die handwerklich Begabteren abkommandiert, machte aber auch dabei so viele Fehler, dass er schließlich nur noch beim Materialholen, beim Saubermachen der Werkzeuge und beim Aufräumen der Werkstatt zu gebrauchen war.
In den ersten Monaten nahm man ihm seine Unzulänglichkeiten noch nicht sonderlich übel, dann aber wurde ein neuer reichsdeutscher Hauptscharführer zur Einheit versetzt, der sich als ganz scharfer Hund erwies. In schnarrendem Befehlston, den Adalbert nicht ertragen konnte, ließ er die Einheit immer wieder antreten, für Fehler beim Modellbau setzte er Strafexerzieren an, und Marschübungen im Gelände, die bis dahin kaum stattgefunden hatten, gab es nun jede Woche. Da Adalbert beim Laufschritt oft nicht mitkam, er bekam rasch Seitenstiche, war er wieder das schwarze Schaf. Der Hauptscharführer schrie ihn an, drohte mit weiterem Strafdienst wegen Befehlsverweigerung. So zum Gespött der Unterführer und derer, die das werden wollten, geworden, versuchte Adalbert sich während des restlichen Dienstes möglichst unsichtbar zu machen – was ihm jedoch nur selten gelang. Deshalb begann er immer häufiger zu schwänzen und dafür alle möglichen mal besser, mal schlechter ausgedachten Entschuldigungen vorzubringen.
Nach einiger Zeit tauchte der Hauptscharführer in Uniform bei seinem Vater in der Praxis auf, drohte Adalbert mit der Pflicht-HJ – einer Strafformation, die dreimal wöchentlich und am Sonntag Dienst machte und dabei fast ausschließlich über den Exerzierplatz

gescheucht wurde – und kündigte zudem an, er werde Adalberts Vater auf seine politische Zuverlässigkeit überprüfen lassen, wenn sein Sohn künftig nicht regelmäßig zum Dienst erscheine.
»Du musst jetzt eine Zeit lang dorthin gehen«, sagte der Vater, der nicht genau wusste, wie weit die Macht dieses sechzehnjährigen uniformierten Schnösels reichte. »Wenn du einmal gar nicht mehr kannst, schreibe ich dir eine ärztliche Entschuldigung.«
Inzwischen waren fast alle seiner Freunde in der HJ-Hierarchie aufgerückt, mindestens Fähnlein- oder Gefolgschaftsführer geworden, und Adalbert berichtete ihnen von seinen Nöten, aber auch sie konnten ihm nicht helfen, denn dieser Hauptscharführer stand im Ruf, in verwandtschaftlichen Beziehungen zu einem hohen Tier der Posener SS-Führung zu stehen.

11.

Seine Rettung war die Einberufung zum Flakhelferdienst im Februar oder März 1943. Zweimal wöchentlich musste er sich mit denjenigen seiner Klassenkameraden, die noch keine höheren HJ-Ränge erreicht hatten – er selbst war der Einzige, der überhaupt gar keinen besaß –, frühmorgens auf einer Flugabwehrstellung in der Nähe des Posener Flughafens zur Ausbildung an erbeuteten sowjetischen Geschützen melden. Die vier übrigen Wochentage blieben wie bisher dem Schulunterricht vorbehalten, auch schlafen durften sie vorerst noch zu Hause. Das Wichtigste für ihn aber war, dass die HJ sie alle beurlaubt hatte.
Ob Posen damals noch außerhalb der Reichweite der sowjetischen und angloamerikanischen Bomber lag oder lediglich aus Rücksicht auf seine polnische Bevölkerungsmehrheit nicht angegriffen wurde, Adalbert erinnert sich jedenfalls nicht an ein einziges Mal, dass es Alarm, geschweige denn einen Luftangriff gegeben hätte. So waren die Soldaten auch an ihrer Ausbildung nicht sonderlich interessiert, und die Jungen lagen zumeist, nach maximal drei Stunden Geschützexerzieren, Flugerkennungsdienst oder Übungen am Funkleitgerät, ruhige und gemächliche, wenig militärische Tätigkeiten ausübend, Bücher lesend oder in Gespräche vertieft auf der angrenzenden Wiese. Manchmal versuchten sie auch, den Typ der startenden oder landenden Maschinen zu erraten.

Irgendwann im Juni 1943 sollten sie allerdings kaserniert werden und, wenn Adalbert sich richtig entsinnt, dann nur zwei- oder dreimal wöchentlich von ihren Unterkünften aus die Schule besuchen. Adalbert entging dieser Neuerung dadurch, dass er genau zu diesem Zeitpunkt zum Arbeitsdienst eingezogen wurde.
An die drei Sommermonate bei dieser Organisation hat er nur angenehme Erinnerungen. Mit den hauptamtlichen Führern, andere gab es nicht, aber auch mit den anderen Einberufenen, den »Arbeitsmännern«, kam er zu seinem eigenen Erstaunen gut aus. Mit dem Spaten zu marschieren, ihn auf Kommando zu schultern und zu präsentieren war das Einfachste von der Welt. Auch das Graben und Schaufeln, es gab keinen Zeitdruck dabei, bereitete ihm keine größere Mühe. Schikanöse Exerzierübungen gab es nicht, nur ein Mindestmaß an Genauigkeit und Sorgfalt wurde beim Bettenmachen und Stubenreinigen verlangt, aber damit kam Adalbert so gut zurecht, dass er von seinem Zugführer, einem älteren, ruhigen Mann, der ihm offensichtlich wohlgesonnen war, sogar als Vorbild genannt wurde.
Schwieriger wurde es schon bei den wenigen Ernteeinsätzen auf den umliegenden Bauernhöfen. Das Hochheben der Garben mit der Mistgabel ging bis an die Grenze seiner Kräfte, aber er schaffte es doch, dabei nicht allzu sehr aufzufallen. Anders als bei der HJ, anders als in der Turnstunde wurde er hier beim Arbeitsdienst nicht als schwächlich und feige stigmatisiert. Der Lagerführer fragte ihn sogar, zum Glück nur beiläufig, ob er seinen Dienst nicht über die drei vorgeschriebenen Monate hinaus ausdehnen und hauptamtlicher Arbeitsdienstführer werden wolle, aber Adalbert entgegnete, er habe sich schon zum Medizinstudium entschlossen, das er beginnen wolle, sobald der Krieg dies gestatte. Zum 1. September wurde er nach Hause entlassen.
Bis man ihn zum Militär holen würde, war er von allen HJ- und Luftwaffenhelfer-Verpflichtungen frei, er durfte ungehindert wieder die Schule besuchen und als Zeichen dieser neuen Freiheit das schwarz-weiß-rote Abzeichen mit dem Spaten an seinen Aufschlag stecken, das ihn als ehemaligen Arbeitsmann auswies. So konnte er auch an den Dienstnachmittagen der HJ auf die Straße, ohne befürchten zu müssen, dass der Streifendienst dieser Organisation, der unter anderem die Schwänzer aufzuspüren hatte, ihn mitnahm.

Nach drei Monaten Unterricht, kurz nach seinem 17. Geburtstag, bekam er völlig unvermutet seinen Einberufungsbefehl. Sein Vater röntgte noch einmal seine Lungen, in der wenig realistischen Hoffnung, aus den Zeichen seiner alten, bis in die Kindheit zurückreichenden Krankheit doch noch eine Rechtfertigung für eine einstweilige Zurückstellung herauslesen zu können. Wie durch ein Wunder war da aber noch mehr auf der Aufnahme zu sehen, nämlich ein kleines, ganz frisches Infiltrat. Dr. Letzmann, Adalberts Zimmergenosse aus Zinnowitz, inzwischen Leiter der Tuberkuloseabteilung des Posener Gesundheitsamtes, schrieb dazu einen durch sein Amtssiegel beglaubigten Befund, der dann auch für eine achtmonatige Zurückstellung vom Kriegsdienst ausreichte und, da darin gleichzeitig bescheinigt wurde, dass seine Tuberkulose nicht ansteckend sei, kein Hindernis für den weiteren Schulbesuch war. Auch vom Sportunterricht wurde er, dank eines weiteren Attestes, für das ganze Schuljahr befreit.

12.

Zum ersten Mal, seit er in Deutschland angekommen war, brauchte Adalbert nun keine Angst vor irgendwelchen Schreiern zu haben. Sein Selbstbewusstsein hatte sich zudem, aufgrund der ohne jede Demütigung überstandenen Arbeitsdienstzeit, beträchtlich gefestigt; er hatte dort eine Erfahrung hinter sich gebracht, die den meisten seiner Klassenkameraden noch bevorstand und damals als der erste Schritt hin zum Erwachsenwerden galt – so genoss er auch in der Schule einen ihm ungewohnten Respekt.
Die Freundschaft mit Schorschik hatte seine dreimonatige Abwesenheit gut überstanden, sie ging nun in ihr siebtes Jahr. Schorschik war mittlerweile Führer des HJ-Fanfarenzuges geworden und so gleichfalls vom Luftwaffenhelferdienst befreit, hatte aber aus der Revaler Zeit ihrer gemeinsamen Opposition gegen den Schülerbund den Nazis gegenüber noch einen kleinen Schuss Skepsis bewahrt. Wenn Voralarm den Unterricht unterbrach, dies war jetzt, im Schuljahr 1943/44, schon häufiger der Fall, und wenn das während der letzten Stunden geschah, sodass es sich nach der Entwarnung nicht mehr lohnte, zur Schule zurückzukehren, dann gingen sie öfters durch den Kunersdorfer Park zu ihm nach Hause.

Er wohnte mit seinen Eltern in einem an einem Abhang gelegenen villenartigen Gebäude, das den Blick auf einen Teil der Innenstadt freigab und vorzüglich geeignet gewesen wäre zur Beobachtung von Luftkämpfen. Diese fanden freilich niemals statt, weil die feindlichen Bombergeschwader damals noch spätestens über Frankfurt an der Oder wieder abdrehten. Eine merkwürdige Spannung lag trotzdem in der Luft, die sie in den Jahren zuvor nicht gekannt hatten, irgendwie spürten sie, dass entscheidende Ereignisse vor der Tür standen, und dies Gefühl hat Adalbert bis zum Kriegsende nicht mehr verlassen.

Worüber sie damals sprachen? Über Mädchen sicherlich, mit denen Schorschik, anders als Adalbert, der auf die ganz große Liebe seines Lebens wartete, schon ausgiebig flirtete. Während sie wieder einmal nach einem Voralarm die Entwarnung abwarteten, erzählte sein Freund ihm, er habe seinem Vater versprechen müssen, vor dem 21. Lebensjahr mit keinem Mädchen zu schlafen, denn, wenn man das einmal getan habe, überfiele es einen wie eine Sucht, der niemand widerstehen könne. Kaum lerne man eine Frau kennen, so lande man schon mit ihr im Bett. Und über die nach Stalingrad verbotenen Tanzstunden, die trotzdem und zwar mit Erlaubnis seines Vaters, der sogar den Tanzlehrer bezahlte, in der Wulff'schen Wohnung stattfanden. Und sie sprachen, Grusel erregend, über die Fähigkeit, mit Toten zu kommunizieren, über welche Schorschiks Vater nach seines Sohnes Zeugnis angeblich noch immer verfügte. Adalbert bestritt dies ebenso leidenschaftlich wie grundsätzlich, nichts graute ihn so sehr wie die Aussicht, seine tote Mutter könne ihm irgendwo als Geistwesen begegnen, das sich bei jedem Versuch, es zu berühren, in nichts auflöste – denn dann müsste er den Abschied von ihr auch jedes Mal wieder aufs Neue erleiden. Aus der Rückschau gruselt es Adalbert, dass er auch noch in dieser letzten Posener Zeit, während derer Mord und Unterdrückung zum Alltagsgeschäft der Erwachsenen gehörten, so friedlich mit seinem Freund über Liebesdinge und Geistergeschichten hat diskutieren können.

13.

Wenn er nur etwas genauer hingeschaut oder, wenn er etwas sah, darüber etwas länger nachgedacht hätte! Erst während seines 1997er Besuchs in Poznan ist ihm wieder eingefallen, dass er eines Tages, es muss in diesem Jahr 1944 gewesen sein, von Tante Hilda wieder einmal in den fast gegenüberliegenden Lebensmittelladen einkaufen geschickt wurde. Er hatte etwas anderes vor und versuchte sich mit den langen Schlangen herauszureden, die dort regelmäßig vor der Tür standen.
»Geh einfach nach vorne, die Polen müssen dann eben warten«, sagte Tante Hilda.
Dieses Mal war er ihrem Rat auch gefolgt und war gleich an die Theke gegangen, weil er es eilig hatte, aber die Blicke, die ihn trafen, waren so ... ja, so resigniert, so schicksalsergeben und doch auch hasserfüllt, sie trafen ihn mit einer solchen Wucht, dass er sich fragte: »Was machst du denn da?« Soweit er sich erinnert, ist er nie wieder in diesen Laden gegangen. Aber wenn er durch die Straßen flanierte, behielt er doch ständig sein Arbeitsdienstabzeichen angesteckt, das ihn als Deutschen auswies und so davor bewahrte, vom Bürgersteig herunter zu müssen, wenn ein Uniformierter oder auch nur ein Abzeichenträger wie er ihm entgegenkam – und er nahm in Kauf, dass damit alle Polen verpflichtet wurden, vor ihm auszuweichen.
Am meisten aber schämt er sich heute darüber, dass er eine schauerliche Begebenheit, von der der Vater ihm voller Empörung beim Abendbrottisch erzählte, mit einer Gänsehaut zwar, aber ansonsten ziemlich kommentarlos zur Kenntnis nahm: Der polnische Maler, der auch die Praxisräume seines Vaters renoviert hatte, war vor einem Schaufenster stehend von einer heranmarschierenden, Fahnen tragenden HJ-Einheit überrascht worden, deren Nahen er, schwerhörig, wie er war, nicht gleich bemerkt hatte, woraufhin ihm einer der Führer, wie damals allenthalben üblich, seinen Hut vom Kopf schlug. Der Maler machte, zu seinem Unglück, eine unwillkürliche Abwehrbewegung, wurde festgenommen, wegen tätlichen Angriffes auf einen Deutschen zum Tode verurteilt und wenige Tage später, wie den blutroten Anschlägen auf den Litfaßsäulen zu entnehmen war, zusammen mit einigen anderen Schicksalsgenossen hingerichtet. Auch dass die Handlung, die Hand gegen

einen Deutschen zu erheben, ein tödliches Verbrechen war, gehörte damals fast schon zu den nicht mehr in Frage gestellten Selbstverständlichkeiten. Als Adalbert nach einiger Zeit in der Klasse darüber sprach, wurde allenfalls der Umstand, dass bereits eine unbeabsichtigte Bewegung zur Hinrichtung führen konnte, als etwas überzogen anerkannt, der ganze Vorfall aber angesichts der Hunderttausende gefallener Frontsoldaten als bedeutungslos betrachtet: Wo gehobelt würde, da fielen eben auch Späne. Mit dieser Begründung gab schließlich auch er sich zufrieden.

Von einer weiteren Schreckensszene, die Adalbert im Gedächtnis blieb, weiß er nicht mit letzter Sicherheit, ob sie sich so wirklich abgespielt hat. Irgendjemand in seiner Klasse, es mag der Mädchenheld Baby Stumpf gewesen sein, der überhaupt eine Neigung zu Schauergeschichten hatte, erzählte von einem Straflager vor den Toren der Stadt, in welchem jede Woche, immer zum gleichen Tag und zur gleichen Stunde, Sträflinge an einem Pendelgalgen aufgehängt würden und an diesem so lange baumelten, bis sie erstickt seien. Er behauptete, bei einer solchen paarweisen Hinrichtung selbst zugeschaut zu haben, wie sie überhaupt allen, die sich die nötige Härte Polen, Juden und Kommunisten gegenüber aneignen wollten, offen stünde. Adalbert erinnert sich nicht, dass jemand dieser Aufforderung gefolgt ist, wohl aber, dass seine Nackenhaare sich vor Entsetzen gesträubt haben und er die Sache einfach nicht glauben wollte. Im Osten, ja, vielleicht, aber nicht in der Stadt, in der sie lebten.

14.

Dazu, dass seine Augen verschlossen blieben, trotz seines Hasses auf die HJ, der freilich jetzt, wo er von ihren Diensten befreit worden war, viel von seiner Virulenz verloren hatte, trotz des langsamen, aber seit 1943 ununterbrochenen Heranrückens der Fronten, trotz der Mischung aus verhohlenem Mitgefühl, Irritation und Angst, die er angesichts der Demütigungen und immer brutaler werdenden Unterdrückung der Polen empfand: zu dieser seiner Blindheit trug sicherlich bei, dass er inzwischen zwei sympathische Nazis kennen gelernt hatte, die in nichts an die Schreihälse in der HJ und in der Turnstunde erinnerten.

Einer von ihnen war sein Klassenkamerad Peter Müsgen, Sohn eines reichsdeutschen, aus Hannover stammenden Obersteuersekretärs. Anders als Schorschik, anders auch als Adalbert, der inzwischen gelernt hatte, sich den Unannehmlichkeiten des Regimes zu entziehen und eigentlich nur noch dessen antibolschewistischen Kampf bejahte, glaubte er unverbrüchlich an die Heilsbotschaft der Nazis: Daran, dass jetzt eine bessere, von den Schlacken der Geschichte gereinigte Welt aufgebaut werden würde und jeder, jeder Deutsche, versteht sich, dazu aufgerufen sei, an dieses Jahrtausendwerk selbst Hand anzulegen.

Peter tat dies, in der Schule ebenso wie in seiner HJ-Einheit, aber ganz unfanatisch, in der Art eines verständnisvollen Jugendbetreuers, ohne jede Spur von Zackigkeit, ohne irgendjemand anzuschreien, einzuschüchtern oder zum Sündenbock stempeln zu wollen, wie dies bei höheren HJ-Führern sonst gang und gäbe war. Es ging ihm nur darum, die Aufgaben, die ihm gestellt wurden, ordentlich zu erledigen, ob das nun Vorbereitungen zu einem Zeltlager oder zu einem von oben angeordneten Aufmarsch waren. Auch bei seinen Schulaufsätzen zeigte er vor allem handwerkliche Sorgfalt. Für sich selbst hatte er keine grandiosen Zukunftsvisionen: ein Mädchen zum Lieben, später natürlich Kinder, den Lehrerberuf, vielleicht auch Professor oder Dramaturg am Theater, wenn es dazu langte,und natürlich keine finanziellen Sorgen, das waren seine Lebensziele. Er war der festen Überzeugung, dass sie nur dank der Siege des Nationalsozialismus für jemanden wie ihn erreichbar geworden waren.

Kurz, Peter war kein hysterischer Schreier, auch kein Fähnchen im Wind, sondern ein fester, solider Steinbrocken in der Brandung, dem man es ansah, dass er einem Freund, der das brauchte, auch Halt geben konnte. Das war aber noch nicht alles. Adalbert entdeckte hinter seiner unkompliziert erscheinenden, kumpelhaften Jovialität auch eine unvermutete Feinfühligkeit, einen Sinn für Zerbrechlichkeit und Schönheit, und so war es wohl der Zusammenklang dieser beiden, auf den ersten Blick so entgegengesetzt anmutenden Wesensseiten, der ihn Peters Nähe suchen ließ. Er fühlte sich von ihm zugleich beschützt und verstanden.

Und dann gab es auch noch den Oberstudienrat Gaffky, der in der Unterprima ihr Klassen- und Deutschlehrer wurde. Dass er in der »Goldfasenen«-Uniform der politischen Leiter in der Klasse auftauchte, deren Träger, anders als diejenigen der feldgrauen Soldatenröcke, damals von der Mehrzahl auch der deutschen Bevölkerung abschätzig belächelt und von manchen sogar als korrupt und feige verachtet wurden, stimmte sie alle zunächst eher misstrauisch. Auch sein gedrungener Körperbau, das etwas teigige Gesicht und der schüttere Haarwuchs waren nicht dazu angetan, ihn sonderlich anziehend aussehen zu lassen.

In wenigen Wochen aber hatte Gaffky es trotzdem verstanden, sie alle für sich zu gewinnen. Er redete sie nicht vom Katheder aus nieder, wenn es einen Text zu interpretieren galt, sondern kam auf sie zu, setzte sich in ihre Schulbank und versuchte mit ihnen in ein Zwiegespräch zu kommen, er verteilte Referate und lud zu freundschaftlich kritischen Stellungnahmen ein, ja, er forderte sie sogar auf, seine eigenen Thesen in Frage zu stellen, wobei er noch immer weitere Argumente in Reserve hielt und schließlich ohne jeden rechthaberischen Triumph die Oberhand behielt. Eines Tages, so sagte er, würden sie es sein, die mehr wüssten und mehr könnten, und dann würden sie selbst, in der Schule oder woanders, die Führungspositionen einnehmen. So machte er ihnen klar, wie er das Führerprinzip verstand, das schmeichelte ihnen und viele von ihnen waren bald schon bereit, für diesen Lehrer durchs Feuer zu gehen. Dass Gaffky in dieser Klasse, die fast ausschließlich aus höheren HJ-Führern bestand, die zukünftige politische Elite des Gaus sah, war Adalbert damals natürlich noch nicht klar, und auch nicht, dass er selbst, der nicht dazugehörte, eigentlich nur durch Zufall die hoch personalisierte Unterrichtsform mitbekam, die dieser Elite auch später, in den Ordensburgen und SS-Führungsakademien zugedacht war – während die anderen, denen keine politische Laufbahn bevorstand, sich mit einer Mischung aus langatmiger Paukerei und Kasernenhofdrill würden begnügen müssen. An die Unterrichtsgegenstände dieser Deutschstunden und an ihre ideologische Einfärbung erinnert sich Adalbert heute überhaupt nicht mehr, wohl aber daran, dass Gaffky, angesichts der bald anstehenden Einberufungen der einstweilen auf Grund ihrer HJ-Führerschaft noch Zurückgestellten, um deren vorherige Freiwilligenmeldung zur Waffen-SS warb und einmal sogar einen ritterkreuztragenden SS-Offizier in die Klasse eingeladen hatte. Zur SS wollte Adalbert um keinen Preis. Andeutungen seines Vaters, dem polnische Patienten über Erschießungen von Frauen und

Kindern durch diese Truppe erzählten, hatten ihn so sehr erschreckt, dass er mit ihr nichts zu tun haben wollte, auch wenn er sich damit zu beruhigen versuchte, das seien Einzelfälle und der Führer wisse von ihnen nichts. Er wusste auch, dass die SS die Konzentrationslager unterhielt, von denen er ebenfalls von seinem Vater etwas gehört hatte, um die schrecklichen Einzelheiten allerdings gleich danach wieder zu vergessen. Und schließlich hatte der HJ-Hauptscharführer seine Macht ja auch aus seiner Verwandtschaft mit einer lokalen SS-Größe bezogen.

Trotz dieser Ängste war das letzte Posener Jahr für Adalbert ein unverhofftes Geschenk. Er genoss die Sonntagsspaziergänge mit seinem Vater, die vertrauten Gespräche mit Schorschik und mit Peter, aber auch den Unterricht: nicht nur den bei Gaffky, sondern auch die Stunden bei einigen anderen Lehrern, die ebenfalls angefangen hatten, die Schüler ihrer Klasse fast schon wie Erwachsene, jedenfalls mit ungewohntem Respekt zu behandeln. Eingeprägt haben sich ihm die Geschichtsstunden bei Herrn Knorr, einem eher phlegmatischen Rigaer mit einem simplen Hakenkreuz, ohne jeden Organisationshinweis, am Rockaufschlag, was damals im Warthegau ein öffentliches Eingeständnis war, keiner einzigen Naziformation zuzugehören. Dieser Lehrer brachte es fertig, die Nazithesen in ihrem Unterrichtsbuch durch die Einführung einer historiografischen Dimension diskret mit einem Fragezeichen zu versehen. »Heute sehen wir das so, aber wie es damals wirklich war, weiß niemand«, pflegte er zu sagen, wenn etwa von einem Autor die Einkreisung Preußens im Siebenjährigen Krieg mit derjenigen Deutschlands in den beiden Weltkriegen dieses Jahrhunderts verglichen wurde.

Dann war da auch noch das erleichternde, ja beglückende Gefühl, das er seit seiner Zurückstellung heimlich verspürte, nämlich fürs Erste noch einmal davongekommen zu sein, wenn er sich dessen gleichzeitig auch ein bisschen schämte und mit niemandem wagte, darüber zu sprechen, denn ein deutscher Junge in seinem Alter, er war inzwischen über 17, hätte eigentlich dem Dienst mit der Waffe für Führer und Vaterland entgegenfiebern müssen.

15.

In diesem letzten Posener Jahr hatte er auch wieder angefangen, etwas für Mädchen zu empfinden. Es begann damit, dass er in der einzigen Buchhandlung der Stadt, in der neben heroischer Kriegs- und Parteiliteratur auch schon mal etwas Besinnlicheres auslag wie Rilkes *Cornet*, Carossas *Arzt Gion* oder Bindings *Novellen*, einem sentimentalen Liebesroman, *Gefährtin meines Sommers*, erstand, in dessen weibliche Hauptfigur, eine zauberhaft schöne, ihrer Kunst völlig ergebene Pianistin, er sich, wie der Hauptheld des Buches, ein junger Landarzt, unsterblich verliebte. Ebenso wie ihr Liebesglück kostete er lesend auch ihren Liebesschmerz aus: Hatten beide doch um ihrer Berufungen willen, sie zur Musik, er zum Heilen, auf ein Leben miteinander verzichten müssen.
Es blieb nicht beim Lesen allein: Noch über viele Jahre sollte diese entsagungsvolle Geschichte sein Frauenbild und seine Vorstellungen von der Liebe besetzt halten. Solche Bücher fand man zu jener Zeit selten genug in der Stadt, denn eine leise, unheldische Wehmut galt damals als unerwünscht, ja als verweichlicht, artfremd und politisch verdächtig. Wenn schon, dann mussten es große, leidenschaftliche Gefühle sein, wie Goebbels sie in seinen Ufa-Filmen mit Zarah Leander ausschlachtete, als Kontrastprogramm für die immer unerträglicher werdende Kriegswirklichkeit.
Angelika, die Traumfigur dieses Romans, verhinderte es wohl auch, dass ihm jemand aus der gegenüberliegenden Mädchenschule oder später aus der Tanzstunde bei ihm zu Hause wirklich gefiel. Wenn er sich mit der einen oder anderen von ihnen im langsamen Walzer drehte, regte sich zwar manchmal ein leises Gefühl, aber wenn er sie dann aus dem Arm ließ, hatte es sich auch schon wieder verflüchtigt. Und da er sich ohnehin nur für die hübschesten und ätherischsten der Mädchen interessierte, waren sie zumeist auch schon vergeben, das heißt, sie hatten inzwischen bereits Verabredungen mit irgendeinem seiner Freunde getroffen. So kam er an eine, die er vielleicht hätte mögen können, gar nicht heran.
Treffen auf einem neutralen Terrain, um sich besser kennen lernen und miteinander reden zu können, waren in Posen, ganz anders als in Estland, nicht üblich. Es existierte für sie überhaupt gar kein Rahmen, wie ihn etwa der Hapsaler Yacht-Club oder die Revaler Schlittschuhbahn abgegeben hatte. Man musste also schon

vorweg eine Liebeserklärung machen und dann gleich, wie die Reichsdeutschen es nannten, »miteinander gehen«. Dazu aber war Adalbert viel zu schüchtern, oder genauer: Er hatte viel zu viel Angst, dabei abgewiesen zu werden. So war für ihn zwar eine Tür aufgegangen zu einem Raum, in dem neue Sehnsüchte und Wünsche auf ihn warteten, aber er fand außer Luftgebilden niemanden dort, an den er sie hätte heften können.

Am 6. Juni 1944 wurde die Landung englischer und amerikanischer Truppenverbände in der Normandie gemeldet. Endlich, so trompetete die Goebbel'sche Propaganda, hätte der Feind sich gestellt, nun werde er die ihm schon lang vorausgesagte Niederlage erleiden. Die ließ aber auf sich warten – die alliierten Brückenköpfe vergrößerten und konsolidierten sich stattdessen. Auch das hätte der Führer vorausgesehen, tönte es aus den Volksempfängern, je mehr Feinde in diese klug gestellte Falle tappten, desto mehr von ihnen könne man vernichten, und das werde, endlich, die lang ersehnte Entscheidung bringen. Inzwischen lag die Rote Armee schon am Weichselbogen. Erst dort hatte sie, für ein knappes halbes Jahr, noch einmal zum Stehen gebracht werden können. Von den Kämpfen im Osten wurde aber kaum gesprochen, wie gebannt starrten alle, auch Adalbert, auf die vermeintliche Entscheidungsschlacht in der Normandie.

Das Schuljahr sollte Mitte Juli zu Ende gehen, aber 14 Tage vorher erhielt er, der verdächtige Schatten hatte seine Lunge verlassen, seinen Einberufungsbefehl, nicht, wie er befürchtet hatte, zur Waffen-SS, sondern zur Heeresdivision »Großdeutschland«: Am 1. Juli hatte er sich in Guben, einer brandenburgischen Kleinstadtgarnison, in einer ihrer Kasernen zu melden.

3. Kapitel: Leibhaftig da – der Krieg

1.

Zunächst war es eine Sanitätskompanie, die ihn in Empfang nahm, angeführt von einem ruhigen, menschenfreundlichen Stabsarzt. »Budenzauber«, wie das Auskippen der für nicht ordentlich genug eingeräumt erachteten Spinde durch den Dienst habenden Unteroffizier genannt wurde, gab es dort nicht – den lernte er erst zwei Monate später in Cottbus kennen. Das Gewehrreinigen und das Exerzieren ließen jede Schikane vermissen, und das Anlegen von Verbänden, das täglich geübt wurde, fiel Adalbert leicht, sodass er schon zu hoffen begann, er käme hier beim Militär ebenso gut zurecht wie ein Jahr zuvor beim Reichsarbeitsdienst. Als aber nach einigen Wochen die Übungen mit den Tragbahren begannen, auf denen Kameraden, die Verwundete mimten, durch ein simuliertes feindliches Sperrfeuer gebracht werden sollten, war die Katastrophe nicht zu vermeiden: Wie im Turnunterricht und wie bei der HJ wurde ihm seine schwächliche Armmuskulatur zum Verhängnis, er schaffte es einfach nicht, die Bahre weiter als dreißig Meter zu tragen, dann musste er loslassen, und der auf ihr liegende Kamerad fiel heraus. So wurde er nach zwei Monaten mit einigen anderen, denen es entweder ebenso wie ihm an Körperkraft mangelte oder die sich mit dem geistig etwas anspruchsvolleren Anatomieunterricht schwer taten, als für den Sanitätsdienst ungeeignet zu einer Infanterieeinheit nach Cottbus abkommandiert. Bevor es dazu kam, erlebten sie aber, noch in Guben, ihren 20. Juli. Ohne dass man ihnen sagte, weshalb, wurde plötzlich Alarm gegeben, mitten in der Nacht. Natürlich dachten sie zuerst alle, es sei bloß eine Übung, aber dann bekamen sie scharfe Munition ausgehändigt und wurden an den wichtigsten Ortseingängen postiert, ohne dass jemand ihnen Instruktionen gab, worauf sie überhaupt achten sollten. Zwei Stunden später schon ging es zurück in die Kaserne. Erst am nächsten Morgen erfuhren sie, was an der Wolfsschanze, Hitlers ostpreußischem Hauptquartier, vorgefallen war. Bis heute weiß Adalbert nicht, wer sie in dieser Nacht hatte ausrücken lassen, ein Widerständler des 20. Juli oder ein hitlertreuer General. Am Morgen danach wurde ihnen zudem mitgeteilt, dass die bis dahin geübte Form der militärischen Ehrenbezeugung, die Hand an die Mütze zu nehmen, nunmehr abgeschafft sei und hinfort für alle, nach dem Vorbild der Waffen-SS, nur der Hitlergruß mit erhobenem Arm gelte: um so dem Führer die Liebe und bedingungslose Ergebenheit der gesamten Wehrmacht unter Beweis zu stellen.

2.

Mitte August trat Adalbert den Dienst bei seiner neuen Cottbuser Ausbildungskompanie an. Schon am ersten Tag wurde ihm klar, dass es vorbei war mit dem ruhigen und immer noch halbwegs zivilen Gubener Umgangston. Aber nicht nur der Ton war plötzlich schärfer, schneidender, ja bellender geworden, alles musste nun schneller, nein, nicht nur schneller, sondern auch hektischer vonstatten gehen, Eile also nicht nur praktiziert, sondern ständig auch demonstriert werden. Wer nicht unaufhörlich hechelte, ganz gleich, ob die gestellte Aufgabe nun in Antreten, Essenfassen, Gewehrschlosszusammensetzen, Bettenbauen oder Stubenausfegen bestand, der galt eben nicht als guter und wirklich begeisterter Soldat. Adalbert weiß heute, dass diese stumpfsinnige Forderung von nahezu allen Armeen der Welt an ihre Rekruten gestellt wird, also nichts für die Nazi-Wehrmacht besonders charakteristisches war, und er versteht auch, dass es sich in erster Linie um ein Unterwerfungsritual handelt: Man kann beim Gehorchen eben nie eifrig und schnell genug sein. Erst wenn man das einsieht, geht einem auch auf, dass es immer eines Gnadenaktes des Vorgesetzten bedarf, um diesen angeborenen Mangel zu beheben.
Das war aber nur der Anfang. Ihr neuer, einbeiniger Kompaniechef, ein wilder Nazi mit »Halsschmerzen«, der im Ruf stand, er habe in Russland einige hundert Soldaten nur deshalb »verheizt«, um endlich das Ritterkreuz umgehängt zu bekommen, das dann doch nicht an ihn, sondern an seinen Bataillonskommandeur ging, scheuchte sie von morgens bis abends durchs Gelände: Laufschritt, Hinlegen, Auf marsch marsch, Gaaas – und wer seine unbeirrbar

böswillige Aufmerksamkeit erregte, weil ihm ein Kragenknopf aufstand, weil er eine etwas dunklere Haut, eine undeutliche Aussprache oder zu wenig Muskeln hatte, der musste nach dem Dienst mehrere Nächte lang Panzerdeckungslöcher ausheben, um sie danach gleich wieder zuzuschütten. Einige brachen dabei zusammen, was als Befehlsverweigerung gewertet wurde, von anderen hörte man, sie hätten sich für ein oder zwei Tage im nahe liegenden Wald verborgen, wofür Kriegsgericht und schlimmstenfalls Erschießung drohte. Adalbert erinnert sich, dass sechs oder acht Unglückliche, die wegen derartiger Vergehen auf ihre Bestrafung warteten – oder war es eine Art Bewährung, die man ihnen doch noch zugestand? –, beim Ausrücken ins Gelände in einem Abstand von zehn Metern hinter der Kolonne hermarschieren mussten und am Übungsplatz angekommen noch unnachsichtiger als alle anderen durch die Gegend gejagt wurden. An ihm selbst – und das grenzte schon an ein Wunder – war des Herrn Oberleutnants Heldenauge bis dahin nicht hängen geblieben, wohl weil es noch ein paar andere gab, die noch schwächlicher, noch unsportlicher und noch furchtsamer waren als er.
Aber zwei Wochen vor dem vierzehntägigen Heimaturlaub, den jeder vor seinem ersten Fronteinsatz bekam, hatte ihn der Stubenunteroffizier, der ihn, den blässlichen Pennäler, nicht ausstehen konnte, doch noch erwischt: Unter dem Vorwand, er wüsche seinen Hals nicht genug, zerrte ihn eine Meute schadenfroher Kameraden auf dessen Befehl aus dem Bett und warf ihn in eine Wanne voll eiskaltem Wasser. Das enthob ihn der Entscheidung, vor die alle übrigen mit Oberprimareife Einberufenen der Kompanie sich gestellt sahen: ob sie nämlich Reserveoffiziersbewerber werden und nach einer kurzen Frontbewährung auf einen der für diese eingerichteten Lehrgänge geschickt werden wollten. Vor seiner gewaltsamen Abschrubbung hatte Adalbert tatsächlich mit diesem Gedanken gespielt, vor allem, um den Schikanen seiner Vorgesetzten nicht mehr so hilflos ausgeliefert zu sein. Nun hatte man ihn öffentlich als »Dreckfink« abgestempelt, und damit war auch diese Aussicht dahin.

3.

In den Heimaturlaub fiel sein achtzehnter Geburtstag. Ivy war wieder zu Hause, sie hatte, kurz bevor er nach Guben musste, geheiratet, einen aus Ostpreußen stammenden Jurastudenten in schmucker Leutnantunifornm mit Namen Heinz Lauterberg, und es war ihr trotz ihrer Schwangerschaft gelungen, ihr zahnärztliches Studium in Königsberg auch noch nach dem großen britischen Luftangriff vom August 1944 erfolgreich zu beenden, und zwar gerade noch vor der Schließung der Universität. Peter, inzwischen viereinhalb Jahre alt, zog seine kleinen Holzautos unermüdlich durch die ganze Wohnung. Ihr Vater war inzwischen noch schweigsamer geworden, er nahm Adalberts Klagen über den sadistischen Ausbildungsleiter fast kommentarlos zur Kenntnis, äußerte allerdings Zweifel daran, dass der Führer, wenn er es wüsste, dessen Methoden missbilligen würde. »Man macht euch in der Ausbildung die Hölle heiß«, sagte er, »damit ihr es am Ende geradezu herbeisehnt, an die Front geschickt zu werden, wo man euch wenigstens nicht mehr so schikaniert.« Und er brachte es auch noch fertig, Adalberts Aufenthalt zu Hause um weitere 14 Tage zu verlängern. Dieser hatte nämlich von den tagelangen Märschen auf dem Truppenübungsplatz, mit denen die Rekrutenausbildung abgeschlossen worden war, offene und an den Zehenballen auch vereiterte Fußwunden davongetragen, die den Posener Garnisonsarzt, sicherlich auf des Vaters Bitte hin, veranlassten, ihn für zwei Wochen krankzuschreiben und für reiseunfähig zu erklären. So blieb er den ganzen Novembermonat zu Hause.

Auch diese letzten Tage genoss er in vollen Zügen. Tagsüber versenkte er sich in seine Bücher, und er spielte sogar, dazu hatte er bislang keinerlei Begabung und Neigung gezeigt, Autorennen oder Verstecken mit seinem kleinen Bruder. Abends saß er wieder mit seinem Vater, bis dieser schlafen ging, zusammen am Tisch und hörte sich wie früher die eine oder andere Leidensgeschichte von dessen Patienten an. Es war für ihn eine Galgenfrist, die er so lange auszudehnen versuchte, wie es nur eben ging, nicht aus Todesangst, auch nicht, weil er dadurch dem Kriegsdienst entkommen wollte und schon gar nicht aus irgendwelchen politischen Überzeugungen. Nein, sondern weil ihm während der letzten zwei Ausbildungsmonate sein eigenes bedingungsloses Ausgeliefertsein an die Militärmaschinerie und ihren Staat demonstiert worden war und er die kopflose Hoffnung hegte, sich zu Hause vor ihrer Unberechenbarkeit retten, zumindest aber sich klein und für eine Weile vielleicht sogar unsichtbar machen zu können. Und in der Tat hatte der Vater ihm dazu verholfen, allerdings nur für eine begrenzte Zeitspanne, die jetzt Tag um Tag rascher ihrem Ende zulief. Zum ersten Mal erschienen ihm die gelegentlichen Äußerungen seines Vaters, der Krieg möge, egal wie, aber so schnell wie möglich zu Ende gehen, nicht mehr völlig abwegig. Er spürte, wie eine solche Empfindung, es war noch kein ausformulierter Gedanke, sich auch ihm aufdrängte, selbst wenn er sich das immer noch nicht offen einzugestehen wagte.

4.

Anfang Dezember war nichts mehr zu machen. Adalbert bekam seinen Marschbefehl ausgehändigt, und nach einem kurzen Aufenthalt in Cottbus, wo er gerade noch seine Ausbildungseinheit vorfand, ging es mit dieser – zum Glück ohne deren Offiziere und Unteroffiziere, die an Ort und Stelle einem neuen Rekrutenschwall entgegensahen –, wie es zunächst hieß: Ab an die Ostfront!

An die Reise dorthin kann sich Adalbert nicht mehr entsinnen. Sie landeten nicht sofort an der Front, sondern zunächst in einem grenznahen polnischen Dorf, in welchem sie keinen einzigen Bewohner mehr antrafen. Die niedrigen Holzhäuser, aus rohen Balken zusammengezimmert, hat Adalbert noch im Kopf, die mit ebenfalls unbearbeiteten Stangen abgezäunten Vorgärten, muhende Kühe, ein bellender Hund. Es war wohl die Menschenleere, die es mit sich brachte, dass diese Szenerie etwas gespenstisch Unwirkliches, an eine Theaterkulisse, ein ethnografisches Museum oder auch an ein apokalyptisches Traumbild Gemahnendes an sich hatte – was, wie ihm erst später klar werden sollte, schon eine Vorwegnahme der Desartikulationen der Kriegslandschaft war.

Aber er hatte keine Zeit, sich darüber Gedanken zu machen, denn kaum dort angekommen, ging es schon wieder weiter, und erst in Sensburg, einer kleinen ostpreußischen Stadt, die schließlich ihr Ziel war, kehrte die Wirklichkeit mit ihrer Alltagsdichte wieder zu ihm zurück. Hier lief alles so ab wie eh und je, es gab einen

Bahnhof, wo Züge ankamen und abfuhren, es gab Lebensmittel-, Kleider- und Kramläden, es gab eine Schule und eine Post. Die Bewohner lebten in ihren blitzsauberen Ein- oder Zweifamilienhäusern, die meisten von ihnen gingen täglich zur Arbeit und verbrachten ihren Feierabend mit ihrer Familie in ihren Wohnungen, wenn sie nicht, sonntags vor allem, eines der Gasthäuser aufsuchten. Nichts erinnerte jedenfalls daran, dass die Front, und zwar seit einigen Monaten schon, nur 50 Kilometer entfernt lag. Und sie, die Soldaten, hatten das Glück, allein oder höchstens zu zweit jeweils einer Familie als Einquartierung zugewiesen zu werden.

Jetzt waren sie also bei einem Fronttruppenteil, und tatsächlich ging es dort viel entkrampfter zu als in Cottbus, ja selbst als in Guben. Die Gefreiten und Unteroffiziere duzten sich mit dem jungen Leutnant, der stellvertretend die Kompanie kommandierte. Exerzieren gab es nicht mehr, nur einen morgendlichen Appell, ab und an ein gemeinsames Waffenreinigen mit nur lascher Ergebniskontrolle, und natürlich den Küchendienst. Von Kriegsbegeisterung, von Siegeszuversicht war nirgends etwas zu spüren, niemand von den kampferprobten Kriegern versuchte sich als Held aufzuspielen, und in diesem unerhofft komfortablen Ruhequartier wurde allen nur das Mindestmaß an militärischer Disziplin abverlangt, das nötig war, um das Dekor zu wahren. Niemand monierte es, wenn einer mal mit offenem Kragen herumlief oder seine Stiefel nicht spiegelglatt geputzt hatte – so gut es ging, ließ eben jeder jeden in Frieden.

Von den vorausgegangenen Kämpfen der Kompanie hörten sie, die Neuen, nur ganz beiläufig etwas, etwa wenn von einem gefallenen oder verwundeten Kameraden die Rede war. Ortsnamen wie Jassy fielen, die Adalbert aus den Wehrmachtsberichten als Schlachtfelder kannte, aber Einzelheiten waren nicht in Erfahrung zu bringen, ein Tabu hing über jenen lediglich ein oder zwei Monate zurückliegenden Tag. Wie eine unglückliche Liebesgeschichte, auf die man nicht angesprochen werden möchte, lagen diese nun hinter ihren kriegserfahrenen Kameraden, sie wollten davon nichts mehr hören. Jetzt waren sie hier, wieder in der Heimat, in einem Städtchen, das ihres hätte sein können, einem Ort des Friedens und doch nur 50 Kilometer entfernt von den Schrecken der Front. So wenig zackig, so freundlich und hilfsbereit den Neuen gegenüber die Alten auch waren, und das unabhängig von ihrem militärischen

Rang, vom Oberschützen bis hinauf zum Leutnant, so sehr legten sie Wert darauf, in ihrer Freizeit unter sich zu bleiben, wohl auch deshalb, um von neugierig-dummen Fragen derer verschont zu bleiben, die vom Krieg ohnehin keine Ahnung hatten. Hier machte Adalbert erstmals Bekanntschaft mit der viel zitierten »Frontschwein-Mentalität«, lange bevor er Gelegenheit hatte, H. Barbusses *Le feu* oder E.M. Remarques *Im Westen nichts Neues* zu lesen – und einige Wochen bevor er für kurze Zeit selbst eins wurde.

Mit seinen Wirtsleuten freundete er sich rasch an. Abends bekam er von ihnen von Zeit zu Zeit Bratkartoffeln oder ein richtiges Bauernwurstbrot angeboten. Irgendwann wurde er so leichtsinnig, eine Karte mit der normalen Post nach Hause zu schicken, auf der die Absenderadresse seiner Wirtsleute verzeichnet stand, wohl weil er seinem Vater beim Abschied versprochen hatte, ihn davon zu benachrichtigen, oder weil er sich davon ein Weihnachtspaket mit Leckereien erhoffte, das über die Feldpost nicht mehr rechtzeitig eingetroffen wäre. Heute überläuft es ihn kalt, wenn er daran denkt, er hätte allein dafür gehängt werden können, dass der Standort seiner Einheit sich aus der Absenderangabe entnehmen ließ – damals aber machte er sich darüber keine Gedanken. Auf alle Fälle hatte es sich gelohnt, denn statt des Päckchens, oder genauer, mit diesem unterm Arm, tauchte der Vater selbst am Morgen des Heiligen Abends vor der Tür seiner Herbergsleute auf. Adalbert traute zunächst seinen Augen nicht, dann fiel er ihm in die Arme. Wie der Vater die Erlaubnis für die Bahnfahrt bekommen hatte, ist Adalbert bis heute noch unklar, er hat ihn auch später, als Zeit dazu war, niemals danach gefragt. Wahrscheinlich war er ohne Genehmigung einfach losgefahren, in der durchaus begründeten Hoffnung, einen älteren distinguierten Herren wie ihn werde schon niemand kontrollieren. Auch darüber, was ihn überhaupt zu dieser dennoch gefährlichen Reise veranlasst hatte, sprach sein Vater nicht. Er wusste natürlich, dass Adalbert bisher noch nie ein Weihnachtsfest fern der Familie hatte zubringen müssen, und er war sich auch darüber im klaren, dass ihnen nun ein Abschied für lange, wenn nicht für immer bevorstand, denn über den Ausgang des Krieges machte er sich keinerlei Illusionen – anders als Adalbert, der immer noch nicht glauben konnte, dass nach Reval und Hapsal nun auch das Posener Zuhause verloren war. 24 Stunden nur konnte der Vater bleiben und von diesen mussten noch drei oder vier abgezogen werden, weil Adalbert zum Kartoffelschälen abkommandiert worden war. Nachmittags, als er aus der Küche zurück war, saßen sie mit der Wirtsfamilie zusammen unter dem brennenden Weihnachtsbaum und redeten, weil sie sich das Herz nicht schwer machen wollten, nur über Alltagsdinge: über die Geschenke für Ivy und Peter, über die nun doch allmählich spürbar werdende Lebensmittelknappheit, und erst ganz kurz vor dem Abschied gab ihm der Vater, für alle Fälle, wie er sagte, noch einen kleinen Zettel mit der Adresse von Tante Hildas Tochter in die Hand, die mittlerweile in Parchim, einer mecklenburgischen Kleinstadt, Unterkunft gefunden hatte.

Der Jahresbeginn 1945 bescherte ihnen einen neuen Kompanieführer, und ihr unzackiger Leutnant trat, nunmehr lediglich Adalberts Zugführer, ins zweite Glied zurück. Der Neue, ein »Ostmärker«, wie Österreicher damals genannt werden mussten, kam vom Tross und gab sich, die Mütze schief auf dem Kopf, elegant und betont lässig, dabei aber doch auch etwas schmissig-scharf. Er versuchte mehr Ordnung in den »Sauhaufen«, der sie inzwischen tatsächlich geworden waren, zu bringen, indem er wieder Ausmärsche und Geländeübungen ansagte, resignierte aber rasch angesichts der Unlust und Trägheit, mit der seine Befehle, angefangen von den Zugführern bis zu den jüngsten Schützen, ausgeführt wurden. Und seine den Endsieg herbeibeschwörenden Reden, mit der er weitere Geheimwaffen des Führers ankündigte – inzwischen flogen ja tatsächlich schon die V2, die ersten ballistischen Raketen, nach England hinüber –, lösten nur noch gelangweiltes Gähnen bei den älteren Kameraden aus. Nicht dass diese mit einem verlorenen Krieg rechneten, das wagten die meisten unter ihnen sich noch nicht vorzustellen. Aber der Durchhalteparolen und heroisierenden Beschwörungsformeln hatte es schon so viel gegeben, dass man sie mit ihnen nicht mehr aus ihrer Gleichgültigkeit aufrütteln konnte. Sie warteten einfach ab, was tatsächlich geschehen würde, und gehorchten inzwischen, leicht unmutig schon, mit einer eingeplanten Verzögerung den ihnen gegebenen Befehlen, machten also, wie man es heute nennen würde, Dienst nach Vorschrift. Nur als in den ersten Januartagen ihre alten Karabiner 98 gegen das brandneue Sturmgewehr 44 ausgetauscht wurden, eine der Kalaschnikow ähnelnde Waffe, die sowohl Einzel- als auch

Schnellfeuer abgeben konnte, erwachte ihr soldatischer Instinkt: Endlich hatte man ihnen wieder ein für die damalige Zeit technisch perfektes Werkzeug in die Hand gegeben, mit dem sie die ihnen abverlangten Aufgaben besser bewältigen und, das war wohl noch wichtiger für sie, sich selbst im Notfall auch wirkungsvoller zur Wehr setzen konnten.

5.

In der Nacht zum 12. Januar gab es plötzlich Alarm. Sie mussten auf ein paar Lastwagen aufsitzen und wurden eine gute Stunde später auf einer schneebedeckten baumlosen, aller menschlicher Behausungen entleerten Ebene ausgeladen. Kanonendonner, Maschinengewehrgeknatter, hohl klingende Granatwerferabschüsse, die sich wie das Knallen von Sektkorken anhörten, empfingen sie. Dass an diesem Tag die sowjetische Großoffensive begonnen hatte, die deutsche Frontlinie schon durchbrochen war und die Einheiten, die sie verteidigen sollten, sich auf heilloser Flucht befanden, das hatte ihnen niemand gesagt. In eine der von diesen verlassenen Frontlücken wurden sie nun hineingeworfen, ausgekippt wie eine Ladung Sand, die einen gebrochenen Damm stopfen soll. Eingraben konnten sie sich nicht, dazu war der Boden zu fest gefroren, aber sie entdeckten auf einer kleinen Anhöhe eine Reihe schon lange leer stehender, verdreckter Betonbunker, die wahrscheinlich der seinerzeitigen ostpreußisch-polnischen Grenzlinie folgte. Dort konnten sie sich, wenn es nötig würde, in Sicherheit bringen und sich auch ausmalen, aus welcher Richtung der Feind kommen würde. Darüber, dass er nun wirklich kam, dass sie sich also im Kampfeinsatz befanden und selbst die »Front« bildeten, wurde wieder kein einziges Wort verloren, und im ersten Augenblick hoffte Adalbert auch noch gegen alle Vernunft, dass sie sich lediglich auf einer Manöverübung befänden.
Dann ging alles ganz schnell. Als die Granateneinschläge sich näherten, hatte er zusammen mit einigen Kameraden in einem der Bunker Schutz gefunden. Wie lange er dort blieb, weiß er nicht mehr, wahrscheinlich war er in der trügerischen Sicherheit, die die dicken Betonmauern ihm zu bieten schienen, für kurze Zeit eingedöst. Plötzlich waren alle Geräusche verstummt, und als Adal-

bert sich wieder hinaustraute, stand er, wie in seinen früheren, von Jack Londons *Wolfsblut* genährten Angstträumen, mutterseelenallein mitten im Schneesturm: Die Kameraden waren alle wie von Geisterhand fortgeweht und ganz weit weg meinte er schon die ersten herannahenden Sowjetsoldaten zu sehen. So lief er und lief, und um schneller vorwärts zu kommen, warf er sein Sturmgewehr auf einen vorüberschwebenden größeren Schneehaufen. Nach ein oder zwei Stunden, die Zeit, die er so vorwärts hastete, kam ihm unendlich lang vor, näherte er sich den ersten anderen Versprengten, die gleich ihm auf der Suche nach ihren Einheiten waren. Als er unmittelbar danach an einem schon halb angefrorenen Toten vorbeikam, nahm er diesem sein Sturmgewehr ab, denn rechtzeitig hatte er sich daran erinnert, dass ihm Erschießung drohte, wenn er waffenlos zur eigenen Truppe zurückkehrte. Bald waren nicht nur Versprengte, sondern wieder ganze Verbände vor ihm, und wie durch ein Wunder fand er noch am selben Nachmittag seine Kompanie wieder. Ihr österreichischer Chef war während der Schlacht – wie Adalbert später erfuhr, hatte sie bei Mlava stattgefunden – auch verloren gegangen, und so übernahm ihr besonnener, kameradschaftlicher Leutnant wieder das Kommando. Sie waren nur noch die Hälfte derer, die in der vergangenen Nacht Sensburg verlassen hatten. Wo die anderen geblieben waren, darüber wurde nicht gesprochen. Und doch fühlte sich Adalbert, bei seiner Einheit untergekrochen, wieder geborgen und sicher, fast wie zu Hause. Brot wurde verteilt, Margarine und Kunsthonig, zu trinken gab es heißen Kaffee-Ersatz, und, was noch wichtiger war, als sich satt zu essen und zu trinken, er war nicht länger auf sich allein angewiesen. Die zurückliegenden Stunden hatten in seinen Kopf eingebrannt, dass er seine Kompanie auf keinen Fall wieder verlieren durfte.

Sich an diesen Vorsatz zu halten fiel ihm in den darauf folgenden Tagen oft nicht leicht. Ein sowjetischer Tiefflieger – sie rollten gerade über eine vereiste Landstraße, die außer ihrem flachen Graben keinerlei Deckung bot – ließ sie in alle Richtungen auseinander stieben, wieder fehlten einige, als sie sich danach sammelten, und auch ihre Lastwagen blieben verschwunden. Wie sie aus dieser tristen Ebene in die riesigen Wälder gelangt sind, die sie für eine Weile vor solchen Angriffen schützten, ist völlig aus Adalberts Gedächtnis getilgt. Zwei Tage marschierten sie fast ohne Pause, er hielt sich mitten in der Kolonne, hastete einfach mit, irgendjemand, wohl der Leutnant, hatte ihnen gesagt, dass sich niemand um Zurückbleibende kümmern könne. Schneller, schneller, hieß es, und so wankten sie weiter, dranbleiben musste man, nur ja nicht den Anschluss verlieren. Adalbert konnte nach einiger Zeit nicht mehr. Aber gerade als er aufgeben wollte, tauchten wie aus dem Nichts halb leere Lastwagen vor ihnen auf. Aufsitzen, hieß es, für 20 oder 30 Kilometer vielleicht, dann ging es wieder zu Fuß weiter. Ein gelbes Ortsschild »Regierungsbezirk Allenstein« torkelte in einer Wolke von Schneeflocken an ihnen vorüber. Irgendwann und irgendwo muss dieser Gewaltmarsch, er ging über fast 100 Kilometer, sein Ende gefunden haben, aber auch davon ist nichts mehr aus Adalberts Erinnerung zu holen, er war schon so erschöpft, dass sich nur noch die einschneidendsten Ereignisse in sein Gedächtnis einstanzen konnten.

Das wurde in den nächsten Tagen noch schlimmer. Die Wirklichkeit begann sich in eine Folge wirrer Traumszenen aufzulösen, Dinge, Gestalten, Landschaften, Menschengesichter tauchten plötzlich ohne Vorwarnung vor ihm auf und wurden ebenso unvermittelt auch wieder weggewischt. Alles Wahrnehmungen aus einer bleiernen, immer zähflüssigen, der völligen Erstarrung sich annähernden Müdigkeit ein ständig sich wiederholendes, ruckartiges Wegsacken ins Nichts, sobald auch nur für einen kurzen Augenblick Halt gemacht wurde.

Irgendwann, wieder war es Nacht, an die Stelle der Wälder waren schneebedeckte Äcker getreten, standen sie vor einer Anhöhe, wahrscheinlich eine der von der letzten Eiszeit zurückgelassenen Endmoränen, als der Befehl kam, sie im Laufschritt zu erstürmen. Ja, von wem kam er, dieser Befehl? Ihm wurde er jedenfalls vom Nebenmann zugeflüstert. Sie müssen daraufhin so etwas wie eine Schützenlinie gebildet haben und nach oben losgerannt sein. Adalbert erinnert sich nur an das Geknatter der Sturmgewehre, auch er selbst hat wie die anderen blind nach vorne geschossen, und er weiß auch noch, dass auf dem Hügelkamm, den sie nach wenigen Minuten erreichten, drei oder vier tote sowjetische Soldaten neben ihrer noch dampfenden Feldküche niedergestreckt lagen. Wie ein gespenstischer Schatten stand da wohl auch noch ein menschenleeres Gehöft, in das sie hineinstolperten, um darin, vor dem eisigen Wind geschützt, wenigstens kurze Zeit zu schlafen.

Dann sieht er sich, am nächsten Morgen, immer noch an diesem Gehöft, mit zwei oder drei Kameraden, jeder vielleicht 10 oder 20 Meter vom anderen entfernt, unter den Alleebäumen im Straßengraben liegen, vor ihnen ein kahles, zugeschneites Feld. Nein, das sieht er erst später richtig, als er nämlich dort, wieder einmal eingenickt, durch eine Schussgarbe seines Nebenmannes aufschreckt und, aus kürzester Entfernung, ein Reiter plötzlich davonreitet, während zwei Pferde und ein Toter im Schnee liegen und ein offenbar verletzter Sowjetsoldat mit erhobenen Händen auf sie zugehinkt kommt. Dann ist Adalbert wieder im Gebäude, er soll beim Verhör des Gefangenen übersetzen, der Leutnant will wissen, über wie viel Panzer die gegenüberliegende russische Einheit verfügt, ein oder zwei waren am Horizont zu erkennen gewesen. Der vielleicht 18-jährige, kahl geschorene Junge, der einen Beindurchschuss erlitten hat und vor Angst zittert, stammelt, es seien sehr viele, eine genaue Zahl aber wisse er nicht. »Bring ihn zum Bataillon«, sagt der Leutnant dann zu einem als tollkühn geltenden, mit dem Eisernen Kreuz dekorierten Gefreiten, und Adalbert meint, damals ein Augenzwinkern wahrgenommen zu haben, jedenfalls war der Gefreite nach verdächtig kurzer Zeit schon zurück, und danach rückten sie auch alle schon ab.

Der nächste Flash zeigt wieder ein diesmal größeres ostpreußisches Bauerngehöft, mehrere junge Frauen sind noch da, die, so sagen sie, mit Vergewaltigung und Tod rechnen, wenn die Kompanie weiterzieht. Mit einigen älteren, fronterfahrenen Kameraden üben sie auf dem Fußboden, aber auch auf dem Tisch der geräumigen, wohlgeordneten »guten Stube« den Geschlechtsverkehr aus, unbeachtet von den Übrigen, die versuchen, gleich daneben »eine Mütze Schlaf« zu finden. Dieses Bild ist in keine andere Szenenfolge eingebunden, woher und wie sie in diesen Bauernhof hineingelangt sind, an welchem Ort er sich befunden hat, wenn es überhaupt ein Ort und nicht bloß ein Einzelgehöft war, weshalb und wohin sie ihn wieder verlassen haben – das alles bleibt heute in Dunkel gehüllt und war es wohl auch damals schon.

Die letzte Kampfszene schließlich: Sie erobern Liebstadt zurück, ein ostpreußisches Kreisstädtchen, nicht mehr weit weg von Königsberg. Irgendjemand hatte ihnen gesagt, dort würden sie sich mit der vom Westen aus vorstoßenden Ersatzarmee vereinigen, die Ostpreußen aus der sowjetischen Umklammerung befreien solle.

Auch wie sie dorthin gekommen sind, weiß Adalbert nicht mehr. Er findet sie zu fünft oder sechst in einem mehrstöckigen Hause vor, kein einziger Bewohner ist zu sehen, Essensreste, halb gefroren, liegen auf dem Tisch, wenn er sich recht erinnert sogar Gänsebraten, aufgerissene Schränke und Schubladen, Kleider, Blusen, BHs und Schlüpfer hängen heraus. Aus dem gegenüberliegenden Haus auf der anderen Straßenseite schießen die Russen, sie selbst erwidern das Feuer, der Gegner zieht sich zurück, irgendwann rücken auch sie aus dem Haus ab, die Kompanie ist inzwischen auf zehn Mann zusammengeschmolzen. Das Spiel der zehn kleinen Negerlein kann beginnen ...

Das erste von ihnen ist Adalbert selbst; er bekommt plötzlich Fieber und hustet Blut. Der Kompaniechef schickt ihn zum Truppenarzt – den gibt es tatsächlich noch –, der ihn abhorcht, die Temperatur kontrolliert und ihm den viel begehrten lilaumrandeten Anhänger für nur im Heimatlazarett behandelbare Verwundete und Schwerkranke umhängt. »Schlagen Sie sich selber nach Danzig durch«, wird ihm noch gesagt. Auf dem Anhänger steht, mit Tintenstift hingekritzelt: »hochfieberhafte Bronchitis«. Genauso einen Stift hat Adalbert in der Tasche und mit dem malt er noch »Tbc« hinzu. Dann macht er sich auf den Weg, mal mit Lastern, mal nur mit Pferdegespannen, die ihn jeweils ein paar Kilometer mitnehmen, zum gottlob noch zugefrorenen Frischen Haff. Über das muss er rüber, denn in Elbing sind schon die Russen. Nachts, die Schneeschicht über dem Eis ist schon halb weggeschmolzen, schleppt er sich hinüber, kurzatmig stolpernd, immer wieder hinstürzend, Stunden dauert es, inmitten einer Kolonne von Verwundeten und Kranken, allesamt mit dem lilaweißen Anhänger dekoriert, vorbei an halb eingebrochenen Treckwagen, Erfrorenen, von Tieffliegern Niedergemähten. Als es hell zu werden beginnt, erreicht er das Ufer der Nehrung, dort rollen noch Lastwagen, einer nimmt ihn bis Danzig ins Lazarett mit. Ist es die »Tbc« auf dem Anhänger, die Angst macht, oder drückt der ältere, freundliche Arzt nur ein Auge zu, jedenfalls liegt er am gleichen Abend noch im Lazarettzug, der ihn einen Tag später, am 10. Februar 1945 – unbeeinträchtigt von Bomber- oder Tieffliegerangriffen –, in Lingen an der Ems absetzt, in einer zu einem Lazarett umgewidmeten höheren Schule.

6.

In Lingen wurde er freundlich gepflegt, ohne alle Hast, denn sie kamen für einen Fronteinsatz ohnehin nicht mehr in Frage. An die Hunderte amerikanischer Flugzeuge, die täglich die Stadt überflogen, erinnert er sich heute noch, und dass niemand deswegen in den Luftschutzkeller ging, denn man meinte zu wissen, sie würden nicht hier, sondern weiter südlich im Ruhrgebiet oder gar erst im Osten über Berlin ihre Bombenlast abwerfen. Nach etwa sechs Wochen, Ende März 45, Adalbert war inzwischen beinahe genesen, näherten sich die englischen Truppen. Niemand redete mehr vom Sieg, allerdings auch niemand von der unabwendbar gewordenen Niederlage. Die Befehlskette funktionierte noch, und so wurden die Transportfähigen unter ihnen kommentarlos nach Lohne verlegt, einem oldenburgischen Marktflecken zwischen Weiden und Moor, dessen Dorfschule man in ein Behelfslazarett für leicht Verwundete und Kranke umgewandelt hatte. Nur noch gelegentlich auftauchende Tiefflieger störten einen, wenn man, um Eier zu hamstern, zu den niedrigen, strohgedeckten Fachwerkhöfen unterwegs war, die vereinsamt und düster in der Landschaft herumstanden. Solche Streifzüge unternahm er dort mit Bernhard, einem nur leicht am Arm verwundeten, etwas grobschlächtigen Bauersohn mit einem im Kontrast dazu engelhaft hübschen Gesicht, der sich außer für gutes Essen nur noch für Mädchen interessierte und ihm auf ihren kilometerlangen Wegen auch sein Geheimnis preisgab: Man könne, sagte er, jede, auch die ihrem Mann noch so treue Frau »umlegen«, wie es die Soldaten damals nannten, wenn man sie nur dazu brächte, sich umarmen zu lassen – daraufhin brauche man sich nur etwas an ihrer Scham (vermutlich benutzte er ein vulgäreres Wort) zu reiben, und sie selbst werde einen erst dann gehen lassen, wenn man es mit ihr getrieben hätte. Adalbert lauschte etwas ungläubig diesem ihm allzu mechanisch erscheinenden Rezept, angeregte Neugier und leiser Widerwille lagen in ihm in heftigem Widerstreit, aber es blieb ihm nicht lange Zeit, darüber nachzudenken, denn er geriet am 13. April in britische Gefangenschaft und fand sich, nach einer kurzen Zwischenstation in einem feuchtkalten Lager in Brüssel, wo sie in überfüllten Zelten untergebracht waren, noch im gleichen Monat im Kriegsgefangenenlazarett in Tournai wieder.

4. Kapitel: Eine zweite Geburt

1.

Im April 1945, in diesem Kriegsgefangenenlazarett Tournai, begegnete Adalbert Adolf Schilling. Der von Hitler angezettelte Krieg zog sich gerade in seine letzten Schlupflöcher zurück, halb ohnmächtig schon von den Schlägen, die ihm die Rote Armee und später auch die Westalliierten versetzt hatten – bald würde nichts mehr von ihm übrig sein, nur noch seine schauerliche Hinterlassenschaft. Schillings Bett lag dem seinen gegenüber in der Fensterreihe. »Tb« stand als Diagnose auf ihrer beider Fieberkurven. Aber während Schillings Lungen tatsächlich von Bazillen durchsetzt waren, war dies bei Adalberts mitnichten der Fall. Er hatte es nur mit viel Glück und etwas Geschick verstanden, bei den Truppenärzten, die ihn untersuchten, den Verdacht auf diese Seuche zu lenken, und, was sich als schwieriger erwies, ihn auch über Monate aufrechtzuerhalten, wohl wissend, dass selbst bei einer Überprüfung im Röntgenbild narbige Verziehungen aus der Kinderzeit auftauchen würden, die nur ein gewiefter Fachmann von einem frischeren Infekt unterscheiden konnte.
So hatte er die Erlaubnis erhalten, sich über das schon brüchige Eis des Frischen Haffs auf die Nehrung und von dort aus nach Danzig durchzuschlagen; so war er, zwischen weißem Linnen, in den letzten Lazarettzug gepackt worden, der diese zu drei Vierteln schon eingekesselte Stadt verließ und sechsunddreißig Stunden später in Lingen an der Ems andockte; so hatten sie ihn sechs Wochen später, fast schon genesen, beim Heranrücken der Engländer nach Lohne verlegt; so war es ihm schließlich auch gelungen, den regennassen, undichten Zelten des Brüsseler Kriegsgefangenenlagers zu entkommen, und, wiederum unter Tb-Verdacht, nach Tournai, in dieses zum Lazarett erklärte Nonnenkloster verbracht zu werden, wo ihnen neben ausgiebigen, schmackhaften Mahlzeiten allnachmittäglich ein Five-o'clock-Tea serviert und er, wie einige andere Patienten, morgens von einer reizenden, rothaa-

rigen englischen Krankenschwester durch Streicheln der Stirn zum Fiebermessen geweckt wurde: »My dear, it is time.« Anders als die meisten ehemaligen Soldaten, die in harschen Lagern ein ungewisses Schicksal erwartete, anders als die Millionen Flüchtlinge, die auf verstopften Straßen ziellos umherirrten, hatte er hier ein Dach über dem Kopf gefunden, satt zu essen, freundliche Zuwendung, anregende Gespräche. Dazu kam noch die Ruhe und Abgeschiedenheit, die es ihm erlaubte, den vergangenen sechs Jahren einen – wenn auch vielleicht etwas überhasteten, die eigenen Verflechtungen dabei vernachlässigenden – Abschied zu geben. Warum sollte er diesen säurefesten Stäbchen, die er 1947, als Laborpraktikant in Merxhausen, unterm Mikroskop auch leibhaftig zu Gesicht bekam, rosarot eingenistet in azurblauem käsigem Schleim, kein Dankgebet sprechen, warum sollte er später ihr Konterfei nicht auf seinen Hausaltar stellen, neben die von Früchten und Blumen umrahmten Bilder der Eltern, denen er sein Leben ebenfalls schuldig war?

Schilling half Adalbert, sich in diesem, seinem ersten Nachkrieg zurechtzufinden. Wodurch hatte er Adalberts Aufmerksamkeit geweckt? Vielleicht waren es seine ironisch-selbstsicheren, stark schielenden, durch dicke Brillengläser noch grotesk vergrößerten Augen, vielleicht war es auch der verschrammte, aus allen Nähten platzende Aktenkoffer, der immer in seiner Reichweite bleiben musste, jedenfalls umgab diesen klein gewachsenen, mageren, lebhaft gestikulierend redenden, erst 35-jährigen Mann ein Geheimnis, das allerdings schon nach wenigen Tagen von Schilling selbst wenigstens teilweise gelüftet wurde. Schilling transportierte nämlich in diesem Aktenkoffer, wie er Adalbert in einem leicht konspirativen Unterton erklärte, Dokumente, die die von ganz oben geplante Liquidierung von Millionen sowjetischer Kriegsgefangener in deutschen Lagern durch Hunger, Kälte und Seuchen belegen könnten – Kopien natürlich, denn die Originale hätte er vor fast zwei Jahren schon seinem Freund Duff Cooper, Churchills Marineminister, über die Schweiz zukommen lassen. Von den britischen Ärzten und Krankenschwestern wurde Schilling, wie Adalbert schien, mit besonderer Rücksicht behandelt, was der Glaubwürdigkeit dieser zunächst höchst unwahrscheinlich klingenden Geschichte dann doch einen beträchtlichen Kredit verlieh. Adalbert entschied sich jedenfalls erst einmal, ihm zu glauben. Und diese Entscheidung brachte es mit sich, dass sie Freunde wurden – allerdings auch, dass ihre Freundschaft weiterhin an dieser wie an anderen, ähnlichen Entscheidungen hing, denn Schilling erwies sich als unerschöpfliche Miene von mehr oder weniger unwahrscheinlichen, geheimnisumwitterten Geschichten, die Adalbert nach und nach, gegen das ausdrückliche Versprechen, sie für sich zu behalten, von ihm anvertraut bekam.

2.

Die nächste dieser Geschichten war Schillings Paris der dreißiger Jahre. Was hatte er von ihm damals wirklich gehört, wie hatte sich das später verbunden mit seinen eigenen Erinnerungen an diese Stadt, ja waren diese Erinnerungen selbst vielleicht nur eine verzerrte Spiegelung der damals gehörten Geschichten – oder aber hatten sie die ihrerseits, in Form einer mehr oder weniger freundlichen, mehr oder weniger feindlichen Übernahme, inzwischen teilweise oder ganz usurpiert? Über Jahre ist das Erinnerungsgestrüpp hoffnungslos zugewachsen, was der Freund ihm damals erzählt: was Adalbert selbst davon ausradiert, vergessen oder hinzuerfunden hat, um Schilling, sich selbst und alle Beteiligten möglichst gut wegkommen zu lassen – diesen ganzen untergründigen Einprägungs- und Umschichtungsprozess würde er nie ganz wieder auffädeln können.

Schilling erzählte nicht nur Geschichten. Er sang oder er summte, in der Zeit, in der er nicht schlief oder redete, Chansons von Charles Trenet, von Lucienne Boyer, von Edith Piaf vor sich hin, Chansons, in denen es gleichzeitig lustig und traurig zuging und die nichts von der aufgesetzten Fröhlichkeit, nichts auch von der selbstverliebten Schwermut des deutschen Volksliedgutes an sich hatten. In den Liedern, die Schilling sang, in den Gedichten, die er rezitierte, in den Filmen, die er so anschaulich wiedergab, als würden sie gerade auf die frisch gekalkte Klosterwand projiziert, tauchte die Liebe, von Adalbert bislang durch lauter Erlösungshoffnungen eingekreist, in zwei radikal verschiedenen, dabei aber doch auch ineinander verschränkten Gestalten auf: Zunächst nach menschlichem Maß, in ihrem körperlich-sinnlichen Alltagsgewand, als »faire l'amour« und »dormir ensemble«, jedem ohne größere Umschweife zugänglich, vergnüglich kumpelhaft, kameradschaftlich fast, öfters versetzt mit einem Schuss unfreiwilliger Komik, dabei aber auch immer noch angerührt von eine bisschen Zuneigung und Zärtlichkeit. Dann aber auch, plötzlich, als Einbruch einer unbezwingbaren Macht, manchmal sogar einer tödlichen Krankheit, gegen die nichts auszurichten ist, die die Blicke der von ihnen Befallenen aneinander fesselt, sie auf unsichtbaren Laufbändern aufeinander zutreibt und ihnen schließlich die Hand führt, wenn sie, verzweifelt, entrückt, sich gegenseitig die Linien ihrer Gesichter, die Konturen ihrer Körper nachzuzeichnen versuchen. Aber in beiden Fällen hatte sie, die Liebe, in diesen Geschichten nichts an sich von der klebrigen Mischung aus Heiligenschein und sündiger Verruchtheit, die zuerst von den Kirchen und dann von der »aufgenordet« Reinheitsmystik der Nazis über sie ausgegossen worden war.

Natürlich stammten diese Worte nicht von Schilling, der es beim Summen, Singen und Erzählen bewenden ließ und dem sie sicherlich viel zu bedeutungsgeladen und schwülstig vorgekommen wären – wo es ihm doch auf die Leichtigkeit, ja sogar auf die Flüchtigkeit der Berührungen ankam, die von der Liebe veranlasst wurden. Aber er rief dennoch, wenn er von ihr sprach, eine Stimmung hervor, in der gerade diese Leichtigkeit und Flüchtigkeit, aber auch das Gefühl der Unverwundbarkeit, das sie erzeugt, mit dem der Unentrinnbarkeit einhergeht. Als Adalbert nach einigen Jahren, 1948 in Köln, *Les enfants du paradis, Quai des brumes, Hotel du Nord* und noch später *Casque d'or* sah, begriff er, weshalb diese schwebend leicht beginnenden Geschichten plötzlich die Gestalt einer antiken Tragödie annehmen, aber auch, dass, wie ein Engel den Raum verlässt, die Liebe sich von ihnen plötzlich zurückziehen kann und den Alltag, den sie durchbrochen hatte, dann in Trümmer zerfallen, notdürftig geleimt, oder aber im Glücksfall auch mal nahezu unbeschädigt zurücklassen kann.

Adalbert hatten diese von ihm damals noch gar nicht recht verbalisierbaren, ihm jedoch gefühlsmäßig schon einleuchtenden Einsichten, dadurch, dass sie viel süßlichen Schwulst hinwegfegten, auch empfänglich gemacht für Schillings politische Lehren: Dank dessen pädagogischem Talent, dank der schlagenden Beweise, dank der unwiderlegbar erscheinenden Argumente, die er nun von ihm zum ersten Mal offen vorgetragen bekam und auch auf Anhieb nachvollziehen konnte – schon deshalb, weil sie die eigenen bösen Ahnungen der vergangenen Jahre Punkt für Punkt bestätigten –, konnte er jetzt die ganze Hohlheit der Naziparolen: ihr völkisches Sendungsbewusstsein, ihre abgestandene Blut- und Reinheitsmythologie als gigantischen blutrünstigen Bluff durchschauen. Es war ihm wie Schuppen von den Augen gefallen. Er hatte diese neuen Einsichten auch verbinden können mit dem Unbehagen, ja mit dem untergründigen Hass, den er, der körperlich Schwächliche, angesichts der Kraftprotzerei, angesichts des Herumschreiens und Herumkommandierens seiner HJ-Führer und später seiner militärischen Ausbilder empfand, wenn er wieder einmal bei einer sportlichen Leistung oder einer Geländeübung versagt hatte. Er wurde sich nun allmählich sicher, dass es nicht auf solche lächerlichen Kraftproben ankam, sondern auf etwas ganz anderes, auf Respekt, auf Toleranz, ja sogar auf ein bisschen mehr Leichtherzigkeit – und auf manches andere, das er einstweilen noch nicht so genau ausmachen konnte. Und er fühlte sich – zu früh vielleicht – auch befreit aus der Umklammerung durch die hochtrabend-hehren Gefühle, von denen er seit seiner Pubertät eingezwängt gewesen war, wie er nun zum ersten Mal bewusst registrierte.

3.

Irgendwann kurz nach Kriegsende, Ende Mai 45 vielleicht, wurden alle Verwundeten und Kranken aus Tournai nach Deutschland zurücktransportiert, in dessen größte Irrenanstalt Bedburg, die von den Nazis durch ihre Ermordungsaktion T 4 von Insassen vollständig leer gefegt worden war. Aus einem schwarzen Loch taucht diese Anstalt vor Adalbert auf: ihre im weiträumigen Park verstreuten Pavillons, die etwas verwahrlosten, von den Grünflächen kaum sich abhebenden sandigen Wege, die seit langem unbeschnittenen Hecken, ein paar alte, Schatten spendende Bäume, das alles umgeben von höchstens 60 cm hoch reichenden Stacheldrahtrollen, die fast jeder, außer den Beinverletzten, mühelos überspringen konnte.

Wie eine Theaterkulisse kommt ihm dies Bild heute vor, wie zufällig an diese Stelle gesetzt und jederzeit wieder abbaubar, viel-

leicht weil im Krieg schon häufig auf den Transporten Orte vor ihm aufgetaucht waren, von denen niemand wusste, wo sie lagen und wie sie hießen, Orte, mit denen er nichts Vertrautes verband, Orte, die, kaum hatte man sich an ihren Anblick gewöhnt, schon wieder in grauer Leere versanken. Und doch sollten Anstaltslandschaften wie diese später zu Kristallisationspunkten seines Lebens werden, nirgends, in Merxhausen nicht, nicht in Marburg und Gießen und nicht in Bayreuth, konnte er sich ihrer Anziehungskraft entziehen.
In Theaterkulissen lässt sich gut spielen, sie setzen eingestreuten, hinzufantasierten Bildern keinen so großen Widerstand entgegen wie präzise, mit allen vorherigen und nachfolgenden Lebenserfahrungen vernetzte Erinnerungsbilder das tun. Colonel Singer, der jüdische Chefarzt auf seinen allwöchentlichen Visiten: War er wirklich die fürsorgliche Vatergestalt, die über ihnen allen – es waren ja auch einige mittlere Nazifunktionäre unter ihnen – seine schützende Hand hielt? Oder war es Adalberts nagende Sehnsucht nach seinem eigenen, abwesenden Vater, von dem er nur wusste, dass er im Januar 45 in Poznan zurückgeblieben war, die hier Bilder ineinander projizierte? War es der wirkliche oder der im Laufe der Jahre zusammenfantasierte Singer, der über Monate hinweg ihnen allen weiterhin Liegekuren und schmackhafte Zusatzkost verordnete, die zwar nicht mehr ganz so üppig war wie in Tournai, im Vergleich zur deutschen Wehrmachtsverpflegung aber immer noch höchst luxuriös war, bis dann das große Entlassungslager in Münster eröffnet wurde und viele von ihnen, auch Adalbert, als geheilt deklariert auf Militärlastwagen dorthin gebracht wurden? Vielleicht war es auch einfach nur der Lauf der Dinge, eine ausnahmsweise einmal menschliche militärische Befehlskette, deren letztes Glied eher zufällig dieser freundliche Oberst gebildet hat.

4.

Auch in Bedburg war Adolf Schilling noch dabei, und in dem kleinen Raum, der ihnen beiden dort nach ihrer Ankunft zugewiesen wurde, lag als Dritter ein großer, schwerer Mann, der Landrat und Kreisleiter in Wiedenbrück oder Rheda gewesen war und für sich in Anspruch nahm, als gläubiger Katholik dort das Schlimmste verhütet zu haben. In diesem Zimmer begann Schilling auf einseitig bedrucktem, graufleckigem Abfallpapier damit, seine Kriegserinnerungen aufzuzeichnen, in einer kleinen, sorgfältigen, fast pingelig erscheinenden Schrift, die durch die Benutzung seines Tintenstiftes auf dem groben Papier sofort blasslila zerlief. Die Hauptfigur dieses Romans war seine Berliner jüdische Freundin und spätere Verlobte Ruth, die er 1940, zum Presseattaché der deutsche Okkupationsbotschaft ernannt, nach Paris mitgenommen hatte, um sie der nationalsozialistischen Vernichtungsmaschinerie zu entziehen. Adalbert steht eine wunderschöne, schwarzäugige junge Frau in schulterlangem Haar vor Augen, Rebekka am Brunnen. Von Schilling wurde dieses Bild nun mit Zügen wie Klugheit, Feinsinnigkeit und einer ausgewogenen Mischung aus Sanftmut und Entschiedenheit ausgestattet, aber auch eine gläserne Verletzlichkeit wurde dabei sichtbar, die vor jedem etwas schärferen Windzug bewahrt werden musste.

Die Pariser Straßen, von denen Schilling erzählte und durch welche die beiden flaniert sind, lernte Adalbert erst Jahre später kennen, 1953, als er als »boursier du gouvernement francais« zum ersten Mal den geheiligten Boden dieser Stadt betrat. Das Feinschmeckerlokal *Roger la Grenounille*, Schilling zufolge schon damals ein Geheimtipp, weil Froschschenkel auch in Kriegszeiten keinerlei Rationierung unterworfen waren, hat er bis heute nicht von innen gesehen. Als er aber durch Zufall fünfzig Meter vom Juliettes, seiner langjährigen Freundin, in einem Hinterhof das kleine ovale und schon etwas angerostete Schild mit der Aufschrift des Lokals entdeckte, stiegen alle Erinnerungen an Schillings Erzählungen über das Paris der Okkupation schlagartig in ihm auf: über dieses Restaurant, über seine weiten Spaziergänge durch den Jardin de Luxembourg, durch die Tuilleriengärten und am Seineufer entlang, zusammen mit seiner ihm trotz ihrer jetzt beinahe echten Papiere immer noch tagtäglich vom Tode bedrohten Gefährtin, über ihre gemeinsamen Wochenenden in Barbizon. Und obschon er mittlerweile hundert, ja vielleicht schon tausend Mal an diesem Schild vorbeigegangen ist, schaut Adalbert immer noch jedes Mal dorthin, um sich davon zu überzeugen, dass es noch dort hängt – denn wenn es verschwände, dann wäre auch eine der ersten Wurzeln, die ihm aus Paris zugewachsen war, für immer gekappt.

Als Schilling dann, 1942, zum Militär eingezogen und als Dolmetscher und Sonderführer in Lagern für sowjetische Kriegsgefangene stationiert wurde, musste er, so berichtete er weiter, Ruth in Paris zurücklassen, wo sie – im Auge des Taifuns – als deutsche Botschaftssekretärin tätig geworden war. Zuerst konnte er sie von Zeit zu Zeit, wenn er Urlaub bekam, besuchen und gegen Ende des Krieges hatte er noch die Nachricht erhalten, dass sie, mit dem deutschen diplomatischen Corps, aus Paris nach Berlin evakuiert worden war – seither aber waren alle Nachrichten von ihr ausgeblieben und so trug er ihre letzte Adresse wie einen Talisman mit sich herum. Wenn Schilling in Bedburg und dann auch in der ersten Zeit in Lippstadt unbeirrbar täglich mehrere Stunden an seinem Roman arbeitete, so wohl nicht nur deshalb, weil er gerade als Deutscher sich verpflichtet fühlte, das Schweigen über den kaum erst überstandenen Schrecken zu brechen, ein Schweigen, von dem er wohl schon ahnte, dass es, wie eine schleichende Krankheit, bald schon das ganze verstockte Land mit einer ebenso undurchdringlichen wie klebrigen Isolierschicht überziehen würde. Er wollte damit wohl auch Ruths Gegenwart wieder heraufbeschwören, die verblassende Erinnerung an ihr Lächeln, an ihre Silhouette, an ihre Augen, an ihre Haare, an ihren Mund, ja an jeden Tag ihres nur kurzen gemeinsamen Lebens so lange wach halten, bis sie sich irgendwo auf der Welt wieder begegnen würden und das damals gegebene Versprechen einlösen konnten.

5.

Einige Monate nach ihrer beider Entlassung aus der Kriegsgefangenschaft besuchte Adalbert Schilling zum ersten Male in Lippstadt. Als er sich anschickte, in die »russische Zone« aufzubrechen, nach Genthin, wo seine Schwester und sein Bruder Peter inzwischen angeschwemmt worden waren, da gab ihm Schilling Ruths letzte Berliner Adresse mit. Er bat ihn, sie dort aufzusuchen, ihr von seinen gegenwärtigen Lebensumständen zu berichten und ihr zu sagen, dass seine damals eingegangene Verpflichtung weiterhin Geltung behalte. Warum er nicht selbst fuhr, ja Adalbert nicht einmal einen Brief für sie mitgeben wollte, war aus ihm nicht herauszubekommen: Er beschränkte sich auf geheimnisvolle Andeutungen, es gebe Kreise, die, koste es, was es wolle, seine Enthüllungen selbst in dieser romanhaften Form zu verhindern suchen würden, und es sei für ihn deshalb klüger, in seinem Lippstädter Schlupfloch verborgen zu bleiben.

Adalbert zeigte sich zunächst skeptisch, denn dieses Zögern stand in einem schroffen Widerspruch zu Schillings leidenschaftlichen Passagen über Ruth. Zudem argwöhnte er auch, sein Kumpan wolle ohne Garantie, Ruth tatsächlich wiederzufinden, sein bequemes »Bratkartoffelverhältnis« zu seiner jetzigen Freundin Marie nicht gefährden, einer rotwangig-dunkelhaarigen Krankenschwester mit Rubens'schen Proportionen, die er in Bedburg kennen gelernt hatte und der er nach der Auflösung des Lazarettes nach Lippstadt, ihren Heimatort, gefolgt war. Aber am Ende nahm Adalbert ihm seine Erklärungen doch ab. Immerhin mussten damals, um von Lippstadt nach Berlin zu gelangen, Zonengrenzen überschritten werden, wofür erst nach komplizierten bürokratischen Prozeduren und ewigen Wartezeiten eine Genehmigung zu erhalten war. Dies veranlasste die meisten Reisenden dazu, irgendwo zu Fuß über die noch ungesicherte grüne Grenze zu gehen, so wie es Adalbert selbst inzwischen schon mehrfach getan hatte. Für Schilling aber, dessen Geburtsort Moskau in allen seinen Papieren eingetragen war, hätte das tatsächlich ein unkalkulierbares Risiko mit sich gebracht.

Eines regnerischen, winddurchpeitschten Vormittags überquerte Adalbert im zerstörten, ausgebrannten Herzen Berlins die Grenze zum sowjetischen Sektor der Stadt. Wie durch ein Wunder fand er die Straße, wie durch ein Wunder das Haus, das wie durch ein Wunder stehen geblieben war, wie durch ein Wunder wurde ihm auf sein Klopfen geöffnet und wie durch ein Wunder erinnerten sich die Bewohner noch an Ruth. Aber damit waren die Wunder erschöpft und Adalbert erfuhr, dass sie schon im August 45 Wohnung und Stadt mit einem französischen Besatzungsoffizier verlassen hatte, um mit ihm nach Paris zu gehen, und zwar unter Hinterlassung eines Briefes an ihren Verlobten, den Adalbert nunmehr ausgehändigt bekam. Es war ein loses, schon etwas vergilbtes, vor Feuchtigkeit fleckig gewordenes Blatt, an »Adolf« gerichtet, sein eigentlicher Vorname zwar, mit dem er sich aber von keinem von ihnen, noch nicht einmal von Marie, ansprechen ließ. Wieder auf der Straße, der Regen hatte für einen Augenblick ausgesetzt, konnte Adalbert der Versuchung nicht widerstehen, nachzulesen, was denn auf diesem Blatt stand. Der Text ist noch heute, in einer auf nachträgliche Ergänzungen hochverdächtigen Übergenauigkeit, in seine Erinnerungen eingegraben: »Liebster, verzeih mir, ich kann nicht länger auf dich warten. Hier verhungere ich. Marcel hat mir das Leben gerettet, morgen heiraten wir. In Paris werde ich an dich denken, aber bitte versuch nicht, mich zu finden. Ruth.«

Adalbert hatte danach lange überlegt, ob er Schilling Ruths Brief überhaupt aushändigen oder ihm stattdessen einfach sagen sollte, niemand in diesem Haus erinnere sich mehr an sie, denn er wusste, dass es die Hoffnung war, sie wiederzufinden, aus der sein Freund seine Arbeitsenergie und seinen Lebensmut schöpfte. Aber er sagte sich, dass Schilling, wenn er diesen Brief vernichtete, auch niemals erfahren würde, dass Ruth überhaupt überlebt hatte, dass seine Anstrengungen, sie zu retten, nicht vergebens gewesen waren, dass es also weiterhin irgendwo eine Ruth, wenn auch nicht mehr »seine« Ruth gab.

Schilling war, nachdem er diese Nachricht erhalten hatte, einige Tage lang auch für Adalbert nicht mehr zu sprechen gewesen. Danach bat er ihn, dies Thema nie wieder zu berühren. In den nächsten Wochen und Monaten begann er sich immer stärker, und zwar nicht zu seinen Gunsten, zu verändern. Er trennte sich von seiner Freundin Marie, gab sich plötzlich mit Schwarzmarktgeschäften ab und er, der bis dahin völlig zurückgezogen gelebt hatte, knüpfte auf einmal Bekanntschaften mit Persönlichkeiten aus der »besseren Gesellschaft« Lippstadts. Als der Vorschuss, den er vom Rowohlt Verlag für seinen Roman erhalten hatte, erschöpft war, lieh er sich von diesen neuen Freunden Geld und verschwand eines Tages ohne jede Vorwarnung unter Hinterlassung seiner Schulden von der Lippstädter Bildfläche. Seine zahlreichen Gläubiger nahmen es Adalbert nur zögernd ab, dass er von Schillings Abreise völlig überrascht worden war und seine Adresse auch nicht besaß: Monatelang stellten sie ihm deshalb nach und manche übertrugen ihre Vorwurfshaltung auf ihn, was natürlich Enttäuschung und Ärger in ihm auslöste. Erst als Adalbert Lippstadt verlassen hatte, um in Köln sein Medizinstudium zu beginnen, im Frühjahr 1947, begann sich sein Unmut über diesen brüsken und wenig rücksichtsvollen Abschied zu legen.

6.

Mehrere Jahre später, als Adalbert, inzwischen Student in Köln, für einige Tage nach Lippstadt zurückgekehrt war, um Freunde zu besuchen, zeigte ihm seine frühere Wirtin ein Päckchen beschriebener Blätter, die sie von Schillings Vermieterin erhalten hatte, in der irrigen Annahme, sie könnten vielleicht Adalbert gehören. Es war Schillings Romanfragment und Adalbert erkannte, da jeder Abschnitt mit dem Datum versehen war, an dem er geschrieben worden war, dass nach seiner damaligen Rückkehr aus Berlin nichts mehr hinzugekommen war. Er konnte nichts weiter tun, als Frau Rutz, seine Wirtin, zu bitten, das Manuskript weiterhin aufzubewahren, für den Fall, dass sein Autor es doch eines Tages abholen käme. Das ist, soweit Adalbert es weiß, niemals geschehen, sodass es spätestens anlässlich der Entrümpelung nach Frau Rutz' Tod in irgendeiner Müllverbrennungsanlage in Flammen aufgegangen sein dürfte.

Über lange Zeit hat Adalbert seine Erinnerungen an Schilling aus seinem Bewusstsein völlig vertrieben – seine Erinnerungen an dessen erfunden klingenden Geschichten, von denen diejenigen, die auf die Probe gestellt werden konnten, wie die von Ruth, sich dann doch als wahrheitsträchtig erwiesen, aber auch die Erinnerung an seine ganze schillernde, mal völlig offen zu Tage tretende, mal völlig undurchsichtig bleibende Persönlichkeit. Er hatte die Bühne von Adalberts Leben so spurlos verlassen, als hätte es ihn niemals gegeben.

Dreimal sollte er genauso unangekündigt wieder auftauchen. Das erste Mal, nur vom Hörensagen, Anfang der fünfziger Jahre, in einem mündlichen Bericht seines früheren Kurskameraden Roman, der Schilling, in US-Offiziersuniform, in einem großen amerikanischen Militärlager begegnet war, und über dessen Verlegenheit berichtete, als er von ihm wiedererkannt wurde. Das zweite Mal war es 1969 oder 1970, als Schilling selbst plötzlich Kontakt mit Adalbert aufnahm. Letzterer hatte kurz zuvor sein erstes Vietnam-Buch, die *Vietnamesischen Lehrjahre*, veröffentlicht und unterrichtete zu der Zeit, neben seiner klinischen Arbeit in Gießen, als professeur associé an der Vincenner Universität in Paris. Irgendwo hatte Schilling eine Telefonnummer aufgetrieben. Sie trafen sich, nach Schillings Anweisungen, an einem Sonntag in einem leer stehenden Büro im dritten Arrondissement, in welchem kurz danach auch dessen damalige französische Freundin auftauchte, eine vielleicht 25-jährige, sehr lebhafte und warmherzig wirkende junge Frau, die angeblich die Woche über dort arbeitete. Die Szenerie roch nach Geheimdienst, aber Adalbert war sich nicht sicher, ob dies nicht bloß ein geschickter Schilling'scher Inszenierungseffekt war. Sie gingen in ein benachbartes Café und Adalbert erzählte von seinen Vietnamjahren, als aber die Reihe an Schilling kam, hatten beide, seine Freundin und er, plötzlich keine Zeit mehr, sie mussten ganz rasch wieder gehen, und unter der Telefonnummer, die Adalbert notiert hatte, hieß es in den Wochen und Monaten danach immer nur: »Kein Anschluss unter dieser Nummer.«

Mehr als anderthalb Jahrzehnte später kam dann doch noch ein Lebenszeichen von ihm mit einer Absenderadresse aus Bonn. Schilling bat ihn in diesem Brief um eine ärztliche Bescheinigung darüber, dass er in Tournai und Bedburg als Wehrmachtsangehöriger tatsächlich tuberkulosekrank gewesen war – das würde seinen Anspruch auf eine Kriegsversehrtenrente untermauern, die er jetzt dringend benötige. Adalbert schickte postwendend die gewünschte Bescheinigung an ihn ab, nutzte aber gleichzeitig die Gelegenheit, ihn zu der Feier seines 60. Geburtstages einzuladen, die Freunde in Bonn für ihn ausrichten wollten. Ernsthaft glaubte er nicht daran, dass Schilling zu der Festtafel erscheinen werde, zumal auch keinerlei Antwort auf seine Einladung gekommen war. Aber dann stand er plötzlich doch da: ein 76-jähriger alter Herr, etwas fülliger geworden, im Gesicht vielleicht etwas aufgeschwemmt. Die großen, immer noch leicht schielenden, immer noch hinter dicken Gläsern verborgenen Augen hatten nicht damit aufgehört, alles um sie herum blitzschnell zu registrieren. Nur seine Äußerungen hatten ihre damalige Prägnanz verloren, ihre Langatmigkeit vermochte er nicht mehr ganz im Zaume zu halten. Adalbert hielt eine kurze Tischrede, in der er Schilling zum ersten Mal sagen konnte, dass er ihm nicht nur ein paar wichtige Einsichten, sondern so etwas wie seine Wiedergeburt verdankte. Diesmal fragte er nicht mehr danach, was er in den Jahren und Jahrzehnten, seit sie sich aus den Augen verloren hatten, alles getan hatte: Er hatte sich damit abgefunden, dass das Geheimnis gewahrt bleiben musste.

5. Kapitel: Auf der Suche

1.

In Bedburg gab es außer Schilling und dessen Gefährtin Marie noch Lisa, Maries Freundin. Zu viert übersprangen sie sonntags, wenn es keine Visiten gab, den Stacheldrahtzaun, gingen am benachbarten Weiher spazieren, badeten dort, lagen zusammen, die beiden Patienten trotz ärztlichen Verbotes, in der Sonne, bis sie sich daran erinnerten, dass sie zur Abendbrotverteilung wieder in ihren Zimmern sein mussten, damit ihre Abwesenheit aus dem Gefangenencamp niemandem auffiel – als solches war Bedburg ja immer noch deklariert. Wie Marie dunkelhaarig, weißhäutig und etwas füllig war, so war Lisa schlank, sportlich und braun gebrannt. Sie hatte eine gute Figur, sicher zupackende Hände, langes, aschblondes Haar und war, ohne jede Koketterie, der Typ eines prima Kumpels. Auch für schöngeistige Literatur hatte sie etwas übrig, kannte allerdings nur Carossa, Binding und Weinheber, das heißt das von den Nazis eng umzirkelte Reservat für Besinnlichkeit. Adalbert belächelte das heimlich, denn in seinem Kopf spukten schon einige gewagtere, von Schilling oft rezitierte Verszeilen von Trakl, Tucholsky und dem jungen Bert Brecht herum.
Erst ganz allmählich, wohl weil Lisa sich betont kameradschaftlich gab und in ihren Erzählungen auch ein weit entfernter, irgendwo kriegsgefangener Verlobter auftauchte, begann Adalbert, sich in sie zu verlieben. Wann das geschah oder genauer: wann er das bemerkte, kann er heute nicht mehr rekonstruieren, ja noch nicht einmal, ob er sich das damals überhaupt je eingestanden hat. Aber er hatte Sehnsucht nach ihr, und aus dem Kriegsgefangenen-Entlassungslager Münster kehrte er, versehen mit einem hochoffiziellen britischen Entlassungsschein, auch ihretwegen nach Bedburg hinter die Stacheldrahtrollen zurück – nicht nur weil er nicht wusste, wo er sonst bleiben sollte. Für Schilling, der mittlerweile beste Beziehungen zu Oberst Singer unterhielt, war es eine Kleinigkeit, für ihn einen Unterschlupf zu finden, einen kleinen

Raum, der zudem noch als Kleider- und Deckendepot diente, und ihn auch mit Verpflegung versorgen zu lassen. Diese war inzwischen für alle etwas knapper geworden, und darum zogen er und Lisa des Öfteren mit gestohlenen braunen Armeedecken ins benachbarte Dorf, wo sie diese gegen Wurst, Speck, Brot und Äpfel eintauschten. Auch eine Flasche Wein fiel manchmal dabei ab und so wurden an manchen Herbstabenden in Adalberts Depot – dort gab es keine Zimmernachbarn, die sich gestört fühlen konnten – zu viert oder zu fünft feucht-fröhliche Feste gefeiert.

2.

Als dann die Auflösung des Bedburger Lazaretts begann – Anfang Oktober 45 muss es gewesen sein –, konnte auch Adalbert dort nicht mehr bleiben. Inzwischen hatte er aber eine Postkarte von seinem Schwager Heinz Lauterberg erhalten. Heinz schrieb, er habe in unmittelbarer Nähe Hamburgs Unterkunft gefunden und Adalbert könne nach seiner Entlassung einstweilen bei ihm wohnen.

Die Reise dauerte den ganzen Tag: im offenen Güterwagen bis Hamburg, die letzten 15 Kilometer zu Fuß, zuerst durch eine Ruinenlandschaft und dann über eine schmutzige, träge durch brachliegende braune Felder sich hinschleppende Landstraße, bis endlich, endlich, in der Dunkelheit schon, die graufleckigen Einfamilienhäuser des Dorfes vor ihm auftauchten. Als er dort eintraf, sagten ihm die Wirtsleute, Herr Lauterberg sei bereits vor über zwei Wochen abgereist, sein Zimmer aber, weil die Miete im Voraus bezahlt worden sei, noch für eine Weile weiter verfügbar. In einem an ihn gerichteten Brief, den Heinz auf dem Tisch liegen gelassen hatte, stand, er habe sich in die Sowjetzone aufgemacht, um Ivy, ihren auf der Flucht geborenen Sohn Frank, und Peter wiederzufinden, die er alle kurz vor Kriegsende in Hagenow, einem mecklenburgischen Grenzdorf, hatte zurücklassen müssen. Adalbert solle ihm dorthin folgen oder hier weitere Nachricht von ihm abwarten.

Ein oder zwei Tage später hat er sich dorthin auf den Weg gemacht. An die unvermeidlichen nächtlichen Schleichwege über die Zonengrenze hat er keinerlei Erinnerung mehr, nur an den grauen Himmel, an den ständigen, Jacke und Mantel durchdringenden Regen, an eine bohrende Angst, denn gerüchteweise hatte er vernommen, die Russen würden die englischen Entlassungsscheine nicht anerkennen und einmal gefasste Grenzgänger im Soldatenalter in ihre eigenen Lager stecken, von wo aus sie bald weit weg – Sibirien klang ihm drohend im Ohr – zur Zwangsarbeit abtransportiert würden. Aber der Wunsch, seine Schwester, seinen kleinen Bruder, seinen Schwager wiederzusehen, war so mächtig, dass er seine Angst zwar nicht völlig erstickte, ihr aber doch die lähmende Unentschlossenheit nahm.

Vor dem Bauernhof, auf der anderen Seite der ohne jeden Zwischenfall überschrittenen Grenze, stand am nächsten Morgen der Bauer Frese. Ja, Ivy sei über längere Zeit bei ihm auf dem Hof gewesen, sein Schwager, ja, auch er sei vor zwei Wochen noch einmal vorbeigekommen, aber sie seien jetzt alle irgendwohin in das Landesinnere, an einen Ort zwischen Magdeburg und Berlin verzogen, dorthin, wo Ivys Schwiegereltern sich angesiedelt hätten, wohin genau, wisse er nicht. Bis morgen bleiben, nein, das ginge nicht, denn unangemeldete Übernachtungen seien von der sowjetischen Besatzungsbehörde untersagt, am besten sei es, er mache sich noch am selben Abend auf den Weg, wieder zurück über die Grenze.

Das nächste Bild, menschenleer, das Adalbert vor sich bringen kann, ist wieder Oststeinbeck, das kleine Dorf am Stadtrand von Hamburg, von wo aus er aufgebrochen war. Unversehrt war er am nächsten Tage dorthin zurückgelangt. Die Wirtsleute kümmerten sich nicht um ihn, für sie war er ein Fremder, der sie allenfalls durch seine Anmeldung mit einigem Glück vor weiterer Einquartierung bewahrte, ansonsten war er ihnen absolut gleichgültig.

Zum ersten Mal in seinem Leben war er völlig allein: Weder das Elternhaus noch eine Institution wie die Wehrmacht oder zuletzt die britische Armee fühlten sich für ihn verantwortlich. Dass er nun für sich selbst sorgen musste, auch dieses zum ersten Mal, das war noch das Wenigste. Er hätte eigentlich mühelos für seine Marken Essen einkaufen, Mahlzeiten zubereiten, seine Hemden und sein Unterzeug waschen können. Aber er beschränkte sich auf das Allernotwendigste, trank Wasser, aß krümelige Kunsthonig- oder Rübenkrautbrote, deren Aufstriche noch aus der von Heinz im Schrank zurückgelassenen Wehrmachtsverpflegung stammten.

Und er verschob, weil es kalt war und er ein zweites nicht besaß, das Waschen des Hemdes auf bessere Tage, sodass er eines Morgens in der verschmutzten Kragennaht die ersten Läuse entdeckte, die er zu seinem Glück, bevor sie sich vermehrten, alle gleich wegfangen und zwischen seinen Fingernägeln zerdrücken konnte. Ein oder zwei Tage ekelte er sich vor sich selbst – bis das Hemd, das in der Waschschüssel einen schwarzen Absud zurückgelassen hatte, sauber und im schneidenden Herbstwind wieder getrocknet war. Für wen hätte er sich denn waschen, für wen sich sauber halten sollen? Es gab ja überhaupt niemanden mehr auf der Welt. Auf seinen Wegen durch die wacholderbestandene Heidelandschaft, die gleich hinter den Häusern begann, Wege, auf denen er nie irgendjemandem begegnete, versuchte er zu singen, rezitierte Gedichte oder führte, wenn ihm keine Lieder, keine Gedichte mehr einfielen, Selbstgespräche. So lief auch der verrückte Döpp, sagte er sich, der Kinderschreck seiner Jugendjahre, durch die Hapsaler Straßen. Und wenn er wieder auf dem Kopfsteinpflaster der Dorfstraße angekommen war, zwischen den engen Häuserzeilen, dann schallten seine Schritte plötzlich metallisch und hart, wie ein Echo, das niemanden mehr außer sich selbst erreicht und so auch von niemandem mehr besänftigt werden konnte. Ja, selbst noch heute, wenn Marina und die Kinder längere Zeit in Paris sind und er allein in das abweisende Schweigen ihrer Hannoveraner Wohnung zurückkehrt, erschrickt er vor dem Widerhall seiner eigenen Schritte und spürt wieder etwas vom Sog der Leere, die ihn damals fast völlig verschlungen hatte.

3.

Diese erste Erfahrung mineralischer Einsamkeit – die erste zumindest, an die er sich noch erinnert – dauerte nur zwei Wochen. Dann kamen zwei Briefe: einer von seiner Schwester aus Genthin, in dem sie ihn aufforderte, dorthin nachzukommen, sie hätten durch den Einfluss des Schwiegervaters, der inzwischen das dortige Finanzamt leite, die für ihn notwendige Zuzugsgenehmigung erhalten. Der zweite trug Lisas Handschrift und einen Aachener Stempel. Sie teilte ihm mit, ihre Eltern befänden sich in Borna, einer sächsischen Kleinstadt irgendwo hinter Leipzig, sie wolle sie abholen

fahren, traue sich aber alleine nicht über die Grenze. Begeistert, beglückt, ja erlöst antwortete er seiner Angebeteten, er werde sie abholen und dorthin begleiten.
Von den Fahrstrecken mit der Bahn sind nur wenige Bildausschnitte erhalten geblieben. Die Nässe und Kälte, wieder im offenen Güterwagen, das Gedränge beim Einsteigen, nein, beim Hineinstürzen, oder, noch angemessener formuliert, beim Hineingestürztwerden, denn der Druck der hinter ihm stehenden Menschenmenge bildete so etwas wie den Abfüllmechanismus für die aneinander gereihten Güterwaggons, die danach noch lange, manchmal stundenlang, auf eine unter Dampf stehende Lokomotive warten mussten. Eschweiler, Weisweiler – wenn er heute, mit Marina und den Kindern mit dem Auto nach Paris fährt, flüstern ihm diese Ortsschilder noch immer wenn auch fast unverständlich gewordene Botschaften zu. Nicht weit von dort, wo sie, kurz vor Aachen, das letzte Mal vor der belgischen Grenze immer tanken, da ganz in der Nähe muss es gewesen sein, eine Fabriksiedlung, eine ältere Frau, die misstrauischen Blicks aus der Tür einer Kellerwohnung späht, Lisas Tante wohl, dann geht die Tür auf und sie liegen sich für einen kurzen Augenblick in den Armen.

4.

Am nächsten Morgen machten sie sich auf den Weg nach Borna. Die Grenze lag mitten im Wald, ob nun bei Eschwege oder weiter nördlich im Harz, und es gab einen Führer, der sie spätabends in ihre Sichtweite brachte. Aber diesmal wurden sie auf der anderen Seite von einer Patrouille überrascht, die sie festnahm und zum Sitz der sowjetischen Kommandantur brachte. Hat dort alles tatsächlich so stattgefunden, wie Adalberts Erinnerung es heute wahrhaben will? Einen Schrei aus dem Nachbarverlies, in dem sich Lisa befand, hat er noch im Ohr, und sein eigenes, lautes Rufen auf Russisch, er wolle sofort zum Kommandanten gebracht werden. Zwar kam nicht der, aber ein junger Offizier, der verfügte, dass Lisa mit Adalbert in derselben Zelle zusammengesperrt werden sollte.
Der Rest der Nacht verlief ruhig, ohne weitere Zwischenfälle, Lisa lag neben ihm auf dem Kellerboden, sie wärmten sich gegenseitig

und er hatte wohl auch beschützend seinen Arm um sie gelegt. Dass aber andere, weitergehende Empfindungen oder gar eindeutige Wünsche in ihm wach geworden wären, daran kann oder will er sich heute nicht mehr genau erinnern. Er war jetzt mit ihr in der strategischen Ausgangsposition, die ihm Berthold in Lohne als Voraussetzung dazu angepriesen hatte, auch den hartnäckigsten Widerstand einer Frau zu brechen, die ihrem Liebsten treu bleiben will. Die paar zusätzlich notwendigen Bewegungen auszuführen, die seinem Kameraden zufolge den Erfolg garantieren: darauf kam er gar nicht, das hätte seine Intervention ebenso wie die schützende Gebärde, mit der er sie im Arm hielt, völlig entwertet, und außerdem steckte ihm und Lisa wohl auch noch die Angst zu stark in den Knochen. So blieben sie ruhig liegen, bis der Morgen nahte.

Als Nächstes sieht er sie beide vor dem Kommandanten stehen: ein eher kleines, enges Zimmer, ein Schreibtisch, eine Sesselgruppe, ein älterer, etwas fülliger Mann mit kurz geschorenem Haar, die Rangabzeichen eines Obersten auf dem grün grundierten Schulterstücken, die seine Zugehörigkeit zu den Sicherheitsorganen anzeigten: NKWD. Ausgerechnet, durchfuhr es Adalbert, er versuchte sein Erschrecken nach Kräften zu verbergen, spürte aber, dass seine Angst durch die Maske der Gleichmütigkeit, die er rasch aufgesetzt hatte, schon wieder durchzuschimmern begann. Kein Dolmetscher war zugegen. Der Oberst, er musste von Adalberts Intervention in der Nacht erfahren haben, redete ihn sogleich auf Russisch an:

»Weshalb seid ihr über die Grenze gekommen, ihr wisst doch, dass das ohne Papiere verboten ist!«

»Ich suche meinen Vater«, antwortete Adalbert, »und Lisa will zu ihrer Familie.«

Die strenge Miene des Offiziers hellte sich auf und ein Lächeln erschien. Kommt, esst und trinkt, lud er sie ein und legte Adalbert den Arm um die Schulter. Eine Stunde später waren sie, nach einem reichhaltigen Frühstück, nicht unterwegs nach Sibirien, sondern, mit einer Reisegenehmigung nach Borna versehen, wieder frei.

5.

In Borna fanden sie ohne langes Suchen Lisas Eltern. Adalbert ist von ihnen nur in Erinnerung geblieben, dass sie alt, für eine so junge Tochter erstaunlich alt und abgearbeitet, ja verbraucht aussahen. Ein Geruch nach saurem Schweiß, Tabak und kalt gewordenem Muckefuck hing in ihren Kleidern und schon bei der ersten Unterhaltung, am Abend ihrer Ankunft, stellte es sich heraus, dass sie, mit einem halben Auge wenigstens, der vergangenen Nazi-Herrlichkeit nachweinten. Das konnte Adalbert am wenigsten vertragen, wohl weil er sich immer noch nicht damit abgefunden hatte, dass er erst Schillings Erklärungen hatten hören müssen, um seine dumpfe, unartikulierte Abneigung gegen die Nazis auf einen Nenner zu bringen, um zu erkennen, dass sie das Übel schlechthin gewesen waren und nichts, aber auch gar nichts an ihren zur Schau getragenen Tugenden, weder die Kameradschaft im Felde noch ihr Opferritus reinigender Erneuerung noch ihr Mythos von Heldenmut und Selbstlosigkeit von ihren Verbrechen zu isolieren und so zu »retten« war.
Es waren im Laufe der Jahre anschwellende Gefühle des Unbehagens, manchmal auch hilfloser Verzweiflung gewesen, die diese Abneigung gegen die Nazis hervorriefen. Und vielleicht Erlebnisse wie die blutroten Anschläge auf den Litfaßsäulen, durch die durch nichts gerechtfertigte Todesurteile gegen Polen bekannt gemacht wurden. Aber Adalbert ist sich heute nicht mehr sicher, ob seine Empörung über die Letzteren nicht erst in den Gefangenschaftsmonaten in Bedburg und Tournai hinzugetreten ist, er in Poznan darüber also doch nur so etwas war wie »verschreckt«. Auf alle Fälle aber war seine damalige Wut oder sein damaliges Erschrecken jedes Mal ziemlich schnell wieder verflogen und er hatte diese Gefühle auch nicht zusammengebracht mit den sparsamen, wie abgestürzte Steine resonanzlos stehen gebliebenen Äußerungen seines Vaters, er sähe wegen ihrer, der Deutschen Verbrechen ein schreckliches Ende voraus, auf das er Ivy und ihn vorsichtig vorbereiten wollte. Es war wohl dieses eigene Versäumnis – dass er erst mit einer solchen Verspätung zu einem abschließenden Urteil über das Nazi-Regime gekommen war, zu einer Zeit also, als daraus keinerlei Handlungsmöglichkeiten mehr erwachsen konnten –, weshalb er jetzt und auch später immer wieder so leicht in Auf-

regung geriet, wenn andere solche Einsichten noch immer bezweifelten.
Auch Lisa, die Schillings Einfluss ja fast so lange wie er ausgesetzt gewesen war, begann im elterlichen Kreis wieder unsicher zu werden und meinte, vielleicht hätten sie, die Nationalsozialisten – sie sagte nicht mehr »die Nazis« – doch Recht gehabt und die Alliierten besser daran getan, sich mit ihnen im Osten gegen die Bolschewisten zu verbünden. Das war wohl der Tropfen, der für Adalbert den Krug zum Überlaufen brachte – vielleicht war es aber auch nur ein Vorwand gewesen, um der Zweideutigkeit ihrer Gefühle zueinander zu entfliehen. Er müsse jetzt zu seinen eigenen Angehörigen, sagte er.

6.

Aber bevor er dann wirklich zu Ivy Peter und Heinz aufbrach, brachte er Lisa und ihre Eltern noch sicher über die Zonengrenze.
Das nächste Mal sieht er sich ganz kurz mit Schilling in Lippstadt, wo er sich auf dessen Drängen zu einem Abiturkurs für Kriegsteilnehmer anmeldete, und danach bei Ivy und Heinz in Genthin. Auch von dieser sachsen-anhaltischen Kleinstadt haben sich ihm nur einige kurze Sequenzen eingeprägt: die opulenten Mahlzeiten etwa, sonntags meistens Schweinebraten mit Blumenkohl, Opa Heinrichs, Ivys Schwiegervaters, Mitbringseln von seinen Steuerprüfungen geschuldet, oder ein großer Versammlungssaal in Bahnhofsnähe, in welchem der Zusammenschluss von Kommunisten und Sozialdemokraten zur SED, in Berlin beschlossen, hier auch auf örtlicher Ebene vollzogen wurde. Warum Opa Heinrich ihn zu diesem Festakt mitnahm bzw. warum er überhaupt hinging – vielleicht nur, weil er sich als Finanzamtsvorsteher einfach sehen lassen musste –, ist Adalbert heute nicht mehr erinnerlich, ebenso wenig wie das, was bei den Reden alles gesagt wurde. Nur eines leisen Gefühls der Unheimlichkeit, das aus historischen Stunden nie völlig verbannt werden kann, ist er sich sicher. Vollständig gegenwärtig ist ihm hingegen das Glück, die Seinen wiedergefunden zu haben und damit den Anschluss an die vergangenen Jahre, an seine Kindheit, ja an sein ganzes bisheriges Leben. Wie eine Blut-

transfusion floss es in seine Adern und vertrieb allmählich den Schauder, ganz allein auf der Welt zu sein.

7.

Von Genthin aus war er auch zu Borja und Gerty, seinen Berliner Verwandten, gefahren. Mit einem halben Zentner Kartoffeln sieht er sich auf dem Trittbrett oder gar auf dem Dach eines überfüllten Personenzuges. Unklar bleibt ihm heute, ob das ganz stimmt, ob er sich nicht doch in einem kleinen, direkt von außen zugänglichen Abteil, einen Platz, diesmal im allerwörtlichsten Sinne, erpressen konnte und die waghalsige Fahrt auf dem Dach oder auf dem Tritbrett nicht bloß zum Mythos dieser Nachkriegsjahre gehört, in den sich inzwischen auch seine Erinnerungen eingeklinkt haben. Auf sicherem Boden weiß er sich erst wieder, als er, in der Dunkelheit schon, am Berliner S-Bahnhof Sundgauer Straße aussteigt und sich zu Fuß, bald schon ziemlich keuchend, zur Schützallee aufmacht. Eine halbe Stunde später ist er endlich am Ziel, die Tür wird geöffnet und er schlüpft erleichtert hinein in das kärglich geheizte, aber immerhin doch etwas angewärmte Einfamilienhaus, das Gerty und Borja seit Kriegsende allein bewohnten – der Besitzer, ein Nazi, war auf der Flucht.
Viele widersprüchliche Kindheits- und Jugenderinnerungen hatte Adalbert zu diesem ersten Nachkriegsbesuch bei Borja und seiner frisch angetrauten Frau Gerty mitgebracht. Gerty war Tochter eines Duisburger Großindustriellen und einer in England gebürtigen jüdischen Mutter. Sie war zu Kriegsbeginn nach Berlin gegangen, um Pianistin zu werden, aber alle offiziellen Ausbildungswege dazu blieben ihr als nichtarischem Mischling versperrt, und so war sie Borjas Schülerin geworden. Adalbert weiß nicht mehr, ob zu Hause darüber gesprochen wurde, dass Borja und sie in den letzten beiden Kriegsjahren äußerst gefährdet waren. Jetzt, in dieser neuen Berliner Wohnung, hörte er von ihnen selbst, wie sie den Nazi-Terror der letzten Kriegsjahre, die Bombenangriffe und die Straßenkämpfe während der letzten Apriltage überstanden hatten.
Auch Gertys Mutter hatten sie im letzten Augenblick vor der Deportation nach Theresienstadt bewahren können. Erst viel spä-

ter allerdings, lange nach Borjas Tod, erzählte ihm Gerty das Schlimmste: Ihrer Großmutter,einer 1943 über 80-jährigen, schwerkranken Frau, die, anders als die mit einem »arischen« Direktor eines kriegswichtigen Betriebs verheiratete Mutter, ohne jeden Schutz dastand, hatte der Duisburger Familienarzt, am Vorabend des bereits angekündigten Abtransports in ein Vernichtungslager, eine tödliche Spritze verabreicht. Von diesem schauerlichen Ereignis in seiner eigenen Verwandtschaft hatte Adalbert während des Krieges nie etwas zu hören bekommen – auch sein Vater hatte ihm darüber kein Wort gesagt. Weshalb Borja Adalbert selbst, als der im Sommer 43 bei ihm in Berlin auf der Durchfahrt nach Freiburg für eine Nacht Station machte, nichts davon erzählt hatte, danach fragte er nicht. Er konnte sich denken, dass sein Vetter auf die Verschwiegenheit des damals 16-jährigen, von manchen Parolen der Nazi-Propaganda noch immer benebelten Jungen nicht zählen wollte.

Auch hier, bei Gerty und Borja, fand Adalbert etwas von seiner Familie, von seiner durch den Krieg abgebrochenen Kindheit wieder. Mit Gertys handfester Art kam er sofort gut zurecht, und mit Borja ergab sich zum ersten Mal eine größere Nähe, vielleicht deshalb, weil Adalbert nun kein Kind mehr war. Über den Krieg, über die Nazis waren sie jetzt einer Meinung. Adalberts frühere Unentschlossenheit diesen gegenüber, ja seine Anfälligkeit für ihre antibolschewistischen Kreuzzugsparolen wurden ihm freundlich und als nun überwundene Jugendsünden nachgesehen. Einig waren sie sich natürlich auch darin, dass sich so etwas nie wiederholen dürfe – damals war dieser Satz noch nicht, wie ein paar Jahre später, zu einer gebetsmühlenartig abgerasselten Leerformel verkommen. Sie debattierten die ganze Nacht miteinander und er war am Ende von beiden auch nahezu davon überzeugt worden, dass es auch der Kommunisten bedürfe, um die Wiederkehr der Nazis wirksam verhindern zu können.

Adalbert hat während des nächsten Halbjahres seine Berliner Verwandten noch ein- oder zweimal besucht. Borjas während des Krieges für die Schublade komponierten Orchesterstücke, seine Ballette und Opern begannen immer häufiger aufgeführt zu werden und bald war er nicht nur ein im Berliner Kunstestablishment, sondern auch international renommierter Künstler. Auch Gerty machte, als Pianistin, eine rasante Karriere. Ihr Kontakt miteinanderander verflüchtigte sich allerdings in den darauf folgenden Jahren, wohl auf Grund der wachsenden Berühmtheit seines Vetters, von der sich Adalbert eingeschüchtert fühlte, und vielleicht auch wegen der finanziellen Abhängigkeit von ihm – mehrere Jahre trug Borja zu Adalberts Studienkosten und später auch zu denen seines Bruders Peter bei.

Erst 1965, auf einem Europaurlaub Adalberts, der inzwischen in Vietnam einen Lehrauftrag angenommen hatte, kamen sie sich aufs Neue näher. Adalbert besuchte Borja und Gerty danach jedes Mal, wenn er in Berlin zu tun hatte, in ihrer wunderschönen, von dem Architekten Baumgarten entworfenen Villa in der Kaunstraße am Mexicoplatz, und er freundete sich auch mit ihren heranwachsenden vier Kindern an.

Im Januar 1975, wenige Tage vor Borjas Tod – die Geburt Jonathans, Marinas und Adalberts erstem Sohn, stand gerade vor der Tür –, rief Gerty ihn dringlich nach Berlin, damit er von seinem Vetter Abschied nehmen konnte. Der Krebs hatte Borja die Lungen zerfressen und er hatte Mühe zu atmen. Aber er steckte immer noch voller Pläne, zeichnete weiter Noten auf und er hatte sogar damit begonnen, seine Lebenserinnerungen aufzuschreiben. Später einmal erzählte Gerty, er sei noch wenige Tage vor seinem Tod mit ihr im Smoking zur Oper gefahren.

8.

Wie lange ist Adalbert nach seiner Rückkehr aus Berlin noch in Genthin geblieben? Sehr lange Zeit kann es nicht gewesen sein, denn er musste ja nach Lippstadt zurück: zu seinem Abiturkurs und um Schilling die Botschaft von Ruths Überleben und Wiederverschwinden zu übermitteln. Es fiel ihm auf, dass sein kleiner Bruder ungewöhnlich still war, aber er kam nicht auf die Idee, ihn danach zu fragen, woran das lag, und wahrscheinlich hätte der sich damals auch gar nicht getraut, ihm darauf zu antworten. Erst Jahre später erfuhr er von ihm, dass er damals von Heinz' Mutter, einer ostpreußischen Bauerntochter, deren ganzer Stolz darin bestand, einen mittleren Beamten geheiratet zu haben, immer dann, wenn er nicht rechtzeitig den Weg zur Toilette gefunden hatte, mit dem Riemen geschlagen und am nächsten Morgen dazu gezwungen wurde, eine Stunde lang mit dem nassen Bettlaken in den Händen, unter den Augen aller Hausbewohner, im Hof Runden zu drehen.

Er, Adalbert, wurde hingegen von »Oma Ida« aufgefüttert und verwöhnt, unter der stillschweigenden Voraussetzung, dass er nicht ewig blieb. Aber die stickige, aus Starrsinn, Schläue und Ressentiments zusammengesetzte Atmosphäre des Hauses Lauterberg machte ihm doch so zu schaffen, dass er wohl schon deshalb bald das Weite suchte und sich nach Lippstadt aufmachte. Damit war das Nomadenleben, das mit seiner Einberufung zur Wehrmacht im Juli 1944 begonnen hatte, nach nicht ganz zwei Jahren zu Ende und auch seine Erinnerungen, die den Krieg und das erste chaotische Nachkriegsjahr nur in abgerissenen Szenenfolgen widergespiegelt hatten, fügten sich nun wieder etwas genauer in das Zeitraster ein.

6. Kapitel: Zurück auf die Schulbank

1.

Bei seiner Rückkehr nach Lippstadt, im März oder April 46, war der Abiturkurs, zu dem er sich bei seinem ersten Besuch vorsorglich angemeldet hatte, schon in vollem Gange und er hatte fast zwei Monate davon versäumt. Eine »Rückkehr« war es, auch wenn er die Stadt vorher nur flüchtig kennen gelernt hatte. Das lag nicht allein daran, dass er dort Schilling wiederfand. Es war auch das kleine, etwas verschlafene Städtchen selbst mit seinen drei romanischen Kirchen, mit seiner als Park genutzten Klosterruine, mit seinen damals noch von Gebrauchsspuren gezeichneten, ungelifteten Fachwerkhäusern und seinen friedlich dahinplätschernden Wasserläufen. Eine Idylle, die vom Krieg scheinbar unangetastet geblieben war und dessen aus der Zeit herausgebrochene Atmosphäre ihn eingefangen hatte – als sei er auf einem anderen Planeten gelandet, aber auf einem, den er zu Vorzeiten schon irgendwann einmal bewohnt hatte. Nachdem er durch die Ruinen von Hamburg, durch die Steinwüsten Kölns und Berlins gewatet war, kam es ihm vor, als sei er hier tatsächlich wieder zu Hause.
Das waren Stimmungen. In Lippstadt wirklich zu leben erwies sich, in der ersten Zeit vor allem, nicht immer als leicht. Von den 16 Teilnehmern des Kurses lebten nur zwei allein, das heißt ohne Eltern und Verwandte, in dieser ihnen völlig fremden Stadt: Adalbert nämlich und der um zwei Jahre ältere Karlfried Wasner. Die meisten anderen waren seit Generationen schon ortsansässig. Sie besaßen Onkel und Tanten auf den umliegenden Bauernhöfen, von denen sie mit allem Nötigen wie Mehl, Speck und Kartoffeln versorgt wurden, oder aber die Eltern übten Berufe aus, deren Dienstleistungen man mühelos gegen Naturalien umtauschen konnte. Selbst Karlfried, dessen Mutter in Gelsenkirchen lebte, erhielt von dieser regelmäßig ein Fresspaket. Adalbert befand sich somit in einer unvergleichbaren Sonderstellung, jedenfalls bis sein Vater im Mai 46 aus russischer Gefangenschaft wiederkam und schon ein

paar Monate später in Merxhausen, im oberhessischen Bergland, am dortigen UNRRA-Hospital eine Arztstelle erhielt und sich dadurch auch ihm eine Quelle zur Versorgung mit Lebensmitteln erschloss. Bis dahin musste er sich aber mit den kargen Rationen der Nachkriegs-»Normalverbraucher« behelfen oder selbst nach Lösungen suchen, um seinen bohrenden Hunger zu stillen.
Not macht erfinderisch, und so fiel Adalbert auch einiges dazu ein. Nicht weit entfernt von ihm, auf der Nebenbank, saß Gerd Böllecke, ein sprachlich wenig begabter Lippstädter Bauernsohn, der aber unbedingt sein Abitur machen wollte – später soll er es, wie Adalbert gehört hat, zum Professor für Volkswirtschaftslehre gebracht haben. Für ihn schrieb er deutsche Hausaufsätze, die je nach ihrer Benotung mit einem oder auch nur einem halben Wurst- oder Schinkenbutterbrot entlohnt wurden. Dies erschien Adalbert zu mager und er sah sich deshalb bald nach einem anderen Klienten um, den er rasch in der Gestalt Roman Knoblichs fand, eines schlesischen Flüchtlingssohnes, dessen Mutter das damals unschätzbare Privileg besaß, im britischen Church Army Club als Putzfrau zu arbeiten.
Roman war unter ihnen der Jüngste, im Krieg war er nur Flakhelfer gewesen, er hätte also eigentlich in den Kursus gar nicht hineingehört – wie es ihm trotzdem gelungen war, sich für ihn einschreiben zu lassen, blieb ein Geheimnis. Er war wendig, besaß eine unüberbietbare Fähigkeit, sich aus unangenehmen Situationen herauszureden ... nein, eher durch seinen unschuldigen, Nachsicht heischenden Blick herauszuwinden, denn sprachliche Ausdruckskraft war nicht gerade seine Stärke. In Mathematik war er gut, ebenso in Chemie, aber im Deutschen haperte es, seine ersten Klassenaufsätze waren alle mit mangelhaft benotet worden. Hier hatte Adalbert nun eine schwierigere Aufgabe vor sich: Von den zwei Themen, die an der Tafel standen, handelte er eines im Unreinen für Roman ab, der diese Notizen in sein Klassenarbeitsheft übertrug, und machte sich dann selbst an das zweite, das er sogleich in Reinschrift brachte. Romans Eltern waren mit den Ergebnissen so zufrieden, dass Adalbert auch noch die Aufsicht über die Schulaufgaben der beiden jüngeren Geschwister übertragen bekam. Für das alles gab es unvorstellbare Leckerbissen, wenn auch zum Teil nur angeknabberte: Frau Knoblich durfte die auf den Tellern der Soldaten liegen gebliebenen Kuchen und auch die übrigen Essens-

reste nach Hause mitnehmen und Adalbert bekam davon jeden Abend ein kleines Säckchen voll. Das genügte, um seinen Hunger zu stillen.
Bevor dieses Manna auf ihn herabzuregnen begann, zu Böllleckes Zeiten, da war es freilich schwieriger gewesen. An manchen Tagen hatte der Hunger ihn gehindert, zur Schule zu gehen, und er war deshalb von seinem Klassenlehrer schon ernsthaft verwarnt worden. Adalbert hatte ihm, aus Scham wahrscheinlich, nichts darauf entgegnet. Irgendwo in seinem Kopf war Hunger immer noch mit armen Leuten verschwistert geblieben, mit dem Geruch nach Räucherfisch und ranzigem Fett, der ihn in Hapsal davon abgehalten hatte, das Häuschen Liines und Jaans, ihres dortigen Hausmeisterehepaares, für länger als ein oder zwei Minuten zu betreten. Jetzt waren es plötzlich Millionen, die nur wenig zu essen hatten, die Ausgebombten und Flüchtlinge vor allem, und niemand hätte eigentlich Anlass gehabt, deshalb auf sie herabzusehen. Aber eine solche Ideenverbindung saß doch so fest in den Köpfen, dass viele der von den Konvulsionen des Kriegs- und Nachkriegstage einigermaßen verschont Gebliebenen in diesen mageren, in geflickten Kleidern herumlaufenden Gestalten nur Gescheiterte, Kroppzeug, Zigeunergesindel erblickten.

2.

Und die Schule, wie war sie? Ein rotes Ziegelgebäude steht ihm vor Augen, ein wilhelminischer Staatsbau der Jahrhundertwende. Sie betraten die Schule immer über den Hof, unter den sich nun aber, wie bei einem zweimal belichteten Film, der Schulhof seiner Poznaner Schule geschoben hat. Präzise hat er aus diesen ersten Schulmonaten, von Juni bis Oktober, neben seiner Lohnarbeit für Gerd Böllecke und später für Roman Knoblich nur den Deutschunterricht bei Dr. Sonneborn im Gedächtnis, einem alten Sozialdemokraten, der während der Nazi-Zeit auf Grund des Gesetzes zur Wiederherstellung des Berufsbeamtentums aus dem Schuldienst entfernt worden war und während dieser zwölf Jahre sein Leben mit Nachhilfestunden hatte fristen müssen. Die Freude und Erleichterung darüber, dass dies vorbei war, sah man ihm immer noch an. Er war wieder mit einer wichtigen Aufgabe betraut worden, nämlich jungen Menschen, von den Nazis in die Irre geführt, klar zu machen, was in seinen Augen Demokratie bedeutete: unter verschiedenen Zielen die seinen zu wählen, für sie einzutreten, Verantwortung zu übernehmen, aber auch andere Meinungen zu Worte kommen zu lassen, und wenn sie die Mehrheit erringen, sich ihnen auch unterzuordnen. Um Demokrat sein zu können, das schärfte er seinen Schülern ein, musste man aber auch informiert sein, man musste die Geschichte kennen, die wirklichen Lebensverhältnisse der Menschen und man musste darüber hinaus seine Wurzeln gefunden haben in einer humanistischen Kultur. Dummheit und Unwissen seien, so sagte er, die stärksten Verbündeten der Diktatur.

Adalbert hat heute Mühe damit, sich davon zu überzeugen, dass solche Worte damals keine Banalitäten waren. Von Demokratie sprach fast jeder, außer ein paar verstockten Nazis gab es niemanden mehr, der in der Öffentlichkeit erklärt hätte, kein Demokrat sein zu wollen: Wie durch einen Zauberspruch einer guten Fee waren alle es plötzlich geworden. Dass aber dazu, die Demokratie zu errichten und, was schwieriger ist, sie am Leben zu erhalten, auch noch eine Einsatzbereitschaft der Mehrzahl der Bürgerinnen und Bürger für sie gehört, dass Einrichtungen wie Parteien, Parlamente und eine funktionierende Verwaltungs- und Verfassungsgerichtsbarkeit ebenfalls dazu vonnöten sind, solche Überlegungen hatten Adalbert bis dahin kaum erreicht.

Von Dr. Sonneborn erhielten sie – alle junge Kriegsteilnehmer im Alter von 18 bis 26 Jahren – einen Unterricht in ... ja, in was eigentlich? Später würde man es politische Wissenschaft nennen. Jungfräulich trat ihnen in diesen Unterrichtsstunden die Demokratie noch entgegen, wie der ihres Lehrers war auch ihr Glaube an sie ungebrochen. Von ihrer Aushöhlung durch Machtspiele und Korruption war noch nichts in Sicht, vielleicht deshalb, weil die wirkliche Macht in den Händen der Besatzungsmacht lag und die Beschlüsse der Stadtverordnetenversammlungen und Landtage noch ihrem Veto unterworfen waren, eine Art Übungsspiele, in denen nur gezeigt werden sollte: Wir haben unsere Lektion gelernt. Aber Sonneborn begnügte sich nicht mit der Darstellung demokratischer Institutionen: Sie waren für ihn nur unabdingbare Form, aber noch nicht der Inhalt der Demokratie, noch nicht dasjenige, worum er in der Weimarer Republik gekämpft und später unter

den Nazis Entbehrungen auf sich genommen hatte: Das waren vielmehr Gleichheit und Brüderlichkeit. Das Elend der Arbeitslosigkeit, das Dahinvegetieren der Proleten in den Hinterhöfen der Großstädte, im Geschichtsunterricht von Adalberts Poznaner Schule als »deutschen Menschen« von »jüdischen Blutsaugern« angetane Schmach hingestellt, machte er den Kursteilnehmern als Ergebnis der Profitsucht des Großkapitals klar, ja als unabwendbare Folge eines sozial ungebremsten kapitalistischen Systems, und er belegte ihnen, dass die Großindustriellen Hitlers Partei finanziert und ihr so zum Siege verholfen hatten.
Wie Adalbert viel später einsichtig wurde, war dies allerdings eine nicht ganz zureichende Erklärung des deutschen Faschismus: denn was dieser aus Begriffen wie Volksgemeinschaft, Herrenrasse, Opfersinn, Reinheit, Winterhilfe, deutsche Tüchtigkeit und ihrem als verabscheuungswürdig hingestellten Gegenteil, den zusammenfantasierten Wesenszügen der Juden und der anderen »Minderwertigen« zusammengemixt hatte, erwies sich als ein höchst wirksames Gebräu, das genauso zu seinem Triumph beigetragen hatte wie die Milliarden von Thyssen, Krupp und Konsorten.

3.

Fasziniert also lauschte Adalbert Dr. Sonneborns Lektionen, denn auch zu Hause hatte er nicht viel von Demokratie gehört. Der Vater hatte, ebenso wie viele andere ältere Angehörige der baltendeutschen Minderheit in Estland, das Ende der russischen Zarenmonarchie durch die beiden siebzehner Revolutionen, der im Februar und dann der bolschewistischen im Oktober, nie ganz verwunden, auch wenn er sich mit dem neuen estnischen Staat inzwischen abgefunden hatte, mit ihm loyal zusammengearbeitet hatte und ihm sogar eine gewisse Dankbarkeit zollte, weil es seine Armee gewesen war, die die gefürchteten Bolschewiken aus dem Lande vertrieben hatte. Nostalgische Erinnerungen an die Zarenzeit, die lange den Eindruck vermittelt hatte, alles werde auf ewig so bleiben, wie es war, und es genüge, sich in diesen gottgewollten Verhältnissen zurecht und in ihnen seinen angestammten Platz zu finden, lagen damals aber noch überall in der Luft: Sie drückten die Sehnsucht nach einer verloren gegangenen Sicherheit aus und nach ihren hingemordeten Garanten, dem Zaren und dem ganzen Romanow'schen Kaiserhaus.

Wenn Adalbert jetzt an seinen Vater zurückdenkt, so wird ihm klar, dass es nicht so sehr ein demokratisches Bewusstsein als vielmehr, neben dem nie in Frage gestellten christlichen Glauben, seine kaum je in Worte gekleidete Zarentreue war, oder genauer: seine Treue an das idealisierte Erinnerungsbild jener Epoche, die ihn und einige andere seiner Altersgenossen davor bewahrt hatte, den rattenfängerischen Versuchungen der Nazis zu erliegen. Aber auch an Adalbert selbst war diese Zarenreichnostalgie seiner Eltern nicht spurlos vorübergegangen. Eines Tages hatte er, noch in Hapsal, in Tante Lenis altem Rotholzsekretär, einem geheimnisumwitterten Möbelstück, in welchem er immer schon ein verborgenes Fach mit schicksalsträchtigem Inhalt vermutete, Yacht-Club-Jahrbücher aus den Jahren 1912 und 13 gefunden, in denen, neben Seglern, die er kannte, auch goldbetresste Großfürsten abgebildet waren und der Club noch K.E.S.Y.C., Kaiserlicher Estländischer See Yacht-Club, statt einfach E.S.Y.C. hieß.

Adalbert hatte diese Seiten geradezu verschlungen, auf denen zudem noch ein Onkel des Zaren, Großfürst Nikolai Nikolaiewitsch, Schutzpatron seines 1916 verstorbenen Großvaters, als Ehren-Commodore aufgeführt war. Warum aber hatte er das alles heimlich gelesen, abends unter der Decke, warum hatte er seinen Vater auf seinen Fund nicht angesprochen, sondern hielt diese Bücher wie ein Geheimnis – fast als wenn er mit ihren verstaubten, zum großen Teil längst schon verschiedenen Gestalten eine Verschwörung eingegangen wäre? Wahrscheinlich, sagt Adalbert sich heute, lag das daran, dass ihn während dieser mittdreißiger Jahre, einer Atempause des Schicksals für die baltischen Staaten, in der alles wieder friedlich, sonnig und unverletzlich anmutete, durch einzelne Äußerungen seiner Eltern und mehr vielleicht noch durch ihr besorgtes Verstummen manchmal doch eine Ahnung davon überkam, die kleine paradiesische Ewigkeit, in die er hineingeboren und bis dahin aufgewachsen war, könne irgendwann ein furchtbares Ende nehmen – diese Gefahr aber gleichzeitig, zumindest bis 1938, als niemand mehr sie verleugnen konnte, etwas Unaussprechliches geblieben war. Die alten Yacht-Club-Bücher mit ihren kaiserlichen Insignien, mit ihren Zaren- und Großfürstenbildern sollten deshalb für ihn wohl, angesichts der immer bedrohlicher werdenden

Gegenwart, die machtvolle Vergangenheit eines Reiches wieder heraufbeschwören, das endgültig gar nicht untergegangen sein konnte, weil es auf eine zeitlose Dauer, auf Ewigkeit angelegt war.

4.

Eine solche rückwärts gewandte, die vorgebliche Geborgenheit vergangener Zeiten heraufbeschwörende Magie war für Adalbert, als er nach Lippstadt kam, wahrscheinlich immer noch eine, allerdings inzwischen zu drei Vierteln unbewusst gewordene Versuchung. Mehrmals in seinem Leben würde er noch gegen sie anzukämpfen haben und Sonneborns Demokratie-Plädoyer war deshalb auch alles andere als überflüssig. Seinen sozialen Kern nahm er sich damals noch nicht besonders zu Herzen – noch fiel es ihm schwer, sich Klassenkampf und Ausbeutung leibhaftig vorzustellen, hatten doch Krieg und Niederlage zunächst für ganz andere Grenzlinien zwischen Arm und Reich, Wohlstand und Elend gesorgt. So waren es eher die Fragen der Meinungs- und Redefreiheit, die Adalbert damals interessierten. Um seine Schüler zu lebhafterem Mitdiskutieren zu bewegen, hatte Dr. Sonneborn die starre Kolonnenordnung, zu der in Klassenräumen Schulbänke und Tische gewöhnlich angetreten sind, für die Zeit seines Unterrichtes aufgelöst und aus diesen einen großen Kreis bilden lassen. Aufgerufen wurde nicht mehr, jeder brachte sich ein, wenn ihm das Herz danach stand und wenn er meinte, etwas zu sagen zu haben. Das stand in diametralem Gegensatz zu allem, was die meisten früher in der Schule, bei der großdeutschen Wehrmacht und viele von ihnen auch zu Hause erlebt hatten: es wertete sie fast zu Gleichen mit ihrem Lehrer auf und schmeichelte ihnen.

Was sehr viel später das Free Speach Movement in Berkeley fordern sollte und in einigen leider nur seltenen Momenten während der kleinen Kulturrevolution Ende der sechziger Jahre sogar in Deutschland hier und da mal Gestalt gewann, Habermas' herrschaftsfreie Kommunikation, wurde in ihren Debatten vorweggenommen, damals noch ohne jeden hochtrabenden philosophischen Titel. Das gefiel ihnen allen sehr. Das Einzige, was ihnen an diesem Unterricht ein bisschen zu schaffen machte, war Dr. Sonneborns unerschütterliche, durch nichts in Frage zu stellende

Ernsthaftigkeit. Einen etwas blödelnden Scherz oder auch nur eine mehr oder weniger geistreiche, leicht ironische Bemerkung, um die von ihm in betont schlichten Worten emphatisch verbreitete Wahrheit durch eine kleine Beimengung von Humor etwas eingängiger zu machen, mochte er in seiner westfälischen Dickschädeligkeit nicht verstehen – und wenn jemand trotzdem insistierte, konnte er auch mal richtig ungemütlich, ja sogar zornig werden. So machten sie sich, wie jung sie doch waren, bei allem Respekt vor ihm, bei aller Verehrung, die sie für ihn heimlich hegten, doch auch hinter seinem Rücken über ihn lustig, äfften den trotz aller Bescheidenheit und Schlichtheit etwas getragenen Ton seiner politisch-moralischen Sentenzen nach und versuchten sogar, erfolglos allerdings, einen entsprechenden Spitznamen für ihn zu finden. Erst gegen Ende des Kurses wurde die Gruppe dieser für die damaligen Zeiten ganz außergewöhnlichen Lehrerpersönlichkeit etwas gerechter. Und wenn später einer von ihnen von seinem Studienort nach Lippstadt zurückkehrte, so stand meist auch ein Besuch bei Dr. Sonneborn auf seinem Programm.
Adalbert tut es bis heute Leid, dass er sich an diesen Verspottungsritualen beteiligt hat, und zwar indem er sich, nach Absprache mit einigen Kurskameraden, in seinem ersten Hausaufsatz über *Hermann und Dorothea*, Sonneborns Lieblingsepos, lustig machte. Er hatte die biedermeierliche, brave, hausväterliche und mütterliche Betulichkeit des Goethe'schen Werkes in seiner eigenen Wiedergabe und Deutung hemmungslos übertrieben, bis in die stilistischen Formulierungen hinein, und ihr sogar einige eigene Knittelverse untergejubelt. Die Übertreibungen hatte Sonneborn ihm rot angestrichen, ihre Absichtlichkeit aber nicht bemerkt, oder wenn doch, hatte er dies jedenfalls in seiner Korrektur durch nichts zu erkennen gegeben. Trotzdem war Adalbert von diesem Augenblick an zu einem seiner wenigen Lieblingsschüler avanciert, ein Privileg, das er im Kurs nur mit Karlfried Wasner teilen musste, mit dessen Einsen in fast allen Fächern ohnehin nicht zu konkurrieren war.
Der Rest dieses seines ersten Kurshalbjahres ist mit gutem Grund irgendwo hinter den Kulissen verschwunden. In Latein hatte es nicht gereicht, und da überhaupt nur in fünf Fächern unterrichtet und deshalb ein Ausgleich für ein Mangelhaft in einem Hauptfach nicht zugelassen wurde, war Adalbert vom ersten Abiturstermin,

im Oktober 46, zurückgestellt worden, als Einziger seiner Freunde. Er hat das nie irgendjemandem erzählen können, obwohl eigentlich nichts Beschämendes darin lag, zumal ihm ja zwei Monate Lernzeit gefehlt hatten. Nun musste er im zweiten Kurs, der erst im März 1947 zur Prüfung anstand, am Unterricht teilnehmen. Das fiel ihm zwar leichter als in den Monaten zuvor, weil nach der Rückkehr seines Vaters die Ernährungs- und Geldprobleme nicht mehr so schwer auf ihm lasteten und Frau Knoblichs Schätze, die angebissenen Kuchenstücke und Hühnerbeine, auch nach Romans bestandenem Abitur weiterhin den Weg zu ihm fanden. Andererseits stand ein Winter in einem meistens ungeheizten Zimmer bevor und er musste sich an die neuen Kurskameraden und einige neue Lehrer erst gewöhnen.

Dr. Sonneborn war auch in diesem seinem zweiten Kurs sein Deutschlehrer geblieben. Die Entnazifizierungsvorschriften, die früheren Parteimitgliedern den Weg zurück in den Lehrerberuf versperren sollten, wurden damals noch verhältnismäßig streng gehandhabt, und so hatte die Schule keinen anderen Pädagogen gefunden, der seine Fächer, neben Deutsch auch Geschichte, vertrat. Aber die Zeit der Debattierrunden war schon vorbei: Alle saßen sie wieder hintereinander gereiht auf den Schulbänken. Begründet wurde das durch die größere Zahl der Teilnehmer des zweiten Kurses, die in Kreisform im Klassenzimmer nicht mehr unterzubringen wären. Aber das Gerücht kursierte, der Schuldirektor, ein ehemaliger Zentrumsabgeordneter und jetzt CDU-Mitglied, hätte Dr. Sonneborn jede lockerere Form des Unterrichts untersagt, da so etwas die gesamte Schuldisziplin zu untergraben drohe.

Spannungen zwischen den beiden Pädagogen waren jedenfalls nicht zu übersehen, jeder von ihnen erteilte dem anderen sogar im Unterricht ein paar kaum verschlüsselte Seitenhiebe. Sonneborn klagte die Zentrumspartei an – und damit auch indirekt den Direktor –, im entscheidenden Moment, bei der Abstimmung über das Ermächtigungsgesetz im März 1933, den Nazis nicht entgegengetreten zu sein, und äußerte Zweifel auch an der antifaschistischen Einstellung ihrer Nachfolgepartei, der CDU. Der Direktor verdächtigte seinerseits die Sozialdemokraten, hinter dem Rücken der übrigen demokratischen Parteien und gegen alle ihre eigenen Lippenbekenntnisse, mit den Kommunisten gemeinsame

Sache machen zu wollen. Aber es zeichnete sich auch schon ab, dass Sonneborn bei dieser Auseinandersetzung den Kürzeren ziehen würde.

5.

Ziemlich früh, bereits Anfang November, brach der Winter herein, und er sollte ungewöhnlich hart werden. Adalberts Anspruch auf Braunkohlenbriketts – sie waren das einzige Heizmaterial, das für Normalverbraucher auf Karte erhältlich war – reichte nicht einmal aus, um sein Zimmer sonntags einigermaßen warm zu halten. An Werktagen ging er nach Schulschluss in eines der wenigen beheizten Cafés, wo er das rosarote, süßlich nach Zimtersatz schmeckende Gebräu vorgesetzt bekam, das damals überall unter dem Namen »Heißgetränk« vertrieben wurde. Dort las er und bereitete sich auf den nächsten Unterrichtstag vor. Wenn es Abend wurde, verkroch er sich meistens, wie seinerzeit in Groß-Latzkow, unter seinem Federbett, an Lesen war dort allenfalls für eine Dauer von zehn Minuten zu denken, bis die Finger so klamm wurden, dass er die Seiten nicht mehr umblättern konnte.
Zweimal wöchentlich besuchte er seinen ehemaligen Kurskameraden Roland, der mit seinen Eltern nicht weiter als zehn Minuten von seinem eigenen Zimmer entfernt, in einem Neubau der dreißiger Jahre Unterkunft gefunden hatte und zur Vorbereitung auf sein Architekturstudium, auf dessen Antritt er zwei bis drei Jahre zu warten hatte, gerade eine richtige Maurerlehre absolvierte. Roland war schmal, feingliedrig und dunkel, eher hätte man in ihm einen Italiener als einen Westfalen vermutet. Seine Eltern waren in Dortmund ausgebombt worden. Die Freunde saßen, in Mäntel gehüllt, in der Küche, steckten ihre Füße in den noch warmen Backofen des kleinen eisernen Herdes und redeten stundenlang, hin und wieder zwar über Politik oder die Mädchen in den Parallelkursen, vor allem aber über Philosophie, Literatur und Kunst. Adalbert las seinem neuen Freund eigene Gedichte vor, ja er befürchtet heute, dass er sie ihm nicht nur vorgelesen, sondern vielmehr in ziemlich pathetischem Tonfall, wie vor einem gefüllten Saal, rezitiert hat. Roland sparte nicht mit Äußerungen der Anerkennung, manchmal auch der Bewunderung und ließ sich ab und

zu auch selbst zur Produktion von ein paar Versen hinreißen, die sehr wohl geordnet und ein bisschen steif daherkamen, wohl weil seine unprätentiöse, mehr aufs Praktische gerichtete Kohlenpottmentalität lyrischen Ergüssen überhaupt nicht entsprach.
In seinem Element war er hingegen, wenn er von den kleinen romanischen Kirchen erzählte, die bei seinen Wanderungen aus ihren Verstecken herausgetreten wären, von ihren harmonischen Proportionen, die er gelegentlich vermaß, von den über den Portalen angebrachten, gesichtslastig aus grauem Kalkstein herausgemeißelten Abendmahls- oder Passionsfiguren sowie von den Fresken, die bei späteren Renovierungen unter den abgetragenen Farbschichten vielleicht wieder sichtbar würden. Hier, wenn es um die Harmonie der räumlichen Gestaltung, der Formen und der Farben ging, um Bilder, nicht um den Wohlklang von in Verse gefassten Worten und Sätzen, da fing sogar Roland an zu träumen. So hatten sie trotz ihrer unterschiedlichen Temperamente, ihrer unterschiedlichen Begabungsrichtungen doch ein weites gemeinsames Feld, das sie zusammen begehen und über das sie sich austauschen konnten.
Viel seltener suchte er Karlfried Wasner auf. Der wohnte, auch nicht allzu weit von ihm entfernt, auf der anderen Seite des Flusses, vier Stockwerke hoch, in einem düsteren, staubigen Dachzimmer. Wie war es überhaupt zu seinem ersten Besuch dort, schon bald nach seiner Ankunft in Lippstadt, gekommen? Beim Schreiben dieser Zeilen, wo Adalbert den etwas schmuddeligen Treppenflur und die mönchisch karge, asketische Zimmereinrichtung, ganz ohne wilhelminischen Plüsch, wieder vor sich bringt, ein eisernes Bett, einen aus Brettern zusammengezimmerten Tisch, ein Bücherregal und vielleicht noch einen Schrank, da fällt ihm ein, dass er damals regelrecht einbestellt worden war – von allein hätte er sich in Karlfrieds Behausung gar nicht hereingetraut, pflegte dieser seine Kurskameraden gemeinhin doch durch schneidenden Sarkasmus auf Distanz zu halten. Er erklärte ihm bei diesem Zusammentreffen, dass *Hermann und Dorothea* mehr verdiene als eine witzige Verhohnepiepelung, dass es in diesem Epos um Treue und Verlässlichkeit gehe, um Gatten-, Kinder- und Elternliebe, also um Tugenden, die gerade heute ein Gegengewicht gegen die Heroisierung von Krieg und Vernichtung bilden könnten.
Karlfried redete darüber ganz anders als Dr. Sonneborn, der eben-

falls ausführlich zu diesem Thema Stellung genommen hatte: Nichts Betuliches, nichts Pädagogisches und schon gar nichts einfach nur Hingesagtes steckte in seinen Sätzen. Diese hatten vielmehr etwas von einer Verkündigung an sich, wirkten unantastbar, endgültig, gesagt für die Ewigkeit, unumstößlichen Wahrheiten gleich, die keine Entgegnung duldeten, sondern in ihrer eisernen Logik nur Unterwerfung forderten. Karlfried registrierte allerdings auch, wenn er zu weit gegangen war und seine Gesprächspartner, oder besser: seine Zuhörer ihm nicht mehr folgen wollten. Dann hielt er einen Augenblick inne und räumte ein, dass er es vielleicht doch nicht so genau wisse und die Sache noch eine andere Seite haben könne, die er noch nicht genügend bedacht habe. Aber ein solches Zögern dauerte nur so lange, bis er den anderen völlig in seiner Gewalt hatte, bis dessen Unterwerfung endgültig war.
Was hat Adalbert damals an Karlfried so stark beeindruckt? Ob es dessen zwingende, keinerlei Ausflüchte lassende Argumentationsweise war, die Adalbert gerade deshalb faszinierte, weil das Kriegsende ihn selbst zwar davon abgebracht hatte, in eingleisigen Bahnen zu denken, Bahnen, die ihm seither als aufgezwungene Beschränkungen erschienen, aber doch auch immer noch etwas Beruhigendes, weil Entängstigendes enthielten, etwas, das von niemandem mehr in Frage gestellt werden konnte?
Nicht nur auf ihn übte Karlfried eine solche Wirkung aus. Die meisten anderen Kursteilnehmer, und noch mehr die Mädchen im Parallelkurs, fühlten sich stark von seiner alles niederschmetternden Logik, von seinem stählernen, hypnotischen Blick angezogen, wenn auch manchmal eingeschüchtert und in die Enge getrieben. Dies Letztere hatte zur Folge, dass Karlfried sogar von einigen, die er gerne um sich gesehen hätte, gemieden, ja sogar abgelehnt wurde. Bei Adalbert jedoch war die Neugier, versetzt mit einem kleinen Schuss respektvoller Bewunderung, stärker gewesen. Seine Zuwendung zu Karlfried bildete schließlich sogar eine Brücke für die anderen aus seinem Freundeskreis, die sie nach und nach, zuerst zögernd, dann aber immer mutiger begingen.
Trotzdem gab es immer wieder Anlass zu Verstimmungen, bei denen Adalbert vermitteln musste: eine verächtlich klingende Bemerkung Karlfrieds oder dessen verstocktes Schweigen, wenn jemand seine geistige Überlegenheit oder seinen Führungsanspruch in der Gruppe nicht anerkennen mochte. Denn er war so etwas wie

eine geborene Führerpersönlichkeit. Schon während des Krieges sei er, so hieß es, ein ordensgeschmückter Infanterieleutnant gewesen, man munkelte vom Deutschen Kreuz in Gold, und vorher in der HJ sogar Bannführer. Von den Ideen der Nazis hatte er sich allerdings schon gleich nach Kriegsschluss mittels einer Radikalkur verabschiedet: Er war zum Katholizismus zurückgekehrt, der Religionsgemeinschaft seiner Familie, die schon sein Vater der Partei und dem »Führer« zuliebe irgendwann verlassen hatte.

6.

Solcher Spannungen und Verstimmungen ungeachtet war in diesem Winter, unter Einschluss Karlfrieds, ein Freundeskreis zusammengekommen, der aus je fünf männlichen und weiblichen Kursteilnehmern bestand – außer Adalbert hatten sie alle das Abitur schon hinter sich gebracht. Einer von ihnen, Kurt Prüll, einziger Sohn des Lippstädter Sparkassendirektors, engagierte für sie einen Tanzlehrer, der mit Naturalien entlohnt wurde, zumeist Zigaretten, und in einem kleinen Festsaal übten sie eifrig Foxtrott, Wiener und englischen Walzer, ja sogar Tango.

Einige von ihnen – Karlfried und Roland gehörten sicher dazu, vielleicht auch noch Kurt – engagierten sich in derselben Zeit einen an ihrer Schule als Referendar gestrandeten Philosophie-Habilitanden für eine Arbeitsgemeinschaft, in der ausgewählte Kapitel aus den drei Kant'schen Kritiken gelesen und besprochen wurden. Hier war es Adalbert, der mit den aus Merxhausen mitgebrachten Konservendosen das Honorar von Dr. Hahnes bestritt. Von ihrem Privatlehrer erwarb er auch, zum Preise von zwei Schachteln Zigaretten, ein Reclam-Exemplar der *Kritik der reinen Vernunft* sowie, für jeweils die Hälfte, die *Duineser Elegien*, die *Sonette an Orpheus* und drei Erstausgaben Werfel'scher Gedichte. Und in der Prüll'schen Wohnung, der einzigen, die immer beheizt war, hörten sie, manche von ihnen zum ersten Mal, Louis Armstrong, Duke Ellington, Count Basie und Glenn Miller und vervollständigten so ihre Umerziehung auch auf musikalischem Gebiet: War Jazz doch in den Kriegsjahren als entartete »Niggermusik« eine verbotene Frucht gewesen.

Irgendwann entschlossen sie sich, ihren Zusammenkünften auch einen Namen zu geben. Kurt, der eine diskrete britische Vornehmheit zu seinem Lebensstil auserkoren hatte, schlug »Der Club« dafür vor, eine Bezeichnung, die sich mangels anderer Alternativen auch durchsetzte. Sie trafen sich, bis Adalbert Lippstadt im Mai 1947 zu seinem Medizinstudium gen Köln verließ, regelmäßig jede Woche. Aber auch danach noch, bis 1950 oder 51, als sie alle schon irgendwo weit weg studierten, wollten sie in den Ferien auf diese, dann allerdings nur halbjährlichen Clubsitzungen nicht verzichten.

Ihnen allen, nicht nur Adalbert, hatte sich in diesem Jahr eine neue Welt aufgetan, eine Welt des Geistes, der Vernunft und der Freiheit, und der Club hatte ihnen wohl vor allem dazu gedient, dies Ereignis gemeinsam zu feiern. Jeder von ihnen konnte so sicher sein, dass er damit nicht allein stand, dass es den anderen, den Freunden, genauso wie ihm erging, dass diese neue Welt also die Wirklichkeit und keine Fata Morgana war. Dieses Gefühl gemeinsam erlebter Weltentstehung wollten sie festhalten, vielleicht gerade weil es mit den Jahren allmählich zu verblassen begann. Erst als sie merkten, dass dies vergeblich war, dass sie es durch ihre Clubtreffen jedenfalls nicht mehr heraufbeschwören konnten, ja dass ihre Begegnungen selbst, angesichts solcher Erwartungen, die zwangsläufig enttäuscht werden mussten, zu einer verkrampften Routine wurden, über die das Leben eines jeden Einzelnen längst schon hinweggegangen war, da erst brachten sie die Kraft auf, damit aufzuhören, und die meisten von ihnen verloren sich danach aus den Augen.

In dieses Lippstädter Jahr fielen für Adalbert nicht nur die Schule, die Freunde, der Club und in der ersten Zeit natürlich auch noch Adolf Schilling. Da gab es auch die Wochenendreisen, die er, gegen anfängliches Widerstreben, dann doch unternahm, um die zwei Poznaner Klassenkameraden wiederzufinden, mit denen er dort am engsten verbunden gewesen war: Schorschik und Peter Müsgen. Wie er an ihre Adressen gekommen war, weiß Adalbert heute nicht mehr. Sie redeten nicht über die Nazi-Zeit und überhaupt nicht über Politik, sondern lasen sich gegenseitig ihre Gedichte vor. Wenn Adalbert heute an diese Reisen zurückdenkt, so wird ihm klar, dass sie von der Hoffnung getragen waren, wenigstens einiges davon, was er in den Jahren zuvor gedacht und empfunden hatte, in sein neues Leben hineinzuretten.

Zu retten war, so schien es wenigstens zunächst, das Private: die Freundschaften von damals und dasjenige an ihren Vorlieben und Interessen, das noch am wenigsten von den Nazi-Lehren kontaminiert schien: das »Unpolitische« aus jener Zeit also. So war es sicherlich kein Zufall, wenn sie sich alle der Kunst oder der Philosophie zugewandten. Dass in der Nazi-Zeit aber auch dieses Unpolitische auf blutiger Erde stand, vermochten sie noch nicht zu sehen, und ebenso nicht, dass es sie auch danach, noch über lange Zeit, dazu verführt hat, die Augen vor dem Schrecken, dem vergangenen wie dem gegenwärtigen, zu verschließen.

7.

Zum ersten Mal wohl während der Herbstferien 46, sicher aber zu Weihnachten desselben Jahres fuhr Adalbert nach Merxhausen zu seinem Vater. Auch hier kann er sich an den Augenblick des Wiederfindens, nach immerhin über anderthalbjähriger und von Endgültigkeit bedrohter Trennung, nicht mehr erinnern. Sein Vater war einfach plötzlich wieder da, aufgetaucht wie nach einem Filmschnitt in einer Seifenoper, und so konnte er die Weiterreise in die veränderte Zeit nunmehr an seiner Seite fortsetzen.

In Merxhausen bildeten sie wieder eine kleine, wenn auch inzwischen zusammengeschrumpfte Familie: Peter, nach des Vaters Rückkehr bei den Starks in Treysa untergebracht, nur 30 Kilometer von Merxhausen entfernt, war während der Schulferien da, aber es fehlte die Mutter und es fehlte auch Ivy. Die Schmerzlichkeit dieser Abwesenheiten mischte dem Glück, nun endlich wieder beisammen zu sein, einen kleinen Tropfen Bitterkeit bei. Der wurde hier sogar stärker spürbar als in Poznan, wo die Sorge um das tägliche Leben, vor allem aber um das, was damals unabwendbar bevorstand, das Ende mit Schrecken nämlich, bei ihrem Vater jedenfalls alle anderen Empfindungen überlagert hatte. In ihrer jetzigen kleinen Behausung, zwei miteinander verbundene Zimmerchen, wo für alles gesorgt, die Wäsche gewaschen, das Essen, schmackhaft und reichlich, einfach hereingetragen wurde und für den Vater jeden Monat ein anständig bemessenes Gehalt einlief, da lag das Ende des Krieges bereits hinter ihnen – der Schrecken war überstanden. So war eben auch mehr Raum frei geworden für die Trauer um den Verlust, den unwiederbringlichen durch den Tod der Mutter, aber auch für den kleineren Kummer darüber, dass Ivy mit ihrer Heirat gleichsam in ein anderes Land abgewandert war.

Dennoch überwog, wenigstens in Adalberts Erinnerung, die wiedergewonnene Nestwärme, das ruhige, Sicherheit spendende Glück. Der mittelalterliche Klosterbau aus rötlichem Sandstein, der wohlgepflegte Park, die langgestreckten, zweigeschossigen Krankenpavillons der inneren Medizin, der Chirurgie und der Psychiatrie, unmittelbar an den Waldrand gestellt, und einige hundert Meter weiter, auf einem Hügel, das »rote Feld« mit den neuen, villenartigen Gebäuden für die Tuberkulosekranken, die sein Vater betreute. Diese ganze Szenerie, eingestreut in das sich weiträumig öffnende oberhessische Bergland, drei Kilometer Waldweg entfernt vom nächsten, an die Wilhelmshöher Schmalspurbahn angeschlossenen Bauerndorf Sand, wo die Misthaufen noch vor die Hauseingänge hingeschüttet lagen, es war eine Märchenlandschaft, in der man die Alltagssorgen des Nachkrieges getrost vergessen konnte. Und es gab kaum einen Tag, an dem der Vater von seiner Arbeit nicht mit einem kleinen Geschenk heimgekommen wäre: einem Riegel Schokolade, einer Konservenbüchse, einem Stück wohlriechender Seife oder ein paar Schachteln Zigaretten, die, da ja niemand von ihnen rauchte, als harte Währung Verwendung finden konnten.

Sein Vater arbeitete damals für die UNRRA, die Hilfsorganisation der Vereinten Nationen. Seine Patienten waren bei Kriegsende in Deutschland gestrandete Russen, Polen und Juden. Manche kamen aus den KZs, andere hatten sich während der deutschen Besatzung ihrer Länder in den Wäldern verborgen gehalten und strebten nun in den Westen, die Dritten schließlich waren als Zwangsarbeiter hierher deportiert worden. Die meisten von ihnen hegten Auswanderungspläne nach Palästina – Israel war damals noch nicht gegründet –, nach Australien oder in die USA. Sie zu realisieren war aber nicht einfach, da viele Länder, allen voran die Vereinigten Staaten, Lungenkranken das Einreisevisum verweigerten.

Die Lager für DPs, »displaced persons«, wie sie vollständig ausgeschrieben hießen, aber auch das Merxhausener Krankenhaus waren für diese Flüchtlinge also eine Art Warteschleife. Vielen von ihnen ging es allerdings so schlecht, dass sie nur um ihr Leben kämpften, und Adalberts Vater erschien ihnen dabei als der einzige Rettungsanker, zumal er fließend Russisch sprach. Deshalb, und weil er als einziger der in Merxhausen tätigen deutschen Ärzte von der Entnazifizierungsbehörde als »nicht betroffen« eingestuft worden war, fassten sie rasch Vertrauen zu ihm.

Nur zwei Pavillions waren noch ganz oder teilweise mit den psychisch Kranken belegt, die der Tötungsaktion T 4 der Nazis entkommen waren, und in einem von diesen zweistöckigen Bauten wohnte auch sein Vater. Seine Mitbewohner waren, neben einigen Ärzten und MTAs, ein paar gebildete ältere Damen, früher wohl Privatpatientinnen des ärztlichen Leiters der Heil- und Pflegeanstalt, die trotz ihrer Verrücktheiten alle Anstandsregeln beherzigten und deshalb auch auf einer offenen Station, ja sogar auf demselben Flur wie die Angestellten untergebracht werden konnten. Peter, Adalberts kleiner Bruder, spielte mit ihnen nachmittags Rommee und Sechsundsechzig und trank mit ihnen manchmal auch ein Tässchen Kräutertee.

Eines Tages erzählte er seinem Vater und Adalbert, man müsse ab 20 Uhr mit einer der Damen sehr vorsichtig umgehen und dürfe sie auf keinen Fall stoßen, denn um diese Zeit bekäme sie täglich statt ihres eigenen linken Beines, das ausgeklinkt würde, ein Porzellanbein angeschraubt. Das verwunderte seinen kleinen Bruder gar nicht, denn er kannte aus den Märchen, die ihm allabendlich vorgelesen wurden, schon lange ganz ähnliche Geschichten. Adalbert aber begann darüber nachzudenken, ob das Porzellanbein nicht bloß eine Metapher für innere Zerbrechlichkeit war, durch deren Konkretisierung die ältere Frau, wenn die Nacht kam, vielleicht nur einen Sicherheitsabstand zwischen sich und möglicherweise bedrohlichen Begegnungen legen wollte – dieses Bild wurde der erste von vielen Anstößen, die ihn vier Jahre später zur Psychiatrie führen sollten.

Ein zweiter war die Bekanntschaft mit dem psychiatrischen Assistenzarzt Dr. Sturm, der auf demselben Flur wohnte. Beide verband ihre gemeinsame Liebe zur Poesie. Dr. Sturm zeigte Adalbert eine Mappe mit Gedichten und Gedichtübersetzungen eines seiner chronisch wahnkranken Patienten. Es war expressionistische Lyrik, die ihm da entgegenschlug, eine Lyrik, von der jedes Wort verdichtet worden war zu einer kritischen Masse, die schon im nächsten Augenblick explodieren konnte. Zum ersten Mal sah er sich einer Dichtung gegenüber, die es nicht auf die Aufhebung der Schwere, sondern auf diese selbst, auf deren Zusammenballung in lauter einzelnen Punkten, den Wortbedeutungen, abgesehen hatte.

Im Jahr 1997 fand Ivy auf dem Dachboden ihres Hauses in Wiehl, das sie nun mit Dieter, ihrem zweiten Mann, bewohnt, ein kleines Pappkästchen mit alten, schon reichlich bröseligen Papieren ihres Vaters, das sie Adalbert übergab, weil sich darin auch Gedichte seiner Handschrift befanden: Als er hineinsah und der Hustenstoß vorüber war, den der Geruch des vermoderten Papiers bei ihm ausgelöst hatte, war er verwirrt, denn er konnte nicht bei allen Gedichten unterscheiden, ob er selbst oder der wahnsinnige Poet sie geschrieben hatte – so sehr muss er eine Weile dessen stilistischer Ausdruckskraft verfallen gewesen sein.

Zu seinem Vater entstand während dieser Ferien eine vorher nie gekannte Nähe. Zum ersten Mal hatten sie genügend Zeit füreinander und Adalbert bekam von ihm jetzt auch die näheren Umstände seiner Gefangennahme und seiner mehr als einjährigen sowjetischen Lagerhaft erzählt. In jenen Januartagen 45, als die Rote Armee sich Poznan näherte, knapp drei Wochen nach seines Vaters Besuch in Sensburg, waren nämlich auch alle Zivilärzte, die die Stadt noch nicht verlassen hatten, vom Festungskommandanten zur Versorgung der Kranken und Verwundeten requiriert worden. Aber mit ihm folgten nur zwei andere seiner Kollegen dieser Aufforderung und von diesen wiederum war er der Einzige, der lebend aus den Kämpfen und der anschließenden Gefangenschaft zurückkehrte.

Über die weiteren, eher knappen Berichte seines Vaters sind später viele Schichten von Ergänzungen und Vervollständigungen gebreitet worden, die zumeist von Ivy stammten, manche aber wahrscheinlich auch von Adalbert selbst. So kursierte in der Familie das Gerücht, polnische Patienten hätten seinem Vater in jenen Tagen einen Schweizer Pass angeboten, damit er noch rechtzeitig aus der belagerten Stadt entkommen könne. Aber das klingt Adalbert heute so sehr nach einer rührenden, eigene Entlastungswünsche befriedigenden Geschichte, dass er Mühe hat, sie immer noch für bare Münze zu nehmen.

Genau hingegen meint er sich an einige Schilderungen seines Vaters Schilderungen zu erinnern: Wie nach drei- oder vierwöchigen Kämpfen die ersten russischen Soldaten in die 100 Jahre alte Kasematte der Posener Zitadelle eindrangen, in der das Feldlazarett untergebracht war; an seine Beschreibung der korrekt nach internationalem Kriegsrecht abgelaufenen Gefangennahme; und dann vor allem, wie er von der eindrucksvollen Hilfsbereitschaft der sowjetischen Ärztinnen erzählte, die nach Kriegsende alles getan hätten, um so viel Gefangene wie nur möglich als arbeitsunfähig nach Hause zu schicken. Aber auch hier muss Adalbert einräumen, dass seine viel später – der Vater war schon lange tot – auf Grund seiner Vietnam-Erfahrungen aufgekommene Sympathie mit den Kommunisten an diesen Erinnerungen etwas gerührt haben mag. Über das, was von den Deutschen, von ihnen also, den Juden, den Russen, den Polen angetan worden war, sprachen sie auch jetzt nicht viel. Sein Vater hatte, was das angeht, nichts zurückzunehmen: Hitler und seine Satrapen waren für ihn eine Verbrecherbande gewesen, deren Gottlosigkeit sie schließlich ins Verderben geführt hatte. An dieser Deutung hielt er weiterhin hartnäckig fest, aber er drängte sie Adalbert nicht auf und hörte sich dessen von Schilling und Sonneborn bezogenen Lehren geduldig an. Wichtiger als der Streit um Erklärungen war ihm, dass sein Sohn die letzten Schlacken heroisierender nationalistischer Ideologie, inzwischen vollständig von sich hatte abschütteln können. Die Frage aber, ob nicht jeder eine Mitschuld trüge, der ohne Widerstand zu leisten sich auch nur der Alltagseinrichtungen des Dritten Reiches bedient und unbehelligt in diesen gelebt hatte, wurde von ihnen nicht angeschnitten.

Gab es für seinen Vater, außer seinen drei Kindern und außer seiner Arbeit, in den zwei Merxhausener Jahren nicht noch etwas, vielleicht eine Gefühlsbeziehung zu einer Frau? Damals, als er bei ihm war, wäre Adalbert noch nicht einmal auf so einen Gedanken gekommen. Drei Jahre später aber, in der Marburger Chirurgie an seinem Sterbebett sitzend, hörte er ihn, schon halb bewusstlos, den Vornamen seiner damaligen Sekretärin Anita C. flüstern – einer 22-jährigen Frau, die ihm völlig ergeben gewesen war und nach seinem Weggang nach Marburg einen jungen Mann geheiratet hatte –, sodass vielleicht doch ein Band der Sehnsucht oder auch mehr zwischen ihnen bestanden haben mochte, wovon er niemals zu irgendjemandem gesprochen hatte.

7. Kapitel: Universitas literarum

1.

Mit seinem Abitur, im März 47, ging Adalberts Lippstädter Zeit zu Ende. Er begann im Mai mit seinem Studium, zu seinem eigenen Erstaunen als Erster seiner Clubgenossen: Zu jener Zeit waren die Studienplätze sämtlicher Fächer noch streng »rationiert«. Beworben hatte er sich sowohl für ein Medizin- als auch für ein Literatur- und Philosophiestudium, und zwar in Köln, weil Ivy und Heinz inzwischen in Dormagen, nur 20 Kilometer von der fast völlig zerbombten Domstadt entfernt, zwei kleine Zimmer gefunden hatten und sich bereit zeigten, auch ihn noch bei sich aufzunehmen. Während er aber für die Fächer Deutsch und Philosophie eine Absage bekam – erst müssten die versehrten und noch älteren Kriegsteilnehmer untergebracht sein, stand in dem hektografierten Ablehnungsschreiben –, durfte er sich zu seiner größten Überraschung sofort für das noch viel stärker von Bewerbern umlagerte Medizinstudium einschreiben. Er erfuhr später, dass die Sekretärin des Dekans und Prorektors, der allein über die Vergabe der Studienplätze entschied, eine frühere Patientin seines Vaters aus Reval war, dass sie Adalberts Antrag zufällig unter vielen hundert anderen entdeckt und daraufhin ihren Chef, den Anatomen Professor Veit, davon überzeugt hatte, ihm stattzugeben. Adalbert, der eigentlich viel lieber Germanistik und Philosophie studiert hätte, ließ diesen Glücksfall, zunächst wohl nur seinem Vater zuliebe, nicht an sich vorübergehen, zumal ihm versichert wurde, er könne auch als Medizinstudent nebenher so viele germanistische und philosophische Vorlesungen besuchen, wie er nur wünsche, und auch die Seminare dieser Fächer ungehindert belegen. Und in der Tat: Niemand machte ihm Schwierigkeiten, als er in sein Studienbuch neben den medizinischen Pflichtveranstaltungen auch Vorlesungen über Kant, deutsche Romantik, Kunstgeschichte und philosophische Anthropologie eintrug.

Adalbert auf einem Spaziergang in Dormagen, 1947

2.

Mit seiner Schwester und deren Mann bewohnte er nun zwei winzige Zimmer bei der Familie Vaaßen in Horrem, einem in den dreißiger Jahren erbauten, vielleicht drei Kilometer vom Dormagener Ortskern entfernt liegenden Straßendorf, dessen Bewohner im Nebenerwerb etwas Land bebauten und Vieh hielten, hauptberuflich aber zumeist im benachbartem Dormagener Bayer-Werk arbeiteten. Jetzt, wo es kaum etwas zu essen gab, war der Nebenerwerb zu der weitaus einträglicheren Einnahmequelle geworden. Eine Kuh im Stall, ein paar Hühner, die im Hof umherflatterten, ein kleiner Acker und ein Gemüsegarten ließen trotz strenger Ablieferungspflichten noch genug übrig zum eigenen Verbrauch, aber auch zum Verkauf auf dem schwarzen Markt oder zum Eintauschen gegen die verschiedensten Wertgegenstände – Teppiche und Schmuck waren zu jener Zeit besonders gefragt.

Schon in den Nazi-Jahren hatte Hitler die Bauern mit der Gloriole umgeben, die Wahrer der Reinheit deutschen Blutes zu sein und durch ihre Arbeit am Boden dessen Wurzeln auch am nächsten zu kommen. Jetzt war es ihre wirtschaftliche Macht, ihre Verfügung über die immer knapper werdenden Lebensmittel, die sie hoch über alle anderen erhob. Mehr als andere sahen sie deshalb auch auf die ausgebombten Städter und noch mehr auf die in immer größerer Zahl einströmenden Flüchtlinge herab, und diese abschät-

zige Verachtung vermischte sich noch mit Wut und Zorn, wenn sie diese, wie es bei Ivy und Heinz der Fall gewesen war, auf Anordnung der Behörden gegen ihren Willen in ihre Häuser aufnehmen mussten.
Als nun auch noch Adalbert, mit einer gültigen polizeilichen Anmeldung versehen, dort einzog, kochte die Wut über. Häufig wurde danach das auf dem Hof befindliche Plumpsklo, die einzig verfügbare Toilette auf dem bäuerlichen Anwesen, zur Nacht abgeschlossen, sodass Heinz, Ivy und ihm nichts anderes übrig blieb, als ihre Notdurft im Straßengraben zu verrichten. Und wenn sie abends heimkamen, Heinz und er aus Köln von ihren Vorlesungen, Ivy aus Dormagen von ihren Einkäufen, die ihr Markenstand ihr gerade noch gestattet hatte, so stand die junge Bäuerin, die Hände in die Hüften gestemmt, im Hof vor der Haustür und verlangte in scharfem Befehlston, den Inhalt der Taschen in Augenschein zu nehmen, mit der Begründung, ihr sei schon wieder ein Ei oder ein Arm voll Brennholz abhanden gekommen. Wenn sie sich weigerten, was in der Folge immer häufiger vorkam, drohte sie wortstark mit der Polizei oder damit, sie aus der Wohnung hinauszuwerfen. So ähnlich, sagte sich Adalbert, muss sie im Krieg ihre russischen, polnischen oder französischen Zwangsarbeiter angeherrscht haben, und er fragte sich, ob damals nicht auch noch Schläge zu ihrem Einschüchterungsrepertoire gehört hatten.
Der Gedanke, sie könnten sich etwas zu essen »klauen« – das Wort hörte sich sanfter an als der strafrechtlich vergebene, alle Ängste der Kindheit vor Dieben wieder heraufbeschwörende Terminus »stehlen« –, dieser Gedanke war allerdings so abwegig nicht. Mit Ivy hatte er sich tatsächlich eines Maiabends auf ein Gemüsefeld geschlichen, wie Indianer auf dem Bauch den Ackerfurchen entlang, und sie hatten dessen Früchte, waren es nun Kohl, Möhren oder Steckrüben, unter ihren Jacken versteckt nach Hause getragen. Diese Szene spielte sich an einem Wochenende ab, als wirklich gar nichts mehr in ihrem Vorratsschrank stand und die Bilder von Frau Knoblichs abgebissener Kuchenherrlichkeit Adalberts Bewusstsein wie nach einem Rohrbruch zu überfluten drohten.
Kurze Zeit später, als Heinz' Vetter Güntherchen, dem sie alle die Dormagener Zuzugsgenehmigung verdankten, dort zum Bahnhofsvorsteher ernannt worden war und einen Zug mit Zuckerrüben mit Hilfe eines auf Halt gestellten Signals zum Stillstand brach-

te, da hatten sie diese unansehnlichen erdigen Knollen zentnerweise von den offenen Güterwagen heruntergeworfen und nach Hause gekarrt, die Hälfte davon allerdings auch an Vaaßens abgeben müssen, deren Waschküche danach noch tagelang ziemlich scharf und unangenehm nach überfrischem Rübenkraut roch.
Diesen Geruch hat Adalbert bis heute nicht ganz aus der Nase bekommen: Immer noch wird er von einem leichten Brechreiz befallen, wenn er ein Glas von diesem zähflüssig-schmierigen Aufstrich zu Gesicht bekommt. Aber damals waren sie alle glücklich darüber, dass es ihn gab, denn er sättigte auf einen Schlag und man konnte ihn auch, allerdings nur zu einem sehr ungünstigen Kurs, eintauschen gegen andere Lebensmittel, hauptsächlich gegen Kartoffeln oder Brot.
Diese Wochen äußersten Mangels gingen zu Ende, als im Kölner Studentenwerk eine großzügige Spende aus Irland eintraf, bestehend aus mehreren Tonnen Räucherspeck, und Heinz und Adalbert als untergewichtige Studenten drei- oder viermal wöchentlich ein 60 Gramm wiegendes Stückchen davon ausgehändigt bekamen, das sie, zumeist unangebissen, treu und brav bei Ivy ablieferten. Jetzt wurden auch die Steckrübengerichte wieder genießbar, die vorher nur mit Salz und Wasser hatten abgekocht werden können.
Es lag nicht nur an den Vaaßens, dass Adalbert die Atmosphäre in Horrem so erstickend fand. Er lernte während der drei Monate, die er dort mit seiner Schwester und seinem Schwager verbrachte, Heinz zum ersten Male etwas näher kennen. Während des Krieges hatte er ihn ja nur einige wenige Male gesehen, auf Heimaturlaub und zu seiner Hochzeit mit Ivy. Aber da war sein Schwager Gast in ihrem väterlichen Hause gewesen, er hatte sich der ungezwungenen Atmosphäre, die dort herrschte, anpassen müssen. Und in Genthin, da hatten Heinz' Eltern den Ton angegeben, es war vor allem seine herrschsüchtige und gleichzeitig etwas beschränkte Mutter, die das Zepter in der Hand hielt, sodass sein eigener Beitrag zu der Enge und Stickigkeit nicht recht erkennbar geworden war. Hier in Horrem, als unangefochtener Hausherr, wenn sein Herrschaftsbereich sich auch nur auf knapp 15 qm erstreckte, konnte er seinen Bedürfnissen nach Ordnung, Gehorsam und Kontrolle freien Lauf lassen. Auch seine Selbstzweifel und depressiven Skrupel, die zwischendurch einschossen, vor allem wenn

er es einmal nicht fertig gebracht hatte, sich gleich Respekt zu verschaffen, brauchte er vor niemandem mehr zu verbergen, und so kam es immer häufiger vor, dass er sich fallen ließ in ein tagelanges gekränktes Verstummen. Auf eine grobkörnigere Art exerzierte er Adalbert vor, was dieser bereits, da zum ersten Mal, an Karlfried erlebt hatte, nur dass es jetzt für ihn weitaus schwieriger war, sich solch lähmenden Verstimmungen zu entziehen.

Adalbert verkroch sich zunächst in alle möglichen germanistischen, philosophischen, psychologischen, ja sogar juristischen und theologischen Vorlesungen, um die Zeit in Horrem möglichst auf die Übernachtungen zu verkürzen und auf die Wochenenden, an denen es kein Entrinnen gab. Aber er musste bald schon Rechenschaft ablegen für die in Köln verbrachten Stunden, belegen, dass er sie nicht einfach vertrödelt hatte, um sich unangenehmen Arbeiten wie Wäscheaufhängen oder Kartoffelschälen zu entziehen. Allerdings bekam er den Eindruck, dass es Heinz dabei nicht so sehr darauf ankam, ihn mit Haushaltstätigkeiten zu beschäftigen, um Ivy und sich selbst zu entlasten, als vielmehr sicherzustellen, dass er bei seinen eigenen Verstimmungsanfällen nicht ohne Publikum dastand. Erst Jahrzehnte später dämmerte es Adalbert, dass die über sie wie über fast alle Flüchtlinge damals verhängte räumliche Enge die charakterlichen Unverträglichkeiten und Schwächen eines jeden von ihnen wie unter einer Lupe unmäßig vergrößern und zugleich auch vergröbern musste.

3.

Es war die Universität, die Adalbert für all dieses Ungemach entschädigte. Wenn er auf Trampelpfaden durch die innerstädtischen Schutt- und Geröllhalden den Hohenzollernring erreichte, wo ihn mehr stehen gebliebene Häuser, fast alle aus der Gründerzeit, begrüßten und er nach 15 weiteren Minuten Fußweg, zuletzt durch eine immer noch baumbestandene Grünfläche, ihr Hauptgebäude auftauchen sah, eine vier oder fünf Stockwerke hohe Streichholzschachtel im Bauhausstil, dann wurde schon die Vorfreude in ihm wach auf Professor Heimsoeths Kant-Vorlesung, die dieser als Hymne auf die Vernunft zelebrierte; auf die einfühlsame, wenn auch manchmal etwas papierene Darstellung, die Dr. Langen, ein alternder Privatdozent, von *Anton Reiser*, dem ersten psychologischen Roman der Literaturgeschichte, gab; auf die Giottos, Fra Angelicos und Lippis, die von dem Kunstgeschichtler Professor Förster einem häufig defekten Diaprojektor anvertraut wurden. Diese Vorfreude hatte Bestand, obwohl er genau wusste, dass er bei den meisten dieser Lehrveranstaltungen wegen ihrer Überfüllung würde stehen oder auf dem Fensterbrett hocken müssen und dass ihm zunächst, ehe er sich überhaupt solchen Genüssen überlassen konnte, in der Lindenburg, mehrere hundert Meter weiter, noch vier oder fünf Stunden Embryologie, Histologie, Botanik oder Anatomie bevorstanden.

Von seinem Lippstädter Philosophielehrer Hahne hatte Adalbert einen Brief an dessen Studentenfreund Dr. Dallhoff mitbekommen, der, Privatdozent für Philosophie an der Kölner Universität, dort bereits eigene Vorlesungen halten durfte. Mit acht oder zehn anderen Studenten hörte sich Adalbert seit Semesterbeginn Dallhoffs Interpretation eines Werkes von Arnold Gehlen an. Es trug den programmatischen Titel *Der Mensch* und seine Hauptthese – oder war es diejenige des trotz seiner fast 40 Jahre noch jugendlich wirkenden Interpreten? – lief darauf hinaus, dass gerade die Unfertigkeit und Unvollkommenheit seiner biologischen Ausstattung dem Menschen eine Vielfalt wechselnder Blickrichtungen und damit erst eine Welt eröffneten. Die intellektuelle Brillanz des Vortrags beeindruckte Adalbert so sehr, dass er sich erst nach einigen Wochen traute, den Dozenten anzusprechen, sich ihm vorzustellen und ihm Dr. Hahnes Brief zu überreichen.

Dieser Brief erwies sich als wahres »Sesam, öffne dich«. Dallhoff verwickelte Adalbert hinfort nach den Vorlesungen in philosophische und persönliche Gespräche. Und als nach Semesterende im August im nahe gelegenen Schloss Wahn ein von den britischen Besatzungsbehörden geförderter internationaler Ferienkurs angekündigt wurde, zu dem nur 20 deutsche Studenten zugelassen waren, da befand sich Adalbert durch die Empfehlung seines Dozenten auf der Liste der auserlesenen Teilnehmer.

Wahn war ein 15 Kilometer südlich von Köln gelegenes, im 18. Jahrhundert errichtetes Wasserschloss, bis 1918 noch Residenz eines rheinischen Reichsgrafengeschlechts, der von Bergs. Näherte man sich ihm vom zehn Fußminuten entfernt liegenden Bahnhöfchen, von dem aus man alle zwei Stunden Köln erreichen konn-

te, so sah man zunächst nur eine Ansammlung von Bäumen und verwilderten Hecken, hinter denen, fast wie Verunreinigungen, einige Stellen des düsteren, verwitterten Burggemäuers hervorlugten. Hatte man dann jedoch das Tor durchschritten, so schien es, als sei dieses Dornröschenschloss plötzlich von einem Zauberstab berührt worden. Es öffnete sich zunächst zu einem kopfsteinbepflasterten Hof, begrenzt von einem dreiflügeligen hellen Barockbau. Wenn man aber die Eingangshalle mit ihren intakt gebliebenen, immer noch weißen Stuckdecken hinter sich gelassen hatte und durch das Vestibül auf die Terrasse hinaustrat, dann blickte man auf einen gepflegten englischen Garten mit Blumenbeeten, Rasenflächen, Sträuchern und majestätischen Bäumen. Zu ihm führten zwei geschwungene steinerne Treppen hinab, auf deren Stufen im Sommer immer einige Grüppchen von Bewohnern saßen, die lebhaft miteinander diskutierten oder auch wort- und bewegungslos in den Anblick des besänftigenden Grüns der Parklandschaft versunken waren.
Die ganze Zeit, die Adalbert hier verweilen sollte, zunächst während des Ferienkurses, dann zwei volle Semester und nach einer kurzen Unterbrechung noch ein letztes drittes, ist ihm dieses Schloss als ein verwunschenes Paradies vorgekommen, zu dem er und natürlich auch jeder der anderen Bewohner den Schlüssel besaß.

4.

Am Ende des Ferienkurses bot Dr. Dallhoff Adalbert zum Monat November einen Platz in dem von ihm künftig zu leitenden Studentenheim in Schloss Wahn an. Das war eine große Vergünstigung, weil die Beheizung aller Räume sichergestellt war und die vierzig – oder waren es sechzig – Bewohner regelmäßig Frühstück und Abendessen, in der Ferienzeit sogar volle Verpflegung erhielten. Auch hier war die Auslese, durch die er mit des Dozenten Hilfe einfach hindurchgeschlüpft war, für alle anderen sehr streng gewesen. Die Bewerber mussten von mehreren Hochschullehrern als begabt und fleißig empfohlen und zudem vom Studentenwerk als bedürftig anerkannt worden sein.
Weil sie diese Auswahl bestanden hatten, aber vielleicht auch weil

ihnen hier, wie zu anderen Zeiten nur Kindern von Reichen, alle Sorgen für den Lebensunterhalt abgenommen worden waren, kamen sie sich als etwas Besonderes vor, als »die Wahner« eben, was ihnen bei den übrigen Kommilitonen den Ruf von Hochmut und Selbstüberheblichkeit, aber auch schon einen gewissen Respekt eintrug. Zu benehmen wussten sie sich alle, Flegel oder Rüpel waren nicht unter ihnen, im Heim herrschte ein Klima von gegenseitiger Achtung, von Diskretion und Takt, aber zumindest in der ersten Zeit auch der Neugierde auf die anderen, auf ihre Denkungsart, auf ihre Interessen und Vorlieben. Da Studentinnen nicht aufgenommen werden durften, bildeten sie allerdings eine reine Männergesellschaft.

Mit einer einzigen Ausnahme: Dr. Dallhoffs Frau Leonore, die mit ihrem Mann die zweite Etage des Westflügels bewohnte und von diesem zu besonderen Anlässen, erstmalig zu einem gemeinsamen Kaffeetrinken zum Nikolaus-Tag, auch in den großen Speisesaal mitgenommen wurde. Sie war gut 15 Jahre jünger als ihr Mann, somit Adalbert nur um zwei Jahre Lebenszeit voraus, und gefiel ihm – allerdings, wie er bald bemerken musste, nicht nur ihm allein – auf den ersten Blick. Dabei war ihm zunächst kaum eine der Einzelheiten ausdrücklich bewusst geworden, die sie zu einer ungewöhnlich reizvollen jungen Frau machten: nicht die schlanke, alle Ecken und Kanten sanft abrundende Gestalt, nicht das kastanienfarbene, schulterlang fallende Haar, nicht der großzügig lächelnde, etwas breite Mund, ja noch nicht einmal die dunklen, die Sanftmut ihrer übrigen Erscheinung durch ihre Entschlossenheit Lügen strafenden Augen. Und obwohl er vom ersten Augenblick an genau wusste, dass sie sich bald schon näher kommen würden, war es auch nicht die schwere Hand des Schicksals, die sich mit dem Anblick Leonores auf seine Schulter gelegt hatte, sondern etwas viel Leichteres und Luftigeres, eine Berührung wie von Schmetterlings- oder Libellenflügeln, die ihm ein »Du kannst« und zugleich »Du darfst« zu verstehen gab.

Rückblickend scheint es Adalbert allerdings, als hätte Leonore, schon dadurch, dass sie ihrem Mann an jenem 6. Dezember 1947 in den Speisesaal gefolgt war, sich selbst ihnen allen als ein Spiel vorgeschlagen, dessen Eröffnungszüge durch einen der Heimbewohner sie jetzt in Ruhe abwarten konnte.

Ganz gegen seine sonstige Gewohnheit zögerte Adalbert keinen

Augenblick lang. Als noch am selben Abend die Frage aufkam, wer bereit sei, die Ausgestaltung des Programms für die Weihnachtsfeier zu übernehmen, meldete er sich und bekam, weil die anderen Interessenten sich noch abwartend verhielten, auch sofort diesen Auftrag. Daraufhin zog er sich für drei Tage auf sein Zimmer zurück und schrieb in einem Zug ein existenzialistisches Heimkehrerstück, das in seiner düsteren Stimmung Wolfgang Borcherts *Draußen vor der Tür* nahe kam und dessen einzige weibliche Rolle, die einer jungen Frau, die am Weihnachtsabend einen zerlumpten und verstümmelten Soldaten zu sich nimmt, er ganz auf Leonore zuschnitt. Es fiel ihm danach auch nicht schwer, Dallhoff davon zu überzeugen, das Stück zu ihrer Feier aufführen zu lassen und ihm ebenso wie dem ganzen Festkomitee klar zu machen, dass es in Wahn außer ihr niemanden gab, der diese Rolle spielen könne. Wenige Tage später betrat er, um Leonore das Stück vorzustellen, zum ersten Male die Dallhoff'sche Wohnung: zwei mittelgroße, hohe, trotz ihrer fast bis zur Decke reichenden Fenster düstere Räume, denen das Licht von einer dichten, dem Gebäude vorgelagerten Baumreihe fast vollständig abgefangen wurde. Sie saßen in dem ersten, vom Treppenhaus aus direkt zugänglichen Zimmer, dem Salon, Leonore auf einem schwarzen Sofa, er auf einem Sessel ihr gegenüber, tranken irgendeine der damals verfügbaren Früchte- oder Kräuterteearten und redeten. Aber die Hauptperson blieb der daneben stehende, aufgeklappte Steinway-Flügel, auf dem Leonore ihm an diesem Tag zum ersten Mal und in der Folge immer wieder ihr Lieblingsstück, Chopins g-Moll-Ballade, vorspielte.

Hätte man Adalbert damals gefragt, was er in diesem Augenblick für Leonore empfand: ob er von ihr verzaubert, ihr vielleicht sogar schon hörig war oder bloß vage hoffte, irgendwann mit ihr schlafen zu können, zum ersten Mal im Leben mit einer Frau, so hätte er alle in diese Richtung gehenden Vermutungen empört von sich gewiesen. Seine Wünsche waren ganz in das Stück eingegangen, sie waren zu den Wünschen des Heimkehrers geworden, der an der Tür der ihm unbekannten verheirateten jungen Frau klopfte, und sie würden nun, ebenso wie auch die Leonores, das hoffte er insgeheim, von den beiden Rollen, die er geschaffen hatte, ausgesprochen und ausgelebt werden. So war, auch wenn dies Adalbert damals überhaupt nicht bewusst wurde, der ganze Text als eine verschlüsselte Frage konzipiert, ob nicht auch sie beide in der Zukunft, nein, nicht den gleichen, aber doch ein Stück weit einen gemeinsamen Weg gehen könnten. Wie Leonore es ihm viel später anvertraute, hatte sie diese Frage auch sofort verstanden – und sie sagte ihm ohne zu zögern ihre Mitwirkung an der Aufführung zu.

Nach so viel Wagemut und Unternehmungsgeist bekam Adalbert am nächsten Tage allerdings etwas Angst vor seiner eigenen Courage. Er beschränkte sich nämlich darauf, im Stück die Regie zu führen, und trat die Rolle des Heimkehrers an Bernhard Nether ab, einen Kommilitonen, der ihm dazu intelligent und sympathisch genug erschien und gar nicht wusste, wie er zu dem Glück kam, mit Leonore täglich proben zu dürfen. Aber der Funke sprang zwischen den beiden nicht über und so entschloss sich Adalbert, weil die Feier vor der Tür stand und an eine Umbesetzung nicht mehr zu denken war, das Stück als Hörspiel aufzuführen: Leonore und Bernhard brauchten ihre Texte also nur noch zu lesen. Es wurde trotzdem zu einem beachtlichen Erfolg, der sich auch über Wahns Grenzen ein bisschen herumsprach, vor allem aber Adalbert im Heim selbst ein gesichertes Ansehen verschaffte. Allerdings: Einen Vorwand, Leonore wiederzusehen, hatte er nach der Aufführung nicht mehr.

Ende Januar 1948 begannen die Vorbereitungen für den Wahner Karneval. Da alle Straßenfeste in Köln und seiner Umgebung von der Besatzungsmacht noch untersagt waren und größere Räumlichkeiten auf Grund der Kriegszerstörungen kaum zur Verfügung standen, bot das Wahner Schloss eine der wenigen Gelegenheiten für solche Feiern. In seinem Keller wurde von einigen darin schon erfahrenen Chemiestudenten eine Schnapsbrennanlage installiert, und wer es konnte, brachte die zur Herstellung von Alkohol erforderlichen Grundstoffe mit. Adalbert trug dazu einen von Ivy und Heinz mitgegebenen kleinen Eimer Rübenkraut bei, der noch von dem angehaltenen Güterzug stammte und der nun, zusammen mit den übrigen Spenden, den Flammen übergeben wurde. Diejenigen Heimbewohner, die Mädchen kannten, luden sie ein: Die eigene Freundin oder Frau, das war Karnevalsregel, kam dabei als Partnerin allerdings gerade nicht in Frage. Adalbert wundert sich noch heute darüber, woher er, der in seiner Schüchternheit sonst allen auch nur denkbaren Zurückweisungen aus dem Weg ging,

auch dieses zweite Mal den Mut dazu hergenommen hat: Jedenfalls ließ er Leonore hochoffiziell, durch ihren Mann, die Aufforderung übermitteln, als seine Begleiterin zum Fest zu kommen, und sie sagte es ihm auf dem gleichen Wege ohne Umschweife zu. Diese ganze Karnevalsnacht ließ Adalbert Leonore nicht aus seinen Armen: Sie war als Rokokodame gekommen, in einem weißen Spitzenkleid mit tiefem Dekolleté und langem bauschigen Rock; er als wilder, dolchbewehrter Kosak. Stunde um Stunde tanzten sie durch die von riesigen Kristalllüstern erleuchteten Säle, zuerst in Berührungsnähe zu den anderen Paaren, denn das Fest hatte großen Zulauf gefunden, später in entlegenen Räumen, fast allein. Nirgends wagte es jemand, Adalbert seine Partnerin auch nur für einen einzigen Tanz streitig zu machen. Sie müssen beim Tanzen auch ein paar Worte fallen gelassen haben, aber Adalbert hat daran keinerlei Erinnerung mehr – vielleicht hatte es ihm auch die Sprache verschlagen. Irgendwann nahm Leonore ihn an der Hand, führte ihn in einen stillen Winkel, legte ihre Arme um seinen Hals und begann ihn zu küssen. Es war der erste Kuss seines Lebens, aber er verspürte, soweit er sich heute daran erinnert, keine Unsicherheit dabei, und Leonore versicherte ihm auch, dass er sich dabei unerwartet gelehrig angestellt habe. Sie lagen sich jedenfalls lange, lange und nach weiteren Tänzen immer wieder aufs Neue in den Armen, bis der Morgen graute, die letzten Gäste mit dem 5- oder 6-Uhr-Zug nach Köln zurückfuhren, die Heimbewohner sich auf ihre Zimmer verzogen und auch sie sich, wenn sie kein Aufsehen erregen wollten, voneinander trennen mussten.
Am nächsten Tag war Adalbert, wie sollte es anders sein, von dem, was sich da abgespielt hatte, immer noch wie benebelt, und er musste sich den teils spöttischen, teils bewundernden Bemerkungen seiner Studienkameraden stellen, in der Hoffnung, dass sie ihn und Leonore nur tanzen gesehen hätten. Dallhoff, seinem Wohltäter gegenüber, hatte er ein schlechtes Gewissen, das sich allerdings etwas beruhigte, als dieser ihm mit den Worten: So ist eben in Köln der Karneval, freundlich auf die Schulter klopfte. Aber dafür begann ihn jetzt die Frage zu quälen, ob das Ganze nicht doch nur ein Karnevalsspaß gewesen war, den Leonore sich im stillschweigenden oder gar ausdrücklichen Einverständnis ihres Mann mit ihm geleistet hatte. Und es half ihm nicht viel, wenn er sich sagte, dass selbst, wenn es so begonnen haben mochte, der

Spaß sich doch für ein paar Stunden auch für sie, wenn auch nicht in Liebe, so doch in einen kleinen Schuss Verliebtheit verwandelt hatte.
Erst nach Tagen, als Dallhoff zum Zug unterwegs war, traute er sich wieder zu ihr hinauf, in der Hand zwei für sie geschriebene Liebessonette. Im ersten Augenblick waren sie beide etwas befangen. Aber Leonore bereitete wieder Tee zu, spielte ihm eines der Stücke, die sie gerade einübte, vor, er las seine Verse, und alles schien wieder so wie früher, vor dieser Karnevalsnacht.
Danach begannen seine Vormittagsbesuche bei ihr zu einem fast täglich zelebrierten Ritual zu werden, bei dem es jetzt seine Gedichte waren, in denen er ihr seine Gefühle gestand, ja diese in seinen poetischen Formulierungen vielleicht sogar erst richtig entdeckte – und in ihren Kommentaren gab sie ihm vorsichtig ihre Antwort zu verstehen. Obwohl zunächst nichts geschah, was Dallhoff nicht hätte wissen dürfen, gewannen diese Besuche doch bald einen etwas konspirativen Charakter. Ihr Mann hatte nämlich ihr gegenüber der Befürchtung Ausdruck gegeben, durch neidische und klatschsüchtige Kommilitonen könne Gerede entstehen, das dem Ansehen des Heimes und seiner eigenen akademischen Karriere abträglich wäre, und er hatte seine Frau angewiesen, Adalbert künftig nur noch in seiner Gegenwart zu empfangen.
Ein- oder zweimal war es daraufhin auch zu solchen Treffen gekommen. Aber gerade weil Dallhoff sich diskret zurückgezogen hatte, bei geschlossener Tür, an seinen Arbeitstisch im Nebenraum, der zugleich als eheliches Schlafzimmer diente, fiel sein übergroßer Schatten – als Tugendwächter einer imaginären Öffentlichkeit, als seine Eifersucht nur mühsam und unvollkommen unterdrückender Ehemann, als verständnisvoller akademischer Lehrer und väterlicher Berater – auf jede ihrer Bewegungen und Gesten, jedes Wort, das sie sprachen, klang plötzlich schief und blieb ihnen in der Kehle stecken. Das war auf die Dauer unerträglich und deshalb einigten sie sich darauf, dass Leonore, wenn ihr Mann die Wohnung verlassen hatte, das Leitmotiv der g-Moll-Ballade erklingen lassen würde – als Zeichen, dass der Weg zu ihr jetzt frei war. Auch dann dauerte es noch eine ganze Weile, bis sie sich wieder zu küssen und zu berühren wagten. Obwohl Leonore ihm jetzt sagte, dass ihr Mann schon lange jedes Interesse an ihr als Frau verloren hätte, kam er sich als Eindringling in ihre Ehe und sei-

nem Lehrer und Förderer gegenüber als schlecht und undankbar vor. Auch wenn diese Skrupel unausgesprochen blieben, oder vielleicht gerade deshalb, lasteten sie auf der Stimmung ihrer Begegnungen, die mit der Zeit immer schwüler und schicksalsträchtiger wurde und schließlich auch Leonore ihre Unbefangenheit nahm. Zudem war es nicht ausgeschlossen, dass Dallhoff einmal unvermutet mit einem früheren Zug zurückkam und unversehens in der Tür auftauchte – vor einer Entdeckung von Adalberts unerlaubter Anwesenheit waren sie niemals ganz sicher.

So war Adalbert zwar wieder glücklich, so glücklich wie selten zuvor, aber eben auch innerlich zerrissen. Die Unbefangenheit ihrer Karnevalsnacht ließ sich nicht wieder herbeizaubern, die Sehnsucht nach ihr aber blieb, sie brachte ihn dazu, es immer wieder aufs Neue zu versuchen, nahm mit der Zeit jedoch eine immer melancholischere Färbung an, die an die längst überwunden geglaubte *Gefährtin eines Sommers* Anschluss gewann – so als ob es Adolf Schilling und dessen Lehren über die Liebe niemals gegeben hätte.

Diese Gefühlsmischung von bestürzendem Glück und seinem unabwendbaren Ende versuchte Adalbert in immer neuen Gedichten in Worte zu kleiden, die er täglich Leonore überreichte. Eines Morgens aber war die Chopin-Musik verstummt. Vom mürrischen Dallhoff, der plötzlich mit den übrigen Heimbewohnern im Speisesaal seine Abendmahlzeiten einnahm, hörte er beiläufig, dass Leonore sich für einige Tage in Kassel, ihrer Heimatstadt, aufhielt. Als sie bald danach wieder nach Wahn zurückkehrte, Dallhoff wie fast jeden Morgen im Zug nach Köln verschwunden, Chopin wieder erklungen und Adalbert die Treppe zu ihr hinaufgestürmt war, gab sie ihm ein in Leder gebundenes, leeres Mädchenstammbuch mit lauter blütenweißen Vorkriegsblättern in die Hand, das sie aus Kassel mitgebracht hatte, damit Adalberts Gedichte, wie sie sagte, dort den ihnen angemessenen Platz fänden. Und sie erzählte lachend, dass sie die ganze Reise nur deshalb unternommen hätte, um dieses alte Stammbuch zu holen, da in Köln dergleichen nirgends mehr aufzutreiben gewesen sei.

Heute glaubt Adalbert, dass dies der Höhepunkt seines Glücks mit Leonore war. Zwei Tagesreisen in den immer noch überfüllten Zügen hatte sie auf sich genommen, um seinen Sonetten, immer weniger verschlüsselte Liebeserklärungen an sie, eine dauerhafte

Bleibe zu verschaffen: eine Bleibe, die zugleich ein Andenken an ihre eigene Kindheit war. Deutlicher konnte sie ihre Zuneigung zu ihm nicht bekunden. Er aber bekam wohl gerade davor Angst, begann nach einem kurzen Moment unverstellter Freude, als sie sich wieder in den Armen lagen, erneut in Verzichtsfantasien zu schwelgen.
So kam ihre Liebesbeziehung allmählich zum Stillstand: Wie eine angeschrammte Grammophonplatte gelangte sie über einen bestimmten Punkt, ein paar verstohlene Küsse und Umarmungen, die mit Katzenjammer und schlechtem Gewissen abwechselten, nicht hinaus. Darin lag eine Zwangsläufigkeit, der sie nur durch den Entschluss, sich in aller Öffentlichkeit zusammenzutun, hätten entrinnen können. Aber das auch nur zu erwägen wäre ihnen nicht in den Sinn gekommen: Adalbert war dazu viel zu unreif und Leonore wahrscheinlich auch deshalb nicht bereit, ihre gesicherte Existenz an Dallhoffs Seite aufzugeben. So blieb ihnen nur die Wahl zwischen Tragik, Lächerlichkeit und einer mehr oder weniger schmerzlichen Entwöhnung, und wieder war es Leonore, die auch da für ihn die Entscheidung traf.
Von dieser Entscheidung erfuhr er erst später, als er von den Pfingstferien nach Wahn zurückgekehrt war. Leonore versuchte ihm möglichst schonend beizubringen, dass sie sich einen anderen Liebhaber genommen hatte: Josef, einen fast 40-jährigen Volkswirtschaftsstudenten mit steifgeschossenem Knie und grau melierten Haaren, der unmittelbar über den Dallhoffs wohnte und durch einfaches Klopfen an einen Heizkörper herbeizurufen war. Außerdem scharwenzelte noch Heinrich um sie herum, ungefähr ebenso alt wie Josef und Sproß eines alten preußischen Adelsgeschlechtes, aufrecht, konservativ und antifaschistisch, einige seiner Familienmitglieder waren wegen ihrer Verwicklungen in das Attentat vom 20. Juli dem Henker ausgeliefert worden. Er musizierte mit ihr und er begleitete sie auf ihren Spaziergängen im Park, auch um den Verdacht gar nicht aufkommen zu lassen, sie hätte etwas mit Josef.
Sie alle drei, Josef, Heinrich und Leonore selbst, erbaten zu diesem Vorhaben sogar Adalberts Beistand, der auf Grund seiner Freundschaft zur Frau des Heimleiters dazu ja auch wie geschaffen schien. Und er fand sich dazu bereit, und zwar, wie er es jetzt sieht, wohl deshalb, weil der Anschein, den sie bei den Heimbe-

wohnern erweckten, Leonore und er seien noch immer ein Paar, es auch ihm für Momente so vorkommen ließ, als hätte er sie nicht wirklich verloren. So begannen sie ein für Dallhoff, die übrigen Heimbewohner, aber eben auch für ihn selbst inszeniertes Verwirrspiel, das über das ganze Sommersemester 1948 anhielt.

Natürlich litt er, und das wurde auch dadurch nicht besser, dass Leonore sich ab und zu, immer seltener allerdings, von ihm noch umarmen und küssen ließ. Er liebte sie, und diese Liebe, so sah er es damals, forderte ihm ab, alles dafür zu tun, dass sie ihr Glück fand – oder zumindest das, was sie dafür ansah, selbst wenn dies aus einem Schäferstündchen mit dem steifen, stumpf blickenden und sie mit ausgeleierten Koseworten überhäufenden Josef bestand. Das führte zu absurden Situationen: Zum Entsetzen der anderen Wahner, die er vernachlässigte, saß er öfter mit dem von diesen wegen seiner konventionellen Glätte missachteten Volkswirt zusammen und führte lange Gespräche. Und während eines verlängerten Wochenendes, das er in Merxhausen verbrachte, verschaffte er Leonore dort sogar für zwei Nächte ein Gastzimmer als Liebesnest mit seinem Rivalen.

Seinen Vater hatte das, als der begriff, was da vorging, zunächst in völlige Verwirrung gestürzt – sein Sohn, eine verheiratete Frau und dazu noch ein wildfremder Mann! Als die beiden abgereist waren, nahm der ihn jedoch sanft bei der Hand und sagte, er hätte, bis er ihrer Mutter begegnet sei, sich selbst auch immer wieder in ähnliche Sackgassen der Liebe verrannt.

Nach Semesterschluss hielt es Adalbert in Wahn nicht mehr aus. Er zog mit Karlfried, der endlich einen Studienplatz für Deutsch und Geschichte in Köln zuerteilt bekommen hatte und auf seine Empfehlung hin zunächst ebenfalls in Wahn untergekommen war, in eine Studentenbude in der Luxemburger Straße und ließ den Kontakt zu Leonore vollständig einschlafen. Von Heinrich, dem einzigen Heimbewohner, mit dem er sich ab und zu noch traf, hörte er, dass Leonores Liebschaft mit Josef mittlerweile sang- und klanglos zu Ende gegangen war. Dallhoff hätte nämlich ganz plötzlich damit angefangen, um seine Frau zu werben: Er sei alle zwei Tage mit einem Blumenstrauß zu Hause erschienen und hätte auf einmal auch sehr viel Zeit für sie gehabt. Zwei Monate später erwartete sie ein Kind.

5.

Das Zimmer in der Luxemburger Straße, das Adalbert im Herbst 1948 mit seinem Lippstädter Kurskameraden bezog, kostete monatlich 70 DM. Das war damals, nur wenige Monate nach der Währungsreform, ein stattlicher Preis, den Karlfried und er zu gleichen Teilen aufbringen mussten. Studentenbuden waren zu jener Zeit im zu drei Vierteln zerbombten Köln sehr rar. Diese hier hatte zudem den Vorteil, mit einem eigenen Eingang ausgestattet zu sein, was es den Wirtsleuten schwieriger machte, Besuche, vor allem die abendlich verbotenen Damenbesuche, zu kontrollieren – und diese Schwierigkeit ließen sie sich auch extra bezahlen.

Das Geld hatte nun plötzlich wieder Wert, vieles, wenn auch nicht alles konnte man von einem Tag auf den anderen markenfrei kaufen, und wo Marken noch vorgeschrieben waren, nahmen es die Kaufleute bei weitem nicht mehr so genau. Schon bald machten viele, ja die meisten Westdeutschen die Erfahrung, dass sie am Monatsende noch genug Marken, aber kein Geld mehr übrig hatten, um sich etwas dafür zu kaufen. Vorher, im Krieg und in den ersten drei Nachkriegsjahren, hatte allen die gleiche Menge an Lebensmitteln zugestanden, mehr war nur über Schwarzmarktgeschicklichkeit und über gute Beziehungen, das damals berühmte »Vitamin B«, zu erlangen gewesen, also über illegale Transaktionen. Während somit, wenn man sich im Bereich der Erlaubten aufhielt, eine radikale Gleichheit vor dem Kochtopf herrschte und jede Ungleichheit hier als illegal, wenn man es genau nahm sogar als strafbar und verwerflich galt, war der ungleiche Geldbesitz von vornherein von diesem Makel ausgenommen, er wurde als das Natürlichste von der Welt angesehen. Ja, diese Ungleichheit schien sogar die Voraussetzung dafür zu bilden, dass der »Markt« – dies Zauberwort lernte Adalbert in jenen Tagen erst kennen – überhaupt funktionieren konnte.

Zwar hatten alle mit den gleichen 40 DM »Kopfgeld« begonnen. Aber schon nach einem Monat und dann noch einmal, als die Reichsmarkkonten zu einem Kurs von 1:20 wieder freigegeben wurden, hatten sich die Besitzverhältnisse von Grund auf verändert: Einige wenige hatten jetzt viel, andere, die meisten, hingegen sehr wenig. Der Schwarzmarkt allerdings brach schlagartig zusammen, der Zigarettenpreis kehrte innerhalb von wenigen Ta-

gen zu seinem Nennwert zurück, denn die DM hatte die Zigarette als harte Währungseinheit verdrängt.
Von diesen Veränderungen und ihren weltgeschichtlichen Folgen – zu diesen gehörte immerhin ja auch die Teilung Deutschlands – nahm Adalbert damals kaum irgendetwas zur Kenntnis. Trotz des Nachhilfeunterrichtes in demokratischer Ordnung, der ihm durch Dr. Sonneborn zuteil geworden war, sah er solche wirtschaftspolitischen Maßnahmen immer noch als ein von höheren Mächten über sie alle verhängtes Geschick an: als eine Art ex cathedra verkündetes Expertenurteil, nicht als eine politische Entscheidung, zu der es auch andere Alternativen gegeben hätte. Die Zustimmung dazu fiel ihm auch nicht sonderlich schwer, weil die Reform auf Grund des Umstandes, dass sein Vater arbeitete und regelmäßig ein verhältnismäßig hohes Gehalt bezog, ihm vorerst ausschließlich ihre freundliche Seite zukehrte.
Als er nur wenige Tage nach dem großen Ereignis mit einer hoch aufgeschossenen blassblonden Studienkollegin, die er heimlich verehrte, während einer Unterrichtspause spazieren ging, tauchte vor dem Chemischen Institut in der Zülpicher Straße der erste Karren eines Obst- und Gemüseverkäufers vor ihnen auf, der sage und schreibe baumfrische, knallrote Kirschen feilbot, seit Jahren die ersten, die er zu sehen bekam. Adalbert erstand ein halbes Pfund für sich und dazu ein weiteres, das er, wie ein kostbares Blumengebinde, seiner Begleiterin mit einer leichten Verbeugung überreichte.

6.

Ihre Bude, im ersten Stock gelegen, ließ Platz für zwei Bettcouchen, Adalberts mit dem Kopfende gleich am Fenster, Karlfrieds im rechten Winkel dazu an der gegenüberliegenden Wand, und dazu noch für einen kleinen Schreibtisch und einen Schrank. Etwa 14-tägig kontrollierte die Wirtin Ordnung und Sauberkeit, ab und zu drohte sie auch damit, die Putzarbeiten gegen 20 weitere Mark monatlich selbst in die Hand zu nehmen, wenn nicht alles ganz anders würde. Aber vor allem ging es ihr darum, die Miete rechtzeitig am Monatsersten ausgezahlt zu bekommen. Vergaßen sie das einmal oder war ihr Geld von zu Haus nicht rechtzeitig eingetroffen, dann kam sie mindestens dreimal am Tag, um sie mit immer schärferen Worten anzumahnen. Ansonsten aber hatten sie mehr oder weniger ihre Ruhe.

Es waren die Machtverhältnisse in ihrer Freundschaft, die sich hier, in ihrer neuen Bleibe, wieder einpendeln mussten. Sie hatten sich in Wahn für ein paar Monate zu Adalberts Gunsten verschoben. Als Karlfried zu Beginn des Sommersemesters 1948 ebenfalls in das Schloss eingezogen war, stand Adalbert dort auf dem Gipfel seines Ansehens. Das erfolgreich aufgeführte Heimkehrerstück, die freundschaftliche Förderung Dallhoffs und nicht zuletzt Leonores viel begehrte und viel beneidete Gunst hatten ihn mit einer Art Aureole umgeben, jedenfalls waren sein Rat und seine Meinung eine Weile im ganzen Heim sehr gefragt. Karlfried, in Lippstadt ihm noch übergeordnet in ihrer intellektuellen und erotischen Hackordnung, blieb zunächst nichts anderes übrig, als sich von ihm ins Schlepptau nehmen zu lassen, zumal ein paar Versuche, sich bei Diskussionen auf die ihm gewohnte Weise durch apodiktische Urteile und verächtliche Missachtung aller anderen Meinungen durchzusetzen, in einer ihn tief verletzenden Lächerlichkeit geendet hatten. Ein kleiner Schatten davon war sogar auf Adalbert gefallen, denn durch dessen Empfehlung war Karlfried überhaupt erst in das Heim gekommen. So hatte Adalbert auch in Wahn wieder vermitteln müssen, und er tat dies, indem er Karlfrieds verballogische Aggressivität als vereinzelte Ausrutscher hinzustellen suchte. Sein Lippstädter Freund hielt sich danach auch sehr zurück, er brachte es sogar fertig, anderen zuzuhören, und zeigte dabei, dass er über eine erstaunliche Sensibilität verfügte, die zuvor nur von seinem Ehrgeiz, seinem Herrschaftsbedürfnis und seiner Kränkbarkeit blockiert worden war.

In Köln aber besaß Adalbert den Rückhalt nicht mehr, der ihn in Wahn nahezu unangreifbar gemacht hatte. Kaum jemand kannte ihn hier, er war wieder einer unter Tausenden von Studenten.

Vor allem aber fehlte ihm eine ihm gewogene, etwas intimere Öffentlichkeit, wie sie im Heim bestanden hatte, blieb er doch jetzt abends nach Vorlesungsende auf ihrer Bude mit Karlfried zumeist allein. Wenn dieser wieder in sehr bestimmten Worten und in scharfem Ton sein Urteil über ein Buch, einen Film, einen akademischen Lehrer, einen Studienkollegen oder ein Mädchen fällte, war außer Adalbert niemand da, um ihm zu widersprechen, weder verbreitete sich ein allgemeines, peinlich berührtes Schweigen noch brach jemand in Lachen aus. Nichts geschah also, was Karlfried hätte anzeigen können, dass er schon wieder einmal in ein Fettnäpfchen getreten war. In Ermangelung einer solchen Resonanz wurde Adalbert selbst unsicher, der Fluss seiner Argumente versiegte, und er gewöhnte sich bald schon daran, stillzuhalten, denn längeren Streit oder auch nur eine angespannte Atmosphäre in dem nur 15 qm großen Zimmer konnte er nicht ertragen.

Diese Überempfindlichkeit hat ihn sein ganzes späteres Leben begleitet. Heute sagt er sich, dass sie wohl damals schon ein tief eingegrabener Grundzug seines Wesens war – vielleicht deshalb, weil er zu Hause nur ruhige, von der Sache getragene, die Meinungen des anderen respektierende Gespräche zwischen seinen Eltern gewohnt gewesen war und die einzige heftigere Auseinandersetzung zwischen ihnen, an einem verregneten Junimorgen in Hapsal, über irgendein politisches Thema, bei ihm deshalb auch den Eindruck erweckt hatte, nun sei alles zu Ende, die Eltern würden sich trennen und er bliebe völlig allein.

Aber bis zu einem gewissen Grade lernten sie beide auch, miteinander auszukommen: Karlfried lernte, ihn mehr zu respektieren und ihn nicht direkt anzugehen, Adalbert, die Misslaunigkeit seines Freundes nicht mehr so ernst zu nehmen und in Ruhe abzuwarten, bis sie von selbst abgeklungen war. Er war auf diesen auch viel stärker angewiesen, als dies während der Wahner Tage der Fall gewesen war. Im nun anbrechenden vierten Semester nahm ihn das Medizinstudium fast den ganzen Tag in Anspruch, die um Leonores, der Philosophie oder der Literatur willen versäumten Kurse mussten nachgeholt werden, wenn er nach dem fünften Semester noch zum Physikum zugelassen werde wollte. So war es jetzt nur Karlfried, der ihn darüber unterrichtete, was in den philosophischen, historischen und germanistischen Vorlesungen vor sich ging, wie er auch fast nur noch über ihn neue Freunde kennen lernte.

Eines Nachmittags brachte Karlfried Melanie zu ihnen nach Hause, seine neue Freundin. Schon Tage vorher hatte er ihm von ihrer Anmut, ihrer Zartheit, ihrer natürlichen Klugheit, vor allem aber von ihren einmalig schönen Händen vorgeschwärmt, sodass Adalbert ein Bild engelsgleicher Sanftmut vor Augen stand: ein Bild, dem die nun in Fleisch und Blut vor ihm auftauchende Melanie jedoch nur in grob gefassten Umrissen entsprach. Sie hielt mit ihrer

Meinung nicht hinterm Berg, auch wenn diese Karlfried nicht passte, auch war sie, im Gegensatz zu diesem, überhaupt nicht religiös, hatte aber klare moralische Grundsätze: Aufrichtigkeit, Ehrlichkeit und intellektuelle Rechtschaffenheit gehörten dazu, und außerdem ein sicheres Gespür für Qualität, das sie nur dann ab und zu im Stich ließ, wenn sie zu tief in eine Beziehung verstrickt war. Wie andere Menschen seltene Briefmarken oder kostbare Erstausgaben, so sammele sie ihr bedeutend erscheinende Persönlichkeiten, junge Genies, Künstler, zukünftige Autoren oder Lehrstuhlinhaber, so jedenfalls hat sich später einer ihrer Freunde, eher liebevoll als boshaft, über ihre Neigung lustig gemacht. Aber wenn Adalbert heute darüber nachdenkt, lief es damit wohl eher andersherum: Es waren die jungen Genies selbst, die ihre Nähe suchten, die sich um sie versammelten – vermutlich weil sie spürten, dass Melanie einen unübertrefflichen Resonanzboden für ihre Hervorbringungen abgab, einzelne Schwächen an ihnen unter einem Schirm unangefochtener Bewunderung treffend herauspflücken konnte. Sie tat dies auf eine energische, gleichzeitig aber auch etwas betuliche Art, die niemanden verletzte, weil sie nicht auf Abwertung, sondern nur auf einen Schritt in Richtung auf noch mehr Vollkommenheit aus war.

Da sie aus bescheidenen Verhältnissen stammte, fehlte ihr der äußere Rahmen und wohl auch der vornehme Tick, um so etwas wie einen literarischen Salon eröffnen zu können – was sich natürlich erst später angeboten hätte, denn zum Zeitpunkt, als Adalbert sie kennen lernte, hatte sie ihre Musenlaufbahn kaum erst begonnen. Aber solch ein größerer Kreis hätte ihrer Wesensart wohl auch gar nicht entsprochen. Lieber sah sie ihre Freunde einzeln, allenfalls zu zweit oder zu dritt, in einem intimeren Rahmen, bei einer Tasse Tee oder einem Glas Wein, oder, als sie sich nach einigen Jahren in Freiburg niedergelassen hatte, auf einem längeren Spaziergang. Und sie hatte die seltene Gabe, dabei einem jeden von ihnen zu vermitteln, sie sei für ihn ganz allein da, was sie hin und wieder in schwer auflösbare Komplikationen stürzte, weil manche ihrer Freunde diese Augenblickswahrheit für ein Versprechen einer größeren, ja exklusiveren und dauerhafteren Nähe nahmen, als sie von ihr, jedenfalls nach Überlegung der damit verbundenen Konsequenzen, gewollt war.

Als Karlfried Melanie kennen lernte, war sie noch nichts anderes als ein recht hübsches, etwas naives, ihre äußeren Vorzüge eher zurückhaltendes junges Mädchen. Sie konnte gut zuhören und schleppte auch einen großen Vorrat an freundschaftlicher Zuneigung mit sich herum, der noch Adressaten suchte, an die sie etwas von ihm austeilen konnte. In Karlfried jedoch hatte sie sich, wohl zum ersten Mal über solche Bedürfnisse hinaus, heftig verliebt, so wie dieser sich auch in sie, und das konnte bei seiner Wesensart nicht ohne Schmerzen vonstatten gehen.

So ergab es sich fast von selbst, dass Adalbert in die Rolle des Vertrauten hineinschlüpfte. Das brachte ihn hin und wieder in Loyalitätskonflikte, denn Melanie geriet mit Karlfried häufig in Streit, und beide hegten die unausgesprochene Erwartung, von ihm Recht zu bekommen. Ließ er sich bei einem von ihnen auch nur eine Spur darauf ein, so riskierte er die Freundschaft des anderen zu verlieren; tat er es bei beiden, kam er sich hinterher jedes Mal wie ein rückgratloser Verräter vor und konnte zudem noch zwischen zwei Stühlen landen. So versuchte er sich darauf zu beschränken, Missverständnisse zwischen ihnen aufzuklären oder sie beide wenigstens dazu zu bringen, gegenseitige Kränkungen nachträglich als Missverständnisse zu definieren, ein Konfliktschlichtungsmuster übrigens, das Adalbert bis auf den heutigen Tag beibehalten hat.

Diese Konstellation setzte sich über ihr gemeinsames Jahr in der Luxemburger Straße noch eine Weile lang fort, bis Melanie, im Sommer 1950, ihren Studienort nach Freiburg verlegte. In der räumlichen Enge ihrer Studentenbude war die Situation besonders schwer zu ertragen. Adalbert hatte zu der Zeit keine eigene Freundin. Er tat sich nach seiner Verabschiedung durch Leonore schwer damit, sich einem Mädchen zu nähern, das für ihn auch nur das leiseste Interesse zeigte. So wusste er in dieser Zeit auch nicht recht, wo er seine zärtlichen Gefühle unterbringen sollte, und deshalb war er sicherlich auch anfällig für die Versuchung, sie gleichsam stellvertretend, an denen Melanies und Karlfrieds füreinander auszuleben.

Dies erreichte seinen Höhepunkt, als Melanie, die in Altenberg, einem ziemlich weit entfernten Vorort Kölns, wohnte, eines Abends den letzten Zug dorthin verpasst hatte, bei Karlfried blieb und Adalbert so unfreiwilliger Zeuge ihrer ersten nächtlichen Umarmungen wurde. Das läutete aber schon das Ende dieser Liebe ein, wahrscheinlich weil es Karlfried zu jener Zeit, vielleicht ohne

dass ihm dies selbst völlig klar war, bei Frauen mehr um Eroberung als um eine diese überdauernde Beziehung ging.
Einige Tage später und nach ein paar Gläsern Wein – ein langes Gespräch über Liebe war vorausgegangen, in dem Karlfried, ebenso wortgewaltig wie jesuitisch, die Sündhaftigkeit vorehelicher geschlechtlicher Beziehungen bekräftigte – setzte er sich wortlos auf den Rand von Adalberts Bettcouch, der schon halb eingeschlafen war, griff unter die Decke und versuchte, dessen Geschlechtsteil in die Hand zu bekommen. Adalbert, der zunächst gar nicht glauben konnte, was da geschah, war völlig fassungslos, ja wie versteinert. Weder am nächsten Morgen noch irgendwann später haben sie über diesen Vorgang gesprochen und Adalbert hat ihn auch sonst nie irgendjemand anderem gegenüber erwähnt. Er blieb die einzige homosexuelle Annäherung, der er in seinem Leben je ausgesetzt war.
Weder dieser Vorfall noch ihre Unfähigkeit, sich hinterher darüber zu verständigen, führten zu einem vollständigen Bruch ihrer Freundschaft. Aber beide spürten sie die Notwendigkeit, aus der Enge dieser Bude so schnell wie möglich herauszukommen, einer Enge, die keinerlei persönliche Intimität aufkommen ließ und ihnen stattdessen eine Promiskuität auferlegte, deren ungewollte Schwüle sie zu ersticken drohte. Also beschlossen sie, sich zum Beginn des nächsten Semesters, des Wintersemesters 1949/50, zu trennen.
Während der letzten Monate, die sie beide, Karlfried und er, ihre Bude bewohnten, entdeckten sie noch eine gemeinsame Liebe: den Film. In dem kleinen Vorortkino in der Sülzburger Straße, der einzigen Geschäftsstraße des Viertels, 20 Minuten Fußweg von ihrem Zimmer entfernt, wurden, fast immer zu sonntäglichen Abend- oder Nachtvorstellungen und meist vor leeren Sälen, die Streifen gezeigt, von denen Schilling Adalbert in Tournai vorgeschwärmt hatte: *Hotel du Nord*, *Quai des Brumes*, *Sous les toits de Paris* und, unübertroffen, Marcel Carnés *Les enfants du Paradis*. Sie liefen alle mit Untertiteln, keiner von ihnen war synchronisiert, und so fand Adalbert in ihnen den fast schon vergessenen, schwebenden Klang, den tänzelnden Rhythmus und das rhetorische Spiel der französischen Sprache wieder, die, wenn er die Augen kurz schloss, den Geruch des Meeres und die sanften Farben der Hapsaler Promenaden und Gärten wieder heraufbeschwor.

Auf dem Rückweg waren sie beide meistens noch zu stark angerührt, um das Gesehene in Worte und Sätze zu bringen. Gegenseitig bestätigten sie sich bestenfalls, es sei ein Kunstwerk ersten Ranges gewesen und in diesem muffig-biederen Vorführsaal mit seinen abgeschabten Wänden, seinen zersessenen Plüschfauteuils und seinem rheinisches Platt sprechenden Sonntagspublikum hier eigentlich fehl am Platze. Erst zu Hause wagten sie sich an Deutungen heran, die freilich Gefahr liefen, die einfachen Geschichten dieser Filme zu modernen Mythen hochzustilisieren. Karlfried tat sich besonders darin hervor, aber auch Adalbert war gegen diese Versuchung nicht völlig gefeit.
Was hat er aus jener Zeit noch in Erinnerung behalten? Der Beginn des Kalten Krieges, die Berliner Blockade waren spurlos an ihm vorübergegangen – wohl hatte er die Schlagzeilen in den Zeitungen gelesen, aber ohne jede Beunruhigung. Ein neuer Krieg in Europa lag damals außerhalb seines Vorstellungsvermögens, und die Angst vor den Bolschewiken hatte er seit dem Frühstück mit dem freundlichen sowjetischen Kommandanten, an der Zonengrenze mit Lisa, fast völlig verloren, sodass ihm der Ausgang von weltpolitischen Auseinandersetzungen mehr oder weniger gleichgültig war, deren Zielsetzungen er nicht mehr und noch nicht wieder verstand. Wichtiger schien ihm die geistige Welt, die sich ihm eröffnet hatte, all das, was seit Kriegsende neu in sein Leben getreten war – aber auch, ohne dass er damals viel darüber nachgedacht hätte, die seit der Rückkehr des Vaters wiedergewonnene Geborgenheit bei diesem zu Hause.

7.

Im Herbst 1948 war sein Vater von Merxhausen nach Marburg gezogen, in eine Etagenwohnung eines der beiden Ärztehäuser der dortigen Landesheilanstalt. Der Abschied von Merxhausen war für Adalbert nicht ohne Schmerz geblieben. Die idyllische Abgeschiedenheit, die Enthebung von allen Alltagssorgen, das internationale Flair, aber auch seine mehrmalige Praktikantentätigkeit während der Semesterferien im Labor sowie seine dort geschlossenen Freundschaften erschwerten die Trennung: Schon wieder mussten Wurzeln, diesmal noch ganz zarte, gerade erst frisch eingewachsene, gekappt werden. Dafür allerdings hatten sie jetzt einen eigenen Hausstand, eine Fünf-Zimmer-Wohnung im ersten Stock. Niemand musste bei Besuchen um Erlaubnis gefragt werden und vor allem: Peter, sein kleiner, mittlerweile acht Jahre alt gewordener Bruder, hatte jetzt dort eine ständige Bleibe. Wenn auch nicht die Revaler, aber doch die Posener Verhältnisse schienen damit wiederhergestellt.

Auch eine Haushälterin, die sich vor allem um Peter, aber auch um das Essen kümmerte, war wieder da: Tutti Erlemann, die verwitwete Schwägerin eines der besten Freunde des Vaters noch aus dessen Revaler Junggesellentagen. Deren ständige Gegenwart empfand Adalbert allerdings als störend – anders als bei Tante Hilda, die Energie und Lebenskraft ausgestrahlt hatte und aus lauter matronenhaften Rundungen bestand, hatte er bei ihr das Gefühl, an ihrer mageren, blässlichen Unbeweglichkeit andauernd anzuecken. Irgendwie stand sie ständig im Wege, ob er nun mit seinem Vater ein Wort wechseln oder auch nur den Hausflur durchqueren wollte, um im Anstaltspark spazieren zu gehen, sodass es eigentlich nur die freien Tage der Hausdame waren, an denen die vertraute Intimität vollständig wiedererstand.

Aber trotz dieser Einschränkungen, die rückblickend auch Merxhausen in die allmählich länger werdende Liste seiner verlorenen Paradiese einreihten, war Adalbert in Marburg doch glücklich. Die Altstadt mit ihren engen, verwinkelten Gässchen, die sich zum Marktplatz und von dort noch weiter, bis zur Lutherkirche, unmittelbar unter dem Schlossberg hochwanden; das steil aufragende Schloss selbst, dessen Terrasse den Blick freigab bis zur 45 Fußminuten entfernten Anstalt auf der andere Lahnseite mit ihrem Park, den flachen Pavillons, dem Kapellchen und dem Schlot des hauseigenen Heiz- und Kraftwerkes, Gebäuden, die aus dieser Entfernung wie bunt bemaltes Holzspielzeug aussahen; und schließlich die rötlich schimmernden Sandsteintürme der Elisabethkirche, die fast überall, wo man stand, durch grünes Dickicht hervorlugten –dies ganze Stadtbild erweckte in ihm ein erwartungsvolles und freudiges Echo, das er sich nicht zu erklären wusste: es machte ihn nach ständigen Wiederholungen regelrecht süchtig. Jahrzehnte später erst, als Marina seine Heimatstadt Tallinn – sie so zu nennen hatte er sich inzwischen angewöhnt – im Sommer 1985 zum ersten Mal sah und ihn auf ihre Ähnlichkeit mit Marburg hinwies, wurde ihm klar, was er auf diesen Spaziergängen eigentlich gesucht hatte.

Anders als in Merxhausen, wo die Ereignisse so genommen wurden, wie sie kamen, Hauptsache man hatte den Krieg überlebt, war seinem Vater hier anzumerken, dass er sich Sorgen machte. Aber er sprach nicht darüber. Er war jetzt 61 Jahre alt. Was sollte in vier Jahren werden, nach der Zeit, die er noch im Dienst verbleiben konnte? Den Beamtenstatus und damit Pensionsansprüche hatte er in diesem Alter nicht mehr erwerben können, und da er fast sein ganzes Berufsleben als niedergelassener Arzt tätig gewesen war, stand eine nennenswerte Versichertenrente ebenfalls nicht zu erwarten. Mit zwei noch unterstützungsbedürftigen Kindern waren das wahrlich beunruhigende Aussichten, die nur noch die unsichere Hoffnung übrig ließen, auf die alten Tage noch einmal die Zulassung zur Kassenpraxis zugebilligt zu bekommen.

In den allerersten Nachkriegsjahren, bis zur Währungsreform, hatten solche Überlegungen kaum eine Rolle gespielt. Es war um das Überleben, um ein Dach über dem Kopf und um Nahrung gegangen, finanzielle Vorsorge hatte überhaupt keinen Sinn gehabt, denn man wusste noch nicht einmal, was morgen kommen würde – und das Geld, das diese Unsicherheit hätte wettmachen können, hatte seinen Wert völlig verloren. Jetzt war das anders: Wo manche Nöte der Gegenwart gegenstandslos zu werden begannen, da brachen die bis dahin zurückgestellten Sorgen um die Zukunft wieder über die Menschen herein.

Aber trotz dieser Sorgen, trotz vielfältigen Ärgers mit dem Verwaltungsdirektor, einem mit diesem Posten abgefundenen sozialdemokratischen Parteifunktionär, der seine Ressentiments kleinkrämerisch in einer bürokratischen Regelungswut von allem und jedem austobte, lebte sein Vater in seiner neuen, jetzt völlig selbst verantworteten ärztlichen Arbeit noch einmal richtig auf. Er führte eine neue Behandlungsmethode der Lungentuberkulose, das Pneumoperitoneum, in Deutschland ein, schrieb darüber einen Aufsatz und erntete dafür auch einige Anerkennung. Diese beruflichen Erfolge führten zur endgültigen Aufgabe der Auswanderungspläne nach Kanada, die er eine Weile gehegt hatte, um seinen beiden Söhnen eine sichere Zukunft zu bieten. So schien eigentlich alles, für die nächsten Jahre jedenfalls, wieder im Lot.

Im Frühjahr 49, während der Osterferien, eröffnete sein Vater ihm aber, er leide an einer gutartigen Vergrößerung der Prostata, die ihn am Harnlassen hindere, und müsse bis zu der im Sommer vorgesehenen Operation einen Dauerkatheter tragen, damit die Nieren sich erholten und es nach dem Eingriff nicht zu dem befürchteten Schockzustand käme, einem schlagartigen Aussetzen ihrer Funktion. Adalbert erschrak natürlich, legte diese Drohung danach aber schnell wieder von sich weg, denn das Semester nahm ihn voll in Anspruch. Er konnte sich einfach nicht vorstellen, dass seinem Vater, nachdem dieser die sowjetische Kriegsgefangenschaft einigermaßen unbeschadet überstanden hatte, noch etwas Ernsthaftes zustieß.

In den ersten Augusttagen, zu Beginn der Sommerferien, fuhr er wie sonst auch nach Marburg. Um den Zehnten herum traf auch Ivy dort ein, um zur Operation rechtzeitig zur Stelle zu sein.

An den Tag des Eingriffs selbst erinnert sich Adalbert nicht mehr. Am Morgen davor war ihr Vater in ihrer beider Begleitung – ein kleines Köfferchen mit Pyjama, Toilettensachen und ein paar Büchern in der Hand – mit der Straßenbahn in die Universitätsklinik gefahren, und sie waren, nach dem Gespräch mit dem Arzt halbwegs beruhigt, ohne ihn nach Hause zurückgekehrt. Es dämmert Adalbert noch, dass sie nach der Operation in der Klinik angerufen und von dort eine merkwürdig sibyllinische Antwort erhalten hatten. Sie werden den Vater am Operationstag sicherlich auch besucht haben, aber Adalbert weiß nicht mehr, in welchem Zustand sie ihn vorfanden. Die quälende Spannung eines ungewissen Ausgangs lag jedenfalls in der Luft, bei jedem Klingeln des Haustelefons, bei jedem Klopfen an der Tür fuhren sie zusammen.

In der zweiten Nacht wurden sie dann auch wirklich geweckt, es ginge ihrem Vater schlecht, sie möchten gleich kommen. Mit zwei alten Fahrrädern ohne Beleuchtung, Peter auf Adalberts oder Ivys Gepäckträger, brachen sie im Stockdunkeln auf und wurden prompt auf der abschüssigen Straße hinab zum Lahntal von einer Polizeistreife angehalten, die ihnen die Weiterfahrt verbieten wollte. Adalbert verlor völlig die Fassung: »Unser Vater liegt in der Chirurgie im Sterben«, stammelte er unter Tränen, was die Beamten dann doch so beeindruckt haben musste, dass sie sie nicht länger aufhielten.

Ihr Vater stöhnte, als sie endlich bei ihm eintrafen, er erkannte sie noch wieder, was sich in einem Anflug von Lächeln äußerte, aber er konnte vor Schwäche kaum ein Wort herausbringen. Die Nieren arbeiteten noch nicht, bekamen sie von der Schwester oder von dem Nachtdienst habenden Arzt zu hören, man könne nichts weiter tun als abwarten. Sie blieben bis zum Morgen, da ging es ein bisschen besser, ihr Vater kam wieder völlig zu sich und schickte sie nach Hause, damit sie sich etwas ausschlafen könnten. Als sie nachmittags wiederkamen, war er wie verwandelt, aufgeräumt, guter Stimmung und fast gar nicht mehr müde, sodass sie wieder Hoffnung zu schöpfen begannen. Aber: Nein, es sei nur ein letztes Aufflackern, sagte er ihnen ganz leise, die Nieren schwiegen noch immer und in zwei Tagen werde er sterben.

Als Peter später von Tutti Erlemann nach Hause geholt worden war, war es ihr Vater, der sie beide, Ivy und ihn, zu trösten und ihnen Ratschläge zu erteilen begann für die Tage danach. Adalbert konnte es einfach nicht glauben, dass sie dabei waren, ihren Vater für immer zu verlieren, auch dann nicht, als der Arzt ihnen sagte, es müsse schon ein Wunder geschehen. Noch die ganze darauf folgende Nacht klammerten sich seine Hoffnungen an das Bild des lächelnden, munteren, ja wieder zu Scherzen aufgelegten Vaters, das er den ganzen vorangegangenen Nachmittag so eindrücklich vor Augen geführt bekommen hatte. Aber am nächsten Morgen schon kam wieder ein Anruf, dass es nun wirklich zu Ende gehe. Sie kamen gerade noch rechtzeitig, um Abschied zu nehmen, dann versank ihr Vater allmählich in der Umdämmerung, murmelte nur noch einige unzusammenhängende Worte, wurde wachsbleich und hörte schließlich auf zu atmen.

Das Schlimmste war also wahr geworden. Die Angst davor überfällt Adalbert noch immer, wenn ihm etwas Drohendes bevorsteht, und wenn es dann doch nicht eintritt, erlebt er das fast wie ein Wunder. Am nächsten Tag schon begannen die Begräbnisvorbereitungen: Die bürokratischen Prozeduren, die den Tod zu einem Verwaltungsakt banalisieren, forderten ihr Recht ein, und das half Ivy und ihm, nicht den Verstand zu verlieren. Hunderte von Menschen folgten dem Sarg, Adalbert weiß bis heute nicht, woher die meisten von ihnen kamen und wer sie waren, viele Patientinnen und Patienten waren sicher darunter und viele Mitarbeiter. Auch die alten Freunde aus Reval, soweit sie im Westen lebten, waren gekommen und natürlich auch Heinz, Ivys Mann. Der Leichenschmaus dann, mit den Verwandten und Freunden zu Hause, bei

dem nach baltischer Sitte reichlich gegessen, getrunken und gelacht wurde und Geschichten über den Toten die Runde machten, in denen manchmal auch dessen Schwächen liebevoll erzählt zu Worte kamen.
Danach musste der Haushalt aufgelöst werden, sein kleiner Bruder, der nur noch stumm dastand, kam zu Ivy nach Dormagen, wo auch Adalbert für acht Wochen Unterschlupf gewährt wurde, um sich in Ruhe auf sein Physikum vorbereiten zu können.

8.

Viel zu früh war er da, der gefürchtete Prüfungstag. Für die naturwissenschaftlichen Disziplinen Physik, Chemie, Zoologie und Botanik waren in einer schlecht beheizten Baracke vier Tische aufgestellt, an denen die examinierenden Professoren saßen. Eine halbe Stunde lang kam jeder Kandidat in jedem der Fächer dran. In der Zoologie, der Botanik und sogar in der Chemie holte Adalbert sich mit viel Glück ein »Gut« und mit diesen auf seinem Prüfungsbogen eingetragenen Ergebnissen in der Hand stand er am Ende vor dem Physiker Professor Schäfer. Von dessen Disziplin hatte er so gut wie überhaupt keine Ahnung. In seiner Poznaner Schule war sie nur ein Jahr lang unterrichtet worden, und zwar von Herrn Pfundt, der eines Tages, wahrscheinlich weil er in den Krieg musste, verschwunden war, und im Lippstädter Abiturkurs war sie von vornherein gar nicht vorgesehen gewesen.
Schäfer war ein großer, schlanker, sehr alter Herr mit einer imponierenden schlohweißen Haartolle. Sein Kurzzeitgedächtnis war bei seinen fast 80 Jahren bereits stark angeschlagen. Trotzdem hatte man ihn 1946 aus seinem Ruhestand wieder zurückgeholt, weil es in Köln auf seinem Fachgebiet keinen anderen politisch unbelasteten Universitätslehrer gab. Um seine Gedächtnisschwäche in der Examenssituation etwas zu kompensieren, hatte der an diesem Tag erschöpft und müde wirkende Professor, er prüfte nun schon seit vielen Stunden, Listen mit jeweils zehn Fragen angefertigt, die er den Kandidaten stellte und auf denen er die richtigen Antworten mit einem Pluszeichen, die falschen oder überhaupt nicht gegebenen hingegen mit einer Null versah. Die Examensnote ergab sich dann von selbst aus der Anzahl der vermerkten Kreuze.

Die erste Frage kam, aber sie hinterließ bei Adalbert nur ein bedrücktes Schweigen. Die zweite: Er stotterte ein bisschen herum und brach ab. So ging es weiter bis Nummer zehn. Ob er in Panik geriet oder in schlaffe, verzweifelte Resignation, weiß er nicht mehr, jedenfalls erwartete er jetzt das unabwendbar vernichtende Verdikt, das ihn im besten Falle ein weiteres vorklinisches Semester kosten, im schlimmeren das Ende seines Studiums zur Folge haben würde, denn für ein Stipendium und den Erlass der Studiengebühren kam er dann nicht mehr in Frage. So hatte er schon, wie ein zum Tode Verurteilter vor der Guillotine, seinen Nacken gebeugt, als Schäfer nach dem Zusammenzählen seiner kleinen Zeichen lächelnd aufstand, ihm die Hand entgegenstreckte und ihm zu einem »Sehr gut« gratulierte. Trotz seiner Versteinerung erwischte Adalberts Blick noch des Prüfers Zettel, und er sah auf ihm statt zehn Nullen zehn kleine Kreuzchen: Der extrem vergessliche Professor hatte sich vermutlich in der Wahl seiner Zeichen bei der ersten Frage vergriffen und dann immer so weitergemacht.

In der Physiologie gab es am nächsten Tag, wie erhofft, tatsächlich ein weiteres und diesmal wohlverdientes »Sehr gut«, der Anatom Professor Veit, er war derjenige, dem er schon seinen Studienplatz verdankte, zog nach, auch wenn Adalbert in diesem Fach beileibe nicht so gut war, und er bot ihm nach bestandenem Physikum für das nächste Semester, sein erstes klinisches, dazu noch eine mit 50 DM monatlich dotierte Tutorenstelle in seinem Kurs an: Adalbert sollte, wenn die Studenten nicht weiterkamen, die Leichen für sie vorpräparieren und ihnen die freigelegten Strukturen, Muskeln, Sehnen, Nerven und Gefäße an diesem Präparat erklären. Er wusste jetzt schon, dass ihm das doppelt schwer fallen würde, weil er sich vor dem Formolgeruch ebenso wie vor dem Anblick der halb zerstückelten Körper ekelte, aber auch weil seine anatomischen Kenntnisse für eine Lehrtätigkeit auch auf diesem bescheidenen Niveau bei weitem nicht ausreichten. Da er aber das Geld dringend brauchte, nahm er das Angebot an und versuchte seine Wissenslücken zunächst zu verschleiern. Immerhin gewann er auf diesem Weg die Zeit dafür, sie durch Mitlernen mit seinen Schülern allmählich auch zu füllen.

9.

Er wohnte noch in Dormagen und hatte seine Tutorentätigkeit in der Leichenhalle gerade erst begonnen, als er Leonore wiederbegegnete. Hatte sie ihm oder er ihr nach dem Tod seines Vaters geschrieben? Adalbert hatte sie jedenfalls an einem von ihr vorgeschlagenen Nachmittag in Wahn besucht. Dallhoff war, wie es sich herausstellte, nicht zu Hause, die kleine Tochter schlief im Nebenzimmer, und nach einigen Minuten der Befangenheit lagen sie sich wieder in den Armen. Zwei Wochen später war Adalbert in Wahn eingezogen, in eines der wenigen Einzelzimmer, die g-Moll-Ballade ertönte aufs Neue, und es begann das alte Spiel, so als hätte es Josef niemals gegeben.

Und doch nicht ganz: Adalbert schrieb keine Sonette mehr auf sie, ja überhaupt keine Gedichte. Er hatte sich stattdessen völlig an die Philosophie verloren, an die Heidegger'sche Seinslogik, wie sie als »Geschichte der abendländischen Metaphysik« von Kolkmann-Bruck zelebriert wurde, dem neu berufenen, erst 33-jährigen Ordinarius, der, aus Rostock kommend, mit seiner zwölf Jahre älteren Frau ebenfalls in Wahn, im Erdgeschoss des rechten Schlossflügels, ein provisorisches Unterkommen gefunden hatte. Adalbert freundete sich mit beiden rasch an, und weil er damals schon das Bedürfnis hatte, ihm sympathische Menschen zusammenzubringen, und Kolkmann-Bruck ein großer Musikliebhaber war, saßen sie nachmittags nun öfter zu dritt oder zu viert – Dallhoff war zumeist noch in Köln in seinem Seminar festgehalten – in des Philosophieprofessors kleiner verräucherter Bude, hörten Schallplatten und redeten über Gott und die Welt, wobei von Kolkmann-Bruck allerdings mehr das Reden, von Adalbert und Leonore mehr das Zuhören besorgt wurde.

Adalbert zog es gleichwohl immer noch, unwiderstehlicher denn je, zu seiner Freundin. Sie hatten in diesen Tagen – zum ersten Mal – miteinander geschlafen, was ihn, obwohl er sich dabei sicher etwas ungeschickt anstellte, überwältigt und noch einmal in neue, bedrohlich beglückende Gefilde eingeführt hatte. Aber der Zauber ihrer ersten Liebesbezeugungen wollte sich trotzdem nicht wieder einstellen. Vielleicht hatte es ihn doch zu tief getroffen, dass sie ihm vor anderthalb Jahren Josef vorgezogen hatte; vielleicht lag es auch daran, dass er sich nun wieder in der Situation fand, die er

schon damals nicht zu meistern verstanden hatte, nur dass Leonore jetzt, zu allem Überfluss, auch noch mit einem Kind dastand; vielleicht spielte auch eine Rolle, dass sie, wie anderthalb Jahre vorher, keinen Augenblick lang vor einer Entdeckung durch Dallhoff vollkommen sicher waren. Zu viele Schatten standen ihrer Liebe im Weg und so waren sie bald wieder an dem Punkt angekommen, an dem vor anderthalb Jahren Josef aufgetaucht war.
Diesmal war es Kolkmann-Bruck, der seine Stelle einnahm. Wann und wie das geschah, hat Adalbert völlig vergessen. Dunkel erinnert er sich daran, dass der Professor ihm zum Umzug riet, in das Studentenheim in Köln in der Kerpener Straße, wegen der Gerüchte, die schon wieder über ihn und Leonore in Umlauf gesetzt worden seien – ein Rat, den Adalbert Leonore zuliebe und nach langer Beratung mit ihr befolgte. Als er sie, etwa drei Wochen später, bei Kolkmann-Bruck besuchte – sie hatten ausgemacht, sich bei ihm zu treffen, damit kein Verdacht aufkam –, fand er die beiden in einer gegenseitigen Vertrautheit vor, die keinem Zweifel mehr Raum ließ.
Aber er war diesmal völlig außerstande, Schmerz zu empfinden oder auch nur sich selbst zu bemitleiden. Er erinnert sich auch nicht daran, ob zwischen ihnen je ein Wort über Leonores Neigung zu Kolkmann-Bruck fiel oder diese so offensichtlich war, dass es dazu keiner Worte mehr bedurfte. Adalberts Liebe zu ihr war jedenfalls an ihrem Endpunkt angekommen, sie erlosch allmählich – anders als während ihres Techtelmechtels mit Josef fühlte er sich auch nicht mehr verpflichtet, irgendetwas für ihr neues Glück, wenn es denn ein solches war, zu tun. Und was war mit Kolkmann-Bruck? Die vorher haltlose Bewunderung, die er dem philosophischen Seinskünder entgegengebracht hatte, wich zwar einer etwas distanzierteren und hie und da auch kritischeren Haltung, aber er brachte die Kraft nicht auf, mit ihm völlig zu brechen, und blieb noch über Jahre einer seiner treuesten Schüler.
Mit Leonore wechselte er danach, bis er 1961 nach Vietnam ging, noch ab und zu Briefe, und einige aus ihrer Hand sind durch Zufall erhalten geblieben. Wenn Adalbert sie heute wieder liest, meint er aus ihnen ein stolzes und verzweifeltes Bedürfnis nach Liebe, nach jemandem, der ihrer fähig ist, herauszuhören, ein Bedürfnis, dem er sich, außer vielleicht in den ersten Wochen ihrer Begegnung, bei ihr niemals gewachsen gezeigt hat.

8. Kapitel: Freundschaften

1.

In der Kerpener Straße bekam Adalbert, wie in Wahn, ein Einzelzimmer. Es war allerdings winzig, neben das Bett passte nur ein kleiner Arbeitstisch mit dem dazugehörigen Stuhl und irgendwo hing auch noch ein kurzes zweibödiges Bücherregal. Das Heim lag lediglich fünf Minuten Fußweg sowohl von der Universität als auch vom Klinikum Lindenburg entfernt, sodass er so gut wie keine Wegzeiten mehr verlor. Anders aber als in Wahn lebte man dort eher nebeneinander her, es gab keine gemeinsamen Mahlzeiten, keine Feste und keine Versammlungen, deshalb dauerte es auch länger, bis man einen Heimgenossen näher kennen lernte. Mit der Zeit ergab sich freilich auch daraus ein Schneeballeffekt, und nach einem guten halben Jahr stand Adalbert trotz seiner Schüchternheit mit fünf oder sechs der Bewohner auf vertrautem Fuß.

Denkt Adalbert an diesen Lebensabschnitt zurück, kann er nur staunen über seine Fähigkeit, in ganz kurzer Zeit so viele enge freundschaftliche Bindungen mit sehr unterschiedlichen Leuten eingegangen zu sein, er muss damals Valenzen nach allen nur denkbaren Richtungen frei gehabt haben.

Vier verschiedene Freundes-, ja fast schon Lebenskreise waren es, in denen er sich bewegte. Dabei ist ein fünfter noch gar nicht mitgezählt, in den er während seiner Marburger Famulaturen Eingang fand und von dem er nach seinem Staatsexamen für die Dauer seiner Pflichtassistentenzeit noch einmal aufgenommen wurde. Sie alle überschnitten sich zwar hier und da, aber doch eher selten. Im Wesentlichen war es Adalbert selbst, der in verschiedenen Galaxien kreiste und wie ein Weltraumfahrer den Bewohnern der einen von den Sonderbarkeiten der anderen berichtete – so wie er sich ja auch zwischen der Medizin und der Philosophie hin- und herbewegte. Aber vielleicht war es gerade das, was diejenigen, die auf ihrer eigenen Umlaufbahn blieben, auf ihn neugierig werden ließ.

2.

Karlheinz war wohl der Erste, mit dem er sich in der Kerpener Straße anfreundete, ein hoch gewachsener blonder Musikstudent mit großen braunen Knopfaugen – er wohnte im Heim auf derselben Etage. Über einen wenig begabten Philosophiestudenten, der so kritiklos, wie Adalbert selbst es ein Jahr zuvor noch getan hatte, an Kolkmann-Brucks Rockschößen hing und mit Karlheinz das Zimmer teilte, haben sie sich wohl bald nach Adalberts Einzug, zunächst nur ganz flüchtig, kennen gelernt. Wenig später stellte sich bei einem Besuch Melanies im Heim aber heraus, dass Karlheinz und sie eine frühe Jugendliebe verbunden hatte.

Beide waren sie im rechtsrheinischen Altenberg, im Schatten des berühmten Zisterzienserklosters groß geworden, und Melanie hatte dort von ihm, der zwei Jahre jünger war als sie und sich trotzdem darin schon besser auskannte, ihren ersten Kuss bekommen. Jetzt allerdings, mittlerweile Karlfrieds Freundin, behandelte sie ihn eher wie einen etwas naiven kleineren Bruder, der gerade dabei war, ihr zu entwachsen, in einer Mischung aus Herablassung und Bewunderung, die auch noch eine Spur einer früheren, etwas patschigen Zärtlichkeit erkennen ließ. Und als sie nach Freiburg ging, legte sie ihren ehemaligen Verehrer Adalbert sogar ans Herz: Der sollte, an ihrer Stelle, dafür sorgen, dass Karlheinz brav seine Schulmusik weiter studierte und nicht durch seinen ständigen Gefühlsüberschwang auf überspannte Gedanken kam, worunter sie den in Köln gerade modisch werdenden Hang zu Nietzsche, Hermann Hesse und indische Mystik verstand und wohl auch überhaupt seine künstlerischen Ambitionen, denen sie damals noch keine große Erfolgschance gab.

Aber da hatte sie den Bock zum Gärtner gemacht. Karlheinz und Adalbert fanden sich nämlich in der Poesie. Adalbert las Karlheinz sogar einige seiner Leonore gewidmeten Sonette vor und hörte sich im Gegenzug dessen Verse an, die Karlheinz an Doris, seine damalige Verlobte, gerichtet hatte. Die kamen etwas dadaistisch und kinderreigenhaft daher und waren trotzdem nicht ganz frei von beinahe ernst gemeintem, jedenfalls nicht bloß karikierendem Pathos. Das Lied über ein »Regenkind«, auf das sich »rinnt«, »Wind«, »geschwind« und dann schließlich auch »verschwind« reimte – »sonst mache ich dich nass«, dräute nämlich der Dichter

–, ist Adalbert noch im Gedächtnis geblieben, als der einzige von Karlheinz' zahlreichen poetischen Ergüssen aus jener Zeit.
Karlheinz war von seinen Versen trotz vorsichtiger Kritik Adalberts so eingenommen, dass er mit dem Gedanken spielte, die Musik ganz aufzugeben und sich ausschließlich der Dichtung zu weihen, ja, er sandte einige seiner Verse an Hermann Hesse, der ihm, in einer zittrigen Handschrift, auch antwortete und ihn zunächst sogar ermutigte weiterzumachen. Nachdem vier oder fünf Briefe ausgetauscht worden waren, die Karlheinz Adalbert voller Stolz vorlas, kam als letzter freilich ein hektographierter Zettel mit dem Spruch eines indischen Weisen, wonach der Meister, alt und müde geworden, sich jetzt aus der allzu laut gewordenen Welt zurückziehen wolle und darum bitte, ihn fürderhin nicht mehr in seiner inneren Einkehr zu stören. Auch diesen Brief bekam Adalbert prompt zu sehen und er musste seinen neuen Freund ein paar Tage lang über ihn hinwegtrösten.
Karlheinz wandte sich danach, mit neuem Elan, wieder seiner Musik zu, und zwar begann er zu komponieren – die Dichtung war für ihn nunmehr ein abgeschlossenes Kapitel. Immer noch unternahmen sie, an Sonntagen zumeist, ihre langen Spaziergänge und machten dabei einige Male auch bei Doris, dem Regenkind, Halt, die irgendwo in der Nähe des Lindenthal-Gürtels wohnte und ihnen luxuriös belegte Butterbrote mitgab – sie war begüterter als sie beide und konnte sich auch teuren Aufschnitt leisten. Adalbert kam sich als der arme Kumpan ihres Bräutigams vor, zudem, wie er fürchtete, ein aus ihrer Sicht kein ganz passender Umgang, denn sie war eine hanseatische Kaufmannstochter, Miterbin von Blohm und Voss, so ging damals die Rede.
Karlheinz' Kompositionen und die moderne Musik waren jetzt ihr häufigster Gesprächsgegenstand. Anders aber als bei der Poesie und der Literatur, wo Adalberts Kenntnisse mit denen seines Freundes mithalten konnten, ja diesen vielleicht sogar etwas voraus waren, hatte er oft Mühe, ihm bei seinen kompositorischen und musiktheoretischen Gedankenflügen zu folgen, teils weil seine Musikalität hinter der Karlheinz' weit zurückblieb, hauptsächlich aber wohl deshalb, weil er auf diesem Gebiet nur Zuhörer sein konnte und die künstlerische Hervorbringung von Musik ihm vollkommen fremd war. Sein neuer Freund gab sich rührende Mühe mit ihm, er erklärte ihm immer wieder die Bauweise und

die Bewegungsgesetze seiner Stücke, in welchen musikgeschichtlichen Traditionen sie ihre Wurzeln hatten und was an ihnen vollkommen neu war, ja er trällerte ihm seine Melodien sogar vor, von denen Adalbert aber oft nur den Rhythmus mitbekam.

Ein »Kreuzspiel« ist ihm in lebhafter Erinnerung, dessen Konstruktion, von Karlheinz geduldig erläutert, er dann intellektuell mit einiger Mühe auch nachvollziehen konnte. Schließlich nahm Karlheinz ihn einmal sogar mit ins Kölner elektronische Studio des WDR, dessen Leiter einer seiner Förderer war, damit er auch mal ein Werk seines Freundes hören konnte – und da war er zum ersten Mal hingerissen von der Spannung, die zwischen der hohen Abstraktheit der Konstruktion und den episodisch auftauchenden, rauschhaften Klangorgien entstanden war. Ja, er hatte geradezu den Eindruck, Zeuge eines Geburtsvorgangs zu sein: wie aus knarrenden Geräuschen Töne entstanden, die dann allerdings nach einiger Zeit wieder in totes akustisches Material zerfielen.

Dass er das wenigstens miterlebt hatte, stellte wieder etwas mehr Nähe zwischen ihnen her, aber auf die Dauer reichte Adalberts musikalisches Verständnis nicht weit genug, um einen wirklich kompetenten Gesprächspartner für Karlheinz abzugeben. Den fand dieser bald danach in einem gemeinsamen guten Bekannten, Humbert Schwarz, einem Assistenten des Kölner mathematischen Seminars, der hochmusikalisch war und, wenn Adalbert sich richtig erinnert, auch in einer Jazzband mitspielte.

Irgendwann im Jahr 1952 bekam Karlheinz ein Stipendium für einen einjährigen Studienaufenthalt in Paris, bei Olivier Messien, Pierre Boulez und Pierre Schaeffer, und von Zeit zu Zeit kamen im Heim Postkarten von ihm an. Nach seiner Rückkehr nach Köln zog er dort aber nicht wieder ein. Er heiratete stattdessen und nahm mit Doris eine eigene Wohnung, ungefähr um die Zeit, als Adalbert sein Staatsexamen bestanden und eine Pflichtassistentenstelle in Marburg angetreten hatte. Als Adalbert selbst sein Paris-Stipendium bekam, im Herbst 1953, suchte er in Humberts Begleitung Karlheinz noch einmal auf, um sich bei ihm über Wohnmöglichkeiten, billige Läden und interessante Bekanntschaften zu beraten. Der gab ihm auch einen Empfehlungsbrief an Pierre Boulez mit, mit dem er sich angefreundet hatte. Boulez war inzwischen aber schon so bekannt geworden, dass Adalbert, in Paris angekommen, sich nicht mehr traute, ihn anzurufen.

Durch seinen kometenhaften Aufstieg zur Weltberühmtheit ist Karlheinz Stockhausen bald danach völlig aus Adalberts Gesichtskreis entschwunden. Wolfgang Schmitt, ein anderer Heimbewohner, suchte ihn zwei Jahrzehnte später anlässlich eines Konzerts in Barcelona in seiner Garderobe auf. Er berichtete Adalbert, dass der Maestro sich an die damaligen Zeiten kaum noch erinnert habe und nur wenig Freude über diese unerwartete Wiederbegegnung erkennen ließ – obwohl er im Heim auch mit Wolfgang enger befreundet war und diesem einen guten Teil seiner literarischen Bildung verdankte.

Im Jahr 1997 las Adalbert dann aber ein Interview mit Karlheinz in einer großen Wochenzeitung und er war stark angerührt von der Wärme und unprätentiösen Selbstverständlichkeit, mit der dieser darin von seinen Kindern redete. Er fragte sich deshalb auch, ob Wolfgang Schmitt und er ihrem früheren Freund mit ihrem strengen Urteil nicht Unrecht getan und den Druck, unter dem der auf Grund seiner Berühmtheit ständig stand, aus Mangel an eigener Erfahrung damit nicht doch unterschätzt hatten. Als kurz danach überall in Paris Plakate aushingen, auf denen der heutige Karlheinz fast aussah wie damals mit zwanzig, war Adalbert, wie es älteren Leuten bei solchen Gelegenheiten öfter geht, ein bisschen gerührt. Die Versuchung war groß, sich eine Konzertkarte zu beschaffen und auf den großen Künstler zuzugehen. Aber im letzten Moment hat er den Mut dazu nicht gefunden, die Angst, auf demütigende Weise zurückgewiesen zu werden, war immer noch stärker.

3.

Es muss ebenfalls noch während des Winters 1949/50 gewesen sein, als er Dorothee Ritterley zum ersten Mal sah. Melanie hatte ihm damals schon viel von dieser ihrer besten Freundin erzählt und sie als eine Art intellektuelles Wunderkind mit einer erstaunlichen sprachlichen Formulierungskraft vorgestellt. Mit Dorothees um zwei Jahre älteren Bruder Thomas verband ihn bereits eine Freundschaft, die in Kolkmann-Brucks Oberseminar entstanden war, als dessen unangefochtener Star dieser auf den ersten Blick etwas unansehnlich und tollpatschig wirkende Jüngling damals galt – obwohl er gar nicht zu dem Kreis der Heideggerianer zählte,

sondern Schüler von dessen damals bedeutendstem philosophischen Widerpart Nicolai Hartmann in Göttingen gewesen war.
Von Thomas war Adalbert auch mehrfach zu kleinen Festen in das Haus der Familie Ritterley eingeladen worden. Der Vater, Kölner Jura-Professor, war einer der ersten Arbeitsrechtler Deutschlands und die Familie verfügte trotz der herrschenden Wohnungsnot über eine ziemlich große Villa in Marienburg, dem damals vornehmsten Viertel der Stadt. Zuerst war Dorothee mit ihren 18 Jahren für ihn wie für alle Freunde ihres Bruders noch »die Kleine« gewesen. Erst beim Karneval hatte es zwischen ihnen wirklich gefunkt: Sie waren den ganzen Tag durch die regennasse Stadt gezogen, auf der Flucht vor schunkelnden Marktweibern und »Helau« johlenden Festzugteilnehmern, und sie hatten sich dabei die Geschichten ihrer Kindheiten erzählt. Zum ersten Mal machte Adalbert die Erfahrung, sie sollte sich später noch einige Male wiederholen, dass nicht nur die Liebe, sondern auch die Freundschaft zwischen Mann und Frau schlagartig über jemanden hereinbrechen kann. Auch sie erkannten sich also, aber als so etwas wieSandkastengespielen, verbunden durch einen noch dickeren Saft als das Blut, der sich als der Himbeersaft ihrer Kindheit herausstellte.
Wenn Adalbert ein Jahr später, als Karlfried und er Dorothee und Melanie in Freiburg besuchten und sie paarweise am Ufer des nachtschwarzen Feldsees Sternbildern nachhingen, trotzdem von einer Welle der Zuneigung überschwemmt wurde, die er damals als Verliebtheit missdeutete, so entsprang das wohl eher dem Wunsch, sich über ein Liebesverhältnis dieser schwesterlichen Nähe für immer und alle Zeit zu versichern. Dorothee machte ihm jedoch klar, dass es da schon einen anderen gab, den »Araber«, so nannte sie ihn, einen angeblich ganz unintellektuellen bildenden Künstler, und Adalbert empfand zwar, wie in solchen Szenarien vorgesehen, für kurze Zeit einen ganz leisen Kummer, der sich aber unerwartet rasch verflüchtigte – wohl deshalb, weil Dorothee ihn jedes Mal, wenn sie in den Ferien zurück in Köln war, ihn in seiner Klause besuchte und er so bestätigt bekam, dass freundschaftliche Nähe und Zuneigung, anders als Liebe, von anderen Bindungen, aber auch von Zeit und Entfernung nicht angenagt werden.
Durch Dorothee entdeckte er die deutsche Romantik: Hölderlin, Novalis' *Hymnen an die Nacht*, die *Nachtwachen* von Bonaven-

tura, über die sie gerade promovierte. Während eines Wochenendbesuchs in Köln, sie studierte inzwischen in Göttingen, sahen sie zusammen *Casque d'or*. Die zwei Vorführungsstunden blieb jeder von ihnen mit seiner eigenen Sehnsucht nach einer solchen Unbedingtheit der Liebe allein. Aber kaum war das Licht wieder angegangen, fanden sie sich als Komplizen wieder, jeder wusste, wie es dem anderen gerade zumute gewesen war, und in ihrer jugendlichen Unbedingtheit waren sie sich auch darüber einig, dass die meisten gutbürgerlichen Zuschauer nur die sensationellen Aspekte der Story wie das niedersausende Fallbeil mitbekommen hatten, nicht aber, wie sie, angerührt worden waren von der Wahrheit über Freundschaft, Liebe und Tod.

4.

Zu der Heimclique war über Karlheinz auch Humbert Schwarz hinzugestoßen, der frisch promovierte Mathematiker mit musikalischen, aber auch literarischen Interessen. Klein, gedrungen, in seiner äußeren Erscheinung etwas ungepflegt, bemühte er sich, seine Kultiviertheit und seine Intelligenz hinter einer Nebelwand von leiser, leicht melancholisch eingefärbter Ironie und einem vielleicht allzu deutlich unterstrichenen Understatement zu verbergen. Adalbert wurde von ihm gleich »adoptiert«, in ihm hatte er einen Freund gefunden, der zuhören konnte, ja dies sogar lieber tat, als von sich selbst zu reden.
Durch Humbert lernte Adalbert auch »Herrn Winkler« kennen, den er, wie Schwarz übrigens auch, die ganze Zeit über mit »Sie« anredete – anders als Karlheinz und die Ritterley-Geschwister, mit denen das Du ziemlich rasch zur Stelle gewesen war. Winkler, ein braun gebrannter, gut aussehender Dressman-Typ, Schwiegersohn eines reichen Bielefelder Fabrikanten, der als Einziger von ihnen reichlich über Geld verfügte, war kein Intellektueller. Er studierte Betriebs- und Wirtschaftswissenschaften, ein damals von allen, die geistige Ansprüche hatten, verachtetes Massenfach. Aber seine Freunde konnten ihn zum Monatsende ab und zu um zehn oder zwanzig Mark anpumpen, was er jedes Mal sogleich in ein kleines Notizbüchlein eintrug, ohne je irgendjemanden an eine versäumte Rückzahlung zu erinnern. Zudem hatte er einen sicheren Ge-

schmack, er interessierte sich für Mode, aber auch für Architektur und bildende Kunst und verstand auch einiges davon, sodass sie, die anderen der Clique, mit ihm doch eine gemeinsame Gesprächsebene fanden und sogar einiges von ihm lernen konnten. Oft saßen sie alle zusammen in Adalberts Zimmerchen und tranken Tee, den geräucherten russischen, der so wie zu Hause in Estland schmeckte. Sie tranken ihn aus einer grün glasierten Kanne, die er von irgendjemandem, der wichtig in seinem Leben war, aber er weiß heute nicht mehr, von wem, geschenkt bekommen hatte – noch über Jahre sollte sie ihn auf seinem Wanderleben begleiten. Im Sommer fuhren sie auf ihren Rädern – auch Adalbert hatte sich ein gebrauchtes angeschafft – über den Militärring, ein parkähnliches Gelände am Rand der Stadt, hinaus nach Frechen, wo ein Freund und Kollege von Humbert Schwarz in einer Art ländlicher WG Unterkunft gefunden hatte, zusammen mit zwei hübschen Schwestern, von denen die eine schriftstellerte, die andere irgendwo Theater spielte. Unvermeidlich war, dass Winkler beiden den Hof zu machen begann und die Jüngere von ihnen, die Schauspielerin, nach einiger Zeit auch eroberte.
Adalbert hätte, wenn überhaupt, die Ältere ein wenig gefallen können, denn sie war im Gespräch spritzig und fantasievoll, aber zugleich entsetzlich spröde, ein wahres »Blümchen Rührmichnichtan«, dem man noch nicht einmal die Hand reichen durfte. Aus der Rückschau kommt es ihm vor, als hätte sie mit Männern grundsätzlich nichts im Sinne gehabt, was er eigentlich damals schon hätte erkennen müssen, kleidete sie sich doch wie eine Berliner Lesbe der zwanziger Jahre. Der Schatz der beiden Schwestern bestand aus ihren vielen Jazz-Platten: mit Benny Goodman, Glenn Miller, dem Basin Street Blues und überhaupt Louis Armstrongs unsterblicher, die Welt aufkrächzender Stimme. Auch um das alles immer wieder zu hören, fuhren sie, sooft sie konnten, zu den Decher-Schwestern nach Frechen hinaus.
Im Winter oder wenn sie nur ein, zwei Stunden Zeit hatten, stromerten sie auch in der Kölner Innenstadt herum, die gerade damit begann, ihre Trümmer von sich abzuschütteln, und sahen sich die neu errichteten Bauten an, die den Imbissstuben- und Barackenstil der ersten Nachkriegsjahre hinter sich gelassen und wieder ein bisschen an der Bauhaustradition angeknüpft hatten. Aber auch die ersten Modegeschäfte, Dependencen Berliner Salons, er-

regten ihre Aufmerksamkeit, die schwarzroten Farben der Kleider, Blusen und Schals, die wie ein Plakat von El Lisitzky ausgelegt waren. Gegen die damals an der Uni gängige These von der Erhabenheit der großen Kunst vertraten sie nämlich die Auffassung, dass diese wie auch ihre Nutzanwendung in der Architektur oder in der Mode – das Wort »Design« kannten sie damals noch nicht – gar nicht so weit voneinander entfernt lägen – es war wohl Humbert, der sie in seiner bescheidenen, immer etwas zögernden Art auf diesen Weg brachte. Heute, ein halbes Jahrhundert später, wo die Kunst sich dem Markt vollständig unterworfen hat und zu einem bloßen Anhängsel der Werbung zu verkommen droht, fragt Adalbert sich allerdings, ob das nicht damals schon ein Abweg war.

5.

In diese Szene schneite eines Tages Lilo herein. Sie war Melanies und Dorothees Freundin und gerade dabei, sich von Karlfried zu lösen, mit dem sie sich unvorsichtigerweise eingelassen hatte, als dessen Verhältnis zu Melanie in Turbulenzen geriet. Gehört hatte Adalbert von ihr schon öfter. Sie war ihm als ein fast allen Männern den Kopf verdrehendes Asphaltkind beschrieben worden, das vorzüglich in einen der damals in Köln erstmals gezeigten Filme des italienischen Neorealismus hineinpassen würde – trotz ihrer bescheidenen proletarischen Herkunft voller Schmissigkeit und Witz und, das konnten sie damals nur belächeln, immer noch gut katholisch. Adalbert war zu der Zeit wieder allein, nach Leonore hatte er nur einmal für ein paar Wochen, in Marburg, eine Freundin gefunden. So gab ihm die Sehnsucht nach einer Frau keine Ruhe, und bei dem Mythos, den Lilo vor sich hertrug, war es deshalb auch nicht verwunderlich, dass er sich auf sie Hoffnungen machte. Es kam jedoch ganz anders.

Lilo wollte von ihm, wenn überhaupt irgendetwas, dann wahre Liebe, ein echtes, tiefes Gefühl: Er sollte sie respektieren und nicht gleich begehren. Aber gleichzeitig machte sie sich in ihren eigenen Reden über solche Erwartungen anderer Frauen lustig und sie reizte ihn ständig durch ihre Aufmachung, durch ihre verführerischen Bewegungen und lasziven Sprüche. Sie kam mit ihrem Mund, ihren Brüsten, ihren Schenkeln in aller Unschuld auf Zentimeternähe an ihn heran, um sich ihm sogleich wieder zu entziehen, sobald er sich selbst auch nur zu einer winzigen Bewegung auf sie zu hinreißen ließ. So ging es über Monate, ja sogar über ein Jahr. Zwar gab es Küsschen und Händchenhalten, aber doch keine richtigen »feuchten« Küsse.

Sie vertrieben sich die Zeit, indem sie Rilke lasen, über Heidegger schwadronierten; Lilo hatte zu allem witzige Einfälle, von nichts eine tiefer gehende Ahnung. Dafür kannte sie den neuesten Klatsch über alle ihre gemeinsamen Freunde, für den sie manchmal sogar selbst der Anlass war. Adalbert hoffte immer noch, sie würde eines Tages schwach werden und ihn an sich heranlassen, sie vielleicht, er würde sie wirklich lieben und, Arzt geworden, auch heiraten. Aber in diese Richtung bewegte sich nichts, es war wie bei festgefahrenen Friedensverhandlungen, wo jede Partei als Vorbedingung für Gespräche die Anerkennung ihres eigenen Standpunktes fordert. Aus ihrer Sicht, wenn die nun tatsächlich so war, denn sie haben nie offen darüber geredet, hatte sie auch Recht, denn hätte sie Adalbert auch nur den kleinen Finger gereicht, wäre daraus schnell die ganze Hand geworden: eine kurz dauernde Sexaffäre, wie sie zwischen ihr und Karlfried, für sie unter schlimmen Demütigungen, gerade zu Ende gegangen war.

Das aber wollte sie auf keinen Fall, vielleicht auch deshalb nicht, weil sie in dieser Hinsicht auf Adalbert, anders als dieser auf sie, gar nicht besonders scharf war. So blieben sie über lange Zeit, bis Adalbert im Herbst 53 nach Paris ging, in einer Art Warteschleife, sie vergnügten sich mit mehr oder weniger geistreichen Sprüchen und machten sich gemeinsam auch über andere lustig, die in Fallen getappt waren, von denen sie meinten, sie sich selbst erspart zu haben. Mit der Zeit kühlte sich Adalberts Begierde nach Lilo etwas ab. Seine Freunde, vor allem Humbert, versuchten mehrfach ihn vor ihr vorsichtig zu warnen und ihn von ihr abzubringen, vergebens, denn er hatte sich so sehr an ihre Gegenwart gewöhnt, dass er unruhig wurde, wenn sie eine Woche lang nicht kam.

6.

Auf dem Weg zur Straßenbahnhaltestelle, nur drei Fußminuten von der Universität entfernt, in einem siebenstöckigen, schmucklos grauen Wohnblock der dreißiger Jahre – im Erdgeschoss befand sich das einzige Café des Viertels – wohnte ganz oben unter dem Dach eine mysteriöse Persönlichkeit: Friedrich Schuster. Der war Philosophiestudent im vierzehnten oder fünfzehnten Semester und tauchte in den Vorlesungen und Seminaren nirgends mehr auf, stand aber in dem Ruf, mit seiner immer noch in Arbeit befindlichen Dissertation über die Neukantianer Hermann Cohen und Paul Natorp die ganze neuere Philosophiegeschichte umzuschreiben, ja vielleicht sogar den ganzen gerade modischen Heidegger-Trend radikal in Frage zu stellen. Nur ein kleiner Kreis von Eingeweihten hatte Zutritt zu dem philosophischen Arbeits- und Gesprächskreis, den er in seiner zumeist verräucherten winzigen Bude veranstaltete, und zu dem gehörte damals auch Wolfgang Schmitt, der mit Karlheinz und Humbert befreundete Germanist aus der Kerpener Straße. Dieser überredete Adalbert, es in dieser Runde doch zu versuchen.

Friedrich war ein schlanker, großer, trotz seiner erst 26 Jahre schon etwas vornübergeneigt gehender Mann, absolut unsportlich – so als ob die Mühe, die man aufwenden muss, den Kopf und den Oberkörper ständig gerade zu halten, nicht lohne und woanders, in der geistigen Anstrengung, besser angebracht wäre. In dieser seiner leicht gebeugten Haltung erinnerte er Adalbert ein wenig an Kolkmann-Bruck, aber anders als bei diesem lauerte nichts Dämonisches in seinen Augen und es sprang ihm auch nicht ab und zu ein Orang-Utang mit Stirnwülsten und wuchtiger Kinnlade aus dem Gesicht. Wenn man einmal zu seinem Kreis gehörte, erwies sich Friedrich als warmherzig und gastfreundlich, eine Tasse Tee gab es bei ihm immer, selbst wenn er tief in der Arbeit steckte, und nie gab er einem Freund das Gefühl, von ihm gestört worden zu sein.

Die Themen, mit denen sie sich beschäftigten, lagen irgendwo an der Schnittstelle zwischen neukantianischer Philosophie und der Phänomenologie. Friedrich versuchte zusammen mit ihnen zu erkunden, wie die Probleme, die von der Phänomenologie aufgegriffen worden waren, vor allem die der Entstehung des Bewusstseins von etwas und damit von Welt, auch neukantianisch hätten weiterverfolgt werden können, das heißt ohne dem fundamentalontologischen Kurzschluss des (immer schon) In-der-Welt-Seins von Heideggers *Sein und Zeit* zu verfallen. Einzelheiten hat Adalbert nicht mehr im Sinn, nur dass die Sitzungen außerordentlich spannend waren und er sich manchmal wie ein Verräter, ja wie ein Doppelagent vorkam. Jedenfalls gerieten die bei Kolkmann-Bruck gewonnenen Seinssicherheiten zunehmend ins Wanken. Aber auch Friedrichs transzendentalphilosophische Thesen wurden im Oberseminar Kolkmann-Brucks, wenn Adalbert sie dort vorbrachte, immer wieder angekratzt. Schließlich fand er sich damit ab, dass auch die philosophische Wahrheit zwei, drei, wahrscheinlich noch viel mehr Gesichter hat und Begriffssysteme nur unterschiedlich geeignete Werkzeuge dazu sind, jeweils eine von ihren Seiten besonders deutlich hervorzukehren.

Zu diesem von Friedrich geleiteten Arbeitskreis gehörte auch Carl Graumann und seine etwas ältere, strohblonde und, wenn er sich richtig erinnert, von den Nazis als Halbjüdin verfolgte Frau, beide waren sie Psychologen, die auf der Suche nach einer philosophischen Grundlegung ihrer Wissenschaft waren. Carl wurde noch in sehr jungen Jahren auf den psychologischen Lehrstuhl in Heidelberg berufen und entwickelte sich dort zu einem der Pioniere der phänomenologischen Psychologie in der BRD – immer wieder kam Adalbert auf wissenschaftlichen Tagungen mit ihm zusammen.

Dann saß Gunhild Riem noch dort, die Tochter des Direktors der Sporthochschule. Mit der Wahrheit, der Schönheit, der Güte ging sie wie mit völlig kalkulierbaren Größen um, betriebswirtschaftlich gewissermaßen, und ihre modische Aufmachung, besonders gerne in grellem Grün, zielte treffsicher auf Status und Exklusivität ab. Adalbert konnte sie nicht leiden, vielleicht auch deshalb nicht, weil sie ihn überhaupt nicht beachtete, ja so tat, als wenn er ein Nichts wäre oder noch schlimmer: schon durch seine pure Anwesenheit in Friedrichs geheiligten Hallen so etwas wie ein lästiges Insekt, das, wenn man es schon nicht ganz abschütteln konnte, von Zeit zu Zeit wenigstens mit einer Handbewegung von der eigenen Haut weggescheucht werden musste.

Auch Barbara nahm an ihren Arbeitssitzungen teil. Adalbert weiß nicht mehr, was sie zuerst war, Teilnehmerin ihres Zirkels oder

Friedrichs Freundin. Eine hohe, schlanke Gestalt schwebt ihm noch vor, die langen, schwarzen Haare zu einem lockeren Knoten geschürzt: Sie bildeten einen Kontrast zu ihrer schneewittchenweißen Haut. Nirgends, auch dort nicht, wo sie es gekonnt hätte, versuchte sie aufzutrumpfen oder gegen andere Recht zu behalten, jedem von ihnen hörte sie aufmerksam zu. Es wäre zu viel, wenn Adalbert sagen würde, er hätte sich in sie verliebt. Aber wenn er sie sah, gab es doch einen leise singenden Ton, so als geriete eine Windharfe in Schwingung, und wahrscheinlich ging es den anderen männlichen Mitgliedern ihres Kreises nicht anders. Jedoch: Sie war Friedrichs Freundin und damit für sie alle tabu.

7.

An der Kölner Philosophischen Fakultät hatte sich inzwischen eine Dependence des Löwener Husserl-Archives angesiedelt, in dem die nachgelassenen Schriften dieses Philosophen, des Begründers der Phänomenologie und Heideggers Lehrer, editionskritisch aufgearbeitet wurden. Man sprach damals noch nicht so offen wie heute davon, dass Heidegger, sein bäurischer Lieblingsschüler, der ihm zumindest die Reibungslosigkeit seines akademischen Aufstieges verdankte, 1938 noch nicht einmal den Mut besessen hatte, zum Begräbnis seines von den Nazis als Jude verfolgten Lehrmeisters zu kommen. Mit eher verständnisvollem Schweigen übergangen wurde auch Heideggers die Nazis feiernde Freiburger Rektoratsrede: wohl aus Respekt vor seiner Weltberühmtheit, denn die BRD brauchte in der Nachkriegszeit Identifikationsfiguren. Oft wurden von denen, die dieses Bedürfnis verspürten, dazu noch immer Erlösersurrogate verwendet, die in manchen Zügen dem dahingeschiedenen Führer nachgebildet waren.

Adalbert weiß nicht mehr genau, weshalb er sich nun stärker für Husserl als für Heidegger und dessen Kölner Satrapen Kolkmann-Bruck zu interessieren begann: Weil er sich mit Walter Biemel, dem Leiter der Kölner Archiv-Dependence, und seiner Frau Marly inzwischen angefreundet hatte? Oder war dies gerade geschehen, weil es ihm unter der Last der unablässig einlaufenden Seinsbotschaften zu eng und zu stickig geworden war und er einen Absprung suchte, der ihn nicht dazu zwang, allem von Heidegger und

Kolkmann-Bruck Gelernten auf einen Schlag abzuschwören? Vielleicht suchte er aber auch nur, wie es seine Art geworden war, wieder einen Kompromiss, diesmal zwischen den immer unvereinbarer werdenden philosophischen Positionen, der neukantianisch rationalen Friedrichs und der mystisch seinsträchtigen der Heideggerianer.

Walter und Marly waren aus politischen Gründen im Spätherbst 1944, er weiß nicht mehr, ob über den Rhein oder über die Schweiz, nach Frankreich geflüchtet, mit Heideggers Unterstützung, wie sie erzählten, denn der hätte sich zu der Zeit schon von den Nazis völlig abgewandt. Bis sie nach Köln kamen, hatten sie in Louvain gelebt und gearbeitet. Sie brachten das Licht der Aufklärung und einen Schuss Weltläufigkeit in die immer noch ziemlich finstere Domstadt mit, sie reinterpretierten, in französischer Tradition, Heidegger von Husserl aus neu, indem sie zeigten, dass es nach *Sein und Zeit* anders als pastoral und schwarzwälderisch weitergehen konnte, existenzialistisch mit Sartre oder aufs Neue phänomenologisch mit Merleau Ponty. Das war für Adalbert der schon länger gesuchte Ausweg. Der erste französische Sprachklang aus Hapsal, Schillings zum Mythos verdichtete Pariser Impressionen, *Casque d'or*, *Orphée*, *Die Kinder des Olymp* und nicht zuletzt, dass Walter und Marly Widerständler gewesen waren und Heidegger doch nicht ganz hatten fallen gelassen, sondern ihn mit dem, was vor ihm gewesen und was nach ihm entstanden war, wieder verbunden hatten: mit aufgeklärtem jüdischen Geist, der sich selbst auf den Grund geht, und mit dem weltoffenen politisch-moralischen Engagement der Existenz, mittten im sich selbst nichtenden Nichts – das alles kam plötzlich zusammen und gab Adalbert für eine Reihe von Jahren so etwas wie eine geistige Heimat wieder.

8.

Natürlich musste Adalbert auch seinen Alltag bewältigen und dieser bestand nun mal zu einem guten Teil aus seinem Medizinstudium. Er handhabte es eher lässig und besuchte nur die Vorlesungen, die ihm Spaß machten. Bei den anderen, soweit sie ein »Praktizieren« erforderten, passte er die Stunde ab, zu der sein

Buchstabe dran war, und war so für etwa sechs Wochen in diesem Fach von jeder Verpflichtung ledig. Ernsthafte Sorgen machte Adalbert nur der Chirurg. Wenn er eine vereiterte Gallenblase voller Steine herausgeschnitten hatte und sie dem mager besetzten Hörsaal triumphierend entgegenhielt, mussten die Studenten im Chor seine Lieblingssentenz »So etwas möchte ich nicht in meinem Bauch haben« wiederholen. Auch wer im Staatsexamen dieses Organ in Präparatform mit der Frage »Was ist das?« gezeigt bekam, durfte nicht mit »Das ist eine vereiterte Steinblase« antworten, sondern nur mit des Ordinarius eben zitiertem Lieblingsspruch – denn allein so meinte er herausfinden zu können, ob man seine Lehrveranstaltungen auch wirklich besucht hatte.

Hingegen war die Psychiatrievorlesung, gehalten vom neu berufenen Professor Werner Scheid, ein intellektueller Genuss, und dies, obwohl Scheid neben seinem Lehrer Kurt Schneider, dem damaligen Psychiatriepapst der BRD, einem pingeligen Buchhalter des Wahnsinns, und Karl Jaspers' *Allgemeiner Psychopathologie*, dem methodologischen Jahrhundertwerk seines Faches, nichts gelten ließ. Verfemt waren auch die Daseinsanalyse und die anthropologische Psychiatrie, von Husserls und Heideggers Denken beeinflusste Schulen, deren Schriften Adalbert bei Bibliotheksstudien während seiner Marburger Famulaturen aufgetan hatte. Von Scheids Assistenten erfuhr er später, dass sie die Namen der Repräsentanten solcher Fachrichtungen, Binswanger, v. Gebsattel, Strauß, Zutt und Storch, außer zu einer vernichtenden Kritik überhaupt nicht aussprechen durften und ihnen zudem noch jede Beschäftigung mit der Psychoanalyse, die nicht deren Widerlegung anzielte, aufs Strengste verboten war – ja, dass der Versuch einer tiefenpsychologisch orientierten psychotherapeutischen Ausbildung sogar den Arbeitsplatz kosten konnte.

Aber wenn auch den ausgewachsenen Mitarbeitern alles, was von der Meinung ihres Chefs abwich, untersagt blieb, wurde doch den »Kleinen«, den Studenten, alles erlaubt, wenn es nur in sich selbst schlüssig begründet wurde. So kam auch Adalbert mit Professor Scheid auf das Beste zurecht: Dieser zögerte keinen Augenblick, ihm im Staatsexamen nach einer völlig unorthodoxen Fallanalyse eine glatte Eins zu geben.

9.

Im Spätherbst 1952 fragte Walter Biemel Adalbert, ob er nicht nach seinem Staatsexamen für ein Jahr zu einem von der französischen Regierung finanzierten Studienaufenthalt nach Paris gehen wolle. Für die ganze Kölner Universität gab es nur ein oder zwei solcher Stipendien, sodass Adalbert sich zunächst überhaupt keine Chancen ausrechnete – schon deshalb nicht, weil seine bei Madame Wilhelmson in Hapsal erworbenen französischen Sprachkenntnisse inzwischen fast auf null abgesunken waren. Für ihn sprach eigentlich nur, dass er nun auch als Philosophiestudent immatrikuliert war und eine Dissertation zur Phänomenologie des Ekels begonnen hatte und zudem sowohl Kolkmann-Bruck als auch Scheid sich für ihn einzusetzen bereit waren. Die Sprachklippe aber blieb: Wie sollte er nur die mündliche Prüfung beim Direktor des Kölner *Institut Français* bestehen?

Zu seinem Glück stellte es sich heraus, dass dieser Kulturfunktionär, der auch die letzte Entscheidung über die Stipendienvergabe traf, ein enger Freund Walter Biemels war und diesem die Fragen, die er stellen wollte, schon vorab mitgeteilt hatte. So trat Adalbert am besagten Tag, ausgestattet mit auswendig gelernten Antworten und gutem Akzent, von Walter begleitet in das Dienstzimmer des Direktors, bekam dort eine Tasse Kaffee angeboten und wurde nach zwei, drei flüssigen Erwiderungen mit einem »très bien Monsieur, je vous félicite« schon wieder verabschiedet. In den ersten Maitagen 1953, kurz bevor Adalbert die letzte medizinische Staatsexamensprüfung erfolgreich hinter sich gebracht hatte, bekam er den Brief aus Paris, der ihn für ein Jahr, ab dem 12. Oktober 53, zu einem wohldotierten Studienaufenthalt an der Sorbonne einlud.

Damit war ein Traum für ihn wahr geworden, dessen Erfüllung er seit Jahren, seit Schillings Erzählungen, ja vielleicht sogar schon seit dem letzten Hapsaler Sommer, herbeigesehnt hatte.

9. Kapitel: Erste Schritte im Hause des Wahnsinns

1.

Aber bis dahin mussten noch mehr als fünf Monate vergehen. Adalbert hatte für diese Zwischenzeit eine Pflichtassistentenstelle an der Marburger »Landesheilanstalt« bekommen, am psychiatrischen Großkrankenhaus, in welchem auch die von seinem Vater geleitete Lungenheilstätte untergebracht gewesen war. Der leitende Psychiater, Professor Branfenbrügge, nach einer kurzen Entnazifizierungspause wegen seiner Zugehörigkeit zur Reiter-SS seit Anfang 1949 wieder im Amt, hatte Adalberts Vater gerade vor dessen Tod noch kennen und wie er behauptete auch schätzen gelernt, jedenfalls hatte er dem mittellos gewordenen Sohn bereits im Sommer 1950 und dann noch einmal im Frühjahr 1951 mit dem Angebot einer bezahlten Famulatur unter die Arme gegriffen.
So war auch der psychiatrische Teil der Marburger Anstalt, als er jetzt, im Mai 53, dorthin zurückkehrte, für Adalbert schon vertrauter Boden.

2.

Im Sommer 1950, als er seine erste Famulatur dort begonnen hatte, lag der Tod des Vaters gerade ein Jahr zurück. Die Krankenpavillons, das große Verwaltungsgebäude, das die Außenfront der Anstalt bildete, die ihm vorgelagerten, sorgfältig gepflegten Blumenbeete, rot-grünes Geranium mit einem Tüpfelchen Vergissmeinnichtblau, ganz hinten die Kapelle und der oben leicht rauchgeschwärzte, ziegelfarbene Schlot des Heizwerkes, dazwischen der Park mit seinen majestätisch entfalteten lichtgrünen Baumkronen, und, ganz an der Peripherie, am Waldrand schon, das zweigeschossige Ärztehaus, dessen obere Etage sie bis vor kurzem bewohnt hatten – das alles schien noch genauso wie ehedem.
Herausgeschnitten aus diesem Bilderalbum hatte man allerdings

die Gestalt des Vaters: wie er ihm früher aus den Alleen allabendlich entgegengekommen oder sonntags mit ihm im benachbarten Wald spazieren gegangen war. Adalbert versuchte vergebens, sie dorthin wieder einzufügen, indem er sich selbst in diese Szenerien einklinkte, indem er Schritt für Schritt wieder dieselben Wege ging – aber mehr als eine wehmütige Erinnerung sprang dabei nicht heraus. Näherte er sich ihrem früheren Hause, wurde sie sogar derart schmerzlich, dass er umkehrte, und so blieb es von einer Tabuzone umgeben – bis drei Jahre später, 1953, als er seine Pflichtassistentenzeit begann, Friedhelm Lemmer mit seiner Familie dort einzog, ein Kollege, mit dem er sich bald eng anfreundete. Erst damit war der böse Zauber, den der Tod an diesem Ort zurückgelassen hatte, verscheucht.

3.

1950 aber war Adalbert noch äußerst verletzlich gewesen, ganz zurückgewandt auf vergangenes Glück und auf fast noch gegenwärtigen Schmerz. So war ihm die viele Arbeit, mit der er gleich bei Antritt seiner Famulatur überhäuft wurde, gerade recht – sie und die für ihn immer noch neuartige Wissenschaft Psychiatrie, mit der er sich an Sonntagen und nach Arbeitsschluss in der reich bestückten Bibliothek der Anstalt intensiv auseinander zu setzen begann. Untergebracht wurde er, aus Raumnot, in dem kleinen Arztzimmer der »Frauenunruhe«, das er tagsüber mit der vier oder fünf Jahre älteren Pflichtassistentin Wibke Biddern teilen musste und in dem neben zwei winzigen Büroschreibtischen auch eine schmale Untersuchungscouch stand, die ihm allabendlich als Bett zurechtgemacht wurde.
Wibke, die ersten Monate für ihn noch »Fräulein Biddern«, wie er für sie auch »Herr Wulff«, war eine feingliedrig schlanke, dunkelhaarige junge Frau mit ausdrucksvollen, klugen Augen und immer sehr präzisen, deshalb vielleicht weniger flüssigen, ja manchmal sogar etwas abrupt anmutenden Bewegungen. Ihre Schönheit wusste sie über längere Zeit erfolgreich zu verbergen, und zwar hinter ihrer Intelligenz, hinter ihrem meist gutmütigen, manchmal aber auch etwas spitzen Humor und hinter ihrer Aufmachung: Im Winter trug sie dicke wollene Kleidung, im Sommer

eine Art Sackleinen, sodass von ihr ein winziger Hauch jungferlichen Charmes ausging, wie von Katharine Hepburn in *African Queen*. Ihre äußere Erscheinung, aber auch ihre etwas spröde Art hatte sie zu Leitmotiven für distanziert freundschaftliche, ein bisschen kumpelhafte Beziehungen stilisiert, die man rasch mit ihr aufnehmen konnte, aber auch zu Warnschildern vor einer größeren Nähe.
Erst wenn sie sich selbst zu einer solchen bereit fand, was selten und erst nach längerer Bekanntschaft mit ihr der Fall war, eröffnete sich irgendwann einmal auch der Zutritt zu ihrer kleinen Mansardenwohnung in der Werderstraße, nicht weit von den Lahnwiesen und nur 15 Fußminuten von der Anstalt entfernt. Dorthin wollte sie zunächst aber noch nicht einmal begleitet werden, wenn jemand zufällig denselben Weg hatte – ja, sie hielt ihre Adresse sogar sorgfältig geheim. Eine Einladung zu einem Abendessen, einem Sonntagskaffee oder gar einem Frühstück, wenn sie dann doch erfolgte, wurde damit nicht nur zu einem Vertrauensbeweis, sondern auch zu einem umso kostbareren, irgendwie mit ihrer ganzen Person verbundenen Geschenk. So empfand es Adalbert jedenfalls damals, während ihm heute eher eine Idylle hinter Festungsmauern einfällt, wenn er an Wibke und an ihre seinerzeitige Marburger Behausung denkt, die durch einen merkwürdigen Zufall genau gegenüber der ersten Wohnung lag, die er selbst über zwanzig Jahre später, 1973, mit Marina in der gleichen kleinen Straße bezog.
Mit Wibke verbrachte er im Sommer 1950 fast seine ganzen Arbeitstage. Morgens machten sie im Wachsaal Visite, zweimal wöchentlich begleitete sie dabei der Oberarzt Troeltsch, ein schwerer, voluminöser Mann, hornbebrillt im immer leicht geröteten Gesicht, der sich eigentlich nur für die Psychotherapie gebildeter Damen interessierte. Zu Adalberts Glück war er in den ersten vier Augustwochen im Urlaub und wurde von Dr. Grüter vertreten, einem schon fertig ausgebildeten Assistenten der Universitätsklinik. Von Dr. Grüter lernte Adalbert, wie er von Angehörigen der Patienten die Krankheitsvorgeschichte aufnehmen, nach welchen Kategorien er einen psychischen Befund erheben und wie er daraus diagnostische Schlüsse ziehen konnte. Er lernte von ihm die minutiöse Beobachtung psychotisch Kranker und das Registrieren ihrer inneren Erlebniswelt – also die ganze deskriptive Psy-

chopathologie, die er kurze Zeit später allerdings selbst, nicht ganz zu Recht, mit dem Verdikt belegen sollte, nichts anderes als eine botanisierende Klassifikationswissenschaft zum Zwecke inhumaner Abstempelungen zu sein.
Erst nach Jahrzehnten gewann er den nötigen Abstand, um in ihren Begriffen auch präzise Grenzziehungen zur Verrücktheit zu entdecken, die unabdingbar waren, wenn man Wahnsinn verstehen oder gar zu ihm hinübergelangen wollte. In seinem letzten Psychiatriebuch *Wahnsinnslogik* hat Adalbert diese innere Widersprüchlichkeit der Psychopathologie noch einmal, für ihn abschließend, dargelegt – sie hat ihn aber sein ganzes berufliches Leben begleitet.
Wäre er statt auf Grüter gleich auf Troeltsch gestoßen, in dessen verkürztem, breiigem Psychoanalyseverständnis alles, Psychose und Neurose, zur gleichen Soße verrührt wurde, dann wäre auch er wahrscheinlich auf irgendeinem irreleitenden Abkürzungsweg zur Verrücktheit stecken geblieben.

4.

Die ersten Eindrücke im Wachsaal warfen ihn beinahe um. In eine der Zellen, man nannte sie damals noch nicht »gesicherte Einzelzimmer«, hatte man eine polamidonsüchtige Krankenschwester zum Entzug gesteckt. Sie brüllte, sobald sie im Saal die Schritte der Visite vernahm, und als Grüter – oder war es schon Troeltsch? – die schwere Zellentür aufschloss, kam ihnen ein penetranter Fäkaliengeruch entgegen: Schwester Margarethe hatte ihnen mit ihrem eigenen Kot in großen Lettern das Wort »Raumgestaltung« wie ein Menetekel an die Wand geschrieben. Statt bei dieser Gelegenheit die eigene therapeutische Strategie zu überdenken, eine Strategie, die darin bestanden hatte, einen abrupten Entzug ohne jede Hilfe zu erzwingen, ja statt überhaupt nur zu fragen, was die Patientin mit ihrer verzweifelten Geste ihnen hatte sagen wollen, entschied Grüter – oder Troeltsch? –, sie jetzt auch noch mit Armen und Beinen ans Bett zu fixieren.
Im Wachsaal lagen zwanzig oder dreißig Kranke in ihren Eisenbetten; Nachttische oder irgendein Behältnis für persönliche Gegenstände gab es für sie nicht. Immer wieder schrie jemand auf

oder stürzte sich auf eine Mitpatientin, um sie zu umarmen oder auch um auf sie einzuprügeln. Schlugen Beruhigungsversuche durch Worte fehl, sie wurden hier auf der »Frauenseite« immerhin unternommen, so war eine Morphium-Scopulaminspritze fällig und, wenn, es dort noch Platz gab, Isolierung in einer der Einzelzellen.

Adalbert war darüber natürlich verstört. In diesem Wachsaal waren die Kranken, das sah er, von ihrem ganzen bisherigen Leben abgeschnitten – als wenn es infektiöses Material enthielte, durfte nicht eine Spur Eigenes, nichts, was an den eigenen, komplexen Lebenszusammenhang erinnerte, von draußen in ihn mit hinübergenommen werden. Dass dieser von allem Persönlichen entleerte Raum jedoch selbst, gerade auf Grund solcher Regelungen, mit der Krankheit eine unheilige Allianz einging und seine Insassen dazu trieb, ihre nunmehr völlig voneinander isolierten Erinnerungen ebenso wie ihre Angst- und Wunschvorstellungen auf die wenigen halb nackten Gestalten zu projizieren, die sie dort in der gleichen Situation vorfanden – das alles spürte er vielleicht dumpf, aber er begriff es damals noch nicht wirklich.

Immerhin, mit denen im Wachsaal geschah zumeist noch irgendetwas, man machte sich noch ein paar Gedanken darüber, wie man ihnen aus ihrem Wahnsinn heraushelfen konnte. Die »halb unruhig Chronischen«, eine Etage höher, die man tagsüber zu irgendeiner Form von unbezahlter Arbeitstherapie in einer Kolonne abführte, zum Kartoffelschälen, Gemüseputzen oder Wegereinigen, wurden hingegen wochenlang von keinem Arzt mehr gesehen. Auch sie schliefen in riesigen Sälen, auch für sie gab es keinerlei intimeren Rückzugsraum, aber sie schienen sich mit ihrem Schicksal abgefunden zu haben, blieben meist stumm und bewegten sich, auch vor der Einführung der Psychopharmaka, schon oft wie Automaten – nur von Zeit zu Zeit brach die ihnen angetane institutionelle Gewalt in einem Schrei oder einem Erregungssturm aus ihnen heraus.

Dreimal wöchentlich – montags, dienstags und mittwochs – gab es Elektroschock. Er wurde damals auch noch so und noch nicht »Heilkrampf« oder »Durchflutungsbehandlung« genannt. Pur wurde er appliziert, ohne Kurznarkose, ohne Muskelerschlaffung, ohne Sauerstoffgaben, sodass als seine Folgen Wirbelbrüche nicht selten und längere Atemstillstände, bei denen die Kranken blau wurden, fast an der Tagesordnung waren. Dreißig Anwendungen pro Tag gab es auf der Frauenseite: die dazu ausgewählten Patientinnen, allesamt schon in einem Warteraum zusammengetrieben, warteten darauf, dass sie der Reihe nach drankämen. Vielleicht jede Dritte ging freiwillig mit. Die übrigen mussten von den Pflegerinnen ins Behandlungszimmer und auf das Schockbett gezerrt werden, sie schlugen um sich und schrien – nicht nur die verrückten Kranken, auch manche Depressive, die am »Schockangstsyndrom«, wie man es damals nannte, litten: an der panischen Furcht, irgendetwas Schreckliches stünde ihnen jetzt gleich unabwendbar bevor.

Und in der Tat erinnerte der ganze Vorgang am ehesten an ein Hinrichtungsritual: Von drei Pflegerinnen auf das Schockbett geworfen und auf diesem so gut es ging bewegungslos festgehalten, bekam das Opfer einen Gummikeil zwischen die Zähne geschoben. Die Oberschwester, nur sie war dazu befugt, legte die Elektroden an beide Schläfen und der Oberarzt, oder in seiner Vertretung ein Assistent, drückte augenblicksschnell den Knopf, über den der erwünschte epileptische Anfall ausgelöst werden sollte: Aufstöhnen, Erstarrung in Streckhaltung, dann die Zuckungen im Gesicht, an Armen und Beinen, das Ganze vielleicht eine Minute lang, manchmal länger, gefolgt von totaler Erschlaffung – und am Ende warteten alle angstvoll darauf, dass die Atmung in Gang käme, was manchmal länger, als für den Kranken gut war, auf sich warten ließ.

Sobald der Brustkorb sich wieder hob und die bläuliche Gesichts- und Lippenfarbe einem blassen Rosa Platz gemacht hatte, trugen zwei Pflegerinnen die »Geschockten« in den Aufwachraum, in dem rund zehn Betten standen. Wenn sie sich kurz danach, meist noch völlig desorientiert, ohne zu wissen, wo sie sich befanden, ja manchmal auch, wer sie überhaupt waren, taumelnd aus diesem Lager erhoben hatten, wurden sie auf eine Bank gesetzt und mussten darauf warten, dass jemand sie auf ihre Station – oft war das der Wachsaal – zurückbrachte.

Adalbert schämt sich noch heute, wenn er daran zurückdenkt, dass er dabei nicht nur zugeschaut, sondern ein paar Jahre später, als Pflichtassistent, in Vertretung des Oberarztes auch selbst auf diesen Knopf gedrückt hat. Verbrecherisch war nicht die Schocktherapie selbst. Zu jener Zeit gab es keine andere Behandlung, die

Psychopharmaka waren noch nicht entwickelt, ein Arzt versorgte Hunderte von Patienten, die asylähnlichen Unterbringungsbedingungen unterhielten die Krankheit, sodass psychotherapeutische Versuche bei Schizophrenen wenn überhaupt nur mit einzelnen ausgewählten Kranken unternommen werden konnten. Und es gab ja auch spektakuläre Schockerfolge, vor allem wenn die Verrücktheit oder die Schwermut plötzlich über jemanden hereingebrochen war. Solche Patienten gingen nach vier oder sechs Wochen heim, fast als ob gar nichts gewesen wäre.

Wenn er Zweifel äußerte an der berufsethischen Berechtigung, jemanden zu einer solchen Schrecken erregenden Behandlung zu zwingen, wurden ihm jene Erfolge jedes Mal vorgehalten: manchmal vom Oberarzt, häufiger aber von Oberschwester Barbara, bei der die »Jungen«, das heißt Wibke und er, alle paar Tage nach dem Mittagessen bei einer Tasse Kaffee oder Tee saßen. Sie war so etwas wie ein wandelndes, meistens berufsbezogenes Seelenklosett, aber man konnte sich darüber hinaus über praktisch alles, auch über persönlichen Kummer, bei ihr vernünftigen Rat holen. »Wollen Sie, dass dieses hübsche junge Ding mit ihrem Weltuntergangswahn, mit den Stimmen, die sie verfolgen, bald schon so aussieht wie die Frauen oben im Haus 2?«, pflegte sie zu sagen, wenn einer von ihnen mit seinen Skrupeln nicht mehr zurechtkam. Und sie fand auch Gründe dafür, um das Fehlen der Narkose und der Sauerstoffzufuhr zu rechtfertigen: »Man kann immer nur mit dem arbeiten, was man hat.«

Heute weiß Adalbert, dass keine totale Institution ohne die Figur einer solchen moralischen Aufrüsterin auskommt, wie Schwester Barbara es damals für sie war – aber er kann, nachdem er jahrelang fast nur verurteilt hat, nun auch die Zwangslage besser erkennen, in der sie sich damals befanden. Es war eben nicht die Schockbehandlung, nicht die Zwangsfesselung, nicht die unnötig lange Internierung allein, es war das *System* Irrenhaus, der Archipel Asyl mit seinen vielen Tentakeln, mit seinen Selbstverständlichkeiten und scheinbaren Unabwendbarkeiten, es war dieses System des Ausschlusses und der Exterritorialisierung, das zwangsläufig Entrechtung und Unmenschlichkeiten produzierte. Aber das hat ihn erst nach fast zwei Jahrzehnten sein späterer Freund Franco Basaglia so klar sehen gelehrt.

5.

In den kleinen Flur, den er durchqueren musste, um zu seinem Schlafplatz im Arztzimmer zu gelangen, wurde allabendlich aus dem Wachsaal eine mit einem Bauchgurt ans Bett gefesselte sehr alte, schwerhörige Frau gefahren, und zwar deshalb, so wurde ihm erklärt, weil sie nachts so laut mit ihren Stimmen herumschimpfte, dass keine der anderen Insassinnen einschlafen konnte. Adalbert hatte zuerst etwas Angst vor ihr. Nein, Angst ist nicht das richtige Wort, er schreckte nur heftig zusammen, wenn sie, während er leise durch den Flur zu schlüpfen versuchte, nach seinen Kleidern griff und er dann Mühe hatte, ihre zusammengepressten Finger wieder zu lösen. Bald aber wurde ihre schrille, wegen der vielen Wortneubildungen meist unverständliche Stimme für ihn zu einem vertrauten Hintergrundgeräusch – so sehr, dass er befremdet innehielt, als ihn eines Nachts nur leises Stöhnen empfing. Also sah er nach ihr, aber ihr Puls ging ganz ruhig und regelmäßig.
Am nächsten Abend redete die alte Frau ihn deutlich vernehmbar mit »Herr Doktor« an und fragte ihn, ob der Schlafplatz in dem kleinen Zimmer nicht zu unbequem sei. Sie klagte über Schmerzen im linken Fuß, dessen großer Zeh tatsächlich schwärzlich angelaufen war. Die Stimmen waren völlig verstummt – sie kehrten allerdings wieder, als die alte Dame nach der nötig gewordenen Zehamputation wieder in den Wachsaal zurückgebracht wurde.
Jahrzehnte später fand Adalbert in den Memoiren des ersten Bonner Psychiatrieordinarius Pelmann die Beschreibung einer damals, also um 1840, gängigen »Therapie«: Mit einer säurehaltigen, »nekrotisierenden« Salbe erzeugte man Geschwüre, die sich bis zum Schädelknochen, ja manchmal bis zur harten Hirnhaut durchfraßen und dadurch Wahngedanken und Stimmen verscheuchten – allerdings eben nur so lange, wie sie noch nicht wieder zugeheilt waren. Etwas Ähnliches war auch mit dieser alten Frau geschehen: Der schmerzhafte Gefäßverschluss am Zeh hatte sich als wirksames Therapeutikum gegen ihre Verrücktheit erwiesen.
Auch wenn Adalbert damals diese Zusammenhänge nicht durchschauen konnte, kamen ihm danach doch erste Zweifel an der These, der schizophrene Wahnsinn sei nichts anderes als eine vorerst noch unbekannte, wahrscheinlich erblich bedingte Hirnkrankheit.

Damit nicht genug: Während der Vorbereitungen zu dem Sommerfest der Patienten, es fand alljährlich Ende August statt, machte eine der beiden Oberschwestern eine eigenartige Voraussage – nicht Barbara, es war die verschmitztere, zu skurrilen Scherzen neigende Frieda. Sie prophezeite, Frau Rummler, so hieß eine ältliche, schon etwas verschrumpelte »halb unruhig-chronische« Patientin, die Tag um Tag von morgens bis abends in vertrackter Haltung, regungslos gebannt wie eine Säulenheilige mitten im Aufenthaltsraum stand, werde, kaum dass der erste Walzer erklänge, ihren Platz verlassen und zu singen, zu tanzen, ja zu reden beginnen und über drei Tage von einer Gesunden überhaupt nicht zu unterscheiden sein – um danach allerdings für ein weiteres Jahr wieder jeden Morgen an ihrem gewohnten Ort zu erstarren. Genauso geschah es auch.

Adalbert kam sich vor wie in einem Märchen, in dem Steine plötzlich zum Leben erwachen, aber diesmal sagte er sich, dass man sich eine solche Wiederauferstehung durch Musik vielleicht auch therapeutisch zunutze machen könne. Als er in der Ärztekonferenz vorsichtig anfragte, was von einem solchen Versuch zu erwarten sei, stieß er freilich sofort auf die alten Dogmen: Aus einem einmaligen Ereignis dürfe man keine überzogenen Schlüsse herleiten, und dass es gelegentlich spontane Besserungen, ja Heilungen gebe, sei ja schon lange bekannt.

Eine weitere, ihn viel stärker beschäftigende Erfahrung trat hinzu. Im Wachsaal, zumeist in einer der Zellen ans Bett fixiert, lag ein 19-jähriges Mädchen mit rückenlangen schwarzen Haaren. Wenn sie zwischendurch einmal losgebunden war, geisterte sie orphelienhaft durch den Saal, irgendein Lied auf den Lippen. Bei den Pflegerinnen war sie gefürchtet, weil sie diese unvermittelt angreifen, schlagen, kratzen oder auch beißen konnte. Deshalb wollten sie kein Risiko eingehen und schnallten sie meistens an ihrem Bett fest. Adalbert war von ihrer ätherischen, wie aus lauter Jenseitsfragmenten zusammengesetzten Schönheit stark angerührt, vielleicht sogar etwas verzaubert. Dass der Oberarzt, Schwester Barbara und auch Wibke sie nach dreißig oder vierzig Elektroschockbehandlungen als unheilbar aufgegeben hatten, forderte seinen Widerspruch heraus, und so fragte er, ob er mit Sigrid, so hieß sie, nicht im Park spazieren gehen dürfe. Unter der Bedingung, dass Wibke die ersten Male mitginge, sie zunächst in

Sichtweite des Pavillons blieben und Sigrid unter allen Umständen, notfalls auch mit Gewalt, wieder auf die Station zurückbrächten, wurde ihm das vom Chef gestattet – allerdings nur, wenn er versichere, dass er damit keine Psychotherapie, sondern nur etwas Lockerung und Entspannung im Auge habe. Er gab diese Versicherung ab und es kam zunächst auch zu keinerlei Komplikationen.

Nach zwei oder drei Spaziergängen durfte Wibke im Arztzimmer bleiben und Sigrid begann immer zusammenhängender zu reden, ohne Adalbert allerdings dabei anzusehen; sie ließ die Worte neben sie beide auf den Parkweg fallen, nahm aber zwischendurch kurz seine Hand. Im Wachsaal unterblieben die Angriffe auf die Pflegerinnen, und so sah alles eine Weile tatsächlich nach einer Wunderheilung aus, die für den Oberarzt und den Professor jedoch nur zufällig mit den Spaziergängen zusammenfiel, da nach der herrschenden Lehre Umwelteinflüsse wie menschliche Zuwendung den Krankheitsverlauf nicht beeinflussen konnten. Je länger die Besserung anhielt, desto häufiger wurde von allen Seiten geäußert, dass nun sicher bald schon der Rückfall käme – und so geschah es dann eines Tages auch. Hinterher hat Adalbert in Erfahrung bringen können, dass Sigrid durch ihre Sonderstellung im Wachsaal vielen Anfeindungen seitens der Mitpatientinnen, aber auch der Pflegerinnen ausgesetzt war, und er ist bis heute davon überzeugt geblieben, dass vor allem dies zum Rückfall geführt hatte.

6.

Die Semesterferien gingen zu Ende. Wibke und er waren tagsüber so unzertrennlich geworden, dass Schwester Frieda darüber ihre ersten Witzchen zu machen begann, und sogar Schwester Barbara, die ernste, zurückhaltende, sagte, man sähe doch, wie gut sie zueinander passten. Ob es an dieser Fürsprache lag oder einfach am Lauf der Dinge, einmal war Adalbert jedenfalls zusammen mit den beiden Oberschwestern bei ihr in der Werderstraße zum Tee eingeladen, und Wibke nahm ihn kurz danach auch an ein oder zwei Abenden zu Freunden mit. Einen davon, Daniel Gloop, Assistent an der Marburger Uniklinik, hatte Adalbert schon kurz als Konsiliararzt im Wachsaal kennen gelernt, denn bei schwierigen Fällen war es üblich, sich Rat von der benachbarten Hochschulklinik zu holen. Daniel verfügte über die Gabe, zuhören zu können, auch wenn er mit dem Gesagten nicht einverstanden war; Begabungen zu erkennen auch auf Gebieten, von denen er freizügig einräumte, nicht viel davon zu verstehen. Und wenn er auf logische Ungereimtheiten oder Informationsmängel stieß, wies er eher fragend darauf hin und versuchte nicht seine Gesprächspartner bei dieser Gelegenheit ironisch aufzuspießen. Er interessierte sich für Psychotherapie, aber auch für die Verankerung von Instinktmechanismen im Gehirn, das Letztere wurde später sein hauptsächliches Forschungsthema, mit dem er es zu internationalem Ansehen brachte. Ging er eine Sache an, dann immer sehr direkt, ohne Winkelzüge, manchmal freilich auch ohne ihre ganze Komplexität dabei zu berücksichtigen, mit einer etwas parzivalhaften Naivität. Dass er für Wibke etwas übrig hatte, war leicht zu erkennen. Aber er hielt zu ihr vorerst eine diskrete Distanz, wohl weil er trotz seiner Direktheit genug Sensibilität besaß, um zu spüren, dass man sich an sie nur langsam heranarbeiten konnte.

7.

Adalbert vermisste Wibke, als er Anfang November nach Köln zurückkehren musste, und sie ihn wohl auch, denn sie schrieben sich ziemlich lange Briefe und sie setzte es bei Branfenbrügge durch, dass er während der Weihnachtsferien wiederkommen durfte, und zwar zu einer halboffiziellen Famulatur, bei freier Verpflegung und Unterkunft, allerdings ohne Bezahlung. Wibke hatte ihr gemeinsames kleines Arztzimmer mit Tannenzweigen und Kerzen geschmückt, und als in einer der Weihnachtsnächte die Lichter erloschen waren, umarmten, küssten und streichelten sie sich und schliefen dann auch in der Dunkelheit miteinander.

Aus der Rückschau betrachtet kommt es ihm sogar so vor, als ob Wibke ihm damit so etwas wie ein sehr persönliches Weihnachtspräsent hatte machen wollen. Sie vertraute ihm jetzt auch ihre komplizierte Familiensaga an: ein Abenteurer als Vater, der nach dem Ersten Weltkrieg in der Südsee umherkreiste und bei Zwischenaufenthalten in Hambung mit der energischen, eher übersesshaften Mutter drei Mädchen gezeugt hatte, die von dieser alleine durchgebracht werden mussten. Auch diese Geschichten von ihrem Vater und seinem gauguinhaften Inselleben empfand Adalbert als weitere, mit bunten Schleifchen versehene Geschenke, als eine Art ihm gewidmetes Märchenbuch, und er war ihr, weil er ihre sonstige Zurückhaltung kannte, besonders dankbar dafür – auch wenn er sie etwas um diesen paradiesvogelartigen Vater beneidete, der zwar derzeit für sie unerreichbar, aber eben doch noch am Leben war.

Als auch diese Ferien um den Dreikönigstag herum zu Ende gingen, empfand Adalbert beim Abschied nicht nur das Glück, seine, wie er damals meinte, Traumfreundin endlich gefunden zu haben. Es überkam ihn auf einmal auch ein Gefühl der Unsicherheit, ja sogar der Panik, so als ob Wibke dadurch, dass sie mit ihm geschlafen hatte, nun vorzeitig, ja geradezu zur Unzeit, Entscheidungen auf sich zukommen sehen könne, für die ihre Beziehung noch gar nicht reif war, und er ängstigte sich deshalb auch davor, sie zu verlieren. Sie schrieb ihm nach Köln beruhigende Briefe, aber als er im März 51 zu einer weiteren zweimonatigen Famulatur in die Anstalt zurückkehrte, erfuhr er, dass genau das, was er die ganze Zeit über heimlich befürchtet hatte, während seiner Abwesenheit tatsächlich eingetreten war. Sie hatte nicht nur weniger Zeit für ihn, sie traf sich jetzt auch öfter mit Daniel Gloop und eröffnete Adalbert irgendwann Anfang April, dass sie jetzt mit diesem zusammen sei und ihn in absehbarer Zeit auch heiraten werde. Dabei hatte sie wohl ein etwas schlechtes Gewissen, sie suchte Adalbert jedenfalls nach Kräften zu trösten und versicherte ihm ihrer beider, Daniels und ihrer, Freundschaft.

Er besuchte Daniel noch ein paar Mal in seiner winzigen Zwei-Zimmer-Wohnung in der Gerhard-Vogt-Straße, vor deren Fenstern sich das ganze Marburger Altstadtpanorama wie ein Postkartenbild erhob. Meistens war Wibke dabei auch zugegen, aber ganz wohl war ihm dabei nicht: Es erschien ihm, als solle er mit einem Almosen abgespeist werden. So ging er zunehmend seltener hin, stattdessen stand er immer häufiger abends vor Wibkes Haus in der Werderstraße und schaute zu ihrem beleuchteten Fenster hinauf, bis dort irgendwann das Licht ausging.

Das war auf die Dauer schwer zu ertragen, und so nahm er ein weiteres Famulaturangebot für den Sommer 51, das Professor Branfenbrügge ihm machte, nicht an mit der gesichtswahrenden

Begründung, er müsse sich nun intensiver aufs Staatsexamen vorbereiten. Wäre seine Liebesgeschichte mit Wibke glücklicher ausgegangen, so hätte er sich über solche Notwendigkeiten wahrscheinlich hinweggesetzt.

8.

Mit dieser doppelten Erinnerungslast beladen, dem Tod seines Vaters und der abgebrochenen Liebesgeschichte mit Wibke, reiste Adalbert also am 11. Mai 1953, zwei Tage nach dem glücklich bestandenen Staatsexamen und mit einer vorläufigen Approbationsbescheinigung in der Tasche, zu seiner Pflichtassistententätigkeit nach Marburg an. Diesmal bekam er in Haus 1, das die »ruhigen« Privatpatientinnen beherbergte, ein großes, bequemes Zimmer eingeräumt, und auch in seiner Arbeit gab es eine wichtige Neuerung: Wibke war ausgeschieden und dafür war nun außer dem Oberarzt und ihm, dem nunmehrigen Pflichtassistenten, auf der Frauenseite noch ein ausgebildeter Facharzt tätig, Friedhelm Lemmer, der von der Universitätsklinik kam und die frühere Wohnung von Adalberts Vater bezogen hatte.

Mit ihm, der im Ruf stand, schwer zugänglich, empfindsam und leicht verstimmbar zu sein, eine wahre Künstlernatur – er hatte eigentlich Pianist werden wollen und war über mehrere Jahre Lieblingsschüler Claudio Arraus gewesen –, entwickelte sich fast vom ersten Tag an eine solide Freundschaft. Adalbert respektierte Friedhelms Bedürfnis nach Distanz, aber er fand auch heraus, dass dieser, wenn er von seinen Schwermutsanfällen heimgesucht wurde, ihn sogar gerne in seiner Nähe wusste, weil er keine penetranten Fragen stellte und schon gar nicht den Versuch machte, sich in sein Innenleben einzudrängen. Sie gingen dann stundenlang spazieren oder er hörte dem um zehn Jahre Älteren beim Klavierspiel zu.

Auch eine Frau hatte Friedhelm, sehr schlank mit tief liegenden, oft etwas feuchten Augen in einem allzu knochigen Gesicht. Sie betete ihren Mann an, konnte jedoch keine ebenbürtige Gesprächspartnerin für ihn sein – nicht deshalb, weil ihr dazu die Bildung gefehlt hätte, sondern weil sie, was von Autoritätspersonen gesagt oder geschrieben wurde, allzu kritiklos aufnahm und so Friedhelm, den sie für eine solche hielt, keine eigene Meinung, sondern nur ab und an ein bockiges Schweigen entgegensetzen konnte. Sicherlich war sie auf Adalbert auch eifersüchtig, stahl er ihr doch einen beträchtlichen Teil von ihres Mannes ohnehin knapp bemessener Zeit, und sie witterte wohl auch die Gefahr, er könne Friedhelm in sein Junggesellenleben mit hineinziehen. Aber sie wagte das alles nicht offen zu sagen, nur ein ständiger Ausdruck leichter Gekränktheit blieb davon in ihrem Gesicht zurück.

Die fünf Monate gingen rasch zur Neige. Erst wenn er sich heute diese Zeit vergegenwärtigt, wird ihm deutlich, dass sechs Wochen nach seiner Ankunft in Marburg der 17. Juni 1953 lag. Wie er diesen Tag erlebt hat, was ihm durch den Kopf ging, das kann Adalbert heute nicht mehr rekonstruieren. Tiefer betroffen war er von den damaligen Vorfällen in der DDR jedenfalls nicht, sie spielten sich für ihn in einer anderen Welt ab, gehörten zu der Kinorealität der Wochenschauen: In seinem Alltag hatten sie nichts zu suchen. Hingegen erinnert er sich noch ganz genau an eine junge Patientin, eine blonde, zerbrechlich anmutende Oberprimanerin. Sie wurde wegen eines Weltuntergangswahns in die Anstalt gebracht, der nach zwei Wochen und sechs Schockbehandlungen wie weggewischt war – aber die zurückgekehrte Alltagswirklichkeit blieb noch für längere Zeit brüchig und unverlässlich. Um ihr mehr Halt zu geben, fuhren sie mit der jungen Genesenden in Friedhelms Borgward Arabella jeden zweiten Nachmittag in ein nahe gelegenes Ausflugslokal mitten im Wald und spielten Tischtennis mit ihr. Als der Gesundungsvorgang daraufhin noch weiter fortschritt, verflüchtigte sich freilich auch der fremdartige Zauber, der von ihrer Erscheinung ausgegangen war: Zum Vorschein kam ein pausbäckiges, noch etwas kindliches oberhessisches Mädchen, das beim ersten Versuch, sich aus dem behüteten, gutbürgerlichen Elternhaus durch eine erste Liebe zu lösen, eine Bruchlandung im Jenseits und zugleich damit den Versuch gemacht hatte, die ganze Welt dorthin mitzunehmen.

In regelmäßigen Abständen, vielleicht einmal im Monat, sah er Wibke und Daniel, sie hatten inzwischen geheiratet. Von seinem Liebesschmerz war nichts mehr übrig geblieben. Nicht einmal mehr von Wibkes Gesicht und ihrer Gestalt, allenfalls von dem beleuchteten Fenster der Werderstraße, sie wohnte dort schon lange nicht mehr, ging noch ein schwindender Rest von Schwermut aus.

Bevor Adalbert Marburg verließ, sagte ihm sein Chef, der Professor, wenn er es wolle, könne er nach dem Ablauf seines Pariser Stipendiums nach Cappel zurückkehren und seine Pflichtassistentenzeit dort in sieben weiteren Monaten abschließen.

9.

Für ein paar Tage machte er in Köln Station, um sich von seinem kleinen Bruder, von Ivy, aber vor allem von seinen Freunden zu verabschieden. Pass und Visum lagen sicher in seiner Tasche, Eintrittskarten zur Lichterstadt, die ein Deutscher zu jener Zeit nur betreten durfte, wenn er eine amtlich bestätigte Einladung dorthin vorweisen konnte.

Am letzten Abend war er mit Humbert Schwarz und einigen anderen Freunden, wahrscheinlich Winkler, Wolfgang Schmitt und Lilo, in ihr gemeinsames Lieblingskino am Hahnentor gegangen, um *Sous le ciel de Paris* von Julien Duvivier zu sehen, ein äußerst schwaches Remake von René Clairs *Sous les toits* ... Ihre Enttäuschung, aber auch ihren Abschiedskummer kanalisierten sie in etwas kindische Blödeleien: Auf ein Filmplakat, an dem sie vorbeikamen, schrieben sie »Scheißé«, mit großem accent aigu, und sie konnten sich vor lauter Kichern über ihren albernen Einfall nicht einkriegen.

Gegen 1 Uhr nachts saß Adalbert im gegen alle Voraussagen pünktlichen Stockholm-Paris-Express und winkte, traurig und glücklich zugleich, den Freunden nach, die sich, als sich der Zug in Bewegung setzte, gerade anschickten, den Bahnsteig Arm in Arm zu verlassen: gemessenen, ja etwas schleppenden Schritts, so als hielte sie dort noch irgendetwas zurück.

10. Kapitel: Das Licht geht an: Paris

1.

Wahrscheinlich hat Adalbert, erschöpft wie er war, den Rest der Nacht durchgedöst. Der erste Geldwechsel, die erste Fahrt mit der Metro – wie soll er sonst zum »Comité d'accueil des étudiants étrangers« am Boulevard Raspail gekommen sein? –, der erste Anblick der zu jener Zeit, Jahre vor Malrauxs gigantischer Reinigungsaktion, noch rußgeschwärzten Häuserfassaden mit ihren diskreten schmiedeeisernen Prunkschnörkeln des Second Empire, ja überhaupt die erste von Bomben verschont gebliebene Großstadt, die er sah ... Obwohl das alles mit einem Mal auf ihn einstürzte, sind nur wenige Erinnerungsfetzen an diesen ersten Tag in der Ville des Lumières in seinem Kopf hängen geblieben. Er weiß noch, dass im Comité d'accueil alles ganz rasch und überraschend unkompliziert ablief. Innerhalb weniger Minuten hatte er seine Reservierung für ein Hotel ganz in der Nähe, in der Rue Delambre an der Kreuzung zum Montparnasse, in der Hand, seinen Studentenausweis, seinen Berechtigungsschein für die Universitätsrestaurants, vor allem aber in einem Umschlag die 25 000 Francs seines Stipendiums, damals etwa 300 DM. Schnell rechnete er sich aus, dass ihm nach Abzug der Kosten für den Lebensunterhalt, also für Hotel und Essen, noch an die 15 000 Francs übrig blieben – so viel Taschengeld hatte er noch nie in seinem Leben zur Verfügung gehabt. Und gleichsam als Zugabe wurde ihm vom Comité auch noch ein unentgeltlicher, zehn oder vierzehn Tage dauernder Einführungskurs in das französische Hochschulwesen angeboten, in der Abbaye de Royaumont, fünfzig Kilometer nördlich von Paris, der schon in dieser Woche beginnen sollte und für den Adalbert sich sogleich eintrug.
Im »Hotel des Ecoles« angekommen bekam er ein schönes helles Zimmer, rosa tapeziert, mit einem breiten, tagsüber von einem rotsamtenen Überzug bedeckten französischen Bett, einem etwas graugelb angelaufenen Waschbecken, einem wackeligen Schrank,

einem kleinen Schreibtisch am Fenster und einem Bidet, das ihm am nächsten Tag schon als Standfläche diente für einen kleinen Spirituskocher – seinen ersten Einkauf in dieser Stadt. Wie die meisten der zahllosen kleinen Hotels lebte auch dieses hier hauptsächlich von der Stammkundschaft. Einige der Gäste waren Dauermieter, die keine eigene Wohnung gefunden hatten oder denen, wie den paar Studenten auch, das Hotel einfach billiger und bequemer erschien. In anderen Zimmern logierten Handlungsreisende, die in regelmäßigen Abständen in der Hauptstadt zu tun hatten, und die erste Etage diente als stundenweise vermietete Absteige für die Freudenmädchen aus den zahlreichen Nachtbars des Montparnasse und ihre Freier – was Adalbert allerdings erst nach einigen Tagen herausfand.
Fast vor der Haustür lagen die berühmten Cafés der Montparnasser Bohème, das *Dome*, das *Select* und die *Rotonde*, vor dem Krieg die Heimstätten Modiglianis, Henry Millers und James Joyces. Jetzt, so hieß es, sollte Sartre dort ab und an seinen Kaffee trinken. Und an der Kreuzung zum Raspail, an der Metrostation Vavin, stand, von Rodin in Bronze gegossen, in Hut und übergeworfener Pelerine: Balzac. Fast noch wichtiger als die Geisterspur dieser Gegenwartsmythen aber war für ihn, dem Hotel genau gegenüber, der kleine russische Laden, in dem ihm ein bärtiger alter Mann für zehn Francs wahlweise mit Kohl oder Fleisch gefüllte warme Piroschki verkaufte: die ersten, die Adalbert, seit sie Estland verlassen hatten, wieder zu Gesicht bekam und die, begleitet von dem auf dem Spirituskocher in seiner grünen Kanne zubereiteten Räuchertee, bald zu seiner täglichen Frühstücksmahlzeit werden sollten.
Vom Morgen bis zum späten Nachmittag saß Adalbert, ja auch schon in diesen ersten Tagen, hinter Merleau-Pontys *Phenoménologie de la Perception*, dem philosophischen Knüller der Nachkriegsjahre, den Walter Biemel ihm mitgegeben hatte, mit dem Auftrag, ihn für eine angesehene Zeitschrift, das *Philosophische Jahrbuch* zu besprechen. Er brauchte dazu ein Wörterbuch, das er Gott sei Dank mitgenommen hatte, nicht so sehr für die Fachtermini, die waren ihm zumeist schon geläufig, als vielmehr für die alltagssprachlichen Formulierungen, die in diesem Werk, anders als bei den meisten Philosophen, die er damals kannte, bei weitem überwogen. Auch die philosophischen Fragen, die es stellte, wur-

den nicht an luftigen Konstruktionen abgehandelt, sondern an auf den ersten Blick banal erscheinenden Alltagssituationen.

Mit Hilfe des Wörterbuches verstand er Merleau-Ponty von Seite zu Seite besser – aber mit Merleau-Ponty lernte er gleichzeitig auch Französisch. Dank des Philosophen, dank der Ladenbesitzer, bei denen er einkaufte, dank der Filme im Kino der benachbarten Rue de la Gaité kehrten die von Madame Wilhelmson in Hapsal gehörten Worte – vierzehn Jahre war das schon her – in immer rascherem Tempo zu ihm zurück, die neu gelernten hakten sich in sie ein, und so war er bald schon eingehüllt von einer Wolke französischer Sätze und grammatischer Wendungen, ja er überraschte sich manchmal schon dabei, auf Französisch zu denken.

Des Abends und manchmal auch schon nachmittags unternahm er schüchterne Streifzüge durch die umliegenden Straßen. Bei jedem dieser Wege klopfte sein Herz, es soufflierte ihm, diesmal werde es endlich geschehen, das, worauf er – seit wann, seit Kriegsende, seit der Mutter und des Vaters Tod, seit sie aus Estland fortmussten, ja seit seiner Geburt vielleicht – immer schon gewartet hatte: ein Gefühl, das ihn auf keinem seiner abendlichen Spazierwege mehr verließ, auch wenn es erst viel später, irgendwann im Frühjahr, damit begann, von seinen Versprechungen auch ab und an etwas wahr zu machen. Um das Hotel herum formte sich so aus seinen Schritten allmählich ein Lageplan aus Hoffnungen und Erwartungen, der seine endgültigen Konturen allerdings erst Wochen nach seiner Rückkehr aus Royaumont gewann.

Der Boulevard Montparnasse in seinem Lichterglanz, das *Dome* und die *Rotonde* waren inzwischen einer eher bürgerlichen Klientel in Anzug und Schlips überlassen. Die Intellektuellen und die Künstler, zumindest diejenigen, die so aussahen, als ob sie das wären, mit ihren schwarzen Rollkragenpullovern, ihren Collierbärten und etwas längeren Haaren, hatten sich, begleitet von den hübschesten Mädchen im Quartier, in das benachbarte *Select* zurückgezogen, wo die Tische und Stühle zwar etwas wackeliger, die Preise dafür aber auch erschwinglicher waren.

Adalbert flanierte an diesem Café vorbei, wagte aber noch nicht, sich an einen der noch draußen stehenden Terrassentische niederzulassen. Um das zu tun, muss man dazugehören, sagte er sich, das tat er aber noch nicht, lange noch nicht, und es hätte ihm auch nicht viel gebracht, denn wie hätte er bloß eines der wenigen al-

lein dort sitzenden Mädchen ansprechen sollen? So zog er nur immer wieder, in regelmäßigen Abständen, wie ein Komet, wie der Mond, wie einer der RATAP-Busse, wie einer der streunenden Hunde, die es auch hier gab, um dieses Café seine Bahn.
In der anderen Richtung ging es zur ebenfalls nur zwei Minuten entfernten Metrostation Edgar Quinet. Das allabendliche Menschengewusel des Montparnasse versickerte Schritt um Schritt, wenn man sich dorthin aufmachte, so als hätte der gleichnamige Friedhof, der gleich dahinter begann, es verschluckt, um allerdings in der Rue de la Gaité gleich wieder anzuschwellen: dort, wo die Theater standen, das Kino und das *Bobino*, eine bekannte, von eintrittsheischenden Besuchern belagerte Music-Hall. Dazwischen aber, auf dem Platz selbst, nur Leere und Schweigen. Der vierspurig breite Boulevard, auf dessen von Platanen bestandenem Mittelstreifen tagsüber Markt stattfand und der dann sonnig, freundlich, ja sogar ein bisschen ländlich pastoral aussah, verlor sich abends in beide Richtungen in einem grauen Nichts, begrenzt von einem gespenstischen Bahndamm, auf dem man nie einen Zug dröhnen hörte: eine Kulisse der Pforte zum Jenseits aus Sartres *Les jeux sont faits*.
Dieser Weg übte auf Adalbert die stärkste Anziehungskraft aus. Gerade das leichte Gruseln ... nein, das ist nicht das richtige Wort, der Luftzug der Transzendenz, der einen dort anwehte, steckte voller vorerst noch unentzifferbarer Geheimnisse, und wenn er zur Nacht in sein Hotelzimmer zurückkehrte, nahm er eine Lunge voll davon in sein Bett und in seinen ersten Schlaf mit hinein. So paradox es sich anhört: Immer wenn er Kummer hatte, wenn er sich leer oder verzweifelt vorkam, half ihm ein abendlicher Weg zum Edgar Quinet wieder auf. Manchmal, und das war fast eine Mutprobe, durchstieß er dies Nichts aber auch. Er blieb dann auf dem menschenleeren Boulevard, bis der den Raspail auf dessen Weg nach Denfert Rochereau kreuzte. Hier leuchteten wieder die Straßenlaternen, hier fuhren wieder Autos, hier bewegten sich wieder Menschen bis zur Mitte der Nacht und hier gab es bis zwei Uhr früh immer noch offene Cafés.
In einem von ihnen saß, auf einem Barhocker, jeden Abend, jedenfalls immer, wenn er vorüberkam, eine reizvolle, nicht mehr ganz junge, damals hieß das für ihn eine vielleicht 30-jährige Frau. Ganz allein, nur mit dem Kellner –oder war es der Kaffeehaus-

besitzer? – wechselte sie ab und zu einige Worte. Adalbert zerbrach sich den Kopf, weshalb sie dort jeden Abend saß: Wartete sie auf ihren Mann, ihren Freund, wollte sie nur allein etwas trinken, suchte sie einen Mann, um mit ihm ins Bett zu gehen, oder war sie gar eine illegal arbeitende Prostituierte, die sich vom Kellner an sichere Klienten vermitteln ließ? Mehrere Male blieb er eine Stunde lang vor einem Glas Rotwein, dem billigsten Getränk, an der Bar dieses sonst nur spärlich besuchten Cafés sitzen, um ihr Rätsel zu ergründen. Aber er konnte nichts in Erfahrung bringen und nie bedachte sie ihn auch nur mit dem leisesten Lächeln, sodass er mit einem etwas schalen Geschmack auf der Zunge in seine Hotelzimmereinsamkeit zurückkehrte.

Der dritte Weg führte ihn an der Balzac-Statue am Gedränge der Montparnasse-Kreuzung vorbei in die zwei oder drei kleinen Straßen, die auf die Rue Notre Dame des Champs zuliefen, die Rue Brea, die Rue Chaplain und die Rue Vavin. Hier stelzten abends die Straßenmädchen einher, hier lagen zwei oder drei Tanzbars mit etwas ansprechenderen Animierdamen, in denen amerikanische Soldaten in Uniform, die Stadt war damals noch voll von ihnen, vielleicht die Hälfte der Klientel ausmachten. In einer davon, in der Rue Chaplain, saß am Klavier ein jüdischer Emigrant aus Berlin; Adalbert meint sich zu erinnern, dass er Hans Weiß hieß. Er spielte meistens Modern Jazz, aber zwischendurch auch deutsche Schlager aus den zwanziger Jahren, vielleicht waren es gar die der *Comedian Harmonists*.

Aber auch mysteriösere Nachtlokale waren dort zu finden, fensterlos hinter kalkweißen Mauern, die winzigen Eingänge bewacht von betressten Türstehern, die Namen *Elephant blanc* oder *bleu* und *Sphinx* klingen ihm noch im Ohr. Über ein Jahr lang rätselte er herum, was dahinter wohl vorgehen mochte. Irgendjemand hatte ihm erzählt, dass es früher Bordelle waren, die in der ersten Nachkriegszeit nach dem von der kommunistischen Abgeordneten Marthe Robert durchgesetzten Verbot in Striptease-Lokale hatten umgewandelt werden müssen, in denen allerdings das alte Treiben nur ein bisschen verdeckter und kostenaufwendiger für die Klienten weiterging. Für Adalbert bestand keinerlei Hoffnung, dort hineinzugelangen, schon weil der Eintritt viel zu teuer und er auch nicht elegant genug angezogen war, um den Türsteher zu passieren.

Viel später, im nächsten Herbst war es wohl, erfuhr er, dass einige dieser Lokale Gratistickets, die auch ein Glas Wein einschlossen, für studentische Paare ausgaben, unter der Bedingung, dass diese zur Öffnungszeit, abends um zehn Uhr, bereits an den Tischen saßen, um die zahlende Klientel anzulocken, falls diese einen kurzen Blick hereinwerfen wollte. Und ein Mal, im November 54, hat er mit Juliette, einem aus Litauen stammenden Mädchen, in das er damals schmerzlich verliebt war, in einem dieser Clubs, es war wohl die *Sphinx*, auch so als Blickfang dagesessen. Vorerst aber, in seinen ersten Pariser Tagen, roch er sich in diesen nächtlichen Straßen nur ein wenig zurecht.

2.

Als Treffpunkt für die Omnibusfahrt der »Boursiers« nach Royaumont war vom Comité ein Café an der Place Stalingrad angegeben worden. Adalbert war als einer der Ersten dort eingetroffen und musste deshalb längere Zeit allein warten. Die schiefen, niedrigen Häuser, die aus der Reihe tanzten; die stählerne Schlange, nein, genauer betrachtet: der riesige stählerne Tausendfüßler, auf dem alle paar Minuten eine Metro vorüberratterte, um 100 Meter weiter, da lag die Station, knirschend zum Stillstand zu kommen; ein paar eingestreute schmuddelige Leerflächen, »terrains vagues«, wie auch er sie bald nennen sollte; ein Fabrikhof mit seinem kurzen einsamen Schlot – nichts passte hier zueinander, wie Sperrmüll hatte man alles an diesem Platz stehen gelassen. Beschädigt, verletzt, ja entstellt kam ihm dieses andere Paris vor, das Paris der Arbeit, das er hier zum ersten Mal kennen lernte; »als hätte der Vorstadthimmel der Erde dort wehe getan«, besser als mit diesem Vers der fünften Elegie kann er heute seinen damaligen Eindruck auch nicht in Worte kleiden.
Der Bus kam mit ziemlich großer Verspätung, aber sie waren dann doch noch vor dem Mittagessen in Royaumont angekommen. Auch hier hat Adalbert Mühe, diese ersten Bilder von denen zu trennen, die am selben Ort, aber vier Jahre später entstanden sind: im Sommer 1957, beim zweiten internationalen Symposion der Phänomenologen, an dem er, auch wieder durch Walter Biemels Fürsprache, teilnehmen durfte. Kahle, weiß gekalkte Schlafräume

mit eisernen Betten sieht er vor sich, sonst völlig leer, dunkel und etwas feucht, aber eben auch nur für eine Nacht da. Wegradiert hingegen der Hörsaal – oder war es dies erste Mal nur ein kleinerer Unterrichtsraum? Er kann sich jedenfalls an keine einzige Unterrichtsstunde erinnern, obwohl er an den meisten davon teilgenommen haben muss. Auch dem Speisesaal ist es nicht viel besser ergangen, kaum eine Szene bei Tisch kehrt zurück. Aber der Park, der ist da, mit seinen Rasenflächen und üppigen Baumkronen, seinen lauschigen Bänken. Noch deutlicher als der freilich zeichnet sich der Abteihof ab, von dem aus sie zu ihren häufigen Exkursionen nach Sens, nach Chantilly, nach Rousseaus Ermenonville aufgebrochen sind, und schließlich, machtvoll vor diese Kulisse geschoben, manche davon unauslöschlich, die Menschen. Die französischen Studenten, die an dem Kurs teilnahmen, waren fast ebenso zahlreich wie sie, die Boursiers, aber auch mit ihnen zusammen kamen sie auf nicht viel mehr als dreißig. Adalbert bemerkte bald, dass der Unterricht eigentlich Nebensache war: Es ging darum, sich hier näher kennen zu lernen, nach Möglichkeit sich sogar schon ein bisschen anzufreunden, damit sie, die »étudiants étrangers«, nach ihrer Rückkehr nach Paris in ihrer Freizeit ein paar Ansprechpartner fanden und in ihren Hotelzimmern nicht völlig versauerten. Als Fremder in eine französische Familie Eingang zu finden war damals schwer, ja nahezu aussichtslos, und so boten sich die Pariser Studenten, die mit ihnen nach Royaumont gekommen waren, als Ersatz dafür an, als eine Art Paten: Am Ende des Kurses durfte man sich für dieses Stipendienjahr einen oder eine von ihnen als seinen guten Geist aussuchen, als Unterhalter ebenso wie als Berater und als Beschützer.

Ein einziges Foto aus Royaumont, von diesem Kurs, hat die nun bald schon fünf Jahrzehnte seither überlebt. Der Direktor des Centre culturel, so nannte sich die Abtei wohl, bildet den Vordergrund, schlipslos, mit kariertem Hemd unter der Windjacke und einer Pfeife im Mund, mit randloser Brille und Stirnglatze, im Übrigen schütteres, sehr glatt anliegendes Haar, kann sein, dass er Le Goff hieß, ein bretonischer Name auf jeden Fall. War er es nun oder war es sein Sekretär, René d'Obaldia, ein später ziemlich bekannt gewordener dramatischer Autor, von dem erzählt wurde, er sei schwul? Dass dies ganz ohne vorgehaltene Hand erzählt wurde, versetzte Adalbert in Erstaunen, wahrscheinlich erfuhr er erst bei dieser Gelegenheit, dass Homosexualität unter Erwachsenen in Frankreich gar nicht unter Strafe stand. Warum aber machte er, in den ersten Tagen zumindest, um den Mann, ja um welchen von ihnen, um alle beide, doch einen Bogen?

Dahinter auf dem Bild, und er braucht eine Lupe, um die Gesichter genau zu erkennen, drei der Studenten, wahrscheinlich werden noch weitere von Le Goffs Silhouette verdeckt: ganz links Hans Georg Baumert, ein Berliner Architekturaspirant, klein, agil, puppengesichtig und das ganze Pariser Jahr sexuell so aufgeladen, dass, wie er Adalbert grinsend gestand, an sonnigen Tagen schon jeder Metro-Eingang ihn nur noch an Geschlechtsverkehr denken ließ. Von Eduardo Baserga, einem Argentinier, gleich neben ihm, den Namen hat Adalbert einem wiedergefundenen grünen Adressenkalender entnommen, ist nur der Kopf noch erkennbar. Bei ihm tranken sie, nicht weit vom Boulevard St. Michel, aus einem Kürbisgefäß Mate und unterhielten sich über Politik. Dort hat Adalbert, wenn er sich richtig erinnert, zum ersten Mal die Worte »amerikanischer Imperialismus« gehört – damals ohne sich viel dabei zu denken, ja anfangs vielleicht sogar noch mit einer gewissen Irritation, denn die Amerikaner, so hatte er es von Schilling gelernt, waren doch ihre Befreier gewesen.

Zwischen Eduardo und Baumert steht Jeanne, Jeanne Corpet, Adalberts zukünftige »Patin«. Eine weit fallende, helle Jacke trägt sie, einen grob gewebten, halblangen Rock, der nicht besonders hübsche, etwas zu dicke Knöchel und Waden freigibt, die Haare, an der Stirn etwas wenig, sind nach hinten zu einem Zopf zusammengebunden. Von ihrer Figur ist nicht viel zu sehen, durchschnittlich , keine Wespentaille, kein üppiger Busen, dazu ein kleines, etwas schiefes *La-Strada*-Gesicht mit einer um eine Spur zu großen Nase. Die Augen, haselnussbraun, sind auf diesem Bild kaum zu erkennen, aber Adalbert braucht keine Fotografie, um sich daran zu erinnern: Wenn er ihrem Blick begegnete, wusste er, dass ihm das nur Glück bringen konnte. Natürlich war das nicht von Anfang an so, ja, er erinnert sich nicht einmal mehr daran, wie er sie zum ersten Mal sah. Aber spätestens nach seiner Rückkehr nach Paris wurde ihm klar, dass ihm in Jeanne ein Mädchen begegnet war, in dem der Anschein des Gewöhnlichen, Alltäglichen, Durchschnittlichen selbst so etwas wie Erlösergestalt angenommen hatte. Erlösergestalt? Nein, sie kam einfach nur, wenn man

sie brauchte, mit ihrem Rad angefahren und der Tag, der trüb begonnen hatte, war schon gerettet.
Ein Foto besitzt Adalbert auch noch von Ivar. Es stammt allerdings nicht mehr aus Royaumont, sondern aus Paris, und er ist darauf mit Jeanne zu sehen, die ihn verklärt anlächelt. Alv Ivar Fosse Alver, so lautete sein vollständiger Name, kam aus Oslo, er sprach ein fast fehlerfreies Französisch und studierte Ethnologie. Riesig groß war er, Hände wie Schaufeln, ein etwas grob geschnittenes, intelligentes Höhlenmenschengesicht – »unser Wikinger«, so wurde er schon bald, ziemlich einfallslos, von fast allen Kursteilnehmern genannt. Seine übergroße Empfindsamkeit versteckte er manchmal hinter etwas groben Manieren, manchmal auch hinter einer die meisten abschreckenden, sie auf Distanz haltenden ironischen Arroganz. Warum er sich Adalbert gleich hier in Royaumont anschloss, oder umgekehrt: dieser sich ihm, bleibt unklar – vielleicht verband sie beide dort schon eine ihnen noch nicht recht bewusste Neigung zu Jeanne.
Jedenfalls fingen sie schon nach ein paar Tagen damit an, halb aus Trotz, halb aus Spaß, ihr den Hof zu machen und eben nicht wie fast alle anderen männlichen Kursteilnehmer den beiden akkreditierten Schönheitsköniginnen Royaumonts, Catherine und Herlinde: Sie blieben bei den Exkursionen an Jeannes Seite, sie versuchten bei den Mahlzeiten einen Platz an ihrem Tisch zu ergattern und ihr in die oder aus der Jacke zu helfen, wobei sie sich gegenseitig, einer den anderen karikierend, auch noch überboten. Kurz, sie spielten, obwohl sie weder den Film noch das Buch kannten, schon etwas *Jules et Jim*.
Dann war in Royaumont noch Ottheinrich Prüll, wegen seines italienischen Renaissance-Engelsgesichts von Jeanne, Ivar und Adalbert bald schon »Le Prince« genannt; übrigens, wie sich nach Jahren zufällig herausstellte, ein Vetter von Adalberts Lippstädter Clubfreund Kurt. Adalbert hatte noch nie einen Menschen gesehen, dem seine Schönheit so gleichgültig war wie diesem Prinzen. Er suchte sich in ihr weder zu spiegeln noch spielte er sie je als eine Trumpfkarte aus, ja es war fast so, als könne er an sie gar nicht recht glauben. Sie hatte allerdings auch eine Spur Leblosigkeit an sich und verflüchtigte sich manchmal sogar, wenn sein Gesicht in Bewegung geriet. Trotz seiner 23 Jahre hatte er noch nie mit einem Mädchen geschlafen, was er vor niemandem verheimlichte, auch

wenn das bei seinen Freunden, vor allem bei Ivar, immer wieder sprudelnde Fantasien in Gang setzte, wie dem am raschesten und wirkungsvollsten abzuhelfen sei. Er war aber auch zuverlässig, beständig und gleichzeitig auf alles neugierig, was ihm in dieser noch ungewohnten Welt begegnete: in seiner ordentlichen Schrift versuchte er es in Briefen oder Tagebuchnotizen festzuhalten, die er Adalbert später auch vorlas. Jedenfalls war er bald schon der Dritte in ihrem Bunde, zu Ivars und Adalberts Glück ohne sich allzu sehr für »ihre« Jeanne zu interessieren.

3.

Zurück in Paris führten ihn seine Spaziergänge jetzt schon ein Stück weiter weg von seinem Viertel, dem Montparnasse, wo er sich auf den Straßen immer noch etwas fremd, nicht recht verwurzelt, ein bisschen wie dort angewehtes trockenes Herbstlaub vorkam. Nur in seinem Hotelzimmer, den Merleau-Ponty auf seinem Schreibtisch, die grüne Teekanne griffbereit daneben, keimte allmählich ein Gefühl der Sicherheit und des Hierhergehörens in ihm auf.

Was waren damals seine Wege und Ziele? Das Collège de France, wo Merleau-Ponty allwöchentlich eine Vorlesung hielt, zum Beispiel. Es ging, wenn Adalbert sich richtig erinnert, um eine phänomenologische Auslegung des Geschichtsbegriffes bei Hegel und Marx.

Und dann natürlich die Bibliothéque Mazarine, wo er sicherlich einen Monat lang, fast jeden Tag, *La Structure du Comportement*, seines Hausphilosophen erstes, schon 1942 veröffentlichtes Werk, studierte, in einem nicht allzu großen, von Portraits überladenen, goldbestuckten Renaissance-Lesesaal. Mit ihm waren höchstens vier oder fünf andere Benutzer zugegen, schweigend in ihre Bücher oder Manuskripte vertieft, und auch mit dem Bibliothekar wurde nur ganz leise geflüstert. Die Decken- und Wandgemälde, die den Kardinal darstellten, den König und seine Höflinge, trugen zu dem Eindruck bei, alle Besucher hier seien auf eine Zeitreise gegangen, auf eine Zeitreise inmitten der anderen, auf der er sich ohnehin schon befand, seit er von Köln nach Paris gekommen war. Adalbert freute sich jedes Mal auf diese Bibliotheksbesuche,

Jeanne hatte ihm wohl den Geheimtipp gegeben. Wie alle Zeitreisen zurück machte ihm auch diese gute Laune, was er, damals noch nicht, aber später, als er Marxist geworden war, immer mit schlechtem Gewissen registrierte – bis er irgendwann, es muss in den achtziger Jahren gewesen sein, einen Text von Walter Benjamin fand, der gerade das Anhalten der Zeit zum revolutionären Moment erklärte.

Gleich gegenüber der Bibliothek, man brauchte nur noch den Pont des Arts zu überqueren, lag der Louvre: vor die Seine hingestreckt wie ein riesiger, seit langem schon eingedöster Wachhund der in ihm verwahrten Kunst. Fast jeden Sonntag – da war der Eintritt umsonst – ging er hinein: nicht zu den weltberühmten Gemälden wie der Mona Lisa, sondern zu den Ägyptern und Griechen, wo er meistens allein war.

Dort wurde er nicht müde, die vier oder fünf Ausstellungsstücke wieder und wieder anzusehen, in die er sich auf den ersten Blick unsterblich verliebt hatte: ein oder zwei Pharaonengattinnen mit ihrem mondenen Lächeln und ihren schwesterlichen Lilienhänden, mit ihren dreiecksförmigen Brüsten, mit dem zitternden Schwung ihrer Hüften. Bei den Griechen dann Orpheus, Euridike, Hermes, wie der Sänger mit seiner Flöte auf der Spur des Gottes voranschreitet, das Zögern, mit dem sie ihm aus der Unterwelt folgt, und das ihn, man sieht es kommen, eingemeißelt in das Relief, gleich dazu zwingen wird, den Kopf zu wenden, zurückzublicken, das Verhängnis nimmt seinen Lauf. Und schließlich, ganz am Ende, die Aphrodite von Knidos, auch sie, wie fast alle Statuen in diesem Raum, mit abgeschlagenem Kopf. Ihren rührenden, nein gar nicht göttlichen, gar nicht triumphierenden, sondern gerade in seiner Demut vollkommenen Busen umfasst Adalbert von hinten mit beiden Händen wie zu einem Gebet, wenn ihre Anstandsdame, die Saalwächterin, was häufig vorkam, gerade für einen Augenblick eingenickt war. Danach wanderte er, glücklich, wieder nach Haus.

Abends traf er sich meistens mit Ivar, manchmal kam noch der Prinz dazu. Ivar und er, wie zwei Indianerkrieger, prahlten mit den Minuten, die Jeanne ihnen an diesem Tage geschenkt hatte, tickende Beweise dafür, wen von ihnen sie nun wirklich liebte. Er sei eine männliche Schönheit, sagte Ivar, klopfte sich gegen die Brust und zog eine zähnefletschende Grimasse.

»Aber du bist viel zu grobschlächtig und verstehst nichts von Poesie«, entgegnete ihm Adalbert. »Und außerdem, du bist noch Student und ich doch schon Arzt.«

Der Prinz sollte entscheiden, wer Recht hatte, er sollte voraussagen, wer von ihnen das Rennen bei Jeanne machen würde und vor allem auch, wann. Aber der redete sich zumeist geschickt heraus, allenfalls ließ er sich dazu herab, jedem von ihnen Tagespunkte für seinen Erfolg zu vergeben. Waren sie nur zu zweit, Ivar und er, ging es besinnlicher zu, sie drehten ein, zwei Runden um den ganzen Luxembourg, nur um festzustellen, ab wann und wie lange in Jeannes Zimmer das Licht noch brannte. Wo konnte sie nur sein und vor allem, bei wem, so fragten sie sich beide ganz solidarisch, wenn sie um 23 Uhr oder um Mitternacht immer noch Stockdunkel hinter den Fenstern empfing. Bis ins Frühjahr hinein sah es nach einem Unentschieden aus, keiner hatte den anderen ausgestochen, aber auch keiner gewagt, der »belle Jeanne«, so nannten sie sie jetzt, eine Liebeserklärung zu machen, die, darüber waren sie sich einig, nur die Form eines Heiratsantrages haben könne.

Zum Weihnachtsabend brachte Jeanne Adalbert ein kleines Bäumchen mit Kerzen und zwei, drei Geschenke, und solange die Kerzen brannten, blieb sie bei ihm. Es war das erste Weihnachten, das er nicht mit jemandem aus seiner Familie verbrachte. Aber die Schwermut, die ihn überfallen wollte, nachdem Jeanne gegangen war, zerplatzte wie eine Seifenblase, als er draußen feststellte, dass Weihnachten in Paris ganz anders gefeiert wurde, als er es kannte: Die Familien gehen gemeinsam ins Restaurant, oft mit Freunden, sie essen Austern und trinken Champagner und sie singen freche, fröhliche Lieder – es war also nicht viel los hier mit stiller, heiliger Nacht.

4.

Am ersten Feiertag, frühmorgens, stand plötzlich Lilo in seinem Zimmer – er weiß nicht mehr, ob in der Weihnachtsnacht noch ein Telegramm gekommen war, mit dem sie sich ankündigte, oder aber ob die Überraschung perfekt war. Sie streifte ihr Kleid ab, legte sich, in Hemd und Unterzeug, neben ihn ins Bett, drehte sich auf die andere Seite und schlief bis in den frühen Nachmittag hinein.

Danach machten sie einen langen Spaziergang durch die Stadt. Sie wollte alle seine Freunde kennen lernen, die meisten waren allerdings über Weihnachten zu ihren Familien gefahren, sodass nur Ivar und Jeanne zu ihrer Verfügung standen.
Saßen sie im Café oder flanierten durch die Straßen, so fasste sie Adalbert unaufhörlich an und verstand auf diese Weise die Vermutung zu wecken, sie seien ein Liebespaar, was ihm natürlich schmeichelte. Aber kaum waren sie im Hotelzimmer, so wurde Lilo merklich zurückhaltender, und im Bett, wo sie seine Dauererektion gar nicht verkennen konnte, hörte sie ganz damit auf: Es wäre nicht fair, so sagte sie, etwas zögerlich allerdings, ihren neuen Freund Rudolf, ein Musterstück an Bravheit und Fleiß, der ihr auch das Geld für diese Paris-Reise vorgeschossen habe, mit ihm zu betrügen. Aber Adalbert war zu wenig vom Erfolg überzeugt, um zu insistieren, und so lagen sie die halben Nächte schlaflos nebeneinander und amüsierten sich am dritten Morgen gemeinsam über seine »blue balls«: Diesen Ausdruck hatte Lilo, die damit schon Erfahrungen zu haben schien, ihm für seine schmerzenden Hoden beigebracht, die ihn die erste halbe Stunde nach dem Aufstehen daran hinderten, aufrecht zu gehen. Die Situation wurde schließlich für sie beide unhaltbar und nach Besuchen im Louvre, in der Sainte Chapelle, nach dem Abklappern der berühmten Cafés am Boulevard St. Germain, dem *Mabillon*, dem *Flore* und dem *Deux Magots*, fuhr Lilo noch vor Silvester mit der Metro aus der Stadt heraus und trampte zurück nach Köln.
Nicht lange nach ihrer Abreise traute sich Adalbert zum ersten Mal in eine der Tanzbars der Rue Vavin herein. Die Preise waren zivil, am Tresen mussten für ein Glas Bier oder einen Martini vielleicht 200 Francs, etwa 2,50 DM, gezahlt werden. Es bestand kein Champagner-Zwang und man konnte die an der Bar hockenden vier oder fünf Mädchen, meistens waren sie dezent geschminkt und mit elegantem Abenddress angetan, ganz zwanglos zu einem Tanz auffordern, ohne ihnen gleich einen Drink dafür anbieten zu müssen. Die in seinen Augen Hübscheste unter ihnen war nicht älter als 25, um die 1,70 m groß, mit ihren langen, perfekt geschnittenen Beinen, ihrer überschlanken Taille, ihren fließenden Formen, ihrem blauschwarzen Ebenholzhaar und ihrem schwellenden Mund. Lag es nun an seinen aufgestauten Hormonen, Adalbert meinte jedenfalls noch nie eine reizvollere Frau gesehen zu haben, außer

vielleicht im Kino. Dieses Wunderwesen setzte sich plötzlich neben ihn und schon zwei Minuten später waren sie bei einem Slow auf der Tanzfläche.

Yvette, so nannte sie sich, erfuhr von ihm, dass er Student war, er von ihr, dass sie ein Kind hatte und aus Nizza stammte. Beim Tanzen erwiderte sie dezent jede seiner vorsichtigen Berührungen, sodass Adalbert den Eindruck eines vollkommenen Einverständnisses ihrer Haut, ihrer Körper, ihrer augenblicklichen Wünsche gewann. Und als sie sich bald schon küssten und sie ihn leise fragte, ob er für 2000 Francs, ihrem »Studentenpreis«, mit ihr schlafen wolle, schockierte ihn diese Einführung der materiellen Dimension in die körperliche Liebe überhaupt nicht, er erinnerte sich vielmehr an Schillings Worte, dass französische Freudenmädchen sich der Liebe aufrichtiger überlassen würden als die meisten bürgerlichen Ehegattinnen in Deutschland. Da Yvette sein Hotel kannte, willigte sie ein, mit auf sein Zimmer zu kommen. Und dort, in seinem Bett, in dem Lilo ihn für nichts und wieder nichts auf tausend gebracht hatte, erfuhr Adalbert, welche Freude es bringt, wenn man von einem völlig angstfrei und dazu noch liebenswürdig dargebotenen weiblichen Körper empfangen wird. Yvette war nicht in Eile, sie blieb an die zwei Stunden, und sie schien, so kam es ihm damals wenigstens vor, die Sprache ihrer Hände, ihrer Münder, ihrer Füße und Schenkel, ihrer Haut in der gleichen gleitenden Ruhe zu genießen wie er selbst.

Am nächsten Morgen sagte sich Adalbert, dass dies seine eigentliche Entjungferung gewesen war. Von Verliebtheit lag trotzdem nichts darin: Ihm wurde schnell klar, dass nur ihre Körper miteinander reden konnten. Yvette war vorher Verkäuferin gewesen. Sie hatte nicht eine Spur von Bildung, noch nicht einmal von intellektueller Neugier an sich, aber auch nichts Geheimnisvolles, nichts Mysteriöses, und so wurde er ihr auch nicht hörig – es waren eher stille, unekstatische, ja vielleicht sogar etwas mütterlich getönte Freuden, die sie an ihn vergab. Irgendwann im April war sie aus der Bar verschwunden ... Adalbert versuchte es mit einer ihrer Kolleginnen, aber die Reinheit seiner ersten ausschließlich körperlichen Liebe fand er nicht wieder.

5.

Im Februar trampte Adalbert für ein Wochenende nach Köln, zu Dorothees und ihres Arabers Hochzeitsfete, aber eine genauere Erinnerung hat er daran nicht mehr.
Irgendwo in diesem Winter muss er auch den großen Post- und Bahnstreik unterbringen, während dessen alle Verbindungen nach Deutschland, auch die brieflichen, abgerissen waren,und die monatelange, endlos sich hinziehende Wahlprozedur, aus der schließlich René Coty, in der Nachfolge von Vincent Auriol, als neues Staatsoberhaupt hervorgehen sollte, als das letzte der vierten Republik. Der Indochina-Krieg, der wie ein chronisches Leiden Frankreich seit sieben Jahren begleitete, schien für eine Weile eingeschlafen, jedenfalls in der Presse – um im Frühjahr und Sommer mit Dien Bien Phu und den Genfer Friedensverhandlungen wieder fast alle Schlagzeilen zu besetzen. Von den politischen Ereignissen dieser Tage bekam Adalbert aber kaum etwas mit, ja noch nicht einmal davon, dass die Geistes- und Gesellschaftswissenschaften zu jener Zeit in Paris fast alle vom Marx'schen Denken geprägt waren. Wohl war einer ihrer französichen Paten, er verbarg es auch nicht, Mitglied der KPF, und bei Adalbert rief das, wenn auch kein Grausen mehr, so aber doch, ganz ähnlich wie das Schwulsein, eine leichte Befremdung hervor, die ihn Distanz halten ließ – zumal der junge Lehrer sich mit allen politischen Äußerungen zurückhielt, sodass eine Diskussion mit ihm gar nicht in Gang kommen konnte. Nur als Jeanne von den Armen sprach, die auf der Straße erfrören, ungefähr um die Zeit, in der auch Abbé Pierre seine Kampagne begann, und sie ihm erklärte, wenn der Staat nicht schnell genug Abhilfe schaffe, würde sie in die Partei eintreten: in die kommunistische natürlich, die einzige, die den Unterschied zwischen Arm und Reich überhaupt beseitigen wolle: Da, ja da fing er an nachzudenken über das, was er inzwischen bei Merleau-Ponty und bei Sartre über Ausbeutung und Pauperisierung gelesen hatte, und es auf eine konkretere Wirklichkeit als die philosophische zu beziehen. Kurz, irgendwann in diesem Winter wurde ein erster emotionaler Resonanzboden für seine spätere linkspolitische Identität gelegt.
Mehr als ein Gefühl war es zunächst aber auch nicht, jedenfalls noch lange keine eigene politische Überzeugung, und es verflog

auch rasch wieder. Von Schilling hatte er gelernt, dass Politik im Nachkriegsdeutschland nur zweierlei bedeuten konnte: alle Überreste der Nazi-Ideologie gnadenlos auszubrennen, dabei aber auch den Raum offen zu halten, der sich gerade durch die Befreiung von jeder Art politischer Indoktrination, von allen Denkzwängen und Denkverboten, für eine ganze Generation zum ersten Mal aufgetan hatte, nämlich den Raum der Literatur, der Malerei, der Philosophie und der Musik, ebenso wie auch den Raum der Freundschaft und der Liebe. Dies waren die Räume, in denen nur selbst gewählte Ziele und selbst getroffene Entscheidungen gelten sollten und die durch die Politisierung der Kultur durch die Nazis und ihre Kehrseite, die Verbiedermeierung des Privatlebens, zwölf Jahre lang mit lauter Nippes und bombastischem Kitsch völlig zustellt gewesen waren.

So war es das »Unpolitische« selbst, das zu jener Zeit politisch anzustehen schien und gegen jeden erneuten Zugriff der Politik verteidigt werden musste. Weil sie sich diesen seltsamen Politikbegriff zu Eigen gemacht hatten, dessen einzige Aufgabe darin bestand, das Unpolitische zu garantieren, waren er und seine Kölner Freunde ja auch so begeisterte Zivilisten gewesen, dass sie als Zeichen ihrer Abneigung gegen alles Militante fast ständig mit Regenschirmen herumgelaufen waren.

Dass es außer der Verteidigung der absoluten Freiheit der eigenen Person, der Kunst und der Literatur noch andere, in einem eindeutigeren Sinne politische Ziele gab, die erst erreicht werden mussten, um an diese Freiheit, sollte es eine Freiheit für alle werden, überhaupt heranzukommen, lag damals noch völlig außerhalb seines Gesichtskreises. Ziele wie die Brechung der Herrschaft des Kapitals, der Ausbeutung des Menschen durch den Menschen also, waren ihm damals noch fremd. Im Nachkriegsdeutschland des Kalten Krieges waren Überlegungen, die beides, die Bedingungen für persönliche Freiheit und die für die Gewährleistung einer gerechten Verteilung der materiellen Lebensgrundlagen, zusammenzubringen suchten, tabuisiert und damit undenkbar gewesen. Sie zuzulassen, darüber herrschte stillschweigendes Einverständnis, hätte einen Dammbruch bewirkt und, wer weiß, vielleicht sogar die Kommunisten ins Land gebracht. Adalbert war zu jener Zeit jedenfalls noch ganz im Griff einer solchen Ideologie des Unpolitischen, einer Ideologie der absoluten, nun allerdings existenzialistisch artikulierten Freiheit des Individuums, dass ihm die Auseinandersetzungen der französischen Linken über Gerechtigkeit und Selbstverantwortung, über Humanismus und Terror, über die Abenteuer der Dialektik, und zwar trotz seiner beginnenden eigenen gefühlsmäßigen Identifikationen mit den Armen und den Entrechteten, immer noch wie exotische Arabesken vorkamen.

6.

Das Frühjahr brachte eine Sturzflut einschneidender Veränderungen mit sich. Irgendwann, es muss gegen Ostern gewesen sein, hatte Ivar den Sieg davongetragen, Jeanne hatte sich für ihn entschieden, oder erwählt, ganz ohne irgendwelche anderen Alternativen auch nur zu erwägen. Adalbert erfuhr nie, wie das vor sich gegangen war. Hatte sein Freund all seinen Mut zusammengenommen und ihr einen Antrag gemacht, hatte er bei einem Spaziergang ihre Hand genommen und sie nun auf einmal das Spiel seiner etwas klobigen Finger erwidert oder hatten sie sich, Pariser Klassik, auf einer der etwas abgelegeneren Parkbänke des Luxembourg einfach zu küssen begonnen? Wie dem auch gewesen sein mochte, eines Tages erschienen sie gemeinsam in der Rue Delambre und stellten sich Adalbert als frisch verlobtes Paar vor. Der hatte mit einem solchen Ausgang bereits gerechnet, denn Jeannes Freundschaft zu ihm war schon seit einiger Zeit auf einem etwas oberflächlichen Niveau festgefroren – und außerdem wusste er aus der Erfahrung, dass er in einem Wettstreit um die Gunst einer Frau, wenn es ernst wurde, gewöhnlich verlor. Diesmal empfand Adalbert aber überhaupt keinen Schmerz, ja er war sogar etwas erleichtert, denn was hätte er mit einem Sieg schon anzufangen gewusst, Jeannes Familie, stockkatholisch, der Vater angeblich dazu noch steinreich, war Lichtjahre von seinen eigenen gegenwärtigen Lebensverhältnissen entfernt. Nur dadurch, dass ihre Familienwirklichkeit ihm gerade nicht auf den Pelz rückte, konnte er das ins Mythische verklärte Bild der geflügelten Botin einer außerirdischen Sozialstation, das er sich von Jeanne zurechtgezimmert hatte, für sich aufrechterhalten, und dieses Bild war ihm damals mehr wert als eine Verlobte aus Fleisch und Blut. Fleisch und Blut – wäre das wirklich die Alternative gewesen?

Zwei Jahre später, als Jeanne sich ohne Vorankündigung von Ivar trennte, um einen anderen Mann Hals über Kopf zu heiraten, erfuhr er, was sein Freund alles auf sich genommen hatte: Nicht nur »die Predigten in der katholischen Kirche«, nicht nur die »Kniefälle vor dem Schwiegervater Corpet«, so schrieb er Adalbert im Juli 56, sondern auch, dass er Jeanne noch nicht einmal »verführt« hätte, »denn seine Braut respektiert man und man bleibt ihr dabei trotzdem noch treu«, so »hundertprozentig blöd« sei er zu der Zeit gewesen.

Kurz nach Jeannes Verlobung mit Ivar zog Adalbert um in ein kleineres Hotelzimmer in der Rue Malebranche, unmittelbar neben der Sorbonne, das ihn, wenn er sich richtig erinnert, nur 5000 Francs monatlich kostete. Hatte er sich durch häufigere Besuche bei Yvette etwas verausgabt oder wollte er für die Zeit, wenn es kein Stipendium mehr gab, ab Juli also, nur ein bisschen Geld zur Seite legen? Das Quartier Latin, zumindest der Teil um den Boul' Mich' herum, strahlte nichts von der dekadenten Vielschichtigkeit und Hintergründigkeit des Montparnasse aus. Es war damals ein ruhiges, eher etwas behäbiges Viertel, für Arbeit und handfeste Freundschaften besser geeignet als für Inszenierungen von Mythen und Träumen, und so vermisste Adalbert dort bald auch etwas – nicht nur seine Piroschki, um die zu bekommen er jetzt eine halbe Stunde laufen musste.

Ja, er vermisste etwas. Aber wie hat er diese Leerstelle aufgefüllt? Am besten ist, er fängt bei Juliette an, und die tauchte zum ersten Mal schon etwas früher auf, am Ende des Winters, ein oder zwei Monate bevor er die Rue Delambre verließ.

7.

An diesem Tag war es kalt, sein Zimmer auch nicht besonders gut geheizt. Das noch embryonale deutsche Kulturzentrum, damals in der Rue Cujas gelegen, zwischen dem Boul' Mich' und der Rue St. Jacques, hatte eine Vernissage angekündigt, zu der ihn Jeanne abholen kam. In der Hoffnung, sich aufzuwärmen, oder weil es ihm gut tat, mit ihr eine Stunde zusammen zu sein, vielleicht auch aus diesen beiden Gründen war er mit ihr dorthin gegangen. Über Jahrzehnte hatte er völlig vergessen, was da gezeigt wurde, aber

wenn er sich heute wieder in den damaligen Spätwintertag versenkt, kommt es ihm vor, als wären es Radierungen von Alfred Kubin gewesen, und dabei soll es auch bleiben. Nicht sehr viele Besucher waren gekommen, die ungewohnte, durchdringende Kälte hatte wohl manch einen abgeschreckt, und von denen, die erschienen waren, meistens Deutschlehrer und Germanistik-Studenten, kannte er nur einige wenige aus Royaumont. Sein Blick fiel aber nicht auf sie, sondern auf ein schlankes junges Mädchen, das ohne Begleiter in einsamer Eindringlichkeit die Schreckensvisionen des Malers durchmaß: aschblond in den Nacken fallendes Haar, alles genau erfassend und trotzdem verträumt, ja sogar etwas abwesend die lichtgrünen, eine Spur schräg in das bestürzend regelmäßige Gesicht hineinkomponierten Augen.
Adalbert sah gleich an der Art, wie sie sich zwischen den Besuchern bewegte – so als wären diese zu umschiffende Hindernisse und nicht Bekannte, die einen gleich ansprechen werden –, dass sie und er anscheinend die Einzigen waren, die nicht zum Kreis der Sorbonne-Germanisten gehörten. Das knüpfte zwischen ihnen eine zunächst noch brüchige Verbindung – aber sie langte, um miteinander über die Bilder ins Gespräch zu kommen, und bald waren sie in eine leidenschaftliche Debatte über Kubin vertieft. Noch bevor sie ihm sagte, dass sie an der *Sciences Po*, der Pariser Hochschule für Politik, studierte, aus Litauen stamme und 18 Jahre alt sei, lud er sie in eines der benachbarten Cafés ein. Sie aber war schon mit jemand anderem verabredet, was sie nicht davon abhielt, ihn aufzufordern, er solle doch einfach mitkommen – und so lernte er an jenem Sonntagnachmittag Alfred Grosser kennen, ihren Lehrer an der Sciences Po, der ihr verzweifelt und wohl auch erfolglos den Hof machte. Nach vielleicht einer Stunde musste sie allerdings Knall und Fall weg, und erst auf seinem Heimweg fiel ihm ein, dass er nicht einmal nach ihrem Namen, geschweige denn nach ihrer Adresse oder Telefonnummer gefragt hatte.
Ein Vierteljahr später, Anfang Mai war es wohl und er wohnte schon im Hotel Malebranche, betrat Adalbert an einem warmen, sonnigen Vormittag den Luxembourg, den er durchqueren musste, um sich wieder einmal ein paar Piroschki in der Rue Delambre zu holen. Nein, sie kamen sich nicht entgegen, sie gingen, auf zwei am großen Bassin miteinander verschmelzenden Sandwegen, wie auf Laufbändern aufeinander zu und fanden sich, darüber über-

haupt nicht erstaunt, plötzlich nebeneinander und schon in ein Gespräch über ihre Kindheit verwickelt vor. Adalbert machte ihr, dem »kleinen Feuer«, so lautete ihr zweiter, litauischer Name, den Mund mit den in Aussicht gestellten Piroschki wässerig, die sie jetzt gemeinsam zu erstehen beschlossen, und wenige Minuten später hielten sie sich, fast Geschwister geworden, schon bei der Hand. Es war Juliettes neunzehnter Geburtstag. Auch wenn Adalbert bald danach, und das über zwei Jahre lang, schmerzlich und anscheinend hoffnungslos in sie verliebt war, auch wenn sie beide später, ab 1959, doch ein paar Jahre lang ab und zu miteinander schliefen – Juliette freundschaftlich liebevoll, er bei den ersten Malen, als hätte der Himmel die Erde berührt –, diese Geschwisterlichkeit, die sie an jenem Maimorgen im Luxembourg an sich entdeckten, sie hat sie bis heute nicht völlig verlassen und alle anderen Empfindungen durchtränkt, die sie für- oder gegeneinander noch hegen mögen.

8.

Die nächste Figur, die in diesen Reigen einrückt, ist Michel. Von ihm hatte Ivar ihm, kurz nachdem sie sich kennen gelernt hatten, viele Geschichten erzählt, wahrscheinlich in Royaumont schon. Michel war Ivar in Oslo über den Weg gelaufen, er hätte sich danach fast zwei Jahre lang in den unterschiedlichsten Gegenden Norwegens als Sprachlehrer durchgeschlagen und während dieser Zeit mit über 200 Frauen geschlafen. Seinem mediterranen Charme, so Ivars Bericht, seien sie alle verfallen gewesen: Zu der Zeit hätte es in Norwegen kaum Franzosen gegeben und kaum hätte eine ihn gesehen, so hätte sie mit ihm schon ins Bett gewollt. Michel sagte später zu Adalbert, als dieser ihn auf die astronomische Zahl seiner Eroberungen ansprach, es sei für ihn zu einer Art Spiel geworden. Als er gemerkt hätte, es läuft, hätte er sich vorgenommen, so lange im Lande zu bleiben, bis die Zahl 200 erreicht war, und dafür habe er eben etwas über zwei Jahre gebraucht. Aber nicht nur von Michels Unwiderstehlichkeit berichtete Ivar, er sprach auch von seinen Gedichten, und zwar mit dem gleichen Respekt, sodass vor Adalbert das Bild eines intellektuellen Weltenbummlers, Abenteurers und Don Juans erstand, eines Poète maudit beinahe, von dem er nicht nur zu lernen hoffte, wie man Mädchen erobert.

Als dieser Michel dann, ungefähr zu Ostern, tatsächlich in Paris auftauchte, da war Adalbert am meisten von der Unauffälligkeit seiner äußeren Erscheinung beeindruckt, aber auch von der Ruhe und Sicherheit seines Auftretens, die zudem noch mit der Sanftmut eines Lammes einherging. Manchmal sah er tatsächlich so aus, als habe man ihm, wie einem ägyptischen Gott, einen Lammskopf aufgesetzt, der sich, wenn eine Frau hinzutrat, die ihm gefiel, allerdings unversehens in ein Bocksgesicht verwandeln konnte: Dann erst stand einem der Satyr, als der er ohnehin galt, auch in Fleisch und Blut gegenüber. Wie ein Komet seinen Schweif zog er in seinem Gefolge einen Schwarm unterschiedlichster Existenzen hinter sich her, manche von ihnen kreuzten diesen Schwarm auch nur. Maler und Dichterinnen gehörten dazu, verkrachte Philosophen, Studenten sowie ein ihnen allen höchst nützlicher gefallener Engel, der auf Einbrüche in Weinkellern spezialisiert war. Sie alle suchten ein geheimes Paris jenseits vom St. Germain, dessen Existenzialistencharme sich allmählich zu kommerzialisieren begann: Obwohl Arthur Adamov und Lucien Goldmann noch immer bis zum frühen Morgen in der Rhumerie auf der Suche nach Schnaps und nach Frauen herumlungerten, war die erste Garnitur – Sartre, Beauvoir, Juliette Greco, Daniel Gelin und Boris Vian – doch schon in die teureren Lokale und damit in eine halbe Unsichtbarkeit abgetaucht.

Michel versuchte nun dieses geheime Paris für sie zu inszenieren. So stiegen sie eines Nachts, kerzen- und taschenlampenbewehrt, zu zehnt in die Katakomben ein, es muss in der Gegend von St. Sulpice gewesen sein. Sie wussten, Resistencekämpfer hatten sich hier verborgen und deutsche Soldaten, auf der Suche nach ihnen in diesem Labyrinth verirrt, waren nach dem Krieg als Skelette gefunden worden. Wenn die Lichter ausgingen, so ging die Rede, war man verloren. Michel hatte einen Führer mitgebracht, der schwor, es sei völlig harmlos, heutzutage seien überall Richtungspfeile zum nächsten Ausgang angebracht, und so bezähmten sie zunächst mit Erfolg ihre Angst. Denise war dabei, Philosophin, nicht unhübsch, allerdings etwas kräftig gebaut und trotz ihres französischen Namens Jugoslawin; Joel, schlank, blond gelockt, eine von irgendjemandem halb wachgeküsste Michelangelo-Statue, wie immer die Ledertasche voll Weinflaschen über die Schulter gehängt. Mit ihm wollte Denise, so kündigte sie es an, in einer Grabkammer, wenn sie auf eine solche stießen, sich der Liebe hingeben, er aber winkte ab, ebenso wie der Prinz, der dann an seiner statt als zweite Wahl selbst ohne Grabkammer drankommen sollte. Auch an eine Schweizerin erinnert sich Adalbert noch, die hysterisch nach einem Priester zu schreien begann, als die vorletzte Kerze ausging und der Lichtstrahl der Taschenlampe allmählich erstarb.

Schließlich fanden sie doch noch hinaus, ob es nun wirklich der Montparnasse-Friedhof selbst war, der sie empfing – zu schön würde das passen –, oder nur ein düsterer Winkel am Edgar Quinet, das kann er heute nicht mehr beschwören, wohl aber, dass ihnen allen die Knie schlotterten und am nächsten Tag von Michel kein weiteres Programm mehr angesagt wurde. Mit diesem Happening, sie gehörten vielleicht zu den Ersten, die, ohne es zu wissen, mit einer solchen Kunstform experimentiert hatten, war es für eine Weile des Thrills genug.

9.

Ob es auch Michel war, der sie zum ersten Mal zum Vert Galant mitgenommen hatte? Nicht zur Reiterstatue Henri IV., die über dem Pont Neuf thront, sondern unten an den Fluss zur Spitze der Cité-Insel, an der die beiden Seine-Arme sich wieder vereinigen, um dieses Stück Erde, von Notre Dame bis hierher, wo sie standen, zärtlich zu umschließen. Als sie sich auf den großen Steinplatten des Quais niedergelassen hatten, unter die mächtigen Trauerweiden, deren träge herabfallende Zweige sich im Flusswasser spiegelten, da brach, kaum abgepuffert vom leisen Rauschen weit weg an den anderen Ufern, plötzlich über sie die Stille herein: Die Stadt begann sich, erst langsam, dann immer schneller, um sie zu drehen, denn sie hatten das Herz von Paris, und damit, so kam es ihnen vor, den Mittelpunkt der Erde erreicht. Um das zu spüren, wollten sie immer wieder hierher zurück, auch noch nach Jahren, als die Stille längst woandershin ausgewandert war. Der kleine Garten zwischen den Quais wurde um 22 Uhr verschlossen. Wenn man seinen niedrigen grünen Eisenzaun auch mühelos überklettern, ja sogar überspringen konnte, hielt der die meisten Besucher doch ab, und die fünf oder sechs kleinen Ruderboote, die an ins Gemäuer eingelassenen Ringen am Ufer festgemacht waren, wurden von ihren Besitzern ohnehin nur tagsüber benutzt – so wie auch nur tagsüber Angler oder im Sommer Sonnenhungrige kamen, um sich auf diesem Quai niederzulassen. Während der Dunkelheit aber waren sie völlig allein, und so begannen sie bald schon, den nächtlichen Vert Galant als ihr ureigenes Revier zu betrachten, das auf keinen Fall von irgendjemandem entweiht werden durfte, am allerwenigsten von denjenigen, die ihre Empfindungen nicht zu teilen wussten, den »bourgeois« – manchmal schrien sie dieses schlimmste aller Schimpfwörter auch von obszönen Gesten begleitet heraus, wenn ein vorbeifahrendes »bateau mouche« sein grelles Scheinwerferlicht über ihren neuen Tempel und ihre heftig gestikulierenden Körper hinweggleiten ließ.

Hier am Vert Galant hatte ihre Truppe eine etwas andere Besetzung als in den Katakomben. Neben Denise und Joel – der war schon für die Versorgung mit Rotwein unentbehrlich –, neben dem Prinzen und Adalbert gehörte Robert Belghanem dazu, ein siebzehnjähriger kabylischer Dichter, der Verse irgendwo im Übergangsfeld zwischen Jacques Prevert und Arthur Rimbaud fabrizierte, und dessen Freund André Schwartz-Bart, der mit einem Roman schwanger ging und es fünf Jahre später zum Prix Goncourt und so auch zu kurz dauerndem literarischen Ruhm bringen sollte. Und schließlich kamen, von Adalbert in den Kreis eingeführt, noch zwei Mädchen hinzu, Juliette natürlich und Regine Teboul, Schülerin des Philosophen Gaston Bachelard, eine beige getönte orientalische Schönheit, die aus einer reichen jüdischen Familie Orans herstammte. Den Mittelpunkt ihrer Gruppe aber bildete Dagi.

Zum ersten Mal hat Adalbert sie mit ihren lichtblonden Seejungfrauenhaaren wortlos am Flussufer sitzend gesehen, als er an einem der nächsten Tage mit Michel und dem Prinzen die dunklen Treppen herabgestiegen war, die durch die Brückenkonstruktion des Pont Neuf zu ihrer kleinen Unterwelt führten. Der Ruf, etwas ganz Besonderes zu sein, eilte ihr schon voraus. Vielleicht hatte Michel, als pflichtbewusster Fremdenführer, dieses Treffen deshalb auch arrangiert. Adalbert setzte sich zu ihr. Sie bot ihm einen Schluck Rotwein an, aus einem der von Joel angezapften Keller,

Autoausflug mit Régine, Adalbert, Dagi, 1955

und bald schon kamen sie darauf, dass sie in demselben Land, ja in derselben Stadt geboren und aufgewachsen waren und sie den Namen seines Vaters zu Hause auch schon gehört hatte. Sie unterhielten sich dann kurze Zeit auf Estnisch. Der Klang dieser versunkenen Sprache holte bei beiden ein paar Kindheitsbilder hervor, aber bei Adalbert waren 15 Jahre vergangen, seitdem er sie das letzte Mal gesprochen hatte, und sie merkten, dass sie auf Französisch und Deutsch besser miteinander zurande kamen. Schon in diesem ersten Gespräch versuchten sie einander zu zeigen, wie sie von den Dingen um sie herum angerührt wurden. Dagis Schreib- und Malversuche, mit denen sie sich in Schweden schon etwas Geld verdient hatte, kamen darin vor, Adalberts Arbeit mit »seinen Verrückten« und an erster Stelle natürlich dieses ihr Paris, das sie sich gerade erschlossen.
Dagi trank immer mehr, ihre Worte verselbstständigten sich, sie gingen, aus ihren Satzkorsetten befreit, allein auf die Reise. Aber dann wurden sie plötzlich von Lustschreien unterbrochen, denn Michel schickte sich im kleinen, verschlossenen Garten gerade an, mit einer langbeinigen Finnin, die er vor einer halben Stunde kennen gelernt hatte, zu kopulieren. Als es überraschend schnell wieder still geworden war und die beiden sich wieder zu ihnen gesellt

hatten, brachen sie alle in Richtung der Place Contrescarpe auf, um Dagi und Robert, die dort wohnten, nach Hause zu begleiten. Untergehakt, der Rotwein hatte seine Wirkung getan, stiegen sie die Rue Monsieur Le Prince hinan und überquerten den schon beinahe menschenleeren Boul' Mich'. Dagi ging, etwas schwankend, an Michels Seite ein paar Schritte vor Adalbert her – auf einmal stürzte sie, schrie sie alle wutentbrannt an und wollte zunächst nicht wieder aufstehen. Aber nicht wie eine Betrunkene kam sie ihm vor, sondern eher wie ein Königskind aus dem Märchen, das sich auf einen falschen Planeten verirrt hat: auf einen, von dem es plötzlich merkt, dass er vom bösen Zauberer Wirklichkeit regiert wird. Dies und die nachfolgenden Szenen sind in ein paar etwas unbeholfenen Versen aufgezeichnet, die Adalbert zwei Monate später, in La Ciotat, für Dagi schrieb, als zweite Strophe eines Gedichtes – wie durch ein Wunder hat es auf Ivys Dachboden verstaubte Jahrzehnte immer noch lesbar überstanden:

»... ich hab eine Liebe zu dir von der ich nicht weiß wo sie herkommt
Nicht wenn du vorm Pantheon in der Gosse liegst und mich anschreist
›Ihr wollt ja nur flirten und Parties man kann sterben ihr hört einen nicht‹
Nicht wenn du flüsterst ›comment mêler la vie et la mort‹
Das gibt nur ein Echo im Hohlraum des eignen Gefühls
Aber wenn du gleich drauf an der Haustür mich auf den Mund küsst
Und deine Hände mich streicheln wie verstorbene Schwestern
Hab ich eine Liebe zu dir von der ich nicht weiß wo sie herkommt«

Ja, es war eine Liebe, eine Liebe auf den ersten Blick, aber eine Liebe, bei der nicht das Leben, sondern von Anfang an der Tod Pate stand, Cocteaus schwarz gekleidete, motorradeskortierte Madame la Mort. Dagi, um das zu erkennen, brauchte er nur wenige Tage, war nämlich schon halb auf der anderen Seite des Spiegels, nur noch durch einen dünnen Faden, der wie ein allzu fein eingestellter Wasserstrahl jederzeit abreißen konnte, mit ihm und der Welt verbunden. Sie war dabei, zu Eurydike, zu einer jungen Toten der 10. Elegie Rilkes zu mutieren, und er hätte zu diesem Zeitpunkt nicht sagen können, ob er sie aus ihrem Schattenreich emporholen wollte oder ob es ihm einfacher schien, ihr selbst dorthin zu folgen. Noch konnte sie ihn berühren, noch fasste sie ihr Weinglas an, ihre Zigarette, ihre Espresso-Tasse vor ihr auf dem Cafétisch, ihren Zeichenstift, ihre zwei oder drei Gedichtbände, die sie nach Paris mitgebracht hatte. Aber alles, was ihre Hände gestreift hatte, wurde von deren gespenstischer Unwirklichkeit angesteckt: Es verlor sein Gewicht, seine dritte, raumgebende Dimension, es verflüssigte, verdampfte, vergeistigte sich, merkwürdigerweise ohne dass Adalbert auch nur die mindeste Angst davor bekam. Wenn Dagi ihn gebeten hätte, sie zu lieben, hätte er es auf der Stelle getan, obwohl er wusste, dass es dann gar nicht ihre Körper, sondern nur ihre Schattenrisse gewesen wären, die sich vereinigt hätten – ja, er wäre bereit gewesen, sich selbst für immer in einen solchen Schattenriss zu verwandeln.

Irgendwann, noch in diesem Frühsommer oder doch erst im November nach seiner Rückkehr vom Mittelmeer, hatten sie, ja wer noch außer Dagi und ihm?, wieder einmal ganz Paris, von der Contrescarpe bis zur Butte Montmartre, durchquert und dort oben, den Lichterteppich der Stadt zu Füßen, auf einer von unsichtbaren Scheinwerfern beleuchteten Hauswand mit ihren eigenen Schattenbildern gespielt: lachend zugesehen, wie ihre Scherenschnittprofile sich aufeinander zubewegten, miteinander verschmolzen, um sich dann wieder voneinander zu lösen, ohne dass sie sich selbst dabei auch nur zu berühren brauchten.

In diesem Frühjahr und im darauf folgenden Herbst hat Adalbert sich, ohne viel zu fragen, warum, in diese Dramaturgie des Übergangs zum Schattenreich hineinfallen lassen. Von überall her sprangen ihn in dieser Stadt die Bilder des Mythos an: Sobald er sie wiedererkannte, musste er sie benennen, wie er auch dem Drang nicht widerstehen konnte, selbst mitzuspielen und die anderen in diesen Reigen zu drängen. Heute weiß er, dass er damals gar nicht als Orphée fungierte, ja noch nicht einmal, wie Michel, als Hermes, sondern allenfalls als einer der untergeordneten Sendboten des flügelbeschuhten Gottes. Und er weiß auch, dass es ein unfaires Spiel war, denn anders als Dagi, anders auch als Michel hatte er, durch sein abgeschlossenes Medizinstudium, ein Netz unter sich aufgespannt, das ihn jederzeit auffangen konnte, wenn er sich zu sehr verstieg. Ja, vielleicht war das sogar der Grund dafür, dass jene seiner Freunde, die über ein solches Netz nicht verfügten, seine Nähe ebenso suchten wie diejenigen, die noch ganz in den Sicherheiten ihres Alltagslebens verfangen doch schon eine pochende Sehnsucht nach solchen Reisen zu Fabelwesen, Göttern und sprechenden Steinen verspürten. So war er unversehens zu einem Vermittler solcher Reisen – hin ebenso wie zurück – geworden.

10.

Meistens trafen sie sich jetzt, manchmal um die Mittagszeit, manchmal erst in der Abenddämmerung, an der Place Contrescarpe, in der *Chope* oder in den *Cinq Billards*. Wie den Vert Galant haten sie auch diesen Platz zu ihrem heimlichen Schatz erkoren, und es bestand zwischen ihnen eine stillschweigende Übereinkunft darüber, auch dorthin niemanden mitzubringen, der unfähig oder unwillens war, die Einzigartigkeit dieses Ortes zu erspüren. Touristen kamen zu jener Zeit so gut wie gar nicht, es war auch nichts für sie vorbereitet. In den drei oder vier verschlissenen Hotels um den Platz herum wohnten verkrachte Existenzen, Paris-Pilger, denen das Geld auszugehen begann, Schriftsteller, Maler und Dichter, die noch nach ihrem Weg suchten, ein paar alleinstehende kleine Angestellte, Verkäuferinnen und Fabrikarbeiter – streng getrennt übrigens von den zahlreichen Nordafrikanern, die, ausschließlich Männer, die kleinen Hotels weiter unten, in der Rue Mouffetard und deren Quergassen, bis auf das letzte Bett und darüber hinaus mit Beschlag belegt hatten. Zwischen den Hotels und den Cafés befanden sich kleine Lädchen, Bäckereien, Epicerien und Charcuterien, ein Zeitungskiosk, der auch Schreibwaren feilbot, und etwas weiter, in der »Mouffe«, ein wunderbar billiger Obst- und Gemüsemarkt, zu dem die Leute von weither einkaufen kamen. Am Sonntag schließlich – ebenfalls nicht auf dem Platz selbst, dem so seine verträumte Ruhe bewahrt blieb, aber doch nur drei Minuten von ihm entfernt, auf halbem Wege zur Avenue des Gobelins – der berühmt-berüchtigte Flohmarkt, auf dem, so ging das Gerücht, einem alten Privileg zufolge unter den Augen der Polizei auch Hehlerware verkauft wurde: Im 12. Jahrhundert sollen sich die örtlichen Räuber schriftlich dazu verpflichtet haben, die Reisenden in den Süden, die damals diesen

Weg nehmen mussten, in Ruhe zu lassen, wenn sie dafür ihr sonstiges Diebesgut ungestraft losschlagen durften.
So war in ihrem neuen Viertel nicht nur der Mythos, sondern auch die Geschichte zu Hause, und Robert, hier geboren und aufgewachsen, wollte sich zu ihrem Herold machen, er sammelte Materialien über das friedliche Zusammenleben der angestammten Bewohner mit allen möglichen randständigen Existenzen, über die Jahrhunderte hinweg, für einen Roman, der dann aber doch nie geschrieben worden ist.
Adalbert näherte sich ihrem Platz zumeist über die Rue de l'Estrapade; eigentlich brauchte er von seinem neu bezogenen Hotel aus nur geradeaus zu gehen. Sein Weg führte ihn zunächst an nicht allzu hohen, eleganten Häusern aus der Jahrhundertwende vorbei, ausstaffiert mit Fahrstühlen, rot beteppichten Marmorstufen und aufmerksamen Concierges. Dann verschmälerte sich die Straße, die Fassaden bekamen immer mehr Flecken und Risse und völlig unversehens – die ersten Male hatte er schon befürchtet, er hätte sich verlaufen – erstand vor ihm wie ein Urtillo-Bild in sanftem Pastellton der kleine, nicht ganz regelmäßig begrenzte fünfeckige Platz mit seinen Cafés, seinen vier grünenden Bäumen, seinen unter ihnen mal schlafenden, mal Rotwein trinkenden Clochards, und etwas exzentrisch gelegen, seiner blechernen olivfarbenen Pissotière. Adalberts erster Blick galt den Caféterrassen. Wer saß schon dort: André, Dagi, Robert oder Régine? Juliette, Michel, ebenso wie der Prinz, Ivar und Jeanne kamen, wenn überhaupt erst am Abend. Hausfrauen huschten, im Sommer manchmal nur im Nachthemd und Morgenrock, rasch in die Boulangerien und Crèmerien. Ihre etwas rauhen Stimmen flogen über den Platz und alle fünf Minuten knatterte auch einmal ein stinkendes Auto vorbei, von Missfallensäußerungen der Kaffeehausbesucher begleitet. Sonst blieb es ruhig, sie konnten ihre Gedichte und Briefe schreiben, zeichnen, miteinander reden oder auch nur schweigend nebeneinander sitzen und so das dörfliche Panorama zur Kulisse ihrer Tagträume machen. In diesem Frühjahr gab es im ganzen Viertel um den Platz noch keine einzige »Boîte«, kein einziges besseres Restaurant. Erst im Herbst machte in der Rue Descartes der *Cheval blanc* oder *bleu* auf, eine winzige Bar, in der auch zwei oder drei Chansonniers auftraten. Unter diesen war auch Henri Serre, der einige Zeit später als Oscar Werners Partner in *Jules et Jim* bekannt wurde

und einmal des Nachts im November, vor Régines Fenster im »Hotel de la Poste«, der *Chope* genau gegenüber, unter dem Vorwand, seinen Hausschlüssel verloren zu haben, singend bei ihr Einlass begehrt haben soll.
Wie für Hemingway, der zehn Jahre vorher in diesem Hotel gewohnt hatte, war für sie alle der Contrescarpe der schönste Platz auf der Welt, und eine Zeit lang verließen sie ihn nur um des Vert Galant willen oder um, sofern sie anderswo wohnten, irgendwann schlafen zu gehen.
Am 23. Juni hatten sie sich, bevor die Straßenreinigung kam, vom Markt die liegen gebliebenen, damals noch hölzernen Obst- und Gemüsekisten geholt und waren über die Rue de la Montagne Ste Geneviéve, die Straße der Narren, Diebe, Bettler und Könige, wie Dagi sie nannte, über Maubert und die kleinen, damals noch fast ausschließlich von Algeriern bewohnten Gässchen, die zum Seine-Ufer führten, zum Vert Galant gezogen, um dort zu singen und ein Johannisfeuer anzuzünden, das sie Hand in Hand übersprangen. War es noch in der gleichen Nacht oder doch etwas später gewesen, als sie zwei Boote vom Ufer losgemacht und, vorbei an Notre Dame de Paris, beide Seine-Inseln, die Cité und St. Louis, umrudert hatten? Hierbei kann eigentlich nur Michel der Anstifter gewesen sein – oder war es doch Joel, dessen Rotwein sie die Keckheit, dabei mitzumachen, verdankten? Adalbert weiß noch genau, dass er das Statuenlächeln dieses ihres Meistereinbrechers immer eifersüchtiger beäugte, seit Juliette, sein kleines Feuer, atemlos und manchmal sogar wie erschlagen vor dessen Schönheit dastand – erfolglos versuchte er sie mittels philosophischer Spitzfindigkeiten davon zu überzeugen, dass es bloße Schönheit gar nicht geben könne, weil diese, schon von Platon so definiert, nichts anderes als der Schein des Wahren und Guten sei.
Und dann die Heimwege. Juliette verschwand, wenn sie überhaupt kam, meist schon um Mitternacht. Sie musste sich auf ihre Prüfungen in den Sciences Po vorbereiten und brauchte, sagte sie, dazu regelmäßigen Schlaf. So ergab es sich, dass er fast jede Nacht Dagi nach Haus brachte, bevor ihn sein kleines Zimmerchen im Hotel Malebranche in Empfang nahm. Am Boulevard St. Germain, den sie zumeist am Odeon kreuzten, hupten die Autos, noch um 3 Uhr nachts verhakten sich auf den Gehsteigen die Menschentrauben. Am St. Michel und in der Rue Cujas wurde es schon etwas ruhi-

ger, und wenn sie sich über die Rue Clovis der Rue Descartes und ihrem Platz näherten, hörten sie kaum mehr etwas außer ihren eigenen Stimmen und dem Widerhall ihrer Schritte – nur ganz vereinzelt noch, von ferne, das eine oder andere langsam ausklingende Geräusch. In diesem Augenblick begriff Adalbert, was Stille bedeutet: nicht dass man gar nichts hört, sondern dass die Geräusche sich gegenseitig respektieren, dass sie einander ihre Zeit zum Verklingen lassen und uns die Freiheit, auf jedes einzelne von ihnen, darauf, was es uns zu sagen hat, einzugehen.

11.

Die Tage seines Stipendiums waren beinahe gezählt, sein Aufsatz über Merleau-Ponty nahezu fertiggestellt. Irgendwann in diesem Frühjahr 1954 hatten Friedrich und Barbara ihn in Paris besucht. Er zeigte ihnen die Stadt und auch die Place Contrescarpe, in deren Nähe sie untergekommen waren – aber sie fanden an seinen neuen Freunden, ebenso wie an den pittoresken Winkeln, zu denen er sie führte, keinen rechten Geschmack. Seinen Aufsatz hingegen, den er ihnen in ihrem Hotelzimmer vorlas, hörten sie mit Vergnügen. Großartig gelungen sei er, sagten sie, und das war für ihn fast ein Ritterschlag. Wie aber sollte es weitergehen? Nach Marburg, überhaupt nach Deutschland zurück wollte er auf keinen Fall. Eine der Royaumonter Patinnen, mit der er sich ab und zu traf, hatte ihm ein Rendezvous mit Henri Ey vermittelt, einem der bekanntesten französischen Psychiater, dessen Anstalt in Bonneval, 150 Kilometer entfernt von Paris, in einem alten Kloster lag. Ey konnte etwas Deutsch, er las Adalberts Merleau-Ponty-Aufsatz und stellte ihm für Januar 1955 die einzige Stelle in Aussicht, die er mit einem ausländischen Assistenten besetzen durfte. Von dem Bewerber, dem er sie vor einem halben Jahr versprochen hatte, einem Argentinier, sei seither nichts mehr zu hören gewesen, sodass Adalberts Chancen so schlecht gar nicht stünden.
Aber wie bis dahin die Zeit ohne Geld überbrücken? Für den Juli fand er ein Anschlussstipendium über das »Comité«, Daniel Guerin, ein reich gewordener trotzkistischer Intellektueller, nahm in seinem Landhaus, der Rustique Olivette in La Ciotat, 30 Kilometer entfernt von Marseille, jeweils für einen Monat junge Schrift-

steller und Wissenschaftler auf. Unterkunft, Frühstück und Abendessen waren für sie dort gewährleistet. Und Michel, der Erfindungsreiche, schlug vor, sie sollten sich zu dritt, Adalbert, der Prinz und er, von August bis Oktober bei den Weinbauern des Midi als Erntearbeiter verdingen: Das verdiente Geld würde bis zum Jahresende für ein bescheidenes Leben an der Contrescarpe schon ausreichen.

An die näheren Umstände seiner letzten Pariser Tage erinnert Adalbert sich nicht mehr genau. Er weiß noch, dass Juliette mit ihrer Freundin Marie Christine für zwei Monate nach Marokko wollte. Würde sie nach ihrer Rückkehr noch an ihn denken? Wer weiß, was auf dieser Reise alles geschah! War er also damals schon eifersüchtig? Natürlich hätte er jeden Anflug solcher Empfindungen, wenn sie ihm bewusst geworden wären, sofort unterdrückt. Ihm war klar, dass sie sich bestenfalls in der Anwärmphase einer von ihm erhofften Liebesbeziehung befanden und er keinerlei Exklusivrechte auf Juliettes Zuneigung besaß. Dennoch konnte er seine Besorgnis nicht völlig abschütteln, ein leises Spannungsgefühl wie vor Prüfungen, wie überhaupt vor im Ergebnis ungewissen, aber bedeutungsvollen Ereignissen hielt ihn den ganzen Sommer über in einem feinen, sehr elastischen, aber auch unzerreißbaren Netz gefangen – bis er Ende Oktober nach Paris zurückkehrte und feststellen konnte, dass alle seine damaligen Befürchtungen, soweit sie ihre Reise betrafen, unbegründet gewesen waren. Und Dagi? Sie fuhr für drei Monate zurück nach Stockholm. Vielleicht werde sie in dieser Zeit ihren Jugendfreund Paul heiraten, sagte sie, ihren »trunksüchtigen Poeten«, aber für den Monat Oktober versprach sie fest ihre Rückkehr. Ivar verließ wie die meisten übrigen Boursiers Paris endgültig, er wollte in Oslo so schnell wie möglich sein Studium abschließen, als Belohnung winkte die Heirat mit Jeanne.

Welche von Adalberts Jahresfreundschaften würde den Sommer überstehen?

11. Kapitel: »... strömt es vom Mittelmeer ...«

1.

Mit einem schweren Rucksack sieht Adalbert sich den Jardin des Plantes durchqueren, vorüber an den mächtigen, zwischen 1770 und 1790 aus Asien importierten Bäumen. Aber mit seiner Verwunderung über dieses frühe Datum, das er einem der an den Stämmen angebrachten Schildchen entnahm, bricht dieses Bild schon ab: Es macht der grauen Ausfallstraße eines Provinzstädtchens Platz, auf der er verzweifelt den wenigen Autos zuwinkt. Und später, kurz vor Lyon, der Himmel ist dräuend geworden, die Sorge: Wo werde ich schlafen?
Mit einem Lastwagen legt er die letzten Kilometer bis Marseille zurück, und von dessen Beifahrersitz aus erblickt er es dann zum ersten Mal: das Mittelmeer. In diesem Moment hat es ihn nicht sonderlich beeindruckt, ja er war sogar ein bisschen enttäuscht, an seinen Ufern nichts als die hässlichen modernen Hafenanlagen zu sehen, deren Betongrau das Wasser verfärbte. Wo waren die Pinien, die Zypressen, die Lagunen, die in die Felsen eingeschnittenen kleinen Buchten, wo waren die Statuen und die Amphoren? Das also ist es schon, sagte er sich, aber er wusste zugleich auch, spätestens seit diesem Frühjahr in Paris, dass Träume sich manchmal erst beim zweiten Blick auf die Wirklichkeit zu ihrer Erfüllung bequemen. Und tatsächlich, im Bus oben auf der Corniche, es war zu spät geworden, um noch auf einen Stopp zu warten – da sah er in der untergehenden Sonne, die ihm über das Wasser hinweg einen schmalen roten Teppich ausgerollt hatte, alles, was ihm in Marseille noch vorenthalten geblieben war.

2.

Irgendwie muss er noch vor Anbruch der Dunkelheit zur »Rustique Olivette« hochgelangt sein. Das Haus, aus grauen Feldsteinen, lag auf einem Hügel, das Panorama, zweifellos gab es eines, natürlich mit Meerblick, hat er nicht mehr in Erinnerung, ebenso wie er sich das Zimmer, das er zugewiesen bekam, nicht mehr vergegenwärtigen kann. Am nächsten Morgen sah er Daniel Guerin, ihren Gastgeber, einen vielleicht fünfzigjährigen, braun gebrannten Mann in dessen benachbarter Villa – oder war er zu Adalberts Begrüßung eigens in die Rustique Olivette herübergekommen? Wie auf einem Portraitfoto ohne Hintergrund erscheint er ihm heute, wenn er sein Bild wiederherzustellen sucht, und ein leises Gefühl der Unheimlichkeit kehrt ebenfalls für einen Augenblick zurück: Adalbert wusste nämlich damals schon, in Paris war das stadtbekannt, dass Guerin ein bekennender Homosexueller war. Aber natürlich kam es nicht zu der geringsten Annäherung, weder an ihn noch an einen der übrigen männlichen Pensionäre, und heute schämt er sich dafür, dass er ihm seinerzeit so etwas überhaupt zugetraut hat.
Im Haus waren sie zu fünft. An Michel Henry oder Henri Michel entsinnt er sich noch, Philosoph und Assistent in Aix-en-Provence, dunkelhaarig, gut aussehend und ernst, und an einen schlaksigen, sommersprossigen Iren oder Schweden, Karl oder Tim, er hatte es jedenfalls mit der Literatur. Von den zwei Mädchen war die eine – er hat ihren Namen sehr rasch verloren – langbeinig, blond und überhaupt ziemlich hübsch. Dem vollkommenen Körper war allerdings ein maskenhaftes Gesicht aufgesetzt, das Adalbert überhaupt nicht gefiel – zu seinem Glück, denn er hätte bei ihr ohnehin keine Chance gehabt. Die andere, Tamara, eine aschkenasische Jüdin, die erst eine Woche vor seiner Abreise zu ihnen stieß, Mathematikerin oder Physikerin war sie, sympathisch, klein und bemerkenswert hässlich, plapperte unaufhörlich vor sich hin – sie sollte sich wenig später, als Adalbert vom Prinzen abgeholt wurde, in diesen unsterblich, unglücklich natürlich, verlieben.
Ein eigenartig verkrampftes Klima herrschte im Haus: Strenge Exogamie gehörte zu den ungeschriebenen Regeln, Liebschaften unter dem eigenen Dach waren verpönt, nicht aus moralischen Gründen, sondern um die Arbeitsatmosphäre, um die sich hier

alles drehte, nicht zu beeinträchtigen. Auch intensive Freundschaften galten in dieser Hinsicht als Übel und so hütete sich jeder davor, auch nur ein bisschen persönlich zu werden. Das Feld der Liebe, des Begehrens, der sentimentalen Komplikationen jeglicher Art, aber auch das der Feste und der Vergnügungen lag draußen, am Strand, in den Cafés, in den Nachtlokalen – sich dort zu entspannen, um danach wieder besser arbeiten zu können, galt sogar als empfehlenswert. Heute fragt Adalbert sich, ob diese Regeln nicht die Kehrseite des homoerotisch-revolutionären Puritanismus des Hausherren und des von ihm inspirierten Arbeitsklimas waren.

Verständlich, dass Adalbert sich in diesem Haus vereinsamt und etwas fehl am Platz vorkam. Einige Male ging er mit den beiden Männern zum Strand, aber auch da kam er mit ihnen nicht recht ins Gespräch. Sie legten sich wie zwei Ausstellungsstücke in den Sand und warteten darauf, dass ein vorübergehendes hübsches Mädchen vor ihnen stehen blieb, oder aber sie stolzierten zwischen den in Bikinis daliegenden eingeölten Frauenkörpern einher, in der Hoffnung, einer von diesen werde zum Leben erwachen, sich aufrichten und sie ansehen, ja vielleicht sogar ansprechen, was zu Adalberts Erstaunen gelegentlich tatsächlich geschah. Dann entbrannte ein Wettstreit zwischen den beiden, den meistens der Philosoph gewann, ein Ergebnis, das Karl (oder Tim) einmal mit der respektvoll anerkennenden Bemerkung »You are the better man« quittierte. Trotz der Lächerlichkeit der Szenerie war Adalbert etwas gekränkt darüber, dass ihn keiner auch nur als potenziellen Mitbewerber um die Gunst der Strandmädchen anzusehen schien – fast so, als ob er einer anderen Gattung Mensch, zumindest aber einer anderen Gattung Mann als sie angehörte.

Die meiste Zeit saß er jedoch über seinen Papieren. Er feilte immer noch an seinem Merleau-Ponty-Text herum, er schrieb zwei oder drei Gedichte, vor allem aber versuchte er seine philosophische Dissertation über den Ekel ein Stück voranzubringen – die übrigens nie zu einem Abschluss gekommen ist. Die Notizen von damals, von denen einige erhalten geblieben sind, zeigen, wie tief und unumkehrbar er sich verrannt hatte: Platteste Banalität und unentwirrbare Konfusion wechseln miteinander ab, vielleicht weil nach dem Pariser Jahr das Thema Ekel für ihn seinen Belang fast völlig verloren hatte – an seine Stelle waren Umnachtung und

Wahnsinn getreten. Weil er vergeblich versuchte, alles auf ein und denselben Nenner zu bringen, wiederholte er sich ständig, verschiedene, voneinander unabhängige Perspektiven, aber auch den Abbruch eines Gedankenganges ließ er nicht zu und in seinem Gehirn begann es deshalb zu brodeln.

Eines Morgens, es war in der letzten oder vorletzten Woche seines Aufenthalts in der Rustique Olivette, erwachte er mit leisem Zahnweh, das auch trotz einer Aspirin-Tablette nicht nachließ – es steigerte sich in den nächsten Tagen sogar zu unerträglichen Schmerzen. Aber er war nicht krankenversichert und besaß auch nicht mehr genug Geld, um eine Zahnarztrechnung zu bezahlen. Die ganze Welt zog sich bald schon in dem auf seinen eigenen bloßliegenden Nerven einhämmernden Zahn zusammen – ja sie wurde von ihm geradezu eingesogen. Das konnte auf die Dauer nicht unbemerkt bleiben, zudem die Wange auch anschwoll. Karl (oder Tim) sagte ihm auf den Kopf zu, dass er Zahnschmerzen habe, fragte ihn, warum er nicht zum Zahnarzt ginge, und als Adalbert darauf keine schlüssige Antwort parat hatte, erriet er schließlich auch seine finanzielle Notlage, ging zu Guerin hinüber und dieser sorgte beim ortsansässigen *chirurgien-dentiste* für einen Gratistermin, gewissermaßen von Kollege zu Kollege. An die Rückkehr zur Welt, als der Schmerz gegangen war, erinnert sich Adalbert noch heute. Wie wiedergeboren kam er sich vor – im Morgenlicht auf einer großen, tautropfenbestäubten Wiese, in reinstem Jugendstilkitsch die Hände zum Himmel erhoben.

3.

In den allerletzten Julitagen kam, wie vorgesehen, der Prinz angereist. Inzwischen hatte Adalbert von Michel den erwarteten Brief bekommen, mit dessen Sommeranschrift im Ardeche und der Aufforderung, dort gemeinsam den Beginn der Weinernten abzuwarten. Am 1. August standen sie beide am Straßenrand und sie kamen auch ziemlich zügig aus La Ciotat weg. Aber sie brauchten dann doch anderthalb Tage, um nach Montélimar zu gelangen, und von dort noch ein paar Stunden bis Alba, wo Michel bei einem argentinischen Ehepaar Unterkunft gefunden hatte.

Alba war ein von seinen ursprünglichen Bewohnern, Bauern und

Seidenraupenzüchtern, fast völlig verlassenes Dorf. Die zu drei Vierteln verfallenen Häuser stammten zum guten Teil noch aus dem 15. Jahrhundert. Die Erfindung der Kunstseide um 1900 hatte die ganze Region ins Elend gestürzt. Wein wuchs in diesen Bergen nicht mehr, dazu war es im Winter zu frostig, und der Boden war auch zu karg, um die Bauern nach dem Verfall der Seidenpreise durch den Anbau von Getreide oder Gemüse zu ernähren. In den letzten zwei, drei Jahren hatten einige Künstler den Zauber entdeckt, der von dieser hügeligen Landschaft und ihrer bis in keltische Vorzeiten zurückverfolgbaren Geschichte ausging. Sie hatten damit begonnen, einige der Häuser aufzukaufen, die noch nicht völlig zusammengestürzt waren, für 10.000 oder 20.000 Francs, 120 oder 240 DM also, und restaurierten sie eigenhändig. Inzwischen gibt es in Südfrankreich, von der Provence bis zu den Cevennen, Hunderte, wenn nicht Tausende so dem Leben, allerdings einem völlig anderen Leben, wiedergewonnene Dörfer, und die Preise für ein verfallenes Haus, wenn man ein solches noch findet, sind zu schwindelnden Höhen angestiegen. Damals jedoch hatte der Auszug Pariser Künstler und Intellektueller in die geschichtsträchtige Landschaft des Südens kaum erst begonnen – erst lange nach ihnen kamen Leute mit sehr viel mehr Geld, allerdings auch mit weniger Geschmack in die Gegend.

Man konnte nicht gerade sagen, dass sie vom Ehepaar Andaldo mit überschwenglicher Freude in Empfang genommen wurden. Schon Michel war zuvor nicht allein bei ihnen angekommen: Er hatte eine Gespielin, Monique, zu ihnen mitgebracht, aufgelesen beim »Bal populaire des 14. Juillet« am St. Sulpice – und jetzt standen da noch zwei verdreckte Schmarotzer, die Hunger hatten und einen weiteren Winkel zum Schlafen beanspruchten. Aber als »communisants«, die sie Michels Kennzeichnung zufolge waren, blieb ihnen nichts anderes übrig, als auch seinen Freunden Gastfreundschaft zu gewähren, wenn sie ihre eigenen Grundsätze nicht über Bord werfen wollten, denn Michel war jetzt politisch Verfolgter: Er war seinem Einberufungsbefehl zum Militär nicht nachgekommen und galt den Militärbehörden als Deserteur. Deshalb hatte er sich auch einen hochtrabend klingenden Namen, »Comte d'Aigremont«, zugelegt und sich falsche Papiere besorgt. In diesen ersten Augusttagen war das noch ein heiteres Spiel, eine Inszenierung, die jederzeit abgebrochen werden konnte – erst als im

November der Algerien-Krieg ausbrach, wurde daraus nahezu tödlicher Ernst.

Am ersten Abend und an den zwei darauf folgenden Tagen gab es noch gemeinsame Mahlzeiten. Sie saßen alle im Schatten der Maulbeerbäume, Michel und Monique sangen Liebeslieder aus vergangenen Jahrhunderten, »nous dormirons ensemble« klingt Adalbert noch im Ohr. Sie hörten sich Michels neueste Gedichte an und zum ersten Mal las Adalbert in diesen Tagen auch Verse von Pablo Neruda. Mit Kees, einem holländischen Maler, der sich ebenfalls in Alba niedergelassen hatte, fuhren sie in das Nachbardorf St. Thomé, das nur noch von sieben Menschen bewohnt war. Kees war der einzige Künstler, der auch dort ein Haus erworben hatte – er war dabei, es zu restaurieren, und wollte es in Kürze beziehen, denn Alba war ihm schon jetzt zu dicht bevölkert. St. Thomé lag auf einem steil abfallenden Felsdreieck, harscher, weniger lieblich als die sanften Hügel von Alba, aber der Blick öffnete sich dafür auch weit hinaus bis zum Rhônetal. Das Haus an der Spitze des Dreiecks stünde zum Verkauf an, vertraute Kees ihnen an, ob sie es nicht haben wollten? »Nach der Weinernte, dann ist das Geld dazu in unsrer Tasche«, erwiderte Michel halb im Scherz. Aber vier Monate später, im November oder Dezember, hatte er es tatsächlich erworben.

Am dritten Morgen eröffnete ihnen Consuelo, ihre Gastgeberin, sie müssten nun selbst für ihre Nahrung sorgen. Deshalb schlichen sie nachts zu den Kartoffel- und Gemüseäckern des »neuen«, noch von richtigen Bauern bewohnten Dorfes unten im Tal, um sich von dort das Lebensnotwendige zu holen. Der Prinz, Michel und Adalbert unterbrachen die Suche allerdings schon beim ersten Hundegebell – ohne Monique, die sich nichts daraus machte und seelenruhig ihren Korb weiter mit Auberginen, Zuccini, Tomaten oder Kartoffeln füllte, hätten sie schon am Tag nach der Kündigung ihrer Vollpension unter Hunger gelitten. Leider stellten sich ihrer aller Kochkünste als völlig unterentwickelt heraus: Sie schafften es nicht, aus Kartoffeln und etwas Gemüse allein, ohne auch nur eine Spur Fett oder Fleisch, ein annähernd schmackhaftes Gericht zuzubereiten. Ein paar Tage lebten sie von einer wässerigen Gemüseratatouille – danach brachten sie kaum mehr etwas davon herunter. Consuelo und ihrem Mann wurden ihre nächtlichen Streifzüge bald auch unheimlich, denn wenn Monique nur ein einziges Mal erwischt wurde, war es um ihren eigenen guten Ruf im Dorf geschehen. Die offizielle Version lautete, dass Verwandtenbesuch aus Paris sich angekündigt hätte, so konnten alle Beteiligten ihr Gesicht wahren, aber kein Weg führte daran vorbei, dass sie spätestens zum 8. August das Feld räumen mussten. Vielleicht sei die Weinernte in der Küstenebene von Béziers, dem heißesten Landstrich des französischen Südens, ja schon in Gang, meinte Michel, und so verabredeten sie, sich in der Auberge de Jeunesse dieser Stadt zu treffen. Deren Herbergsvater, ein spanischer Anarchist, würde den Weinbauern alljährlich ihre saisonalen Kräfte vermitteln und alten Freunden wie ihm für ein paar Übernachtungen auch Kredit gewähren.

4.

Michel trampte mit Monique, und so benötigte er mit ihr nur einen halben Tag, um nach Béziers zu gelangen: Er versteckte sich hinter einem Busch und sie hielt die Autos an. Adalbert und der Prinz brauchten viel länger. Als sie, am zweiten Abend, todmüde in Béziers in der Jugendherberge eintrafen, erwartete sie als Begrüßungsmahl eine Paella, der Herbergsvater hatte sich seinem Freund Michel gegenüber nicht lumpen lassen. Aber sie erfuhren auch, dass die Weinernte erst in drei oder vier Wochen einsetzen würde. Am nächsten Morgen begann der Hunger wieder zu bohren und sie hatten keinen einzigen Notgroschen mehr in der Tasche. Der Herbergsvater versprach zwar eine weitere Reismahlzeit, wenn sie selbst etwas Fleisch oder Fisch dazu beitrügen, und Adalbert, der Prinz und Monique hielten deshalb auch schon nach streunenden Katzen Ausschau, die mit abgezogenem Fell vielleicht als Kaninchen durchgehen konnten, aber sie bekamen keine einzige in die Finger. Sie wollten schon alle Versuche, an Essbares zu kommen, aufgeben, als Michel auf die rettende Idee kam, im nur neun Kilometer entfernten Hafen von Valras nach Miesmuscheln zu tauchen. Sofort brachen sie dorthin auf und sie fanden die Schalentiere auch gleich an den Pfeilern der Hafenmole in bloß einem Meter Tiefe. Diesmal wetteiferten der Prinz und Monique um den besten Ertrag und schon nach einer Stunde reichte es für die vom Herbergsvater versprochene Paella. Danach gingen sie abseits vom

Hafen am völlig verwaisten Sandstrand spazieren, und dort trafen sie ein Dutzend spanischer Küstenfischer, auch sie anarchistische Emigranten, die ihnen vorschlugen, sie sollten ihnen bis zum Beginn der Weinernte zur Hand gehen, gegen Beteiligung am Erlös ihres Fangs.
Ihr Lebensunterhalt war damit für die nächsten Wochen gesichert. So wurde die Muschelpaella, die der Herbergsvater nach ihrer Rückkehr hervorzauberte, zu einem kleinen Abschiedsessen, für drei oder vier Wochen zogen sie am nächsten Morgen zu den Fischern an ihren Strand.
Unterschlupf für die Nacht und Schutz vor der mittags unbarmherzig auf sie herniedergleißenden Sonne fanden sie in einem flachen, halb unterirdischen Betonbunker, Überbleibsel einer von den deutschen Besatzungstruppen errichteten Küstenbefestigungsanlage. Die Arbeit, die man ihnen antrug, war völlig unromantisch: Sie führte sie nicht auf das Meer hinaus, sondern bestand lediglich darin, im Halbstundentakt abwechselnd die zwei Winden zu betätigen, mit denen das schon gegen Mitternacht von den Fischern ausgelegte Schleppnetz an den Strand gezogen wurde. Mitten in der Nacht, gegen drei Uhr früh, mussten sie dazu aufstehen – dafür war die Arbeit aber gegen sieben auch schon getan. Adalbert bekam bereits nach einigen Stunden ein paar Blasen an den Handflächen, die glücklicherweise rasch wieder abheilten; schwieriger war es schon, bis zum Schluss bei Atem zu bleiben. Welche Erleichterung jedes Mal, wenn nach dem immer schwerer werdenden, beidarmigen Wuchten, das alle seine Glieder bleiern herniederzog, die dreißigminütige Pause kam! Halb bewusstlos ließ er sich in den morgenfeuchten Sand fallen und döste ein, nur für ein, zwei Augenblicke, so schien es ihm – aber als er aufschreckte, war er schon wieder an der Reihe und die Angst wieder da: Werde ich es diesmal noch schaffen?
In einigen Nächten freilich, wenn Wellen und Wind das Netz besonders leicht gemacht hatten und Anstrengung kaum mehr vonnöten war, um es einzuholen, begannen der Mond, die Sterne, die Lichter der Fischerboote am Horizont zu ihm zu reden und sein Atem vermischte sich mit dem langsam auf- und abwallenden Rauschen des allnächtlich in schwarzes Nichts verwandelten Meers. Es war noch nicht der tropische Himmel, den er sieben Jahre später in Vietnam kennen lernen sollte, und auch noch nicht

der Pazifische Ozean, aber aus der Rückschau betrachtet waren es doch deren erste Vorboten.

Ganz zuletzt, wenn das Netz schon den Boden berührte, mussten sie es alle zusammen an den aus den Winden gelösten Seilen mit ihren bloßen Händen an Land ziehen, und wenn es dann endlich vor ihnen lag, wurde der Fang gesichtet und auch schon verteilt. Jeder von ihnen bekam genau den gleichen Anteil an Fischen und Meeresfrüchten wie die Berufsfischer. Dass sie bloß untergeordnete Hilfsarbeiten ausübten und dass der Patron und wohl auch einige der anderen für ihre Verhältnisse viel Geld in die Boote, die Netze, die Winden investiert hatten, spielte dabei keinerlei Rolle: Die aus dem republikanischen Spanien mitgebrachte anarchistische Gleichheitsethik dieser an der Armutsgrenze lebenden Flüchtlinge ließ andere Verteilungsmodalitäten gar nicht zu. Und ganz selbstverständlich wurde auch ihnen der volle Erlös für die Fische ausgezahlt, die sie der Frau des Patrons zum Verkauf überließen.

Meist schlief Adalbert bis tief in den Mittag hinein. Er weiß noch, dass er sich bald schon an den gerösteten Sardinen übergessen hatte. Den in alle Kleider dringenden Geruch des Fischfetts, das leise Klacken ihrer im Feuer Blasen werfenden und dann platzenden Haut konnte er nicht mehr ertragen – schließlich musste er jeden Happen herunterspülen, mit einem Schluck Wasser oder einem Mund voll sauren Traubensaft, der ihm den Gaumen zusammenzog. Und dann waren da noch die schwarzen, flach abgerundeten Kieselsteine, die er im feuchten Sand aufgelesen hatte und mit einem scharfen Nagel oder mit einem vom Prinzen ausgeliehenem Taschenmesser zu durchbohren suchte. Bei einem einzigen gelang ihm das, ohne dass er in Stücke brach, nach einer acht- oder zehntägigen Anstrengung, und er fertigte sich daraus einen Halsschmuck, den er auch nächtens nicht ablegte.

Seit die Rustique Olivette hinter ihm lag, hatte er sich nicht mehr rasiert, und das hatte an Oberlippe, Wangen und Kinn rötliche Bartstoppeln zum Sprießen gebracht. Auch seine Haare wurden immer länger, und sie nahmen, vielleicht weil sie schon lange nicht mehr gewaschen worden waren, eine leicht kastanienfarbene Tönung an. Er selbst bemerkte diese Veränderungen kaum, ebenso wenig wie die zunehmende Bräunung seiner Haut. Rasierseife und Klingen waren teuer und schwer zu beschaffen.

So zogen diese Augusttage einer nach dem anderen gleichmütig an ihnen vorüber. An manchen Nachmittagen wanderte er mit dem Prinzen eine Stunde den Strand entlang, ohne eine Menschenseele zu treffen, sie sammelten dabei Muscheln und Steine, die sie später doch wieder dem Meer überließen. Drei- oder viermal am Tag schwamm er, wenn die Wellen es zuließen, ein paar hundert Meter hinaus und lernte dabei, bewegungslos auf dem Rücken, sich der Tragkraft des salzigen Mittelmeerwassers anzuvertrauen. Beim Dunkelwerden erzählten sie sich Geschichten, und dann ab Mitternacht wieder der kurze schreckhafte Schlaf, aus dem sie um Viertel nach zwei die Trillerpfeife ihres Patrons riss, um sie an die Winden, ans Meer, an den nächtlichen Himmel zurückzurufen. Nach ungefähr vier Wochen – jeder von ihnen hatte bis dahin im Ganzen vielleicht 2000 Francs, rund 25 Mark, verdient – kam aus der Jugendherberge die Nachricht, dass die Weinernte nun wirklich begänne.

5.

Sie waren als Erste zur Stelle und fanden deshalb auch schnell die ersehnte Arbeit. Mehr als zwei Hilfskräfte wurden allerdings von kaum einem der Weinbauern gebraucht, und so mussten Adalbert und der Prinz sich von Michel und Monique trennen. Sie arbeiteten nun, unterbrochen von drei oder vier kurzen Pausen, ungefähr zwölf Stunden am Tag: die sieben oder acht Pflückerinnen, sie beide als Träger, und Desiré, ihr Vorarbeiter – heute fällt Adalbert sofort Obelix ein, um dessen Muskelpakete und dessen gewaltigen Leibesumfang in ein einprägsames Bild zu setzen. Beim Morgengrauen fuhren sie auf einem von zwei kräftigen Kaltblütern gezogenen Leiterwagen, auf dem ungefähr zwanzig riesige Holzbottiche standten, auf das Weinfeld hinaus, das der Patron am Vorabend zum Abernten bestimmt hatte. Jeder Pflückerin wurde eine endlos lang erscheinende Reihe von Weinstöcken zugeteilt. Die abgeschnittenen Trauben warfen die Frauen in ihren Korb, der, wenn er voll geworden war, von ihnen in die großen Bottiche entleert wurde, die vom Prinzen und von Adalbert in regelmäßigen, von der Schnittgeschwindigkeit der fixesten Pflückerin abhängigen Zeitabschnitten an den Mädchen vorübergetragen werden mussten. Diese Bottiche wurden mittels zweier Eisennocken in die dafür vorgesehenen Einkerbungen der zwei Holzstangen eingehängt, an deren Enden die Träger sie anfassten und hochhoben – und mit dieser Last ging es, schnellen Schrittes, um die Mädchen nicht unnötig warten zu lassen, von Reihe zu Reihe. Wenn ein Bottich voll war, wurde er auf den Leiterwagen gehievt und ein neuer, leerer heruntergeholt.

Solange der Bottich erst halb gefüllt war, erschien ihnen diese Arbeit noch kinderleicht. Die letzten Minuten allerdings, bevor sie ihn auf den Wagen gehievt hatten, war sein Gewicht so schwer geworden, dass es wie flüssiges Blei in Adalberts Füße lief: Er konnte sie nur mit größter Mühe ein paar Millimeter von der Erde heben. Schlurfende Schnelligkeit war dann, während der letzten zehn, zwanzig Meter, die einzige Rettung. Aber wohl nur, weil er, im Kontrast zu seinen dünnen und schwächlichen Armen, über ziemlich kräftige Beine verfügte, denen er die Hauptlast des Traubengewichtes aufbürden konnte, überstand er die ersten zwei Stunden bis zur Frühstückspause, und dann auch den übrigen Tag. Der Prinz, der viel mehr Kraft und Ausdauer besaß und überhaupt einen Anflug naturburschenhaften Naturells, half ihm, wo er nur konnte, er ließ Adalbert vorne gehen und das Tempo bestimmen. Noch einmal, zwei oder drei Tage später, sollte es kritisch werden: als die Blasen an seinen Händen platzten und er mit offenen Wunden die Stangen umklammern musste. Desinfektionsmittel und Mullverbände verhinderten das Schlimmste, und Adalbert wusste auch, dass er keine andere Wahl hatte, als trotz seiner Schmerzen durchzuhalten. Die Handflächen heilten dann rascher, als von ihm befürchtet, anstelle der feinen, empfindsamen Haut bildeten sich Schwielen. Nach zehn Tagen war die Arbeit zwar immer noch sehr ermüdend, er fiel abends nach dem Essen, das Monsieur Serre, der Weinbauer, in reichlicher Menge an sie austeilen ließ, jedes Mal sofort in den Schlaf, während der Prinz noch an seinen Briefen und an seinem Tagebuch schrieb – aber die Arbeit war doch auch eine Routine geworden, von der er nun wusste, dass er sie durchstehen würde. So begann auch er wieder, die Landschaft um ihn herum deutlicher wahrzunehmen: die in die ebenen Weinfelder verstreuten Gehöfte und Dörfer, die Feigenbäume, unter die sie sich in den Pausen zu legen pflegten, aber auch die Menschen, mit denen er arbeitete und die für ihn bis dahin nur Schatten geblieben waren.

Die ganze »Equipe«, mit Ausnahme ihrer beider natürlich, war zusammen aufgewachsen und zur selben Schule gegangen. Freundlich machten sie sich gegenseitig über ihre kleinen Schwächen lustig, die sie genau kannten, und sie versuchten natürlich auch, die Adalberts und des Prinzen herauszufinden. Adalberts Mangel an Körperkraft war nur zu offensichtlich. Aber auch die Parzifalnatur des Prinzen, seine Schüchternheit und Gradlinigkeit konnte ihnen nicht lange verborgen bleiben, und sie fragten bald auch unbefangen drauflos, ob er denn schon mit einem Mädchen geschlafen hätte. Sie teilten mit ihm und dem Prinzen ihre reichlich bemessenen Essensvorräte, waren es nun »pains aux tomates«, mit Olivenöl, gepresstem Knoblauch und Tomaten bestrichene Weißbrotschnitten oder einfache »sandwichs au paté«. Irgendwann erfuhr Adalbert auch, dass die Frauen die ersten Tage ihr Pflücktempo merklich gedrosselt hatten, weil sie seinem angestrengten, und schließlich gequälten Gesichtsausdruck ablesen konnten, dass er nur noch mit größter Mühe vorwärts kam. Jetzt, wo er es geschafft hatte und fast schon wie einer der ihren mit seiner Traglast, deren vorwärts treibende Schwerkraft nutzend, an ihnen vorübertänzelte, gingen die Pausen mit Lachen und Scherzen dahin. Der Prinz und er wurden nun auch über ein archaisches Privileg aufgeklärt, das sie selbst den Pflückerinnen gegenüber in Anspruch nehmen durften: Wenn diese eine Traube in ihrer Reihe am Weinstock hängen ließen, hatte der Träger, der das entdeckte, die Wahl, die unaufmerksame Pflückerin entweder richtig zu küssen oder aber die Traube in ihrem Gesicht zu zerdrücken. Je länger die Weinernte dauerte, desto häufiger machten sie von diesem Privileg, so oder so, Gebrauch.

Das Wetter blieb, obwohl der September voranschritt, fast die ganze Zeit über heiter und heiß. Näherte sich nachmittags mal ein Gewitter, wurde mit Feuerwerkskörpern auf die dräuenden Wolken geschossen, in der wahnwitzigen Hoffnung, dass sie sich dann verzogen oder zumindest ihre Last statt auf die eigenen auf die Felder des Nachbarn entlüden. Adalbert und der Prinz waren so fasziniert von diesem Abwehrversuch des Dunklen und Bösen, dass sie vergaßen, nach dem Ursprung dieses Rituals und der ihm zugeschriebenen Wirkkraft zu fragen. Aber die zwei oder drei Mal, die sie seine Anwendung beobachten konnten, machte das Unwetter tatsächlich vor ihnen Halt.

Nach gut drei Wochen hing keine Traube mehr an den Weinstöcken Monsieur Serres und sie bekamen ihren Lohn ausgezahlt: 1000 Francs pro Arbeitstag, und dazu noch eine kleine Summe für das nicht in Anspruch genommene Weindeputat. Mehr als 25.000 Francs hatte Adalbert nun in der Tasche, wieder einen schier unerschöpflichen Reichtum. Vom Prinzen musste er sich jetzt trennen, denn den erwartete in München ein Praktikum in einem Chemie-Labor, und er machte sich, wie aus einem erhalten gebliebenen Brief hervorgeht, per Autostopp über Carcassonne, Toulouse, Montauban und Paris auf den Rückweg nach Deutschland. Sich selbst sieht er erst wieder mit Michel und Monique im Hérault, sie ernteten dort weiße Trauben, die auf den Namen »Clairette« hörten. Weder von der Arbeit noch von den Pflückerinnen und Pflückern, ebenso wenig wie von der Unterkunft, die sie gefunden hatten, ist eine Erinnerung übrig geblieben. Nur des freundlichen und großzügigen Weingutbesitzers kann Adalbert sich noch entsinnen, eines Kleinadeligen, der Michel, den falschen, vorgeblich enterbten Grafen von Aigremont, mit großem Respekt behandelte und sie alle drei an einem Sonntag nach Pezenas fuhr, einer winzigen mittelalterlichen Stadt, deren Hauptsehenswürdigkeit ihr im 14. Jahrhundert errichtetes jüdisches Ghetto war. Die meisten der dortigen Häuser waren unbewohnt – wie ihr weit fortgeschrittener Verfall belegte, nicht erst seit 1942, als die deutschen Truppen in Frankreich eingefallen waren – und erst die in den graugelben Sandstein der Portale eingemeißelten hebräischen Lettern und sechseckigen Davidssterne zeigten einem an, dass man tatsächlich das gesuchte Viertel erreicht hatte. Kein Tourist interessierte sich damals für diese historische Stätte, einst immerhin eines der geistigen Zentren des mittelalterlichen Judentums in Südfrankreich – wie überhaupt das Languedoc, anders als die Provence, sich dem Fremdenverkehr noch gar nicht erschlossen hatte, sodass sie fast ganz allein durch die verlassenen Straßen des Städtchens zogen.

6.

Für zwei bis drei Tage musste Adalbert Frankreich verlassen. Zwar hatte man die Visapflicht für Deutsche inzwischen abgeschafft, aber wenn er nach Ablauf seines Stipendiums noch bleiben wollte, blieb ihm nichts anderes übrig, als neu in das Land einzureisen, um bei Kontrollen den Stempel vorzeigen zu können, der ihm drei weitere Monate Aufenthalt, nunmehr als Tourist, gestattete. Nur so war die Zeit zu überbrücken, bis er die ersehnte Stelle in Bonneval antreten konnte. Wieder war es Michel, der auch für dieses Problem eine Lösung parat hatte: In einem Vorort von Barcelona wohne Mercedes, eine alte Freundin, deren Vater einer der bedeutendsten katalanischen Industriellen sei, mit einem Empfehlungsschreiben von seiner, Michels, Hand werde Adalbert bei dieser Familie freundliche Aufnahme finden.

Spanien: vom Augenblick des Grenzübertritts an ein ganz anderes Land, fast schon ein anderer Kontinent. Am Gestus, an den Allüren, an der stolz verschlossenen Physiognomie der Gesichter, der Bauten, ja der Landschaft selbst machte dieser Eindruck sich fest, Reconquista, die Vertreibung der Juden, die Verliese der Inquisition, das gegenseitige Abschlachten der Linken im Bürgerkrieg, der ins fünfzehnte Jahr gehende franquistische Terror ... in alles, was dieses Land sehen ließ, schien etwas davon eingesickert zu sein. Die großen, schwarzen, vierkantigen Autos der Spanier damals waren fast alle noch Vorkriegsmodelle vom Anfang der dreißiger Jahre, aufs Sorgfältigste gewaschen und oft von livrierten Chauffeuren gefahren: Man sah ihnen ihre Herkunft von hochherrschaftlichen Kutschen noch an. Sie hielten ihre Fenster durch Vorhänge verschlossen, selbst die Heckscheiben zierten kleine Spitzengardinen. Und außerdem tauchten da noch merkwürdige, anscheinend aus Motorradkarosserien und ein paar imprägnierten Stoffbahnen gefertigte Zwitterwesen auf, die nur zwei Personen befördern konnten und in gemächlicher Langsamkeit die rechte Fahrspur besetzt hielten.

War es wirklich Badalona gewesen, wo er damals angekommen war? Im Sommer 98 hat Adalbert dort mit Marina und seiner inzwischen schon 17-jährigen Tochter Noemi einen Teil seiner Ferien verbracht – aber keine einzige Erinnerung ist da in ihm wach geworden, in keinem Haus, in keiner Straße hat er etwas von damals wiedererkannt. Oder hatte es sich gar nicht um Badalona gehandelt, sondern um Barceloneta, einen stinkigen Industrievorort, den er im Bus viele Male durchquert hat, unterwegs zum Meer nach Casteldefels, wo er im Sommer 1959 zwei Wochen mit Juliette verbringen und wo später, ab 1960 oder 61 sein Freund Wolfgang

Schmitt wohnen sollte? Trotz dieser Ungewissheit kommt jetzt, da er an diese seine erste Spanienreise zurückdenkt, eine lange, zum Teil wahrscheinlich zusammenfantasierte Bilderfolge in Gang: dass er damals durchgeschwitzt, in dreckiger, zerknitterter Kleidung, die lang gewachsenen Haare, den roten Bart und seinen selbst gefertigten Halsschmuck wie Krönungsinsignien vor sich hertragend, vor einem von einer hohen Mauer umgebenen Anwesen stand und auf sein Klingeln, ganz so als würde er schon erwartet, von beflissenen Dienstboten zum Hausherrn geführt wurde. Dieser war ein grau melierter älterer Herr im Abendanzug, der perfekt Französisch sprach, ihn willkommen hieß, ihm ein Gästezimmer anwies und ihn aufforderte, sich dem Gartenfest zuzugesellen, dessen zurückhaltend schwermütige Musik schon zu ihm herüberwehte. Mercedes, die ihn unten an der Treppe empfing, fragte ihn nach Michel und führte ihn in den mit bunten Lampions behangenen Garten, wo ihn ein Glas Manzanilla, Tapas und etwas später auch schwerer Rotwein erwarteten und zwei, drei Paare sich in wiegenden, etwas zögernden Rhythmen über die Tanzfläche schoben. Chateaux en Espagne.

Irgendwie war aber auch er für seine Gastgeber eine Art Fantasiewesen: ein Sendbote aus einer anderen, ihnen seit Kriegsende zwar nicht mehr völlig verschlossenen, aber doch immer noch schwer zugänglichen und deshalb schon etwas fremd gewordenen Welt, deren Bücher hier zensiert, deren Zeitungen verboten waren und in die zu reisen man eine Genehmigung brauchte. Mercedes und ihre Freunde, aber wohl auch ihr vornehmer Vater träumten von dieser Welt, in der die Zwänge, nur in Andeutungen zu reden und die Hälfte wegzuretuschieren, nicht galten, Zwänge, denen sie alle hier schon über fünfzehn Jahre lang unterworfen waren. Wenn einer aus dieser anderen Welt hierher kam, dann spielte es wohl keine so große Rolle, wie er sich anzog und ob seine Haare geschnitten waren.

Am nächsten Nachmittag führte ihn Mercedes in ihrem kleinen Wagen in die Stadt, durch das Barrio gotico, zeigte ihm die Sagrada Familia Gaudis und die Wohnhäuser Muntaners. Er kaufte sich für den Gegenwert von 500 Francs ein paar weiche lederne Slipper, sodass er seine ziemlich durchlöcherten Schuhe endlich wegwerfen konnte. Noch eine Nacht schlief er in seinem spanischen Schloss. Am darauf folgenden Morgen brachte ihn der Chauffeur im luxuriösen Firmenwagen nach Norden, zu einer zur französischen Grenze führenden Straße, und, damit nicht genug, bat er die Guardia Civil, die die Kreuzung bewachte, für Adalbert einen Wagen nach Frankreich anzuhalten, was schon nach einer Viertelstunde gelang.

7.

Spätabends war Adalbert in dem winzigen Hügeldorf angekommen, in dem Monique und Michel sich auch jetzt, Mitte Oktober, noch einmal hatten verdingen können, weil hier, in 500 Metern Höhe, die Weinernte erst begann. Untergebracht wurden sie alle auf einem Dachboden. Außer Michel, Monique und ihm waren noch ein ziemlich wild aussehender amerikanischer Student und drei zufällig angeschwemmte englische Mädchen angeheuert worden. Dort waren aber auch die besseren Weine in versiegelten Flaschen gelagert und von der Decke hingen Schinken und Saucissons secs herab. Michel und Monique erzählten, die Eigentümerin des kleinen Gehöftes, eine Witwe in mittleren Jahren, hätte sie ermahnt, an diesen Vorräten nur ja nicht zu rühren, Essen und Wein bekämen sie ohnehin reichlich genug. Vor ein paar Jahren hätten die Erntearbeiter hier alles geplündert, aber sie als gläubige Katholikin habe trotzdem entschieden, ihnen Vertrauen zu schenken und sie nicht zu den Ziegen in den löchrigen Stall zu verbannen. Zunächst hielten sie sich auch skrupulös an diese Anweisungen. Das in sie gesetzte Vertrauen wollten sie auf keinen Fall enttäuschen. Tagsüber hasteten Michel, Adalbert und der Amerikaner den Weinberg hinauf und hinunter, jeder allein mit einer riesigen, ihnen auf den Rücken geschnallten Blechhotte, in welche die Pflückerinnen ihre mit Trauben gefüllten Körbe entleerten. Mit den Hotten mussten die Träger dann den steilen Hang hinunter zum auf dem Feldweg wartenden Leiterwagen, der zur Aufnahme der Trauben die riesige Wanne bereithielt, in welche sie mit einer komplizierten, rücklings gewendeten Drehbewegung des Oberkörpers die Hotte auskippten.

Abends saßen sie alle beim Wein zusammen – die Engländerinnen wollten an Michel heran, der von Monique aber wie von einer Höllenhündin bewacht wurde. Sein korsischer Freund begann sich allmählich Sorgen um seine Zukunft zu machen, denn jetzt, Monate nach seiner Einberufung, der er nicht gefolgt war, galt er unwiderruflich als Deserteur, und auf Fahnenflucht stand eine längere Freiheitsstrafe. Halb zum Spaß begannen sie ein Szenario zu entwickeln, wie Michel sich in Bastia den Militärbehörden stellen und dabei trotzdem ungeschoren davonkommen, ja sogar dem Militärdienst für immer entgehen könne. Er solle, das riet Adalbert ihm, zunächst fünf oder sechs möglichst zerfahrene Briefe an seine Tante in seinem Heimatdorf schreiben, schlecht lesbare Schriftstücke, die aber trotzdem noch vage erkennen ließen, dass er sich für Gottes Sohn und Baudelaire zugleich halte. Mit ähnlich konfusen Texten, illustriert durch schematische Darstellungen von Himmel und Hölle, Wasser und Erde, Mann und Frau, Krieg und Frieden, Stoff und Geist solle er auch seine Aktentasche füllen. Ein oder zwei Monate später solle er seine dichte Körperbehaarung auf der linken Seite völlig abrasieren, sich sieben Pappamulette mit rätselhaften Beschriftungen um den Hals hängen, sieben Garnituren Unterwäsche übereinander anziehen, seine Kleider verschmutzen lassen und sich in diesem Aufzug, mit den Worten »Meine Mission ist erfüllt, jetzt kann ich endlich dem Vaterland dienen« an einem der Kasernentore der Stadt melden. In der Kaserne – oder im Arrestraum, wohin er auch immer gebracht würde – müsse er ruhig und höflich bleiben, mit sanfter Stimme reden, sich aber weigern, sich auszuziehen oder zu waschen. Nur wenn man ihn mit Gewalt dazu zwänge oder wenn man ihm seine Aktentasche abzunehmen versuche, solle er ausrasten, um sich schlagen und dabei »Staatsgeheimnis, überall sind Spione!« schreien.

Sie lachten beide über diesen Unsinn und spannen ihn Abend für Abend noch weiter aus. Knapp zwei Wochen, nachdem die Weinernte zu Ende gegangen war, brach aber der Algerien-Krieg aus, Desertion wurde nun zu einem todbringenden Verbrechen, und Michel blieb schon bald, als die Fahnder ihm immer näher auf die Spur kamen, gar nichts anderes mehr übrig, als es mit Adalberts Rezepten zu versuchen. Mit vollem Erfolg übrigens, mit der Diagnose »schizophrener Defektzustand« wurde er vier Wochen nach seiner Ankunft in einer Kaserne Bastias als für immer militärdienstunfähig entlassen.

In den ersten Novembertagen war auch in den Bergen nichts mehr zu ernten übrig geblieben. Adalbert vertraute Michel einen großen Teil seines in diesen zwei Monaten verdienten Geldes an, damit sein Freund das in St. Thomé besichtigte Haus durch irgendeinen Mittelsmann kaufen und sich dort für eine Weile vor der Militärpolizei verbergen konnte. Am letzten Abend – sie waren von der Witwe schon ausgezahlt worden und wollten frühmorgens mit dem ersten Bus das Dorf verlassen – feierten sie noch einmal ausgiebig: sangen, tranken und tanzten. Und da geschah es, dass jemand – es war wohl Monique – mit einer blitzschnellen Bewegung eine der teuersten Flaschen von Regal herunterholte und ihr den Hals abschlug. Das Tabu – und der Damm – waren damit gebrochen. Adalbert weiß noch, dass er die anderen davon abzuhalten versucht hat, jetzt auch noch nach den anderen Flaschen zu greifen, alle Schinken und Würste hintereinander weg anzuschneiden und die Weckgläser mit dem »Confit de Canard« zu öffnen, aber niemand achtete mehr auf ihn, das Fest geriet völlig aus den Fugen und artete schließlich in eine Zerstörungsorgie aus. Als sie am frühen Morgen, die Witwe schlief noch, das Dorf verließen, blieb ein Chaos aus zerbrochenen Flaschen, verschüttetem Wein, festgetretenen Essensresten und umgestürzten Stühlen zurück. Bis zu seiner Ankunft in Paris hing Adalbert sein schlechtes Gewissen noch wie ein Kloß in der Kehle.

12. Kapitel: Vergebliche Hoffnungen

1.

Zurück in Paris traf Adalbert Robert Belghanem auf Anhieb auf der Place Contrescarpe. Auch Dagi war wieder in ihrem düsteren Hotel, und Régine hatte sich, auf Hemingways Spuren, im »Hotel de la Poste« eingemietet. Wo aber sollte Adalbert schlafen? Robert bot ihm seine Gastfreundschaft an, aber die Sache hatte einen kleinen Haken: Bevor er in der winzigen Wohnung 69 Rue Mouffetard übernachten durfte, in der auch noch zwei oder drei Cousins seines algerischen Freundes hausten, musste dessen Vater ihn eigentlich schon als Gast willkommen geheißen haben. Der aber kam nach seiner Arbeit erst zwischen drei und vier Uhr morgens nach Hause und dann meistens so sturzbetrunken, dass er nur noch in sein Bett fiel – und am nächsten Tag stand er erst auf, um wieder zur Arbeit zu gehen. So musste Adalbert zunächst im kleinen Vorraum unter dem Bett eines der in die Sache eingeweihten Cousins Unterschlupf suchen, zumindest bis Roberts Vater in sein Bett getaumelt und, wie durch Schnarchtöne belegt, in tiefen Schlaf gesunken war. Erst nach einer Woche gelang es Robert, Adalbert dem Vater kurz vor dessen Arbeitsantritt doch noch vorzustellen, und die Angst, vom Familienoberhaupt entdeckt und aus dem Hause geprügelt zu werden, war damit vorüber.

Die Enge und Promiskuität in der Wohnung blieb freilich unerträglich. Adalbert hatte tagsüber kein eigenes Plätzchen, die ganze Zeit im Café zu sitzen war viel zu teuer, ständig in den Zimmern seiner Freunde herumhängen konnte er auch nicht, und wenn er mit seinem Geld bis zum Jahreswechsel auskommen wollte, war eine Einmietung in ein Hotel, auch in das billigste, keine Lösung. Gegen seine Müdigkeit – während der Zeit, die er unter dem Bett von Roberts Cousin hatte nächtigen müssen, hatte sie sich bis zur Erschöpfung gesteigert – zauberte Dagi allerdings ein höchst wirksames Mittel hervor: Sie gab ihm, wenn er im Café oder am Vert Galant einzunicken drohte, eine Tablette Orthedrine – ein mit dem deutschen Weckmittel Pervitin identisches Amphetamin, das zu jener Zeit in jeder französischen Apotheke für 60 Francs, 70 Pfennige, pro Zehnerröhrchen, rezeptfrei erhältlich war und ihn nach Belieben wachhalten konnte. Schließlich, wohl Ende November, bemerkte Régine Adalberts Hin- und Herschwanken zwischen Lethargie und Überdrehtheit. Er erklärte ihr seine Lage und prompt quartierte sie ihn für einen Monat im Hotel Descartes ein, weil sie gerade über einen kleinen Überschuss an Geld verfügte, so rechtfertigte sie fast entschuldigend ihre gute Tat. Damit hatte er wieder ein eigenes Zimmer, gleich neben Dagi, er konnte wieder einigermaßen regelmäßig seine Wäsche waschen und wechseln, die Gefahr, ein zweites Mal in seinem Leben von Läusen befallen zu werden, war vorläufig abgewendet.

Er hatte nun nichts anderes zu tun als auf den Bescheid von Henri Ey zu warten. Eine Baguette, ein schon etwas überalterter, Ammoniakgeruch verbreitender Camembert für 25 Francs, der für eine halbe Woche reichen musste, ein Glas Wein oder eine Tasse Café noir in der *Chope* oder den *Cinq Billiards*, damit hatte er eben auszukommen – und das ging auch, mit der Hilfe von Orthedrine, denn er hatte bald bemerkt, dass es nicht nur den Schlaf, sondern auch den Hunger vertrieb und zudem, das war ein angenehmer Nebeneffekt, einem noch alle Sinne schärfte. Ab und zu luden Dagi oder Régine ihn auch zu einem etwas weniger frugalen Essen ein und Robert, dessen 16-jährige elsässische Freundin Bäckerstochter war, spendierte ihm ein paar im elterlichen Laden beiseite gebrachte frische Croissants. Die Freunde waren wieder da und so fühlte er sich gerüstet für neue Abenteuer, die ganz in der Nähe schon auf ihn warteten.

Das Orthedrine, das sie jetzt alle ab und an nahmen, verlieh den schmutzigen, düsteren Gassen in ihrem Viertel Geheimnis und Tiefe: der *Pot de Fer* und der *Epée de Bois*, der *Descartes*, in denen sie wohnten, ja selbst ihrem kleinen beschaulichen Platz. Eine vom Laternenlicht aus der Dunkelheit herausgeschnittene Mülltonne, vor der ein Clochard stand, um etwas Essbares – oder sonst für ihn Nützliches – hervorzustöbern, machte plötzlich die Wahrheit, die ganze Wahrheit offenbar: Sie war es, die er dort suchte, ja, nur im Weggeworfenen war sie zu finden. Wenn sie zu zweit an einer solchen bedeutungsträchtigen Szene vorbeikamen – zu dritt oder gar zu viert funktionierte es merkwürdigerweise nicht

–, so bedurfte es zwischen ihnen keiner Worte: Mit einem Blick, und auch der war fast schon überflüssig geworden, hatten sie sich darüber verständigt – so wie sie auch alle anderen, die nicht dazugehörten, von einer solchen Wahrheit längst ausgeschlossen hatten. Deshalb zogen sie jetzt auch meistens nicht mehr in größerem Kreis, sondern paarweise durch die Stadt und erfuhren, wie jeden Abend, wie jede Nacht die alltäglichsten Begebenheiten sich mit Bedeutsamkeit aufluden. Am besten lief das mit Dagi: Hand in Hand entwickelten sie eine Berührungssprache, die nur eines einzigen Zeichens, des gleichzeitigen Druckes ihrer Finger bedurfte, das hieß dann »Ja, ja, so ist es wirklich« – und es war ihnen in solchen Augenblicken zumute, als ob die Stadt ihnen nacheinander all ihre Geheimnisse preisgab. Mit Régine erging es ihm völlig anders, da schwelgten sie in totalisierenden, das Absurdeste zusammenspannenden Metaphern wie »Gottesmüll«, die sie manchmal zum Lachen brachten, oder sie sahen Farben wie Lebewesen aufeinander zugehen und hörten sie, als sei Pfingsten, auch miteinander reden.

Jedes Mal wurde sein eigener Körper dabei leichter, denn immer blieb etwas von ihm hinter seinem Blick, hinter seinem Gehör, hinter jeder seiner Bewegungen zurück, und es schien Adalbert schließlich, als stiege er vollkommen aus ihm aus. So begriff er auch, dass Hunger und Müdigkeit, ja sogar Schmerzen ihm in einem solchen Zustand nichts anhaben konnten.

2.

Auch Juliette war wieder in Paris. Mitunter sahen sie sich jeden Abend, dann wieder blieb sie für Tage verschwunden. Für Dagi, für Régine, für Robert und André, aber auch für Jeanne bestand kein Zweifel daran, dass Adalbert und sie zusammengehörten. Juliette nahm in diese Richtung gehende Äußerungen seiner Freunde auch widerspruchslos hin, ja signalisierte dazu gelegentlich sogar Zustimmung, aber sie hatten bislang weder miteinander geschlafen, noch im Wunsche danach sich geküsst, immer war es beim Händehalten, Wangenreiben und bei zärtlichen Umarmungen geblieben. Adalbert hatte nie einen darüber hinausgehenden Versuch gewagt, er wartete auf ein Zeichen, das von ihr kam, auf keinen Fall wollte er etwas so Kostbares wie die immer dichtere Nähe, die auf fast allen Ebenen außer der körperlichen zwischen ihnen entstanden war, durch eine sie vielleicht bedrängende, vorschnelle Geste aufs Spiel setzen. Anders als Dagi war Juliette, sein kleines Feuer, von »dieser« Welt und er träumte davon, später, ja vielleicht in gar nicht so langer Zeit, mit ihr zusammen sein wirkliches Leben zu beginnen. Aber die Sehnsucht nach ihr fraß ihn trotz dieser vernünftigen Vorsätze auf – und manchmal, wenn er bei einer Verabredung länger auf sie warten musste oder sie gar tagelang wegblieb, auch die Eifersucht.

Als sie eines Abends mit ihren Studentenkarten als Blickfänge in der *Sphinx* saßen, Auge in Auge im nur von wenigen Kerzen erleuchteten Halbdunkel des rotgoldenen Saals, da wurde ihm immer enger ums Herz und mit gepresster Stimme brachte er heraus, er müsse ihr etwas gestehen, was vielleicht ihre Freundschaft zerstören werde: Er habe sie zu lieben begonnen und wolle mit ihr ins Bett. Sie aber nahm nur seine Hand und erwiderte: »Cela ne fait rien, on est des copains, pour le meilleur et pour le pire.« Dieser sakralen Formel, »im Glück und im Leid«, die er bislang nur bei Eheschließungen gehört hatte, entnahm er, dass sie in diesem Augenblick in ein lebenslängliches Bündnis mit ihm eingewilligt hatte, das alles, auch seine Sehnsucht nach ihrem Körper, einschließen konnte – eine Sehnsucht, die vielleicht eines Tages auch durch sie eine Antwort finden würde, wenn auch nur auf der Grundlage einer Freundschaft, die nicht die Liebe, die alles gewährende, alles zerstörende war.

Er war an diesem Abend vor Glück fast besinnungslos, denn Juliette hatte ihm zum ersten Mal die Versicherung abgegeben, dass sie zusammengehörten. Die darin enthaltene Einschränkung, dass sie zu einer bedingungslosen körperlichen Nähe noch nicht und erst recht noch nicht zur Liebe zu ihm bereit war, erschien ihm demgegenüber ohne jeden Belang. Er konnte warten; sie hatten ja Zeit. Allerdings wurde die erforderliche Geduld ihm auch durch das Orthedrine leichter gemacht, dessen Wirkung ihn einerseits aller leiblichen Bedrängnisse enthob, andererseits aber auch schon den Gesten der Zärtlichkeit die Intensität totaler, keinen Wunsch mehr offen lassender Erfüllungen verlieh – und ohne jede Spur eines Beweises ging er davon aus, dass es Juliette nicht viel anders als ihm erging.

Verunsichert wurde er erst, es muss Anfang Dezember gewesen sein, als sie sich bei ihren Verabredungen um Stunden zu verspäten begann und auf einmal mit einem Vietnamesen auftauchte, dessen Gesicht durch eine diagonal über Stirn, Nase und Wange gezogene peitschenhiebartige Narbe verunstaltet war. Huê, so hieß er, war Student der Pariser Filmakademie. Er hätte, das erzählte sie Adalbert bei einem der wenigen Treffen, bei dem sie noch allein waren, um ihre Hand angehalten und ihr seine riesigen Latifundien als Brautgeschenk angeboten. Aber sie, sie liebe ihn nicht, sie empfände nur eine von Mitleid und Dankbarkeit gezeichnete Zuneigung zu ihm: Er läse ihr alle Wünsche von den Augen ab und sei ein wahrer Chevalier servant, den sie in seinen Ergebenheitsbezeugungen ständig zurückhalten müsse.

Auch an den äußeren Lebensverhältnissen Juliettes hatte sich inzwischen manches verändert. Sie wohnte nicht mehr im 14. Arrondissement in der Rue du Chateau, einem idyllischen, inzwischen längst der Stadtsanierung zum Opfer gefallenen Winkel, in dem damals noch viele Maler und Bildhauer ihre Ateliers hatten, sondern in der Avenue Gambetta, gegenüber dem Friedhof Père Lachaise, in einem vornehmen Hausmann-Bau des Second Empire. In der fast leer stehenden Wohnung waren außer ihr noch ihre Freundin Marie Christine und manchmal auch Huê untergebracht. Außerdem stand ein kleines Auto vor der Tür, ein schwarzer Käfer mit einer deutschen Nummer, den ihr Vater ihr zur Verfügung gestellt hatte. Huê, der ihn häufig führe, käme für die Benzinkosten auf.

Natürlich war er eifersüchtig. Was verband Juliette mit diesem unansehnlichen, ja eher hässlichen Vietnamesen? Beeindruckte sie sein vorgeblicher Reichtum, unterstützte er sie, über das Benzingeld hinaus, auch finanziell? Hatte sie, trotz ihrer Beteuerungen, sie liebe ihn nicht, doch mit ihm geschlafen – oder trafen gar alle drei Befürchtungen zu? Je nachdem, wie Juliette ihn selbst in diesen Tagen behandelte, erstarrte er entweder in der schlimmsten aller möglichen Annahmen oder aber er entriss sich ihrer aller und redete sich ein, es handele sich bei ihrer Beziehung zu Huê nur um eine harmlose Freundschaft. Aber die Anzeichen häuften sich, dass es ganz so harmlos nicht war. Manchmal, wenn er sich zu später Stunde mit ihr in der Avenue Gambetta verabredet hatte, empfing ihn an ihrer Stelle Marie Christine. Zuerst hatte sie noch Begründungen für Juliettes Abwesenheit parat, später schüttelte sie nur stumm den Kopf, nein, sie wüsste von nichts. Und schließlich gewann Adalbert durch ihre abweisende Miene sogar den Eindruck, er dränge sich auf und sei in dieser Wohnung, bei ihr jedenfalls, nicht sehr willkommen. Aber auch Juliette selbst war, wenn er sie doch einmal antraf, jetzt häufig verstimmt, wortlos schritt sie neben ihm einher und schien die Stadtlandschaft, die ihr vor ein paar Wochen noch so viele heitere Geschichten entlockt hatte, gar nicht mehr wahrzunehmen. Seine Aufmunterungsversuche liefen alle ins Leere, ja er wurde selbst von Juliettes moroser Stimmung ergriffen, ein Kloß legte sich auf seine Kehle, der fast jedem seiner Worte einen falschen Klang verlieh. Mit dem Orthedrine versuchte er diese Blockade zu durchbrechen, aber ohne Erfolg – es führte allenfalls zu einer noch größeren Irritation und zu einer leer laufenden Aufgedrehtheit, die Juliette nur zurückzucken ließ. Dagi, der er von seiner Verzweiflung erzählte, tröstete ihn: Mit ihren Pietà-Händen strich sie ihm über die Stirn, er müsse nur Geduld haben, alles werde wieder ins Lot kommen, sie kenne solche Gemütszustände wie denjenigen Juliettes an sich selbst, er solle sie für ein paar Tage in Frieden lassen.

Das aber konnte Adalbert nicht. Fast jeden Abend ergriff ihn die Unruhe, gegen seinen Willen wollten seine Füße sich in Bewegung setzen, und so machte er sich immer wieder von der Contrescarpe aus auf den Pilgerweg: den sanften Hügel am Pantheon hinab über die Cardinal Lemoine und die Halles aux Vins in Jussieu, die heute längst der Universität Paris VII und dem »Institut du Monde Arabe« haben Platz machen müssen, über die beiden Seine-Arme und den menschenleeren Boulevard Henri IV bis zur Bastille, und von dort aus die Rue de la Roquette mit ihren kleinen, windschiefen und etwas verwahrlosten Häusern entlang, vorbei am berüchtigten Frauengefängnis ... bis er am Boulevard Menilmontant die graue Friedhofsmauer erblickte und wusste: Jetzt sind es nur noch wenige Schritte bis zur Avenue Gambetta und zu ihr. Aber er wagte meistens nicht mehr zu klingeln, er wollte nur sehen, ob in ihrem Zimmer das Licht brannte. Hinter die Scheibenwischer des schwarzen Käfers, der während der Nachtstunden fast immer vor der Tür stand, klemmte er kleine Zettel mit einem Gruß oder mit dem Vorschlag einer Verabredung, und manchmal, immer seltener freilich, fand er dort auch eine Botschaft von ihr vor.

3.

Eines Tages schlug Juliette dann doch wieder selbst ein Rendezvous vor, für einen Nachmittag im Café de la Mairie du VIieme an der Place St. Sulpice. Alle Einzelheiten dieses folgenreichen Zusammentreffens hat Adalbert nicht mehr im Kopf. Sie hat ihm zunächst wohl gesagt, es sei besser, wenn sie sich für eine längere Zeit nicht mehr sähen, besser für ihn. Da ihr dabei aber die Tränen kamen und er in seiner eigenen Kehle spürte, dass in der ihren noch etwas stecken geblieben war, gab er sich damit nicht zufrieden und verlangte die Gründe zu erfahren. Daraufhin gab sie ihm schließlich preis, in dem auf Endgültigkeit geschalteten Tonfall ihrer Stimme, der ihn bislang stets gefesselt, einige Male allerdings auch zu Tode erschreckt hatte, sie sei im zweiten Monat von Huê schwanger und werde das Kind auf keinen Fall austragen.
Zu seinem Erstaunen war Adalbert von dieser Enthüllung nicht tödlich getroffen. Er empfand sich auch nicht als verraten, weder Schmerz noch Eifersucht suchten ihn heim – stattdessen fühlte er sich erleichtert, als wäre eine Riesenlast von seiner Schulter genommen. Die vorher undurchschaubaren, auf jeden Fall unbeeinflussbar erscheinenden Stimmungsschwankungen seiner Freundin, ihre Unzuverlässigkeit, ihre Reizbarkeit, dass er sich von ihr manchmal ohne erkennbaren Grund abgelehnt und gedemütigt gefühlt hatte: Das alles hatte plötzlich eine plausible Erklärung gefunden, und er war, was die Zukunft ihrer Beziehung anging, wieder handlungsfähig geworden. Er konnte Juliette nun die Bedingungslosigkeit ihrer Freundschaft, wenn es auch noch nicht Liebe sein durfte, unter Beweis stellen: »pour le meilleur et pour le pire«.
Was blieb ihm zu tun? In jener Zeit wurden medizinisch nicht indizierte Schwangerschaftsabbrüche in Frankreich wie in Deutschland mit der ganzen Strenge des Gesetzes verfolgt. Ein Arzt, der dabei erwischt wurde, landete nicht nur oft im Gefängnis, spätestens beim zweiten Verstoß verlor er auch seine Approbation. Und es gab damals auch in keinem Nachbarland eine Abtreibungsoase, in der eine junge Frau in solchen Nöten hätte Hilfe suchen können. Stattdessen waren überall »Engelmacherinnen« am Werk, nicht selten für ihre Klientinnen mit tödlichen Folgen. Adalbert schrieb an Ivar, der nun in Oslo seinen ethnologischen Studien nachging, und fragte ihn nach den dortigen Mög-

lichkeiten – wie es sich herausstellte, gab es keine. Er schrieb sogar an Leonore, die aber auch keinen Rat wusste. Nur Friedhelm Lemmer in Marburg sah eine vage Chance, sich an einen ihm befreundeten Arzt zu wenden, der wegen der Vornahme eines solchen Eingriffes bereits einmal mit der Justiz in Konflikt geraten war, sich in seiner Hilfsbereitschaft dadurch aber nicht hatte beirren lassen. Das war immerhin etwas. Und doch: Wenn Adalbert heute die Antwortbriefe liest, die seine Freunde ihm damals schrieben, und aus ihnen seine eigenen Anfragen zu rekonstruieren sucht, so wird er das unangenehme Gefühl nicht los, mit seinen Versuchen, Juliette zu helfen, habe er als Dritter, wenn auch nur als Zuschauer, an der Zeugungsszene nachträglich teilhaben wollen, als Voyeur also – ebenso wie seine, wenn auch nur planende, Beteiligung an der Abtötung dieses Fötus gleichzeitig Huês Anwesenheit aus Juliettes Leben endgültig tilgen sollte und somit ein sinnbildlicher Mordversuch an seinem Rivalen war.

Inzwischen ging es auf Weihnachten zu. Von Professor Branfenbrügge erhielt er einen Brief, der ihn vor die Entscheidung stellte, spätestens zum 1. Januar 1955 auf seine Pflichtassistentenstelle in Marburg zurückzukehren oder endgültig auf sie zu verzichten – länger könne sie auf keinen Fall für ihn freigehalten werden. Nur einen oder zwei Tage später schrieb Henri Ey, der so lange verschollene argentinische Kollege sei nun doch aufgetaucht, erst in einem Jahr hätte Adalbert in Bonneval eine neue Chance. So lange aber konnte er nicht warten. Das letzte Geld war verbraucht, im ungeheizten *Descartes* wurde das Bettzeug allmählich klamm, die Wäsche trocknete im Raum kaum mehr und von Régine für einen weiteren Monat die Miete dort bezahlt zu bekommen eröffnete keine Perspektiven.

So entschloss er sich, am 23. Dezember nach Marburg zu trampen, natürlich auch, um wieder für längere Zeit ein sicheres Dach über dem Kopf, regelmäßig warmes Essen und etwas Taschengeld in sein Portemonnaie zu bekommen. Aber der Hauptgrund für diese überstürzte Rückkehr war, dass Juliette schnell geholfen werden musste. Nicht so sehr von ihr fiel ihm der Abschied schwer; sie würde ja in wenigen Wochen zu ihm nach Marburg kommen. Schmerzlicher war der Abschied von Dagi: Gerade ihre Zerbrechlichkeit hatte ihm ein Gefühl von Geborgenheit vermittelt und dass sie zu jeder Zeit für ihn da gewesen war – im letzten Monat hatte

er dazu nur ins Nebenzimmer zu gehen brauchen. Er wusste aber auch, dass er die anderen Freunde, Robert, André, natürlich auch Jeanne, vermissen und sich in Deutschland verloren vorkommen würde. Der Vert Galant, die Rue Mouffetard und vor allem der Contrescarpe waren inzwischen zu seiner neuen, nunmehr einzigen Heimat geworden. Dennoch musste es sein.
Mit seinem schulterlangen strähnigen Haar, seinem rötlichen Vollbart, seinem violetten Wintermantel und seinem gelb leuchtenden Schal, eine alte, zerknitterte Baskenmütze auf dem Kopf, den zerschlissenen Koffer in seiner Hand – so stellte er sich an die große Ausfallstraße nach Osten, die ihn über Metz und Saarbrücken nach Kaiserslautern zunächst in des Prinzen Elternhaus führen sollte. In zwei Tagen, noch vor Heiligabend, hoffte er es zu erreichen und dort auch das Geld für eine Bahnfahrt nach Marburg geliehen zu bekommen.

13. Kapitel: Orientierungsloses Umhertappen

1.

Seit einer Woche war Adalbert wieder in Marburg. In der Landesheilanstalt angekommen, hatte er zuerst bei Lemmers an der Tür geklingelt. Sein Hippie-Aufzug erregte dort keinerlei Aufsehen, ja noch nicht einmal Erstaunen. Als aber Schwester Frieda ihn am nächsten Morgen mit seinem Vollbart und seinen schulterlangen Haaren erblickte, äußerte sie mit lauter, tadelnder Stimme, dass sie sich weigern werde, mit ihm so auf Visite zu gehen, denn die Kranken würden ihn nicht für einen Arzt, sondern für einen Verrückten halten, und dann sei es um die Disziplin auf den Stationen geschehen. Branfenbrügge, bei dem er sich ein paar Stunden später vorstellte, drückte sich etwas diplomatischer aus: Er könne Schwester Frieda ebenso wenig dazu zwingen, mit ihm auf Visite zu gehen, wie ihn, seinen Bart abzurasieren und seine Haare zu schneiden, aber wenn Adalbert mit der Oberschwester anderen als nur schriftlichen Umgang pflegen wolle, müsse er wohl in den sauren Apfel beißen. So fielen Haare und Bart, noch bevor Adalbert sie in einer Fotografie festhalten konnte, und er hatte sich wieder in den verwandelt, als der er fünfzehenMonate zuvor aus dem Wirtschaftswunderdeutschland der Nierentischchen, der muffigen Wohlanständigkeit und des Kalten Krieges nach Paris ausgebrochen war. Wie Samson seine Körperkraft, so waren ihm mit Haaren und Bart aber auch seine Träume abhanden gekommen, und er muss gleich nach seiner Ankunft in Marburg in eine dumpfe, kraftlose Melancholie versunken sein.
Aus dieser Melancholie wurde er um den 20. Januar durch die Ankunft Juliettes für eine Weile herausgerissen. Sie hatte, wie sie vorweg in einem Brief ankündigte, mit Huê gebrochen: Erleichtert sei sie gewesen, ihn schließlich losgeworden zu sein. Und tatsächlich sollte diese Trennung sich als endgültig erweisen, Huê verschwand aus ihrem und zunächst auch aus Adalberts Gesichtskreis. Elf Jahre später aber, 1966, erkannte Adalbert, mittlerweile

selbst seit 1961 in Vietnam, während der 1966er politischen Auseinandersetzungen zwischen den Buddhisten und dem von den Amerikanern installierten Militärregime, im Dolmetscher eines für Time-Life arbeitenden US-Journalisten, der ihn interviewen wollte, seinen damaligen Nebenbuhler wieder – und als sie auf die vergangenen Jahre zu sprechen kamen, behauptete Huê, er selbst sei es gewesen, der seinerzeit mit Juliette gebrochen habe.
In Marburg war in der Zwischenzeit alles Nötige zur Einleitung einer Schwangerschaftsunterbrechung vorbereitet worden, der mit Friedhelm Lemmer befreundete Kollege hatte sich tatsächlich dazu bereit erklärt, sie in Gang zu setzen. Das aber erwies sich als unnötig, denn zwei aufeinander folgende Tests zeigten ein negatives Ergebnis, Juliettes Schwangerschaft war nichts anderes als eine harmlose Menstruationsstörung gewesen, und nach einer Woche kehrte sie in ihrem schwarzen Käfer nach Paris zurück.

2.

Über die Monate, die er in Marburg blieb, schrieb ihm Juliette mal kurze, mal ausführlichere Briefe, und einige Male fuhr er auch nach Paris, um sie zu besuchen. Sie hatte eine Stelle beim *Express* gefunden, der zu der Zeit ein Jahr lang auch als linksliberale Tageszeitung erschien und die Schrecken des gerade beginnenden Algerien-Krieges anprangerte. Albert Camus, der allwöchentlich für das Blatt einen der Leitartikel verfasste, sah Adalbert allerdings nie. Aber mit Gerard Horst, der das außenpolitische Ressort leitete – er wurde später unter dem Namen André Gorz als undogmatischer Marxist bekannt –, freundete Adalbert sich anlässlich der Paris-Besuche dieses Jahres etwas an. Zehn Jahre später sollte Gerard Adalberts ersten ausführlichen Artikel über die Amerikaner in Vietnam in *Les Temps modernes* abdrucken.
Auch Juliette hatte sich für eine Weile von der unter Pariser Intellektuellen damals weit verbreiteten marxistischen Weltsicht vereinnahmen lassen, so wie es Jahre später in Vietnam auch Adalbert selbst erging. Sie wolle, sagte sie, alle ihre Kräfte in den Dienst dieser Sache stellen, unbehindert von Liebe oder anderen privaten Gefühlen – ob es ihr damit völlig ernst war oder sie ihn mit solchen Erklärungen auf Distanz halten wollte, hat er damals nicht

herausgefunden. Zwar stand ihm ihr Zimmer, das sie häufig wechselte, immer offen, und wenn er seine Ankunft ansagte, lag auch der Schlüssel unter der Fußmatte für ihn bereit, aber oft war es das Zimmer irgendeines gerade abwesenden jungen Mannes, das ihr vorübergehend zur Verfügung stand. Abends kam sie häufig spät, manchmal überhaupt nicht heim, auch dann, wenn Adalbert nur zwei oder drei Tage in Paris bleiben konnte – und immer war sie völlig erschöpft, nicht einmal imstande zu ihren Spaziergängen, bei denen sie sich früher am engsten miteinander verbunden gefühlt hatten. So wurde er ihrer, wie sie wahrscheinlich auch seiner, allmählich leid: eine träge, morose Gleichgültigkeit breitete sich zwischen ihnen aus, selbst seine Eifersucht hatte aufgehört, ständig zu bohren. Er selbst machte keinerlei Anstrengungen, in den wenigen Nächten, in denen sie auf getrennten Matratzen nebeneinander lagen, sich ihr zu nähern: aus Stolz nicht und aus der Sorge, sie könnte denken, er wolle nun den Lohn für eine Hilfe einfordern, die sich dann doch als überflüssig erwiesen hatte.
Einmal allerdings, und das belegt, dass er so völlig abgeklärt wohl doch noch nicht war, ergriff ihn eine selbstzerstörerische, nihilistische Wut. Als ob Juliette es ihm schuldig gewesen wäre, entnahm er ihrem zufällig wohlgefüllten Portemonnaie 5000 Francs, um in einem Montparnasser Hotel, nein, nicht mit einer Frau, sondern: mit deren Körper als bloßem Lustobjekt den Geschlechtsverkehr auszuüben. Als zuletzt doch noch triumphierende Rache an allen Frauen, von denen er zurückgewiesen worden war, versuchte er noch das Letzte an stimulierender Erregung aus dieser Haut, aus diesen Schenkeln, diesen Füßen und Lippen vor ihm herauszupressen, die in diesem Augenblick jedenfalls nur für ihn da zu sein hatten. Mit diesem Sakrileg hatte er aber seiner Liebe zu Juliette einen sie für längere Zeit lahm legenden Schlag versetzt. Danach erst konnte er akzeptieren, dass er bei seinen Paris-Besuchen von ihr oft nicht viel mehr als angenehme Unterhaltung, manchmal interessante Bekanntschaften und eine unentgeltliche Unterkunft erwarten durfte.
Irgendwann, es mag Anfang 56 gewesen sein, als er Marburg schon lange verlassen hatte, schenkte sie ihm jedoch den weiten schwarzen Rollkragenpullover, den sie im Winter fast ständig getragen hatte, wenn sie sich sahen. Bald danach war sie ohne Hinterlassung eine Adresse aus Paris verschwunden, nach New York, wie er ei-

nige Zeit später zufällig erfuhr. Aber er war sich nun sicher, dass er ihr wieder begegnen würde: Dieses immer noch von ihrem Duft imprägnierte Geschenk, das er nur nachts und bei unerträglicher Hitze ablegte, bestätigte ihm, dass die ihnen miteinander zugemessene Zeit noch lange nicht abgelaufen war.

3.

Was sonst noch in den ihm verbleibenden Marburger Monaten geschah, bildet wieder einen Flickenteppich löcheriger Erinnerungen. Charlotte taucht darin auf, eine Schauspielerin am Städtischen Theater, der er ebenso hartnäckig wie erfolglos den Hof machte. Und am 16. Februar 1955, eine Einladungskarte in Wibkes Handschrift belegt dieses Datum, Daniel Gloops Antrittsvorlesung über »Störungen des Bewusstseins vom eigenen Körper«. Mit Friedhelm Lemmer ging er hin und sie gratulierten Daniel, dem jedermann eine brillante akademische Karriere voraussagte – tatsächlich wurde er fünf oder sechs Jahre später Direktor des Münchener Max-Planck-Institutes für Psychiatrie.
Um Pfingsten herum ging Professor Branfenbrügge in Pension, sein Nachfolger, namens Eicke, mit seinen 40 Jahren auch schon Professor, wollte zunächst alles umkrempeln. So verfünffachte er die Dosis des Chlorpromazins, des ersten Präparates aus einer neuen Medikamentenklasse, der Neuroleptika, die die erregten Kranken nicht nur lahm legten und schließlich zum Schlafen brachten, sondern die affektive Brisanz ihrer Wahnerlebnisse auch im Wachzustand vermindern und diese selbst manchmal sogar völlig verschwinden lassen konnten. Noch unter Branfenbrügge hatte Adalbert erstaunliche Verwandlungen von chronisch Kranken zu Gesicht bekommen, unter den vorsichtigen Dosierungen, die vor Eickes Ankunft, seit die Präparate im Herbst 1953 auch in Deutschland auf den Markt gekommen waren, in der Anstalt üblich gewesen waren: Die vorher in irgendein Jenseits abgetauchten Gestalten zeigten wieder mehr Interesse an ihrer Umgebung, sie legten ihre Grimassen, ihre statuenhafte Erstarrung, ihre mal hölzernen, mal dünnluftigen Bewegungen ab und unterbrachen viel häufiger als vorher auch das Zwiegespräch mit ihren Stimmen. Jetzt aber bekamen nicht nur die an einem akuten Schub Erkrankten,

sondern alle die volle Pulle, 500 Milligramm und mehr. Die Krankensäle, die Arbeitstherapie und der Park bevölkerten sich so zunehmend mit maskengesichtigen, bewegungslosen, kleinschrittig dahinschlurfenden Zombies, die mit monotoner, schleppender Stimme auf präzise Fragen emotionslose Antworten gaben. Befriedungsverbrechen hat Franco Basaglia ein solches damals oft noch unterschiedsloses Vollpumpen einer ganzen Krankenhauspopulation mit diesen Psychpharmaka genannt – aber manchen von ihnen hat das immerhin die allwöchentliche Elektroschockbehandlung erspart.

Irgendwann im Juli kam, wie er heute einer in Paris abgestempelten Postkarte entnehmen kann, Dagi ihn in Marburg besuchen. Nur einen einzigen Abend mit ihr hat er noch im Kopf, im *Café Jazz*, dem einzigen Intellektuellentreff der Stadt hoch oben am Steinweg, wo die Lichter der Unterstadt einen ansahen wie ein zum Stehen gebrachter Glühwürmchenschwarm. Ein oder zwei flüchtige Bekannte, die er über Friedhelm kennen gelernt hatte, waren an ihren Tisch getreten, um das aus Paris angereiste Fabelwesen zu bestaunen – aber ein wirklicher Kontakt kam nicht zustande und so zogen sie nach einer Viertelstunde enttäuscht wieder ab. Adalbert war trotzdem glücklich, denn jedes Haus, jede Straße, jedes Café, das er mit Dagi betreten hatte, trug hinfort auch ihre Signatur. Ein weiterer kleiner Schwall Pariser Luft war mit ihr in die engwinkelige, damals schon wieder von schlagenden Verbindungen beherrschte Studentenkleinstadt gedrungen.

4.

Ende Juli ging seine Pflichtassistentenzeit zu Ende. Freie Planstellen standen in Cappel nicht in Aussicht, deshalb hatte er sich im Juni um einen im *Ärzteblatt* ausgeschriebenen Assistentenposten an einer Privatklinik in Bayreuth beworben, die auch über eine psychiatrische Abteilung verfügte. Gegen alle seine Erwartungen, denn Arztstellen waren zu jener Zeit ein seltenes Gut, kam vom dortigen Leiter auch prompt eine Zusage, allerdings erst zum Herbst. So fuhr er für eine Woche oder zehn Tage erneut nach Paris. Der Vert Galant war nun auch abends und nachts von Touristen und wohlgekleideten Studenten in Besitz genommen, der

Flohmarkt auf der Rue Mouffetard polizeilich geschlossen worden, lediglich an der Place Contrescarpe selbst schien sich, außer der Eröffnung eines oder zweier neuer Restaurants, noch nicht viel verändert zu haben. Robert, André und Régine waren wieder da. Roberts erster Gedichtband *Les Nuits d'Ugnale*, eine wilde Hymne auf Juliettes Schönheit und weibliche Macht, war gerade ausgeliefert geworden, und André suchte einen ruhigen Winkel, an dem er, unbehelligt von materiellen Sorgen, seinen ersten Roman zu Ende bringen konnte. Er fand ihn schließlich in Daniel Guerins Rustique Olivette, und Guerin verhalf ihm auch zu einem Verleger für den in gut einem Jahr geschriebenen *Letzten der Gerechten*.

Bis er in Bayreuth anfangen konnte, mussten noch gut zwei Monate vergehen, und wo sollte er so lange bleiben? Um Ivy nicht diese ganze Zeit auf der Tasche zu liegen und wieder Spannungen mit seinem Schwager zu riskieren, sagte er sich telegrafisch bei Dagi an, die inzwischen nach Stockholm zurückgekehrt war. Von dieser Reise, auch sie natürlich per Autostopp, sind ein paar Gedächtnissplitter erhalten geblieben. Ein Abend in Flensburg bei Jeanne, die dort als Austauschreferendarin an einem Gymnasium tätig war. Die Stadt: wie Papphäuser von braven Kindern etwas allzu ordentlich und sauber zu kleinen Straßen und Plätzen zusammengestellt, viel Wasser, ein unangenehmer Wind. Am nächsten Abend ein unbequemer Sessel auf der Fähre nach Göteborg und im Morgengrauen, der Regen hatte gerade aufgehört, am Stadtrand die öde Landstraße, die zunächst zu den großen Seen und von dort zu der Hauptstadt führte. Schließlich die Metro nach Vallingby: Beim Verlassen des U-Bahnhofs stand er mitten im Wald, zwischen die Kiefern hatte jemand zwei-, drei-, sogar fünf- und siebenstöckige Häuser hinverstreut, nur durch nadelbedeckte, schalldämpfende Fußwege miteinander verbunden. In einem davon wohnte Dagi, die ihm an der Tür auch schon um den Hals fiel. Ob Adalbert Paul Anderson, Dagis Mann, zu sehen bekam, weiß er nicht – wie es sich später herausstellte, war der damals schon morphiumsüchtig. Hingegen haben die langen Spaziergänge durch die frühherbstlich rotgoldene Stadt, vorbei an den Hafenbecken, in denen die Segelboote sich tummelten, vorbei an den sich damals schon vordrängenden Kaufhäusern und den eher zurückhaltenden Königsschlössern, die Jahre ungelöscht überstanden, und die

Schatten zweier Freundinnen Dagis – die Gestalten, nicht die Gesichter – sind gleichfalls noch da. Dagi befand sich damals in einem Schwebezustand. Sie schien sich nicht entscheiden zu können, ob sie noch in diese mit härteren, geraderen Strichen gemalte, überall ein bisschen nach Teer, Krabben und klarem Schnaps riechende Stadt hineingehörte, in der es zwar Geld und Gespenster, aber keine Götter, keine andere Seite der Spiegel und natürlich auch kein Orthedrine mehr gab. Sie war wohl dabei, es mit ihr, und das bedeutete für sie vor allem mit Paul, noch einmal zu versuchen, obwohl sie schon eine Vorahnung davon hatte, dass nichts daraus werden würde. Aber darüber konnte sie zu Adalbert noch nicht sprechen, und dieser, der merkte, da liegt etwas in der Luft, brachte es nicht fertig, sie darauf anzusprechen.
Wenige Monate später schrieb sie ihm nach Bayreuth, diese Monate in Stockholm seien die Hölle gewesen, zwei Mal habe sie sich umzubringen versucht, jetzt sei endlich die Scheidung im Gang. Im Frühjahr wolle sie nach Paris zurückkeheren, solange das Geld reiche,zum Vert Galant und zur Place Contrescarpe.

5.

Das Bayreuther Stadtzentrum lag eine gute halbe Stunde zu Fuß von der Klinik Herzoghöhe, seiner neuen Arbeitsstelle, entfernt. Die Straße führte über freies Feld, ein kalter, später im Winter eisiger Wind wehte einem unterwegs um Nase und Ohren. Samstagvormittags machte sich Adalbert zum Zentrum auf, in der ersten Zeit nur zu den beiden einzigen Leihbüchereien. Man durfte aus jeder lediglich zwei Bände gleichzeitig nach Hause mitnehmen und meist entschied er sich für die roten Krimis der *Goldmann*-Reihe. Außer dem Abteilungsleiter, außer einer ihm damals ziemlich alt vorkommenden Mitassistentin und einigen Krankenschwestern der psychiatrischen Stationen kannte er noch keinen Menschen, und anders als in Marburg befand er sich auch auf fremdem Terrain und war deshalb auf Bücher mehr denn je angewiesen. Weshalb er sich damals statt der Krimis keine ernsthaftere Lektüre ausgesucht hat? Die Leere, die ihn jeden Abend durchdrang, wenn er seine Arbeit beendet hatte, ließ sich eben durch den langsameren Gang der Erzählung in den großen Romanen nicht vertreiben:

Sie sickerte in die langen Sätze, in die komplizierten Fäden der Handlungsabläufe ein und zwang ihn, das Buch aus der Hand zu legen und sich wieder zu fragen, wohin gehe ich jetzt, wo passiert endlich wieder wirklich etwas. Und das Bedürfnis, wenigstens im Kopf dabei zu sein, wo wirklich etwas passiert, wurde durch die amerikanischen Thriller, auch wenn sie nichts anderes als Surrogate der Wirklichkeit waren, am raschesten und am sichersten gestillt. Zum ersten Mal wurde er in Bayreuth nach Krimilektüre richtig süchtig, und er blieb es auch noch für längere Zeit, als er dort bereits mehrere engere Bekanntschaften geschlossen hatte.
Die Bekanntschaften ergaben sich dann doch schneller als zunächst angenommen. Die Klinik war in sechs oder sieben zwei-, höchstens dreigeschossige Pavillons aufgegliedert, die alle in einem großen, gepflegten Park lagen. Die Mitarbeiter liefen sich also ständig über den Weg, und da die meisten von ihnen, wie auch er, auf dem Krankenhausgelände wohnten und im Casino ihre Mahlzeiten einnahmen, ergaben sich bald viele Gelegenheiten, um sich auch außerhalb des Dienstes kennen zu lernen.
Eine sehr reizvolle MTA, vielleicht 25-jährig, mit der er eines Mittags zufällig am gleichen Tisch saß, lud ihn noch für denselben Abend, es war der 29. September, zu einem Abschiedsfest auf ihrer Bude ein, zusammen mit einer ihrer Kolleginnen und deren Freund, einem Assistenten der inneren Abteilung. Im Rückblick ist Adalbert klar, dass er diese Einladung hauptsächlich dem von ihm in die Provinz mitgebrachten Pariser Flair verdankte. Zudem hatte sein Chef die Information über sein Philosophiestudium schon im ganzen Hause verbreitet. Damals fühlte er sich geschmeichelt, und da er sich abends ohnehin meistens langweilte, ging er hin. Es gab Feuerzangenbowle, ein Getränk, das er verabscheute, aber gottlob auch etwas trockenen Rotwein. Alle vier tranken sie ziemlich reichlich davon und Adalbert hatte wohl auch eine Tablette Orthedrine genommen, vielleicht sogar den anderen eine angeboten, jedenfalls gerieten sie in einen skurrilen, die Wahrnehmung sinnlicher Reize übertrieben schärfenden Rausch und fanden sich bald küssend und schmusend wieder – er und Ines, die Gastgeberin, auf deren Bett, die Kollegin Bärbel und der mit ihr befreundete junge Arzt auf dem im rechten Winkel dazu aufgestellten Sofa. Das andere Paar, es war seit längerem zusammen, warf die dabei immer störender werdenden Kleidungsstücke ab

und versteckte sich unter einer Decke. Wie Kinder, die jemandem einen Streich spielen wollen, taten sie, Ines und Adalbert, es ihnen kichernd nach, und es war wie eine Befreiung aus der Gefangenschaft.
Nach einiger Zeit verließen die anderen zwei auf leisen Sohlen den Raum. Da war auf einmal die bei aller Unschuld doch etwas exhibitionistische Orgienstimmung verflogen – mit dem Mondlicht sickerte Zärtlichkeit in das Zimmer, sie waren plötzlich ernste, junge Erwachsene geworden, die erstaunt feststellten, dass sie sich mochten.
Gegen vier Uhr morgens trennten sie sich: Sie hatten einander, als noch nahezu Fremde, ein ziemlich großes Geschenk gemacht, das zugleich ihr Begrüßungs- und Abschiedsgeschenk geworden war. Er sah sie am nächsten Tag nicht wieder, weil er die Abfahrt ihres Zuges verschlief. Wenn er sie bald danach in Kiel besucht hätte, wäre ihrer beider weiteres Leben, zumindest für die nächsten Jahre, vielleicht anders verlaufen. Aber er war, trotz der Wärme, die er für sie empfand, nicht wirklich verliebt in sie gewesen, nur völlig entspannt, heiter und dankbar dafür, dass alles so wunderbar leichtherzig vor sich gegangen war. Das Gefühl nahezu körpereigener Verbundenheit, das ihn immer erfüllte, wenn er bei einer Frau gewesen war, versickerte allerdings in den nächsten Wochen, und er dachte nachher auch nicht mehr so viel an sie, so wenig wie sie wahrscheinlich an ihn. Aber zum ersten Mal wieder seit Yvette hatte er mit Ines die Leichtigkeit und Absichtslosigkeit der Liebe kennen gelernt, fast so wie Schilling es ihm vorgeschwärmt hatte. In Zukunft, so dachte er, werde es mit anderen Mädchen so weitergehen, endlich hätte auch er, wie Michel in Norwegen, das »Sesam, öffne dich!« für Frauen entdeckt.

6.

Aber die nächsten Monate blieb er allein. Seine Wochenenden und seine Abende nach Arbeitsschluss brachte er jetzt in der Bibliothek zu und fing sogar an, eine wissenschaftliche Arbeit zu schreiben, die nach ihrer raschen Fertigstellung zu seinem Erstaunen vom *Nervenarzt*, der seinerzeit renommiertesten psychiatrischen Zeitschrift, auch ohne weitere Rückfragen angenommen wurde.

Während des Bayreuther Jahres entstanden noch zwei weitere Aufsätze: einer über *Das Inadäquate bei Schizophrenen* und ein anderer über Hypochondrie. An einem dritten, dem anspruchsvollsten Projekt, das sich mit dem Problem der Sinnestäuschungen befasste, scheiterte er hingegen rettungslos. Dies Sich-Vergraben ins Lesen und Schreiben trug ihm auf der Herzoghöhe den Ruf eines jungen, hoffnungsträchtigen Gelehrten ein, dem sich der eines etwas extravaganten pariserfahrenen Bohemiens noch hinzugesellte.

Erst im beginnenden Frühjahr ergab sich eine Gelegenheit, das »Sesam, öffne dich!« zu erproben. Dabei schlidderte er in eine länger dauernde Affäre mit einer der Casinobedienerinnen hinein. Sie hieß Fräulein Nonne und stand im Ruf, jeden Samstagabend nach einer ausgiebigen Zecherei in ihrer Stammkneipe mit irgendeinem dort angetroffenen Mann mitzugehen. So fand sich Adalbert ebenfalls dort ein und spendierte ihr ein paar Schnäpse und Biere. Nach einem vergeblichen Anlauf -sie hatte ihm zunächst einen amerikanischen Soldaten vorgezogen – landete auch er schließlich mit dieser Frau auf einer Wiese am Fluss und trieb es dort mit ihr auf die Schnelle, und das wiederholte sich danach noch einige Male. Eines Nachts wurden sie dabei von der Polizei erwischt. Die stellte unangenehme Fragen, und nur weil Adalbert sich als Arzt ausweisen konnte, entgingen sie einer Anzeige wegen Unzucht in der Öffentlichkeit. Danach bekam er einen Kater. Die beinahe öffentlichen Exzesse auf den Stadtwiesen, die für ihn bis dahin noch etwas von einem Jungenstreich und somit eine rebellische Frische, eine provokante Impertinenz an sich gehabt hatten, begannen ihm plötzlich schal vorzukommen. Er entdeckte schwarze Ränder an ihren Fingernägeln, sie roch plötzlich nicht nur nach billigem Parfum,sondern auch nach Schnaps und nach Schweiß, auch ihre Leibwäsche erschien ihm nicht mehr ganz sauber. Kurz, ein leiser Ekel begann sich in seine, wenn sie ihn ansah, noch immer auffahrende Begierde zu mischen. Das machte ihn ihr gegenüber ungerecht und drängte ihn zu Entscheidungen. Er nahm sich vor, nicht mehr in ihre Kneipe zu gehen.

7.

Aber es lag auch an Doris, dass Adalbert seine Exkursionen mit Fräulein Nonne aufgab.
Doris war die einzige weibliche Assistentin der inneren Abteilung. Deren Chef, Professor Gutzeit, hatte sie wohl irgendwann im April oder Mai 56 eingestellt. Sie war 26 Jahre alt und ihr brauner Lockenkopf und ihre sanft gewellten Rundungen brachten fast jeden Mann zwischen 20 und 65 dazu, sich einen Augenblick lang zu wünschen, mit ihr im Bett zu sein. Wenn man mit ihr sprach, und wahrscheinlich noch ausgeprägter, wenn man mit ihr arbeitete, verscheuchte ihre selbstbewusste und sachliche Art aber solchen Gedanke schnell.
Adalbert hatte auch sie zum ersten Mal im Casino gesehen, sie hatten sich dort ein paar Mal etwas ausgiebiger unterhalten, aber weder bei ihr noch bei ihm entstand zunächst daraus der Wunsch nach einer längeren und intensiveren Bekanntschaft. Ihr erschien Adalbert, wie sie ihm später verriet, etwas zu extravagant, zu intellektuell und aus ihrer Sicht somit zu abgehoben. Sie war ihm hingegen zu lebenspraktisch fixiert, zu naiv und zu konventionell.
Näher kam er ihr bei einem Krankenhausfest. Doris hatte etwas Wein getrunken, gab sich entspannter und weniger konventionell als sonst, ja sie zeigte sogar Ansätze zu schlagfertigen und manchmal sogar spritzigen Bemerkungen, und das erhöhte für Adalbert ihre Anziehungskraft erheblich. Aus dem »Es wäre nett, einmal mit ihr zu schlafen« wurde ein »Am liebsten würde ich sie gleich in den Arm nehmen«, zugleich aber auch, und das war wichtiger, ein »Die würde ich gerne zu meiner Freundin haben«.
Als Doris nach Hause ging, sie wohnte in einem Pavillon an der Grundstücksgrenze des Parks, begleitete Adalbert sie. Er kann nicht mehr sagen, wer von ihnen damit begonnen hat, jedenfalls fingen sie auf halbem Wege an sich zu küssen. Aber als er sie daraufhin fragte, ob er bei ihr über Nacht bleiben könne, schüttelte sie den Kopf und sagte, dazu müssten sie sich viel besser kennen, sie schliefe nur mit einem Mann, den sie auch liebe und er auch sie, aber seine Freundin wäre sie gerne schon jetzt.
Er lernte sie in den darauf folgenden Monaten immer besser kennen: ihre handfeste Zuverlässigkeit, ihr sicheres Urteil über Menschen, ihr enges Verhältnis zur Natur, ihren Mangel an selbst-

bespiegelnder Eitelkeit, der ihm beinahe zu weit ging, ihre Wärme und ihre unaufdringliche Mütterlichkeit. Er schätzte, ja er mochte sie sehr und fühlte sich bei ihr auch völlig sicher und geborgen. Wenn sie sich küssten, ja schon wenn er sie sah, kribbelte es in ihm angenehm, aber ein letzter »Eklat«, etwas, das ihn erzittern ließ, kam in seiner Freundschaft mit Doris einfach nicht auf. Vielleicht hätte sie es provozieren können, wenn sie weniger aufrichtig, weniger loyal, weniger beständig und weniger herzlich zu ihm gewesen wäre, wenn sie versucht hätte ihn eifersüchtig zu machen oder sich ihm gegenüber irgendwann grundlos verstimmt gezeigt hätte, um ihre erneute Zuwendung dann als unverdienten Gnadenerweis zu verklären, aber alle diese Strategien blieben ihr völlig fremd. Sie hatten wunderbare Stunden zusammen, zu Fuß unterwegs durch das fränkische Land, sie besuchten romanische Kirchen und kleine Gasthöfe, gingen zusammen zu Konzerten, ins Kino und ins Theater, sie begeisterten sich für die gleichen Bücher, Mascha Kalenkos *Lyrisches Stenogrammheft* ist ihm noch in Erinnerung etwa, aber schlafen wollte sie mit ihm nach wie vor nicht. An dem letzten Sonntag seines Bayreuther Jahres, er war mit Doris wieder einmal den ganzen Tag gewandert, geschah doch noch das Wunder. Sie hatten mittags gut gegessen und ein bisschen Frankenwein getrunken. Zwischen zwei Kornfeldern, nirgends war eine Menschenseele zu sehen, sagte Doris ganz unvermittelt: »Küss mich!« Als er das freudig tat und sie dabei fest an sich drückte, ohne an irgendetwas Weitergehendes zu denken, das hatte sie ihm inzwischen gründlich abgewöhnt, zog sie ihn in die nächste Ackerfurche hinein und sie liebten sich zwischen Weizen, Kornblumen und rotem Mohn. »Ich habe es mir genauso gewünscht wie du«, sagte sie nachher, »aber bild dir bloß nichts ein, es bleibt bei diesem einzigen Mal.«
War es ein wohl geplantes Abschiedsgeschenk, hatte sie sich von der Abendstimmung ihres Spaziergangs hinreißen lassen, meinte sie ihm etwas zu schulden, wollte sie, bevor er ging, noch ein Zeichen setzen, damit ihre Freundschaft nicht einem allzu raschen Vergessen anheimfiel? Adalbert hat den Grund dafür nie erfahren. Sie schrieben sich einige Jahre noch drei oder vier ebenso zärtliche wie lustige Briefe, aber als Adalbert 1961 nach Vietnam ging, verlor er sie ganz aus seinem Gesichtskreis.
Warum aber hat er nicht versucht, seine Freundschaft mit Doris

auch über die räumliche Distanz hinweg, durch häufigeres Schreiben oder gar durch einen Besuch bei ihr aufrechtzuerhalten, ja ihr vielleicht sogar eine Wendung zur Liebe hin zu geben? Und warum hat auch sie keinen darüber hinausgehenden Schritt auf ihn zu gemacht? Sie verstanden sich ja auf fast allen Gebieten sehr gut, sie mochten und schätzten sich, zudem waren sie beide bereits Ärzte und verdienten, für die damalige Zeit jedenfalls, schon genug Geld: Waren sie also nicht ein beinahe ideales Paar, das sich nicht nur für länger hätte zusammentun, sondern auch jederzeit heiraten können? Adalbert weiß nicht, was er getan hätte, wäre beim Abschied oder in ihrem ersten Brief von ihr eine Andeutung in dieser Richtung gekommen. Bei seiner Sehnsucht nach Heimat wäre er ihr wahrscheinlich gefolgt. Aber Doris kannte ihn viel zu gut, um zu übersehen, dass er noch nicht bei sich selbst angekommen war, dass er sich suchte, dass sein »unruhiger Geist«, wie sie ihm einmal schrieb, noch weite, wilde, vielleicht auch verwüstete Landstriche würde durchmessen müssen, um dorthin zu gelangen, Landstriche, in denen sie sich wahrscheinlich nicht zurechtfinden würde. Und sie wusste auch, dass sich ihm jetzt eine Hochschulkarriere eröffnete, bei der eine frühe Ehe, das war damals so, nur hinderlich war, dass er also aus einer solchen Bindung entweder bald ausbrechen oder mit ihr darin unglücklich werden würde. Und schließlich geisterte auch Juliette immer noch in Adalberts Kopf herum, auch wenn er sich im letzten Jahr davon zu überzeugen versucht hatte, dass daraus ja doch niemals etwas würde, und, in anderer Weise, unkörperlich und schon halb bei den Schatten, auch: Dagi. Kurz, Adalbert wollte noch immer im Mythos mitspielen, oder genauer gesagt: Er wollte noch immer die Götter in seinen hiesigen Lieben hineinziehen. In seiner Unreife dachte er, ihr Blitz müsse erst eingeschlagen haben, bevor er sich auf eine von ihnen wirklich einlassen könne.

8.

Ein Bote dieser Welt, Michel, ihr Pariser Hermes, war schon bei ihnen in Bayreuth erschienen, sechs Wochen bevor Adalbert die Herzoghöhe verließ. Sie hatten vorher, seit Januar etwa, ausgiebig miteinander korrespondiert. Michel hatte ihm eine Forschungsreise zu den Mittelmeerinseln vorgeschlagen, zunächst nach Korsika und Sardinien: Dörfliche Feste, Musik- und Tanztraditionen sollten erkundet, auf Tonband aufgezeichnet und fotografiert werden. Zu diesem Zweck hatte sein korsischer Freund schon ein »Centre International des Études Folkloriques« gegründet, als dessen Vorsitzenden er sich selbst, mit Adalbert und dem Prinzen als seinen Beisitzern, hatte eintragen lassen. Und es existierte auch ein gedruckter Briefkopf, überschrieben mit »Méditerranée 1956«, der bereits Sachspenden von kleineren und mittleren Firmen, Konserven, Ruck- und Schlafsäcke sowie ein erstklassiges Tonbandgerät und einen Fotoapparat eingebracht hatte. Was noch fehlte, war ein Minimum an Geld, und das sollten der Prinz und Adalbert zum Unternehmen beisteuern.

Adalbert auf den Fährten der Korsen, 1956

Michel wirkte auf der Herzoghöhe vollends wie ein Paradiesvogel – vermutlich hat er bei einigen jungen Frauen dort wilde Träume entfacht. Doris behandelte er mit respektvoller Galanterie. Zum ersten Male schien er Adalbert um eine Frau, die für ihn selbst tabu war, zu beneiden, vor allem wohl um den Frieden, den dieser bei ihr gefunden hatte, gegen den er aber auch anrennen musste, wollte er seine Expeditionspläne mit Adalbert verwirklichen. In der Tat warnte Doris Adalbert, sein ganzes erspartes Geld in dieses Unternehmen zu stecken, im Nu würde nichts mehr davon

übrig sein. Aber der hörte nicht auf sie. Er ließ sich auf den Vorschlag seines Freundes ein, auch wenn ihm die Hochstapelei mit dem »Centre« und dem pompösen Briefkopf unheimlich war. Sein Kumpan brachte es in den nächsten Wochen sogar fertig, im *Figaro* einen kurzen Beitrag über die geplante Expedition zu lancieren, aber Adalbert nahm auch das noch für ein erregendes Abenteuer und einen lustigen Scherz. Er sah nicht, dass Michel sich jetzt ernsthaft und fast um jeden Preis ein kleines Plätzchen im gesellschaftlich anerkannten Teil der Pariser Intellektuellenwelt erobern wollte, wie seinerzeit Michel Leiris als etwas extravaganter Forschungsreisender und Experte für allmählich verlöschende, archaische Kulturen, diesmal aber mitten in Europa. Dafür nahm er auch das Risiko in Kauf, wenn es schief ging, als Dilettant oder gar als Betrüger abgestempelt zu werden. Bei diesem Abenteuer mitzumachen wurde Adalbert auch noch dadurch erleichtert, dass die psychiatrische Abteilung der Herzoghöhe im Spätsommer endgültig schloss, er so seine Stelle verlor und sich ohnehin umorientieren musste – kurz, er konnte über seine Zeit ab Anfang August frei verfügen und sagte Michel deshalb zu, sich mit ihm zu einem noch festzulegenden Datum in dessen Heimatdorf Olivese zu treffen.
Vorher hatte er aber noch andere Dinge zu erledigen. Sie hingen mit seinen wissenschaftlichen Arbeiten zusammen. Professor Zutt, Herausgeber des *Nervenarztes* und Frankfurter Lehrstuhlinhaber für Psychiatrie, wollte nämlich, vor der schon zugesagten Veröffentlichung, mit Adalbert noch einmal über dessen in Bayreuth verfassten Hypochondrie-Aufsatz sprechen. Der fuhr also hin und es wurde eine vier- oder fünfstündige Diskussion daraus, an deren Ende Zutt ihm eine Assistentenstelle in Frankfurt anbot, allerdings erst in einem Jahr. Adalbert nahm das Angebot an, unter dem Vorbehalt, dass er für die Zwischenzeit eine akzeptable befristete Stelle in seinem Fachgebiet fand, denn ihm schmeichelte natürlich das Interesse, das Zutt, der damals wohl einflussreichste deutsche Psychiater, ihm, einem unbekannten Provinzassistenten, entgegenbrachte.
Dass daraus schließlich doch nichts wurde, lag einmal daran, dass Adalbert eine befristete Stelle nicht fand, ja zunächst überhaupt keine neue Stelle. Aber als noch wichtiger stellte sich heraus, dass Herbert Plügge, einer der beiden Heidelberger Ordinarien für innere Medizin, Schüler des Begründers der psychosomatischen

Schule in Deutschland, Viktor von Weizsäcker, Adalberts Aufsatz über Merleau-Ponty vor Augen gekommen war. Er hatte die Bayreuther Adresse ausfindig gemacht und den Autor zu einem Gespräch eingeladen. Plügge fragte ihn nach seinen Zukunftsplänen, fand das Jahr Wartezeit in Frankfurt nicht annehmbar und warnte ihn davor, auf den Mittelmeerinseln ganz hängen zu bleiben. Adalbert müsse, statt in halb Europa herumzustreunen, möglichst schnell in geregelte Verhältnisse und zu einer erstklassigen psychiatrischen Facharztweiterbildung kommen, und für die käme in Deutschland nur sein Freund Hanns Ruffin in Freiburg in Frage. Den werde er bitten, an seiner Klinik eine Stelle für ihn frei zu machen, zum 1. Januar spätestens werde er dort wohl anfangen können. So stand Adalbert plötzlich vor zwei Angeboten, aber keines von beiden war jetzt schon ganz sicher. Auf alle Fälle musste die Zeit zwischen seiner Rückkehr aus Korsika und dem ersten Januar irgendwie überbrückt werden. Friedhelm Lemmer, den er um Rat fragte, verschaffte ihm für Anfang September eine vierwöchige Praxisvertretung bei einem ihm befreundeten Landarzt in der Pfalz und am 1. November konnte er bei einem Chirurgen in einem kleinen Allgäuer Krankenhaus eine allerdings nur mager besoldete Stelle antreten.

9.

So verließ er, beruflich wenigstens halbwegs abgesichert, ungefähr Anfang August die Herzoghöhe. In Paris blieb er vierzehn Tage. Juliette war schon nach New York entschwunden, deshalb quartierte er sich bei Robert ein, der hatte inzwischen seine elsässische Bäckerstochter geheiratet und einen Vorstadtpavillon in Pantin bezogen. Régine wechselte in diesem Jahr zweimal ihren Freund, aber niemals war sie gerade frei, wenn Adalbert kam, sodass sich mit ihr auch nie eine Liebesbeziehung anbahnen konnte, wie er sie sich manchmal, wenn er sich einsam fühlte, in seiner Fantasie ausmalte. Sie redeten sogar darüber, manchmal scherzten sie beide auch über dieses Pech. Jedoch blieb sie, solange sie mit einem Mann zusammen war, diesem bedingungslos treu, und Adalbert erfuhr nie, ob er ernsthaft etwas verpasst oder ob sie nur, um ihn aufzuheitern, mit ihm ein bisschen darüber gefrotzelt hat. Und

Dagi? Sie war um diese Zeit, das kann er einem späteren Brief ihrer Mutter entnehmen, noch in Stockholm. So saß er oft allein in Cafés, schrieb ein paar Gedichte und Kurzgeschichten und übersetzte die existenzialistische Elegie mit dem Titel *Irrevocablement* des gerade verstorbenen jungen, ungarisch-französischen Dichters Georges Alexandre ins Deutsche.
Irgendwann, noch im August, sieht er sich dann, per Autostopp, wieder unterwegs in den Süden: diesmal nach Nizza, um dort eines der Schiffe nach Korsika zu besteigen.
Am ersten Tag kam er nur bis Langres, dort übernachtete er im Freien, aber am nächsten Nachmittag nahm ihn ein schneller Wagen gleich bis in die Nähe von Antibes mit. Sie rasten mit einer halsbrecherischen Geschwindigkeit über enge Landstraßen mit viel Gegenverkehr. Im Morgengrauen waren sie am Ziel und Adalbert wurde am Ortsausgang von Valauris seinem Schicksal überlassen. Er legte sich auf einem kleinen Hügel unter die Pinien, sog den Duft nach Harz und blühendem Thymian in seine Lungen, lauschte dem Gesang der Zikaden und träumte davon, Picasso werde ihn hier ausfindig machen, in sein Haus einladen und ihm zum Abschied zwei oder drei seiner berühmten Keramikteller als Geschenk überreichen, und zwar genau die, von denen er erschwingliche Kopien bei Doris in Bayreuth zurückgelassen hatte. Irgendwann weckte ihn die Sonne, deren Strahlen sich von schräg unten, es war ja noch sehr früh, den Weg zu seinem Gesicht gebahnt hatten – sie blendete ihn und etwas enttäuscht über das Ausbleiben des Malers machte er sich wieder auf den Weg. Nach ein paar Stunden war er in Nizza; er weiß noch, dass er von der Größe dieser Stadt überrascht war, er hatte eher ein anheimelndes und etwas verschlafenes Provinznest erwartet. Und am Abend bestieg er das Schiff nach Calvi, das einzige, das überhaupt noch über eine freie Passage zur Insel verfügte.

10.

Einige Szenarien aus diesen knapp vierzehn Tagen, die Adalbert mit seinem Freund auf Korsika verbrachte, verdienen einer etwas ausführlicheren Erwähnung. Das erste beschreibt das Festessen, das Michels Tante und Onkel am nächsten Abend für ihn ausge-

richtet hatten. Da wurde als letzter Gang nämlich eine örtliche Spezialität serviert, ein Käse, der außer seiner Rinde nur noch aus etwa einem halben Zentimeter langen lebendigen Maden bestand. Wenn man ihn anschnitt, sprangen sie einem schon entgegen. Aus fast kreisförmig gebogener Körperhaltung schleuderten sie sich in die Luft und landeten manchmal in den Haaren ungeschickter Esser, die es versäumt hatten, schnell wieder die Käseglocke darüber zu stülpen und die von ihnen auf ihr Brot gelegten Würmchen auf diesem augenblicklich zu zerdrücken. Dieser Käse galt als hochfeine Delikatesse, er wurde als Zeichen korsischer Gastfreundschaft ausgewählten Besuchern angeboten, die sich darob auch noch besonders geehrt fühlen mussten. Alle möglichen Erzählungen über blutige Rache bei Verletzung der Gastgeberehre auf dieser Insel im Ohr, blieb Adalbert nichts anderes übrig, als ein paar Bissen Baguette mit einer unbekannten Anzahl darauf zerquetschter weißer Parasiten herunterzuschlucken – wie durch ein Wunder musste er danach nicht erbrechen. Als sie sich aber in ihrem Zelt im Garten schlafen gelegt hatten, machte Michel sich über ihn lustig und sagte, er hätte ruhig zugeben können, dass er sich vor diesem Käse ekle, Leuten vom Festland nähme man so etwas hier nicht übel.
Über Porto, über Evisa, über den Col de Vergio machten sie sich dann auf zu ihrem Ziel: nach Calacuccia tief im Landesinneren, wo wenige Tage später der alljährliche Sing- und Poesiewettstreit der dortigen Gegend ausgetragen werden sollte. Nur an diesem Ort fand er in jenen Jahren überhaupt noch statt. Zwar ahnten Adalbert und Michel, dass es auch damit bald ein Ende haben könnte, aber keiner von ihnen beiden konnte sich damals vorstellen, dass die Globalsierung in den nächsten vierzig Jahren den kulturellen Traditionen in nahezu der ganzen Welt ihre Selbstverständlichkeit nehmen und sie danach völlig hinwegfegen würde – es sei denn, sie ließen sich in touristische Attraktionen ummünzen oder als Museumsgegenstände konservieren. Sie hechelten also bereits damals etwas überall schon Entgleitendem hinterher, einem Tanz von Gespenstern.
Mühe machte ihnen der Weg hin zu dem Ort. Zu zweit war es schwierig, einen Wagen zu finden, und von Evisa ab mussten sie fast die ganze Zeit laufen. Sie kamen durch wilde Kastanien- und Pinienwälder – am 1500 Meter hohen Pass wurde die Vegetation

spärlicher, die Luft kühlte empfindlich ab, sodass man sich beinahe im Norden Europas wähnte. Abends bauten sie ihr Zelt auf und bereiteten sich aus ihren Vorräten, den gespendeten Konserven, ein Mahl. Nach vielleicht drei oder vier Tagen einer solchen Wanderung kamen sie in Calacuccia an, einem immerhin größeren Marktflecken. Dort konnten sie sich Brot, Wein und Obst kaufen, aber die Festivitäten hatten noch nicht begonnen, es galt einige Tage zu warten. Als man ihnen von einem nahe gelegenen, nur über halsbrecherische Eselspfade zu erreichenden Dorf erzählte, in dem alles noch genauso zuginge wie vor zweihundert Jahren, brachen sie ohne einen Augenblick zu zögern dorthin auf. Es lag auf halbem Weg zum Gipfel des Monte Cinto, des höchsten Berges der Insel, der 2707 Meter erreicht, und Michel musste Adalbert öfter die Hand geben, wenn der schmale Pfad links an hoch aufragenden Felsen, rechts an Schwindel erregenden Abgründen vorbeiführte. Aber die Angst und die Mühe lohnten sich: Die meist älteren Frauen in Schwarz, die vor den an den Berg gelehnten niedrigen Hütten hockten, ließen sich Michel gegenüber freimütig über ihre Sehnsucht nach den fast ganzjährig auf dem Festland tätigen Männern aus, über ihre harte Arbeit auf dem Feld und in den kleinen Gemüsegärten sowie über die Mühe, die sie mit ihren ständig in die Berge davonspringenden Ziegen hatten. Sie zeigten ihnen ihre Spinnräder und Webstühle und sangen ihre anderswo längst vergessenen Lieder. Kein Auto, kein Motorrad gehörte zu den Requisiten dieses Szenarios. Es war nicht nur eine Reise in die Vergangenheit, es war das Gefühl eines vollständigen Zeitstillstandes, den sie dort erlebten, und so weiß Adalbert auch nicht, wie viele Tage sie in diesem Dorf geblieben sind, dessen Namen er heute auf keiner einzigen Karte mehr wiederfinden kann.
Zurück in Calacuccia hatte der Sängerwettstreit gerade begonnen. Aus allen umliegenden Dörfern waren die Teilnehmer angereist, nur Männer versteht sich. Sie saßen oder standen hinter Holztischen, als ob sie etwas zu verkaufen hätten, und improvisierten ihre Sprechgesänge, wenn zwei oder drei Besucher vor ihnen stehen blieben. Sie handelten von alten, legendären, aber auch von gerade entstehenden Familienfehden, von Liebe, Mord und Totschlag, aber auch davon, was sich überhaupt während des letzten Jahres in dieser Gegend abgespielt hatte. Dies war eine Tradition aus der Zeit, in der kaum jemand lesen konnte und diese Lieder das ge-

schriebene Wort ersetzten. Um das Ganze lebendig zu halten, ging fast jeder Sänger auch noch auf die Geschichten der anderen ein: Er führte sie fort, er kommentierte sie aber auch, indem er sie überschwänglich lobte oder manchmal auch lächerlich machte. Michel übersetzte manches davon für Adalbert aus dem Korsischen ins Französische, leise, denn die offizielle Landessprache war am Ort dieses Wettbewerbs wenig geschätzt, und er machte ihn darauf aufmerksam, dass es hier sowohl Anfänger als auch schon weithin bekannte Künstler gab. Aber Adalbert konnte sie natürlich nicht voneinander unterscheiden, denn ein Jüngling konnte zu den Letzteren, ein alter Mann auch mal zu den Ersteren gehören. Nach einer guten Woche waren Michels Tonbänder voll, das Fest zu Ende und sie beide nach Bastia unterwegs, von wo aus Adalberts Schiff zurück nach Nizza ging. Sie nahmen, beide noch erfüllt von den vielen, sogar für Michel neuen Eindrücken, herzlich Abschied voneinander.
Nach zwei oder drei weiteren Tagen war Adalbert pünktlich bei dem pfälzischen Landarzt in Iggelheim angekommen, den er einen Monat lang vertreten sollte.

11.

Dr. Biffar, ein kunstbeflissener, barocker Mensch, dem ein fünfzehnstündiger Arbeitstag nichts auszumachen schien, wies Adalbert zwei Tage lang in seine Praxis ein, um dann für die Dauer seines vierwöchigen Urlaubs unerreichbar zu werden. Zurück blieben Frau Biffar, eine energisch blickende, schon etwas eingetrocknete Schönheit, ihre Haushälterin, ein oder zwei Sprechstundenhilfen und, als Transportmittel für Adalbert, ein Fahrrad mit Hilfsmotor. Die nächste größere Stadt war Ludwigshafen, wo auch die für seine Patienten zuständige Krankenhausabteilungen lagen. Um die Anmeldungen, aber auch um die Abrechnungen brauchte er sich nicht zu kümmern. Dafür musste er allerdings von 8 Uhr morgens bis 17 Uhr nachmittags, unterbrochen von einer halbstündigen Mittagspause, in der Praxis Sprechstunde abhalten, danach bis 20 Uhr seine Hausbesuche erledigen, um dann, wenn er mit diesen fertig war, die Notizen, die er dabei gemacht hatte, in die Krankenkarten zu übertragen. Schließlich hatte er auch nachts und an Wochenenden für Notfälle bereitzustehen – nur ein einziger Sonntag blieb frei. Dieses fast herkulische Arbeitspensum wurde aber auch mit 1500 DM monatlich bar entlohnt, damals sehr, sehr viel Geld.

Ohne Frau Biffar, die seine Arbeit diskret anleitete, wäre er mit dieser Aufgabe völlig überfordert gewesen. Sie klopfte leise an die Tür, wenn er sich ihrer Meinung nach unnötig lange Zeit mit einem Patienten ließ, sagte ihm aber auch: »Mit dem oder der müssen Sie sich etwas genauer beschäftigen, ein Rezept auszustellen genügt hier nicht.« Kleine chirurgische Interventionen, Einschnitte in einen Abszess ebenso wie Wundreinigungen und Verbände, bereitete sie so gut vor, dass ihm nur wenige Handgriffe zu tun übrig blieben. Vor allem aber gab sie ihm ein paar Hinweise darauf, wie er einen wirklich dringlichen nächtlichen Anruf von blindem Alarm unterscheiden könne: Wenn er aus Iggelheim, der Fabrikarbeitersiedlung käme, handele es sich meistens um irgendwelche Wehleidigkeiten, die, von Ausnahmen abgesehen, auch bis zum nächsten Morgen warten könnten. Meldete sich hingegen jemand aus dem benachbarten Bauerndorf Böhl, so müsse er ohne viel zu fragen sofort dorthin aufbrechen, denn viele von den Bewohnern seien unzureichend versichert und eine Krankschreibung brächte ihnen nichts ein, sodass sie sich oft erst rührren, wenn »die Kacke wirklich am dampfen« sei. Dass er diesem Rat folgte, hat ihm folgenschwere Komplikationen erspart und ihm auch das für seine Arbeit erforderliche Minimum an Nachtruhe gewahrt. Bei den Hausbesuchen lernte er im Übrigen auch, auf den ersten Blick die Machtverhältnisse in den Familien abzuschätzen, zu erkennen, ob der oder die Kranke ermutigt werden sollte, mehr Wünsche zu äußern, oder es besser war, seine oder ihre Ansprüche ein bisschen zurückzuschrauben.

Eine ständige Angst konnte ihm aber auch Frau Biffar nicht nehmen, dass er nämlich zu einer komplizierten Geburt gerufen würde, zu spät für den Transport in ein Krankenhaus, und er, bar jeder praktischen frauenheilkundlichen Kenntnisse, mit der Gebärenden hilflos allein dastünde. Zu seinem Glück ist es zu einer solchen Situation in den Wochen seiner Vertretung nicht gekommen.

13.

An seinem einzigen freien Sonntag, es war der letzte vor Biffars Rückkehr, hatten Ivy und Heinz ihn auf dem Rückweg von einem längeren Mittelmeerurlaub in Iggelheim besucht. Sie reisten in ihrem ersten eigenen Wagen, einem kleinen, beigefarbenen Adler Triumph. Heinz war seit einem guten Jahr endlich Lebenszeitbeamter: Eine Planstelle als Amtsrichter war in Wiehl, einer kleinen, idyllischen, oberbergischen Gemeinde, frei geworden, der Bau eines Eigenheims dort schon in vollem Gange. Bis zu dessen Fertigstellung hatte sich Heinz an seinem Dienstort in einem möblierten Zimmer eingemietet, während die Familie weiterhin in Köln in der Petersbergstraße wohnte, Ivy also mit ihrem Mann vorerst eine Wochenendehe führen musste.
Trotz eines Völlegefühls im Leib, das ihm, wie er Adalbert erzählte, den Appetit nahm, trotz seiner ganz leicht gelblich verfärbten Skleren machte sein Schwager sich diesmal kaum ernsthafte Sorgen um seine Gesundheit, und das widersprach völlig seiner früher fast ständig geäußerten hypochondrischen Selbstbesorgnis. Adalbert vermutete, als er ihm den Leib abtastete – mehr konnte er nicht tun, das Praxislabor blieb sonntags geschlossen –, er hätte sich im Süden eine Hepatitis zugezogen. Damals unterschied man sie noch nicht nach A, B und C, man hielt diese Krankheit sogar für ziemlich harmlos. Er riet ihm deshalb auch nur, sich sogleich nach der Rückkehr nach Köln gründlich untersuchen zu lassen, und nach ein paar Stunden fuhren seine Besucher fröhlich wieder davon.
Als Adalbert eine Woche später selbst in Köln bei seiner Schwester eintraf, lag Heinz bereits im Krankenhaus und sollte am nächsten Morgen operiert werden. Die Ärzte hatten eine stark entzündete, wahrscheinlich vereiterte Steinblase diagnostiziert, was sich als Fehlschluss erwies, denn gleich nach dem Ende des Eingriffs wurde Ivy davon verständigt, dass es sich um Leberkrebs im Endstadium handele, der ganze Leib sei voll von Metastasen, der Tod werde in jedem Falle in wenigen Tagen eintreten. Und so kam es dann auch. Sein Schwager verabschiedete sich noch vollen Bewusstseins von seinen Eltern, seiner Frau, seinen Kindern, von Peter und von Adalbert selbst, nicht ohne, wie es immer seine Art bei feierlichen Anlässen gewesen war, ein paar erbauliche, aber

auch ermahnende Worte an die Anwesenden gerichtet zu haben. Als sie alle, außer Ivy, die bei ihm blieb, das Zimmer verlassen hatten, legte er sich auf die Seite, nahm die Hand seiner Frau und starb.

Adalbert hatte seinen Schwager in den letzten Jahren tunlichst gemieden, weil er die stickige Luft, die dieser verbreitete, nicht ertragen konnte: dieses Gemisch aus Wehleidigkeit, ständiger Gekränktheit und versteckter Aggression, aus »Law and order«-Mentalität und Sadismus Schwächeren gegenüber. Aber er musste ihm auch weiterhin dankbar dafür sein, dass Heinz seinerzeit, nach Kriegsende und dann nochmals nach seines Vaters Tod, Peter in seine Familie aufgenommen und auch ihm selbst mehrfach für längere Monate Gastfreundschaft gewährt hatte. In letzter Zeit, seit Adalbert mehr oder weniger kontinuierlich als Arzt tätig war, hatte sein Schwager sich überhaupt zugänglicher, offener und weniger vorwurfsvoll gezeigt, sodass Adalbert auch seine positiven Seiten – seine Zuverlässigkeit, seine Gründlichkeit, seinen Sinn für Gerechtigkeit – schätzen gelernt hatte: Seit sich diese Tugenden nicht mehr automatisch mit dem stummen Vorwurf verbanden, alle anderen blieben hinter seinem selbst gesetzten moralischen Anspruch zurück. So war, ganz am Ende seines Lebens, ein kleines Stück verwandtschaftlicher, ja freundschaftlicher Nähe zwischen ihnen entstanden, die seinen Tod doch zu einem Verlust für Adalbert machte und ihm erlaubte, an Ivys Leid, an ihrer Verzweiflung, an der Trauer ihrer Kinder bis zu einem gewissen Grad teilzuhaben. Und er fragte sich, ob es nicht gerade erst der nahende, von seinem Schwager vielleicht schon vorausgeahnte Tod gewesen war, dem sie diesen späten Wandel zu danken hatten.

13.

Während der letzten Tage, die Adalbert noch in Köln verbrachte, Ende Oktober, spitzte sich die schon seit Wochen kritische Lage in Ungarn dramatisch zu. Der aus kommunistischen Stalinismusopfern bestehenden Reformregierung war die Kontrolle über die Situation aus der Hand geglitten. Von blutigen Racheakten an ehemaligen Mitgliedern der politischen Polizei wurde triumphierend in den westlichen Tageszeitungen berichtet. Bilder erschienen, in denen man sie an Laternenpfählen aufgehängt sah; nationalistische Jugendverbände wurden wieder gegründet und gaben lautstark antikommunistische Stellungnahmen ab. Die Sowjetunion drohte und verlangte, dem Chaos ein Ende zu setzen. Das jedoch erwies sich als unmöglich: Die von den Reformern freigesetzten Kräfte waren nicht mehr zu bändigen und unter deren Druck trat Ungarn aus dem Warschauer Pakt aus. Janos Kadar, der neue Generalsekretär der kommunistischen Partei – auch er jahrelang zu Stalins Zeiten im Gefängnis –, sah die Reform, die er selbst in Gang zu setzen mitgeholfen hatte, nun von der Konterrevolution bedroht. Er ersuchte Chruschtschow, gegen den Willen der amtierenden ungarischen Regierung, um die Entsendung sowjetischer Panzer, die bereits zur Intervention an der Grenze bereitstanden. Nach einer Woche heftiger Straßenkämpfe herrschte in Budapest Ruhe, Totenstille breitete sich aus.

Etwa ein halbes Jahr danach dekretierte Kadar jedoch ausgedehnte wirtschaftliche Veränderungen: Private Kleinbetriebe in Handwerk, Handel, Gaststättengewerbe wurden nicht nur wieder zugelassen, sondern vom Staat auch gefördert; Schriftsteller, bildende Künstler, in geringerem Ausmaße auch Journalisten bekamen bis dahin ungeahnte Freiheiten eingeräumt, wenigstens solange sie das Regime nicht frontal angriffen: nach der Devise, wer nicht gegen uns ist, von dem setzen wir voraus, dass er für uns ist. Schon nach kurzer Zeit durften die Ungarn, zum ersten Mal nach der kommunistischen Machtübernahme 1947, auch geschäftlich und privat in das westliche Ausland reisen, ein kalkuliertes Risiko, das sich auszahlte, denn nur sehr wenige kehrten von solchen Fahrten nicht in ihr Land zurück.

An einem dieser trüben späten Oktobertage saß Adalbert allein in einem Kölner Café in der Hohen Straße. Seit er Jeanne und Juliette kannte, hatte er auf einen »Kommunismus mit menschlichem Antlitz«, so nannte man das später, gesetzt. Jetzt, wo in Budapest aus dem Ruf nach Freiheit Mord und Totschlag, aus dem Verlangen nach Gleichheit blutige Unterdrückung geworden zu sein schien, war er doppelt verzweifelt. Um aus dieser Stimmung herauszukommen, hatte er nach längerer Zeit wieder ein paar Tabletten Orthedrine geschluckt, und es lag wohl hauptsächlich an deren Wirkung, dass ihm jetzt plötzlich, während er noch finster in seine Espresso-Tasse starrte, die Erleuchtung kam: Ja, Kadar, er hatte sich selbst, sein Ansehen als Reformer, sogar seine Ehre der Sache zum Opfer gebracht, er war zum Verräter an seinem Mitstreiter Imre Nagy geworden, um das, woran er glaubte, den Sozialismus und damit den Traum der Versöhnung von Freiheit und Gleichheit, im letzten Augenblick vor seiner drohenden Vernichtung zu retten. Es war ein authentischer Akt existenzieller Entscheidung, ein Akt der Freiheit in der ganzen ihr innewohnenden paradoxen Absurdität gewesen, dazu die sowjetischen Panzer herbeizurufen, die diese Freiheit vorerst zermalmen würden – und in einer ihm damals bedeutungsschwer vorkommenden Vision sah Adalbert eine Zukunft vor sich aufgeblättert, in der die wieder hergestellte soziale Gerechtigkeit eines Tages auch in die Freiheit aller und eines jeden hineinmünden würde: Les lendemains qui chantent.

Unter kleinen Abstrichen an beidem geschah das ja später in Ungarn auch, wenn allerdings auch nur in einer zwergenhaften Konsumform, dem »Gulaschkommunismus«.

14.

Am 1. November trat Adalbert die ihm zugesagte Assistentenstelle in Heimenkirch an, einem kleinen Ort im schwäbischen Allgäu. Das Gemeindekrankenhaus wurde von katholischen Nonnen geführt, die ihm mittags und abends die leckersten Gerichte aufdeckten. Aber das war auch das einzig Erfreuliche in den zwei Monaten, die er dort blieb. Das Zimmer, für ihn in einem der Nachbarhäuser möbliert angemietet, war düster und mit geschmacklos unpersönlichen Einrichtungsgegenständen voll gestellt. Er hatte ständig das Gefühl: Hier halte ich es nicht länger aus, ich muss hier raus. Aber draußen war es auch nicht viel besser, meistens regnete es oder es blieb den ganzen Tag grau, der Hochnebel verdeckte überallhin die Sicht – und da er niemanden kannte und ihn in deutschen Dorfkneipen regelmäßig ein leiser Ekel befiel, gab es auch keinen Ort, wo er nach Dienstschluss hätte hingehen mögen. So war es eher ein Segen, dass er nur selten freihatte. Den ganzen Tag musste er seinem Chef die Haken halten, einem Spezialisten für Schilddrüsenoperationen, die jedes Mal stundenlang dauerten. Sonst durfte er dabei aber gar nichts tun und schon diese tagtäglich sich wiederholende Routine, bei der er nichts als Ausdauer zeigen konnte, machte ihn allmählich verrückt. Um sich über seine unerwartet unerfreuliche Situation etwas hinwegzutrösten, schrieb er während der Abende einen Brief nach dem anderen: an Ivy, an Wolfgang Schmitt, an Dorothee Ritterley, zumeist aber an seine Pariser Freunde, an Régine, an Ivar und Jeanne, an Robert und natürlich auch nach Stockholm an Dagi. Nur eine einzige, allerdings hoch willkommene Unterbrechung gab es in den Wochen dieser Tristesse: Professor Ruffin hatte ihn endlich nach Freiburg zu einem Bewerbungsgespräch bestellt. Er fuhr hin, machte offenbar einen passablen Eindruck und bekam gesagt, dass er tatsächlich am 2. Januar 1957 an der dortigen Psychiatrischen und Neurologischen Universitätsklinik anfangen könne, zunächst allerdings nur als mager bezahlter Volontärassistent.

Die meisten seiner Freunde antworteten prompt auf seine Briefe, die ja so etwas wie Notrufe aus der Wüste gewesen waren. Nur von Dagi blieb zunächst jedes Lebenszeichen aus, erst in den letzten Dezembertagen kam doch noch ein Brief aus Stockholm. Er hatte schon ein ungutes Gefühl, als er den Umschlag mit der lang erwarteten schwedischen Briefmarke, aber auch einer unvertrauten Handschrift sah, und es täuschte ihn nicht, denn er brachte die Nachricht von ihrer Mutter, Dagi sei am 5. August bei einem Autounfall in Sardinien zu Tode gekommen. Adalbert war wie erschlagen. Gerade weil sie vorher schon halb zur Geisterwelt gehört hatte, als deren liebreizender, zärtlicher Schatten, und sich daran über die zwei Jahre, die er sie kannte, gar nichts geändert zu haben schien, hatte er sie wohl ab einem bestimmten Zeitpunkt für unsterblich gehalten. Nächtelang weinte er über diesen Verlust, den schwersten seit dem Tod seiner Eltern. Als er in einem zweiten Brief der Mutter Näheres erfuhr – dass sie nämlich spätabends aus einem fahrenden Wagen herausgefallen war, da fragte er sich natürlich, ob sie nicht selbst die Tür und damit auch sich das Tor zum Tod aufgestoßen hatte, um der unerträglich gewordenen Zeit- und Ziellosigkeit ihres Daseins zu entrinnen, und er grübelte darüber nach, ob er nicht doch irgendetwas hätte unternehmen müssen, um sie wenigstens noch eine Zeit lang hier, bei sich, bei ihnen, den vorbehaltlos Diesseitigen, Endlichen, Körperbeschwerten zu halten.

13. Kapitel: Die Mühen der Enge

1.

Am 2. Januar traf Adalbert mit zwei Koffern, viel mehr besaß er immer noch nicht, in Freiburg ein.
Im Sommer 1943, kurz vor seiner Einberufung zum Arbeitsdienst, hatte er Ivy dort besucht, und 1950 mit Karlfried zusammen Melanie und Dorothee Ritterley. Melanie war damals in Freiburg geblieben und inzwischen Deutschlehrerin an einem Gymnasium. Auch Onkel Wolja Blacher, sein Revaler Kinderarzt und dessen Frau, Tante Emmi, hatten nach ihrer Flucht aus Danzig am Ufer der Dreisam eine Bleibe gefunden. Nach der Heimenkirchen Einöde bot diese Stadt also genug Anknüpfungspunkte, um sich in ihr heimisch zu fühlen. Auch für eine Unterkunft war Sorge getragen: Fräulein Simon, die Sekretärin Ruffins, ihrem Chef bedingungslos ergeben, energisch und so karikaturistisch unweiblich zurechtgemacht, dass man spottete, er, der fromme Katholik, habe sie sich zum Abgewöhnen fleischlicher Gelüste in sein Vorzimmer gesetzt, verschaffte Adalbert für den ersten Monat ein möbliertes Zimmer ganz in der Nähe.
In der Klinik wurde er zunächst als dritter Assistent der psychiatrischen Männerstation zugeteilt, in der über sechzig Patienten behandelt wurden und die eigentlich aus drei Pflegeeinheiten bestand: der »Unruhigen« mit ihren fünf oder sechs Einzelzellen, der »Halbunruhigen« und der »Ruhigen«. Die Türen blieben auch in Freiburg überall verschlossen; lediglich einzelne Kranke der »Ruhigen« und der »Halbunruhigen« besaßen die Erlaubnis, die Klinik stundenweise auch allein zu verlassen. Trotzdem herrschte auf Adalberts neuer Arbeitsstelle eine ganz andere Atmosphäre vor als in Cappel. Schon dass ein Arzt nicht für hundert, sondern nur für etwa zwölf Kranke zu sorgen hatte, brachte es mit sich, dass er deren Lebensgeschichte in allen Einzelheiten kennen lernen konnte. Dies wieder führte dazu, dass die Frage sich gar nicht mehr unterdrücken ließ, ob die gegenwärtige Krankheitsepisode, selbst

wenn es sich um eine schizophrene handelte, nicht doch etwas mit früh erworbenen Verwundbarkeiten und später auf diese treffende Belastungssituationen zu tun hatte – »life events« würde man sie später in der Kolonialsprache seines Faches nennen. Und weil überdies der Chef und die drei Oberärzte alle Schüler Viktor von Weizsäckers waren, der die Lebensgeschichte zum entscheidenden Parameter für Krankheit und Gesundheit erklärt hatte, wurde hier verlangt, sich sogar vordringlich mit solchen Fragen zu beschäftigen – und im Zusammenhang mit ihnen auch mit dem Wahnsinn als allgemein menschlicher Erfahrungsmöglichkeit, als etwas also, das einem jeden, auch dem Therapeuten selbst, zustoßen konnte und deshalb auch vorstell- und einfühlbar blieb.

In diesem Sinne humanisiert war in seiner neuen Klinik aber nicht nur die psychiatrische Theorie, sondern auch der Umgang mit den Kranken und ihre Behandlung: Der Elektroschock etwa wurde nur selten angewandt, lediglich bei akuten Krankheitszuständen, bei denen Medikamente nicht ausreichten, und immer unter Narkose und Muskelentspannung. Danach wurden den Patienten Aufwachhilfen gegeben, ein Pfleger oder eine Krankenschwester blieb, bis sie wieder ganz bei sich waren, an ihrem Bett. Was die Kranken bei der somatischen Therapie erlebten, sei es vor, während oder nach dem Schock, im Insulinkoma oder unter dem Einfluss der neuroleptischen Medikamente war ein häufiges Diskussionsthema unter den Ärzten, vor allem die Frage, was an diesem Erleben therapeutisch nutzbar gemacht werden konnte. Das Ziel bestand darin, aus isolierten, solipsistischen Erlebnisfragmenten mitmenschlich geteilte Erfahrungen werden zu lassen. Besonders beim Erwachen im Insulinsaal, einem sukzessiven Wiederauftauchen aller Bewusstseinsebenen aus dem brodelnden Nichts, vom einfachen körperlichen Daseinsgefühl bis hin zur differenzierten, kritischen Wirklichkeitswahrnehmung, wurde streng darauf geachtet, dass immer jemand da war, der die zwischenmenschliche Gültigkeit dieser Erfahrungen bestätigen konnte.

Nicht alle diese Einzelheiten bekam Adalbert schon während der ersten Tage mit, aber er spürte gleich, dass hier anderes wichtig war als an seinen beiden bisherigen Arbeitsstellen. In Cappel war es, ausgenommen in Einzelfällen, um die Bedienung institutionalisierter Rituale gegangen. In Bayreuth hatte der Oberarzt die zur Psychotherapie geeigneten Patienten ausgelesen, die übrigen medikamentös zwar versorgt, aber ansonsten liegen gelassen, oder, wenn es in der Privatklinik mit ihnen nicht mehr ging, weil sie zu laut oder zu aggressiv wurden, sie in die nächstgelegene Anstalt geschickt. Hier in Freiburg aber wurden die Leiden und die Probleme der Kranken in den Mittelpunkt der Aufmerksamkeit aller gestellt, und nicht bloß von einigen vorlauten Assistenten, sondern auch von der Leitung selbst wurde nach neuen Wegen gesucht, wie man sie dem Wahnsinn entreißen könnte. In der Luft lag ein starker, manchmal sogar unerträglich starker Verantwortungsdruck, mit seiner ganzen Kraft alles nur Vorstellbare dafür zu tun – und der brauchte gar nicht verbalisiert zu werden, er strahlte schon von der qualvoll gebeugten Haltung, von der immer etwas vorwurfsvollen und leicht resignierten Mimik des Chefs aus, der sich als wandelndes Gewissen durch die Klinik bewegte. Gottlob sah man ihn nicht ständig, sein Stellvertreter, Professor Derwort, Adalberts Oberarzt, trug ein eher etwas kumpelhaft pfiffiges Gebaren zur Schau. Ihm ging es darum, die Thesen der anthropologischen Medizin wissenschaftlich möglichst exakt zu verifizieren. Anders als Ruffin, dessen Grundauffassung des Wahnsinns er teilte, war ihm jeder Betroffenheitsgestus fremd.

2.

An seinem zweiten oder dritten Tage in Freiburg hatten Ruffin und Derwort ihn gefragt, ob er bereit sei, sich am darauf folgenden Montag, dem 8. Januar 1957, einem Selbstversuch mit Meskalin zu unterziehen und danach die weitere Versuchsreihe, mit vier oder fünf Kollegen als Probanden, zu leiten. Adalbert war wohl deshalb von seinen neuen Vorgesetzten für diese Aufgabe ausersehen worden, weil er während der Wochen in Köln seine Orthedrine-Erfahrungen in einem halb wissenschaftlich, halb literarisch gehaltenen Essay zu Papier gebracht und einen ersten Entwurf dieser Arbeit, die er übrigens nie zu Ende bringen sollte, an Plügge geschickt hatte, der ihn abschreiben ließ und auch an Ruffin versandte. So stand er in Freiburg vor seiner Ankunft schon in dem Ruf, über vielfältige Erfahrungen mit psychotrop wirkenden Substanzen zu verfügen, und Derwort war deshalb auf den Gedanken gekommen, das zu nutzen und die von seinem ehemaligen Chef Beringer Ende der zwanziger Jahre begonnene Experimentierserie mit Meskalin fortzusetzen. Allerdings hatte sich die Zielsetzung der Versuche inzwischen verändert: Es ging nicht mehr um die Registrierung der im Rausch auftretenden psychotischen Erlebnisse und um ihren Vergleich mit schizophrenen Erfahrungen – das alles war mittlerweile hinreichend bekannt –, aber auch lange noch nicht um »Bewusstseinserweiterung« – Timothy Learys große Auftritte standen ebenso noch bevor wie die Bücher von Carlos Castaneda. Vielmehr sollte herausgefunden werden, welche Art der Ansprache und der Zuwendung den Probanden aus einer psychotischen Verstörtheit heraushilft und welche sie umgekehrt noch tiefer in sie hineintreibt. Die Versuche sollten also – unter der stillschweigenden Voraussetzung, dass Meskalin tatsächlich einen schizophrenieähnlichen Zustand erzeugt – der Ausarbeitung geeigneter therapeutischer oder doch zumindest beruhigender, entängstigender Interventionen bei akuten wahnhaften Episoden dienen.

Wie es Adalbert selbst im Meskalinrausch erging, hat er zwölf Stunden nach dem Ende des Versuches in einem zwanzigseitigen Protokoll niedergelegt und später noch in mehreren Veröffentlichungen darüber berichtet. Die elementarsten Gewissheiten hatten plötzlich ihre Geltung verloren. War das noch ein Arztzimmer oder ein Raumschiff, war sein Kopf noch ein Teil seines Körpers oder hatte der den Letzteren, wie Columbus die spanische Küste, längst schon hinter sich zurückgelassen? Die Grenzen zwischen »ihm selbst«, zwischen seinem Körper, auch zwischen seiner lebensgeschichtlichen Identität, zwischen dem also, als was er geboren und zu dem er geworden war, und dem, was jetzt gerade um ihn herum ablief, in Gestalt von Bildern, Blicken, Bewegungen, Tönen und Stimmen – diese Grenzen lösten sich auf. Jedes Jetzt verschlang seine Vorgänger und Nachfolger mit Haut und Haaren. Nur als das- oder derjenige, dem er in diesem Augenblick zugewandt war, was er gerade anblickte, was er gerade berührte, nur das oder der war er wirklich. So sah er sich in die Vase, die er gerade betrachtete, hineinerstarrt, so ritt er auf einem fotografierten Schachpferdchen fort, so war er selbst der Bauer auf dem Feld, an einem Gewitternachmittag, in der Reproduktion eines nan Gogh'schen Gemäldes; der schwarz dräuende Himmel auf dem Farbfoto erdrückte ihn und im nächsten Augenblick verglühte er schon unter dem gleißenden Sonnenball. Die Zeit begann rückwärts zu laufen, die Ereignisse sprangen aus ihren Vergangenheiten heraus, aus dem Erlebnisstrom, der sie bis dahin eingebettet und festgehalten hatte. Aber er sah sich gleichzeitig auch von irgendjemandem, ja von allen, von der ganzen Welt daraufhin auf die Probe gestellt, herauszubekommen, was denn inmitten dieses Chaos' die Wirklichkeit war, verlacht, wenn er sich bei der Beantwortung dieser Frage irrte, und wenn man Entscheidungen von ihm abverlangte, dann wurde er zornig, denn alles war ohnehin längst für immer entschieden. Das Einzige, was ihm gut tat, war eine schweigende, verständnisvolle Begleitung, ein zustimmendes Kopfnicken zu den wenigen immer noch freundlichen Wirklichkeitsbruchstücken – und außerdem vielleicht noch, wenn jemand erriet, was sich im Augenblick gerade in ihm abspielte. Er stand nämlich paradoxerweise, trotz seiner grenzenlosen Ausgeliefertheit an den Augenblick, auch unter einem unerträglichen, ja schon größenwahnsinnigen Leistungs- und Verantwortungsdruck: Ihn verfolgte das peinigende Gefühl, von seiner eigenen Sensibilität im Versuch hinge das Schicksal sämtlicher Wahnkranken dieser Erde ab, wenn er versage, dann sei es um sie alle geschehen. Das war natürlich nichts anderes als eine groteske Aufblähung des Anspruches, den ihr Chef Ruffin ja tatsächlich auch an sie stellte – und von dieser Qual wurde er erst durch dessen beiläufige Bemerkung »Lass mal, es ist ja schon gut« befreit, nein, mehr noch, buchstäblich *erlöst*, sodass ihm sein Chef einen Moment lang wie Jesus Christus vorkam. Und am Ende fast ekstatisch die Rückkehr der Normalität, des selbstverständlich Vertrauten, Alltäglichen, Gewöhnlichen, Sicherheit Spendenden: Ein Baum ist ein Baum ist ein Baum, sagte jetzt jeder Baum zu ihm, und zugleich konnte er selbst erleichtert feststellen: Auch ich bin nur ich, nicht gleichzeitig noch jeder beliebige andere, verantwortlich auch nicht mehr für das Schicksal der Welt, sondern nur dafür, wofür ich tatsächlich auch verantwortlich bin, für meine zwölf Kranken.

Am Abend saßen sie, er und seine »Reisebegleiter«, in der *Traube* am Münsterplatz: Ruffin, Derwort, Martin Schrenk, ein älterer Assistent, der ihm während der schlimmsten Momente des Rausches durch sein diskretes Verständnis Halt gegeben, und Uli Lange, ein noch ganz junger Kollege, der nur hilflos daneben gestanden und dumme Fragen gestellt hatte. Vom erstklassigen Essen, das der Chef für sie alle spendiert hatte, brachte er nicht viel herunter, er trank nur einen oder zwei Schoppen Kaiserstühler Wein. Die beiden Professoren hatten ihre eigenen Meskalinversuche schon seit Jahrzehnten hinter sich, aber sie verstanden sich noch immer auf die Sprache des Wahnsinns, in der er sich hier, bei der Nachfeier seines Versuchs selbst zum ersten Male bei klarem Bewusstsein auszudrücken übte. Wie eine Art Rotwelsch kam diese Sprache ihm plötzlich vor: Er war in einen Kreis von Eingeweihten, ja vielleicht sogar von Verschwörern aufgenommen worden, künftig würde es zwischen ihnen nur einer Andeutung bedürfen, wenn sie sich am Krankenbett darüber verständigen wollten, was ein Wahnsinniger ihnen auch in seinen verrücktesten Ausdrucksformen zu sagen versuchte.

In den nächsten Tagen fragte er sich, ob das nicht immer noch ein Nachhall des Rausches war, der Eindruck, er sei Mitglied in einer Art Orden geworden, aus dem die anderen, die solche Erfahrungen nicht gemacht hatten, für immer ausgeschlossen blieben. Aber als die Versuchsserie nach einem halben Jahr abgeschlossen war, hatte sich aus ihren Teilnehmern tatsächlich eine Gruppe gebildet, die, wie Adalbert und seine Freunde es in Paris schon getan hatten, etwas hochnäsig herabsah auf die übrigen, die Nicht-Meskaliner. Mit jedem Einzelnen von ihnen war er, ihr Reiseleiter, noch auf eine andere Weise verbunden. Weil er sie alle in einem Zustand des Aufbrechens, ja des Einsturzes ihrer gesamten leib-seelischen Existenz zu sehen bekommen hatte und somit auch in der Hilflosigkeit, die damit einherging, weil er sie also alle derart innerlich aufgebrochen und »zerstückelt« gesehen hatte, teilte er mit jedem von ihnen ein heikles, sehr persönliches Geheimnis. Sie alle wussten nun, dass es mit der Abgeschlossenheit ihrer Körpergrenzen, ja überhaupt mit dem Ich, einschließlich ihres eigenen, aber auch mit der Zuverlässigkeit der Dinge um sie herum und selbst mit dem gerichteten, kontinuierlichen Fluss der Zeit nicht weit her war.

Als Adalbert spätabends, gegen Mitternacht, in sein möbliertes Zimmer zurückkehrte, wurde er an der Wohnungstür von seiner Mitbewohnerin begrüßt, einer Krankenschwester, mit der er bislang nur ein paar beiläufige Sätze gewechselt hatte. Da auch sie in der Klinik arbeitete, wusste sie von dem Versuch und lud ihn zu einer Tasse Tee in ihr Zimmer ein. Heute kann er nicht mehr sagen, welcher Teufel ihn ritt, sie gefiel ihm nicht sonderlich und er kannte sie kaum, vielleicht wollte er sich nur der Rückkehr seines eigenen Körpers versichern, seiner Vollständigkeit des Weiterbestehens seiner Bezogenheit auf Frauen. Jedenfalls ging plötzlich, als er näher hinsah, von ihren Händen und von ihren Lippen ein – weil er auf diese Einzelheiten beschränkt blieb – etwas perverser Reiz aus. Er nahm sie in den Arm und sie landeten gleich darauf auch in ihren Bett. Aber trotz ihrer gemeinsamen Anstrengungen gelang ihm nicht die mindeste Erektion, wofür wahrscheinlich noch das Meskalin verantwortlich war, im Gegenteil, das bisschen Anziehung verflüchtigte sich und gedemütigt und ziemlich wortlos zog er sich auf sein Zimmer zurück. In den acht Tagen, die er noch in dieser Wohnung verblieb, gingen sie sich aus dem Weg, sie sprachen auch nie über diesen Zwischenfall, und als einen solchen hatten sie es wohl beide erlebt. Aber Adalbert schaffte es auch nicht, ihn ganz zu verdrängen.Jedes Mal wenn ihm in Freiburg eine Annäherung an eine Frau fehlschlug, drängten sich ihm diese unliebsamen Bilder wieder auf.

3.

Um den 15. Januar konnte er in das Dachgeschoss der Neurologie umziehen. Von diesem Zeitpunkt an wurde er von der Klinik auch für nur 30 oder 40 DM monatlich voll verpflegt, etwa für die gleiche Summe, die auch das Zimmer kostete. Diese niedrigen Preise waren ein Segen für ihn, denn nun musste er für eine Weile als Volontär mit einem Gehalt von 250 DM auskommen, und zwar bis Ende des Jahres der *Marburger Bund*, eine Vereinigung angestellter Ärzte, über das Bundesverfassungsgericht die volle Bezahlung aller ganztägig tätigen Assistenten erstritt. Bis er im August 1961 nach Vietnam ging, blieb er in diesem Dachgeschoss wohnen, zuerst in einem schlauchartigen, etwas ungemütlichen Raum, aber schon nach ein paar Monaten konnte er das daneben liegende kleine, sehr kuschelige Zwei-Zimmer-Appartement mit dazugehörigem Bad beziehen – in diesen Jahren für einen unbemittelten Junggesellen ein unwahrscheinlicher Luxus.
Die Klinik lag in Herdern, einem ruhigen, nördlichen Vorort, etwa 20 Minuten von Markt und Münster entfernt. Manchmal legte er den Weg dorthin mit der Trambahn zurück, die der öden, grauen Hauptverkehrsader folgte, vorbei an vielen Trümmergrundstücken

und schmucklosen zwei- bis dreigeschossigen Neubauten der frühen fünfziger Jahre. Häufiger aber ging er zu Fuß, über eine kaum befahrene, baumbestandene Parallelstraße, gesäumt von Villen aus der Gründerzeit mit manchen sorgsam gepflegten, manchen aber auch stark verwilderten Vorgärten. Sie führte ihn am alten Friedhof vorbei. Jedes Mal tat ihm dabei die Beschwichtigung wohl, die von den begrünten, diskret mit Blumen und Efeu geschmückten Ruhestätten der Toten ausging, von der Abwesenheit jeglichen Lärms, im Frühling und Sommer auch von einer ganzen Partitur konzertierender Vogelstimmen, sogar Nachtigallen waren darunter. Und wenn er heimkam, so erschien es ihm, als ob dieser Weg, wie alle anderen Wege dieser Stadt, in die Klinik, ja in seine eigene Wohnung einmündete, als ginge es von dort aus nirgendwo anders hin weiter, ja als befände sich ganz Freiburg unter einer großen Glasglocke, als ein eigenes, abgeschlossenes Uni-, vielleicht aber auch nur Miniversum. Im Sommer, wenn es warm und hell war, wenn er über den im Schatten des Münsters abgehaltenen Obst- und Gemüsemarkt ging oder an den Dreisam-Kanälen der Gerberau entlangspazierte, empfand er die Begrenzung als Sicherheit spendend und wohltuend. Im Spätherbst aber, wenn sich ein dichter nebeliger Mantel manchmal für Wochen über die Stadt legte, aus dem es ein Entkommen nicht gab – schon weil er einfach nicht glauben konnte, dass nur 300 Meter höher, manchmal in Horben schon, strahlend die Sonne schien –, da fühlte er sich eingesperrt und gefangen, müde und niedergedrückt. Manchmal geriet er auch in Panik und wollte einfach nur irgendwohin, raus, ein Impuls, dem er dann aber doch nicht zu folgen vermochte, weil jedes auch nur denkbare Draußen sich inzwischen in nichts aufgelöst zu haben schien. Dann half eben nur noch, dass Freunde ihn aus dieser Beklemmung befreiten.

Und diese Freunde gab es inzwischen auch. Nicht so sehr Melanie, die lebte gerade in komplizierten Verhältnissen zwischen verschiedenen Männern einher und war in ihre Arbeit vergraben. Überdies hatte sich, seit Adalbert aus Paris zurück war, auch eine gewisse Distanz zwischen ihnen aufgetan. Er hatte aus einigen ihrer Andeutungen den Eindruck gewonnen, sie meine, er sei in seinem Denken zu schillernd geworden, nicht mehr solide, nicht mehr redlich genug, und da war auch etwas Wahres dran. Und nicht nur die Klinikkollegen, mit denen er abends zum Western oder

Krimi ins *Astoria* ging, nicht nur Martin Schrenk, sein Beschützer im Meskalinrausch, mit dem er eher unpräzise und pointillistisch über Weizsäckers *Gestaltkreis* diskutierte, oder Bernhard Heising, sein erster eigener Meskalinproband, mit dem er in psychoanalytischen Absurditäten schwelgte. Zu seinem engsten Freund war Rupprecht Zwirner geworden, Ruppi genannt, im Januar 57 frisch approbierter Arzt, Medizinalassistent an der Anatomie und, wie er erst etwas später erfuhr, Sohn eines genialen Vaters, der schon Anfang der dreißiger Jahre die strukturale Linguistik der Prager Schule, vor allem die Arbeiten Jacobsons und Trubetzkoys für die Analyse der schizophrenen Sprache fruchtbar gemacht hatte. Märgen Stieler, damals Medizinalassistentin auf Adalberts Station, hatte Ruppi eines Tages mitgebracht. Sie unterhielt in ihrem Klinikzimmer so etwas wie einen kleinen, nicht nur von den Assistenten, sondern auch von Derwort und Ruffin gelegentlich besuchten Teesalon, in dem fast pausenlos die damals frisch herausgekommene Lotte-Lenya-Platte mit Songs von Bert Brecht und Kurt Weill abgespielt wurde. Brecht war, als bekennender Kommunist, 1957 in der BRD ja noch eine Unperson, seine Stücke wurden noch nicht wieder gespielt – dass sich um seine gerade noch tolerierten frühen Songs doch so etwas wie der gesellschaftliche Mittelpunkt der Klinik bilden konnte, macht Adalbert jetzt im Rückblick noch einmal die ungewöhnliche Liberalität klar, die schon damals dort herrschte.
Ruppi war ein großer, etwas schwerer, sehr gut aussehender junger Mann, der Adalbert an den jungen Marlon Brando in *Auf den Quais* erinnerte. Gebürtiger Berliner, hatte er sich in Freiburg gut eingelebt, besser als Adalbert das je fertigbringen würde – er war verliebt in diese Stadt, in den Schwarzwald und in den Kaiserstuhl, er schätzte die badische Küche und die badischen Weine. Aber die geistige Enge vieler seiner Kollegen in der Anatomie und überhaupt vieler Mediziner ging ihm, der in seinem Elternhaus anderes gewohnt gewesen war, doch auf den Geist. In den Ärzten der Psychiatrie und wohl besonders in Adalbert und seiner Pariser Vergangenheit fand er ein Stück der Weltläufigkeit wieder, die ihm bislang in Freiburg gefehlt hatte: Er konnte an ihr partizipieren, ohne sich ihr dabei völlig ausliefern zu müssen – davor hatte er wohl doch etwas Angst, denn er verspürte gleichzeitig auch Sehnsucht nach einem überschaubaren, ruhigen Leben, nach einer der

elterlichen nachgebildeten Familie mit Kindern. Adalbert wiederum fand in Ruppi einen Ruhepunkt, einen zuverlässigen Halt und einen stets dankbaren, geduldigen Zuhörer von hoher Sensibilität, wie er sie ihm auf Grund seiner äußeren Erscheinung gar nicht zugetraut hätte. So sprachen sie sich bald schon über alle etwas schwierigeren Lebenssituationen aus: ob es nun um die Beziehungen zu ihren Chefs oder ihren Kollegen ging, um ihr Arbeitsprogramm oder um Mädchen. Aber sie machten auch Ausflüge auf Ruppis Vespa – später wurde es ein VW-Cabriolet – in den Kaiserstuhl oder auf den Schauinsland und Ruppi schloss sich auch den gemeinsamen Kinobesuchen der Psychiatrieassistenten an, in deren Kreis er, durch seine Freundschaft zu Märgen, ohnehin schon halb gehörte.

Und die Mädchen? Bei seinem ersten Faschingsfest in der Klinik flirtete Adalbert mit einer außerhalb solcher Situationen ziemlich unbeweglichen MTA, die Petra hieß und mit einem verheirateten Hamburger Arzt fest befreundet war. An den Sonntagen, an denen der nicht kam, lud sie Adalbert zu einer Tasse Tee ein, in die zwei möblierten Zimmer, die sie mit ihrer Mutter bewohnte, einer sehr großen, kantigen älteren Dame mit grauem Haar und handgewebten Kleidern, die in Adalbert die unrealistische Hoffnung setzte, er werde ihre Tochter aus ihrer unseligen Liebesverstrickung befreien. Aber natürlich wurde daraus nichts.

Das Einzige, was er aus dieser langsam versandenden Geschichte mitnahm, war, dass er mit Petras und ihrer Mutter Zimmern zugleich auch das berühmte Freiburger Hexenhaus kennen lernte, so wurde nämlich das von ihnen bewohnte, etwas verwahrloste Villengebäude in der Stadtstraße 4 genannt, nach seinen zwei älteren Eigentümerinnen, die sich selbst nie an sittenstrenge Moralvorschriften und noch weniger an gesellschaftliche Konventionen gehalten hatten und das auch ihren Mietern nicht abverlangten. Die möblierten Zimmer in diesem Haus, das war stadtbekannt, gehörten deshalb auch zu den wenigen sturmfreien Buden im ansonsten stockkatholischen, bigotten Freiburg, anständige Leute sprachen von dieser Adresse nur unter vorgehaltener Hand. Zwei Kollegen, mit denen er in Hué ein Jahr lang zusammenarbeiten sollte, Raimund Kaufmann und Hans Hölterscheid, würden 1963 dort wohnen. Aber auch Dorothee v. E., eine Assistentin seiner Hannoveraner Klinik, und Benno Müller-Hill, ein Freund, an dem später der Nobelpreis für Chemie oder Medizin haarscharf vorübersegelte, hatten, wie er viel später erfuhr, für eine Weile dieses Haus zu ihrer Heimstatt erkoren. Ja, sogar nach Ruppi hatte eine der beiden Hexen, vergeblich allerdings, irgendwann einmal ihre knochigen Finger ausgestreckt.

4.

Im Frühsommer 1957 wurde Adalbert auf die psychiatrische Frauenstation versetzt, um nach einer kurzen Einarbeitungsfrist auch deren Leitung zu übernehmen. Jetzt waren ihm und den vier Assistenten, die er anleiten musste, über vierzig Patientinnen anvertraut, und nicht Professor Derwort, sondern Professor Faust war dort Oberarzt. Dieser beriet sie nicht, wie Derwort es getan hatte, selbstkritisch und auf Grund einer gelungenen Mischung aus überlegener Fachkenntnis und persönlicher Erfahrung, vielmehr folgte er jedem augenblicklichen Einfall und meinte überall die seltensten Krankheiten zu wittern: manche von ihnen, so die Porphyrie, waren für ihn geradezu zu einer überwertigen Idee geworden. So konnte Adalbert es um seiner Patientinnen willen oft nicht riskieren, seinen Ratschlägen zu folgen – stattdessen musste er versuchen, sie ihn bis zur nächsten Visite durch die Vorstellung neuer interessanter Fälle vergessen zu machen, was ihm meist auch gelang. Wenn Adalbert fachlich überfordert war, holte er sich informell von Derwort Rat, der alle Faust'schen Spleens auf das Genaueste kannte, oder, wenn es sich um neurologische Probleme handelte, bei Professor Hassler, einem später weltbekannten Neuropathologen, der in der Klinik eine Schattenexistenz in einem Kellerlabor führte und dessen Vorlesungsassistent Adalbert wurde.
In den zwei Jahren auf der Frauenstation eignete sich Adalbert das meiste seiner späteren psychiatrischen Fertigkeiten an. Er war fast den ganzen Tag und auch nachts häufig bei den schizophrenen Akutkranken, er verbrachte Stunden in ihren Zellen, versuchte mit ihnen zu sprechen, trank Tee mit ihnen und ging mit einigen von ihnen auch an Wochenenden stundenlang spazieren. Von Gaetano Benedetti und Norman Elrod, damals den Pionieren einer Psychotherapie der Psychosen in Europa – sie kamen auch nach Freiburg,

um Vorträge zu halten –, lernte er Annäherungsweisen an hochgradig erregte Kranke auf dem Höhepunkt ihres Wahns kennen: die Überführung ihrer Aggressivität in sportliches Spiel, die paradoxalisierende Aufblähung ihrer wahnhaften Befürchtungen. Aber er stieg auch in die von apokalyptischen Bildern durchsetzte Welt ein, in der sie lebten, und es gelang ihm auf Grund seiner Meskalinerfahrungen oft auch ihre Sprache zu verstehen und so mit ihnen, wie mit Außerirdischen, Kontakt herzustellen.

Mit einer jungen Schauspielerin, die überall »russischen« Einfluss witterte, in Passanten Spione, in etwas abgelegeneren Häusern NKWD-Gefängnisse, in badischen Polizisten verkleidete sowjetische Soldaten, wanderte er weit außerhalb der Stadt an Bauernhöfen vorüber und forderte sie auf, auch an ihnen etwas Russisches zu entdecken. Als er das selbst schließlich auch bei drei Kühen auf der Wiese tat, fing seine bis dahin noch immer ein bisschen verängstigte junge Patientin zu lachen an: Der Wahn war wie ein Luftballon zerplatzt, er hatte sich buchstäblich in Luft aufgelöst. Nicht überall war er gleichermaßen erfolgreich. Einen Patienten, noch auf der Männerstation, hat er durch seine Überidentifikation mit dessen Weltuntergangswahn wohl noch tiefer in eine lebensbedrohliche katatone Krise hineingetrieben, aber er lernte aus diesem Fehler fast noch mehr als aus seinen Erfolgen, und bei seinen künftigen Kranken passierte ihm so etwas nicht wieder. Was er danach tat, blieb bei einer verständnisvollen Begleitung der Kranken hinein in ihren Wahn, verbunden mit dem Angebot, diesen gemeinsam mit ihnen auch zu verlassen: Es waren Übungen der Grenzüberschreitung in beide Richtungen und noch keine Schizophrenie-Psychotherapien, wie sie in jener Zeit von Benedetti, von Rosen in seiner »direkten Analyse«, von Sechehaye in ihrer »symbolischen Wunscherfüllung« beschrieben wurden. Aber sie blieben nicht völlig wirkungslos, fast alle Patienten, zu denen er während ihrer akuten Krisen für Stunden in die Zelle gegangen war, haben ihm nach ihrer Entlassung noch über Jahre geschrieben, bei keinem von ihnen kam es zu einer malignen Chronifizierung, die sie über Jahre in eine Anstalt gebracht hätte.

5.

Irgendwann im Spätsommer 57 luden Walter Biemel und Kolkmann-Bruck ihn zum zweiten internationalen Symposion der Phänomenologen nach Royaumont ein. Schon beim ersten, im Oktober 1956, war er dabei gewesen, und so kannte er viele der Teilnehmer auch bereits persönlich. Zu den Eingeladenen gehörte diesmal auch Ernst Tugendhat, einer von Melanies Freunden. Auch Hans-Georg Gadamer war gekommen, fast schon 60, also damals für Adalbert furchtbar alt, mit einer erstaunlich jungen Frau, die bei jedem Wort, bei jeder Bewegung Anmut und Intelligenz versprühte. Am engsten freundete er sich bei dieser Tagung mit Johannes Linschoten an, dem Assistenten Buytendijks, des damals bedeutendsten holländischen Psychologen. Linschoten hatte die optische Tiefenwahrnehmung untersucht und sie in einem hohen Maße von ihrem Bedeutungsgehalt abhängig gefunden. Sie spekulierten gemeinsam darüber, wie die Tiefenwahrnehmung von Schizophrenen wohl aussehen müsste, und Adalbert gefiel die unprätentiöse, von jeglichem akademischen Dünkel freie Art, wieder von seinen Forschungen redete, fast wie ein Tischler von seinen in Arbeit befindlichen Möbeln.

Tagsüber kam Régine nach Royaumont gefahren, Adalbert schleuste sie in die Sitzungen ein. Während der Pausen, manchmal auch wenn ein Vortrag zu langweilig wurde, flanierte er mit ihr und Linschoten im Park, und schon am ersten Tag bildeten sie ein unzertrennliches Trio. Aber es gab auch eine Beunruhigung: Wie eine Geistererscheinung war in Dallhoffs Begleitung Leonore im Hintergrund aufgetaucht, und da Juliettes spurloses Verschwinden in Adalberts Gefühlshaushalt eine Leerstelle hinterlassen hatte, besonders schmerzlich spürbar hier, in der unmittelbaren Nachbarschaft von Paris, wünschte er sich zuerst wohl, dass Leonore in diese Lücke wieder einrückte. Da aber war nichts zu machen, sie war höflich, freundlich, blieb jedoch distanziert. Und was für ihn noch erschreckender war: Auch er selbst konnte seine früheren Empfindungen für sie nicht mehr so recht anfachen. Statt sich damit zufrieden zu geben, dass keiner von ihnen darüber unglücklich war, versuchte Adalbert – es war wohl eine Art Horror Vacui – sich in seine alte Leidenschaft für sie hineinzusteigern. Er nahm dazu, nach längerer Zeit zum ersten Mal wieder, eine kräftige Dosis Orthedrine, die mit dem abendlichen Rotwein und Cognac, reichlich genossen und dazu noch von Kolkmann-Bruck spendiert, eine höchst explosive Mischung ergab und vermutlich das seinerzeitige Rivalisieren mit dem Philosophen um Leonore, die trickreiche Eliminierung Adalberts aus dem Rennen und dessen damalige Eifersucht in Form von Wutschüben wieder in das Bewusstsein hob. Jedenfalls muss er irgendwann während einer der ersten Nächte in Royaumont die Kontrolle über sich völlig verloren haben.

Am nächsten Morgen erinnerte er sich nur noch daran, dass irgendetwas Unangenehmes passiert war. Kolkmann-Bruck redete kein Wort mehr mit ihm und erst von Walter Biemel erfuhr er, dass er im Verlaufe einer heftigen philosophischen Diskussion im kleinsten Kreise, in Gegenwart des Ehepaars Gadamer, Leonores und Walters, von Kolkmann-Bruck in einer autoritären und demütigenden Form zurechtgewiesen worden war. Er hätte entgegnet, er sei kein Student mehr, die begonnene Dissertation könne Kolkmann sich an den Hut stecken und ihn im Übrigen ... dem sei dann das Zitat aus dem Götz gefolgt. Natürlich sprach sich die Sache herum. Die Meinungen blieben geteilt, Walter, Linschoten und ein paar andere verteidigten ihn, die meisten hielten sich heraus, viele hatten auch nichts bemerkt, war er doch nur eine Randfigur des Kongresses, nicht viel mehr als ein Zaungast. Adalbert war zwar über sich selbst entsetzt, nicht so sehr ob seiner frechen Entgegnung, sondern weil er die Kontrolle über sich verloren und sich durch Drogen und Alkohol zum ersten Mal in seinem Leben – und es sollte das einzige bleiben – in einen Blackout versetzt hatte. Er nahm sich vor, mit dem Orthedrine radikal Schluss zu machen und hielt diesen Vorsatz auch fürderhin durch – keine weitere Tablette ist je über seine Lippen gekommen.

Andererseits hielt die Wut über Kolkmann-Bruck weiterhin an, ja sie hatte sich, als er von Walter mit dem Sachverhalt konfrontiert worden war, sogar noch gesteigert. Er sann darüber nach, wie er sich rächen könne, und fand auch bald ein wirksames Mittel: Kolkmann-Bruck hatte nämlich angefangen, um Frau Gadamer herumzuscharwenzeln, ganz so wie er es seinerzeit auch bei Leonore getan hatte – aber diesmal gelang es Adalbert, ihn zu verdrängen. Auf ihren Spaziergängen im Park gesellte er sich Frau Gadamer zu und aus irgendwelchen Gründen, vielleicht weil Adalbert weniger tiefgründig und etwas witziger war als sein früherer Lehrer, zog sie bald seine Unterhaltung der von Kolkmann-Bruck vor und sein Rivale kam so gut wie gar nicht mehr an sie heran.

6.

Wieder in Freiburg, dachte er an die Tage in Royaumont wie an einen Alptraum zurück. Alle Brücken zu Kolkmann-Bruck waren nun abgebrochen und mit der Alternative, eines Tages vielleicht doch zur Philosophie überzuwechseln, schien es ebenfalls vorbei. Nachträglich fragt er sich, ob er diesen Konflikt nicht halb absichtlich provoziert hat, weil er mit der Bearbeitung seines philosophischen Dissertationsthemas, des Ekels, überfordert war und nach Wegen zu einem Ausstieg suchte, ohne sich sein Unvermögen eingestehen zu müssen. Er verabredete mit Derwort nach seiner Rückkehr jedenfalls ein psychiatrisches Promotionsthema: eine phänomenologische Analyse der katatonen Krise des Patienten, mit dem er fast in eine folie à deux hineingeschliddert war.
Im darauf folgenden Winter zog er sich für eine Woche nach St. Märgen zurück, in eine Schwarzwaldhütte, die Ruppis damaliger Freundin gehörte. Er wollte dort das erste Kapitel zu Papier bringen, in dem es um die Gesprächsabläufe mit den Kranken ging – am selben Schreibtisch, an dem, der Eigentümerin zufolge, 25 Jahre vorher Husserl öfters gesessen hatte. Durch heftige Schneefälle wurde der Ort gleich nach seiner Ankunft von allen Verkehrsverbindungen abgeschnitten. Adalbert fand sich einige Tage lang mutterseelenallein in einer weißen Wüste vor, niemanden gab es, mit dem er auch nur ein Wort hätte reden können. Paradoxerweise half ihm gerade diese Weltverlassenheit, die Gesprächserfahrungen seiner schizophrenen Patienten besser zu verstehen: die Bedeutungsüberladenheit des Gehörten, die scheppernde Leere der eigenen Rede. Nach einiger Zeit kam er sich, wie im Meskalinrausch, selbst vor wie auf einem Raumschiff, das ins Nichts vorgestoßen war. Zudem hatte er das Gefühl, als würde sein Innerstes immer weiter ausgestülpt, um vermittels der so ausgefahrenen neuen Sinnesoberfläche wenigstens irgendeinen Kontakt herzustellen mit dem, was da draußen vorging.
Als die Busse wieder fuhren, entstieg dem ersten Doddi, eine 19-

jährige Röntgenassistentin, der er unten im Tal erfolglos den Hof gemacht hatte. Ihr Gesicht, ihre Silhouette, ihre Hände – dass sie überhaupt einen Körper, eine Stimme hatte – das alles kam ihm plötzlich völlig absurd und wahnsinnig komisch vor. Ja, die ganze Welt war mit ihrem Erscheinen, mit dem Erscheinen eines anderen Menschen, zu einem einzigen Witz geworden. Doddi konnte seine Lachsalven überhaupt nicht mehr bremsen und auch nicht den Redefluss, mit dem er die metaphysische Komik in Worte kleiden wollte, zu der schon die bloße Präsenz von irgendjemandem geworden war – sie wurde sogar von dieser Komik angesteckt. In der Klinik angekommen, verebbte die Logorrhoe. Aber beim nächsten Mittagessen im Ärztecasino, als er einigen Kollegen die Bodenlosigkeit schizophrener Rede vorführen wollte, erstand stattdessen plötzlich die gespenstische Atmosphäre seiner Schnee-Einsamkeit wieder, die Martin Schrenk, seinen Meskalinschutzengel, der in diesem Augenblick den Raum betrat, zu der Bemerkung veranlasste: »Was ist denn das für eine Wahnstimmung hier?«

7.

Nicht nur an Doddi hatte sich Adalbert während der ersten zweieinhalb Freiburger Jahre heranzumachen versucht. Bei einer etwas naiven MTA durfte er nach ein paar Schoppen Wein auch ihren Busen anfassen, aber bei diesem einzigen Mal blieb es auch. Eine Studentin, Karin, flüsterte ihm nach einer Knutscherei ins Ohr: »Das nächste Mal vielleicht«, aber als er sie eine Woche später anrief, hatte sie schon einen neuen Freund. Selbst an eine blonde Pinup-Schönheit mit tiefblauen Schlafzimmeraugen kam er nicht heran, die allabendlich an der Kinobar im *Astoria* saß und mit der einige seiner Freunde bereits umstandslos ins Bett gegangen waren. Adalbert brachte es nicht einmal fertig, sie anzusprechen und zu einem Glas Wein einzuladen. Schließlich sagte er sich, er sei eben kein Frauentyp, körperlich nicht attraktiv genug, anders als Ruppi, dem alle Mädchenherzen sofort zuflogen. Aber er sah auch keine Frau, in die er sich hätte verlieben, um die er ernsthaft und über längere Zeit hätte werben mögen; nur Mädchen, die ihm gefielen und mit denen er gleich ins Bett gehen wollte – und das eben brachte er bei keiner zustande.

Die Einzige, bei der sein Inneres dann doch in Bewegung geriet, war Dorle. Dorle war Ruppis neue Freundin und von Ruppi wusste er auch alle Einzelheiten darüber, wie er sie kennen gelernt hatte, als seine Studentin im Histologiekurs nämlich. Danach waren sie ein paar Wochen miteinander spazieren gegangen und schließlich eines Tages auch auf seiner Bude gelandet, wo sie miteinander schliefen, sie überhaupt zum ersten Mal mit einem Mann. Ruppi war wie verzaubert, er schwebte wie auf Wolkenschuhen einher, federleicht, so als hätte er mindestens die Hälfte seines beachtlichen Gewichtes irgendwo stehen gelassen. Dorle war das Zauberwesen schlechthin, die Schönste, Lustigste, Geistreichste, Liebste. Natürlich, sagte er, hätte er sich gleich schon mit ihr verlobt, heimlich, sie sei noch nicht 21 und ihr Vater, streng katholisch und Fabrikdirektor in Essen, dürfe vorläufig nichts von der Sache wissen.

Dorle und Adalbert in Freiburg, 1958

Adalbert nahm das zunächst für eine von Ruppis Schwärmereien, er kannte die Neigung seines Freundes, sich schnell begeistern zu lassen, aber als er selbst Dorle zu sehen bekam, erlag auch er auf den ersten Blick ihrem Zauber. Das lag nicht allein daran, dass Dorle sehr hübsch war – das war sie wirklich, aber sie versuchte es eher zu verbergen, sie schminkte sich nicht, trug weitfallende Pullis, ihr kurzes Haar blieb meist ungekämmt. Es lag auch nicht allein an ihrer Herzlichkeit: Sie fiel Adalbert gleich um den Hals und küsste ihn auf die Wangen, eine damals in der BRD nicht allzu übliche Begrüßungsform. Nein, es war vielmehr ihre Bereitschaft, alles, was sie zu sehen bekam, gleich auch zu lieben, eine Bereitschaft, die aus ihren Augenwinkeln, aus ihrem Lächeln, aus ihrer Stimme, aus ihren Bewegungen sprach, aus allem, was sie sagte und tat. Das machte ihr einfach Freude, ja einen kindlichen Spaß, aber es hatte natürlich auch eine Kehrseite, denn jeder, dem sie so etwas von ihrer Liebe schenkte, kam sich als der einzig Erwählte vor, und das konnte für sie nur in Verstörung enden.

Zunächst bemühte sich Adalbert nur darum, ihr ein verständnisvoller Freund zu sein, denn sie gehörte zu Ruppi, ja sie war sogar seine heimliche Verlobte. Aber schon von Anfang an konnte er den Gedanken nicht völlig verscheuchen, dass sie eigentlich viel besser zu ihm selbst passen würde. Dieser Gedanke wurde immer unabweisbarer, als sie häufiger auch ohne Ruppi in seinem kleinen Appartement auftauchte. Als sie fast täglich Tee miteinander tranken; als sie ihre Kindheitserinnerungen austauschten, unter denen Karl May einen gewichtigen Platz einnahm; als sie blödelten, wie er es mit niemandem besser fertig gebracht hatte, Dorles Einfälle waren dabei schier unerschöpflich – da meinten sie irgendwann einen Gleichklang der Seelen festzustellen, den sie bisher mit niemand anderem in der gleichen Vollkommenheit geteilt hatten. Wenn einer von ihnen ein Wort sagte, lag es dem anderen schon auf der Zunge, wenn einer auf etwas hinzeigte, hatte der andere es gerade auch schon gesehen, wenn einer etwas herbeiwünschte, war es genau das, was auch der Sehnsucht des anderen entsprang. Aber da war immer noch Ruppi, mit dem Dorle nicht nur verlobt war, sondern auch ab und zu schlief. Sie versuchten, Dorles Liebesbeziehung zu Ruppi auszuklammern aus ihrer verwunschenen Welt, was ihnen aber nur selten gelang, denn dazu sahen sie sich zu oft auch zu dritt. Wenn sie allein waren, wünschte Adalbert sich ihre Hände, damit sie ihn streichelte, ihre Wangen, um die seinen an ihnen zu reiben, manchmal auch ihren Mund für einen lustigen, vielleicht sogar etwas kecken Kuss. Das alles bekam er auch von ihr – aber mit ihr jetzt schon zu schlafen, das kam ihm nicht in den Sinn. Wenn sie ein Paar würden, und ein solcher Zukunftswunsch begann ihn, trotz Ruppi, doch schon zu verfolgen, dann würde sich das eines Tages ganz von allein ergeben.

Einmal, als sie an einem der Herbsttage, die Freiburg in grauen, feuchtkalten Nebel tauchten, zu dritt in Ruppis VW-Cabriolet auf einen der benachbarten Berge gefahren waren, wo es plötzlich sommerlich warm wurde, wo die laue Luft sich zwischen ihre Kleidung und ihre Haut schob und ein weißer Wolkenteppich wie ein von Frau Holle ausgeschütteltes Federbett unter ihnen lag, nahm Dorle ihn an der Hand und flüsterte ihm ins Ohr: »Komm, wir springen« – nicht in den Tod, jede Tragik lag ihr vollkommen fern, nein, in ein Märchen hinein, in dem sie sich, in der Schwebe zwischen Himmel und Erde, für einen Augenblick lieben könnten, ohne sich selbst oder irgendjemand anderem wehzutun.
Auch danach besuchte Dorle ihn weiterhin häufig. Wenn er von der Station in seine Wohnung zurückkam, fand er Tag um Tag ihre Spuren vor: versteckte Zettelchen mit Zeichnungen, kleinen Späßen und schriftlich vergebenen Küsschen, einen Blumenstrauß, ein Bonbon, aber auch kürzere oder längere Briefe, mal mit der Hand, mal mit seiner klapperigen Schreibmaschine geschrieben, auch schon mal mit scherzhaft erotischen Anspielungen. Zweimal lag, namentlich an ihn adressiert, eine herausgerissene Schulheftseite mit Brassens Chanson *J'ai croqué dans son corsage/les fruits défendus* … in seinen Pantoffeln – aber in einer Kinderhandschrift, »mit links«, wie sie selbst hinzugefügt hatte, so wie ihre Liebesbeweise überhaupt immer mehr zu denen eines Kindes, eines kleinen, sechs-, acht-, höchstens zehnjährigen Mädchens wurden.
Eines Tages, vielleicht war es auch schon zu ihrem Abschied, schenkte sie ihm einen zerfledderten Old-Surehand-Band mit der krakeligen Schrift ihres Namens auf der ersten Einbandseite, das kostbarste Stück ihrer Erinnerungen, wie sie ihm sagte – und wenn Adalbert heute die paar ihrer Zettelchen, die er aufbewahrt hat, wieder liest, so erkennt er, dass diese Kindlichkeit wohl das Reich war, in das sie ihre Liebe zu ihm zu retten und so vielleicht auch mit der zu Ruppi vereinbar zu machen versuchte. Sie muss in dieser Zeit ziemlich ratlos gewesen sein.
Schließlich verfiel sie auf den Ausweg, ihre um ein Jahr jüngere Schwester Irmchen mit Adalbert zusammenzubringen. Wollte sie ihm mit ihr eine Art Liebesgeschenk machen, sie ihm an ihrer statt anbieten, wo sie selbst sie beide, Ruppi und ihn, schon nicht gleichzeitig lieben konnte? Oder wollte sie nur, dass Irmchen, sportlich und wirklichkeitsverliebt, anders als sie mit beiden Beinen fest auf

der Erde, Adalbert und sie aus ihren Träumen aufschreckte und ihnen unverblümt sagte, wie es mit ihnen in dieser verfahrenen Lage weitergehen sollte? Adalbert hatte Ruppi gegenüber ein schlechtes Gewissen, er wusste, wenn Dorle das wollte, so würde er nicht zögern, sie ihm tatsächlich auszuspannen. Gleichzeitig war er, auf eine merkwürdig abstrakte Weise, auf ihn aber auch eifersüchtig.

So ging es ein knappes halbes Jahr, bis die ganze Geschichte plötzlich aufflog: Dorles Vater hatte während der Semesterferien in ihrem Kalender Notizen über ihre Nachmittagsbesuche bei Ruppi gefunden und ließ sie nur noch zum Packen ihrer Sachen nach Freiburg zurück. Sie selbst schien erleichtert darüber, dass das väterliche Machtwort sie aus einer immer unerträglicher werdenden Gefühlssackgasse befreit hatte – jedenfalls traf sie keinerlei Anstalten, das ergangene Verbot zu umgehen. Mit Adalbert wechselte sie über zwei Jahre hinweg noch einige Briefe. Im letzten, vom Sommer 1960, lag eine mit einem winzigen blauen Schleifchen umbundene Locke ihres inzwischen hellbraun getönten Haars – und die kurze Mitteilung, sie hätte endlich auch wieder eine »furchtbar nette neue Flamme« gefunden.

8.

Nachdem Dorle Freiburg verlassen hatte, rückten die Stationsarbeit und die Dissertation wieder stärker in Adalberts Lebensmittelpunkt. In der Klinik fand sich eine Gruppe von Assistenten zusammen, die sich gegenseitig über den Stand ihrer wissenschaftlichen Arbeiten auf dem Laufenden hielten. Sie trafen sich allmonatlich in einem der zahlreichen Kellerräume, was ihnen den Namen »Kellerkolloquium« eintrug. Professoren und Oberärzten war dieser Kreis verschlossen, nur auf ausdrücklichen Wunsch des gerade vortragenden Kolloquiumsmitgliedes wurde ausnahmsweise einer von ihnen als Zuhörer akzeptiert: eine Regelung, die dazu dienen sollte, die Ungezwungenheit der Diskussionen zu gewährleisten. Wolfgang Blankenburg, damals noch in Heidelberg an der Plügge'schen Klinik tätig, stieß zu den halbjährlichen Wochenendsitzungen des Kreises dazu, die in Märgen Stielers Schwarzwaldhütte, mal im Schnee, mal in der Julihitze, stattfanden – er hatte eine von Adalbert bewunderte daseinsanalytische Studie über einen 70-jährigen chronischen Schizophrenen geschrieben. Blankenburg brachte zwei weitere Assistenten Plügges zu diesen Treffen mit. Meist ging es dabei darum, Viktor von Weizsäckers Gestaltkreisprinzip, die »Einheit von Wahrnehmen und Bewegen«, auch für die Psychopathologie der Psychosen fruchtbar zu machen – bislang hatte es sich nur im Bereich der neurologischen Erkrankungen, der psychosomatischen Medizin und der Neurosen bewährt. Die entspannte, kooperative Atmosphäre dieser Zusammenkünfte hat sie damals alle beflügelt. Wenn einer von ihnen etwas vortrug, löste er eine Sturzflut kreativer Einfälle bei allen anderen aus, die Kritik beschränkte sich auf Einzelheiten, sie war von gegenseitigem Respekt und Wohlwollen getragen, jeder setzte voraus, dass der andere einem auch wirklich etwas zu sagen hatte.

Bevor Wolfgang Blankenburg 1959 oder 1960 von Heidelberg zur Freiburger Klinik überwechselte, brachte er ihr »Kellerkolloquium« auch noch mit dem »Rhein-Main-Club« zusammen, eine Gruppe von Assistenten an den Heidelberger, Frankfurter und Mainzer Kliniken: Kisker, Häfner und Tellenbach gehörten dazu, Bräutigam, Kulenkampf, Bosch und Janzarik.

Vor Adalberts Abreise nach Vietnam kam es noch zu ein oder zwei solchen gemeinsamen Treffen. So war ein lockeres Netz der über ganz Südwestdeutschland verstreuten phänomenologisch arbeitenden jüngeren Wissenschaftler entstanden, die im Laufe der Jahre fast alle zu Leitern von psychiatrischen Hochschuleinrichtungen aufstiegen.

9.

Adalbert war auch während seiner Freiburger Jahre oft in Paris. Régine traf er dort jedes Mal. Sie war inzwischen mit Jacques Garai befreundet, ihrem »letzten Geliebten«, wie sie ihn mit einem leicht ironischen, aber auch etwas melancholischen Unterton Adalbert vorstellte. Garai war Journalist der *Paris Presse*, seiner Familie gehörte eines der bekanntesten französischen Frauenmagazine. Sehr soigniert, auf diskrete Art gut aussehend, wenngleich etwas blässlich und schmalbrüstig, war er Adalbert von Anfang an wohlgesonnen, er bewunderte ihn wohl auch etwas ob seiner Ausflüge in ein Leben außerhalb der bürgerlichen Konventionen, in ein Leben, in dem die Dramaturgie des Traumes regierte statt derjenigen der Rentabilität und der bürokratisch wohlgeordneten Ablagen. Und Adalbert fragte sich, ob Jacques an Régine nicht auch deshalb hängen geblieben war, weil auch sie solche Ausflüge unternommen hatte und unversehrt aus ihnen heimgekehrt war. Fünf Jahre später, als Adalbert in Hué Augenzeuge der Ermordung von buddhistischen Kindern durch Sondereinheiten des von den USA ins Amt gebrachten Präsidenten Ngo Dinh Diem geworden war und in Europa über die Unterdrückung der Buddhisten berichten wollte, stellte Jacques ihm die Spalten der damals von ihm geleiteten Wochenzeitung *Candide* zur Verfügung und sorgte auch dafür, dass der Londoner *Observer* diesen Artikel übernahm. Aber Juliette fehlte in diesem Paris und Dagi war tot: zu viele Lücken, die Adalbert nicht aufzufüllen vermochte. Als er Pfingsten 1958 nach Paris kam, wohnte er wieder bei Robert in Pantin. Der und André hatten sich inzwischen mit einem aus Polen zu Besuch weilenden »naiven« Maler angefreundet. An einem Sonntagvormittag picknickten sie alle zusammen in einem Pariser Vorort im Park eines der polnischen Botschaft gehörigen Villenkomplexes, hinter hohen Mauern, unter noch höheren Bäumen auf einem ungemähten Rasen wie im *Déjeuner sur l'herbe*. Dorthin, ins Freie, hatte man sie widerwillig eingelassen – aber das Gebäude, das der Künstler bewohnte, blieb ihnen verschlossen, sie konnten dort noch nicht einmal ihre Notdurft verrichten. Und dennoch: Dass sie überhaupt hineindurften in dieses, einem sozialistischen Staat gehörige exterritoriale Gelände mit diplomatischem Status war schon ein untrügliches Zeichen des beginnenden Tauwetters. Am Ende dieses Pfingstbesuchs erstarrte die ganze Stadt in Angst und Schrecken. Der Algerien-Krieg ging in sein viertes Jahr, er wurde von beiden Seiten mit wachsender Brutalität und Erbitterung geführt. Die Enthüllungen der Presse über systematische Folter aller algerischen Gefangenen, ja aller Verdächtigen durch französische Spezialeinheiten der »psychologischen Kriegsführung« hatten die Generale und die Finanzgewaltigen der Kolonie in Rage gebracht, aufständische Fallschirmjäger waren auf Korsika gelandet, um den Rücktritt der Regierung und die Einsetzung eines »nationalen Wohlfahrtskomitees« mit diktatorischen Vollmachten zu erzwingen. Die Gewerkschaften hatten daraufhin mit Generalstreik gedroht, die Grenzen wurden gesperrt, kein Flugzeug, kein Zug verließ mehr Paris. Robert meinte, irgendwo müssten doch Freiwillige gesucht werden, die sich einer solchen faschistischen Machtübernahme entgegenstellen wollten, und André schlug vor, bei der Kommunistischen Partei nachzufragen. Von der aber kam die Antwort, entweder die »Paras« blufften nur und wagten den Angriff auf die Metropole doch nicht, dann bräuchte man keine Freiwilligen mehr, oder aber sie kämen schon in den nächsten 48 Stunden, dann sei die Zeit viel zu kurz, um Waffen an Unausgebildete zu verteilen und denen ihren Gebrauch zu erklären. Gottlob erwies sich die erste Alternative als zutreffend. De Gaulle stellte sich als Retter der Nation zur Verfügung, jedoch nur im Rahmen der republikanischen Institutionen: Er wurde vom Parlament zum Regierungschef mit Sondervollmachten für ein halbes Jahr bestellt, die Paras, deren Gesicht gewahrt blieb, zogen sich straflos wieder nach Algier zurück, de Gaulle bekam eine auf ihn zugeschnittene Präsidialverfassung. Die fünfte Republik war damit geboren, aber der Algerien-Krieg zog sich noch über vier weitere Jahre hin – so lange brauchte die öffentliche Meinung in Frankreich, aber wahrscheinlich auch der General selbst, um einzusehen, dass das algerische Kernstück des kolonialen Imperiums verloren und das koloniale System ohnehin nicht mehr zu halten war.

Und dann geistert noch ein neues Gesicht durch jene Pariser Tage, wie ein Irrlicht taucht es auf und verschwindet wieder: Claude, eine 19- oder 20-jährige Malerin, die eine »Chambre de bonne« in der Rue des Beaux Arts bewohnte, dunkelhaarig, pagenköpfig, den schwarzen Pullover immer voller Farbspuren. Eine Zeitlang nahm sie in Adalberts Gefühlshaushalt den von Dagi verlassenen Platz ein. Warmherzig war sie und freundschaftlich, aber anders als Dagi vollkommen unzuverlässig. Von drei Verabredungen hielt sie vielleicht eine ein, ihre Zeitplanung richtete sich lediglich nach ihren momentanen Empfindungen, fühlte sie sich irgendwo wohl, traf sie jemanden, der sie zu interessieren vermochte, so blieb sie mit ihm, wo sie gerade war, und ließ das nächste Rendezvous einfach platzen. Adalbert hatte davon selbst schon profitiert: Statt der Stunde Zeit, die sie ihm zugebilligt hatte, war sie öfter den ganzen Tag mit ihm zusammengeblieben. Aber das hatte eben auch die Kehrseite, dass sie manchmal überhaupt nicht kam, auch wenn sie ihm deshalb im Nachhinein seitenlange Entschuldigungsbriefe schrieb.

Adalbert hatte sich oft mehr gewünscht, keine Verbindung auf Dauer zwar, das schien irgendwie nicht zu ihr zu passen, aber doch eine Bohème-Liebe in kahlen Mansardenzimmern, in die sie nach stundenlangen Spaziergängen verfroren zurückkehren würden. Das jedoch ergab sich nie, und wenn er jetzt ihre Briefe liest, wird ihm klar, wohl deshalb nicht, weil sie damals eine Weile unglücklich in Michel verliebt war. So redeten sie viel über Kunst, liefen Hand in Hand durch die Galerien von St. Germain, und Künstler wie Wols, Viera de Silva, Nicolas de Stael hat er durch sie lieben gelernt. Aber sie verstand sich auch darauf, kleinen, alltäglichen Dingen Schönheit abzugewinnen, ein paar in der Gosse liegen gebliebenen Blumen, einem Gemüsemarkt, eine Straße, die auf den Namen »Impasse des deux Anges« hörte – und trotz ihrer Unzuverlässigkeit blieb sie, bis er Juliette wiedertraf, in Paris für seine Sehnsüchte der festeste Halt. Als sie ihm eines Tages erzählte, endlich ihr Glück in einem alten Freund gefunden zu haben, schenkte er ihr den schwarzen Stein, den er 1954 am Viaser Strand durchbohrt und seither als meist unter dem Hemd versteckten Halsschmuck getragen hatte, und er schrieb dazu auch noch ein kurzes, ihr gewidmetes Gedicht:

»Nur ein schwarzer Stein aus Vias
Lippen die Vater und Mutter spielen
Mit uns ihren Puppen
Und Augen wie Glühwürmchen
Im Urwald von St. Germain des Près«

10.

Adalberts Aufsatz *Der Hypochonder und sein Leib* war mit fast zweijähriger Verspätung 1958 endlich doch im *Nervenarzt* erschienen und die Vereinigung Südwestdeutscher Psychiater hatte ihren Baden-Badener Pfingstkongress 1959, den in diesem Jahr Ruffin ausrichtete, unter das gleiche Leitthema gestellt. Adalbert wurde zu einem Vortrag aufgefordert. Aber nicht allein der brachte ihn ins Gespräch, sondern vielmehr der Umstand, dass fast alle Kongressredner seine kurz vorher veröffentlichte Arbeit lobend zitierten – Heinz Häfner, der spätere Papst der psychiatrischen Epidemiologie in der BRD, damals noch Heidelberger Psychiatrieassistent, sagte sogar, durch sie sei ein lange Zeit in Dornröschenschlaf gefallenes Thema aus existenzial-phänomenologischer Sicht neu aufgearbeitet wieder in den Mittelpunkt der Aufmerksamkeit getreten. Erstaunt stellte Adalbert nach dieser Sitzung fest, dass er sich in der psychiatrischen Fachwelt bereits einen Namen gemacht hatte. Mit Derwort, Märgen Stieler, Martin Schrenk – wer sonst noch dabei war, weiß er nicht mehr – leisteten sie sich, um das zu feiern, ein Mittagessen in »Brenners Parkhotel«, dem renommiertesten Haus am Platze, und abends riskierte Adalbert im Spielcasino beim Roulette 20 DM, die sich im Nu auf 100 vermehrten. Im Foyer diskutierte er mit Dieter Janz, ein Jahrzehnt später einer der bekanntesten Epileptologen, über Heideggers Kehre, und auf der Toilette – sie pinkelten nebeneinander – machte sich Hemmo Müller Suur, ein vogelköpfiger, sehr scharfsinniger Psychopathologe über des jungen Autors pathetische Redeweise ein wenig lustig – völlig zurecht, wie Adalbert heute einräumen muss. An diesem Tag wurde er jedenfalls in den engeren Kreis der deutschen Hochschulpsychiatrie aufgenommen, als einer ihrer hoffnungsvolleren Nachwuchswissenschaftler.

So ergab es sich auch fast schon von selbst, dass Ruffin ihn noch im Kongressjahr als seinen Vertreter zum ersten Treffen deutsch- und französischsprachiger Psychiater nach Bonneval entsandte, wo er Henri Ey wiedertraf und Bekanntschaft mit fast allen damaligen französischen, schweizerischen und österreichischen Psychiatriegrößen und -hoffnungen jener Jahre schließen konnte. Von Jacques Lacan, der ebenfalls dort erschien, bekam er allerdings nur einen Theaterauftritt zu sehen: Er kam in einem Sportwagen knatternd vor das Gebäude gefahren, in welchem die Vorträge stattfanden, stolzierte auf das Rednerpult zu, das sofort für ihn freigemacht wurde, redete eine halbe Stunde, enteilte, ohne den Dank des Vorsitzenden der Séance entgegenzunehmen durch das Spalier der ihm entgeistert zugewandten Zuhörer und fuhr davon. Zum ersten Mal sah Adalbert, dass es auch in seinem Fach berühmten Männern mehr auf die Inszenierung des eigenen Auftrittes als auf das Verständnis ihrer Thesen ankommen konnte.

11.

Mit Adalberts Dissertation ging es trotz seiner wissenschaftlichen Erfolge nur schleppend voran. Er steckte irgendwo im zweiten Kapitel fest, dort, wo er hatte beschreiben und begrifflich klären wollen, wie sein katatoner Patient Alltagsgegenstände wahrnimmt und handhabt, welche Mühen er damit hat, eine Teekanne lediglich als eine Teekanne zu akzeptieren, wie er sie anfasst, wie er sich daraus einschenkt und den Tee schließlich trinkt. Dass die Verschränkung von Bedeutungswahrnehmung und wunschgesteuerter Bewegung in der Psychose auseinander fällt war seine wichtigste These, mit der er auch den Anschluss an die Gestaltkreislehre Viktor von Weizsäckers hergestellt hatte. In seinem Kopf, so meinte er, war das schon seit langem klar. Aber wenn er es in Worte fassen wollte, liefen ihm die Sätze, als seien sie selbst verrückt geworden, in verschiedene Richtungen davon, sie schlüpften ihm durch die Finger, sodass er nichts Verständliches aufs Papier brachte. Er schob das zunächst darauf, dass die Abendstunden, ja sogar die freien Sonntage zu kurz waren, um in einer solch schwierigen Materie einen Durchbruch zu erzielen, und so kam er auf den Gedanken, für ein paar Wochen zu Ivy nach Wiehl zu fahren.

Ivy bewohnte dort seit Mitte 57 ein kleines Häuschen, es war kurz nach dem Tode von Heinz fertig geworden. Ein halbes Jahr später hatte sie sich mit einem am Wiehler Amtsgericht tätigen Rechtsreferendar, Dieter Dachs, liiert, der bei ihr als Untermieter einquartiert war, und 1963 haben sie ungeachtet ihres Altersunterschiedes – er war elf Jahre jünger als sie – geheiratet. Mit Dieter verstand sich Adalbert auf Anhieb, schon von Anfang an wies ihre Freundschaft weit über ihre späteren schwägerlichen Bande hinaus. Fast jeden Abend diskutierten sie stundenlang miteinander, auch noch als Ivy, von der Hausarbeit todmüde, schon längst zu Bett gegangen und in tiefen Schlaf gesunken war. Oft waren sie dabei ganz verschiedener Meinung. Dieter kam aus einer streng katholischen Familie, er hatte seine Glaubensüberzeugungen nie aufgegeben, sie wohl auch nie ernstlich in Frage gestellt, während Adalbert schon seit fast zwei Jahrzehnten, seit dem Tod seiner Mutter, nicht nur seinen Glauben verloren hatte, sondern allmählich auch auf seine Ungläubigkeit stolz geworden war – sie war mittlerweile ein Teil seiner selbst. Er plädierte in ihren Debatten für eine völlige Frei-

heit der Kunst und der Wissenschaft, aber auch der persönlichen Lebensgestaltung, die Sexualität, soweit niemand dadurch beeinträchtigt wurde, natürlich mit einbegriffen, wohingegen Dieter manche Begrenzungen doch für gerechtfertigt hielt.
Auf dem politischen Feld lagen zwischen ihnen noch tiefere Gräben. Adalbert war, seit Chruschtschow und dem Moskauer Tauwetter nach Stalins Tod, für eine Friedens- und Neutralitätspolitik Deutschlands und ganz Europas, während Dieter diesem Frieden und den Kommunisten nicht traute und zur Fortsetzung des Bündnisses mit der USA und zur deutschen Wiederbewaffnung keinerlei Alternative sah. Aber sie konnten über die meisten dieser Themen dennoch miteinander reden, ja sogar in Hitze geraten, ohne dabei einen persönlichen Streit vom Zaune zu brechen. Und was vielleicht genauso wichtig war: Sie lernten es auch, eine Diskussion im richtigen Moment abzubrechen und bestimmte Themen zu meiden, wenn die Gefahr, sich gegenseitig zu verletzen, zu groß geworden war – eine Strategie, auf die sie im Verlauf der Jahre immer häufiger verzichten konnten, weil sie beide immer mehr Bereitschaft dazu zeigten, auch ihre eigene Meinung in Frage zu stellen. Und so blieb es auch, als Dieter aktiv bei der CDU und hoher Beamter, Direktor des »Landschaftsverbandes Rheinland«, geworden war und Adalbert einer der Repräsentanten der antiimperialistischen Bewegung in der BRD.

12.

Adalbert brachte in Wiehl sein zweites Kapitel rasch zu Ende. Aber der Text blieb trotz aller Formulierungsbemühungen spröde und abweisend, man konnte sich in ihn nicht hineinfallen lassen – wollte man ihn lesen, so eckte man ständig irgendwo an, nicht nur dort, wo der Inhalt dies unausweichlich oder gar wünschenswert machte. Um über seine Unzufriedenheit hinwegzukommen, fuhr er irgendwann in jenem Sommer von Wiehl aus nach Köln zu Wolfgang Schmitt, seinem Freund aus der Kerpener Straße, der inzwischen promoviert hatte und an einem Abendgymnasium der Gewerkschaften Deutsch und Geschichte unterrichtete. Abends durchstreiften sie die Kölner Altstadtkneipen, meist unterhielten sie sich über Literatur. Aber natürlich waren auch Mädchen ein

Thema. Adalbert vertraute seinem Freund seine Misserfolgsserie in Freiburg an, und dieser erzählte ihm, wohl um ihn etwas aufzuheitern, von seinem abgerichteten Dackel, der auf einen Wink seines Herren schönen Damen mit den Pfoten an die Strümpfe ging, was diesem Gelegenheit zu tausend Entschuldigungen und dem Vorschlag gab, den Schaden bei einem Glas Wein in der nächsten Kneipe zu besichtigen und dann auch zu begleichen.

Wenn Adalbert an Wolfgangs Wohnung zurückdenkt, so hat er noch heute die Chansons von Georges Brassens im Ohr, aber auch den damaligen Modeschlager *Petite Fleur,* und ein Jürgen Becker, damals ein Protegé Wolfgangs, tritt aus dem Nebel: ein Poet, der Worte auf großen Bogen Zeichenpapier verstreute, man konnte sie in allen Richtungen miteinander verbinden, aber auch jedes für sich wie ein Miniaturbild betrachten – von weitem gesehen ergab sich daraus ein kartografisches Muster, so etwas wie eine Buchstaben-, Wort- oder Satzlandschaft. Adalbert kaufte dem Dichter eines seiner Werke ab, das eine Sammlung loser Blätter, Grafik und Dichtung zugleich, war. Damals wusste er noch nicht, dass dreißig Jahre zuvor die Surrealisten ganz ähnliche Versuche gemacht hatten. Und dann gab es im selben Haus noch Elisha, mit dessen Mutter Wolfgang freundschaftlich verbunden war, ein 17-jähriges israelisches Wunderkind, das ebenfalls, auf Französisch allerdings, Jacques Prevert nachempfundene Gedichte produzierte, aber dazu auch noch komponierte. Elisha bereitete sich auf ein Leben im Kibbuz vor, im einzig wahren Sozialismus, wie er erklärte, weil die Vergesellschaftung dort auf keinerlei Zwang beruhe.

Jedes Mal wenn Adalbert mit seiner Arbeit in einer Sackgasse steckte und die Lust zum Weitermachen verlor, setzte er sich in den Bus und nistete sich für zwei Tage bei Wolfgang ein. Irgendwann erzählte Adalbert seinem Freund auch von seinen ihm unlösbar erscheinenden Formulierungsproblemen. Wolfgang las den Text, verlangte Adalbert bei jedem neuen Begriff eine allgemein verständliche Definition ab, ja er half ihm oft auch dabei, eine solche zu finden. Aber was noch wichtiger war, er zeigte ihm, wie man einen Satz bildet, welche Konjunktionen, welche Tempora man wo am besten verwendet, wie man die Sätze dann gewichtet, die Satzteile im Gleichgewicht hält und zugleich vermeidet, dass sie stottern oder an irgendeiner Stelle aus den Latschen kippen. Nachdem sie zehn oder fünfzehn Seiten so durchgegangen waren, hatte

Adalbert es begriffen – für den Rest des Kapitels und auch für spätere Texte brauchte er die Hilfe seines Freundes fortan nicht mehr.
Die Freundschaft zu Wolfgang gehörte zu den wenigen Beziehungen in Adalberts Leben, in denen eine völlige Ausgewogenheit herrschte. Keiner von ihnen beiden kam sich bedeutender als der andere vor, keiner bildete sich ein, kreativer, klüger, sensibler zu sein, es gab auch keinerlei Machtspiele zwischen ihnen. Jeder von ihnen fand Vergnügen daran, dem anderen zuzuhören, aber auch daran, ihm etwas zu erzählen, jeder meinte von dem, was der andere zu sagen hatte, profitieren zu können. Auch was Frauen anging, war keine Rivalität im Spiel: manche neigten eben mehr Wolfgang, manche mehr Adalbert zu. So lernte Adalbert dies alles, wie sein Freund es seit jeher tat, als völlig normal zu betrachten. Als Wolfgang 1960 Professor an der Universität Barcelona wurde, hat Adalbert ihn dort fast alljährlich besucht, und Anfang der achtziger Jahre, als sein Freund an Krebs erkrankte, kam der für eine Woche nach Hannover, um sich in der MHH untersuchen zu lassen. Aber er ahnte schon, dass es für eine Therapie wahrscheinlich zu spät war, und war wohl eher zum Abschiednehmen gekommen. Als Geschenk ließ er den Hannuka-Leuchter seines in Hannover verstorbenen jüdischen Onkels bei ihnen zurück, der seither in der Vorweihnachtszeit auch zu seinem Gedenken an sieben Tagen des Jahres angezündet wird.

13.

Seit seiner Ankunft in Freiburg hatte Adalbert natürlich auch seinen Onkel Wolja Blacher und Tante Emmi besucht, zunächst in größeren, später in immer kürzeren Abständen. Irgendwann 1959 wurde Onkel Wolja aber rasch hinfällig: nicht geistig, seine wache, skeptische Intelligenz, sein untrügliches Gedächtnis, seine typisch Blacher'sche Selbstironie blieben ihm bis an sein Lebensende erhalten. Aber er zeigte sich immer häufiger erschöpft und müde, wollte nicht mehr aus dem Haus, hustete immer stärker, aß kaum noch und bekam schließlich Fieber. Als dieses nach drei- oder viertägiger antibiotischer Behandlung, der Hausarzt hatte sie verordnet, nicht wich, vermittelte Adalbert eine Untersuchung in der

Universitätspoliklinik und begleitete seinen Onkel auch im Krankenwagen dorthin. Auf der Röntgenliege, unmittelbar nachdem die Aufnahmen gemacht waren, hörte der alte Mann in seinen Armen zu atmen auf und das Herz stand still. Die ersten Wiederbelebungsversuche blieben erfolglos und der Anästhesist stellte sie, als die Röntgenaufnahmen entwickelt waren und in den Lungen eine Unzahl von Krebsmetastasen zeigten, auch nach wenigen Minuten ganz ein.

Nach seiner Mutter und seinem Vater war dies der dritte Tod in seiner Verwandtschaft, bei dem er zugegen gewesen war. Adalbert weiß nicht mehr, wie er bei der Rückkehr in ihr Haus Tante Emmi gegenübergetreten ist. Der Tod machte ihn, wie jedes Mal, wenn er ihm begegnete, völlig hilflos. Er fand keine passenden Worte dafür, alle Beileidsäußerungen blieben ihm im Halse stecken und wurden dann, deformiert und voller Unsicherheit, wie eine falsche Antwort auf eine Examensfrage, aus seiner Kehle herausgepresst. Schließlich muss er wohl irgendwelche Banalitäten fallen gelassen haben, wie dass dieser plötzliche Tod Onkel Wolja sonst unvermeidliche Leiden und Ängste erspart habe.

14.

Im Spätsommer 59 war Adalbert wieder in Paris und auf einem seiner einsamen Spaziergänge stand er mitten auf dem Boulevard St. Germain auf einmal Juliette gegenüber. Sie war aus New York zurück, hatte bei irgendeinem kleineren Pariser Verlag eine Anstellung gefunden und zeigte sich gar nicht so erstaunt wie er über die Hand des Zufalls, die sie nun schon zum dritten Mal zusammengeführt hatte. Sie ließ auch erkennen, wie sehr sie sich darüber freute, ihn wiederzusehen, und suchte, wie er selbst es bei ihr schon immer getan hatte, nun auch seine Nähe. Aber gleichzeitig erfuhr Adalbert von ihr, dass sie seit ihren New Yorker Tagen einen ständigen Liebhaber hatte, einen erheblich älteren Geschäftsmann, den Finanzchef von Pechinay. Sie glaube, dass sie ihn liebe, sagte sie, aber er sei verheiratet und habe noch minderjährige Kinder, sodass sie immer nur auf Abruf mit ihm zusammensein könne. In ihrem Blick lag dabei ein Schatten von Resignation, den er an ihr bisher nie zu Gesicht bekommen hatte. Das war nicht mehr das junge

Mädchen, dessen Schönheit und Charme alle zu Füßen lagen, sondern eine junge Frau, die erfahren hatte, dass auch ihrer Anziehungskraft Grenzen gesetzt waren und Liebe auch mit Leiden einhergehen konnte.
Dies nun mit ihm geteilte Wissen gab ihrer Freundschaft einen tragfähigeren Grund, es legte sich wie eine Patina auf alles andere, was er an ihr geliebt hatte: auf ihre Sensibilität für Atmosphärisches, auf ihren Freiheitssinn, auf ihr sicheres Urteil für Qualität, auf ihre Fähigkeit, ihre Kindheiten wieder heraufzubeschwören. Irgendwie war er Pierre, ihrem neuen Freund, sogar dankbar dafür, dass er ihr zu einer solchen Erfahrung verholfen, sie damit reifer und ihre Schönheit dadurch noch vollkommener gemacht hatte – und ihr, dass sie dieses Mal vom ersten Augenblick an zu ihm völlig offen gewesen war. Stundenlang liefen sie durch die Stadt und landeten schließlich in einem Café, wahrscheinlich dem *Mabillion*. Die letzte Metro nach Pantin verpasste er und so bot Juliette ihm, ganz wie in alten Tagen, einen Schlafplatz in ihrem Zimmer an, das jetzt über der *Pergola* lag, einem Café an der Kreuzung des Boulevard St. Germain und der Rue du Four.
Aber diesmal gab es da nur ein nicht allzu breites Bett, keine zweite Matratze, die man auf den Fußboden legen konnte, und es war auch unerträglich heiß, sodass sie sich nackt auszogen und sich nur mit dem Laken bedeckt nebeneinander ausstreckten. Natürlich hatten sie beide am Abend ein paar Glas Rotwein getrunken, aber Adalbert meint heute, dass sich alles auch ohne einen einzigen Tropfen Alkohol genauso zugetragen hätte: die schwüle Hitze im kleinen Raum; dass seine Haut in dem für zwei viel zu engen Bett die ihre unvermeidlich berühren musste, Juliette diesmal davor aber nicht zurückschreckte; dass er sie, als er das merkte, ohne auch nur einen Augenblick zu zögern in seine Arme nahm, wobei es ihnen beiden in diesem Augenblick klar geworden sein muss, dass sie gleich miteinander schlafen würden. Und das geschah ganz von selbst, als würde damit nur etwas nachgeholt, was längst schon hätte geschehen müssen – so wurden die Jahre, die er vergebens um sie geworben hatte, ihm alle auf einmal wiedergeschenkt.
Danach lagen sich noch lange in den Armen und sie waren in diesem Augenblick beide glücklich, denn sie hatten ihre Zusammengehörigkeit jetzt endgültig und nicht nur mit Worten besiegelt. Das vermittelte Adalbert ein Gefühl völliger Geborgenheit, alle Eifer-

süchte, alle Ausschließlichkeitswünsche schmolzen dahin. Mehr als das, mehr als diese fast schon an ein Wunder grenzende »amitié amoureuse« konnte er von ihr nicht erwarten, mehr wollte er in diesem Augenblick aber auch gar nicht. Hätte Juliette ihm ihre rechte Hand angeboten, den Platz, den Pierre in ihren Leben einnahm, so wäre er wahrscheinlich in Panik geraten.

15.

Danach besuchte Adalbert Juliette bei jeder sich bietenden Gelegenheit. Einen großen Teil seiner Ferien, ja manche verlängerten Wochenenden verbrachte er mit ihr in Paris und einige Male kam sie auch zu ihm nach Freiburg, einmal sogar zusammen mit Pierre. Der war eine eindrucksvolle Erscheinung, grau meliert, groß, klug und sensibel – aber die Gewissensnot, er war Protestant, stand ihm wie ein Schuldschein in das Gesicht geschrieben. Mit Adalbert versuchte er gleich Freundschaft zu schließen, und dieser empfand für ihn ebenfalls Zuneigung, jedenfalls keinerlei Rivalität. Die väterliche Liebe, die Pierre, und die brüderliche, die Adalbert mit Juliette verband, so sah er es damals, spielten auf ganz verschiedenen Bühnen, ja jede in einem anderen Stück.
Überhaupt waren die Nebenbuhler, die Adalbert in den vergangenen Jahren in jedem Mann auftauchen sah, mit dem Juliette auch nur ein freundliches Wort wechselte, plötzlich alle wie fortgeweht. Hinreißend schön, welterfahren und außergewöhnlich gescheit, wie sie mit ihren 24 Jahren jetzt jedem erscheinen musste, hatte sie zwar mehr Verehrer denn je, von denen sie sich zu Konzerten, Theateraufführungen, Kinovorstellungen, zum Abendessen und auch mal zum Tanz einladen ließ, Verehrer, die natürlich alle mit ihr schlafen und von denen die meisten sie auch zur Freundin oder gar Frau haben wollten. Aber wenn Adalbert kam, wurden sie, wie sie es ihm versprochen hatte, abbestellt – oder sie nahm ihn zu solchen Rendezvous einfach mit. Dabei konnte ihre gegenseitige Vertrautheit dem meist hypersensiblen Prätendenten natürlich nicht verborgen bleiben, zumal sie diesen auch immer zusammen wieder verließen.
Ein hoffnungsvoller, sehr gut aussehender Jungmediziner war darunter, der sich auf seinen »Concours d'Internat« vorbereitete und

später Professor für Neurochirurgie werden sollte. Er war völlig verwirrt, als er Adalbert mit Juliette auftauchen sah, und tat ihnen beiden hinterher auch ein bisschen Leid, nachdem Juliette alle von ihm angebotenen Rendezvous-Termine für die nächsten Tage mit erkennbar faulen Entschuldigungen abschmetterte. Adalbert hat nie erfahren, und es auch nie wissen wollen, ob Juliette gelegentlich mit ihm oder einem anderen ihrer Verehrer schlief. Es berührte ihr Verhältnis zueinander überhaupt nicht – allenfalls kamen sie sich beide manchmal ein wenig wie die Veranstalter »gefährlicher Liebschaften« vor. An ein Weihnachtsfest – Juliette wohnte zu der Zeit mit einer Freundin in einer kleinen Wohnung in der Rue de la Glacière – erinnert er sich noch genau, an die Vollkommenheit der Harmonie, die zwischen ihnen herrschte. Da hatte ihre Freundschaft wohl für ein paar Tage, was ihn anging, wieder die Grenze zur Liebe erreicht, ja sie vielleicht sogar überschritten – aber sie sprachen darüber nicht und er nahm es als ein Geschenk, das besser nicht ausgepackt wurde.

16.

Bei einem seiner Paris-Aufenthalte dieses für ihn entscheidenden Jahres feierten sie auch Andrés »Goncourt«. Niemand, auch André selbst nicht, hatte erwartet, dass *Der Letzte der Gerechten* mit diesem bedeutendsten französischen Literaturpreis ausgezeichnet werden würde. Er gab das Signal zur Entstehung einer bis heute immer noch anwachsenden Holocaust-Literatur: 1961 sollte *Das Blut des Himmels* von Piotr Rawicz, Juliettes und Adalberts späterem Freund erscheinen, bald danach würden auch Elie Wiesel, Primo Levi und Agota Kristof die literarische Szene betreten. André stieg sein junger Ruhm nicht zu Kopf. Natürlich hatte er jetzt weniger Zeit, er war mit Interview- und Vortragsterminen eingedeckt, aber er fuhr in den nächsten Jahren damit fort, Robert zu unterstützen und ließ sich auch, wenngleich seltener als bisher, bei diesem in Pantin und an der Place Contrescarpe sehen.
Im Sommer 1965, als Adalbert aus Vietnam kommend wieder für zwei Monate in Europa war und eines Abends an der Rue de l'Ancienne Comédie vorüberschlenderte, er kam wahrscheinlich aus Juliettes Wohnung, hörte er laut seinen Namen rufen: Als er

sich umdrehte, stand er André gegenüber. Sie wanderten dann die ganze Nacht durch ihr Paris. Die Contrescarpe und die Rue Mouffetard hatten sich inzwischen in ein Vergnügungsviertel für auswärtige Touristen verwandelt, überall waren Restaurants mittelmäßiger Qualität und Bars aus dem Boden geschossen, es roch nach zu oft wieder verwendetem Öl, mit der nächtlichen Stille dort, mit der dörflichen Idylle war es ein für alle Male vorbei. Adalbert erzählte André von Vietnam, dieser ihm von den Antillen. Er hatte eine junge Frau aus Guadeloupe geheiratet. Politisch lagen sie auf der gleichen Wellenlänge, beide hatten sich für ein Land der Dritten Welt engagiert.

Natürlich tauschten sie ihre Adressen aus, aber ihre Wege führten doch in zu verschiedene Richtungen, Adalbert hatte mit dem Krieg in Vietnam, mit den Bauvorbereitungen für eine psychiatrische Klinik in Hué zu viel zu tun, um ans Schreiben zu denken, und André war wahrscheinlich mit seinen Antillen, mit seiner Familie, mit seiner Schreiberei genauso beschäftigt, sodass sie sich wieder aus den Augen verloren.

17.

Im Sommer und Herbst 1960 saß Adalbert in Freiburg und während eines Teils seiner Ferien noch einmal in Wiehl am letzten Kapitel seiner Dissertation. Mit dem Schreiben selbst hatte er nun keine größere Mühe mehr, aber es gelang ihm nicht recht, aus seinen phänomenologischen Analysen des Wahrnehmungsaktes seines katatonen Kranken auch nur einigermaßen stringente Schlussfolgerungen zu ziehen: aus dessen Zerfall in die psychotische Trias von Halluzinieren, Wähnen und dem von anderen Gemacht-Fühlen der eigenen Empfindungen, ja der eigenen Existenz. Die dafür notwendigen begrifflichen Unterscheidungen sollte er erst 25 Jahre später, in der Tätigkeitstheorie Leontiews, in der kritischen Psychologie Klaus Holzkamps und in der posthumen Gewissheitsstudie Wittgensteins entdecken.

Da aber die Hochschulverwaltung die Verlängerung seines Vertrags nun gnadenlos von der prompten Ablieferung seiner Dissertation abhängig machte, blieb ihm gar nichts anderes übrig, als die verbliebenen Unklarheiten im letzten Kapitel möglichst zuzuschütten, die ganze Arbeit schleunigst sauber abschreiben zu lassen und zum Dekanat auf den Weg zu bringen. Lieschen, die Schwägerin seines früheren Medizinalassistenten Wolfgang Kuhl, zu jener Zeit ihrer aller Freiburger Muse, erbot sich, das Abschreiben zu übernehmen. Adalbert und sie frotzelten und flirteten manchmal auch ein bisschen miteinander, Lieschen besaß eine unnachahmliche Begabung, halb scherzhaft etwas in Aussicht zu stellen, nichts Festes zu versprechen und am Ende gar nichts zu halten, ohne dass man es ihr übel nahm. Aber das erotische Spiel mit ihr, mit Worten und Blicken, machte viel Spaß und blieb amüsant.

Sie kam nun fast jeden Nachmittag zu ihm, denn er musste ihr den Text meistens diktieren, da sie seine hingekritzelten Korrekturen nicht lesen konnte – und abends, wenn sie ihr Pensum hinter sich gebracht hatten, gingen sie oft noch zusammen in eine Kneipe, um zu essen oder ein paar Gläser Wein zu trinken. Einmal, sie hatten sehr lange miteinander gearbeitet und waren danach auch noch bis ein oder zwei Uhr morgens in verschiedenen Lokalen gewesen, wollte Lieschen ihn danach aus irgendeinem Grund, zum ersten Mal so spät übrigens, in seine Wohnung zurückbegleiten. Als sie die Tür öffneten, sahen sie sich einem unvorstellbaren Chaos gegenüber: ein Schrank, aber auch alle Schubladen seiner Kommode waren in das Zimmer hinein ausgekippt, ebenso alle Esswaren. An einer Schnur, die wie eine Wäscheleine quer durch den Raum lief, waren seine Bücher, darunter *Sein und Zeit* und *Erfahrung und Urteil*, zwischen schmutzigen Socken und Unterhosen aufgehängt. Decken, Bettlaken und Kissen waren abgezogen und in den Zimmerwinkeln versteckt. Und an der Wand hing ein Plakat, auf dem in Martin Schrenks Handschrift etwas Ähnliches wie »Ordnung macht das Leben süß« zu lesen war. Bei näherer Betrachtung mussten sie feststellen, dass die Autoren dieses Environment-Kunstwerkes akribisch alle zusammengehörigen Gegenstände zerstreut hatten: jede Büroklammer, jeder Löffel, jeder Bleistift, jeder Bogen Papier, auch was von Lieschen gerade getippt worden war, lag an einem anderen Platz, offensichtlich um die Aufräumaktion zu erschweren und damit in die Länge zu ziehen. Martin Schrenk, der mit Adalbert um Lieschens Gunst konkurrierte und auf ihn deshalb, leider völlig grundlos, eifersüchtig war, hatte, wie er am nächsten Morgen kleinlaut gestand, diese Aktion »besoffenen Kopfes« angestiftet – und sie hatte ihren Zweck auch erreicht, denn der Anblick des Zimmers, ein wahrer Liebestöter, hatte jeden Gedanken an irgendetwas Erotisches aus Adalberts Kopf vertrieben.

Lieschen half ihm beim Aufräumen. Sie brauchten drei Stunden, um seine Wohnung wieder einigermaßen bewohnbar zu machen.

Wenige Tage später war die Dissertation fertig getippt, Derwort sah sie pro forma noch einmal durch und hatte gottlob keine Änderungswünsche. Im Oktober 1960 lag sie im Dekanat vor und kurz vor dem Ablauf der letzten Schonfrist wurde Adalbert mit »magna cum laude« zum Doktor der Medizin promoviert.

Inzwischen hatte Ruppi eine halbjährige Lehrtätigkeit an der medizinischen Fakultät einer persischen Universität hinter sich gebracht, in Ahwaz mitten im Erdölgebiet und an der Grenze zur Wüste. Begeistert von der grandiosen Landschaft, von der Exotik der Dörfer und Märkte, aber auch ausgehungert nach einer Frau war er von dort zurückgekehrt. Dann ging für seinen Freund alles Schlag auf Schlag: Er freundete sich wieder mit einer seiner Studentinnen an, Babschen, die alle sofort mochten, weil sie patent, warmherzig, lebenspraktisch veranlagt war, gescheit und humorvoll, dazu noch evangelisch und Tochter eines bekannten Freiburger Internisten – und so wurde mit Adalbert als Trauzeuge Anfang 1961 geheiratet. Diesmal waren alle, seine Freunde, aber auch seine Eltern und seine Geschwister, überzeugt davon, er hätte die richtige Frau gefunden, und soweit sich so etwas überhaupt von außen beurteilen lässt, waren sie beide in ihrer Ehe auch glücklich – jedenfalls hat diese bis heute, bald 40 Jahre lang, gehalten.

18.

Adalbert hätte während jener Zeit eigentlich zufrieden, ja sogar glücklich sein können. Seine Promotion, mit der er sich jahrelang herumgeschlagen hatte, lag hinter ihm, das »sehr gut«, das er dafür erhalten hatte, eröffnete ihm nun endgültig den Weg zur wissenschaftlichen Laufbahn, und es wäre jetzt an der Zeit gewesen, mit den Vorbereitungen zur Habilitation zu beginnen. Aber er fühlte sich ausgelaugt und vorerst nicht imstande, die Schwierigkeiten, die sich ihm im letzten Kapitel seiner Doktorarbeit entgegengestellt hatten, mit neuem Elan anzugehen – und nur in ihnen hätte er, so meinte er damals, ein ihn wirklich interessierendes Thema für seine Habilitationsschrift finden können. Gleichzeitig war er etwas enttäuscht darüber, dass Derwort und Ruffin, die seinem Hypochondrie-Aufsatz – er selbst fand ihn inzwischen pompös und aufgeblasen – so viel Bewunderung zollten, das völlig neue und wie er meinte revolutionäre Schizophrenieverständnis in seiner Dissertation nicht genügend gewürdigt, ja vielleicht nicht einmal erkannt hatten, jedenfalls ermutigten sie ihn nicht, dort weiterzumachen, wo er noch nicht zu einem schlüssigen Ergebnis gekommen war.

So ließ er sich wieder etwas hängen, ein paar Jahre Zeit hatte er nach der Verlängerung seines Vertrages nun ja. Er machte seine Routinearbeit, inzwischen war er Stationsarzt auf der Neurologie, flüchtete so oft es ging nach Paris und ließ im Übrigen die Tage, so wie sie kamen, an sich vorüberziehen. Und was seinen Gefühlshaushalt anbetrifft, so hatte er in Juliette eine bezaubernde Freundin, um die ihn jeder beneidete, sie kam ihm immer noch genauso zärtlich entgegen wie bei ihrer Wiederbegegnung in Paris, und alle seine Schwächen und Unvollkommenheiten, die charakterlichen wie die körperlichen, sah sie ihm nach. Aber von jenem Teil ihres Herzens, der ihre heftigsten Leidenschaften beherbergte, blieb er weiterhin ausgeschlossen.

Aus der Rückschau betrachtet weiß Adalbert, dass er bei dieser Zuweisung wohl den besseren Teil erwischt hatte, oder zumindest dasjenige, mit dem er gerade noch umzugehen wusste. Aber damals, als Ruppi geheiratet hatte, im Jahr 61, begann er doch etwas zu vermissen: eine Freundin, die ständig bei ihm wäre und nicht bloß alle Vierteljahre ein paar Tage, eine, die ihm nicht nur alle denkbaren Freuden schenkte, sondern die er selbst auch, über den Augenblick hinaus, grenzenlos glücklich, wenn es schlimm kam allerdings auch ebenso unglücklich machen konnte – und dieses Privileg besaß bei Juliette eben nur Pierre. So blieb Adalberts Glück mit ihr doch nicht ganz ungetrübt. Die Empfindung kehrte zurück, dass sich noch irgendwo etwas verbarg, das er suchen musste und das in Freiburg jedenfalls und vielleicht sogar in Paris für ihn nirgends zu finden war – nicht einmal bei Juliette. Diese Empfindung verdichtete sich noch, als er zu Beginn des Sommers 61 von ihr erfuhr, sie sei von Pierre schwanger und wolle das Kind auch behalten. Er verstand, dass sie in diesem Zustand mit niemand anderem als mit dem Kindsvater zusammen sein wollte, aber der mit Komplizenschaft und Intimität einhergehende zärtliche Einklang zwischen ihr und Adalbert, der ihre Beziehung fast zwei Jahre lang zu einer für ihn einmaligen Erfahrung gemacht hatte, war so nicht mehr aufrechtzuerhalten.

19.

Im Juli 1961 wurden von der Freiburger Universität, die eine Patenschaft für die medizinische Fakultät in Hué übernommen hatte, junge Privatdozenten, aber auch noch nicht habilitierte erfahrene Assistenten gesucht, die dort an der Unterrichtsplanung und Gestaltung teilnehmen wollten. Krainick, ein älterer Professor für Kinderheilkunde, fungierte als Leiter dieses vom Auswärtigen Amt unterstützten Projektes, und Ruppi hatte sich auf Gund seiner positiven Erfahrungen im Iran bereits dafür anwerben lassen. Für Adalbert war dies ein Lösungsangebot für alle seine gegenwärtigen Probleme. Ruppi schwatzte ihn Krainick als erstklassigen Neurophysiologen auf, der gleichzeitig den Unterricht und die klinischen Einrichtungen für die Neurologie und die Psychiatrie schon vorplanen könne – Fächer, deren Unterweisung erst im dritten und vierten Studienjahr vorgesehen war. Alles lief wie am Schnürchen: Innerhalb von wenigen Wochen bekam Adalbert vom Auswärtigen Amt seinen Vertrag und von der Freiburger Fakultät eine Beurlaubung, die ihm seine Stelle nach seiner Rückkehr absicherte.

In der ersten Augustwoche packte Adalbert seine Sachen und brachte alles, was er besaß, aus Freiburg zu Ivy nach Wiehl. Dort rüstete er sich, mit Hilfe seiner Schwester, für seinen auf ein Jahr geplanten Aufenthalt in den Tropen aus. Vor allem Medikamente und leichte Kleidung mussten erstanden werden. Alles wanderte in einen einzigen, etwas abgeschabten Koffer, zusammen mit ein paar Lieblingsbüchern und einem Vorrat an Luftpostpapier. Aber kurz vor dem Ende der Reisevorbereitungen, am 13. August, kam die Nachricht vom Mauerbau in Berlin aus dem Radio. Ein oder zwei Tage ging Kriegsangst um, dann erhielt er vom Auswärtigen Amt den Bescheid, er könne trotzdem fliegen.

Heute wundert es Adalbert, dass ihn dies weltgeschichtliche Ereignis damals so wenig beschäftigt hat. Daran, dass er Empörung darüber empfunden hätte, kann er sich überhaupt nicht erinnern. Die Teilung der Welt und damit auch Deutschlands war ihm damals wohl schon so selbstverständlich geworden, dass die Verstopfung des letzten, bis dahin noch verbliebenen Schlupfloches Berlin ihm nur als Endpunkt einer logisch folgerichtigen und ohnehin nicht mehr aufhaltbaren, ja vielleicht sogar wünschenswerten Entwicklung vorkam. Aber hier spekuliert Adalbert über sich selbst – es kann auch sein, dass Juliette auf der einen, das bevorstehende Abenteuer Vietnam auf der anderen Seite, aber auch der Abschied von Freiburg und von Wiehl ihn so stark in Anspruch nahmen, dass es für weltpolitische Fragen in seinem Kopf und in seinem Herzen gar keinen Platz mehr gab.

20.

Er weiß nicht mehr, ob er von Düsseldorf oder von Köln aus nach Paris flog. Dieter und wohl auch Ivy haben ihn zum Flughafen begleitet. Zum ersten Mal war Adalbert in den Lüften, der Flugverkehr war damals noch kein Massentransportmittel, die Hälfte der Sitze der Propellermaschine, einer DC 4, blieb leer. Zum ersten Mal auch sah er nun in strahlender Sonne die Erde unter sich wie ein Kartenblatt liegen. Aber er, der sonst schon auf der Höhe von zwei Metern vom Schwindel befallen wurde, hatte nicht die mindeste Angst – die sollte sich erst Jahre später einstellen, nachdem er einige brenzlige Situationen im Flugzeug erlebt hatte.
In Paris blieb er doch wieder bei Juliette und er lernte dabei ihre neue Wohnung in der Rue de Savoie, zwischen dem St. Germain und den Seine-Quais, kennen. Seine Freundin erschien ihm niedergeschlagen, erschöpft und passiv, sie hatte nichts von einer strahlenden werdenden Mutter an sich und die Zimmer wirkten düster und verkramt, ihnen fehlte noch der »éclat«, den sie ihnen in den darauf folgenden Jahren geben würde: Juliettes Lebensgeschichte, ihre Arbeit, ihre Vorlieben, ihre Reisen, ihre Intelligenz und Feinfühligkeit waren in diesen Räumen, im Arrangement ihrer Bücher, Bilder und »Bibelots« zu der Zeit noch nicht sedimentiert.

Heute meint Adalbert, dass sie sich und Pierre mit der Akzeptanz dieser Schwangerschaft vor längst anstehende Entscheidungen hat bringen wollen, und gleichzeitig war es für sie auch ein Versuch, sich endgültig von ihm zu lösen, falls er sich jetzt nicht eindeutig zu ihr bekannte. Aber sie hat wohl schon gewusst, dass die Aussicht auf das Letztere nur sehr gering war und das erklärt wohl auch ihre morose Stimmung in jenen Tagen. Zwischen Adalbert und ihr kam kein rechtes Gespräch auf. Sie ließen die auf einmal wieder zu Glas geronnene Distanz zwischen ihnen bestehen, um ja nichts zu zerstören, und empfanden es wohl beide als Entlastung, als Adalbert in den letzten Augusttagen nach Saigon abflog.

ZWEITES BUCH

1. Kapitel: Zwischen den Welten, zwischen den Fronten

1.

Sieben Jahre, bevor Adalbert in Hué eintraf, war der erste Unabhängigkeitskrieg der Vietnamesen gegen Frankreich zu Ende gegangen. Eine nationale Befreiungsbewegung unter kommunistischer Führung, der Viet Minh, hatte ihn im Dezember 1946 begonnen. In Dien Bien Phu, dem »Stalingrad des weißen Mannes«, waren die Eliteeinheiten der französischen Kolonialarmee im Frühjahr 1954 eingekesselt und nach wochenlangen Kämpfen bis auf den letzten noch lebenden Mann in die Gefangenschaft abgeführt worden. Diese militärische Niederlage wog so schwer, dass der bedingungslose Abzug der Franzosen aus ganz Indochina die logische Folge hätte sein müssen. Eisenhowers Drohungen, im letzten Moment doch noch mit Atomwaffen in den verlöschenden Krieg einzugreifen, aber auch der dringende Wunsch der Verbündeten Vietnams, Chinas und der Sowjetunion, nach einer Atempause, nach dem gerade beendeten Korea-Konflikt und zwei Jahre nach Stalins Tod, hatte die Vietnamesen dazu gebracht, einem Kompromiss zuzustimmen, und der wurde am 21. Juli in Genf von einer Internationalen Konferenz unterzeichnet. Die Streitkräfte der Konfliktparteien sollten sich hinter eine Demarkationslinie am 17. Breitengrad zurückziehen, die der Vietnamesen nördlich, die der Franzosen und ihrer Vasallen südlich davon. Beide der ehemaligen Gegner sollten die von ihnen militärisch kontrollierten Landesteile provisorisch verwalten und erst zwei Jahre später würden Wahlen im ganzen Land über dessen politische Zukunft entscheiden.

Nach ihrer Niederlage und dem von der Pariser Regierung beschlossenen militärischen Desengagement konnten die Franzosen die von ihnen in Saigon installierte Kollaborateursregierung nicht mehr stützen und die USA traten an ihre Stelle. Sie setzten mit Hilfe ihres Geheimdienstes ihren eigenen Mann ein, den katholischen Mandarin Ngo Dinh Diem, und der errichtete mit ihrer Hilfe innerhalb von zwei Jahren mit eiserner Hand ein diktatorisches, antikommunistisches Regime. Die in Genf vereinbarten Wahlen sagte er ab, die Bodenreformen des Viet Minh machte er rückgängig und alle ehemaligen Widerstandskämpfer, derer er habhaft wurde, sperrte er in Lager und Gefängnisse ein. Aber auch die bürgerlich-liberale Opposition wurde aus allen einflussreichen Führungspositionen entfernt, eine rigide Zensur entzog ihr die öffentlichen Äußerungsmöglichkeiten, und wer dagegen zu laut protestierte, wurde festgenommen, wenngleich, anders als die des Kommunismus Verdächtigten, nicht für unbegrenzte Zeit, sondern zumeist nur kurz – das genügte, danach waren solche liberalen Opponenten still. Und die den faschistischen Regimen der Vor-Weltkriegszeit karikaturistisch nachgebildeten paramilitärischen Massenorganisationen zogen, wenn Diem das anordnete, seine Losungen schreiend durch die Straßen.

Die kommunistische Regierung in Hanoi sah alldem ein paar Jahre tatenlos zu – der Wiederaufbau des eigenen Landesteils hatte einstweilen Priorität. Als jedoch 1959 im Mekongdelta erste Bauernaufstände ausbrachen, entschloss sie sich, sie nicht nur materiell zu unterstützen, sondern insgeheim auch ihre Koordination und Führung zu übernehmen. Eine »Nationale Befreiungsfront Südvietnams«, die FNL, wurde gegründet, die vom Politbüro des Nordens ihre Handlungsanweisungen erhielt. Ohne viel Lärm übernahmen überall in abgelegenen Gebieten ihre Kämpfer die Verwaltung der Dörfer. Die militärischen Auseinandersetzungen konzentrierten sich in den ersten Jahren allerdings auf den Süden des Diem'schen Teilstaates, das Mekongdelta und die Wälder an der kambodschanischen Grenze. In Hué und in der Umgebung des 17. Breitengrades blieb es zunächst noch ruhig.

2.

Adalbert war nach Vietnam gekommen, um dort als Arzt und Hochschullehrer zu arbeiten. Aber was er auch tat – sein Unterricht, seine ärztliche Arbeit am Huéer Krankenhaus und an einer Dorfambulanz in der benachbarten Provinz Quang Tri, seine Freundschaften, seine Alltagserfahrungen –, all das wurde von Jahr zu Jahr stärker von der Politik imprägniert, sodass die Grenzen zu etwas rein Beruflichem oder rein Privatem verschwammen. Das verwirrte, faszinierte, befriedigte ihn aber auch, weil es ihm das Gefühl gab, schon durch seine Alltagsroutine mit einem übergeordneten Geschehen verbunden zu sein und in es eingreifen zu können. Seine Studenten kamen in der Mehrzahl aus bescheidenen Verhältnissen. Ihre Eltern hatten nicht die Mittel gehabt, sie in die bis dahin einzige medizinische Fakultät nach Saigon zu schicken. So war etwa einer von ihnen 45 Jahre alt, als er mit dem Studium hatte beginnen können. Sympatisierten wegen dieser Ungleichheit der Lebenschancen manche der weniger Betuchten vielleicht mit den Kommunisten? Dass dem wirklich so war, sollte er erst nach fast drei Jahren täglichen Umganges mit ihnen erfahren.

Physiologie-Unterricht vor einer Klasse in Hué, Herbst 1961

Im Krankenhaus, das dem Buchstaben des Gesetzes nach eine unentgeltliche Behandlung zu gewährleisten hatte, sah er viele Patienten sich selbst überlassen, sofern sie nicht die Ärzte und Pfleger beschenkten oder bezahlten. Manchmal erschien der vollzeitbeschäftigte und recht gut besoldete Krankenhausarzt nur für eine oder gar nur eine halbe Stunde auf der Station. Die übrige Zeit brachte er in seiner Privatpraxis zu, am Schwimmbad oder am Billardtisch des benachbarten *Cercle Sportif* – einem Club für die

Wohlhabenden, der noch in der Kolonialzeit entstanden war und einen zauberhaften Blick über den Parfumfluss zu den 2000 Meter hohen Bergen an der laotischen Grenze eröffnete. Und dann erst die Psychiatrie: ein verdreckter, baufälliger Pavillon für die von Familienangehörigen versorgten ruhigeren Kranken; an diesen angebaut und mit Eisengittern verschlossene Zellen für die Erregten, zu fünft oder zu sechst dort nackt eingesperrt, fauchend, Kot schmierend, ihren eigenen Urin trinkend, wenn der Wärter wieder einmal kein Wasser gebracht hatte – es waren Verschläge, die einem Raubtierkäfig glichen und deren Insassen dementsprechend auch die Mimetik von Raubtieren annahmen. In Bien Hoa, dem Saigoner Asyl, sah er während eines Besuches das Gleiche, nur in fast hundertfachen Größenverhältnissen: ein Arzt auf 1000 Kranke, dort jeweils etwa hundert nackt in einem Saal zusammengepfercht, keine Betten, keine Schlafmatten, nur riesige Betonbänke, keine Toiletten, nur Abflussrinnen für Kot und Urin wie in Ställen.

In Hué gelang es ihm und einigen seiner Studenten schon dadurch, dass sie täglich in die Käfige gingen, sich zu diesen unglücklichen Geschöpfen setzten und sie ansprachen, einige von ihnen wenigstens etwas wieder zu vermenschlichen: Sie begannen zu antworten, legten ihre Raubtiermimikry ab, aßen wieder mit Stäbchen und Schale, zogen ein Hemd und eine Hose an, in guten Stunden konnte man mit ihnen sogar durch den Krankenhauspark spazieren gehen. Aber es war eine Sisyphusarbeit. Wurden die Kranken, wie öfter während der Ferien, wieder sich selbst überlassen, war alles wieder wie vorher. Mehr ließ sich nicht erreichen, als den Studenten ein paar Erfahrungen darüber zu vermitteln, dass es nicht der Wahnsinn allein war, die diese Menschen in einen tierähnlichen Zustand versetzt hatte, sondern in erster Linie die Unmenschlichkeit der ihnen aufgezwungenen Lebensverhältnisse. Alles war ihnen entzogen worden, was zum Menschsein gehört: Kleidung, Esswerkzeuge, Wasser zum Waschen, jegliche Ansprache, die Möglichkeit auf jemanden zu oder jemandem aus dem Weg zu gehen. Als Adalbert hinter dem idyllischen Schein des Dorflebens die Ausbeutung und Unterdrückung der Ärmsten entdeckte, dämmerte ihm, dass auch dort eine ähnliche Beraubung der elementarsten Lebensmöglichkeiten stattfand – in den psychiatrischen Käfigen hatte sie nur, jeglichen Dekors verlustig, eine noch extremere Zuspitzung erfahren. Das Leid der Armen, der ausgemergelten Greise in ihren Lumpen, der Mütter mit ihren wächsernen Gesichtern, der Kinder mit ihren aufgetriebenen Bäuchen ließ ihn hilflos und ohnmächtig zurück. Für die Kranken konnte er hingegen noch etwas tun. So bot der Besuch des Prälaten Huessler, damals Leiter der Deutschen Caritas, eine Chance dazu. Huessler war von dem Anblick der Kranken erschüttert und versprach die Mittel für den Neubau eines modernen psychiatrischen Pavillons von der katholischen Hilfsorganisation *Misereor* zu beschaffen. Es dauerte dann zwar noch drei Jahre, bis wirklich Geld kam, aber danach liefen die Bauarbeiten zügig an. Adalbert musste die zur Bezahlung der Rechnungen jeweils nötigen Summen in regelmäßigen Abständen in Form grüner 100-Dollar-Scheine aus Hongkong abholen, sie durch den Saigoner Zoll schmuggeln und bei einem von der Deutschen Botschaft als vertrauenswürdig empfohlenen Inder schwarz gegen die Landeswährung, den Piaster, umtauschen – denn zum offiziellen Kurs gewechselt hätte *Misereors* Spende bei weitem nicht ausgereicht.

Einstweilen unterrichtete er: zuerst Physiologie des Nervensystems, dann Neurologie und schließlich auch Psychiatrie, und er lernte immerhin so weit Vietnamesisch, dass er ungefähr verstand, was in den Zeitungen stand, und sich über Alltagsdinge mit seinen Patienten und ihren Angehörigen auch unterhalten konnte. Das erlaubte ihm ihre Persönlichkeit, aber auch ihre Vorstellungen von Krankheit und Gesundheit etwas besser zu verstehen – und schließlich auch die Art und Weise, wie die Vietnamesen den Wahnsinn in ihren Worten, ihren Gebärden, ihrer Mimik und ihren Handlungen ausdrückten. Er lernte, dass im Vietnamesischen Verwandtschaftsbezeichnungen den Platz persönlicher Fürwörter einnahmen: Der Satz »Ich liebe dich« lautete, wörtlich übersetzt, etwa: »Großer Bruder lieben kleine Schwester.«. Ein eigenes Wort für »ich« war erst vor einem Jahrhundert entstanden, ursprünglich hatte es »Sklave« oder auch »Untertan des Königs« bedeutet. Bei der ländlichen Bevölkerung galt es aber immer noch als Beleidigung, dieses Wort »tôi« in den Mund zu nehmen, weil es dem anderen den Grad der Nähe und das Rangverhältnis vorenthielt, in dem man zu ihm gerade stand. Ebenso erstaunlich für Adalbert war das Fehlen fester grammatischer Formen zur Unterscheidung von Aktiv und Passiv, Vergangenheit, Gegenwart und Zukunft,

Indikativ und Konjunktiv, als ob die Grenzen zwischen den logischen Möglichkeiten, die diese Unterscheidungen sprachlich vorgaben, gar nicht so streng festgelegt wären. Diese verschwammen in den Äußerungen seiner Studenten tatsächlich auch häufig.
Und schließlich entdeckte er das für ihn Wichtigste, dass nämlich die Welt von den noch in ihrer Tradition lebenden Vietnamesen gar nicht als zukunftsoffener Horizont erfahren wurde, sondern als ein begrenztes Repertoire von Szenarien, die von der Tradition seit langem schon festgelegt worden waren und innerhalb derer der Einzelne sich in seine von der jeweiligen Situation vorgezeichnete »Identität« jedes Mal erst einfügen musste, zum Beispiel als Schüler, Meister, großer oder kleiner Bruder. In einem seiner Aufsätze schrieb Adalbert später dazu: »Die einzelne Person erscheint so nicht als unverwechselbare, autonome Individualität, sondern vielmehr als sich ständig verschiebender Kreuzpunkt in einem realen Beziehungsgeflecht, in welches die Menschen sich eingelassen haben, um ihre Lebensbedürfnisse gemeinsam zu befriedigen. Dementsprechend hat das Ich für den traditionellen Vietnamesen keinen eigenen, substanziellen Charakter, sondern wird in diesem Beziehungsnetz als ständig sich verschiebender Knotenpunkt – in vorgegebenen Strängen allerdings – immer wieder aufs Neue definiert.«
Dieses Gesamtgefüge von festgelegten Szenarien bildete nun seinerseits für die Vietnamesen den gesellschaftlichen Ausdruck der Weltharmonie. Die war aber nicht von vornherein und für alle Zeit vorgegeben – vielmehr hatte ein jeder für ihren Erhalt dadurch zu sorgen, dass er seinen Platz in der jeweilig aktuellen Szenerie auch tatsächlich einnahm und allen anderen den ihrigen zuerkannte. Dazu gehörte nicht nur die Selbst- und Fremddefinition in den Anredeformen, sondern auch die Konformität des sprachlichen, des gefühlsmäßigen, ja sogar auch des ästhetischen Ausdrucks, einschließlich der eigenen Wünsche und Vorlieben. In einer alten, 1942 erschienenen kulturanthropologischen Zeitschrift fand Adalbert damals den Aufsatz eines französischen Koloniallehrers, der seiner gemischten französisch-vietnamesischen Klasse die Frage gestellt hatte, welche Jahreszeit die Schüler denn am liebsten hätten. Bei den kleinen Franzosen ergab sich eine breite Streuung ihrer Vorlieben, während alle Vietnamesen, ihrem traditionellen ästhetischen Kanon gemäß, für den Frühling votiert hatten: mit der

Ausnahme eines einzigen Jungen, der den Sommer vorzog. Dessen Vater sei, so schildert der Autor, am nächsten Tage verzweifelt zu ihm gekommen, um für die »Unverschämtheit« seines Sohnes um Verzeihung zu bitten.

Diese Geschichte machte Adalbert deutlich, dass auch die eigenen Vorlieben und Wünsche der vietnamesischen Tradition zufolge nicht einem als autonom und unverwechselbar vorgestellten Individuum zugeschrieben werden, als dessen intimster, geheimster Besitz, sondern dass der Einzelne gehalten war, an den bereits codierten Vorlieben und Wünschen der ganzen kulturellen Gemeinschaft teilzuhaben. Der »Kern« der vietnamesischen Person, soweit diese noch in ihrer Tradition verwurzelt war, bestand eben nicht aus ihrem eigensten »Inneren«, sondern eher aus dem Inbegriff ihrer Außenbeziehungen. Allerdings sollte es noch eine Weile dauern, bis Adalbert darin die Auswirkungen einer gesellschaftlichen Produktionsweise mit viel mehr kollektiven Zügen als die der euroamerikanischen erkannte – und noch länger, bis ihm aufging, dass auch unsere eigene Kultur, die westliche, »abendländische«, ähnliche Stadien – mit ähnlichen Tabuisierungen selbst erzeugten Denkens, Fühlens und Wünschens – einmal durchlaufen hatte, bevor sie die bürgerlich-kapitalistische Form eines verinnerlichten Individualismus gebar.

Für einen vietnamesischen Reisbauern war Wahnsinn dementsprechend nichts anderes als das Herausfallen aus den traditionellen Szenarien, aus den angemessenen Anredeformen, aus dem gültigen ästhetischen Kanon, aus den kollektiven Wünschen und Vorlieben – genauer, er bestand darin, dass dies alles seine Gültigkeit und Verbindlichkeit verloren hatte. Im Wahnsinn der Vietnamesen vollzog sich also die Außerkraftsetzung der Weltharmonie – und eben nicht, wie in dem des hoch industrialisierten, kapitalistischen Westens, der Einbruch der Außenwelt in die als autonom und individuell vorgestellte Identität eines Possessiv-Ichs. Solche Einsichten halfen ihm in seinem Unterricht und in seinem Umgang mit den Patienten und ihren Angehörigen. So bekam er auch das Gefühl, dass seine Anwesenheit nicht unnütz war. Auch dass er hoffen konnte, mit einem neuen psychiatrischen Pavillon etwas Dauerhafteres als seine tägliche Arbeit in Hué zu hinterlassen, machte ihn etwas zufriedener. Aber er wusste natürlich auch, dass dies nur ein Tropfen auf den heißen Stein des allfälligen Elends war.

3.

Schon in den ersten Wochen nach seiner Ankunft in Hué schloss Adalbert enge Bekanntschaft mit einigen vietnamesischen Intellektuellen, die das klerikal konservative Regime Ngo Dinh Diems hassten und auf eine Chance hofften, es irgendwann einmal ablösen zu können, und zwar dann, wenn es einen nicht wiedergutzumachenden Fehler beging und sich damit vor seinen amerikanischen Schutzpatronen allzu sehr diskreditierte. Vielleicht spielte dabei eine Rolle, dass er als einziger der deutschen Ärzte französischsprachige Bücher über die vietnamesische Geschichte und Politik, über Religionen, Riten und Mythologien, über Kunst und Literatur mitgebracht hatte und dadurch bei seinen neuen Bekanntschaften in Vietnam auch zu erkennen gab, dass er sich für sein Gastland interessierte und an seinen Geschicken persönlichen Anteil nahm. Zudem muss er für vorsichtig abtastende, kritische Äußerungen einiger seiner neuen vietnamesischen Gesprächspartner ein Ohr gehabt und sie diskret, aber doch so eindeutig zu bekräftigen gewusst haben, dass sie ihm nicht nur ihre Ansichten, sondern auch ihre Pläne ziemlich vorbehaltlos eröffneten. Aber vielleicht hat, ganz am Anfang seiner Vietnam-Jahre, auch der Zufall den entscheidenden Beitrag dazu geleistet, dass er nämlich schon wenige Tage nach seiner Ankunft in Hué Bui tuong Huan kennen lernte, einen Professor der Volkswirtschaftslehre. Durch ihn kam er mit vielen anderen bürgerlich-liberalen Oppositionspolitikern in Kontakt. Zu diesen gehörten unter vielen anderen Bui Diem, der 1967 Botschafter der Saigoner Generalsclique in Washington wurde und damit seine liberalen Grundsätze verriet, aber auch Phan Huy Quat, 1965 kurzzeitig Premierminister einer probuddhistischen, zaghaft friedensfreundlichen Saigoner Regierung – die Amerikaner sorgten dafür, dass er schon nach wenigen Monaten von den Generalen Thieu und Ky abgelöst wurde.

Huan wurde rasch zu Adalberts engstem vietnamesischen Freund und nach einiger Zeit gehörte Adalbert fast schon zu dessen Familie. Als Huan 1962 Phuong heiratete, das schönste Mädchen Hués, wie es hieß, war er sein Trauzeuge. Aber sie schmiedeten gemeinsam auch Friedenspläne, in denen eine Regierungsbeteiligung der kommunistisch geführten Befreiungsfront vorgesehen war, des Viet Cong, wie sie verächtlich von ihren Gegnern genannt wurde – schon bald sollte daraus ein Ehrenname werden. Um solche Pläne verwirklichen zu können, musste allerdings Ngo Dinh Diem erst gestürzt werden, der von den USA eingesetzte katholische Diktator. Dessen Herrschaft war 1961 und 1962 zwar in den ländlichen Gebieten vom Viet Cong bedroht, nicht aber von der bürgerlichen Opposition in den Städten – dort saß er einstweilen noch fest im Sattel.

Im Mai 1963 beging Diem aber die Unvorsichtigkeit, sich mit den Angehörigen der Mehrheitsreligion im Lande, den Buddhisten, anzulegen. Er verbot öffentliche Veranstaltungen, auf denen bislang immer ihre religiösen Symbole, Fahnen und Statuen gezeigt wurden, und ließ in Hué auf eine Menschenmenge, die dies Verbot ignoriert hatte, durch plötzlich aufgefahrene Panzer schießen. Acht Kindern wurden dabei die Köpfe abgerissen. Auf den Hinweis eines seiner Krankenpfleger fand Adalbert die Leichen eine halbe Stunde nach diesem Panzereinsatz in der Pathologie des Krankenhauses und er konnte sie noch fotografieren lassen, bevor sie vom Militär fortgeschafft wurden. Diese Bilder verteilte er an einige der damals, vor dem massiven Eingreifen der Amerikaner in den Krieg noch rar gesäten ausländischen Journalisten, denen sie allerdings für eine Veröffentlichung noch zu »heiß« waren. Einen Tag später flog er in das damals noch neutrale Nachbarland Kambodscha, von wo aus er sie in die Welt hinausschickte, an Gerard Horst und an Jacques Garai in Paris, an die *Süddeutsche Zeitung*, deren stellvertretenden Chefredakteur Immanuel Birnbaum er kannte.

Wenige Tage später erschienen Meldungen über das Huéer Massaker in vielen Blättern, und so war die Buddhistenkrise geboren. In den Wochen danach demonstrierten Buddhisten und Studenten in allen größeren Städten Vietnams, sie verlangten eine internationale Untersuchung der Huéer Vorfälle, vor allem aber die Anerkennung ihrer Rechte als den Katholiken gleichberechtigte Religionsgemeinschaft. Die Polizei versuchte die Demonstranten – diesmal nur durch Reizgase und den Einsatz von Schlagstöcken – auseinander zu treiben, woraufhin die bekanntesten buddhistischen Mönche in Hungerstreik traten. Adalbert und zwei seiner deutschen Kollegen, Raimund Kaufmann und Hans Hölterscheid, untersuchten und behandelten die durch das Gas verletzten Demonstranten, und sie betreuten medizinisch die hungerstreikenden

Mönche, unter ihnen den charismatischen Anführer der buddhistischen Protestbewegung Thich Tri Quang. Und Adalbert stellte auch den Kontakt zwischen diesem und Huan sowie dessen liberalen Freunden her.

Die Situation wurde immer angespannter. Am 11. Juni 1963 übergoss sich der Mönch Thich Quang Duc an einer der belebtesten Saigoner Straßenkreuzungen mit Benzin und verbrannte sich. Dieses Bild ging um die Welt, und Vietnam, nach dem Ende des französischen Indochinakrieges zu einem vergessenen Winkel herabgesunken, war plötzlich wieder in aller Munde. Adalbert und seine zwei deutschen Kollegen wurden vom Saigoner Erziehungsminister von ihren Lehrverpflichtungen in Hué suspendiert und nach Saigon zitiert, wo ihnen mit einem Prozess wegen Subversion gedroht wurde. Aber der deutsche Botschafter, Freiherr von Wendland, setzte dann doch durch, dass man sie unbehelligt ausreisen ließ.

Über Kambodscha, Japan und die USA kehrte Adalbert wieder nach Freiburg an seine alte Klinik zurück. Unterwegs gab er überall den großen Zeitungen Interviews, in denen er die Untaten des Diem-Regimes anprangerte. Als im September 1963 die Vereinten Nationen die Unterdrückung der Buddhisten durch Diem auf die Tagesordnung ihrer Vollversammlung setzten, gab Ruffin, Adalberts Chef, ihm einen Monat Urlaub, denn er war aufgefordert worden, dort als Zeuge aufzutreten. Die USA brachten es allerdings dann doch fertig, Vietnam von der Tagesordnung wieder abzusetzen. Aber Adalbert konnte in New York und Washington vielen politisch wichtigen Persönlichkeiten über seine persönlichen Eindrücke und über seine Einschätzung der Lage berichten, so den Kennedy-Beratern Walt Rostow und Freeman Dyson, und die einflussreiche Zeitschrift *The New Republic*, von Kennedy regelmäßig gelesen, öffnete ihm ihre Spalten. Einen Monat nachdem er wieder in Freiburg war, am 1. November 1963, wurde Diem, im Einverständnis mit der amerikanischen Regierung, durch einen Militärputsch gestürzt, und nur wenig später saßen sieben seiner liberalen Freunde in Schlüsselpositionen der neuen Saigoner Regierung: Quat war Außenminister, Huan, der einige Monate in Diems Gefängnissen gesessen hatte, Erziehungsminister geworden. Beide baten Adalbert, möglichst schnell nach Vietnam zurückzukehren und seine Lehrtätigkeit wieder zu übernehmen.

Während dieser ganzen Zeit, vom Herbst 1961 bis zum Frühjahr 1963, hatten die Amerikaner allerdings in die militärischen Auseinandersetzungen im Lande immer stärker eingegriffen. Ihren Beraterstock, der bei Adalberts erstem Eintreffen dort, im August 1961, nicht mehr als 1000 Offiziere und Unteroffiziere betragen hatte, war während des Jahres 1962 auf über 20 000 angewachsen, und die nahmen nun immer häufiger selbst an den Kampfhandlungen teil, einige von ihnen als Piloten der Hubschrauber, die die USA in größerer Zahl der Saigoner Armee zur Verfügung gestellt hatte. Die dadurch erreichte größere Mobilität in einer oft unwegsamen Landschaft hatte vorübergehend die militärische Position dieser Armee gegenüber den kommunistischen Widerstandskämpfern gestärkt, aber die Rebellen hatten bald wirksame Gegenmaßnahmen ersonnen und im Januar 1963, also noch vor der Buddhistenkrise, ein mit Hubschraubern antransportiertes Saigoner Regiment bei Ap Bac, im Mekongdelta, vernichtend geschlagen: Über zwanzig Hubschrauber waren dabei abgeschossen worden. Solche dramatischen Ereignisse hatte es danach zunächst nicht mehr gegeben, ab Mai auch deshalb nicht, weil Diem alle ihm ergebenen Truppen zur Niederschlagung der buddhistischen Demonstranten benötigte. Der Viet Cong hatte aber die ihm im Jahr 1962 streitig gemachten ländlichen Gebiete, von Diem und den Amerikanern zunächst fast unbemerkt, wieder unter seine Kontrolle bringen können. Auch Adalbert, in Freiburg von den Ereignissen im Land weit entfernt, wusste zu der Zeit nicht, wie die militärische Lage dort wirklich aussah.

4.

Ab wann hatte eigentlich Adalberts Engagement für Vietnam begonnen, über seine ärztliche Arbeit, aber auch über eine nur moralische Entrüstung angesichts des Elends und der Ungerechtigkeit dort hinauszugehen? Wohl schon sehr früh! In den Gesprächen mit Huan und seinen liberalen Freunden im Herbst 61 war ihm klar geworden, dass es auch nach dem Sturz der Diem'schen Familiendiktatur eines Garanten für ein Mindestmaß an sozialer Gerechtigkeit bedürfe und die Garanten dafür nur die Kommunisten sein konnten – also müsse man mit ihnen Frieden

schließen und sie an der Regierungsverantwortung beteiligen. Als er während der Buddhistenkrise 1963 des Landes verwiesen wurde, da glaubte er sich mit Huan und seinen Freunden über diesen Plan noch einig zu sein. Voller Naivität setzte er voraus, dass nach Diems Sturz unverzüglich Verhandlungen beginnen würden, mit dem Ziel, aus dem Süden Vietnams einen blockfreien Staat zu machen, der von liberalen, probuddhistischen und kommunistischen Parteien gemeinsam regiert würde – und er sah sich selbst schon als einen der Friedensbringer.
Erst später, bei seiner Rückkehr nach Hué im Frühjahr 1964, begriff er, dass in Vietnam ein kleiner heißer Krieg im Rahmen des großen Kalten Kriegs tobte, in welchem man sich für eine Seite entscheiden musste und ein pazifistischer Neutralismus keinerlei Chancen besaß. Aber schon am Ende seiner Wartezeit in Europa hatte er neue, marxistisch orientierte Freunde gefunden, die ihn allmählich auf den Weg brachten, den vietnamesischen Konflikt als Kampf aller »Verdammten dieser Erde« um ihre elementarsten Lebensrechte zu verstehen.

5.

An Daten, die diesen Weg markieren, ist zunächst ein Karnevalsfest in Köln im Februar 1964 zu nennen, zu dem Dorothee Ritterley ihn mitnahm. Sie war inzwischen von ihrem »Araber« geschieden. Der Gastgeber der Fete war Roland Wiegenstein, ein WDR-Kulturredakteur, der auch Dorothee gelegentlich beschäftigte – fast alle Eingeladenen hatten irgendetwas mit Rundfunk oder Fernsehen zu tun. Irgendwann in dieser Nacht fand sich Adalbert mit einer ihm unbekannten jungen Frau in einem dunklen Winkel wieder. Sie schmusten ein bisschen miteinander, mit der etwas frotzelnden, jede Geste ins Spielerisch-Unernste, ja etwas Karikierende wendenden Pointe, die eben zu Karnevalszärtlichkeiten gehört. Aber miteinander zu reden erwies sich bald schon für beide als ergiebiger, und das setzten sie fort bis zum Morgengrauen.
Adalbert erzählte von Vietnam, vom Elend der Bauern, von der Willkür der nun gottlob entmachteten diemistischen Milizen, vom Widerstand, der von den Kommunisten organisiert wurde, von der

Arroganz und Selbstsucht der Reichen und Mächtigen. Seine Gesprächspartnerin ordnete das alles leichthändig in Begriffe marxistischer Klassenlogik ein, und zwar so, dass plötzlich die Entrechteten der Dritten Welt als Speerspitze des Kampfes gegen die Unterdrückung für ihn sichtbar wurden. Sie fragte ihn, ob er Herbert Marcuse gelesen hätte, und als er das verneinte, ermahnte sie ihn mit scherzhaft erhobenem Zeigefinger, das schleunigst nachzuholen. Ob es der Wein war, die Einbettung der politischen Theorie in einen Hauch Zärtlichkeit, jedenfalls erschien Adalbert alles auf einmal völlig klar. Bevor sie sich trennten, erfuhr er, dass seine Lehrerin in dieser neuen Disziplin Frigga Laudan hieß und mit einem Auslandsjournalisten des WDR verheiratet war, allerdings von dem auch schon halb getrennt lebte. Ihr früherer Berliner Freund Wolf Haug – zu dem sie übrigens ein Jahr später zurückkehrte, um ihn nach ihrer Scheidung zu heiraten – gäbe *Das Argument* heraus, die einzig interessante linke Zeitschrift in Deutschland, und den müsse Adalbert auf alle Fälle vor seiner Rückkehr nach Vietnam noch kennen lernen. Dazu kam es allerdings erst ein Jahr später, im Sommer 1965, aber Frigga gab ihm schon am nächsten Tag einen ganzen Stapel alter *Argument*-Hefte mit mehreren Artikeln von Marcuse mit auf die Reise, die ihre Wirkung auf ihn nicht verfehlten.

6.

Inzwischen hatte Adalbert durchgesetzt, dass ihm seine Arbeit in Hué vom Auswärtigen Amt für ein weiteres Jahr finanziert wurde, und der Abreisetermin war auf Anfang April 64 festgelegt. Mitte März fuhr er noch einmal zu Juliette nach Paris. Sie hatte sich gleich nach der Geburt ihres Sohnes im Februar 1962 von Pierre getrennt und Adalbert nur wenige Wochen später in Hué besucht. Während dieser Zeit waren sie sich wieder so nahe gewesen wie vor ihrer Schwangerschaft – aber eine gemeinsame Lebensplanung war daraus nicht erwachsen, auch jetzt nicht, wo sie völlig frei war. Dazu führten ihre Wege in zu verschiedene Richtungen: Juliette wollte in den Pariser Literaturbetrieb einsteigen, Adalbert von Vietnam nicht lassen; sie würden sich also in den nächsten Jahren nur während seiner Europaurlaube sehen können. Aber es waren wohl nicht nur diese äußeren Gründe, die sie davon abhielten, ihr Leben gemeinsam zu planen: Sich zu trennen und wiederzubegegnen war über die ganzen zehn Jahre, die sie sich nun kannten, das Elixir ihrer Freundschaft gewesen. Jeder von ihnen schwärmte aus und schleppte für den anderen seine Erfahrungen und Erlebnisse an – und die wurden dann zu den Geschichten, die sie sich ohne Ende erzählten. Der Mysterienschleier, der ihre Umarmungen die ersten Jahre umwoben hatte, war abgelegt, eine zärtliche Erinnerung an ihn aber lebte weiter. So freute sich Adalbert jedes Mal, wenn er mit Juliette zusammen sein konnte, war jedoch nicht mehr von ihren Liebesbeweisen abhängig – und das war für ihn ein weiterer Schritt zu seiner eigenen Befreiung.

In diesem März 64 musste Juliette schon nach wenigen Tagen zu einer größeren Reise aufbrechen und sie hatte Adalbert wieder einmal den Schlüssel zu ihrer Wohnung überlassen. An einem Frühnachmittag, an dem er allein und sich etwas verloren fühlend spazieren ging, traf er auf dem Boulevard St. Germain Michel wieder – von ihm hatte er jahrelang nichts mehr gehört. Der lebte, wie er jetzt erfuhr, inzwischen in Cascais, nicht weit von Lissabon, und er betrieb auch immer noch seine volkskundlichen Studien. Ein oder zwei Schallplatten habe er inzwischen herausgebracht und sei dadurch auch in Universitätskreisen bekannt geworden, berichtete er. Aber er vertraute Adalbert auch an, dass er als Kurier die Verbindung zwischen verschiedenen illegalen kommunistischen Gruppen im Land aufrechtzuerhalten half, wozu die volksmusikalischen Forschungsarbeiten und der französische Pass eine vorzügliche Tarnung abgäben. Als er von den Friedensplänen Adalberts für Vietnam erfuhr, fügte er hinzu, dass er hier in Paris über Kontakte zu Funktionären der Kommunistischen Internationale verfüge, über die sicherlich auch die vietnamesische Befreiungsbewegung zu erreichen sei.

Adalbert war sich zunächst nicht ganz sicher, ob das alles auch zutraf, ob ihm sein Freund nicht einfach nur spannende Geschichten erzählte – und ihm traten dabei dessen kleine Hochstapeleien zur Finanzierung ihrer »Expedition« nach Korsika wieder sehr deutlich vor Augen. Aber ein paar Tage später brachte Michel tatsächlich einen vielleicht fünfzigjährigen Syrer oder Ägypter in die Rue de Savoie, der vorerst ungenannt bleiben wollte, einen Intellektuellen, der wenig redete, dafür aber aufmerksam zuhörte und an der richtigen Stelle die nötigen Fragen stellte. Der versprach, die Möglichkeiten für einstweilen informelle Gespräche Adalberts mit Vertretern der vietnamesischen Befreiungsbewegung in Algier auszuloten, deren Ergebnisse er dann seinen Saigoner Freunden übermitteln könne, allerdings müsse vorher klargestellt werden, ob diese Freunde solche Gespräche immer noch wollten. An allen ernsthaften Kontakten, die den Frieden näher brächten, sei die Befreiungsbewegung jedenfalls interessiert.

Adalbert schickte noch am selben Tag an der Zensur vorbei einen Brief an Huan, in dem er alle Einzelheiten dieses Gespräches wiedergab und ihn fragte, ob er jetzt nach Algier fahren oder gleich nach Vietnam zurückkehren solle – er wusste, auf die Antwort würde er mindestens 14 Tage warten müssen.

7.

Auf diese dramatische Zuspitzung seines Engagements für den Frieden in Vietnam folgte ein Satyrspiel, und auch dessen Initiator war wieder: Michel. Am nächsten Nachmittag – er saß gerade mit ihm im *Flore* oder im *Deux Magots* bei einem Glas Wein – sahen sie unmittelbar vor sich eine Citroen-Ente knatternd stehen bleiben. Dahinter hupten die Wagen. Die Insassen, zwei Mädchen, hoben entschuldigend die Hände, sie wussten offensichtlich nicht, was sie jetzt tun sollten. »Komm, wir helfen ihnen, und dann bandeln wir mit ihnen an«, sagte Michel, und so schoben sie zu viert das Gefährt an den Straßenrand. Die Mädchen – eine blonde, wie einer Camembert-Reklame entstiegene Französin, und eine dunkle, schläfrig blickende Amerikanerin, etwas linkisch in Gang und Bewegungen – luden sie, genau wie Michel es vorausgesehen hatte, voller Dankbarkeit prompt zu einem Glas Aperitif ins Café ein. Adalbert erzählte von Vietnam, Michel von seinen musikwissenschaftlichen Forschungen in Portugal, und von den Mädchen erfuhren sie, dass die eine von ihnen, die Amerikanerin, promovierte Assistentin, die andere, die Französin, Au-pair-Mädchen des Cambridger Nobelpreisträgers Sir Francis Crick, des Entdeckers der DNA-Struktur, gewesen war.

Nach einer kurzen Verständigung darüber, ob die gerade erst kennen gelernten jungen Männer ihnen dazu sympathisch genug erschienen, forderten die Mädchen Michel und Adalbert dazu auf, sie zu einer Wochenendparty zu ihrem früheren Chef nach Cambridge zu begleiten. Die waren zunächst geneigt, die ganze Geschichte für eine der in St. Germain gängigen mythomanen Erfindungen zu halten, aber es gab keinen Grund, nein zu sagen. Adalbert glaubte nicht daran, dass sie die beiden je wiedersehen würden, anders als Michel, der, was Frauen anging, Wunder gewöhnt war – die Wundergläubigkeit erwies sich einmal mehr als richtig und zum Rendezvous am nächsten Mittag waren die Mädchen pünktlich mit ihrer Ente zur Stelle.

Um drei Uhr morgens, nach einer stürmischen Kanalüberquerung und einigen hundert linksgesteuerten britischen Straßenkilometern, peilte Renée, die Französin, zielsicher ein schmales Haus in der Cambridger Innenstadt an und holte den Hausschlüssel, den ihre Gastgeber an verabredeter Stelle verborgen hatten, aus seinem Versteck. Auf Zehenspitzen stiegen sie die Treppen hinauf, Hinweisschilder mit Pfeilen und Namen zeigten jedem den Raum an, in dem für ihn ein Bett vorbereitet war – Adalbert fand das seine auf einem Sofa in Francis Cricks Arbeitszimmer. Am nächsten Morgen sollten sie sich – das enthüllte ein weiterer handgeschriebener Zettel – um zehn Uhr im Familienbad zu einem Begrüßungstrunk treffen. Dieses Bad erwies sich als einer der größten Räume des Hauses, eine Bar und eine kleine Bibliothek waren dort installiert. Willkommen geheißen wurden sie, im Morgenrock, vom Gastgeber und seiner Frau. Ein Hauch von Orgienstimmung umwölkte von Anfang an das Haus. Das Bad weckte Erinnerungen an Sinnesfreuden römischer Imperatoren, das Understatement und die perfekten Manieren der britischen Universitätselite ergaben dazu einen Kontrast, der diese Wirkung sogar noch weiter verstärkte.

Am Nachmittag fuhr Francis – sie hatten sich rasch daran gewöhnt, ihn so zu nennen – sie in die umliegenden Dörfer. In Erinnerung geblieben von diesem Ausflug ist Adalbert eine elegische, etwas melancholische Landschaft, aus der, so kam es ihm vor, jeden Augenblick das Lachen Pucks hervorbrechen konnte. Sie besuchten zwei oder drei verräucherte Pubs. Vom verwaschenen Englisch der am Tresen stehenden Landleute verstand er fast nichts, während Francis Crick auch dort ganz am richtigen Platze wirkte: Alles, das Haus und seine Eigentümer, die Landschaft, die Pubs, passte fugenlos zueinander, man hätte diese Bilder auch mühelos in der Zeitebene um ein halbes Jahrhundert zurückfahren können. Über seine Arbeit wagte Adalbert seinem Gastgeber keine Fragen zu stellen, auch nicht über dessen Meinung über die Veränderlichkeit des Menschengeschlechtes: Er wäre sich sonst zudringlich vorgekommen wie ein Paparazzo, der eine Berühmtheit belästigt, und hätte die Gebote, die ein Gast respektieren muss, damit gröblich verletzt.

Zur Party, am Abend, fanden sich rund dreißig Gäste ein, Professoren, Industrielle und örtliche Politiker, die meisten um die fünfzig – aber auch ein paar Assistenten, Studenten und Schauspieler aus dem Theater waren darunter sowie schließlich einige allein stehende, sehr gut aussehende junge Frauen. Es ging dabei recht unverkrampft zu und Adalbert landete am Ende des Festes in den Armen eines ziemlich angetrunkenen, rotlockigen irischen Mädchens, das jedoch nach einer ausgiebigen Küsserei plötzlich verschwunden war, sodass ihm nichts anderes übrig blieb, als auf seine leere Bettcouch zu fallen. Am nächsten Morgen fuhren sie alle vier ziemlich verkatert zurück nach Paris.

8.

In Paris erreichte Adalbert ein Brief Huans mit der enttäuschenden Nachricht, er und seine Freunde wollten mit den Kommunisten nicht mehr verhandeln. Jetzt, wo Diem und seine Familie nicht mehr an der Macht und die Buddhisten zu einer immer stärker werdenden politischen Kraft herangereift seien, stünde das Volk auf der Seite der neuen Regierung. Erst wenn der Viet Cong seine Waffen niedergelegt hätte, werde man über sein weiteres Schicksal entscheiden.

In der Hoffnung, seine Freunde doch noch umstimmen zu können, aber natürlich auch, um den Neubau der Huéer Psychiatrie voranzutreiben, flog Adalbert Anfang April 1964 nach Vietnam ab. In Saigon stand die halbe Regierung auf dem Flugfeld, um ihn zu empfangen, und in Hué säumten Tausende von Menschen die Straßen, als er an der Seite von Thich Tri Quang, dem Anführer der buddhistischen Revolte gegen Diem, in die Stadt einfuhr.

Ein paar Monate später aber begann bereits die Folge der Militär-

Rückkehr nach Vietnam, hier mit Thich Tri Quang, 14. April 1964

putsche. Huan trat von seinem Ministeramt zurück und auch seine Siegeseuphorie verflog, denn es war allen offensichtlich, dass der Viet Cong immer mehr an Boden gewann. Waren Huan und seinen liberalen Freunden Friedensverhandlungen gleich nach Diems Sturz unnötig erschienen, so sahen sie diese jetzt, ein Dreivierteljahr später, als die militärische Niederlage drohte, als zu gefährlich an. Nur eine massive Intervention amerikanischer Truppen, sagten sie, könne die Lage noch retten – und so müsse man diese Kröte eben schlucken, bis die von den USA und dem Militär unabhängigen Gruppierungen im Süden genug eigene politische Kraft entwickelt hätten, um von beiden, den Kommunisten wie den Amerikanern, respektiert zu werden. Die Amerikaner kamen mit ihren Landstreitkräften im Sommer 1965, bald waren es eine halbe Million Soldaten. Die militärische Lage stabilisierte sich zu einem blutigen Patt. Zu einer eigenständigen politischen Kraft wurde die bürgerliche Opposition jedoch nie und die buddhistischen Organisationen, die als einzige eine Chance dazu gehabt hätten, in der Friedensfrage aber unter sich heillos zerstritten blieben, wurden im Sommer 1966 von einer amerikahörigen Generalsjunta völlig zerschlagen.

Adalbert war schon wenige Monate nach seiner Rückkehr zur Überzeugung gekommen, dass allein die vietnamesischen Kommunisten dem Land eine Zukunft geben, dass nur sie ihm Unabhängigkeit, mehr soziale Gerechtigkeit und einen dauerhaften

Frieden bescheren konnten – dass es also nicht mehr bloß um Kompromisse mit ihnen ging, sondern darum, ihnen siegen zu helfen. Zugleich begann er mit einer diskreten Öffentlichkeitsarbeit gegen die amerikanische Propagandamaschinerie. In jenen Tagen gab es in der Stadt noch kein Hotel. So beherbergte er ausländische Journalisten und Wissenschaftler, die nach Hué kamen, in seiner Wohnung und versah sie bei dieser Gelegenheit mit ungeschminkten Informationen, beim Abendessen oder bei einem späten Drink – und manchen von ihnen stellte er auch seine vietnamesischen Freunde vor. Aber er brachte auch Medikamente und chirurgische Instrumente für die Sanitätsstationen des Viet Cong aus Hongkong ins Land, die er zwei Medizinstudenten übergab, die ihm ihre Zugehörigkeit zu der Befreiungsbewegung offenbart hatten.

Wie waren diese Kontakte zustandegekommen? Christian Mauro, ein an der Faculté de Lettres tätiger junger Agrégé, hatte Adalbert in diesem Sommer 64 seinen kommunistischen Freunden bekannt gemacht. Mit Christian, »Normalien«, d.h. Absolvent einer der berühmtesten Pariser Eliteuniversitäten, Schüler Louis Althussers und Mitglied der KPF, hatte Adalbert sich gleich nach seiner Rückkehr nach Hué angefreundet, er war der einzige ausländische Intellektuelle, mit dem er dort offen reden konnte. Sie hatten schnell eine Übereinstimmung in ihren politischen Grundauffassungen, aber auch in ihren philosophischen Interessen festgestellt, und so hatte es sich fast von selbst ergeben, dass Adalberts neuer Freund und Gesinnungsgenosse ihn im Sommer in seine eigenen konspirativen Verbindungen zur Befreiungsfront mit einbezog. Christian gab Adalbert aber auch ein Buch zu lesen, das nach seiner Rückkehr nach Deutschland für seine psychiatrische Arbeit eine beträchtliche Bedeutung gewinnen sollte: Michel Foucaults *Histoire de la Folie*, eine Studie, die ihm die Geschichtlichkeit des Wahnsinns enthüllte und so seinen späteren eigenen ethnopsychiatrischen Arbeiten erst eine tragfähigere philosophische Grundlage gab.

Christian brachte zuerst Hoang phu ngoc Tuong zu Adalbert ins Haus. Tuong war damals Lehrer am berühmten Huéer Gymnasium Quoc Hoc und zeitweise auch Präsident eines der halb legalen »Revolutionskomitees«, die sich in Hué aus Protest gegen den einen oder den anderen Saigoner Militärputsch gebildet hatten, und er arbeitete zu jener Zeit schon für die Befreiungsfront, den Viet Cong also. Näher waren sie sich gekommen, als Tuong Adalbert geholfen hatte, vietnamesische Antikriegsgedichte zu übersetzen, und Adalbert Tuong Materialien der deutschen Antikriegsbewegung beschaffte, die dieser in einer bald danach verbotenen Huéer Zeitschrift, *Vietnam Vietnam*, veröffentlichen ließ. Als Tuong zu Adalbert Vertrauen gefasst hatte, brachte er seinen Bruder Phan mit, einen ebenfalls dem Viet Cong zugehörigen Medizinstudenten, und von Zeit zu Zeit trafen sie sich alle vier – Tuong, Phan, Christian und Adalbert – auch zu Lagebesprechungen.

Aber auch wenn er in Saigon war, hatte Adalbert jetzt Kontakte zum Viet Cong. Sie waren ebenfalls durch Christian zustande gekommen, über die beiden Brocheux, ein insgeheim der französischen kommunistischen Partei zugehöriges Lehrerehepaar. Sie hatten Adalbert mit Huynh van Nghi bekannt gemacht, einen Mathematiker, der eine hohe Position im Saigoner Planungsministerium bekleidete und gleichzeitig illegaler Kader des Viet Cong war. Mit Nghi führte er Gespräche darüber, wie man Adalberts liberale Freunde, zumindest die dafür offenen wie Huan, in Friedensgespräche einbinden könne.

Als dies nicht gelang, breitete Nghi vor Adalbert die Friedensbedingungen der Befreiungsfront aus: Waffenstillstand, jede Seite verwaltet vorläufig die von ihr militärisch kontrollierten Gebiete, Bildung eines aus dem Viet Cong, der Saigoner Regierung und unabhängigen Persönlichkeiten bestehenden Zentralrates, der Wahlen im ganzen Vietnam südlich des 17. Breitengrades abhalten sollte. Diesen Friedensvorschlag übergab Adalbert einem farbigen amerikanischen Freund, der gelegentlich für die *New York Times* arbeitete und ihn dort auch 1965 veröffentlichte. Inzwischen aber hatten die USA den vietnamesischen Bürgerkrieg schon zu ihrem eigenen Krieg gemacht, Hunderttausende ihrer Soldaten standen im Land, unter den Amerikanern herrschte Siegeseuphorie, und Nghis Plan, der das Pariser Friedensabkommen von 1973 vorwegnahm, erzeugte damals kaum einen Widerhall. Mit Nghi traf sich Adalbert aber trotz dieser Fehlschläge weiterhin regelmäßig, immer konspirativ in der Brocheux'schen Wohnung, und er berichtete ihm auch, was er in Hué von den Amerikanern alles zu hören bekam, und das war nicht wenig, weil sie Deutsche bis zum Beweis des Gegenteils für ihre Verbündeten hielten.

Somit war Adalbert in diesem Sommer 1964 nicht nur bei der Weltsicht und den gesellschaftspolitischen Überzeugungen angekommen, die sein Denken für sein weiteres Leben bestimmt haben – er hatte darüber hinaus auch aus ihnen schon die ersten Konsequenzen für sein Handeln gezogen. Wenn er sich heute fragt, warum er dies tat, warum er nicht einfach Zuschauer, im Höchstfall innerlich beteiligter Zuschauer dieses faszinierenden Stücks Welttheater blieb, so muss er einräumen, dass nicht bloß Vernunftüberlegungen ihn auf diesen Weg gebracht hatten – und auch nicht allein das Bedürfnis nach Befreiung von Hunger, Elend und Ungerechtigkeit für dieses Land. Er hatte miterleben wollen, was er sich als Jugendlicher im Nazi-Deutschland schuldig geblieben war: nämlich selbst zum Widerstand zu gehören, zu den Schattensoldaten einer Résistance – und diese wies hier in Vietnam manche Ähnlichkeiten mit der französischen auf, deren nachhallender Ruhm 1953, als er nach Paris gekommen war, noch überall in der Luft hing. Es war ein Akt nachträglicher Wiedergutmachung gewesen, aber zugleich auch ein Versuch, von der Seite des Bösen, ja Ungeheuerlichen auf die Seite des Gerechten und Guten überzuwechseln.

9.

Im Sommer 1965 war Adalbert aufs Neue in Europa. In Berlin lernte er nun auch Wolf Haug kennen, der damals noch in seiner winzigen Klause in der Pohlstraße wohnte, und es wurde auf den ersten Blick eine Freundschaft fürs Leben. Zum ersten Mal machte Adalbert dabei die Erfahrung, dass seine Vietnam-Erzählungen ihm als Kreditbrief dienen konnten, der ihm einen fast unbegrenzten Vertrauensvorschuss einbrachte und freundschaftliche Annäherungen im Lager der Linken spielerisch leicht machte. Zu jener Zeit waren es allerdings erst wenige, die sich für dieses Land und diesen Krieg interessierten. Der Kampf gegen den Atomtod – die Kuba-Krise 1962 hatte seine Dringlichkeit hautnah unter Beweis gestellt – absorbierte noch die ganze Kraft der damals erst schwachen gewerkschaftlichen und universitären Linken. Von Wolf wurde Adalbert zu einer Strategiesitzung eines Vietnam-Arbeitskreises mitgenommen, an dem auch die Berliner SDS-Spitzen teil-

nahmen – er erinnert sich, neben Klaus Meschkat auch Peter Gäng und Jürgen Horlemann dort getroffen zu haben. Im Ganzen waren sie nicht viel mehr als zwanzig und noch nicht in einander bekämpfende Fraktionen zerfallen.
Dieser Kreis hat bald danach auch den Aufruf zur Beendigung der US-amerikanischen Intervention in Vietnam vorbereitet, den die meisten linken und liberalen Intellektuellen der BRD mit unterzeichneten: unter ihnen Günther Anders, Ernst Bloch und Heinrich Böll, Walter Jens und Martin Walser, Wolfgang Hildesheimer und Erich Kästner, Peter Weiß und Robert Jungk, Ossip Flechtheim und Helmut Gollwitzer, Fritz Raddatz und Siegfried Unseld. Viele der dieser »Erklärung über den Krieg in Vietnam« zu Grunde liegenden Informationen hat Adalbert damals in die Diskussion mit einbringen können, die meisten von ihnen haben sich über die Jahre hinweg als stichhaltig erwiesen. Wenige Tage später baten ihn Wolf Haug und Klaus Meschkat für das *Argument* einen Aufsatz über die Amerikaner in Vietnam zu schreiben.
An manchen seiner Berliner Abende zog er mit Wolf durch die Tanzlokale und Kneipen: Sie wollten den Wandlungen der Jugendkultur in der Musik, aber auch in den neuen Tänzen auf die Spur kommen. Der Drang, sich von hämmernden Rhythmen angetrieben durch eigene, an keinen Partner mehr adressierte Bewegungen Lust zu verschaffen, war ihm damals schon fremd und er ist es bis heute geblieben: narzisstische, ja masturbatorische Verrenkungen, so kam es ihm vor, die nicht einmal mehr dazu dienten, in eine kollektive Trance zu fallen, am ehesten der einsamen Ergötzung von Aktienbesitzern am zappeligen Anstieg ihrer Kursgewinne vergleichbar. Haschisch, LSD und Partydrogen wie Kokain und Ecstasy waren damals eine noch seltene Ware, fast ausschließlich arrivierten Künstlern und der High Society vorbehalten. 1965 funktionierte in diesen Tanzlokalen alles noch ohne sie: angetörnt lediglich durch eine psychodelische, realitätslöschende Beleuchtung. Und doch kündigte sich in diesen Szenarien schon ein Zeitalter an, in welchem auch der letzte Winkel des Imaginären berechen-, provozier- und reproduzierbar werden sollte – man konnte es dann als wohlkalkulierte Größe auf einen wie das Universum exponential sich ausdehnenden Markt werfen, den Markt der Illusionen.
In Berlin kam er auch zum ersten Mal wieder seinem Bruder Pe-

ter näher. Der, inzwischen 25 geworden und dort Student der Zeitungs- und Theaterwissenschaften, hatte im Frühjahr seine neue Freundin Mareile geheiratet, eine grünäugige Schönheit, die Innenarchitektur studierte und sich als Model Taschengeld zu ihrem monatlichen Wechsel hinzuverdiente. Zwischen den beiden Brüdern stellte sich sofort ein Einklang her. Peter brachte Adalbert das Theater nahe, er machte ihm klar, was eine Inszenierung alles aus einem Stück machen kann, ja, dass sie so etwas wie seine zweite Geburt ist. Adalbert weckte seinerseits das politische Interesse seines jüngeren Bruders, der sich bis dahin in erster Linie als Bohemien und Ästhet verstanden hatte. Abends saßen sie in den Eckkneipen, die in Berlin die ganze Nacht offen hatten, und an einem Sonntag begleiteten Mareile und Peter ihn zu den Trödlerläden und den kleinen Flohmärkten, wo Schmuck, Lampen und Möbel der Gründerzeit, aber auch des Jugendstils für lächerlich niedrige Beträge feilgeboten wurden. Diese Objekte, die bis Anfang der sechziger Jahre als großmütterlicher Kitsch auf den Dachböden vermodert waren, besaßen jetzt immerhin schon einen, wenn auch vorerst noch geringen Handelswert. So wurde Adalbert, unter der Anleitung seiner Schwägerin, zum Zeugen einer nostalgischen Trendwende im deutschen Kunstgewerbegeschmack, der erst wieder Ende der Neunziger zu funktionaleren Formen zurückkehren sollte.

10.

Auch während dieses Europaurlaubes war Adalbert einige Wochen bei Juliette in Paris. Sie war inzwischen zu einer wichtigen Persönlichkeit im Verlag Gallimard aufgestiegen, verantwortlich für die lateinamerikanische ebenso wie für die osteuropäische Literatur und überdies Claude Gallimards Vertraute. Fast jeden Morgen begleitete Adalbert sie über die Rue Jacob, an der Place Furstenberg vorbei, zu ihrem winzigen Büro im Verlag und am Abend holte er sie dort wieder ab – manchmal trafen sie sich auch in der nahe gelegenen kleinen Kellerbar, die fast ausschließlich von Verlagslektoren und Schriftstellern aufgesucht wurde.

Hier lernte er auch Piotr Rawicz kennen, der bald schon zu einem seiner engsten Pariser Freunde werden sollte. An ihre erste Begegnung hat er keinerlei Erinnerung mehr, überhaupt nicht an irgendwelche Zusammenkünfte, bei denen sie einander noch fremd oder nur flüchtig bekannt gegenübergetreten wären. In diesem Sommer 1965 war Piotr schon dabei, fest eingefügt in das Netz seiner Pariser Freundschaften, so als hätte es ihn immer gegeben. Das lag wahrscheinlich daran, dass Juliette ihn Adalbert nicht nur als neu hinzugewonnenen engen Freund angekündigt hatte, sondern darüber hinaus auch als jemanden, der eigentlich schon seit jeher zu ihrer beider Familie gehörte – und mit Adalbert hatte sie es bei Piotr genauso gemacht. An ihrer nahen Verwandtschaft konnte nach solchen Erklärungen kein Zweifel bestehen, eine Zurückweisung kam deshalb nicht in Frage, ebenso wenig wie eine höfliche, kühle Indifferenz. Es konnte lediglich darum gehen, sich mit den vorweg akzeptierten Eigenarten des unvermutet wiedergefundenen Bruders oder Cousins etwas näher bekannt zu machen und sich dann ganz selbstverständlich zu mögen.

So haben Adalbert und Piotr sich ziemlich vorbehaltlos angenommen, fast von einer Stunde zur anderen, durch Juliettes Zauber- und ein bisschen auch Machtwort. Allerdings konnte dessen Magie nur deshalb so wirksam werden, weil es die Wahrheit aussprach, kamen sie doch alle drei aus einer verlorenen Welt, Waisenkinder eines 1939 versunkenen Subkontinents. Aber vielleicht gab es außerdem noch ein weiteres Bindemittel, an das damals keiner von ihnen dreien dachte: dass Piotr, als sie sich kennen lernten, schon dabei war, einen Part von Adalberts bisheriger Rolle in dem Stück mit Juliette zu übernehmen, nämlich die erotische Seite der geschwisterlichen Freundschaft, die sie verband – während Adalbert selbst allmählich in ihren inzwischen beruhigten, spannungsärmeren Hintergrund zurückfand. Auch hier also eine Übergabe, eine Übernahme, die ebenfalls Juliette gewollt, ja selbst in Gang gesetzt hatte. Juliettes neu begonnene »amitié amoureuse« erschien Adalbert als die logische Fortsetzung seiner eigenen Liebe zu ihr und Piotr als sein brüderlicher Stellvertreter in Sphären, in denen seine eigene Zeit abgelaufen war. Zusammen bildeten sie alle drei nun ein flottierendes Kontinuum der Freundschaft und Zuneigung, an seinen Rändern auch ein wenig der Liebe, dessen Bewegungen und Schwankungen sie sich ohne Angst anvertrauen konnten.

Als einige Jahre später Julio in Juliettes Leben trat, war auch Piotrs

Zeit als Partner einer freundschaftlichen Zärtlichkeitsbeziehung mit ihr vorüber. Aber das änderte nichts an der Freundschaft, die ihn inzwischen mit Adalbert verband – die hatte sich im Laufe der Jahre selbstständig gemacht und war von ihrer beider Bindung an Juliette nicht mehr abhängig.

Bis zu Piotrs Tod, Mitte der achtziger Jahre, sahen sie sich jedes Mal, wenn Adalbert in Paris war. Stundenlang wanderten sie in literarische oder politische Gespräche, manchmal auch nur in Pariser Klatsch versunken durch die Stadt, an Notre Dame vorbei durch das Marais zu der Place des Vosges, die Rue de la Roquette entlang zum Père Lachaise – dieser Weg, den Adalbert zum ersten Mal seit dem Dezember 1954 wieder ging, hatte die der Eifersucht auf Huê geschuldeten kalten Schrecken verloren. Meistens waren sie sich einig über die Bücher, die sie in der Zwischenzeit gelesen, die Filme, die sie gesehen hatten, aber zunehmend uneins über die Politik. Das beeinträchtigte ihre Freundschaft aber nicht im Mindesten. Sie vertrauten sich gegenseitig auch ihre Liebesgeschichten an, die unernsten wie auch die etwas ernsteren. In Piotr hatte Adalbert wieder einen älteren Bruder gefunden, einen, der mehr Lebenserfahrung als er selbst besaß, eine Lebenserfahrung, von der er profitieren konnte, deren Lehren er aber niemals von ihm aufgedrängt bekam.

Piotr war in Galizien groß geworden, der Heimstätte Alexander Granachs und Joseph Roths, einer Region, in der österreichische, polnische, russische und jüdische Kultur sich jahrhundertelang aneinander gerieben und sich gegenseitig befruchtet hatten. Er war der Prototyp des osteuropäischen Intellektuellen, mit seinem leicht ergrauten Haar, den großen braunen, etwas mandelförmigen Augen unter schweren Lidern, trauergetränkt von allen Gefangenschaften bis hin zur letzten und schrecklichsten, Auschwitz, mit seinem weichen, immer ein bisschen ironisch verzogenen Mund, den empfindsamen lang gezogenen Händen, dem vornübergeneigten, etwas zögernd und ziellos wirkenden Gang: Nie hat Adalbert seinen Freund auch nur einen Schritt weit laufen oder mit letzter Bestimmtheit auf jemanden zugehen gesehen. Als gefangen genommener sowjetischer Offizier musste er in Auschwitz seine jüdische Abkunft und deren sichtbarstes Zeichen, sein beschnittenes Glied, versteckt halten, als ob es ein Brandmal wäre. In seinem einzigen Roman, *Das Blut des Himmels*, hat er sich diese lebensrettende, zugleich aber auch identitätsberaubende Verleugnung vom Leibe geschrieben.

In Paris hatte Piotr einige Jahre als Korrespondent der sowjetischen Nachrichtenagentur *TASS* gearbeitet, mit ihr aber nach der Niederschlagung des Budapester Aufstandes 1956 gebrochen – seither schlug er sich mit ein paar Zeitungs- und Zeitschriftenartikeln durch. Der Roman, der auch ins Deutsche übersetzt worden war, hatte seine finanzielle Lage zwischendurch etwas verbessert, aber 1965, als Adalbert Piotr kennen lernte, lebte dieser in einem winzigen Ein-Zimmer-Appartement in der Rue de la Harpe wieder nahe an der Armutsgrenze, wie damals nicht wenige ausländische Künstler und Schriftsteller in Paris.

Immerhin hatte *Das Blut des Himmels* seinem Autor ein beträchtliches literarisches Renommee eingetragen, und so lernte Adalbert durch ihn so manche Gestalten des Pariser intellektuellen Lebens kennen: Slavomir Mrozek, den Autor des *Siebenten Tages*, er steckte voller trockener, skuriler Scherze und besaß als einziger ihrer Bekannten ein kleines Auto; Adolf Rudnizki, Piotrs literarischen Lehrmeister, der von Zeit zu Zeit aus Warschau angereist kam und dessen neue Bekanntschaften, darunter auch Adalbert, aus Angst vor geheimpolizeilichen Ausspähungen zunächst misstrauisch beäugte. Und mehrfach begegneten sie auf ihren Spazierwegen, meist am Montparnasse, Eugène Ionesco, vor dem Piotr sich jedes Mal leicht verneigte, ihm Adalbert – ebenfalls jedes Mal aufs Neue – vorstellte, woraufhin der große Dramatiker immer sein »Enchanté, Monsieur!« murmelte, mit Piotr fünf, sechs Sätze wechselte, meist darüber, wie diesem die letzte Inszenierung eines seiner Stücke gefallen habe, dann seinen Hut lüftete und sich mit kleinen, schlürfenden Schritten wieder entfernte.

Aber es gab in Piotrs Umkreis nicht nur solche Ikonen, auch ein paar Menschen, die ihm wirklich nahe standen: Ruth, seine Herzensgeliebte aus Krakau, die ihn alle zwei Jahre in Paris für einen Monat besuchen kam – dann standen alle anderen Liebschaften still; Anna, seine mondäne, in der Filmbranche als Produzentin gut verdienende Frau, von der er damals, 1965, allerdings völlig getrennt war, sodass Adalbert sie erst Jahre später zu sehen bekam; Sello, der von Übersetzungen und einer bundesdeutschen Rente lebte, das KZ hatte ihn beide Unterschenkel gekostet; Christoph von Schwerin, einen deutschen Rundfunkkorrespondenten, Sohn eines der Opfer des 20. Juli; und Abrascha, einen noch völlig unbekannten Schriftsteller, der vergammelt und tuberkulös ein fast lichtloses Zimmer in der Rue des Canettes bewohnte. Piotr besuchte diese seine Freunde, wenn sie in Paris waren, mit der Regelmäßigkeit eines Postboten, und er nahm Adalbert auf diese Gänge auch öfter mit.

11.

Wie ein Matrose, der an Land geht, war Adalbert auf seinen Europaurlauben ständig auf der Suche nach einer Frau, und er hegte dabei wohl auch die Hoffnung, eine zu finden, die ihn nach Vietnam begleiten würde. Piotrs zunächst aussichtsreich anmutender Versuch, ihm eine schöne, hennablonde Berberin anzudienen, von der er selbst sich trennen wollte, war gescheitert, als die Rede plötzlich auf regelmäßige monatliche Zuwendungen kam, die über Adalberts Finanzkraft hinausgingen. Aber das war für das Mädchen wahrscheinlich nur ein Vorwand gewesen, um ohne Gesichtsverlust aus der leichtfertig eingegangenen Verpflichtung herauszukommen, Adalbert nach Vietnam zu folgen – von Geld hatte sie nämlich erst gesprochen, als sie von diesem erfuhr, das Leben in Hué würde für sie keinerlei mondäne Zerstreuungen bereithalten. So hatte Adalbert, etwa 14 Tage vor seiner Abreise, doch wieder eine der Bars in der Rue Vavin aufgesucht, wo, wie vor 12 Jahren meist auch, einige etwas dezenter aufgemachte Freudenmädchen am Tresen saßen. Eine junge, hübsche, nicht allzu große Frau in einem weiten braunen Pullover gefiel ihm: Sie war keine bestürzende Schönheit wie seinerzeit Yvette, sah aber keck und zugleich ein klein bisschen verworfen aus. Als sie ihn freundlich ansah, erwiderte er ihren Blick, und da kam sie auch schon und setzte sich neben ihn auf den Hocker. Zunächst lief alles erwartungsgemäß ab, er nahm ihre Hand und spielte mit ihren Fingern, sie rieb ihre Wange an der seinen, dann küssten sie sich, erst tastend und vorsichtig, wie zur Probe – ja, das war es, genau das wollte er: Am liebsten hätte er sofort mit ihr geschlafen. Aber als sie ihn fragte, was er arbeite, und er ihr wohl oder übel von Vietnam erzählen musste, änderte sich die Szenerie: Seine Geschichten interessierten sie plötzlich mehr als seine Zärtlichkeiten, und es stellte sich

heraus, dass sie überhaupt keine Professionelle war, sondern in der Atmosphäre dieser Bars nur ein Glas hatte trinken wollen, um ein oder zwei Stunden Zeit totzuschlagen bis zu einer Verabredung um Mitternacht in der benachbarten *Coupole*-Bar. Allerdings, sagte sie, mache es ihr auch Spaß, ab und zu in die Rolle eines dieser Mädchen zu schlüpfen, sich vorzustellen, sich mit einem fremden Mann in einem schäbigen Hotelbett herumzuwälzen, und Adalberts suchender, etwas verlorener Blick hätte zunächst genau diese Fantasien in ihr geweckt. Aber wo sie nun schon einiges von seinem Leben wisse, da sei es dazu zu spät, er sei aus der Kategorie anonymer Liebhaber in die potenzieller Freunde übergewechselt, und bei denen dauere alles viel länger. Jetzt erst sagten sie sich ihre Namen und als Adalbert Carol, wahrscheinlich wollte er sie beeindrucken, auch von seinen Meskalin-Erfahrungen erzählte, schlug sie ihm vor, sie doch zu ihrer Verabredung zu begleiten.
So lernte Adalbert Alberto Giacometti kennen, dessen Modell und, wie es sich herausstellen sollte, letzte Geliebte Carol damals war. Sie saßen in der schon halb leeren Bar der *Coupole*. Giacometti wirkte sehr alt, sehr geschwächt, seine Neugier aber war ungebrochen. Er fragte Adalbert nicht nur über den Krieg, auch über den Alltag in Vietnam aus. Vom Gang der Frauen wollte er etwas wissen, haben sie lange Hälse, wie ruht der Kopf darauf, welche Gewänder tragen sie gern, was isst man dort, wie kann man als Europäer dort leben? Und von Adalberts Meskalin-Versuchen, von seinen zwei Opiumräuschen, Carol brachte die Rede darauf, wollte er jede Einzelheit hören. Dass es zwischen Carol und Adalbert ein bisschen knisterte, schien ihn überhaupt nicht zu stören, nach einer Stunde oder zweien sagte er sogar: »Geht euch noch ein bisschen amüsieren, Kinder, ich muss nach Hause.« Aber sich zu amüsieren, das lag jetzt überhaupt nicht mehr in der Luft, sie gingen noch eine Weile Hand in Hand durch das Viertel spazieren, dann trennten sie sich, und Adalbert kehrte aufgewühlt, aber auch etwas enttäuscht in die Rue de Savoie zurück.
Bis zu seiner Abreise trafen sie sich täglich zu dritt, mal nachmittags, mal abends, immer in der Bar der *Coupole*. An einem der letzten Abende fragte Giacometti Adalbert um Rat: Er sei in die USA eingeladen, solle er annehmen oder ostentativ, wegen der amerikanischen Kriegsverbrechen in Vietnam, ablehnen? Adalbert spürte, dass der Bildhauer sich auf diese Reise gefreut hatte, und

er ahnte wohl auch, dass es wegen seines angeschlagenen Gesundheitszustandes wohl das letzte Mal war, dass dieser eine solche Anstrengung noch auf sich nehmen konnte. Das Beste sei es, so antwortete er, zu fahren und dort auch über den Krieg zu reden. Jedes Mal wenn Giacometti gegangen war, blieb Adalbert etwas verlegen mit Carol zurück. Er wurde den Eindruck nicht los, als versuche der Künstler sie beide einander näher zu bringen, ja für Carol eine »planque«, ein sicheres Versteck bei Adalbert vorzubereiten für die Zeit, wo er selbst nicht mehr für sie sorgen konnte. Carol und Adalbert fühlten sich beide wohl auch um seinetwillen ein bisschen verpflichtet, es miteinander zu versuchen, aber die Unbefangenheit der ersten Stunden war dahin. So tranken sie ziemlich viel Wein und Carol gab den verrücktesten Einfällen nach. So fuhr sie Adalbert in ihrem kleinen Wagen an den See im Bois de Vincennes und stürzte sich dort nackt ins Wasser oder sie hob auf offener Straße ihre Bluse und wollte, dass er ihre Brüste küsste, was er dann eher etwas hilflos auch tat. Doch war es eher so, als schlüge sie in einem surrealistischen Manifest über die Liebe eine Seite nach der anderen auf; als legte sie ein Dia einer Bildergeschichte nach dem anderen ein; als stünden also szenische Übungen an, die hintereinanderweg abgearbeitet werden mussten – und statt erotischer stellten sich eher etwas gekünstelte theatralische Empfindungen bei ihm ein.

An Adalberts letztem Abend in Paris begleiteten sie beide Giacometti nach Haus in sein Atelier in einer der Hintergassen des Montparnasse. Sie umarmten ihn zum Abschied – vor seiner Türe blieb er noch eine Weile stehen und winkte ihnen nach, in seinem grauen Poncho die Arme erhoben, wie ein versteinerndes Kruzifix.

Carol schrieb Adalbert nicht nach Hué, wie sie es eigentlich versprochen hatte, aber wenige Monate später kam ein Telegramm: »Alberto gestorben, möchte dich besuchen kommen, rufe dich morgen 12 Uhr deiner Ortszeit in der Huéer Universität an. Deine Carol.« Aber der angekündigte Anruf drang niemals durch und Adalberts Kondolenzbrief an ihre damalige Pariser Adresse blieb ohne Antwort.

12.

In Vietnam wütete mittlerweile der große Krieg. Die Megabomben der B 52, das Napalm und das Agent Orange verwüsteten das Land, Millionen von Bauern wurden aus ihren Dörfern vertrieben und mussten nun von den Almosen und dem Müll des US-Militärs leben, jahrhundertealte Familien- und Gesellschaftsstrukturen zerbrachen – keiner konnte sagen, ob die materiellen oder die sozialen, die moralischen Zerstörungen das Schlimmere waren.
Adalbert versuchte das alles in seinem großen Aufsatz über die Amerikaner in Vietnam festzuhalten, Jean Claude Pomonti, ein Freund Christians und später *Le Monde*-Korrespondent für Indochina, schmuggelte zwei Kopien nach Europa, und ziemlich zeitgleich wurde der Aufsatz Anfang 1966 von Gerard Horst in *Les Temps Modernes* und von Wolf Haug im *Argument*, unter Pseudonym natürlich, veröffentlicht. Henry Kissinger kam während dieser Zeit nach Hué, er fragte Adalbert anlässlich eines kleinen Diners beim amerikanischen Konsul über die Lage im Land aus. Adalbert, wahrscheinlich deshalb mit eingeladen, weil er inzwischen als Kenner der vietnamesischen Buddhisten galt, versuchte dem damals schon berühmten Harvarder Politikwissenschaftler zu erklären, weshalb die USA auf diesem Boden, auf dem zwei Jahrtausende Unabhängigkeitskampf überall Echo gaben, nur die Verlierer sein konnten. Im Frühjahr 1966 brach zu guter Letzt auch noch im amerikanisch beherrschten Süden ein Krieg im Krieg aus, die buddhistisch orientierten Städte Zentralvietnams, Danang und Hué, erhoben sich gegen das Saigoner Militärregime, Forderungen nach einem Kompromissfrieden wurden immer unüberhörbarer.
Adalbert versorgte die ausländischen Journalisten weiterhin mit ungefilterten Informationen, in der Hoffnung, sie würden ihre Quellen nicht preisgeben, aber er spürte, wie sich die Schlinge um ihn langsam zusammenzuziehen begann, war er doch überall als Freund der Buddhisten bekannt. Einladungen, beim Baden-Badener Psychiaterkongress einen Vortrag zu halten, in Bonneval wieder am Deutsch-Französischen Psychiatertreffen teilzunehmen und außerdem an mehreren deutschen Universitäten sowie am Münchener Max-Planck-Institut Daniel Gloops zu referieren, lieferten ihm genug Vorwände, um Ende Mai, nach dem Ende der

Huéer Vorlesungszeit, wieder nach Europa zu fahren. Aber aus den drei Monaten, die er dort bleiben wollte, wurden unfreiwillig fünf. Nach der Niederschlagung des zentralvietnamesischen Aufstandes wollte die Saigoner Polizei ihn wegen seiner Freundschaft zu Huan, der einer seiner Führer gewesen war, zunächst nicht wieder im Lande sehen, und es bedurfte später zäher Verhandlungen, um diese Entscheidung auf höherer Ebene rückgängig zu machen.

12.

Christian Mauro war diesmal mit ihm nach Europa geflogen, und als sie in Saigon auf die Ausreisepapiere warteten, hatte sein französischer Kumpan ihm halb lachend, halb weinend die Selbstentdeckung seiner Homosexualität gestanden: ausgeträumt der Traum von Familie und Kindern, aber welche Lust, welche Lust. Da er Christian nun schon seit zwei Jahren kannte, ihn mochte und schätzte, war er über dieses Coming-out nicht sonderlich befremdet. Aber der gleichzeitige komplizenhafte Blick auf ein an ihnen auf dem Fahrrad vorüberflatterndes schönes Mädchen im weißen Ao Dai – in Hué war ein solcher Blick die einzig erlaubte, aber auch einzig realisierbare Hinwendung zum anderen Geschlecht –, dieser Blick hatte nun gewissermaßen seine Geschäftsgrundlage verloren. Was sie miteinander teilen konnten, waren nur noch die intellektuellen Spannungsfelder und ihr gemeinsames politisches Engagement, aber auch bezüglich des Letzteren hatte Christian Angst, denn was würde die Partei zu seiner neu entdeckten sexuellen Orientierung sagen und was zu dem Umstand, dass der vietnamesische Jüngling, mit dem er sich zusammengetan hatte, auch noch finanziell von ihm abhängig war?
Adalberts Vietnam-Aufsatz war bei der Pariser Linken gut angekommen. Es war der erste Versuch gewesen, die Leidenschaften, die dieser Krieg entfacht hatte, mittels eines tiefenpsychologischen Instrumentariums aus der vietnamesischen wie aus der amerikanischen Geschichte heraus zu verstehen, und so konnte Christian ihn auch, ohne schamrot zu werden, seinen Pariser Normalien-Freunden persönlich vorführen. Etienne Balibars rundes Gesicht ist ihm von diesen Begegnungen noch in Erinnerung geblieben,

er war Althussers Lieblingsschüler und machte Adalbert zu seiner Publikation freundliche Komplimente. Durch blühende Lavendelfelder fuhren sie zum Sommerhaus der Balibar-Eltern in der Haute Provence – wie bescheidene, ländliche Volksschullehrer kamen diese zwei schon ergrauten Pariser Intellektuellen ihm vor, stolz einzig auf ihre akademisch erfolgreichen Kinder.

Aber die für Adalbert wichtigste Person, die er in diesen Sommermonaten durch Christian kennen lernte, war Helène: Helène Verger, wie sie sich damals nannte, bevor sie als Autorin ihren Mädchennamen Rigoux wieder annahm. Ein Mysterium hatte sie schon in Christians Huéer Erzählungen umschwirrt, ein pharaonisches fast: Mal war sie darin als seine Schwester, mal auch als seine Geliebte, ja als seine Himmelsbraut aufgetaucht, ein Wunder an Schönheit und als Einzige intellektuell ebenbürtig genug, um später sein Leben zu teilen. Das war natürlich so gewesen, bevor sein Huéer Kampfgenosse asiatischen Epheben verfiel – jetzt, auf ihrer gemeinsamen Europareise, erklärte er Helène dieser Verpflichtungen für ledig, wie er sich auch selbst von ihnen befreit fühlte, die mythologischen Bande flatterten aufgelöst im Wind. Als Adalbert den Wunsch äußerte, Helène kennen zu lernen, gestand Christian etwas verschämt, dass sie in Wirklichkeit in Scheidung lebe, mit zwei kleinen Kindern in Arcachon, und gerade dabei sei, ihre Dissertation über James Joyce zustande zu bringen, eine psychoanalytische Deutung des *Ulysses*.

Nicht alles an Christians Bild von Helène war das Ergebnis von Fantasiespielen eines noch auf der Suche nach sich selbst befindlichen jungen Homosexuellen, der seine Neigungen lange erfolgreich verdrängt hatte. Als sie ankamen, trat ihnen eine große, schlanke Frau im Vorgarten ihres an einem Hügel gelehnten Pavillons entgegen, mit weichen Bewegungen, krausen schwarzen Haaren und einem pathetisch ausdrucksvollen Gesicht, mit zarten, festen Händen und einer Stimme wie aus Met. Die zimtene Süße, die die Aura dieser Erscheinung bildete, ließ Adalbert schon bei der Begrüßung nicht los – sie umfloss ihn von allen Seiten und er hatte das Gefühl, dabei seine eigene Kontur zu verlieren.

Natürlich blieb das nicht so. Am Abend, als die Kinder zu Bett gebracht worden waren, unterhielten sie sich schon ganz normal. Adalbert las Helène aus seiner im Druck befindlichen ethnopsychiatrischen Monografie vor, deren begriffliche Unabgeschlossenheit ihm bis dahin als empfindlicher Mangel vorgekommen war, Helène aber gerade zu gefallen schien. Christian musste am nächsten Morgen schon weiter. Helène bat Adalbert, noch zu bleiben, etwas zögernd stimmte er zu, und so fanden sie sich für ein paar heiße Sommertage mit den zwei Kindern an diesem großbürgerlichen Badeort allein.

Wie daraus im Fortgang eine kurze Liebesgeschichte wurde, ist in Adalberts Kopf etwas durcheinander geraten. Am Anfang standen flüchtige, schmetterlingshafte Berührungen der Hände, der Wangen, der Lippen, getragen von langen abendlichen Gesprächen über Heidegger, Freud und Joyce, und diese Anlaufphase ihrer Beziehung hat Adalbert am ungetrübtesten in Erinnerung. Dann taucht wie in einer Traumsequenz Christian noch einmal auf dieser Bühne auf, mit Juliette, ohne dass Adalbert wüsste, wie sie beide zusammen dort hingeraten sind – und sie spielten alle vier miteinander ein bisschen die Wahlverwandtschaften.

Mitten aus diesem noch heiteren Himmel machte Helène Adalbert das unerwartete Angebot, sich für längere Zeit zusammenzutun: Statt nach Vietnam zurückzukehren, was im Moment ohnehin nicht anstand, weil er dort noch als Persona non grata galt, solle er doch in Europa Arbeit suchen und sie alle 14 Tage über ein verlängertes Wochenende besuchen kommen – jetzt im Sommer nach Arcachon und später nach Paris. Die Flugkosten würden sie sich teilen. Zunächst war das alles noch nicht so ganz ernst gemeint, aber irgendwo lag doch in der Luft, dass am Ende solcher Reisen eine Ehe stand – wie bei einer Bekanntschaft durch Anzeigen. Einmal holte Helène ihn tatsächlich auch in ihrem kleinen Auto am Bordeauxer Bahnhof ab. Während dieser zweiten oder dritten Folge der Arcachoner Tage, die ganz nach Helènes Terminplan abliefen, fühlte sich Adalbert doch schon ein bisschen beengt. Wahrscheinlich hatte er Angst, Verantwortung für die Kinder mit zu übernehmen, vielleicht aber war ihm auch einiges an Helène selbst unheimlich vorgekommen: Ihre Texte, die sie ihm vortrug, kamen so unkontrolliert aus ihr herausgesprudelt, als ob sie einen Wasserhahn aufgedreht hätte. Sie erschien ihm voll ungezügelter innerer Kraft und dieser zugleich wehrlos preisgegeben. Und dann war da noch irgendetwas anderes, irgendein Vorbehalt, den er spürte, aber zunächst noch nicht erkennen und noch weniger präzise benennen konnte. Nicht lange danach arrangierte He-

lène ein Rendezvous in ihrem Pariser Studio für eine Liebesnacht, weit weg von den Kindern und gewissermaßen auf Probe. Sie trafen sich in einem Café und stiegen dann die ein oder zwei Treppen hinauf. Zwar kann es eigentlich so gar nicht gewesen sein, wie er es jetzt vor sich sieht, aber Adalbert hat keinerlei Erinnerung daran, dass das Licht im Studio überhaupt angemacht wurde. Wenn er heute daran zurückdenkt, so herrschte dort eine ägyptische Finsternis, das Bett nahm fast den ganzen, sehr kleinen Raum in Anspruch, überall stieß man an unvermutete Wände – und plötzlich tauchte aus Helènes Liebesgeflüster, während sie Adalbert streichelte, auch ein mysteriöser amerikanischer Geliebter auf, ein krebskrankes Genie, das eines Tages vielleicht doch geheilt zu ihr zurückkehren werde – sie hätte ihm beim Abschied geschworen, dass bis dahin keiner in sie eindringen dürfe.
Diese Einschränkung nahm Adalbert jeden Elan. Er tat zwar, was sie von ihm erwartete, aber er fühlte sich unbehaglich, gerade weil er Helène mochte und fürchtete, dass ihre Freundschaft dabei Flecken bekäme. Viele Jahre später, als bekannt wurde, dass Helène mit Adriane Mnouchkine, der Gründerin des »Théâtre du Soleil«, zusammenlebte, begriff er etwas besser, was sich in dieser Nacht zwischen ihnen abgespielt hatte.

12.

Spätestens am nächsten Morgen wusste Adalbert, dass er sein Glück bei Helène nicht finden würde – so anregend, ja so herzerwärmend ihre Gegenwart für ihn in manchen Stunden auch war. So war es kein Zufall, dass er Anfang Oktober bei einem erneuten Besuch bei seinem Bruder Peter in Berlin an Veronika geriet, seine erste Frau: Helènes Antipodin in nahezu allen Hinsichten. Veronika war 24 und schon geschieden, sie lebte mit ihrer fünfjährigen Tochter und ihrem für ein paar Wochen abwesenden Freund in einer Wohngemeinschaft mit Peter im selben Haus. Schon bei der Begrüßung, bei der ersten Berührung der Hände, entstand zwischen ihnen ein magnetisches Feld, und als sie eine halbe Stunde später in einer dunklen Bar miteinander tanzten, war ihnen beiden klar, dass sie möglichst schnell miteinander ein Bett finden wollten. Adalbert machte den Vorschlag, dazu nach Paris

zu fliegen. Piotr war gerade in Polen, sein kleines Studio in der Rue de la Harpe also frei. Und: Das taten sie am nächsten Morgen auch gleich.
Kaum waren sie dort angekommen und hatten die Koffer abgestellt, so lagen ihre Kleider schon auf dem Fußboden verstreut und sie waren dabei, sich auf dem wackeligen, etwas schiefen Bett zu lieben. Veronika hatte die von Adalbert zunächst vorgeschlagenen romantischen Präliminarien – einen Spaziergang an der Seine und ein Diner bei Kerzenschein – nicht abwarten wollen, und so war es zum Besuch der Stadt überhaupt erst am nächsten Mittag gekommen – wie so oft beim ersten Mal waren auch ihnen über 24 Stunden hinweg ihre Körper und ihre früheren Bettgeschichten, die sie sich zwischendurch lachend erzählten, interessanter und wichtiger erschienen als alles andere. Anders aber als Veronika, die nach diesem Flitterwochenende ihre Verrücktheit auf Sex aus ihrem Kopf wieder verjagt zu haben schien, empfand er nun ein viel heftigeres Verlangen nach ihr: nicht so sehr, immer wieder mit ihr zu schlafen, als vielmehr sie ständig um sich zu haben und anzusehen. So fragte er sie, ob sie nicht mit ihm nach Vietnam kommen und ihn, das sei dazu unumgänglich, auch heiraten wolle. Sie stimmte diesem abenteuerlichen Vorschlag sofort mit Begeisterung zu – zu seinem freudigen Erstaunen, denn sie ging nach ihrer ersten Nacht mit ihm schon um wie mit einem alten Kumpel und zeigte sich außerhalb des Betts auf ihn weder besonders scharf noch erkennbar in ihn verliebt.
Aber er beachtete diese Warnzeichen nicht und so flog Veronika allein voraus nach Berlin: Sie wollte, was geschehen war und was nun darauf folgen sollte, ihrem bisherigen Freund, der inzwischen zurückgekehrt war, persönlich eröffnen. Adalbert überstand währenddessen eine schwere Stunde bei Helène, im Institut für Anglistik in der Rue de l'Ecole de Medecine. Aber Helène brach mit ihm nicht, sie wünschte ihm sogar Glück zu der bevorstehenden Heirat und sagte ihm, vielleicht sogar ein bisschen erleichtert, weiterhin ihre Freundschaft zu.
In Wiehl, bei Ivy und Dieter, wurde zehn Tage später in kleinstem Kreis das Hochzeitsfest gefeiert, nur mit Mareile und Peter, Juliette und Dorothee Ritterley als Gästen. Wenige Tage später flogen sie zu dritt, mit Veronikas Tochter Julchen, nach Vietnam. Bereits auf dem Flug war Veronika eigenartig kurz angebunden, bei allen klei-

nen zärtlichen Berührungen Adalberts verkrampfte sie sich. »Nicht jetzt«, sagte sie ärgerlich, »was soll das Kind denken« – während sie am Vormorgen noch darauf bestanden hatte, dass Julchen sie beide zusammen im Bett liegen sah, um sich an diesen neuen, ihr noch völlig fremden Mann zu gewöhnen. Später, als sie schon geschieden waren, sagte sie Adalbert, dass in der Enge der überfüllten Maschine, voller Angst, in einem fremden Land einem ihr fast noch unbekannten, mit den Rechten eines Ehemannes ausgestatteten Gefährten hilflos ausgeliefert zu sein, ihre Verliebtheit plötzlich verpufft sei und sie ihm für das alles die Schuld gegeben hätte.

Hochzeitsfest in Wiehl, 1966

In Saigon angekommen, wurde nichts besser. Zunächst vergaß Veronika seinen vierzigsten Geburtstag, dann kam, ob es Zufall war, weiß Adalbert nicht, Julchens Vater und Veronikas erster Mann, Kameraassistent bei der amerikanischen Nachrichtenagentur NBC, ein kleines, schmächtiges Jüngelchen, für eine Woche aus Bangkok angereist, und sie blieb einige Nächte ohne jede Vorankündigung bei ihm. Erst in Hué waren sie wieder allein. In Gesellschaft spielten sie ein glückliches Paar, aber kaum gingen die anderen, so schossen zwischen ihnen auch schon alle Schranken empor. Veronika bat ihn, Geduld mit ihr zu haben, vielleicht werde zwischen ihnen ja alles wieder in Ordnung kommen. Aber die Wochen, ja die Monate zogen sich hin und alles blieb, wie es war. Abends spielten sie auf ihrem Balkon Rommé und zwischen den Partien setzte Adalbert Veronika über alles ins Bild, was in Vietnam vor sich ging. Sie war in politischen Fragen eine dankbare und gelehrige Schülerin und erkannte bald, dass hier alles viel komplizierter war, als ihr maoistischer Exfreund es ihr beigebracht hatte. Und obwohl Adalbert sie nicht mehr umarmen durfte, war er ihr doch dankbar dafür, dass sie da und er nicht mehr allein war. Julchen war ein heiteres, lustiges Kind, dessen Lachen ihm Freude bereitete – gerne wäre er ihr ein verlässlicher Vater geworden, aber auf Grund der wenig aussichtsreichen Zukunft seiner Ehe mit Veronika musste er sich zurückhalten. Und dennoch, wenn Veronikas etwas rauchige Stimme durch die Wohnung hallte, wenn sie ihn rief oder ihm etwas erzählte, ihn manchmal auch freundlich neckte, kam ihm schon das wie ein leises Streicheln vor, und er fasste wieder ein bisschen Hoffnung. Als sie im Sommer 1967, nach den ersten Granatwerferangriffen des Viet Cong auf das Zentrum Hués, mit Julchen nach Berlin zurückkehren musste, ließ sie die Platten mit den sehnsüchtigen Liebes- und Friedensliedern Joan Baez' zurück, die er durch sie kennen gelernt hatte, und es war ihm, als richte sich *Farewell Angelina* jetzt an sie beide, an sie und an ihn.

13.

Danach war er wieder allein und die Einsamkeit schlimmer als zuvor. Tuong und sein Bruder Phan waren bei den Viet Cong in den Bergen, Huan, nach Saigon verbannt, hatte dort praktisch Hausarrest. Seine buddhistischen Freunde von früher, soweit sie noch in Freiheit waren, konnte er nur selten sehen, wenn er sie nicht in Gefahr bringen wollte – denn die Sicherheitspolizei und die CIA hatten ihn als Buddhistenfreund immer noch im Visier. Aber dieser Verdacht war gleichzeitig auch eine Tarnkappe: Vorerst kam niemand auf die Idee, dass er in Wirklichkeit schon lange nicht mehr mit den Buddhisten, sondern mit der Befreiungsfront kooperierte.

Im Frühherbst kümmerten sich die jungen Amerikaner vom *In-*

ternational Volontary Service, einer regierungsunabhängigen Hilfsorganisation, freundlich um ihn. Sie kamen zu Bridgepartien herüber, alle sprachen sie Vietnamesisch, alle waren sie gegen den Krieg und alle verfügten sie über genaue Informationen über die Lage in den Dörfern, über Folter und Mord, die Adalbert den ausländischen Journalisten prompt weitergab. Die jungen Männer unter ihnen hatten Veronika den Hof gemacht, manche von ihnen mit ihr vielleicht auch geschlafen, aber Adalbert war jetzt im Nachhinein auf sie nicht eifersüchtig: Das knüpfte eher ein Band der Freundschaft und Solidarität zwischen ihnen, denn jetzt hatte sie ja sie alle verlassen.
Gleich nach Veronikas Abreise hatte er begonnen, die *Vietnamesischen Lehrjahre* zu Papier zu bringen. Nur so hatte er sich über den Abschied, über ihren endgültigen Verlust hinwegtrösten und seine eigene Handlungsfähigkeit wiedergewinnen können. Indem er ein Buch schrieb, das die Ereignisse im Land nicht nur wiedergab, sondern auf sie auch Einfluss zu nehmen suchte – seine Interventionen während der ersten Buddhisten-Krise, 1963, und auch sein Aufsatz in den *Temps Modernes* und im *Argument* hatten ihm gezeigt, dass Gedrucktes nicht völlig wirkungslos blieb.
Aber er hatte nun auch genug Distanz, um über seine verfehlte Liebe zu Veronika nachzudenken. Es war seine Freiheit, die er ihr ausgeliefert hatte, und die konnte man jemandem nur einmal vergeben. Von ihr abhängig, ja ihr hörig geworden, war für sie nichts mehr von ihm und an ihm übrig geblieben, was sie nicht schon besaß, nichts, was sie noch hätte entdecken, erobern, lieben, worauf ihr Verlangen sich noch hätte richten können. An ihm als Älterem, als Lebens-, wenn auch nicht Liebeserfahrenerem wäre es gewesen, sich aus dieser Verstrickung zu befreien, sich ihr gegenüber freier, unangreifbarer, ja vielleicht sogar etwas gleichgültiger zu zeigen, statt wie ein geprügelter Hund auf Zärtlichkeiten zu warten, die nicht mehr kamen. Nur dann hätten sie gemeinsam eine zweite Chance gehabt, so aber hatte er sie verspielt.

14.

Im Oktober 1967 ließ Olivier Todd, ein Journalist vom *Nouvel Observateur*, mit dem er sich in Hué ziemlich eng angefreundet hatte, ihm eine Botschaft Jean Paul Sartres zukommen: ob er bereit sei, vor dem Russel-Tribunal in Roskilde – Ende November würde es tagen – über die amerikanischen Kriegsverbrechen in Vietnam auszusagen. Er sagte gleich zu, denn zur gleichen Zeit hatte die vietnamesische Sicherheitspolizei ihn vernommen: die Ausweisung oder vielleicht noch Schlimmeres drohte. Seine fachlichen Aufgaben waren erfüllt, die ersten seiner Studenten hatten ihr ärztliches Examen abgelegt, der neue psychiatrische Pavillon, für den er Geldmittel bei *Misereor* zusammengebettelt hatte, war fertiggestellt, und gleichzeitig verlautete aus dem Bonner Entwicklungsministerium, es werde seine Zahlungen für das gesamte Projekt in einem halben Jahr ohnehin einstellen. Dr. Seipp, der deutsche Dermatologe, der zur gleichen Zeit wie er Vietnam verließ, schmuggelte Adalberts Unterlagen für Roskilde außer Landes.

Es folgte ein schmerzlicher Abschied von den vietnamesischen, französischen und den paar amerikanischen Freunden, von den deutschen Kollegen, ein kurzer Halt in Phnom Penh, immer noch eine Insel des Friedens, ein zweiter in Bangkok, und dann war er schon unterwegs – diesmal endgültig zurück nach Europa.

2. Kapitel: Der Weg in die Öffentlichkeit

1.

Am Kopenhagener Bahnhof wurde Adalbert von Wilfred Burchett abgeholt, einem australischen Journalisten, der mehrere Monate bei den Kämpfern der Befreiungsfront im Mekongdelta zugebracht hatte. Adalbert war ihm zum ersten Mal in Phnom Penh begegnet, im Hause Charles Meyers, eines der französischen Berater Prinz Sihanouks. Er hielt ihn zunächst für eine Säule des Tribunals, waren Burchett und die *Humanité*-Reporterin Madeleine Riffaud doch die einzigen westlichen Zeitungsleute, denen die FNL den Zugang zu den befreiten Gebieten des Südens gestattet hatte. Aber schon in den nächsten Tagen musste er erkennen, dass der Australier, vom moskautreuen Kommunisten zum Maoisten gewandelt, in Roskilde eher zu den Außenseitern gehörte und manche seiner früheren Freunde sich sogar scheuten, sich zu oft mit ihm sehen zu lassen.
Das Tribunal war das erste internationale Gremium, das Adalbert kennen lernte. 1970 wurde er selbst in die Reihen der Nachfolgeorganisation berufen, der »Internationalen Kommission zur Untersuchung von US- Kriegsverbrechen in Indochina«, 1974 auch in die »Untersuchungskommission über die Verbrechen der chilenischen Militärjunta« und ungefähr zur gleichen Zeit auch in den Weltfriedensrat. Hier in Roskilde aber war er nur einer von vielen Zeugen und so traute er sich an Jean-Paul Sartre und Simone de Beauvoir, die beiden unangefochtenen Stars des Tribunals, nur zögernd heran. Sartre zeigte sich ihm gegenüber freundlich und jovial, während Beauvoir einfach durch ihn hindurchsah. Umso mehr wunderte es ihn, dass sie seinem Auftritt vor dem Tribunal später eine Seite ihrer Memoiren widmete. Zum Essen saß er meistens mit Günther Anders zusammen, Hannah Arendts erstem Ehemann, dessen Kassandrarufe vor dem drohenden Atomtod, abgedruckt in vielen *Argument*-Heften, Adalbert im Gedächtnis haften geblieben waren. Aber nur zu Peter Weiss, der ihn mit den

übrigen Tribunalsmitgliedern, mit den Journalisten, den vietnamesischen Zeugen und politischen Persönlichkeiten bekannt machte, entstand in diesen wenigen Tagen eine lockere freundschaftliche Beziehung, die bis zum Tode des Dichters anhielt: Mit ihm konnte er auch über den Huéer Alltag, über seine eigenen Stimmungen und Zweifel reden.

Peter Weiss hatte mit den kommunistischen Parteihierarchien bereits schmerzhafte Konflikte durchgestanden, durch sein Trotzki-Stück war er für sie fast zur Unperson geworden und noch über ein Jahrzehnt später musste die Publikation der *Ästhetik des Widerstands* in der DDR mühsam erkämpft werden. Adalbert standen solche Kämpfe damals noch bevor. Beide hielten sie aber in diesen Auseinandersetzungen an ihrer Solidarität mit der sozialistischen Welt fest, und zwar auch noch zu einer Zeit, in der sich viele französische und deutsche Linksintellektuelle schon neuen Moderichtungen zuwandten, in denen eine selbstgerechte Moral sich zum Richter über alle gesellschaftlichen Veränderungen aufschwang und mit Stalin gleich auch Lenin, Marx und Hegel zu intellektuellen Terroristen erklärte.

Der einzige Vietnamese, der sich in Roskilde um Adalbert kümmerte, war der Hanoier Gesundheitsminister Dr. Pham Ngoc Thach. Er stammte aus dem Süden, sprach ein elegantes, fehlerfreies Französisch und war international bekannt geworden durch ein einfaches Mittel zur Verhütung infektiöser Darmkrankheiten: die Zweikammertoilette, die menschliche Exkremente mit biologischen Mitteln desinfizierte und sie so als Garten- und Felddüngung gefahrlos verwendbar machte. Der Minister interessierte sich für alles, was Adalbert aus dem Süden zu berichten hatte, nicht nur für die militärische und politische Lage, nicht nur für die Verbrechen der Amerikaner und die ihrer vietnamesischen Söldner, sondern auch für das Leben in den Dörfern und Städten und vor allem natürlich für die medizinische Betreuung der Bevölkerung, sofern es eine solche überhaupt gab. Er ermunterte Adalbert, sein Buch rasch fertig zu schreiben, und versprach ihn bald nach dessen Erscheinen zu einer Informationsreise in den Norden einzuladen.

Diese drei oder vier Tage wurden zu einem neuen Wendepunkt in Adalberts Leben: Hier bekannte er sich zum ersten Mal unter seinem eigenen Namen zur Sache der Befreiung Vietnams und damit auch zu der Sache des Sozialismus und machte damit seine drei Jahre vorher gefallene Entscheidung unumkehrbar. Auch in den Augen der Öffentlichkeit, sofern sie ihn überhaupt beachtete, galt er hinfort nicht mehr als neutraler Beobachter – der Kredit, der in seiner Unabhängigkeit bestanden hatte, war mit seiner Zeugenaussage verbraucht, Adalbert, wenn auch auf Grund einer, wie er meinte, objektiven Darstellung der Geschehnisse, zum Anhänger einer der beiden Seiten in einer weltweiten Auseinandersetzung geworden.

Aber zum ersten Mal spürte er auch den Druck, dem er hinfort ständig ausgesetzt sein würde: sich möglichst auf die Wahrnehmung des Leidens der Seinen zu beschränken und das der anderen, seiner Gegner, auszublenden. Ebenso hatte er nun in den Leid verursachenden Handlungen der Gegner das Verdammenswerte schlechthin auszumachen, als böse Absicht oder aber als unabwendbare Folge eines mörderischen und ausbeuterischen Systems, wohingegen die Untaten der eigenen Seite, wenn sie doch irgendwo in seinen Gesichtskreis traten, nur auf Irrtümern oder unvermeidlichen Härten des Kampfes im Interesse der guten Sache beruhen durften. Diesen Denkzwängen versuchte er sich zu entwinden, wenigstens noch zu registrieren, wenn die Seinen auch noch gegen solche selbst gesetzten Maßstäbe verstießen. Aber es bedurfte dazu einer ständigen Anstrengung: Das neue Prinzip hatte wie der Hegel'sche Weltgeist die Neigung, in seinem Kopf gegen ihm widersprechende Tatsachen anzurennen und sich manchmal auch gegen sie durchzusetzen. Besonders wo etwas unklar geblieben war, da gewährte Adalbert bei der Abwägung den Seinen einen beträchtlichen Bonus, ganz nach dem Grundsatz »in dubio pro amico«. So hatte er auch den Tod seiner deutschen Kollegen während der kommunistischen Tet-Offensive in den ersten Februartagen 1968 zunächst der Saigoner Militärclique zur Last gelegt; so hatte er dem von Sartre formulierten Verdikt des Tribunals, die USA begingen in Vietnam einen Genozid, nicht widersprochen, obwohl ihm dieser Begriff damals schon überzogen erschien und er jetzt aus der Rückschau sagen muss, dass es sich nicht darum, sondern »nur« um Kriegsverbrechen und schwer wiegende Verletzungen der Menschenrechte gehandelt hat. Erst zehn Jahre später lernte er, dass von jeglicher Kritik gesäuberte Solidarität auf längere Sicht wirkungslos bleibt.

Die dritte, für ihn unerwartete und eher schmeichelhafte Folge bestand darin, durch das Tribunal öffentlich bekannt geworden zu sein. Außer einigen amerikanischen Deserteuren, außer einigen als Kommunisten oder deren Sympathisanten bereits stigmatisierten Wissenschaftlern, Schriftstellern und Publizisten war er der einzige Westler gewesen, der in Roskilde ausgesagt hatte – der einzige auf jeden Fall, der noch ein unbeschriebenes Blatt war, der einzige Westdeutsche zudem, Bürger eines Staates also, der die US-Intervention in Vietnam wenn auch nicht militärisch, aber doch politisch mitgetragen hatte. So war es kein Wunder, dass sich nach einer kurzen Pause der Verblüffung viele Journalisten auf Adalbert stürzten. In Kopenhagen nahm *Cinq colonnes à la une*, eines der beliebtesten Politmagazine des französischen Fernsehens, vor seiner Abreise ein fast zweistündiges Interview mit ihm auf – noch ein paar Jahre danach erkannten ihn deshalb manche Pariser Freudenmädchen wieder, was der käuflichen Liebe mit ihnen einen angenehmen persönlichen Touch gab. Durch ein langes *Spiegel*-Gespräch fanden seine Vietnam-Erfahrungen auch in der BRD weite Verbreitung. In Frankreich, wo ohnehin schon viele, nicht nur die Intellektuellen, für die Sache Vietnams eintraten, erregte er zwar keine besondere Aufmerksamkeit – in der BRD hingegen kannten danach fast alle politisch Interessierten seinen Namen.

2.

Die nächsten fünf Monate, bis zum 1. Mai 1968, blieb Wiehl sein Hafen. In der Dachmansarde, auch heute noch das Gästezimmer Ivys und Dieters, schrieb er seine *Lehrjahre* kapitelweise weiter, auf einer gußeisernen Schreibmaschine aus den zwanziger Jahren, die außer ihm niemand benutzte – wahrscheinlich war sie irgendwann aus einem der Gerichtsbüros ausrangiert und Dieter oder schon Heinz billig zum Kauf angeboten worden. Aber er hielt in dieser Zeit auch viele Vorträge über Vietnam und im Februar 1968 war er natürlich auf dem vom SDS veranstalteten Berliner Vietnam-Kongress. Im Süden Vietnams war die Tet-Offensive der Befreiungsfront noch immer im Gang, noch immer wehte ihre blauweiße Flagge mit dem gelben Stern über der Huéer Zitadelle und die Amerikaner hatten Mühe, die Vororte Saigons zurückzuerobern.

Manche Redner versuchten auf diesem Kongress den Eindruck zu erwecken, die vietnamesische Befreiungsfront hätte fast schon gesiegt, die Weltrevolution stünde unmittelbar vor der Tür, getragen diesmal von den entrechteten Massen der Dritten Welt und ihren Verbündeten, den Studenten in den westlichen Metropolen. Irgendjemandem, wahrscheinlich Wolf Haug, war es gelungen, Adalbert als den einzigen anwesenden Augenzeugen dieses Krieges im letzten Moment doch noch auf die Rednerliste zu setzen. Völlig unvorbereitet wurde er aufgerufen, mit einer vor Lampenfieber trocknen Kehle begann er zu sprechen, zum ersten Mal vor einer solch riesigen Menge, aber so schwer es ihm fiel, er stimmte in den allgemeinen Jubel nicht ein. Die Amerikaner seien noch lange nicht am Ende ihrer Kräfte, sagte er, und in den Metropolen des Westens sei sie, die Linke, eine verschwindende Minderheit, noch Jahrzehnte werde es dauern, bis die Vorherrschaft des Imperialismus gebrochen werden könne. Seine Warnungen stießen jedoch bei den meisten Zuhörern auf taube Ohren und so kam er sich fast wie ein Spielverderber vor. In jenen Tagen verlautete auch, dass drei seiner deutschen Kollegen und eine ihrer Frauen in Hué von Viet-Cong-Soldaten gefangen genommen worden waren. Zusammen mit dem Prälaten Huessler fuhr er in die Ost-Berliner Botschaft der Befreiungsfront, wo man ihnen versprach, die Deutschen, wenn sie tatsächlich in die Hände der Befreiungsstreitkräfte geraten seien, alsbald freizulassen. Aber die Hoffnung, die sie daraus schöpften, erwies sich als trügerisch, einen Monat später fanden die Amerikaner die Leichen der Gefangenen.
In Berlin wurde die Stimmung in den darauffolgenden Wochen immer explosiver. Erst ein halbes Jahr war es her, dass ein schießwütiger Polizist den Studenten Benno Ohnesorg bei einer Demonstration gegen den Schah tödlich getroffen hatte. Die Springer-Presse veranstaltete danach eine Hetzkampagne gegen die Berliner Studenten, deren zunächst eher symbolisch gemeinten, die wunden Punkte der bürgerlichen Gesellschaft witzig treffenden Protestaktionen daraufhin ihrerseits eskalierten – wenn auch zunächst nur als »Gewalt gegen Sachen« wie beim nächtlichen Frankfurter Kaufhausbrand. Aus diesem Klima und einer fast zufälligen Verkettung von Umständen wurde 1968 die RAF geboren, und die bis dahin durch ihren unerwarteten Erfolg zusammengehaltene Studentenbewegung spaltete sich in immer stärker verfeindete

Fraktionen auf: antiautoritäre und organisationsfetischistische, revolutionäre und revisionistische, trotzkistische, maoistische und prosowjetische, sozialdemokratische, linkschristliche, linksliberale und kommunistische. Die bald schon nicht mehr übersehbaren Abgrenzungen voneinander überschnitten sich wie die Linien einer Hand.

Wolf Haug hatte inzwischen mit einem intensiven *Kapital*-Studium begonnen, als Vorbereitung auf die Tutorenkurse, die er am Philosophischen Seminar der FU abzuhalten beabsichtigte. In den letzten Märztagen flog Adalbert mit ihm und Frigga, inzwischen Wolfs Frau, nach Ibiza, wo die Haugs eine Ferienwohnung besaßen. Sie wollten die erste Fassung der *Lehrjahre*, die nun fast fertig war, zusammen auf Fehler, Gedankensprünge und stilistische Unvollkommenheiten durchsehen, eine Übung, bei der Adalbert noch einmal viel lernte: Auf der inhaltlichen Textebene setzte Wolf den Unterricht fort, den Wolfgang Schmitt auf der sprachlichen vor neun Jahren begonnen hatte. Wenige Tage vor ihrem Rückflug nach Deutschland hörten sie beim Frühstück die Nachricht im Radio, Rudi Dutschke sei von einem jugendlichen Attentäter durch einen Kopfschuss lebensgefährlich verletzt worden.

Im Mai mussten die *Lehrjahre* fertig werden, wenn sie auf der Frankfurter Buchmesse vorgestellt werden sollten, und zum 1. Juni ging auch der Urlaub zu Ende, der Adalbert auf Grund seiner langen Vietnam-Jahre noch zugestanden hatte. Zu diesem Zeitpunkt musste er die ihm angebotene Assistentenstelle an der Gießener Universitätspsychiatrie antreten. Unter Termindruck schrieb er das Schlusskapitel zu Ende und flog noch einmal nach Berlin zu Frigga und Wolf, um letzte Verbesserungsvorschläge von ihnen zu hören und in das Manuskript einbringen zu können.

An einem dieser Berliner Tage sprach Daniel Cohn-Bendit im Audimax der FU. Der Pariser Mai hatte da seinen Zenit bereits überschritten und der »rote Dany«, seine studentische Leitfigur, war von den französischen Behörden gerade nach Deutschland ausgewiesen worden. An den Inhalt seiner Rede erinnert Adalbert sich nicht mehr, und auch daran nicht, ob Dany der Revolutionslosung »l'imagination au pouvoir« gerecht wurde – das feuchtfröhliche Quäken, das er im Ohr hat, kann auch aus um Jahrzehnte späteren Fernsehauftritten des dann grünen Politikers dort hineingeraten sein.

Im Hörsaal trafen sie Dorothee Ritterley und ihren Bruder Thomas, der an der FU Professor für neue Geschichte geworden war. Nach dem Vortrag gingen sie alle in Wolfs und Friggas Wohnung und stritten sich dort bei einer Flasche Wein über das, was in Paris und Berlin gerade vor sich ging: eine längst anstehende Erneuerung der Universität und der Gesellschaft oder ein bloßes Niederschreien Andersdenkender, ja des Geistes selbst wie 33? Sie diskutierten an jenem Abend noch ganz freundschaftlich miteinander: Dorothee, Adalbert und die Haugs sahen eher Hoffnungsvolles nahen, Thomas ahnte hingegen Bedrohliches voraus, aber sie alle machten noch die »Reservatio mentalis«, an den Argumenten des anderen könne doch etwas Bedenkenswertes dran sein. Wenige Monate später brach Thomas jedoch alle Brücken zur Neuen Linken und auch zu den Haugs und zu Adalbert ab, ja vorübergehend sogar die zu seiner eigenen Schwester. Er ließ sich nach München berufen und wurde zu einem der Mitbegründer des rechtslastigen *Bundes Freiheit der Wissenschaft*. Wie einige andere über lange Jahre liberale Professoren konnte er es nicht ertragen, bei seinen Vorlesungen von lautstarken, oft sachunkundigen Zwischenrufen unterbrochen und als Reaktionär, ja als Faschist niedergeschrien zu werden, der er beileibe nicht war.

3.

Gerade noch pünktlich zur Buchmesse erschienen die *Lehrjahre* – kurz zuvor hatte der *Spiegel* in drei Ausgaben einen ausführlichen Vorabdruck gebracht. Adalbert wurde beim Suhrkamp-Empfang Theodor W. Adorno und einigen anderen Prominenten als neue politliterarische Hoffnung vorgestellt, in einer abendlichen Lesung im »Theater am Turm«, zusammen mit Günter Eich und Martin Walser, wollte der Verlag ihn zudem als einen seiner Autoren des Jahres bekannt machen. Juliette war natürlich gekommen, sie wohnte mit den Gallimard-Spitzen im Frankfurter Hof, während Adalbert und Peter Weiss in einer kleinen Hotel-Pension in nebeneinander liegenden Zimmern untergebracht waren. Wolf Haug war ebenfalls da und Adalbert hatte auch seinen Bruder Peter und Mareile eingeladen.
Die Lesung – der geplante Höhepunkt der Vorstellung seines

Buches – endete chaotisch: Der Frankfurter SDS, angeführt von Hans Jürgen Krahl, hatte sich auf der Empore des Theaters versammelt, wo Champagner und Sandwiches auf die Gäste warteten. Während Günther Eich seine Gedichte vortrug, tranken die Genossen die Flaschen leer, und als Martin Walser die Bühne betrat, ertönten schon die ersten Zwischenrufe: Wie kämen sie, angeblich linke und fortschrittliche Autoren, dazu, ihre Bücher bei einem kapitalistischen Großverlag zu veröffentlichen, ihre Aussagen verlören durch eine solche Vereinnahmung jeden Wert und sich selbst würden sie dadurch als Diener der bürgerlichen Herrschaftsverhältnisse zu erkennen geben, deshalb gehöre die Maske des Fortschritts ihnen vom Gesicht gerissen. Walser versuchte etwas zu entgegnen, wurde aber ausgebuht, und als er seine Lesung fortsetzen wollte, begann es von oben Sandwiches herniederzuregnen. Heute sagt Adalbert sich, dass er Walser hätte beispringen, zu ihm auf die Bühne gehen und die Studenten hätte anherrschen sollen, sie seien dabei, eine der wenigen öffentlichen Informationsveranstaltungen über den Krieg in Vietnam zu verhindern, und das sei Verrat an der vietnamesischen und somit an ihrer eigenen Sache. Aber solche rhetorischen Figuren hat er erst in den Jahren danach zu vollführen gelernt – er ließ sich einschüchtern, blieb im Foyer sitzen, weil er sich mit den Studenten nicht anlegen wollte, und musste hilflos zusehen, dass die Lesungen vom Veranstalter für beendet erklärt wurden, weil Ruhe und Ordnung im Saal nicht mehr zu gewährleisten seien. Danach war Adalbert deprimiert. Wegen seiner Feigheit, so schalt er sich, sei sein literarischer Debütantenball geplatzt, und einen zweiten würde es nicht geben. Juliette, Wolf Haug, Peter Weiss, natürlich auch Mareile und sein Bruder versuchten ihn noch am selben Abend etwas aufzumuntern. Dem Buch könne so etwas nicht schaden, sagten sie alle. Aber nicht so sehr diese Befürchtung machte ihm Kummer und Kopfschmerzen, sondern vielmehr, dass er ohne die Spur einer Vorahnung zwischen die neuen Fronten der Linken geraten war.

3. Kapitel: Gießen–Paris, Politik und Beruf

1.

Ein paar Monate vor dieser Buchmesse, am 1. Juni 1968, hatte Adalbert mit seiner Arbeit an der Neuropsychiatrischen Universitätsklinik in Gießen begonnen. Da Professor Ruffin inzwischen in den Ruhestand gegangen war, konnte er ihn in Freiburg nicht mehr habilitieren – aber Derwort, inzwischen selbst Ordinarius, hatte versprochen, das für ihn zu tun. Seine Gießener Klinik war kaum halb so groß wie die Ruffins. Die Neurologie hatte man als ein nunmehr selbstständiges Fach von ihr abgekoppelt und eine Kinder- und Jugendpsychiatrie gar nicht vorgesehen, aber auch noch in dieses Kleinformat war etwas vom Freiburger Geist eingegangen. Derwort war ein blitzgescheiter intellektueller Bastler. Der große Durchbruch zu neuen Horizonten war seine Sache nicht, aber er erweiterte sehr scharfsinnig diejenigen, die sich ihm durch Freud und Viktor von Weizsäcker eröffnet hatten, und er vermittelte allen Mitarbeitern das Gefühl, ihre Argumente ebenso ernst wie die eigenen zu nehmen.
Anders als in Freiburg lag hier die Psychiatrie inmitten des Klinikums. Sie bestand aus fünf backsteingelben Pavillons der Jahrhundertwende und war, wie die anderen Kliniken, hineingebaut in einen großen Park. Wenige Minuten Fußweg entfernt, in einem grau verputzten kleineren Gebäude aus den Fünfzigern, hatten sich die Nachtklinik und die Poliklinik niedergelassen, gleich neben der großen, eingeschossigen und schon etwas vergammelten Personalkantine im Nachkriegsbarackenstil. In kaum zehn Minuten ließ sich der Bahnhof erreichen und in zwanzig der monströs hässliche, in die Bombenkrater des Zweiten Weltkrieges hineinbetonierte Stadtkern mit seinen Einkaufsstraßen und Warenhäusern. Adalbert kann die Male zählen, die er bis dorthin vorgedrungen ist, über das »Elefantenklo«, eine kreisförmige Fußgängerbrücke, von der Treppen zu mehreren Ausfallstraßen und eben auch zu dem Geschäftszentrum herunterführten.

Die ersten drei Wochen wohnte er in einem Dachzimmer der Klinik. Dann bekam er in deren unmittelbarer Nähe einen Kellerraum in einem dreistöckigen Neubau angeboten, mit der Zusage der Hauseigentümerin, im nächsten Jahr in das dann frei werdende Studio in der Beletage, mit eigener Dusche und Kitchenette, umziehen zu können.

Um ihm Zeit für seine Habilitationsvorbereitungen zu lassen, hatte Derwort ihm eine informelle Aufsichtsfunktion auf seiner Privatstation gegeben, die nicht viel Arbeit mit sich brachte. Er hatte eigentlich nur den sehr tüchtigen und selbstständigen Privatassistenten zu beraten und musste selbst nur zwei oder drei der Patienten übernehmen. Ungefähr alle vier Wochen besuchte er, von Freitagnachmittag bis Sonntagabend, Ivy und Dieter in Wiehl, im selben Abstand auch Mareile und Peter, die inzwischen nach München umgezogen waren. Und ein Wochenende im Monat sparte er sich auf für Paris. Anders als in Freiburg fühlte sich Adalbert in Gießen nicht gefangen, dank des in Vietnam verdienten Geldes konnte er sich für lange Zeit jede beliebige Reise zu seinen Verwandten und Freunden leisten – das wirkliche Leben spielte sich, so kam es ihm jedenfalls vor, gar nicht an diesem tristen Arbeitsort ab, es ballte sich vielmehr an seinen Wochenenden und Urlauben zusammen.

Tagsüber nahmen ihn seine Alltagsgeschäfte in Anspruch, meistens öde Routine, ausgenommen ein oder zwei Psychosetherapien. Schwerer war es, die Abende hinter sich zu bringen. Manchmal ging er in das Kino nicht weit vom Bahnhof oder zum Jugoslawen und es kam schon mal vor, dass er den einen oder anderen Kollegen dort beim Abendessen traf – aber anders als in Freiburg waren in Gießen die meisten von ihnen schon verheiratet und blieben nach der Arbeit zu Haus. So hockte er in diesen ersten Monaten nach Dienstschluss zumeist in seinem düsteren Zimmer, aß plastikfolienabgepacktes Brot mit plastikfolienabgepacktem Scheibenkäse, las Krimis und langweilte sich dabei. Es war die Gewöhnlichkeit, die Plattheit, die Ereignislosigkeit des Lebens, die ihm hier in Gießen unter die Haut kroch und einen leisen, aber unvertreibbaren Widerwillen gegen diese Stadt in ihm wachrief.

2.

Irgendwann im Herbst 68, kurz vor dem Erscheinen seiner *Lehrjahre*, fragte Helène Riboux ihn, ob er Interesse an einer mehrjährigen Gastprofessur an der gerade neu gegründeten Universität Paris VIII habe. Deren Gründungsrektor Duroselle, ein älterer Historiker, würde auf ihren Rat hören und man wolle einige jüngere ausländische Wissenschaftler berufen, die interdisziplinäre Themen anböten. Adalberts ethnopsychiatrische Studien passten genau in dieses Konzept. Adalbert flog also nach Paris, sprach mit Duroselle und ein oder zwei Mitgliedern der Berufungskommission und ließ ein Paket seiner wissenschaftlichen Arbeiten zurück, die außer Helène, die Deutsch verstand, niemand lesen konnte, machte sich aber nicht viel Hoffnungen. Das ganze Projekt kam ihm ein bisschen unernst und sogar etwas verblasen vor. Aber zu seinem Erstaunen hielt er vier Wochen später seine vom Ministerium unterzeichnete Ernennungsurkunde zum »Professeur associé« der Universität Paris VIII in den Händen.
Ab Januar 1969 hielt er alle 14 Tage zwei Lehrveranstaltungen in Vincennes ab, eine am Freitagabend, die andere am Samstagvormittag, und zwar in einem der zweistöckigen Plattenbauten, die man in ein ehemaliges Artilleriekasernengelände mitten im Wald gesetzt hatte. Kaum waren sie bezogen, starrten sie auch schon vor Dreck. An den meisten Mauern, aber auch an den Hörsaalwänden prangten kreuz und quer geschriebene politische Losungen, zumeist in roten oder schwarzen Lettern – aber auch Aufforderungen zum Beischlaf oder zur Defäkation. In den Toiletten waren die Türen ausgehängt, denn die Intimität des Exkretionsvorganges galt als puritanisches Vorurteil, das bekämpft werden musste. Falsch verstandene Reich'sche oder Abraham'sche Thesen über die Repressivität des analen Charakters hatten einige der Studenten zur Überzeugung gebracht, Scheißen und Pissen in der Öffentlichkeit sei ein revolutionärer Akt der Befreiung von allen familiär anerzogenen gesellschaftlichen Zwängen. Es war auch schwer, sich im Gelände zurechtzufinden, denn die Nummern der Gebäude und die der Hörsäle waren oft übermalt.
Adalbert begriff bei diesen Anblicken besser, was Juliette und Helène ihm erzählt hatten: dass de Gaulle und sein Kulturminister Malraux nach den Mai-Unruhen auf den Gedanken gekommen

waren, die linken Studenten aus dem Stadtzentrum zu verbannen und ihnen im Wald von Vincennes eine eigene Spielwiese aus billigstem Material zur Verfügung zu stellen – dort könnten sie ihre Aggressionen unter sich, an dem Mobiliar und an den ihnen zugestandenen linken Professoren nach Belieben auslassen.

Die Studenten, die in seine Vorlesung und in sein Seminar gekommen waren, hatten aber gar nichts »Kulturrevoluzzerhaftes« an sich. Sie duzten ihn zwar ebenso wie alle anderen Professoren, aber sie ließen ihn ausreden, sie dachten mit und brachten durch intelligente Einfälle das jeweilige Thema so sehr voran, dass er manchmal die zwei Stunden nur moderieren musste. Dieser Unterricht war für Adalbert keine Last, sondern Vergnügen. Vincennes stand als einzige Pariser Universität Studenten des zweiten Bildungsweges auch ohne Abitur offen – viele von ihnen brachten also nicht nur Berufs-, sondern auch ungleich mehr Lebenserfahrung in den Unterricht ein als die 18-Jährigen auf den Hörsaalbänken der traditionellen Hochschulen. Außerdem waren zu seinem Kurs auch ausgebildete Psychiater, Psychologen, Krankenpfleger und Sozialarbeiter erschienen, die radikale Veränderungen in der Psychiatrie durchsetzen wollten und in Vincennes die Gelegenheit suchten, sie vorweg durchzudenken und zu diskutieren. Über manche Themen wussten sie mehr als er selbst. So erfuhr Adalbert erst durch seine Studenten Näheres über die wichtigsten französischen Reformprojekte: über die traditionell psychoanalytisch orientierte Sektorpsychiatrie des 13. Pariser Arrondissements, aber auch über die »Psychothérapie institutionelle« im Chateau de La Borde, einer auf Messers Schneide zwischen lacanistischen und antipsychiatrischen Konzepten arbeitenden Klinik, die sich der Psychosenpsychotherapie verschrieben hatte. Seine Studenten waren in diesem seinem ersten Jahr in Vincennes also ebenso sehr seine Lehrer, wie er der ihrige war.

Mit zweien seiner Vincenner Kollegen, Robert Castel und Stanislaw Tomkiewicz, freundete sich Adalbert so gut an, dass sie sich entschlossen, im nächsten seiner Unterrichtsjahre eine gemeinsame Veranstaltung anzubieten, in der es um die Beschreibung und Analyse der psychiatrischen Krankenhauseinweisungspraxis in der Stadt Paris gehen sollte.

Robert war ein stiller, sehr belesener Soziologe mit etwas strähnigen Haaren und einem Seehundsbart, der einen kaum je direkt

widersprach, stattdessen aber in etwas zögernd kommenden, meist vor irgendwelchen endgültigen Schlussfolgerungen schon abgebrochenen Sätzen eine Menge von Fragen aufkommen ließ. Er schlug sich während dieser Jahre mit dem Thema seines ersten Buches herum, mit dem »Psychoanalytismus«, d.h. der Totalisierung des Deutungsanspruches der Psychoanalyse, durch die, wie er sagte, die gesellschaftliche Dimension des Psychischen zum Verschwinden gebracht würde – ein Thema, das zur gleichen Zeit auch Adalbert beschäftigte. Da seine Frau Françoise ärztliche Leiterin eines großen psychiatrischen Krankenhauses war, kannte er sich aber auch in der institutionellen Realität der Psychiatrie auf das Beste aus, die er in den achtziger Jahren noch sorgfältigen Analysen unterziehen sollte: Analysen, deren Brillanz dem Leser erst auf den zweiten Blick aufging, weil sie sich, ganz unpariserisch, hinter einer nachdenklichen Bescheidenheit verborgen hielt. Heute, nach der Veröffentlichung seines Hauptwerkes *Metamorphosen der sozialen Frage* gilt Robert mit Bourdieu als einer der bedeutendsten zeitgenössischen französischen Soziologen.
Stanislaw Tomkiewicz, der Dritte in ihrem Bunde, war ein aus Polen gebürtiger Jude. In seinen Jugendjahren hatte er eine Weile mit Janusz Korczak zusammmengearbeitet, dem berühmten Warschauer Pädagogen, der freiwillig den von ihm betreuten Waisenkindern ins Auschwitzer Gas gefolgt war. Auch Tom, so wurde er von seinen Freunden, aber auch seinen Studenten genannt, war nach Auschwitz deportiert worden, hatte dort jedoch überlebt, wie auch in Bergen-Belsen, wo er schließlich befreit worden war. Er war nach dem Krieg zu einem bekannten Pariser Kinder- und Jugendpsychiater geworden und betreute vor allem delinquent gewordene Jugendliche. Sein politischer Weg hatte ihn, nach kommunistischen und trotzkistischen Zwischenstationen, zu einer unabhängigen, linkssozialistischen und antikapitalistischen Position geführt, immer an der Seite der Schwachen, der Armen, der Rechtlosen. Mit beißender, genau treffender Ironie attackierte er den bürgerlich konservativen Diskurs, der repressive Maßnahmen gegen gesellschaftliche Außenseiter forderte und sie bis 1968 auch ohne großen Widerstand hatte durchsetzen können. Ein Dorn im Auge waren ihm aber auch die verbalrevoluzzerhaften Attituden sich radikal gebärdender linker Grüppchen, die ihren ganzen Ehrgeiz darein legten, sich möglichst viele Feinde an den Hals zu schaffen.

Adalbert, Robert und Tom bildeten bald ein unzertrennliches Trio. Die Konzepte, die sie gemeinsam in Vincennes erarbeiteten, suchten aber auch nach Verwirklichungsmöglichkeiten. Diese schienen sich ihnen schließlich zu eröffnen, als sie 1970 Franco Basaglia begegneten.

3.

Auf Basaglias Buch *Negierte Institution* hatten Adalbert zuerst seine Studenten aufmerksam gemacht, kurz nachdem die französische Übersetzung erschienen war – zu seinem Glück erst ganz am Ende einer Lehrveranstaltung, sodass er es vor seinem Rückflug noch bei Maspero kaufen und in Gießen durcharbeiten konnte, bevor er darauf antworten musste, was er davon hielt. Adornos negative Dialektik; Althussers Überlegungen zu institutionellen Strukturen und wissenschaftlichen Begriffssystemen als »ideologischen Staatsapparaten«; Gramscis Hegemonielehre, Marcuses und Fanons pathetisches Eintreten für die Entrechteten; Foucaults Geschichte der Ausgrenzung des Wahnsinns – das alles bildete den geistigen Nährboden, auf dem die »negierte Institution« gewachsen war. Aber Franco Basaglia hatte daraus keine neue Theorie zusammengebastelt, sondern stattdessen Handlungsanweisungen entwickelt: alle Mauern zu schleifen und alle Türen zu öffnen, hinter denen die Insassen gefangen gehalten wurden, zunächst die innerhalb der Anstalten, damit sich die Insassen auf ihrem Gelände frei und unbehindert bewegen lernten, dann aber auch die Außenmauern der Anstalt selbst. Die Irren sollten zurückkehren können in die Städte, in die Dörfer, auf die Straßen und Plätze, in die Häuser und Wohnungen, aus denen man sie in die Irrenhäuser vertrieben hatte. Auf dem Altar des Profits und seiner Reibungslosigkeit hingeopfert, sollten sie jetzt der Gesellschaft vors Angesicht treten, als Sand in ihrem Getriebe, der sie zum Innehalten und Nachdenken über sich selbst zwang – eine wahrhaft benjaminische Inspiration. Die Irren, die bisher lebenslang zum Schweigen verurteilt waren, deren Worte nichts galten, sollten nun reden, sie sollten gehört und in ihren Bedürfnissen und Wünschen ernst genommen werden.

Das Buch war eine erste Skizze darüber, wie dies herkulische Werk vollbracht werden konnte, und Adalbert fühlte sich diesem Projekt sofort verbunden. Heute, dreißig Jahre später, muss er sich allerdings sagen, dass dessen revolutionärer Impuls inzwischen, zum Teil jedenfalls, vom »everything goes« der Postmoderne verflacht und vereinnahmt worden ist: Alles geht, weil alles nunmehr verkäuflich geworden ist, selbst der Wahnsinn.

Persönlich kennen gelernt hat er Franco nur wenige Wochen später in Roberts und Françoises Wohnung auf dem Boulevard de Reuilly, bei einem kalten Buffet, zu dem auch Michel Foucault erschienen war, der zu der Zeit ebenfalls noch in Vincennes unterrichtete. Während aber Foucault geschliffen und gläsern blieb – sein blank polierter kahler Schädel, seine schon allwissend anmutenden Augen warfen wie Spiegel jeden Blick auf den Unvorsichtigen, der sich ihm hatte nähern wollen, nahezu unabsorbiert zurück –, ergab sich mit Franco schon bei ihrem ersten Gespräch eine freundschaftliche Nähe. Anders als der große Philosoph redete er nicht unaufhörlich selbst, sondern hörte gerne und aufmerksam zu, ließ sich von der Brillianz der Formulierungen nicht blenden, erriet auch hinter stockenden Worten brauchbare Gedanken, aber vor allem strahlte er Wärme und Sympathie aus. Er liebte die Menschen, denen er begegnete, jedenfalls die, mit denen er ein Projekt begann, und er konnte ihnen auch das Vertrauen einflößen, es werde gelingen. Von seiner hohen Gestalt, von seiner warmen, vibrierenden Stimme fühlte fast jeder sich, wie von einem Vater, den man sich wünscht, unter die Fittiche genommen.

Adalbert weiß nicht mehr, wer die Initiative dazu ergriffen hatte, Franco selbst oder Robert, aber nur wenige Wochen später traf er sich in Paris, wohl wieder in der Castel'schen Wohnung, mit einer kleinen Gruppe italienischer, französischer, spanischer und englischer Irrenärzte, die Francos Gesellschafts- und Psychiatriekritik mehr oder weniger teilten und mit ihm zusammen ein Buch über die Situation in den Irrenhäusern Europas schreiben wollten – »Die Landkarte der Schande« sollte es auf Francos Anregung hin heißen. Von Francos Mitarbeitern gehörten seine Frau Franca, Nico Casagrande, Agostino Pirella, Antonio Slavich und Giovanni Jervis dazu, die Franzosen waren mit Robert und Françoise, mit Tom und einem kommunistischen Sektorpsychiater namens Rollaens vertreten, aus England stieß David Cooper dazu, aus Barcelona ein damals noch ganz junges Mädchen, Alicia Roig.

Nach den Arbeitssitzungen, bei denen zunächst jeder über die gegenwärtige Lage der Psychiatrie in seinem Land berichtete, auf Englisch oder Französisch, aßen sie zusammen, tranken ein paar Gläser Wein und beschnupperten sich – und manchmal kamen ihnen erst da die interessantesten Gedanken: Wie konnte es sein, dass die reichsten Länder der Welt aus ihren Psychiatrien ein Lager- und Deportationssystem gemacht hatten, einen regelrechten Archipel Irrenhaus und dessen arbeitsfähige Insassen noch immer wie Sklavenarbeiter hielten? Franco, Partisan des antifaschistischen Widerstandes im Zweiten Weltkrieg, hatte als Erster von ihnen diese strukturelle Verwandtschaft erkannt – gerade die galt es in ihrem Buch zu denunzieren.

Und noch ein Bild aus diesen Pariser Treffen steht Adalbert vor Augen: wie David Cooper, ein großer, schwer und voluminös wirkender Mann mit weißem Bart und gerötetem Trinkergesicht, eine vergammelte Patriarchengestalt, unbeholfen tapsig, dabei aber hypersensibel, mit seiner vielleicht 25-jährigen libellenzarten französischen Freundin auf der Straße Fangen spielt. Ihm wurde dabei klar, dass David alle Voraussetzungen zu einem geborenen Psychosepsychotherapeuten besaß. Nicht nur, dass er alle nur denkbaren Übertragungsangebote anzunehmen verstand: Er konnte sich auf den verschiedensten Skalen, der zwischen Kind und Erwachsenem, zwischen Mann und Frau, zwischen Vater und Mutter so selbstverständlich hin- und herbewegen, dass er in jeder ihrer jeweiligen Gestalten leibhaftig sichtbar wurde – ja manchmal sogar, wie in Mythen, ihrer aller Verkörperung gleichzeitig war.

Später, da waren Adalbert und Marina schon verheiratet und Adalbert inzwischen auch in Deutschland Professor geworden, tagten sie auch außerhalb von Paris: in Venedig, in Barcelona, in Lissabon. In Venedig saßen sie abends in einem kleinen Restaurant draußen auf der Terrasse und sangen gemeinsam »Banniera rossa« und die anderen Partisanenlieder. Der Ideenaustausch zwischen ihnen wurde durch solche Reisen immer reicher, die freundschaftliche Bindung immer enger.

Das geplante Buch allerdings kam nur sehr langsam voran, denn inzwischen war Franco in die Psychiatriepolitik eingestiegen, er hatte die »Psychiatria Democratica« gegründet, und in Deutschland war, unter Adalberts Mitwirkung, die Deutsche Gesellschaft für Soziale Psychiatrie (DGSP) entstanden. Beide waren streitbare Vereinigungen, die mit der asylären, kustodialen Psychiatrie aufräumen wollten. Diese berufspolitische Arbeit verzehrte nunmehr den Hauptanteil ihrer Energie. So fuhren sie im Herbst 1973 nach Barcelona, um ihren spanischen Kampfgenossen internationale Unterstützung für deren Reformprojekte zu geben, und ein Jahr später, 1974 in Lissabon, wollten sie in der Aufbruchsstimmung der Nelkenrevolution daran erinnern, dass auch die psychiatrischen Gefängnisse geöffnet werden müssten. Die »Landkarte der Schande« hatte mit der Zeit, die ihnen daneben noch blieb, vorlieb zu nehmen, und 1975 oder 1976 wurde sie stillschweigend zu den Akten gelegt.

4.

Inzwischen war Adalbert in Gießen, immer noch sein Hauptarbeitsplatz, an den meisten Abenden mit der Vorbereitung seiner Vorlesungen und Seminare für Vincennes beschäftigt, sodass die Langeweile ihn seltener plagte. Da die Pariser Universität ihm die Professur angeboten hatte, konnte Derwort an der Gießener medizinischen Fakultät für ihn eine zügige Habilitation durchsetzen. Die Habilitationsschrift war, aus mitgebrachten Huéer Unterlagen, schnell zusammengestellt. Aber bei allen 36 Ordinarien musste er um ein persönliches Gespräch nachsuchen. Einige von ihnen erließen es, weil sie ihn aus seiner konsiliarärztlichen Tätigkeit an ihren Kliniken schon gut genug kannten, andere plauderten nur ein paar Minuten mit ihm. Manche versuchten jedoch herauszubekommen, ob er nach seiner Rückkehr aus Vietnam auch in Deutschland politisch tätig geworden war oder gar mit Kommunisten zusammenarbeite – diese waren zu der Zeit, nach einem zwölfjährigen Verbot, gerade mit einem neuen Parteinamen: DKP statt KPD, wieder legalisiert worden. Adalbert konnte das, damals noch wahrheitsgemäß, verneinen. Er stellte bei diesen Befragungen den Viet Cong als sozialrevolutionäre nationale Befreiungsbewegung hin, die gegen Korruption und Fremdherrschaft kämpfte, und sein eigenes Auftreten in Roskilde wie sein Buch, das fast alle seine Gesprächspartner aus den Abdrucken im *Spiegel* kannten, als humanitäres Engagement gegen Elend und Kriegsverbrechen.

Bei den meisten der Befrager muss er damit auch durchgekommen sein – oder aber deren Sorge, sich vor der Pariser Universität zu blamieren, war größer als die Angst, einen vielleicht doch Roten als Mitglied in ihre Fakultät aufzunehmen, denn nach seinem Habilitationsvortrag im Juni 1969 votierten, wie Derwort ihm hinterher verriet, 27 Professoren für und nur vier gegen ihn, während fünf sich der Stimme enthielten. So war Adalbert auch in Deutschland akademischer Lehrer geworden und 1971 machte ihn das neue hessische Hochschulgesetz, das alle bislang nur als Widerrufsbeamte beschäftigten Privatdozenten zu Lebenszeitbeamten umwandelte, zum C2-Professor.
Mit dem Tag seiner Habilitation ernannte Derwort ihn zum Oberarzt. Adalbert bekam sowohl die Poliklinik als auch eine der geschlossenen Frauenstationen, die »F 3«, anvertraut und hielt damit eine kleines Stück institutioneller Macht in der Hand, wenn auch nur per delegationem.
Zunächst überredete er seinen Chef, ihn mit einem anderen Oberarzt und zwei erfahreneren Assistenten auf eine psychiatrische Bildungsreise zu schicken, und zwar in die wenigen Reformeinrichtungen, die in Deutschland und Frankreich damals schon existierten. So besuchten sie die Ambulanz des Mannheimer Zentralinstituts für seelische Gesundheit, das von Heinz Häfner geleitet wurde, der, intelligent und ehrgeizig, auf allen Modewellen mitschwamm und zu der Zeit auf eine wissenschaftlich begründete Sozialpsychiatrie setzte – aber sie hörten dort schon von seinem Oberarzt Niels Pörksen, dass dessen Chef alle Versuche, eine versorgungsgerechte Sektorpsychiatrie auch im ambulanten Bereich nach französischem und englischem Vorbild aufzubauen, zunichte gemacht hatte, um es sich mit den Funktionären der Kassenärztlichen Vereinigung nur ja nicht zu verderben. Im 13. Pariser Arrondissement, wo Tilo Held der Reiseführer war, ein deutscher Psychoanalytiker, der seit Jahren dort arbeitete, durften Adalbert und die anderen an Gruppensitzungen mit Patienten und ihren Angehörigen teilnehmen und bekamen demonstriert, wie wenig Betten man bei einer gut funktionierenden ambulanten Betreuung braucht, – ja dass diese statt der stationären Einrichtungen tatsächlich die Achse einer humanisierten psychiatrischen Versorgung bilden konnte.
Gegenüber der selbstverständlichen Ordnung, der adretten Sau-

berkeit und der auf die Minute genauen Terminplanung, die sie in dieser Pariser Sektorpsychiatrie antrafen, erschien ihm die Klinik La Borde, der Tempel der »Psychotherapie institutionelle« in einem Schlösschen in der Nähe von Blois, zunächst wie ein freundlich vor sich hin gammelndes Chaos. Hier wurde nicht der geringste Zwang ausgeübt, manche Kranke lagen noch nachmittags ungewaschen im Bett und jeder konnte selbst entscheiden, wie er herumlaufen wollte. Stattdessen wurde eine Fülle von Kontakt- und Beschäftigungsangeboten gemacht: Aus eigenem Entschluss sollten die Kranken ihren extrem verengten Lebensraum schrittweise und angstfrei erweitern können, verlässliche Beziehungen zu verschiedenen und nicht nur zu einem einzigen therapeutischen Partner aufnehmen, vermittelt durch ein gemeinsames Drittes, eine Aufgabe oder ein Spiel. Und im »Club«, der die meisten nicht medizinischen Aktivitäten in La Borde organisierte – nicht nur die Freizeitgestaltung, sondern auch die Arbeitswerkstätten –, verfügten sie über eine Institution, die ihrer alleinigen Souveränität unterstand.
In seiner Abgeschiedenheit, seinem gänzlichen Mangel an ambulanten Nachsorgediensten war La Borde die Antithese zum 13. Arrondissement: Der Wahnsinn wurde dort nur zaghaft bekämpft, ihm wurde vorübergehend sogar Zuflucht gewährt, und die Wahnsinnigen wurden als Personen, in ihren Wünschen, ihren Ängsten und ihren Entscheidungen respektiert, weit mehr noch als in den fortschrittlichsten Einrichtungen der Sektorpsychiatrie. Mit den beiden Stars von La Borde – Jean Oury, dem ärztlichen Leiter, der zugleich der Besitzer der Klinik war, und Felix Guattari, seinem engsten Mitarbeiter, der wenige Jahre später als Mitautor des *Anti-Ödipus* bekannt werden sollte – diskutierten Adalbert und seine deutschen Reisebegleiter die komplementären Mängel und Vorzüge der beiden Modelle, die sie in Frankreich kennen gelernt hatten. Adalbert sah die Gefahr einer elitären Patientenauswahl in La Borde und die der damit einhergehenden gesundheitspolitischen Belanglosigkeit, denn die Klinik hatte keine territoriale Versorgungsverpflichtung übernommen. Aber Felix hielt dem die in seinen Augen schlimmere Befürchtung entgegen, dass die psychiatrische Siebung der Gesamtbevölkerung eines Stadtviertels wie im 13. Arrondissement den vollständigen Zugriff des Staates auf alle gesellschaftlich unangepassten Bewohner erlaube. Eine Lö-

sung, durch die sich die eine wie die andere Gefahr von vornherein vermeiden ließ, fiel ihnen nicht ein.
Adalbert war es auf dieser Reise darum gegangen, seine deutschen Kollegen davon zu überzeugen, dass die von ihm geplanten Veränderungen anderswo bereits mit Erfolg praktiziert wurden und somit auch bei ihnen in Gießen zu verwirklichen waren: die Geschlechtermischung auf einer Akutstation; die Öffnung der Türen; die Beteiligung der Patienten an der Gestaltung des Stationslebens und am therapeutischen Prozess. Zurück in der Klinik berichteten sie gemeinsam von ihren Eindrücken, und Derwort, der neuen Ideen gegenüber immer aufgeschlossen war, gab Adalbert die Erlaubnis, auf der F 3 in Zukunft auch Männer aufzunehmen und die Station allmählich in eine therapeutische Gemeinschaft zu überführen.

5.

In *Psychiatrie und Klassengesellschaft* hat Adalbert beschrieben, wie diese Transformation einer geschlossenen Frauenstation vor sich ging. Als Erstes führte er tägliche Teambesprechngen ein und allwöchentlich eine große Patientenrunde, die die Kranken und das gesamte Personal zusammenführte. In diesen Besprechungen mussten alle Beteiligten sich zunächst ihrer hierarchischen Reflexe entledigen. Jahrelang waren sie gewöhnt gewesen, dass bei Konflikten die Krankenschwester gegenüber dem Patienten, die Stationsschwester gegenüber der Schwesternschülerin, der Stationsarzt gegenüber der Stationsschwester, der Oberarzt gegenüber dem Assistenten Recht bekam – jedenfalls bei Auseinandersetzungen in der Öffentlichkeit. So fest eingeschliffen war diese hierarchische Spielregel, dass die jeweils Unterstellten ihre abweichenden Meinungen oft gar nicht mehr zu sagen wagten – ausgenommen einige Patienten, denen das dann aber meistens als Symptom ihrer krankhaften Unbeherrschtheit zugeschrieben wurde. Sie mussten also zunächst einmal lernen, ihr Unbehagen zu äußern, auch wenn es sich gegen einen ihnen Übergeordneten richtete; ja sie mussten sogar lernen, dieses Unbehagen und diese eigene Meinung in sich überhaupt erst entstehen zu lassen – und in dieser Hinsicht waren die meisten Patienten dem Personal um Längen voraus.

Gleichzeitig hatten die älteren Schwestern, aber auch die Ärzte große Mühe damit, die Kritik der Patienten, aber auch unterstellter Mitarbeiter anzuhören – und noch mehr damit, zu ertragen, dass der Oberarzt sich nicht mehr automatisch auf ihre Seite schlug. Um diesen Prozess zu beschleunigen, regte Adalbert an, die äußeren Insignien der Hierarchie abzulegen, die Arztkittel und die Schwesternhäubchen – und alle außer einer Schwester, bei der es ein paar Wochen dauerte, kamen dieser Aufforderung auch prompt nach. Zudem bot er allen Mitarbeitern das Du an und schlug vor, dass sie alle dies auch untereinander täten.

Natürlich weiß Adalbert heute, dass dies eine Reform von oben war: Wäre er nicht Oberarzt und habilitiert gewesen, so hätte er sie den meisten der Mitarbeiter nicht schmackhaft machen können – vor allem denen nicht, die dabei Autorität zu verlieren hatten und noch nicht wussten, was sie im Gegenzug dafür hinzugewannen. Damals aber erschien ihm das nicht als ein Mangel, er hat seine eigene Machtposition vielmehr als Hebel verstanden, den zu nutzen ihm völlig selbstverständlich erschien. Und diese Position wurde durch die Gleichstellung aller anderen, zumindest auf der Ebene der Debatten und Diskurse, eher noch weiter verstärkt.

Danach erst gingen sie gemeinsam die geplanten Veränderungen im Stationsleben an. Zunächst wurden männliche Patienten der ebenfalls geschlossenen Station M 3 für ein paar Stunden auf Besuch eingeladen. Nach einiger Zeit kamen von den Patientinnen selbst Fragen, warum denn in der Psychiatrie, anders als in anderen Krankenhäusern, Geschlechtertrennung herrsche. Einige Wochen später, als in der Patientinnengruppe eine überwältigende Mehrheit für eine Geschlechtermischung votierte, richteten sie auf der Station zunächst eines und dann zwei Männerzimmer ein – und nach etwa einem halben Jahr wurde zum ersten Mal auch die Stationstüre geöffnet.

Aber es blieb nicht nur bei diesen organisatorischen Umgestaltungen. Beide Assistenzärzte boten, mit je einer Schwester als Co-Therapeutin, eine therapeutische Gruppe mit Rollenspielen und später auch Psychodrama an, die von Peter Fürstenau allwöchentlich supervidiert wurde, einem Adalbert befreundeten Psychoanalytiker an der benachbarten psychosomatischen Klinik Horst Eberhard Richters. Fürstenau übernahm auch die schwierigere Aufgabe einer analytischen Teamsupervision, ohne für diese beiden Tätigkeiten auch nur einen Pfennig Geld zu verlangen. Unter diesem Schirm wagten sie sich auch an unkonventionelle Behandlungsmethoden heran, wie Adalbert sie bei seiner 1970er Reise nach Hanoi zu sehen bekommen hatte: Sie wickelten akut katatone, bewegungsstarre Kranke in warme feuchte Tücher, eine Schwester blieb notfalls bis zu 24 Stunden bei ihnen und streichelte sie sanft – und sie hatten damit oft Erfolg. Hinzu trat noch gemeinsames Bildermalen und eine vertrauensbildende Bewegungstherapie, in der man lernte, sich mit geschlossenen Augen von einem Partner auffangen zu lassen – Adalbert war dies bei einem Besuch in der Leipziger Psychiatrie im Herbst 1970 demonstriert worden. Was dabei an Problemlagen sichtbar wurde und wie die Patienten damit zurecht kamen, wurde in einer Nachbesprechung gemeinsam erörtert. Mittlerweile ist das fast überall eine Selbstverständlichkeit, damals aber war es auf einer psychiatrischen Regelstation noch eine revolutionäre Neuerung.

Adalbert weiß, dass es heute unmöglich wäre, ohne kostspielige Umbauten und rechtliche Absicherungen mit derartigen Veränderungen auch nur zu beginnen. Schon dass es auf der F 3 nur eine Toilette und nur einen Bade- und Duschraum gab, hätte sofort die Behörden ebenso wie empörte Feministinnen auf den Plan gerufen und die Mischung der Station von vornherein unmöglich gemacht – ein Anschlag für unterschiedliche Benutzungszeiten für Frauen und Männer, wie sie ihn an der Badezimmertür anbrachten, hätte daran nichts geändert. Ebenso wären heute kaum eine Schwester und kaum ein Arzt mehr dazu bereit, nicht gleich auf die Uhr zu sehen und ohne Überstundenbezahlung auch mal etwas länger zu bleiben, wenn ein Patient das braucht – damals erschien ihnen das völlig normal, und das auch noch während einer Periode der Vollbeschäftigung. Die Zeit für solche spontan initiierten Reformen währte nicht lange. Schon bald danach bedurfte es langer, bürokratischer Antragswege, um etwas Neues durchzusetzen, und sich an die zu gewöhnen hatte Adalbert, vier Jahre später nach Hannover berufen, große Mühe, auch wenn er ihren langfristigen Nutzen für Patienten und Mitarbeiter nicht abstreiten konnte.

Natürlich standen sie auf einem Präsentierteller. Von einigen Mitarbeitern der übrigen Stationen, auf denen sich noch nichts verändert hatte, wurden sie bewundert, von anderen aber auch argwöhnisch und missgünstig beäugt. Eines Nachts drangen die Krankenpfleger der im Erdgeschoss ihres Pavillons gelegenen geschlossenen Männerstation taschenlampenbewehrt in die Schlafräume der F 3 ein, überzeugt, in den Betten Patientenpaare beim Kopulieren zu erwischen, aber sie fanden nur schlafende Kranke, die durch diesen Einbruch geweckt und in Angst versetzt wurden – hinterher behaupteten die Pfleger, von oben »verdächtige Schreie« gehört zu haben. Wahrscheinlich hatten die auf die F 3 verlegten Männer ihre frühere Station besucht und dort nicht nur über ihre neuen Freiheiten und den abwechslungsreichen Tagesablauf berichtet, sondern mit zumeist ausgedachten sexuellen Abenteuern auch etwas angegeben, und das war von den Pflegern zum Anlass für diese Strafexpedition genommen worden. Erst als Derwort ihnen solche Aktionen ausdrücklich verbot, gaben sie, zunächst noch sehr unwillig, Ruhe.

In der Ärztekonferenz versuchten einige konservativ eingestellte Kollegen die F 3 aber auch als »Luxusstation« zu diffamieren, die grundsätzlich nur Leichtkranke behandle. Adalbert bot daraufhin an, den schwierigsten und unruhigsten Patienten der geschlossenen Männerstation zu übernehmen – als Probe aufs Exempel, dass dies nicht stimmte. Zu ihnen nach oben kam auf diese Weise ein ständig schwer erregter Hochschulassistent auf dem Höhepunkt seiner manischen Phase, der bislang in einer Einzelzelle isoliert und zeitweise sogar ans Bett gefesselt gewesen war. Sie alle wussten natürlich, dass sie der Lächerlichkeit preisgegeben waren, dass es mit ihrem Anspruch, Modell auch für die anderen Stationen zu sein, vorbei war, wenn dieser Mann wieder in seine Zelle zurückverlegt werden musste, und deshalb kümmerten sich nicht nur Ärzte und Schwestern, sondern auch viele Patienten rund um die Uhr um ihn. Aber noch wichtiger war wohl, dass durch die unerwartete Erfahrung, eine offene Tür anzutreffen, bei dem Patienten »die Luft raus« war. Er fing wieder an zusammenhängend zu reden und wurde auch in Hinblick auf eine medikamentöse Behandlung einigermaßen absprachefähig – und so konnte er, bis er völlig ruhig und entlassungsfähig war, bei ihnen bleiben.

Das war der Durchbruch: Die F 3 begann nun zum Vorbild für die bislang noch zaghaften Veränderungsversuche der anderen Stationen zu werden und ihre Arbeit sprach sich auch außerhalb Gießens in der Psychiatrie etwas herum. Jetzt sah Adalbert die Zeit gekommen, Derwort auch die Übernahme eines Pflichtversorgungssektors vorzuschlagen, aber dazu fand sich sein sonst so zugänglicher Chef nicht bereit, zu sehr widersprach ein solches Konzept seinen Vorstellungen von wissenschaftlichen Forschungsauftrag einer Hochschulklinik. Damit war Adalbert auch in Gießen an eine Grenze gestoßen, die er aus eigener Kraft nicht mehr überwinden konnte.

6.

Am 4. April 1970 sprach Adalbert, von Klaus Dörner dazu eingeladen, auf dem wahrscheinlich ersten sozialpsychiatrischen Kongress in der Bundesrepublik: an der Eppendorfer Universitätsklinik in Hamburg, wenige Tage bevor er zu seinem lang ersehnten ersten Besuch nach Hanoi flog. Klaus Dörners literarisches Debut *Bürger und Irre*, zugleich seine philosophische Dissertation, kannte Adalbert schon seit Anfang 1968 – persönlich war er ihm erstmals Ende desselben Jahres, bei irgendeiner Berliner Vietnam-Veranstaltung, begegnet. »Wie halten Sie es in dieser deutschen Psychiatrie noch aus?«, hatte Klaus Dörner ihn im Foyer der TU gefragt. Er sieht diese Szene noch deutlich vor sich: ein schmächtig wirkender Mann mit rotblonder Mähne, hellblauen Augen und einem leuchtend weißen, trotz seiner Jugendlichkeit schon leicht zerknitterten Pantomimengesicht, der auf ihn zukommt und ihn begrüßt, als würden sie sich schon lange kennen. Das nächste Mal, anderthalb Jahre später, als sie sich in Hamburg sahen, duzten sie sich, ohne Absprache, als wenn dies sich von selbst verstünde.
Auf diesem Kongress geschah Außerordentliches: Krankenschwestern, Sozialarbeiter, Bewegungs- und Arbeitstherapeuten sprachen erstmals gleichberechtigt mit Akademikern auf einer wissenschaftlichen Tagung, Seite an Seite mit einem Arzt und einem Psychologen stellten sie sich als Team vor und demonstrierten ihre multiprofessionelle Arbeitsweise, und schon das erzeugte bei den anwesenden Hochschullehrern und niedergelassenen Nervenärzten Aufsehen und eine gewisse Unruhe. Als dann noch ein Soziologe mit exakten Zahlen den Qualitätsunterschied der Betreuung von Privat- und Kassenpatienten belegte, eine Zwei-Klassen-Medizin auch an der Hamburger Universitätspyschiatrie, lief der Krug

über: Der Klinikchef, Hans Bürger-Prinz, verließ mit wehendem Kittel Türen schlagend den Raum, gefolgt von einigen seiner Satrapen – der Kongress aber ging weiter, nur dass sie, die zukünftigen Reformer, jetzt mehr oder weniger unter sich waren.

Diese Szene ist später zu der Geburtsstunde der deutschen sozialpsychiatrischen Bewegung erklärt worden, mit der Zeit wurde daraus sogar so etwas wie ein Gründungsmythos.

Aber das dafür Entscheidende passierte erst nach dem Ende der Vorträge, als sieben oder acht der Teilnehmer mittags in einem Fischrestaurant am Bahnhof beschlossen, sich in Zukunft regelmäßig zu treffen und, was noch wichtiger war, für die nächste Begegnung schon einen Termin im Mai in Mannheim ausmachten, zu welchem noch mehr potenzielle Mitstreiter eingeladen werden sollten, Angehörige aller psychiatrischen Berufsgruppen aus ganz Deutschland. Klaus Dörner war natürlich bei diesen ersten sieben, Gregor Bosch, Mark Richartz, Niels Pörksen und Christiane Haerlin. In Mannheim stießen später Manfred Bauer, Asmus Finzen, Jan Gross und zwanzig oder dreißig andere hinzu. So entstand der »Mannheimer Kreis«, der danach zweimal im Jahr tagte, bald schon mit mehreren Hundert Teilnehmern. Und aus diesem Kreis ging, auf Jan Gross' Anregung hin, bereits am Ende des Jahres ein als gemeinnütziger Verein organisierter Berufsverband hervor, die erwähnte »Deutsche Gesellschaft für Soziale Psychiatrie«, in deren ersten Vorstand mit Klaus Dörner auch Adalbert gewählt wurde.

Jetzt war er also auch in Deutschland mit seinen Reformvorstellungen nicht mehr allein. Aus vielen Arbeitsbeziehungen, in der Gießener Klinik wie in der DGSP, wuchsen enge persönliche Freundschaften, die bis heute Bestand haben. Während sie aber auf der F 3 alle an einem Strick zogen, gab es in der DGSP schon bald heftige Auseinandersetzungen über den einzuschlagenden berufspolitischen Kurs. Manche der Vorstandsmitglieder saßen in der Enquetkommission, einem noch 1970 vom Bundestag bestellten Gremium, das die Lage der Psychiatrie in der Bundesrepublik untersuchen und auch die nötig werdenden Veränderungen der Versorgungslandschaft vorschlagen sollte. Diese »Macher« fürchteten öffentlich geäußerte radikale Reformforderungen, zum Beispiel die sektorbezogenen ambulanten Dienste mit ärztlichem Behandlungsrecht, wie der Teufel das Weihwasser, und zwar weil sie von konservativen Gesundheitspolitikern als Hebel zu einer Vergesellschaftung des gesamten Gesundheitswesens und damit als »kommunistische Machenschaften« ausgelegt werden konnten. Im offenen Konflikt mit den ärztlichen Standesorganisationen, so argumentierten sie, ließen sich überhaupt keine, auch keine begrenzteren strukturellen Reformen wie die Sektorisierung der stationären Versorgung durchsetzen. Um jeden Preis gälte es deshalb zu vermeiden, dass die DGSP in den Geruch einer »roten«, kommunistisch infiltrierten Organisation oder eines wissenschaftlich nicht ernst zu nehmenden antipsychiatrischen Revoluzzerhaufens geriet. Diese Ängstlichkeit ging noch zwei oder drei Jahre später so weit, dass Adalberts Vorstandskollegen, als sie ihm eine Einladung Franco Basaglias zu einer Mitgliederversammlung schon nicht abschlagen konnten, diesen ihren Ehrengast erst gegen 1 Uhr in der Nacht nach einer stundenlangen Diskussion über die künftige Höhe des Mitgliedsbeitrages zu Worte kommen ließen.

Mit Klaus Dörner bildete Adalbert den linken Flügel im DGSP-Vorstand. Dort waren sie in der Minderheit, als Ideengeber zwar geschätzt, aber auch gefürchtet, weil sie in der damals mehrheitlich linken Mitgliedschaft einen starken Rückhalt besaßen – ohne ihre Fürsprache waren die »Macher« in jenen Jahren nicht sicher, selbst überhaupt wieder gewählt zu werden. Und im DGSP-Vorstand mussten die schon sein, um sich der mehrheitlich konservativen Enquetekommission als mäßigende Kraft präsentieren und ihr wenigstens einige Konzessionen hinsichtlich des Sektorprinzips abringen zu können.

7.

Irgendwann 1969, es muss ganz kurz vor Adalberts Habilitation gewesen sein, stand plötzlich Dr. Rath vor seiner Arztzimmertür, ein ehemaliger Freiburger Kollege, begleitet von einer jungen Frau. Er hatte zuerst Mühe, ihn wiederzuerkennen: Beide sahen eher wie ein Landstreicherpaar aus, in abgerissener, nicht ganz sauberer Kleidung, er mit blank rasiertem Schädel, sie mit fettigen strähnigen Haaren. Adalbert war erstaunt, dass Rath ihn weder um Geld anging noch um Unterkunft, sondern nur um Zugang zur Kliniks-

bibliothek bat: Er sei dabei, sagte er, ein wissenschaftliches Werk über Wahn und Intuition zu schreiben und eine Erbschaft erlaube ihm nun endlich, ganz seinen Neigungen nachzugehen.
Bundestagswahlen standen in diesen Monaten vor der Türe, die »Aktion demokratischer Fortschritt« (AdF), ein linkes Wahlbündnis, in welchem die kurz zuvor erst legalisierten Kommunisten dominierten, hatte eine erste Großveranstaltung angekündigt, bei der die Gießener Bundestagskandidaten vom Vorstand vorgeschlagen und sodann von der Versammlung gewählt werden sollten – und Adalbert hatte sich entschlossen, an jenem Abend dorthin zu gehen. Als er aufbrechen wollte, stand aber Rath vor seiner Tür, redselig und leicht gereizt – und er bestand darauf, ihn zur Wahlveranstaltung zu begleiten.
Der Saal war zu Adalberts Erstaunen ziemlich voll und sie fanden nur einen Platz in den hinteren Reihen. Alles lief so ab, wie er es später hundertmal auf öffentlichen Zusammenkünften von so genannten Bündnisorganisationen erleben sollte: Was gesagt wurde, war fast alles richtig und wichtig, ob es sich nun um den Weltfrieden, um bessere Beziehungen zwischen den beiden deutschen Staaten, um die Ausbeutung der Dritten Welt oder die amerikanischen Kriegsverbrechen in Vietnam handelte. Aber die Worte und Sätze, in die es gekleidet wurde, waren Secondhand-Konfektion von der Stange. Sie erschienen Adalbert derart trivial und abgenutzt, dass sie in ihm nichts als Langeweile erzeugt hätten, wären in die Gesichter mancher älterer Redner nicht Züge eingeprägt gewesen, die von vergangenem Leiden zeugten, sodass deren Zielsicherheit, wohin die Reise gehen sollte, schließlich auch ihn ansteckte.
Kurz vor dem Schluss der Veranstaltung wurden die Kandidaten für die Bundestagswahl vorgestellt, die das Präsidium ausgewählt hatte, und lediglich der Form halber, so schien es Adalbert, fragte jemand von der Tribüne herab, ob es noch andere Vorschläge gäbe. Da stürmte Rath – er hatte inzwischen mehrere Flachmänner geleert – zum Rednerpult, hielt eine fulminante Lobrede auf Adalbert, benannte ihn als weiteren, vierten Gießener Kandidaten – und nach kaum drei weiteren Minuten, die Ereignisse überschlugen sich, war »Dr. Wulff« von der Versammlung schon gewählt. Er musste sich auf der Stelle entscheiden und einen Grund, die Wahl nicht anzunehmen, hatte er eigentlich nicht: Am Vortag hatte er seinen Habilitationsvortrag gehalten und war zum Privatdozen-

ten ernannt worden, sodass er seine berufliche Arbeit durch ein solches politisches Engagement nicht mehr gefährdet sah.
Das allerdings sollte sich als Fehleinschätzung erweisen. Ein paar Jahre später sollten die Berufsverbote kommen, und es war nur ein glücklicher Zufall, dass er, kurz bevor sie in der BRD flächendeckend zur Anwendung kamen, noch seine Ernennung zum Beamten auf Lebenszeit erhielt.
In den Wochen danach kam Adalbert zum ersten Mal mit deutschen Kommunisten zusammen, die sich öffentlich zu ihrer Partei bekannten. Nicht die Neuzugänge beeindruckten ihn, meist Studenten oder junge Universitätsassistenten, die über Marx-Studien oder über antiimperialistische Aktivitäten zur Partei gekommen waren. Nein, es waren die Alten, von denen manche nicht nur die KZs und Gestapo-Keller überlebt, sondern nach dem KPD-Verbot 1955 auch die bundesdeutschen Zuchthäuser kennen gelernt hatten.
Mit Peter Gingold, einem Frankfurter Juden, der nach 1933 nach Paris emigriert und dort zu einem der kommunistischen Widerstandshelden geworden war, ging Adalbert auf Wahlreisen in kleine Orte. Er sprach dort meistens über seine eigenen Erfahrungen im Vietnam-Krieg und Gingold ordnete den Kampf der Vietnamesen in einen allgemeineren antiimperialistischen und antikapitalistischen Zusammenhang ein. Sein Begleiter sprang auch für ihn ein, wenn unangenehme Fragen wie nach der Berliner Mauer oder nach den Lebensverhältnissen in der DDR gestellt wurden, auf die Adalbert keine Antwort parat hatte.
In Grünberg, einem oberhessischen Städtchen, das als NPD-Hochburg gefürchtet war, trafen sie im verräucherten Wirtshaussaal zu ihrem Erstaunen auf viel mehr Zustimmung als sonst zu der These, dass die USA in Vietnam einen neokolonialen Eroberungs- und die Vietnamesen einen nationalen Befreiungskrieg führten. Mehrere ältere Redner meinten nach Adalberts Vortrag, auch die BRD solle sich aus dem Würgegriff des amerikanischen Finanzkapitals lösen und eine eigene, den nationalen Interessen entsprechende Politik führen. Erst als einer von ihnen hinzufügte, sie müsse auch wieder zu einer europäischen Vormacht werden, stark genug, um die 1945 verlorenen Ostgebiete wieder einzufordern, da merkten sie, dass sie sich vor falschen Verbündeten noch mehr zu hüten hatten als vor offenen Gegnern.

Morgens um Viertel vor sechs verteilte er an manchen Tagen vor den Fabriktoren Flugblätter, zusammen mit den übrigen Kandidaten. Von dreißig oder vierzig Arbeitern, die zu den Eingängen strömten, nahm ihnen vielleicht einer ein Flugblatt ab, und noch seltener kam es vor, dass jemand ihnen ein aufmunterndes Wort sagte. Die meisten gingen stumm und blicklos an ihnen vorüber, einige keiften sie auch an, sie sollten doch »nach drüben« verschwinden – »hier bei uns« hätten sie nichts mehr zu suchen. Oft waren sie, wenn sie heimgingen, ziemlich bedrückt und entmutigt, sodass sie sich beim gemeinsamen Frühstück erst trösten und wieder aufrichten mussten.

Damit war Adalbert nicht nur in die Vietnam-Bewegung, sondern auch in die bundesdeutsche Politik eingebunden, und das sollte noch lange so bleiben. Jetzt, wo er sich im politischen Tageskampf engagiert hatte, bot man ihm auch an, Sprecher des gerade gegründeten »Antiimperialistischen Solidaritätskomitees mit Asien, Afrika und Lateinamerika« zu werden, einer typischen Bündnisorganisation, in der sich kommunistische, sozialdemokratische, liberale und unabhängige Jugend- und Studentenverbände zusammengefunden hatten, zudem auch verschiedene bekanntere Persönlichkeiten, von Martin Walser bis Dorothee Ritterley, von Pastor Niemöller bis Erich Fried. Darüber, woher das Geld für ihre Aktionen und für ihr Büro herkam, machten sich die Mitgliedsorganisationen keine Gedanken, sie waren eher froh, dass sie nicht zur Kasse gebeten wurden und die DKP schweigend zahlte.

Zum ersten Mal traten sie im Frühjahr 1973 mit einer Nahostveranstaltung an die Öffentlichkeit, deren Star Erich Fried war. Fried brachte Israelis und Palästinenser miteinander ins Gespräch. Die Veranstaltung wurde ein Erfolg, der allerdings ohne Nachwirkungen blieb, denn ab Pinochets CIA-inszeniertem Putsch in Santiago, noch im September desselben Jahres, wurde die ganze Kraft des Komitees von der Organisation der Chile-Solidarität aufgezehrt.

Solange Jürgen Rietzel, ein junger kommunistischer Politologe, mit dem und dessen Frau Adalbert und Marina heute noch eng befreundet sind, erster Sekretär des Komitees blieb, konnten destruktive Konflikte zwischen den verschiedenen Gruppen noch vermieden werden. Als der aber, Jahre später, in der Hierarchie aufrückte, musste Adalbert häufig vermitteln und schließlich, in den Jahren vor der Wende in der DDR, auch in den Streit zwischen den Anhängern der zwei kommunistischen Tendenzen, der »Traditionalisten« und der »Erneuerer« und sogar in deren persönliche Querelen, eingreifen.

8.

1972 war in Marburg der »Bund demokratischer Wissenschaftler« (BdWi) wiedergegründet worden. Es war eine Initiative, die dem damals – zum ersten Mal in der Geschichte der Bundesrepublik – zunehmenden Einfluss linker Ideen an den Hochschulen Rechnung trug und auf Wolfgang Abendroth und seine Schüler zurückging. Abendroth war neben Werner Hofmann über Jahre der einzige Hochschullehrer in der BRD gewesen, der sich offen zur marxistischen Weltdeutung und zu dem durch sie legitimierten sozialistischen Veränderungsprozess in Osteuropa bekannt hatte. Er, der unter den Nazis im Zuchthaus gefoltert worden war und nach 1945 vor den ostdeutschen Stalinisten hatte flüchten müssen, war von seinen Marburger Kollegen als »Roter« geächtet, seinen Kindern wurden auf der Straße Steine nachgeworfen. Nun aber, nach 1968, war er, der trotz seiner leidvollen Erfahrungen in der DDR immer noch auf eine Zusammenarbeit mit den Kommunisten setzte, zur Leitfigur und einem der Strategen einer zumindest im Universitätsbereich erstarkten marxistischen Linken geworden. Er wollte Adalberts Vietnam-Ruhm auch hochschulpolitisch nutzbar gemacht wissen und schlug diesen bei der Gründungsversammlung des BdWi im Marburger Audimax für den Vorstand des Verbandes vor.
Dort traf Adalbert auf bekannte Gesichter: Ernst Tugendhat, er war inzwischen in Heidelberg Philosophie-Professor geworden, aber auch Melanie, Karlfrieds frühere, in Freiburg ansässige Freundin, und seinen Freund Wolf Haug. Neben ihnen, den noch Jüngeren, war auch Prominenz vertreten: Walter Jens und Helmut Ridder, einer der bekanntesten deutschen Staatsrechtler, der über Jahre an der Spitze des schließlich doch verlorenen Kampfes gegen die Notstandsgesetze gestanden hatte.
Nur zwei Kommunisten gehörten damals dem Vorstand an. Im ersten Jahr traten die beiden kaum je hervor und nahmen auf die

politischen Verlautbarungen des Vereins keinen übermäßigen Einfluss. Als aber bei der nächsten Mitgliederversammlung einige linksradikale – maoistische, trotzkistische und anarchistische – Kollegen in die Debatten eingriffen und dafür Beifall bekamen, veranlasste die DKP in einem Husarenstück eine Satzungsänderung. Diese entzog der Mitgliederversammlung mit ihren schwer vorhersehbaren, oft zufälligen Mehrheiten fast alle Kompetenzen und verlagerte diese nach dem Sowjetprinzip auf einen Delegiertentag. Da die Linksradikalen unter den Mitgliedern an keiner Hochschule die Mehrheit besaßen und deshalb auch keine Chancen hatten, Delegierte zu werden, kamen sie dort, wo Entscheidungen gefällt wurden, nun überhaupt nicht mehr zu Wort. Dies manipulative Taktieren missfiel Adalbert und so ließ er sich bei der nächsten Vorstandswahl auch nicht mehr als Kandidaten aufstellen.

9.

Kurz danach bewarb Adalbert sich um zwei Psychiatrie-Professuren: um den Heidelberger Traditionslehrstuhl und um eine C4-Professur für Sozialpsychiatrie am Zentralinstitut für Soziale Medizin an der FU in Berlin – Letzteres war eine der Neugründungen, mit denen die sozialdemokratischen Politiker, nach Pariser Vorbild, die rebellischen Berliner Studenten zu befrieden hofften.

In Heidelberg empfing ihn lautes Gejohle, als er zum »Vorsingen« den bis zum letzten Platz mit Zuhörern voll gestopften Hörsaal betrat. Die Auseinandersetzung um das »Sozialistische Patientenkomitee« – die erste Selbsthilfegruppe von Psychiatriepatienten in der BRD, die wenig später in die terroristische Szene abdriftete und an die RAF Anschluss gewann – hatte damals gerade ihren Gipfelpunkt erreicht, und nicht nur Rechte, sondern auch Linke, die sie nicht vorbehaltlos unterstützten, setzten sich inquisitorischen Befragungen und oft auch wüsten Beschimpfungen aus. Aber es gelang ihm doch, sich für eine halbe Stunde so weit Ruhe zu verschaffen, dass er seinen Text, eine Studie über psychotische Gratifikationen und deren Entzug durch Psychopharmakotherapie, zu Gehör bringen konnte – erst die darauf folgende Diskussion ging im Geschrei völlig unter.

Nachher, vor der mit 47 Mitgliedern enorm überbesetzten Berufungskommission, ging es ruhiger und gesitteter zu: Er konnte seine Absichten für den Fall einer Berufung diesem Auditorium immerhin so gut verständlich machen, dass er auf den dritten Listenplatz gesetzt wurde – der erste ging an seinen späteren Hannoveraner Kollegen Karl Peter Kisker. Ein Sondervotum Häfners, dass Fakultät und Ministerium vor einer »Politisierung der Heidelberger Psychiatrie« durch »die Herren Kisker und Wulff« warnte, kippte die Liste allerdings nach ein paar Monaten. Das war eine Niederlage. Sie, die Linken, waren in Heidelberg noch nicht stark genug, um ihre Kandidaten in allen Gremien der medizinischen Fakultät durchzubringen. Aber diese Auseinandersetzung hat, obwohl sie verloren wurde, viele Studenten und Assistenten für eine humanere Psychiatrie und ein patientengerechteres, demokratischeres Gesundheitswesen mobilisiert.

In Berlin waren Uli Deppe, ein junger Marburger Medizinsoziologe, mit dem Adalbert sich eng befreundet hatte, und er, wenn auch nach lang dauernden Kämpfen, auf die ersten Listenplätze zweier Professuren des Zentralinstitutes gekommen, und anders als in Heidelberg hatten diese Listen auch den Universitätssenat unabgeändert passiert. Daraufhin starteten Hippius, der Direktor der Psychiatrischen Klinik der FU, und Alexander Schruller, ein, wie, zu Recht oder zu Unrecht gemutmaßt wurde, der CIA nahe stehender Soziologe aus dem in West-Berlin dominierenden rechten sozialdemokratischen Spektrum, eine hartnäckige und dauernde Pressekampagne gegen diese Berufungsvorschläge. Adalbert wurde diesmal nicht, wie in Heidelberg von Häfner, als linker Chaot abqualifizert, sondern als gefährlicher kommunistischer Verschwörer, der dabei sei, mit seinen politischen Freunden die deutsche Hochschullandschaft zu unterwandern.

Der sozialdemokratische Wissenschaftssenator Stein konnte einem solchen Öffentlichkeitsdruck schließlich nicht mehr standhalten, zumal der nicht nur von der CDU, sondern auch vom rechten Flügel seiner eigenen Partei erzeugt wurde. Aber er traute sich auch nicht, den Zweit- oder Drittplatzierten an seiner statt zu berufen – das hätte unweigerlich zu noch mehr Unruhen an der Universität geführt, zumal auch einige CDU-nahe Hochschulpsychiater für Adalbert eingetreten und ihm fachliche Kompetenz ebenso wie wissenschaftliche Integrität bescheinigt hatten, unter ihnen Walter von Baeyer, der emeritierte Heidelberger Ordinarius. Stein entschloss sich deshalb dazu, das ganze Zentralinstitut mit einem Federstrich zu kassieren. Kurz danach wurde es, der Vorklinik zugeordnet, wiedergegründet, aber ohne einen Lehrstuhl für Sozialpsychiatrie, und die medizinsoziologische Professur, die Uli Deppe hatte bekommen sollen, ging – an wen? An Alexander Schruller.

10.

Während eines seiner Wochenenden in München, bei Mareile und Peter, es muss schon im Sommer 1969 gewesen sein, hatte Gitti Adalberts Lebensbühne betreten. Mitgebracht worden war sie an einem Samstag von Ralf Meinecke, genannt »Schubkärrchen«, einem Freund Peters noch aus alten Berliner Tagen, der von Zeit zu Zeit bei einem Schwabinger Galeristen arbeitete und sein Geld hauptsächlich damit verdiente, dass er Zeichnungen des Wiener Malers Ernst Fuchs kolorierte – eines Bekannten von Piotr übrigens, wie sich Jahre später herausstellen sollte. Schubkärrchen, nicht sehr groß, kompakt, einen eindrucksvollen Bierbauch vor sich herschiebend, immer liebenswürdig und hilfsbereit, wenn er vom Alkohol nicht völlig zugedröhnt war, verfügte in München wie in Berlin über eine beträchtliches Reservoir an Freundinnen, die er aus seinen Bühnenbildnerjobs an Theatern kannte. Mit manchen von ihnen hatte er irgendwann einmal geschlafen, andere standen auf seiner Warteliste, und wenn ein Kumpan solo zum Wochenende anreiste, vermittelte er gerne schon mal eine Bekanntschaft.

So waren sie an jenem Samstag zu fünft stundenlang über Flohmärkte und Antiquitätenmessen gezogen, ohne irgendetwas zu kaufen. Irgendwann hatte Schubkärrchen sich verabschiedet und es hatte sich fast von selbst ergeben, dass Adalbert mit Gitti ebenso Hand in Hand ging wie Peter mit Mareile. Gitti hatte lange blonde Haare, ein hübsches, kleines, sehr lebendiges Gesicht, eine schlanke Turnerinnenfigur, perfekt geschnittene Beine und vor allem weiche, wunderschöne Hände. Wenn die, was allerdings selten vorkam, beim Reden oder Lachen in Bewegung gerieten, musste selbst die Luft das Gefühl bekommen, von ihnen gestreichelt zu werden. Eine völlig unaggressive, ja unschuldige Anziehung ging von Gitti aus. Hand in Hand mit ihr zu gehen, ihre lustigen Bemerkungen mit ihren schüchternen Pointen zu hören und wenn man dann lachte, sie glücklich mitlachen zu sehen – das war eigentlich schon der Freude genug.

Als Peter und Mareile abends noch etwas anderes zu tun hatten – vielleicht gaben sie das auch nur vor, um ihm und Gitti die Chance zu geben, für eine Weile allein zu bleiben –, stieg Adalbert doch noch in Gittis winziges, düsteres Zimmer mit hinauf und sie haben, auch das ergab sich wie von selbst, wie eine Fortsetzung ihrer Hand in Hand gegangenen Wege, dort sanft und zärtlich miteinander geschlafen. Auch dabei war nur wenig Dranghaftes, ein Hauch von Freiheit, vielleicht auch von etwas spielerischer Unverbindlichkeit umgab alle Seiten der Zuneigung, die sie zueinander gefasst hatten. Adalbert erfuhr in dieser Nacht, dass Gitti Maskenbildnerin war und häufig mit Theatertruppen durch die Lande tingelte.

Er war nicht sicher gewesen, danach noch etwas von ihr zu hören. Aber schon 14 Tage später rief sie ihn in der Klinik an und fragte, ob sie ihn übers Wochenende besuchen dürfe, denn die Truppe, mit der sie unterwegs war, hätte drei Aufführungen in Gießen. In diesen Nächten in seiner »Studentenbude« nahmen ihre Umarmungen etwas handfestere Züge an, sie fanden, je besser sie sich kennen lernten, im anderen auch einen Adressaten, es war nicht mehr nur ein Windhauch, der an ihnen beiden vorüberzog. Als der Montagmorgen graute, hatten sie sich ineinander verliebt. Danach kamen fast täglich Briefe. Er sehnte sich nach ihr und ohne lange Überlegung nahm er eine Woche Urlaub und fuhr in irgendein kleines Ruhrstädtchen, wo die nächste Aufführung angesagt war. Dort stellte er fest, dass es eine recht angesehene Truppe war, deren Gesichter von seiner neuen Freundin modelliert wurden: Hannes Messmer gehörte dazu, Johanna von Koscian, und er fand dort auch seinen Revaler Klassenkameraden Ali Hagemeister wieder, der ihm 17 Jahre zuvor in Köln ein Wiedersehen mit seiner Kinderfreundin Karin v. N. arrangiert hatte.

Wohl weil Ali für ihn bürgte, wurde Adalbert für eine Woche von der Truppe als ihr zeitweiliges Anhängsel akzeptiert. Tagsüber im Bus hielt er Gittis Hand, nach den Aufführungen und dem Abschminken saßen sie mit den Schauspielern in den Hotelrestaurants zusammen bei deftigem Essen und Wein, nachts lagen sie sich wie richtige Flitterwöchler die ganze Zeit in den Armen und kamen nur wenig zum Schlafen, sodass sie morgens von den Mitreisenden frotzelnd und etwas neidisch auf die dunklen Ringe um ihre Augen angesprochen wurden. Aber keinen Augenblick lang wäre Adalbert der Gedanke gekommen, sie gäben sich irgendwelchen Ausschweifungen hin: Sie hielten sich nur die ganze Zeit aneinander fest, und was dabei geschah, das geschah eben.

Später musste Adalbert sich vorwerfen, dass er das sanfte Glück jener Tage zu selbstverständlich genommen hatte. Gitti lebte ganz in der Gegenwart, an eine gemeinsame Zukunft mit ihm schien sie überhaupt nicht zu denken. Irgendwie muss er gemeint haben, sie werde ihr Leben schon weiterleben, aber doch für ihn da sein, wenn er das nächste Mal käme. Und das funktionierte zunächst so auch sehr gut: Noch zwei Mal hatten sie zusammen einen wunderbaren Reigen von Tagen: zuerst mit Peter, Mareile, Schubkärrchen und ein paar anderen Freunden die Weihnachtstage über auf einem Bauernhof, in einem Tiroler Cul-de-Sac-Tal am Ende der Welt. In der Nacht schossen sie, in klirrender Kälte, auf dem Schlitten den Hang vor dem Haus herunter, spielten danach in der warm geheizten Stube Skat, ließen sich mit dem leichten österreichischen Rotwein voll laufen und liebten einander dann unter dem aufgeplusterten Federbett.

Kurz danach, zu Silverster, besuchte Adalbert sie in Berlin, wo sie nach dem Ende der Tournee am Savignyplatz ein Zimmer bezogen hatte und neue Arbeit suchte. Wieder erschien ihm ihr Glück ungetrübt, frei von jeder Gefahr: Dass sie sich im neuen Jahr oft wiedersehen und wiederlieben würden, bedurfte, wie er meinte, keiner Erwähnung. Am Silversterabend war auch noch Gittis ältere Schwester zu Besuch gekommen, eine energische, sehr handfeste junge Frau, und sie betrachteten gemeinsam ein Album mit ihren Kinderbildern. Das stellte, wie er meinte, ihre Beziehung auf einen sichereren Grund: Gitti war nicht mehr nur eine Luftspiegelung, eine lockere Bilderfolge aus Händchenhalten, Theatergetingel, ein paar Liebesnächten und Wintersportabenden in engen Schneetälern – sie hatte jetzt eine eigene Wohnung, eine Familie, eine durch Fotos dokumentierte Kindheit, sie war also nicht nur in seiner Vorstellung, sondern auch in Raum und Zeit wirklich präsent. Vielleicht hätte es ihn aber doch etwas vorsichtiger stimmen sollen, als ihre Schwester ihm, bevor sie heimging, sagte, er brauche sich keine Sorgen zu machen, sie werde auf Gitti schon aufpassen.

Vorwürfe macht sich Adalbert auch darüber, dass er seine Freundin nicht gefragt hat, wie sie, noch ohne Arbeit, materiell zurechtkommen werde. Er hatte in Vietnam viel Geld gespart, hätte also mühelos für ihren Unterhalt aufkommen können. Seine Arbeit auf der F 3, die Vorbereitung auf seine Seminare in Vincennes, die vierzehntägigen Flüge nach Paris, aber auch seine neuen politischen Aufgaben nahmen ihn nach seiner Rückkehr aus Berlin in diesem neuen Jahr 1970 sehr stark in Anspruch – nicht nur seine Zeit, sondern auch seine Aufmerksamkeit. So schön es mit Gitti wieder gewesen war, verspürte er doch keinen besonders heftigen Drang nach ihr: Sie war ja jetzt, so sah er es jedenfalls, seine feste Freundin und er fühlte sich ihrer nach diesem Silvesterabend vollkommen sicher. Beim Einschlafen dachte er oft voller Zärtlichkeit an sie – aber damit war es einstweilen auch getan. Wenn er die Zeit dafür wieder hätte, würde er schon wieder zu ihr fahren oder sie würde ihn zu einem gemeinsamen Wochenende nach Paris begleiten. Kurz, er hatte sie, ihre Gefühle zu ihm und seine zu ihr, an einem, wie er meinte, sicheren Ort abgestellt, um sie von dort, wenn er ihrer bedurfte, wieder hervorzuholen. Über eine Zukunft mit ihr, selbst eine kurzfristige – etwa mit ihr eine Weile zusammenzuleben –, darüber hatte er sich keine Gedanken gemacht.

Als er sie sechs oder acht Wochen später anrief, um seinen Besuch für das Wochenende anzukündigen, hatte er zuerst Mühe, sie ans Telefon zu bekommen. Schließlich hörte er ihre Stimme: Nach einer Grippe fühle sie sich müde und schwach, sagte sie, aber sie werde ihn vom Flughafen abholen. Der Flughafen war damals noch Tempelhof, eine einzige riesige Halle, überall hellgelber Stein. Aber nicht Gitti erwartete ihn an diesem eisigen Februarabend, sondern Nick, der frühere englische Freund seiner Nichte Romana Blacher – eine zwielichtige Gestalt, die sich in Berlin angeblich mit Übersetzungen von geheimen Papieren durchschlug. Adalbert war ihm 1965 auf seinem Europaurlaub kurz begegnet, und als er Gitti zu Weihnachten von seiner Berliner Verwandtschaft und so auch von Romana und ihrem Freund erzählt hatte, war herausgekommen, dass auch Gitti ihn flüchtig kannte. Nick sagte nun, er sei gekommen, um Adalbert Gittis Wohnungsschlüssel zu bringen, sie arbeite die ganze Nacht durch und würde sich telefonisch melden.

Natürlich war Adalbert enttäuscht, gekränkt, aber darüber hinaus überzog ihn schon wie eine Gänsehaut die Vorahnung kommenden Unheils. Trotz der beruhigenden Worte Nicks hatte Gittis zärtliche und geduldige Freundschaft zu ihm, der er sich so sicher geglaubt hatte, einen Riss bekommen, von dem er nur noch nicht wusste, wie tief er ging.

In Gittis Wohnung wartete er die ganze Nacht auf ihren Anruf. Er hoffte immer noch, alles werde eine ganz harmlose Erklärung finden: ein ihr im letzten Moment angebotener, gut bezahlter Job vielleicht, an einem Ort, wo man nicht telefonieren durfte. Aber der Morgen graute: immer noch nichts. Mittags hielt er es in ihrem Zimmer nicht mehr aus, er streunte durch die Straßen, aß irgendwo etwas, rief von jeder Telefonzelle, an der er vorbeikam, ihre Nummer an, in der Hoffnung, sie sei inzwischen doch heimgekommen. Zwar hörte er das Freizeichen, aber niemand hob ab. Als einmal doch das Besetztzeichen kam, wollte er schon erleichtert aufatmen – aber zwei Minuten später musste er erkennen, dass nicht sie gesprochen, sondern nur gleichzeitig mit ihm noch jemand anders ihren Apparat angerufen hatte.

Nick lud ihn schließlich zum Abendessen ein, aber er gab vor, auch nichts Genaueres zu wissen, nur dass Gitti davon gesprochen habe, eine Massageausbildung absolvieren zu wollen. Sie werde ihm alles schon selbst erklären. Am Sonntagfrüh, ein paar Stunden bevor er abfliegen musste, rief sie schließlich doch an, aber die Zeit reichte nur noch zu einem kurzen Treff im Café. Er erschrak, so blass und verhärmt sah sie aus – aber nein, krank sei sie nicht, sie habe nur das ganze Wochenende gearbeitet und zwei Nächte lang nicht geschlafen, sagte sie. »Gehört das denn zu einer Massageausbildung?«, fragte Adalbert, worauf sie erwiderte: »Du bist aber naiv. Hat Nick es dir denn nicht erzählt?« Das war es also, das Geheimnis: Sie arbeitete seit einigen Wochen in einem Bordell. Natürlich bot Adalbert ihr an, für ihren Lebensunterhalt zu sorgen, bis sie wieder einen Job als Maskenbildnerin gefunden habe, aber sie meinte, das sei keine Lösung.

Ein paar Jahre später erfuhr er, dass damals schon Drogen im Spiel waren, noch kein Heroin, aber Koks – jedoch an jenem Februarsonntag 1970 stritt Gitti jede süchtige Abhängigkeit Adalbert gegenüber ab. Sie versprach, ihm von Zeit zu Zeit ein Lebenszeichen zu geben, wollte ihm jedoch keine Hoffnung auf die Fortsetzung ihrer Freundschaft machen; solange sie im Puff arbeite, könne sie eine feste Bindung nicht aufrechterhalten.

Adalbert hat versucht, sich zu vergegenwärtigen, wie ihm in den Tagen und Wochen nach diesem verpfuschten Berlin-Besuch zumute war. Sicherlich war er an manchen Abenden traurig und verzweifelt, aber wie seine berufliche Arbeit, wie seine politischen Aktivitäten ihm in den Monaten zuvor keine Zeit gelassen hatten, über sein Glück nachzudenken, so verhinderten sie es jetzt, dass er sich allzu sehr in sein Leiden vergrub. In telefonischem Kontakt mit Gitti muss er geblieben sein, denn sie lud ihn – zu Ostern oder zu Pfingsten – doch wieder nach Berlin ein, sofern er ertragen könne, dass sie in den meisten Nächten wie immer arbeiten ging. Inzwischen hatte sie vom Massagesalon in ein Luxusbordell übergewechselt. Abends gegen 20 Uhr brachte Adalbert sie im Taxi dorthin, morgens gegen vier oder fünf kam sie nach Hause, legte sich zu ihm ins Bett und schlief in seinen Armen ein. Manchmal erzählte sie ihm etwas von ihren Kolleginnen, von ihren Kunden jedoch nie. Tagsüber gingen sie spazieren, auch mal in bessere Lokale zum Essen, aber sie redeten wenig miteinander. Vor den meisten der Themen, die für sie wichtig waren, hingen Verbotsschilder, ebenso wie vor Zärtlichkeiten, die zur körperlichen Liebe hätten überleiten können. So natürlich Gitti sich in ihren guten Zeiten gegeben hatte, so schamhaft zeigte sie sich jetzt. »Hier in Berlin kann ich es nicht«, sagte sie, »wenn du es wirklich noch einmal mit mir versuchen willst, dann lass uns nach Paris fahren.« Und Adalbert ließ sich auf diesen Versuch ein.

Vier oder fünf Tage blieben sie dort. Juliette war wieder einmal verreist, aber er hatte den Schlüssel zu ihrer Wohnung. Piotr hatte er Gittis Probleme schon am Telefon auseinander gesetzt. Vielleicht könne er helfen, sagte der, er sei mit Catherine Harlé, der Besitzerin einer renommierten Modeagentur, befreundet und könne versuchen, Gitti als Model dort unterzubringen. Piotr und Adalberts andere Freunde behandelten Gitti mit Wärme und Respekt und sie fand in diesen Pariser Tagen zu ihrer früheren Sanftmut zurück. Sie schlief auch wieder mit Adalbert, aber irgendetwas fehlte. Er konnte sich des Gefühls nicht erwehren, dass es für sie auch so etwas wie eine Pflichtübung war, ein Entgelt für die Mühe, die er für sie aufwandte und die dann für sie beide wenigstens so angenehm und lustvoll wie irgend möglich ausfallen sollte. Die

Unbefangenheit und stille Heiterkeit, die drei, vier Monate lang die Textur, das sie zusammenhaltende Gewebe ihrer Liebe gebildet hatte, wollte sich jedenfalls nicht wieder einstellen.

Als sie Paris verließen, war von Catherine Harlé noch keine Nachricht gekommen. Aber ein paar Tage später rief Piotr ihn an und sagte, es hätte leider nicht geklappt. Gitti habe bei dem Bewerbungsgespräch den Eindruck erweckt, sie sei für diesen Beruf nicht belastungsfähig genug.

Beide wussten sie, dass dies das Ende ihrer Liebesbeziehung war. Ihr Telefon war bald darauf abgemeldet, ihr Zimmer aufgegeben und eine neue Adresse hatte er nicht. Als er ein paar Monate später für ein paar Tage in Berlin war, zu einer politischen Veranstaltung oder zu einem Vortrag, versuchte er noch ein letztes Mal auf ihren Spuren zu wandeln. Im Massagesalon in der Kantstraße wollte aber keines der Mädchen sie mehr kennen, es nützte auch nichts, dass Adalbert 100 DM aufwandte, um sie zum Sprechen zu bringen. Im Luxusbordell genügte es schon, eine der eleganten jungen Frauen zu einem Glas Sekt einzuladen: Ja, Gitti – sie sei vor einiger Zeit hier herausgeflogen, weil sie ihren Kolleginnen die Stammkunden weggeangelt habe. Sie sei zu lange mit den Männern zusammengeblieben und hätte sich öfter von ihnen auch zu ihrem eigenen Vergnügen »durchvögeln« lassen, was gegen die Regeln des Hauses verstieß. Wohin sie gegangen war, konnte oder wollte auch hier niemand sagen.

Vier oder fünf Jahre später, Adalbert war schon lange mit Marina zusammen und wiederum zu Besuch in Berlin, da sagte Schubkärrchen ihm, er habe Gitti wiedergefunden. Sie habe gerade eine schwere Lungenentzündung überstanden und komme ganz langsam wieder zu Kräften. Sie besuchten sie beide, in einer beinahe leeren Wohnung. Mager war sie und wachsbleich, sonst auf den ersten Blick nicht sonderlich verändert – aber innen schien alles erloschen, und auch nichts leuchtete auf, als Adalbert von den vergangenen Tagen sprach. Sie sei, der Drogen entwöhnt, zuletzt Pächterin eines »Salons« gewesen, sagte sie, durch die Krankheit hätte sie diese Arbeit verloren, hoffe aber etwas Ähnliches wiederzufinden, wenn sie völlig gesund sei. Nein, seine Hilfe brauche sie nicht.

11.

Im April 1970 war Adalbert zum ersten Mal in Nordvietnam. Er hatte schon ein Jahr zuvor dorthin fahren sollen, aber der Tod Ho Chi Minhs und der des Gesundheitsministers Pham Ngoc Thach hatten diese Terminplanung durcheinander gebracht. Auch über diesen Besuch hat er in der zweiten Auflage seiner *Lehrjahre* ausführlich berichtet. Von vielem, was er zu sehen bekam, war er höchst angetan: von der lautlosen Würde, mit der die Opfer gebracht wurden, die der Krieg allen abverlangte; von der Intelligenz und dem Einfallsreichtum, mit dem die Vietnamesen die tausendfache waffentechnische Überlegenheit der Amerikaner kompensierten; von der Anspruchslosigkeit auch noch der höchsten Staatsdiener und Parteikader. Am meisten beeindruckte ihn jedoch das unmartialische Auftreten der Soldaten: Sie gingen Hand in Hand mit ihren Mädchen auf den Uferpromenaden der Hauptstadt spazieren oder lasen sich auf den Parkbänken gegenseitig Gedichte vor – der auftrumpfende Gang, den die Saigoner Söldner zur Schau gestellt hatten, um den US-Paras und Marines ähnlich zu sehen, schien diesen jungen Leuten vollkommen fremd. Ja, dafür kann er auch heute noch, nachträglich, garantieren: für dieses klassische Bild der jungen Dichter und Gelehrten, die nur in der Stunde der Not zu den Waffen griffen.
Manches andere, muss er heute einräumen, ist wohl eine geschickte Inszenierung gewesen: wie der Arbeiter, der ihn auf offener Straße, am Ufer des kleinen Sees im Zentrum der Stadt angesprochen und zu einer Besichtigung einer kleinen Werkstätte aufgefordert hatte, in der Adalbert die hübschen Mädchen, die dort auch tätig waren, an ihren Maschinen fotografieren durfte. Und was von der perfekt sauberen, in vielfachen musik-, gestaltungs- und körpertherapeutischen Aktivitäten um ihre psychisch kranken Insassen bemühten psychiatrischen Anstalt zu halten ist, in die er erst nach einer mehrtägigen Wartefrist und nur weil er so nachdrücklich darauf insistiert hat hereingelassen wurde – darüber kann er heute, wenn er die von seiner Reise mitgebrachten Bilder noch einmal betrachtet, nicht mehr so eindeutig wie damals Auskunft geben. Er ist sich nicht einmal mehr völlig sicher, ob er tatsächlich die dort hineingehörigen Patienten gesehen hat oder an deren statt schleunigst hingekarrte Leichtkranke, wenn nicht sogar als Irre

verkleidetes Pflegepersonal. Auch dass das Privathaus Pham van Dongs, des Ministerpräsidenten und geistigen Erbes Ho Chi Minhs, bei dem er an seinem letzten Nachmittag in Hanoi zu einer Tasse Tee eingeladen war, mitten im Krieg nur von einem einzigen unbewaffneten Posten bewacht wurde, kommt ihm heute zu schön vor, um völlig wahr zu sein. Vielleicht war ihm entgangen, dass damals die ganze Gegend weiträumig abgesperrt war.
Und doch, trotz dieser retrospektiven Zweifel an der Stichhaltigkeit mancher seiner eigenen Wahrnehmungen: Der Gesamteindruck von Bescheidenheit, Opferbereitschaft und sanftmütiger Entschlossenheit, den er von dieser Reise mitgenommen hat, lässt sich nicht wegwischen.

12.

Im September 1970 fuhr er auf Einladung des Gesundheitsministeriums der DDR zum ersten Mal für länger, für ganze zehn Tage, in diesen zweiten, wenn man Österreich mitrechnet, sogar dritten deutschsprachigen Staat. An der Grenze wurde er von Kurt Winter begrüßt, dem damaligen Direktor der Akademie für ärztliche Fortbildung: einem Juden, Altkommunisten und Spanien-Kämpfer, der seine Emigrationsjahre in Frankreich und den USA zugebracht hatte und 1947 nach Berlin zurückgekehrt war. Winter versuchte medizinsoziologischen Fragestellungen in der DDR politische Anerkennung zu verschaffen – gegen den Widerstand vieler Gesundheitsfunktionäre, die fürchteten, die Ergebnisse könnten unangenehme Wahrheiten ans Licht fördern.
Der Besuch Adalberts sollte offiziell dazu dienen, einen der DDR politisch nahe stehenden westdeutschen Hochschullehrer von den Vorzügen eines verstaatlichten Gesundheitssystems zu überzeugen – aber Winter hoffte wohl auch, dass mit seinem bundesrepublikanischen Gast auch etwas frischer Wind aus dem Westen hereinwehte. Während des gesamten Besuchs wurde er als VIP behandelt und verwöhnt. So bekam er einen Wagen und einen Fahrer vom ZK der SED gestellt, ihm wurde ein Assistent Winters als Reiseführer beigeordnet und er durfte selbst entscheiden, welche Einrichtungen er sehen wollte. Ihn interessierte neben der Psychiatrie das gesamte ambulante Versorgungsnetz der Medizin,

das in der BRD, mit Ausnahme der Hochschulpolikliniken, von niedergelassenen Ärzten monopolisiert war, in der DDR hingegen fast ausschließlich von staatlichen oder betrieblichen Polikliniken betrieben wurde: Welches der beiden Versorgungssysteme wurde den Interessen der Patienten besser gerecht?

Zu jener Zeit hatte die dritte, die informationstechnologische Revolution die Medizin noch nicht erreicht, die Medizintechnologie war hier wie dort etwa auf gleichem Stand, sodass bei einem Vergleich die Variable »Soziale Organisation der Krankenversorgung« verhältnismäßig gut abgrenzbar war. Und da schien es Adalbert in der Tat, dass teure apparative Ressourcen in einem vergesellschafteten System besser genutzt werden konnten und dass an Krankenhäuser angeschlossene Polikliniken deshalb eher dem letzten Kenntnis- und Entwicklungsstand der Medizin angepasst waren als die Einzelpraxen in der BRD, die dort das Monopol für den Versorgungsauftrag der Krankenkassen besaßen und denen das Kapital für millionenschwere Anschaffungen noch fehlte. Ein Jahrzehnt später wurde es allerdings schon in sie investiert: von den Großbanken nämlich, die durch ihre Zinsen an dem von Ärzten gemachten Profit auf Kosten der Kassen beteiligt wurden. Als die vergesellschaftete Medizin der sozialistischen Länder dann auch noch die Computertechnologie verschlief, geriet sie hoffnungslos ins Hintertreffen.

Was Adalbert an der stationären DDR-Medizin allerdings schon damals störte, war die strenge hierarchische Ordnung, das autoritäre Chefarztgeschnarre, das eine freie Diskussion mit den nach- und untergeordneten Mitarbeitern gar nicht aufkommen ließ. Aber Ekkhart, sein Reiseführer, erklärte ihm, dass dies Konzessionen der Partei an die reaktionäre Ärzteschaft seien, um dieser das Hierbleiben schmackhafter zu machen: Zwar sei die Grenze seit dem Mauerbau dicht, aber man wolle doch auch Spezialisten zu Kongressen ins Ausland schicken können.

Ob diese Erklärung nun stimmte oder nicht, ob das Krankenhauswesen tatsächlich der einzige Arbeitsbereich mit militärischen Grundtönen war, konnte er so schnell nicht überprüfen. Andere Eindrücke auf dieser Reise schienen eine solche Annahme allerdings zu bestätigen. Die Menschen, die sie auf ihren Streifzügen kreuz und quer durch das Land trafen – autostoppende Fabrikarbeiterinnen, die sie mitnahmen, oder Zufallsbekanntschaften abends in den Gasthöfen –, waren weder von Adalberts Hochschullehrereigenschaft besonders beeindruckt noch von der an ihrer Windschutzscheibe angebrachten Plakette mit der Aufschrift »ZK der SED«. Sie zeigten ein ganz natürliches Selbstbewusstsein und redeten mit ihm und seinem Reiseführer, ihrem Fahrer, auf gleicher Augenhöhe.

Und noch etwas fiel Adalbert schon auf dieser ersten Reise in die DDR auf: dass fast alle Frauen zwischen 16 und 50 ihm reizvoll und anmutig erschienen, ob sie nun besonders hübsch aussahen oder nicht. Sie gaben sich eben so, wie sie waren, und so musste man sie nehmen oder es eben lassen. Wenn man ein bisschen länger mit ihnen redete, entdeckte man bei fast jeder von ihnen etwas, was einem gefallen konnte: ein Lächeln, eine Bewegung, eine freundliche, wohlklingende Stimme. Einen Wettbewerb äußerer Vorzüge, ja von Vorzügen überhaupt schien es bei ihnen kaum zu geben – die gehörten nicht, wie im Westen, zu den mit Preisschildern ausgezeichneten Verkäuflichkeiten. Weder diskreditierte man sich, wenn man mit jemandem zusammen war, der keine sofort ins Auge springenden Vorzüge besaß, noch stieg man selbst sonderlich im Wert, wenn es sich beim Partner um eine Glamourgestalt handelte. Und das gab einem jeden wahrscheinlich auch den Mut, sich einigermaßen natürlich zu geben.

Jedes Mal wenn Adalbert aus der DDR zurückkehrte, fiel es ihm deshalb auch schwer, den Anblick der auf dem Bahnhof Zoo ausgestellten jungen Leute zu ertragen, denen eine zweite, künstliche Haut übergestülpt schien und deren Gesichter, deren Gesten, deren Gang, deren Kleidung und deren Haartracht man sofort die Aufschrift »So viel bin ich wert« ablesen konnte – und zugleich damit die Hurenfrage: »Was hast du dafür zu bieten?« Nach ein paar Tagen verflüchtigte sich dieser Eindruck zwar, aber nach jeder Reise wurde er von ihm erneut überfallen.

Die Psychiatrie der DDR hinterließ bei ihm einen zwiespältigeren Eindruck. Die Ost-Berliner Charité und die Universitätsklinik in Jena, die er besuchte, unterschieden sich nicht sonderlich von den entsprechenden Einrichtungen in der BRD. Das Bezirkskrankenhaus Rodewisch, ihm als Modellanstalt der DDR angekündigt, von der aus schon 1963, als in der BRD noch alles schwieg, sozialpsychiatrische Thesen vorgelegt worden waren, befand sich in einem ähnlich erbarmungswürdigen Zustand wie seine Schwesternasyle in Westdeutschland. Aber in Leipzig, in der Klinik Klaus Weises, fühlte er sich vom ersten Augenblick an zu Hause, da fand er, was er suchte: Geschlechtermischung, offene Türen, Anfänge einer Patientenselbstverwaltung, Gruppengespräche, Psychotherapie auch der Psychosen und sogar ehemals Psychosekranke, die zu Krankenschwestern oder Pflegern in der Psychiatrie ausgebildet wurden. Kurze Zeit später übernahm diese Klinik als erste und einzige Hochschuleinrichtung in der DDR einen Pflichtversorgungssektor, ohne etwas von ihren auf Selbstbestimmung zielenden Behandlungsprinzipien preiszugeben – ungefähr zur gleichen Zeit, wie dies auch in Hannover versucht wurde.

Adalbert ist in den fast zwei Jahrzehnten bis zur Wende fast jedes Jahr für ein paar Tage nach Leipzig gekommen, der Anlass war zumeist eine Vortragseinladung – und jedes Mal nahm er etwas für seine eigene Arbeit Gehaltvolles von dort mit zurück.

Schon bei seinem ersten Besuch fiel ihm auf, dass der Klinikdirektor und seine Mitarbeiter sich auch auf dem Flur von den Patienten ansprechen und in längere Gespräche verwickeln ließen – Sätze wie: »Ich bin in Eile, jetzt geht es nicht« oder »Melden Sie sich bei meiner Sekretärin an« waren in Leipzig verpönt.

Klaus Weise war Kommunist, er stammte aus einer antifaschistischen Widerständler-Familie. Zusammen mit seinem Freund Achim Thom, einem marxistischen Philosophen und Medizinhistoriker, versuchte er den Grund zu legen zu einer »Sozialpsychiatrie in der sozialistischen Gesellschaft« – und so hieß auch ihr erstes gemeinsames Buch. Was an der Daseinsanalyse, der anthropologischen Psychiatrie ebenso wie an der Antipsychiatrie des Westens noch utopisch und gesellschaftsfern schien, zugänglich nur für einige Privilegierte, nämlich einen psychotischen Einbruch auch als weiterführende biografische Krise erleben zu können, das sollte unter den Bedingungen des Sozialismus als eine Chance für alle eingelöst werden. Die Wachhunde der Orthodoxie wussten nicht recht, wie sie einen solchen Ansatz bewerten sollten, sie warnten vor Versatzstücken bürgerlicher Ideologie. Aber Klaus und Achim brachten es fertig, zu belegen, dass die fortschrittlichen Anteile dieser Theorien in einer historisch- materialistischen Weltsicht ihren Platz finden konnten, und für diese Übersetzungs- und Überzeugungsarbeit war Adalbert ihnen ein nützlicher Verbündeter.

Abweisend blieben diejenigen, die zu bequem oder zu ängstlich für solche Veränderungen waren, die durch Aussitzen oder ideologische Verdächtigungen zu erreichen suchten, dass alles beim Alten blieb. Sie verhinderten es bis 1984 auch, dass Weise und Thom Einladungen zu Tagungen folgen konnten, die nach Adalberts Berufung nach Hannover von ihm und seinem Kollegen Karl Peter Kisker vor allem zu dem Zwecke veranstaltet worden waren, die beiden auch im Westen hören zu können. So verlief Adalberts Zusammenarbeit mit Leipzig fast 15 Jahre lang auf einer Einbahnstraße. Trotzdem sind nicht wenige seiner Freunde – Klaus Dörner, Heiner Keupp, Ralf Seidel – ihm später auf dem Weg dorthin gefolgt.

Nach einigen Jahren war Adalbert auch unter den untergeordneten Mitarbeitern der Leipziger Klinik so bekannt geworden und sie hatten so viel Vertrauen zu ihm gefasst, dass einige von ihnen ihn zu einem »literarischen« Zirkel in ihrer Privatwohnung einluden. Wenn solche Zirkel sich mehr oder wenig regelmäßig trafen und ihre Teilnehmerzahl ein Dutzend überschritt, gerieten sie zwar an den Rand der staatspolizeilichen Toleranz – eingeschritten wurde jedoch nur, wenn ein Mitglied bei etwas eindeutig Verbotenem, bei der Verteilung von Flugblättern oder bei der Vorbereitung von »Republikflucht« erwischt wurde. Dann bestand allerdings auch die Gefahr, dass sie allesamt festgenommen wurden.

War diese Grenze jedoch nicht erreicht, so ließ man sie gewähren. Natürlich, wurde Adalbert erklärt, müsse man damit rechnen, dass eines der Mitglieder alles der Stasi berichte – aber da sie sich als kritische Sozialisten und nicht als Regimefeinde verstünden, hätten sie davor keine besondere Angst. Bei diesen Zusammenkünften wurde über nahezu alles offen geredet: über die Chefs, über die Gängelung durch die Partei, über die geistige Enge, die von der Zensur über das Land verhängt wurde, über die Reiseverbote, aber auch über Ermutigendes wie die hohe Qualität der DDR-Literatur, auf die sie alle stolz waren – Dagmar, eine der Säulen des Zirkels, war mit Christa Wolf sogar persönlich bekannt. Im Laufe der letzten Jahre merkte Adalbert allerdings, dass bei einigen der Mitglieder des Zirkels aus einer zunächst solidarischen Kritik an einzelnen Missständen immer mehr eine unverhohlene Ablehnung ihres gesamten Staatswesens wurde – ihm gegenüber äußerten sie die gleichwohl nur verhalten, um ihn nicht zu sehr zu kränken, denn sie wussten, dass er trotz vielfältiger Vorbehalte immer noch am Sozialismus festhielt. Wenn er zusammen mit anderen westdeutschen Freunden in Leipzig war, nahm er sie zu solchen Treffen des Zirkels mit – und denen gegenüber zeigten die jungen Leute ihre Ablehnung, wenn Adalbert mal gerade nicht mithörte, schon viel deutlicher.

Bei einem seiner letzten Besuche vor der Wende, als er mit Ralf Seidel oder Heiner Keupp wieder einmal eine halbe Nacht diskutiert hatte, bat ihn Klaus Weise am nächsten Morgen, doch etwas vorsichtiger zu sein, sonst könne er seine künftigen Einladungen nach Leipzig in Gefahr bringen. Nach 1989 war er für eine Weile versucht, sich seine Stasi-Unterlagen in der Gauck-Behörde einmal anzusehen, um herauszubekommen, wer im Zirkel wohl der Berichterstatter gewesen war – aber dann beschloss er, dass er es eigentlich gar nicht so genau wissen wollte.

13.

In Vincennes unterrichtete er, bis ihn 1974 der Ruf nach Hannover erreichte. Mit Juliette eröffnete sich während dieser sechs Unterrichtsjahre eine neue Ebene der Zusammenarbeit. Adalbert blieb in dieser Zeit hauptsächlich für Vietnam engagiert, sie fühlte sich, durch die lateinamerikanische Literatur, die sie bei Gallimard betreute, durch ihre Liebe zu Julio Cortázar, durch die Pariser Mai-Erfahrungen, der kubanischen Revolution immer enger verbunden – auf einer ihrer Reisen nach Havanna waren sie und Julio sich auch näher gekommen. Als sie dann noch afrikanische Linkspolitiker kennen lernte, die in Paris im Exil lebten, gründete sie mit diesen eine Dritte-Welt-Zeitschrift, *Afrique-Asia*, deren ständiger Mitarbeiter Adalbert wurde. Dieser antiimperialistischen Streitschrift stand allerdings kein langes Leben bevor: Politische Dissonanzen – sollte man auf den Hauptgeldgeber Ägypten überall Rücksicht nehmen oder nicht? – führten zu einer Spaltung der Redaktion. Durch die Abonnenten allein ließ sich das Blatt nicht über Wasser halten und so ging es nach zwei oder drei Jahren Bestand ehrenvoll unter.

Die ersten Jahre seines Vincenner Lehramts, bevor er Marina kennen lernte, übernachtete er immer noch in Juliettes Wohnung, wo Julio inzwischen während der Wochenenden ständiger Gast geworden war. Sie frühstückten zu dritt, gingen häufig gemeinsam spazieren oder besuchten Ausstellungen. Abends nahm Julio Adalbert manchmal auch in ein Kellerlokal mit, wenn er eine lateinamerikanische oder griechische Sängerin hören wollte und Juliette wegen ihrer Verlagsverpflichtungen verhindert war. Seit seiner Rückkehr aus Vietnam war Adalbert in dieser Dachwohnung in der Rue de Savoie fast so etwas wie ein Möbelstück geworden, so oft und so regelmäßig war er dort – heute fragt er sich, ob er Juliette und Julio damit nicht zu viel zugemutet hat.

Julio war ein äußerst wohlerzogener, großherziger Riese – wie der von Zeralda, sagten später Adalberts Kinder – und er hatte es mit Juliettes Empfindlichkeiten und Dominanzbedürfnissen nicht immer leicht. In den späteren Jahren, als sein Ruhm die lateinamerikanische Literatur zu überstrahlen begann und er manchmal auf der Straße oder im Kino von seinen Lesern angesprochen wurde, kam es vor, dass sie ihm deswegen eine Szene machte, die er äußerlich mit grandseigneurhaftem Gleichmut, innerlich aber doch wohl verletzt über sich ergehen ließ. Adalbert versuchte, wenn er dabei war, vom Streitgegenstand abzulenken, was ihm aber nur selten gelang. Seine Freundschaft mit Julio, die zunächst vor allem darin bestanden hatte, dass sie halbstündige Wartezeiten auf Juliette miteinander verbrachten, intensivierte sich, als er sich unversehens auch mit ihm in einem politischen Arbeitszusammenhang wiederfand: Sie waren beide Mitglieder der Internationalen Kommission zur Untersuchung der Verbrechen der chilenischen Militärjunta geworden und flogen 1975 gemeinsam nach Mexiko zum ersten öffentlichen Tribunal dieses Forums, nur zehn Tage nach der Geburt von Jonathan, Adalberts ältestem Sohn.

Oft war allerdings auch Julio über Wochen und Monate auf Reisen und Adalbert an seinen Pariser Wochenenden mit Juliette und ihrem mittlerweile zum Schulkind herangewachsenen Sohn Christoph allein. Viele Schriftsteller, die später berühmt wurden, kamen in jenen Jahren in ihr Haus, und mit manchen von ihnen freundete Adalbert sich an. Vassilis Vassilikos, der Autor von Z, war unter ihnen, Milan Kundera, Alvaro Guerra aus Lissabon – dass Adalberts *Lehrjahre* bei Suhrkamp erschienen waren, machte ihn für sie beinahe schon zum Kollegen.

Mit Vassilis und Alvaro verband ihn der Kampf gegen faschistische Diktaturen, mit Milan die Sympathie für einen Kommunismus mit menschlichem Antlitz, wie er in Prag gerade von der Sowjetunion niedergetrampelt worden war. Kundera war nach dem August 68 noch einmal für ein Jahr in die CSSR zurückgekehrt. Als er weltberühmt geworden war, riss Adalberts, aber auch Juliettes Kontakt mit ihm ab. Alvaro Guerra, der Adalbert um ein Vincenner Monatsgehalt anpumpte, wurde nach der Nelkenrevolution in Lissabon ein großes Tier, Kulturminister oder Generaldirektor des portugiesischen Fernsehens. Als Adalbert mit Franco Basaglia 1974 für ein paar Tage in der portugiesischen Hauptstadt weilte, versuchte er ihn am Telefon zu erreichen, bekam aber am nächsten Tag nur Grüße vom Sekretär ausgerichtet: Exzellenz hätten leider einen zu vollen Terminplan.

So blieb am Ende von diesen literarischen Bekanntschaften in Juliettes Dunstkreis außer der Freundschaft mit Julio nur ein sporadischer, aber herzlicher Kontakt zu Vassilis erhalten, dem Marina und Adalbert Anfang der neunziger Jahre zufällig in Rom in einem Café der Via del Corso über den Weg liefen.

4. Kapitel: Liebe fürs Leben

1.

Marina sah er zum ersten Mal im Oktober 1970, als in Vincennes wieder die Unterrichtsveranstaltungen begannen. Er hatte ein ethnopsychiatrisches Seminar über »Produktionsweise und Persönlichkeitsbildung in Vietnam« angekündigt, zu dem vielleicht fünfundzwanzig oder dreißig Studenten gekommen waren. Ihr, die Geschichte studierte und sich gerade mit einer Magisterarbeit über die Dritte Internationale in China abmühte, hatte ein ihr eng befreundetes Psychologenehepaar von Adalberts ungewöhnlichem Vorhaben erzählt, und seither war sie regelmäßig zu den Sitzungen erschienen.
Adalbert hatte zu der Zeit immer noch damit zu tun, dass er Gitti von der schiefen Bahn nicht hatte abbringen können, auf die sie, wie er sich vorwarf, auch durch seine Schuld geraten war. Aber er verspürte gleichzeitig das Bedürfnis, das alles abzuschütteln – und so war er wieder disponibel für neue Erfahrungen geworden, als er sich in seinem Seminar zwei äußerst attraktiven Mädchen gegenübersah, beide mit einem viel versprechenden Dekolleté. Wie immer, wenn er unterrichtete und sich die Gelegenheit dazu bot, versuchte er sich mit seinen Augen an einem solch erfreulichen Blickfang festzuhalten. Die eine von ihnen, Angelique, schwieg während der ganzen Veranstaltung und schlug dabei ihre Augen nieder, sprach ihn aber fast jedes Mal an der Tür noch einmal an, um sich etwas erklären zu lassen; die andere, Marina, erwiderte seinen Blick, stellte während des Seminars intelligente und weiterführende Fragen, war danach aber sofort verschwunden. Beide hatten sie lange dunkle Haare, eine seidige braune Haut, an ihrer mediterranen Herkunft bestand kein Zweifel..
Adalbert wusste zuerst nicht, mit welcher er lieber angebändelt hätte – wer anziehender war, ließ sich schwer sagen. Da Angeliques Fragerei ihm schon bald etwas auf den Geist ging und vielleicht auch, weil ihm kein geeigneter Eröffnungszug einfiel, wenn er ihr

geantwortet hatte, begannen seine Fantasien doch stärker um Marina zu kreisen. Monatelang gab die ihm jedoch keine Gelegenheit, ihrer Verwirklichung näher zu kommen. Aber an einem Freitagabend Anfang Januar 1971 saß sie, als er in das kleine Auto einsteigen wollte, in welchem ihn eine seiner Studentinnen nach dem Schluss seiner Lehrveranstaltung gewöhnlich zu der nächstgelegenen Metrostation zu fahren pflegte, auf der Rückbank, neben einem rundlichen Schwarzafrikaner – es war in Vincennes so üblich, dass Autobesitzer andere Studenten oder auch mal Professoren, die mit öffentlichen Verkehrsmitteln gekommen waren, dorthin mitnahmen, denn der Bus fuhr nur jede halbe Stunde.
Der Afrikaner, dessen Schwärze im *Deux Chevaux* das ganze Licht wegzufangen schien, versuchte gleich, an Marina heranzukommen. Er fragte sie, woher sie sei, und sie erwiderte todernst: Finnin. Als er daraufhin ebenso todernst sagte, das hätte er sich denken können, früher hätte er mal eine Finnin gekannt, die genauso ausgesehen habe, mussten nicht nur Adalbert und Marina, sondern auch die Fahrerin so heftig lachen, dass sie die Abfahrt verpassten und sich auf dem Boulevard Peripherique wiederfanden. Unterwegs stellte sich heraus, dass Adalbert und Marina in dieselbe Gegend mussten, sie in die Rue de la Montagne Sainte Geneviève, er in die Rue de Savoie, und deshalb auch dieselbe Metro nehmen konnten. Sie stiegen also in der Nähe der Porte d' Orléans aus und gingen gemeinsam den kurzen Weg bis zur Station Alesia zu Fuß. Marina erzählte ihm, dass sie in Algerien geboren sei, Kind einer sephardischen Familie aus Constantine; er beichtete ihr seinen deutschen Pass und seine estländische Herkunft – dass Vietnam über Jahre seine Adoptivheimat gewesen war, hatte sie in seinem Seminar längst gehört.
Warum, weiß er bis heute nicht, aber es entstand zwischen ihnen, obwohl sie sich kaum kannten, plötzlich Wärme und Vertrautheit: Irgendetwas trieb ihn dazu, sie zu fragen, ob sie verheiratet sei, was sie erstaunt verneinte. Gerne hätte er sie geküsst und ihre Brust berührt, aber er traute sich nicht, solange kein eindeutiges Signal von ihr kam. Das kam zunächst auch nicht, aber sie lud ihn immerhin am nächsten Abend zum Essen ein. Er biss sich beinahe auf die Lippen, als er ablehnen musste, weil bei Juliette zum gleichen Zeitpunkt ein Arbeitsessen in Sachen *Afrique-Asia* angesetzt war, hatte aber doch die Geistesgegenwart hinzuzufügen, dass er

in 14 Tagen, nach seinem nächsten Seminar, gern zu ihr käme. Das sei gerade der Geburtstag ihrer Freundin Francine, erwiderte sie, aber wenn er wolle, könne er mitkommen, die gäbe ein kleines Fest.

Und 14 Tage später, an jenem Wochenende des 22. und 23. Januar 1971, ging alles ganz schnell. Vincennes streikte wieder einmal, aber Adalbert hatte sich wie immer in solchen Fällen in seinem Hörsaal eingefunden, und auch Marina war gekommen, um ihm die Adresse ihrer Freunde zu geben, bei denen die Party am nächsten Tag stattfinden sollte. Sie fuhren zusammen zurück nach Paris, er begleitete sie in die Nähe ihrer Wohnung und sie tranken noch ein Glas in den *Cinq Billards* an der Place Contrescarpe, jetzt Marinas Stammcafé, wie sie ihm sagte. Danach ging er zu Juliette zurück, wo er auch diesmal übernachtete.

Am nächsten Abend, unterwegs zu der Geburtstagsparty, überfiel ihn auf der kurzen Strecke von der Metro ein solcher Sturzregenguss, dass er bis auf die Knochen durchnässt dort ankam – Marina war gerade dabei, an das Hauptgericht, einen Bœuf bourgignon, letzte Hand anzulegen. Eines der Hemden seines Gastgebers anzubekommen bereitete ihm schon etwas Schwierigkeiten, aber in dessen viel zu kurze, viel zu enge Jeans musste er sich regelrecht hineinzwängen und er fand sich in ihnen so lächerlich, dass er am liebsten gleich wieder gegangen wäre – bei Marina rechnete er sich in diesem Aufzug jedenfalls nicht die Spur einer Chance aus. Als die Festgesellschaft ihn so aus dem Schlafzimmer wieder auftauchen sah, lachten alle über sein Missgeschick, aber ohne jede Schadenfreude, und nach dem exzellent gelungenen Essen tanzte Marina fast nur noch mit ihm. Als sie sich verabschiedeten, war für sie beide, aber auch für Marinas Freunde und die übrigen Gäste klar: Sie waren ein Paar geworden. Im Taxi fuhren sie zu Marinas Studio, schliefen zusammen, frühstückten miteinander und haben sich seither nicht mehr getrennt, dreißig Jahre ist es nun her.

Danach übernachtete er jedes Mal, wenn er zu seinen Vorlesungen und Seminaren nach Paris kam, in ihrem winzigen Zimmer, das Klo auf dem Flur, und nach Vincennes fuhren sie nun gemeinsam. Sie lernte alle seine Freunde kennen: Juliette, Piotr, Julio, Helène, aber auch die etwas ferner stehenden wie Vassilis, Alvaro, Milan und mit der Zeit auch Juliettes weitere Schriftstellergalerie,

der sich inzwischen auch Pablo Neruda und Gabriel García Márquez zugesellt hatten. Adalbert wurden nacheinander Marinas Geschwister, Freundinnen und Verehrer vorgestellt – nur zu ihren Eltern durfte er einstweilen noch nicht. Aber darüber machte er sich vorerst keine Gedanken, es kam ihm sogar gelegen, denn die Freitagabende, an denen sie zu ihnen zum Schabbat ging, blieben ihm für Juliette, für Piotr und für seine politischen Ambitionen. Und schon kurze Zeit, nachdem sie sich zusammengetan hatten, besuchte sie ihn zum ersten Mal in Gießen.
Die Geschichten aus ihren ersten Liebesjahren haben sie sich gegenseitig, ihren Kindern, Verwandten und Freunden so oft erzählt, dass Adalbert nur schwer unterscheiden kann, was daran wirklich so war und was als Ausschmückung später hinzuerdacht worden ist. Gießens scheußliche Hässlichkeit und Provinzialität erschreckte Marina, belustigte sie aber auch: die mit Speisen minderer Qualität überladenen Teller beim Jugoslawen; die aufgepuderten alten Damen in den Cafés, die sie an die Jeckenfrauen in Naharia im Norden Israels erinnerten; die Imbissbuden mit ihrem penetranten Currywurstgestank. In Adalberts Wohnung, er hatte inzwischen in das Studio der Beletage einziehen können, bereitete sie ihm bei ihrem ersten Besuch roh in Öl gesottene Kartoffeln mit Knoblauch und Rosmarin zu – dass sie mit diesem Gericht Adalbert widerstandslos gemacht hätte, gehört mittlerweile zum Ursprungsmythos ihrer Familie.
Es dauerte auch nicht lange, bis Adalbert Marina zu einem Wochenende nach Wiehl, zu Ivy und Dieter mitnahm. Und wie das Gießener Kartoffelgericht von ihr später halb spaßhaft an den Anfang der Endgültigkeit ihrer Beziehung gestellt wurde, hat es nach Adalberts Eindruck bei Marina in der Nacht, als sie im kleinen Dachstübchen in Wiehl miteinander schliefen, einen lebensentscheidenden Klick gegeben. Jedenfalls wurden sie sich von da an immer sicherer und im Herbst fuhren sie zusammen nach Bulgarien in Urlaub.

2.

Nicht alles lief von Anfang an völlig reibungslos. Sein Pünktlichkeitsfanatismus – er hatte einen Horror, auch nur eine Minute zu spät zu seinen Vorlesungen zu kommem – geriet schon rasch in Widerstreit zu ihrer Gelassenheit, aber sie fügte sich zunächst ihm zuliebe. In Bulgarien hatten sie, kurz vor ihrer Abreise mit dem Orientexpress aus Sofia, ihren ersten ernsthaften Streit. Adalbert weiß nicht mehr, worum es dabei ging. Sie weinte jedenfalls, er nahm sie in den Arm und beide sagten sie plötzlich im selben Augenblick: Wir werden schon lernen, miteinander zu leben.
Dass sie das und auch Kinder wollten, das kristallisierte sich in diesem Urlaub heraus. Sie hatten zuerst für drei Tage in Budapest Station gemacht. Von Istvan, einem Kollegen aus der Internationalen Vietnamkommission – auch er Jude und Kommunist –, waren sie in einem verstaubten Hotel voller rosa Plüsch untergebracht worden: eine Zeitreise wieder, die an der Grenze begonnen hatte, als vor der schläfrigen Passkontrolle ein schneidiger Uniformierter mit Attilaschnurrbart einen ausgezeichneten Espresso in kleinen Bechern an alle Reisenden verteilt hatte. Dass man in einem sozialistischen Land in den Restaurants um die Plätze nicht anstehen musste und das Essen trotzdem vorzüglich war, besonders die mit Pilzen und Hühnerfleisch gefüllten Palatschinken, war eine weitere angenehme Überraschung – allerdings ging Marina erst nach einiger Zeit auf, dass der Zigeunergeiger nicht nur um ihrer Schönheit willen so hartnäckig neben ihrem Tisch stehen blieb. Von der Fülle der Würste, der Käsesorten, des Obsts und Gemüses in der Jugendstil-Markthalle war sie geblendet, ebenso von den 117 Kuchenarten im Vörösmaty, dem renommiertesten Café der Stadt – überall roch alles frisch und nicht, wie in Gießen, schon nach Plastikfolien, noch bevor es in ihnen zugeschweißt worden war.. Später sind sie noch fünf oder sechs Mal in Budapest gewesen, zum letzten Mal Mitte der achtziger Jahre – ihre Faszination für diese Stadt, in der K.-u.-k.-Eleganz mitten im Sozialismus überlebt hatte, blieb dabei ungebrochen.
Jugoslawien, das sie nur aus dem Zugfenster sahen, erschien ihnen nach der ungarischen Sattheit karg und ärmlich. Adalbert triumphierte innerlich, weil er meinte, darin die Überlegenheit des wahren Sozialismus gegenüber dem titoistischen Bastardsystem

bestätigt zu sehen, das Millionen von Arbeitern in die Emigration zwang. Damals begriff er noch nicht, dass in Ungarn ein Stück NEP mit weit gehender Gewerbefreiheit für die Handwerker, Gastwirte und kleinen Händler mit großem Erfolg praktiziert wurde und nur deshalb in den Läden alles zu haben war – zu sehr billigen Preisen übrigens, und das erklärte auch, dass sich der Schwarzmarktkurs für die ungarische Währung, den Forint, vom offiziellen nur unwesentlich unterschied. Oder er begriff es, schrieb aber auch das noch dem Sozialismus gut als ein Zeichen seiner erfreulichen Flexibilität, der es bis zu dem Zeitpunkt bedürfte, wo die Menschen auch für seine kompromisslosen Formen reif geworden sein würden.

An der bulgarischen Grenze fiel Marina plötzlich ein, dass sie einen halben Koffer voll Literatur trotzkistischer und maoistischer Inspiration mitgenommen hatte: sie bangte vor deren Beschlagnahmung oder noch Schlimmerem. Aber ebenso wenig wie bei der Einreise nach Ungarn interessierte sich hier jemand für ihr Gepäck – die Gier nach Devisen hatte offenbar, anders als in der DDR, über alle ideologischen Kontrollbedürfnisse triumphiert.

Sie übernachteten in Sofia und flogen am nächsten Tag zu später Stunde zu ihrem Reiseziel: Varna am Schwarzen Meer. Dort spätabends angekommen wurden sie von dem Tourismusbüro zu einer verwahrlost aussehenden Villa geschickt, deren Eigentümer oder Mieter sie ziemlich unfreundlich empfingen. Genauer gesagt schien in der Familie ein Streit zwischen den Generationen darüber zu entbrennen, ob man sie nun beherbergen sollte oder nicht. Schließlich wurden die jungen Leute ausquartiert aus ihrem ehelichen Schlafzimmer, das vor allem aus einem riesigen Bett und vielen Heiligenbildern bestand,aber noch Stunden danach war aus dem Nebenraum heftiges Gekeife zu hören. Damals deuteten sie diese Auseinandersetzung so, dass es den alten Leuten ums Geld, den jungen um ihre Bequemlichkeit ging. Ein leiser, unausgesprochener Verdacht blieb jedoch, dass dabei auch staatliche Zwangswirtschaft im Spiel sein konnte, die die Devisen, von den Touristen ins Land gebracht, um jeden Preis abschöpfen wollte, die Vermietung also nicht ganz freiwillig war.

Jedenfalls fühlten sich Adalbert und Marina so unbehaglich, dass sie am nächsten Morgen ihre Koffer zum Tourismusbüro zurückschleppten, die Situation, die sie vorgefunden hatten, erläuterten

und um die Zuteilung anderer, freundlicherer Wirtsleute baten. Diesmal gerieten sie im Büro an eine liebenswürdige, fließend Französisch sprechende Dame, die Marina auf den ersten Blick mochte. Sie rief eine persönliche Freundin an, die, so sagte sie, eigentlich nicht mehr vermieten wolle, und bat sie, »für diese netten jungen Leute« doch noch einmal eine Ausnahme zu machen. Und so landeten sie bei Madame Kitchka und ihrer Familie, die sie nicht wie Mieter, sondern vom ersten Augenblick an wie Freunde empfingen. Es war dies eine Erfahrung, die sich überall in Bulgarien, aber auch in den anderen sozialistischen Ländern wiederholte: Entstand Sympathie, so war eben fast alles möglich; versuchte man auf Rechten zu bestehen, lief man ins Leere. Die Gefühle und Empfindungen der Entscheidungsträger, zumindest auf niedriger Ebene, schienen durch den Sozialismus paradoxerweise von allen Formalien freigesetzt worden zu sein: Man musste sie, ein wahres »Sesam, öffne dich!«, nur zu wecken wissen, und in dieser Kunst erwies sich Marina als Meisterin.
Mit Madame Kitchka und ihrem Mann sprach Adalbert Russisch, denn die beiden Sprachen, das Bulgarische und das Russische, waren einander so ähnlich, dass er sich verständlich machen und das meiste auch begreifen konnte. Die sehr niedliche, 17-jährige Tochter konnte etwas Englisch und Französisch, sodass auch Marina noch jemanden zum Schwatzen hatte. Ihre Wirtin war das Kind griechischer Kommunisten, die sich nach dem Bürgerkrieg 1947 nach Bulgarien in Sicherheit gebracht hatten. Aber über diese Zeit redete sie nur wenig, vielleicht wusste sie auch nicht, was sie auf Adalberts und in abgeschwächten Maße auch Marinas naive Sozialismusbegeisterung erwidern sollte. Sie zeigte ihnen, wo es auf dem Markt die besten Pfirsiche und die süßesten Wassermelonen gab, wo den frischesten Joghurt und die wohlschmeckendsten Blätterteigpasteten und Kaschkavaltoasts zum Frühstück, wo den aromatischsten türkischen Kaffee. Durch ihre Findigkeit konnten sie auch noch einige einfache Keramikteller und Schalen erwerben, wie sie von den Bauern benutzt, aber in den Touristenläden nicht mehr gehandelt wurden. Und am Sonntag, als auch der Sohn, der bei der Marine diente, auf Urlaub war, wurden sie zu Hammelbraten und einer bulgarischen Art von Ratatouille eingeladen.
An manchen Tagen fuhren sie im immer überfüllten Bus die zehn

Kilometer zum Sonnen an den Strand, einem riesigen, in die Stranddünen hineinbetonierten touristischen Komplex, in dem sich die auseinander gerissenen Verwandtschaften aus beiden deutschen Staaten für kurze Ferienwochen zu treffen pflegten – wegen des niedrigen Preisniveaus fand man dort aber Gäste aus aller Welt. Das Essen war schlecht, es wurde offenbar in einer zentralen Küche für alle zwanzig oder noch mehr Hotels zubereitet und kam so nie mehr als gerade noch lauwarm auf den Tisch. Der Strand strotzte vor gesamtdeutschen Bierbäuchen und wabbelnden weiblichen Fettpolstern, dick eingecremt, und die meisten von ihnen auch noch aufgemotzt in schrillfarbenen Badehosen und -anzügen, sodass man nur schwer einen Platz fand, an dem sich auch das Auge ausruhen konnte. Am besten war es, in der Mittagszeit zu kommen, wenn diese Klientel ihre Siesta im Hotel hielt.
Wenn sie zu spät aufgestanden waren und deshalb in der Stadt blieben, besuchten sie die Varnaer Badeanstalt, in der sie kaum je auf andere Ausländer trafen. Sie erinnerte Adalbert an die Bergfeld'sche in Hapsal: nach Geschlechtern getrennte Blocks von Umziehkabinen, ein Strandabschnitt nur für Frauen, ein anderer für Männer und ein dritter, kleiner, für beide zusammen, der natürlich nur in Badezeug zu betreten war. Marina, die den Frauenstrand durchquerte, um auf abgekürztem Weg zu Adalbert am gemischten zu gelangen, fiel die Unbefangenheit auf, mit der die jungen ebenso wie die alten Frauen ihre Körper trugen, mit wie wenig Eitelkeit, mit wie wenig Scham und Minderwertigkeitsängsten sie sich dort bewegten – und bei den Männern war es, wie Adalbert feststellte, genauso: Anders als am Strand, bei den Touristen, war hier in der Badeanstalt nichts von der Anstrengung sichtbar, tatsächliche oder vermeintliche körperliche Mängel zu kaschieren.
Zu Abend aßen sie meistens in der Stadt in einem der Restaurants und wurden dabei fast jedes Mal von bulgarischen Feriengästen angesprochen, die sich zu ihnen gesellten, weil sie sie Französisch sprechen gehört hatten: Die französische Kultur erfreute sich unter Gebildeten immer noch höchsten Ansehens. Allerdings, zu politischen Gesprächen kam es auch dabei nicht, ein Restbestand Vorsicht blieb. Eine Woche lang gingen sie jeden Abend zum internationalen Freilichtfilmfestival, das gerade in Varna stattfand – ihre Wirtstochter, bei »Balkantourist« angestellt, hatte ihnen ein

paar der sonst seit langem ausverkauften Karten besorgt – und Marina wurde prompt wegen ihrer Anmut und Eleganz für einen der Filmstars gehalten. Sonst spielten sie nach dem Dunkelwerden meist Crapette, eine französische Streitpatience, oder tauschten sich über die vielen neuen Eindrücke aus, wobei Adalbert Marinas maoistisch gefärbte kulturrevolutionäre Kritik am bulgarischen Sozialismus etwas abzubremsen versuchte, während sie seine Aufmerksamkeit auf die von ihm oft übersehenen, durch die Bürokratie verursachten Mängel des Ostblockes lenkte. Aber in der Bilanz gefiel es ihnen beiden gut in diesem warmen, südlichen Land, in dem niemand Hunger litt und jeder eine Behausung hatte – und mitten in ihren Streitgesprächen lagen sie sich wieder in den Armen, glücklich beieinander zu sein.

Als sie nach vier Wochen abreisten, bekamen sie von Madame Kitchka einen Wohnungsschlüssel mit, als Zeichen dafür, dass sie jederzeit wieder willkommen seien, und tatsächlich kehrten sie nach zwei Jahren mit Marburger Freunden, den Rietzels – er Deutscher, sie Griechin, beide Kommunisten –, noch einmal für zehn Tage nach Varna zu ihren liebenswerten Gastgebern zurück.

3.

In Paris hatte Marina ihre Eltern davon verständigt, dass sie Adalbert heiraten wolle, und so konnte er nun auch von ihnen empfangen werden. Sie hatte diese Eröffnung gefürchtet, weil Adalbert Deutscher war – aber weder Vater noch Mutter erhoben ernsthafte Einwände und auch der fast 90-jährige Großvater nicht, der bei ihnen im Haus lebte. Adalbert hatte als Brautwerber und Garanten Piotr mitgebracht, der als bekannter jüdischer Schriftsteller großes Ansehen genoss. Das gab der Familie ein bisschen zusätzliche Sicherheit, obwohl alle schon vorher zugestimmt hatten, das Glück der Schwester, Tochter und Enkelin ließ wohl alle nur denkbaren Zweifel zurücktreten.

Adalbert wurde vom ersten Augenblick an mit offenen Armen aufgenommen, die kleine Wohnung am Faubourg St. Antoine besetzte den leer gebliebenen Platz seines eigenen Elternhauses, und er fand dort die Toleranz und Großherzigkeit wieder, die er bei seinem Vater gewohnt gewesen war.

Adalbert, Marina und Marinas Vater, Hochzeitsfest am 4. Oktober 1972

Die Toubianas lebten in jener Zeit noch recht ärmlich. Marinas Vater war Arbeiter in einem Textilatelier, für eine Etagenheizung reichte das Geld noch nicht, die Betten der Kinder, die noch zu Hause wohnten, wurden allabendlich aufgestellt und morgens wieder zusammengeklappt, einen individuellen Intimraum, in den man sich zurückziehen konnte, gab es nur für die Eltern in ihrem Schlafzimmer. Aber von Beklemmung und Enge war trotzdem nichts zu spüren. Das Haus, in das er sich einlebte, bestand nämlich noch aus anderen, geistigen Bausteinen: dem Jahreskreislauf der jüdischen Feste mit ihren Riten; dem allwöchentlichen Schabat, zu dem sich fast immer die ganze Familie traf, um gemeinsam zu beten und zu essen und natürlich auch alles zu bereden, was anlag; aus den zwei Seder-Abenden zu Pessah, an denen sie die Flucht aus Ägypten und die Rettung vor ihren Verfolgern an sich vorüberziehen ließen; aus Purim, an dem sich die Kinder verkleideten und eine Unmenge von Bonbons an alle verteilt wurden, zum Gedenken an Esther, die die persischen Juden vor einem drohenden Massaker gerettet hatte; und aus Hannuka schließlich, wie Weihnachten ein Fest des Lichts, aber ebenso wie Pessah, wie Purim mit historischem Hintergrund – der Wiedereroberung Jerusalems und des Tempels durch die Makkabäer. Von zwei Kreisen schien ihm mit diesen Festriten das Jahr umkränzt: einem der Natur und der Jahreszeiten, aber auch einem zweiten der eigenen Geschichte.

Ja, und dann gab es noch Jom-Kipur, das Fest der Versöhnung und Einkehr. Nicht alle diese Feste feierte Adalbert gleich mit – Pessah von Anfang an, Hannuka und Purim erst, als die Kinder kamen, Jom-Kipur erst zögernd und in den letzten zehn Jahren. Mitzufeiern war für ihn ein Zeichen, mit dem er seine Solidarität mit Marina und ihrer Familie, auch mit ihrem Geschick als Juden bekunden wollte und später auch mit dem seiner eigenen Kinder, die durch ihre Mutter als Juden geboren waren – gläubig, das war auch Marina nicht, brauchte er dazu nicht zu werden. Nach einiger Zeit bekam er das Gefühl, dass er doch irgendwie dazugehörte, dass dieses dichte Netz aus Festen, Gebeten und familiärer Wärme auch ihn umspannte und ihm etwas fehlte, wenn er einmal nicht dabei sein konnte. Auch das lief nicht völlig konfliktfrei ab: Es gab in den ersten Jahren immer wieder Momente, in denen er sich isoliert, außen stehen gelassen, von der blitzschnell ablaufenden Botschaftsübermittlung in dieser engen Familiensymbiose ausgeschlossen fühlte – aber es war vorbei, wenn Marina ihn dann bei der Hand nahm.
Auch seine eigenen Geschwister, seine eigenen Freunde waren Marina und ihrer Familie alle von Herzen zugetan. Nur Juliette hatte zunächst Mühe, sich mit ihr anzufreunden. Mit Adalberts

Hochzeitsfoto

früheren Freundinnen, auch mit Veronika, seiner ersten Frau, hatte es solche Komplikationen niemals gegeben. Juliette war sich wohl immer gewiss gewesen, dass es sich da um kurz dauernde Lieben handelte. In seiner Beziehung zu Marina hingegen roch sie sofort die Endgültigkeit. Wenn sie beide bei ihr zu Besuch waren, richtete sie das Wort meistens nur an Adalbert, und oft unterstrich sie die jahrzehntelange Vertrautheit, ja Komplizenschaft, die ihn mit ihr verband. Marina ertrug das Adalbert zuliebe einige Jahre, dann aber wurde sie des unbeachtet Links-liegen-Bleibens schließlich leid und ließ Adalbert ab Ende der siebziger Jahre fast immer allein seine alte Freundin aufsuchen. Erst später, nach Adalberts Herzinfarkt, begann Juliette von selbst auf Marina zuzugehen und ihre Aufmerksamkeit auf sie beide gleichmäßig zu verteilen.

4.

Zum Sommersemester 1972 zog Marina nach Marburg und schrieb sich an der dortigen Universität für einen Intensivkurs in deutscher Sprache und für ein Sinologiestudium ein. Gießen erschien ihr zu scheußlich, um dort zu wohnen, aber jede halbe Stunde fuhr ein Zug von dort nach Marburg, der für die 25 Kilometer nur 15 Minuten benötigte, sodass Adalbert fast jeden Abend und auch übers Wochenende zu ihr konnte. Sein Freund und gesundheitspolitischer Mitstreiter Uli Deppe hatte ihr in einer WG am Renthof, mitten in der Altstadt, ein winziges Zimmer besorgt, das einen Blick auf den Schlossberg eröffnete. Die anderen Räume wurden von einem sehr gut aussehenden jungen Paar bewohnt, Esther und Hellmuth Lange, sie war Lufthansa-Stewardess, er frisch promovierter Assistent in der Soziologie. Mit ihm konnte Marina französisch, mit ihr Spanisch sprechen. Und außerdem hauste da auch noch Nante, ein ewiger, zu später Stunde fast immer vom Alkohol sanft zugeschütteter Student, dem die Einsamkeit ins Gesicht geschrieben stand – nie sah man ihn mit einem Mädchen. Alle tendierten sie zur DKP, Hellmuth war damals wahrscheinlich schon ihr Mitglied geworden.

Fast vom ersten Tag an rückte Marina in den Mittelpunkt dieser kleinen Gemeinschaft, nicht nur wegen ihres Exotismus oder weil sie Adalberts Freundin war, sondern vor allem wegen ihrer Offenheit, ihrer Anteil nehmenden Neugierde, ihrer unverkennbaren Sympathie für jeden ihrer drei so unterschiedlichen Mitbewohner. Zum Maifest, zwei Tage nach ihrem Einzug, schmierte sie schon die Schmalzstullen für die erwarteten zahlreichen Gäste und feierte fröhlich mit, auch wenn sie sich mit den studentischen Gepflogenheiten in Deutschland – Bierflasche in der einen, Currywurst in der anderen Hand – nicht recht anfreunden konnte. Am nächsten Tag gingen sie alle ins DKP-Zelt auf den Lahnwiesen, wo linksgerichtete, meist parteinahe Sänger auftraten wie Franz Josef Degenhardt und Dieter Süverkrüp, und aus den Lautsprechern erklangen die von Ernst Busch gesungenen alten Revolutionslieder aus dem Spanienkrieg, der jetzt, wo in Vietnam gekämpft wurde, wieder in die Nähe der gegenwärtigen Geschichte gerückt war. Und natürlich wurde später abends im Zelt auch getanzt. Noch nach Jahren, als sie längst in Hannover wohnten, versuchten sie während der 14 Tage, wenn das Zelt auf den Wiesen stand, für ein Wochenende nach Marburg zu kommen – es blieb ein Treffpunkt auch mit denjenigen ihrer politischen Freunde, die sie sonst so oft nicht mehr sahen.

Während dieses Maifestes lernten sie Gundolf Twelsiek kennen, den späteren Taufpaten ihres ersten Sohns Jonathan. Gundolf, drahtig und schlank, eine runde Nickelbrille auf der Nase, in der Kehle den unausrottbaren Ruhrpottakzent, besaß einen feinen Spürsinn für eines jeden Schwächen und machte sich über diese ebenso treffend wie ungeniert lustig – aber nicht um jemanden zu kränken oder selbst als überlegen und stark dazustehen, sondern komplizenhaft freundschaftlich. Ganz nach dem Motto: Ich mag dich trotzdem oder gerade deswegen. Es bedurfte freilich einer beträchtlichen Sensibilität, um diese Nuancierung seines auf den ersten Blick manchmal etwas grob erscheinenden Spottes zu erkennen, aber vielleicht war gerade das sein Auswahlprinzip für seine Freundschaften. Nur wer dazu imstande war, der kam für ihn überhaupt in Frage, nur mit ihm ließ sich leben, weil man nur mit ihm auch gut blödeln konnte. Verborgen unter dieser Blödeloberfläche lag eine große eigene Verletzlichkeit, die nur in wenigen Augenblicken zum Vorschein kam, und das auch nur, wenn man ihn lange und gut genug kannte.

Mit Marina war Gundolf fast vom ersten Tag an ein Herz und eine Seele, obwohl sie zuerst nur durch Dolmetscher oder Gebärdensprache miteinander kommunizieren konnten – so sehr, dass Adalbert manchmal sogar leise Anwandlungen von Eifersucht überkamen. Aber er mochte Gundolf selbst sehr gern leiden, und später, als dieser Professor für Kriminalistik an der Universität Fulda geworden war, kam zwischen ihnen auch ein wissenschaftstheoretischer Dialog zustande, über die kulturhistorische Schule der sowjetischen Psychologie, die beanspruchte, die Kluft zwischen den natur- und geisteswissenschaftlichen Interpretationen seelischer Tätigkeit überbrücken zu können.

5.

Zu den neu gewonnenen Freunden gehörte auch Helga Koppel. Sie war jahrelang Journalistin in Rom gewesen und erst kürzlich nach Deutschland zurückgekehrt, um mit einem bescheidenen Stipendium bei Wolfgang Abendroth zu promovieren, und hatte Adalbert schon bald nach seiner Hanoi-Reise für eine italienische Zeitung oder Zeitschrift interviewt. Danach waren sie sich ab und zu auf politischen Veranstaltungen und Festen begegnet, bei denen Helga auch Marina kennen gelernt hatte. Helga lebte zu dieser Zeit mit Werner Lüdecke zusammen, einem verarmten Drehbuchschreiber, dessen große Zeit, in der er mit Marlon Brando und Wolfgang Staudte Filme gedreht hatte, schon lange vorbei war – jetzt musste er von Fortsetzungsromanen für die Regenbogenpresse leben.
Zuerst war es wohl ihre gemeinsame jüdische Abkunft, die Marina an Helga heranführte und ihr hier in Deutschland ein bisschen mehr Sicherheit gab. Tochter eines jüdischen Vaters, hatte Helga sich mit 18 Jahren, gegen Ende des Krieges, einer kommunistischen Widerstandsgruppe angeschlossen, mit deren zumeist ebenfalls jüdischen Überlebenden sie noch immer ein dichtes Netzwerk verband, das sich über Ost-Berlin nach Wien und Rom erstreckte. Einige von ihnen lernten Marina und Adalbert in den nächsten Jahren kennen: ihren geschiedenen Mann Walter Koppel, in den fünfziger Jahren erfolgreicher Filmproduzent, jetzt Pensionär in Hamburg, Peter Gellert, den römischen ADN-Korrespondenten, und Klaus Gysi, über längere Zeit Botschafter der DDR in Rom. Helga hatte aus Italien die Weltoffenheit und Toleranz der italie-

nischen Kommunisten mitgebracht, in deren Partei sie auch Mitglied gewesen war. Diese eurokommunistische Orientierung brachte sie wiederum Adalbert politisch sehr nahe, ja sogar Marina, die langsam damit begonnen hatte, sich aus den Fängen des Maoismus zu lösen. So war jeder von ihnen für den anderen eine Brücke in eine für ihn manchmal schwierige neue Situation.

Für Marina wurde Helga eine etwas mütterliche Freundin, mit der sie über alles reden konnte: über die selbstgefällige Arroganz des Wirtschaftswunderdeutschlands; über die Engstirnigkeit nicht weniger Kommunisten hierzulande; von Frau zu Frau über die Sorge, dass sie immer noch nicht schwanger geworden war – und sicherlich auch darüber, was sie an Adalbert störte: sein Pünktlichkeitswahn und seine ständige Angst, etwas falsch zu machen. Helgas kleine römische Wohnung, nicht weit vom Vatikan, stand ihnen auf Reisen immer zur Verfügung, von ihr aus erschlossen sie sich ein Jahr später zu Fuß die ewige Stadt, das Rom der Antike, das des Frühchristentums und das der Renaissance. Wo immer sie unterwegs waren, eröffnete sich ihnen alle zwei Minuten eine neue ockerfarbene Häuserschneise, die den Blick freigab auf einen der sieben palmen- oder pinienbestandenen Hügel, vom Blau des Himmels, vom Gold der Sonne umrahmt. Und abends, in einer Trattoria, die Genüsse des Gaumens, die sie durch Helga kennen gelernt hatten: die funghi porcini, die scaloppini a la romana, den Montepulciano.

Sie fuhren mit ihr und mit Werner im Sommer 1974 auch in einen vierwöchigen Urlaub, nicht weit von Florenz in den Grewer Bergen, in ein verlassenes mittelalterliches Gehöft. Täglich breitete sich die klassische Landschaft der Toskana mit ihren Weizenfeldern und Weinbergen, ihren Zypressen und Pinien, mit ihren grausteinigen Dörfern und Campanilen vor ihnen aus und sie fühlten sich am Ende dort so wohl, dass sie sich fragten, was sie im kalten, verregneten Norden überhaupt je gewollt hatten. Später wurde Helga Geschäftsführerin des Bundes demokratischer Wissenschaftler. Sie verschaffte dem Verband wieder etwas von dem Ansehen, das die kommunistischen Vorstandsmitglieder durch ihren sturen Parteigehorsam verspielt hatten – aber sie wurde auf die Dauer zwischen den Fronten zerrieben.

6.

Am 5. Oktober 1972 heirateten Adalbert und Marina schließlich. Am Vorabend wurde die »arabische« Hochzeit gefeiert. Marina sah in ihren zartrosa Spitzengewändern, ihrem Brautschleier und ihrem Stirnreif wie eine Märchenprinzessin aus. Mit ihren Eltern hatten sich alle ihre Onkel, Tanten, Cousinen und Cousins im fast leer geräumten Wohnzimmer versammelt: Es war dies das Fest der Familie, die ganze Nacht wurde getanzt. Irgendwann trug Marinas Mutter eine Kupferschale herein, in der sich eine brennende Kerze, ein gekochtes Ei, dragierte Bonbons und Henna befanden. Die Bonbons, die Glück brachten, mussten erst sie und dann die übrige Festgesellschaft essen, das Henna wurde ihnen in eine Handfläche gerieben und mit einem Mulltuch zugebunden, damit es dort länger hielt – dann begann der Schleiertanz des Bräutigams mit der Braut. Zu diesem Anlass lernte Adalbert die meisten seiner neuen Verwandten erst richtig kennen – und mit ihnen auch die andalusische, judeoarabische Musik, die diese einmalige Begebenheit, ihre Hochzeit, den Tanz und die Festfreude in sich aufnahm, ihnen eine Form verlieh und sie an die tausendjährige Geschichte des sephardischen Judentums band.
Am nächsten Morgen hätten sie beinahe ihre eigene Trauung in der »Mairie du Vième« gegenüber dem Pantheon verpasst. Alle anderen waren dort schon eingetroffen, während sie beide immer noch in halsbrecherischen Serpentinen durch die verstopften Straßen rasten und den Raum erst in dem Augenblick betraten, als der Sekretär die Zeremonie schon abblasen wollte. Obwohl Adalbert dafür keine Spur von Verantwortung trug – Marina und ihre Eltern hatten alle Arrangements für die Abholung des Brautpaares, allein getroffen –, wusste er doch, dass ihn immer noch Ängste vor dieser Heirat bewohnten: nicht für die unmittelbar vor ihm liegende Zeit zwar, aber würde ihm auch noch das nötige Eckchen Freiraum für sich selbst bleiben, wenn Kinder kämen, und wie würde er die Verantwortung für sie tragen können? Als er etwas später diese Ängste Freunden offenbarte, die gerade ihr erstes Kind bekommen hatten, beruhigten die ihn: Wenn es erst einmal so weit sei, werde alles ganz anders sein, so wie er es sich heute gar nicht vorstellen könne, dann werde er über solche Ängste nur lachen. Genauso ist es auch gekommen.

Die Zeremonie, Monsieur le Maire im Smoking mit Kokarde und Schärpe in Trikolor, der marmorbeflieste, goldbestuckte Saal, die feierliche Ansage, als werde gleich ein König den Raum betreten, das alles entbehrte nicht einer pompösen Lächerlichkeit – und das handgeschriebene Eheschließungsprotokoll auf elfenbeinfarbenen Bütten, das sie alle unterzeichnen mussten, verbannte die Wirklichkeit und ließ Assoziationen an vorgutenbergische Zeiten mit ihren Stadtschreibern aufkommen. Aber dass hier, anders als bei seiner ersten Heirat vor fünf Jahren in Wiehl, etwas für sie beide Unwiderrufliches ablief, war ihm jede Sekunde lang klar: So gewichtig war diese Stunde, dass sie ohne die unfreiwillige Komik, die in ihr mitschwang, gar nicht zu ertragen gewesen wäre. Ivy, Piotr und zwei von Marinas Freundinnen setzen ihre Namen als Zeugen unter die Urkunde. Nun war ein Bund geschlossen, auch um sie selbst zu überdauern, in den Kindern, die sie sich sehnlich wünschten.

Danach aßen sie, fast sechzig Personen, wieder in der kleinen elterlichen Wohnung. Was es da gab, ob es nordafrikanische Küche oder geröstetes Huhn war, weiß Adalbert nicht mehr, aber er sieht Ivy und Dieter, Piotr und dessen aus Krakau angereiste Freundin Ruth noch mit ihnen beiden am Ehrentisch gleich am Fenster sitzen. Beim Abwaschen und Aufräumen halfen die Brautleute diesmal mit und der Abend dämmerte schon, als sie in ihr Zimmerchen in der Rue de la Montagne zurückkehrten. Obwohl sie in den fast zwei Jahren, die sie sich kannten, unzählige Male miteinander geschlafen hatten und ihre Hochzeitsnacht deshalb eigentlich ihren Zauber ebenso wie ihren Schrecken längst schon verloren haben musste, durchfuhr Adalbert einen Augenblick lang dennoch die Angst: Würde er sich bewähren oder wie in einer Boulevardkomödie in dieser symbolträchtigen Stunde kläglich versagen? Als sie jedoch beieinander lagen, war die Angst weg und die Liebe wieder zum Natürlichsten auf der Welt geworden.

Aber noch etwas geschah plötzlich und für ihn völlig unvermutet: Zum ersten Mal in seinem Leben verschmolz er vollkommen mit einer Frau, war er eins geworden mit ihrem Körper, ihren Empfindungen, ihren Gedanken, mit jedem Moment ihres Lebens, von ihrer Kindheit an bis zu dem, wie sie in dieser Stunde war. Von allen Mythen, aber auch von allen Unbilden der Wirklichkeit fühlte er sich erlöst, in dieser totalen Vereinigungserfahrung, der einzigen, die ihm in seinem Leben vergönnt war. Es war ihm, als hätte er, der unbelehrbare Atheist, an etwas Heiligem gerührt. Aber mitten in der immer noch nachklingenden Vollkommenheit dieses Glückes bekamen sie beide plötzlich heftigen Hunger, gerieten darüber ins Lachen und gingen gegen Mitternacht hinunter in das im selben Haus befindliche französische Restaurant, das ihnen die beste Côte de Bœuf vorsetzte, die er jemals gegessen hatte, garniert auch noch mit frischen, in Olivenöl gerösteten Steinpilzen, seinem Lieblingsgericht.

Am nächsten Abend war Schabat; da blieben sie in der engeren Familie zusammen. Für den Samstag aber hatte ein anderes Freundespaar – er Schwimmmeister und Psychologiestudent, sie Krankenschwester, beide auch seine Hörer in Vincennes – ihnen ihren Pavillon und ihren Garten in Montreuil für ein Fest zur Verfügung gestellt. Zu dem sollten neben den Verwandten alle Freunde kommen, auch die etwas entfernteren, die im Faubourg St. Antoine, wo Marinas Eltern wohnten, an den Vortagen keinen Platz mehr gefunden hatten. Der Wettergott meinte es gut mit ihnen: Kein Wölkchen trübte den Himmel und die Temperaturen oszillierten zwischen hochsommerlichen 25 und 30 Grad. Einen solchen goldenen Oktober hatte es seit vielen Jahren nicht mehr gegeben und die Wärme hielt sich auch noch bis zum nächsten Tag. Vier ganze Hammel wurden im Freien am Spieß gebraten, und zwar von einem beinamputierten früheren Fremdenlegionär, der seinen Weg zur revolutionären Linken gefunden hatte. Es hieß, man müsse ihn mit Samthandschuhen anfassen, er geriete schnell in furchtbaren Zorn, aber während des Festes summte er nur vor sich hin und sprach kein einziges Wort. Eine lange Reihe von Weinfässchen stand an den Grundstücksmauern. Die Musik allerdings kam nur etwas dünn aus einem alten Plattenspieler, dessen Verstärker für den großen Garten nicht ausreichte.

Ab 22 Uhr fanden sich immer mehr Gäste ein. Eine für Adalbert schmerzliche Lücke allerdings blieb: Juliette – sie war wieder einmal auf einer Verlagsreise irgendwo weit weg, in Moskau oder Amerika. So war Julio ohne sie gekommen, mit Piotr und dessen Freund Sello, alle drei in schwarzen Pelerinen und breitkrempigen Hüten, man konnte sich aussuchen, ob sie sich als Zorros oder Rabbiner verkleidet hatten – Adalbert und Marina brauchten jedenfalls ein paar Sekunden, um sie zu erkennen. Um Mitternacht traf dann noch, unerwartet für alle, eine maghrebinische Band ein: drei Musiker, die erklärten, sie hätten irgendwo in St. Germain gehört, ein Mädchen aus Constantine, ihrer Heimatstadt, hätte gerade geheiratet und sie seien gekommen, ihr aufzuspielen. So hatten sie vertraute Klänge bis zum frühen Morgen, die auch zum Tanzen laut genug waren, und erst als es hell wurde, begannen die ersten der vielleicht hundertfünfzig Gäste zu gehen. Adalbert tanzte und tanzte, bis es ihm schwindelig wurde – zwischendurch setzte er sich auf die noch warme Erde und nickte, an die Mauer gelehnt, für ein Viertelstündchen todmüde ein.

Der nächste Tag verging damit, die Gläser zu spülen, die leeren Flaschen, die Pappteller und Becher in die Mülltonnen zu befördern, den Garten sauber und das Haus wieder bewohnbar zu machen – ein Foto hat Adalbert bei dieser Tätigkeit festgehalten, mit nacktem Oberkörper in Badehose. Gegen Mitternacht stieg er mit Marina in den Nordexpress: Am übernächsten Tag sollte in Kopenhagen eine Sitzung der Internationalen Vietnamkommission beginnen und sie hatten die Fahrt dorthin zu ihrer Hochzeitsreise erwählt.

Ein ereignisreicher, für Adalbert fruchtbarer, aber zeitweilig auch ziemlich chaotischer Lebensabschnitt hatte damit sein Ende gefunden. Er hatte nicht die geringsten Zweifel mehr daran, die richtige Wahl getroffen zu haben, wusste aber auch, welch unverdientes Glück er damit gehabt hatte, selbst von Marina auserwählt worden zu sein. Jetzt musste er aus diesem Glück auch etwas machen, ein gemeinsames Leben.

5. Kapitel: Leben zu zweit

1.

In ihrem gemütlichen Kopenhagener Hotelzimmer empfing sie ein riesiger Rosenstrauß, aber draußen auf den Straßen war es Herbst geworden, nur noch Wind, Kälte und Regen. Die Kommissionsmitglieder waren nun fast alle schon alte Bekannte: manche, wie Lelio Basso, schon seit dem Russel-Tribunal, andere, wie Maitre Matarasso oder Istvan Kende seit der ersten öffentlichen Sitzung der Komission 1971 in Oslo. Auch viele Vietnamesen waren für ihn keine Fremden mehr. Pham van Bach, der Präsident des Obersten Gerichtshofes in Hanoi fehlte auch dieses Mal nicht, ebenso wenig wie Phan Anh, seit Jahrzehnten Minister ohne Geschäftsbereich, und Nguyen van Thien, der Repräsentant der Nationalen Befreiungsfront. Von den »grands intellectuels« war allerdings keiner mehr zugegen, weder Sartre noch Peter Weiss, weder Günther Anders noch Vladimir Dedijer. In der Kommission beherrschten die juristischen Fachleute und die politischen Funktionäre das Feld, Vertreter der kommunistischen Parteien und der ihnen verbündeten Massenorganisationen.
In den Sitzungen ging es dementsprechend diszipliniert und vorhersagbar zu, die Äußerungen kamen weniger spontan, weniger aggressiv und in den gewohnten antiimperialistischen Wendungen, die durch allzu häufige Benutzung vieles von ihrer Schärfe eingebüßt hatten. Es fehlten auch die ideologischen Dissonanzen, die in Roskilde noch im betonten Gebrauch oder in der Vermeidung des einen oder anderen Wortes zum Vorschein gekommen waren. Das Ganze produzierte den charakteristischen Stallgeruch, den Adalbert schon bei anderen Bündnisgruppierungen in der BRD in die Nase bekommen hatte – er nahm dem Thema Vietnam allerdings auch etwas von seiner ihm sonst innewohnenden Spannung. Die meisten fühlten sich trotzdem wohl darin, sie spürten, dass sie hier unter sich waren, denn so zu reden war ja auch ein Erkennungszeichen, ein Codewort dafür, dass man selbst dazu-

gehörte. Der Einzige, der versuchte, in die Verlautbarungen etwas mehr Biss hereinzubringen, war Istvan. Adalbert unterstützte ihn darin, aber viel Erfolg hatten sie damit nicht. Die Pariser Friedensverhandlungen neigten sich ihrem Ende zu und es war nicht die Zeit, Porzellan zu zerschlagen.

Gab es einmal eine längere Mittagspause, flanierte er mit Marina und einigen Kommissionsmitgliedern, meist Istvan, Lelio und Matarasso, durch die Stadt – auch der damalige Gesundheitsminister der DDR, Adalbert weiß nicht mehr, wie er hieß, war manchmal dabei. Ein erschwingliches Restaurant zu finden war für Fremde nahezu unmöglich – einmal bekamen sie trockenes Brot und eine kleine Sardinenbüchse vorgesetzt und mussten dafür über 30 DM bezahlen. Unterwegs betrachteten sie die ziemlich banal dekorierten Schaufenster und staunten über die Preise. In einem Metzgerladen starrte sie hellrotes Fleisch an, für Adalbert und Marina ein gewohntes Bild. Der Herr Minister schüttelte dazu aber bedenklich den Kopf. Bei ihnen in der DDR, sagte er, seien Gifte wie Nitrit verboten, die das Fleisch schöner und frischer aussehen ließen, als es in Wirklichkeit war. Er glaubte ganz offensichtlich daran, dass Natur, Umwelt und Gesundheit in seinem Land, in einer sozialistischen Gesellschaft, besser aufgehoben waren als im kapitalistischen Westen.

Adalbert war damals nur zu geneigt, ihm das abzunehmen. Dort, wo der Staat der nahezu einzige Verbrauchsgüterproduzent und Verkäufer war, brauchte er sich um Warenästhetik keine Sorgen zu machen, verschwenderische Verpackungen und aufmotzende Chemikalien waren überflüssig – und auch das Recycling funktionierte im Sozialismus ganz gut, weil Rohstoffe teuer und rar waren. Ganz anders stand es jedoch dort, wo es um kostenträchtige Entsorgung ging oder darum, die Entstehung von Schadstoffen in der Produktion von vornherein zu vermeiden. In Gesetzen und Vorschriften war auch das in der DDR perfekt geregelt, weitaus besser als in der BRD, aber die an den Entscheidungen beteiligten politischen Instanzen, Engpässen und Sparzwängen unterworfen, verständigten sich in vielen Fällen darauf, nicht so genau hinzusehen. Und da eine unabhängige Umweltbewegung ebenso wie eine unabhängige Presse in der DDR bis zu deren Ende fehlten, war niemand da, der ihre Befolgung öffentlichkeitswirksam einfordern konnte.

Knapp zwei Wochen später – Adalbert war wieder in Gießen, Ma-

rina zurück in Paris – konnte man den Text des Friedensabkommens in allen Zeitungen lesen, auf das sich Kissinger und Le Duc Tho in geheimen Verhandlungen geeinigt haben sollten: Abzug auch der letzten amerikanischen Kampftruppen; Ende der Luftangriffe auf den Norden; sofortiger Waffenstillstand; jede vietnamesische Seite, die Saigoner und die provisorische revolutionäre Regierung, verwaltet jene Gebiete weiter, die sie zum Zeitpunkt der Feuereinstellung kontrollierte; Austausch aller Gefangener; Bildung eines nationalen Versöhnungsrates; Wahlen unter internationaler Kontrolle; und dazu noch für den Norden von den USA fünf Milliarden Dollar »Wiederaufbauhilfe« – ein kaum verhohlener Euphemismus für wieder gutmachende Reparationen. Das war fast schon eine Kapitulation. Kissiger selbst bestätigte die Richtigkeit des von ihm und dem vietnamesischen Unterhändler paraphierten Textes – daran, dass auch der Saigoner Staatschef, General Thieu, ihm zustimmen werde, zweifelte niemand.
Aber die Unterzeichnungszeremonie zögerte sich hinaus. Plötzlich verlautete, die US-Regierung verlange noch einige kleinere Nachbesserungen, aber die Vietnamesen verweigerten sie. Worum es sich dabei handelte, wurde nicht genau klar. Man munkelte, dass Saigon im nationalen Versöhnungsrat, der Vorform einer Koalitionsregierung des Südens, die vorgesehene »dritte Komponente« aus Buddhisten und neutralistischen Liberalen nicht akzeptieren wolle, weil es deren kommunistische Unterwanderung fürchte. Dem Hinhalten folgten bald Drohungen: Wenn Hanoi und die revolutionäre Regierung des Südens sich den amerikanischen Nachbesserungswünschen nicht fügten, würden die Luftangriffe nördlich des 20 Breitengrades wieder aufgenommen.
Am 20. oder 22. Dezember geschah das auch: Die Weihnachtsbombardements der B 52 auf Haiphong, den einzigen großen Hafen des Landes, und auf das Stadtzentrum von Hanoi setzten ein. Aber sie endeten für die Amerikaner mit einem Desaster. Ein Superbomber nach dem anderen wurde abgeschossen und die im Fallschirm abspringenden Besatzungen vervielfältigten nun, kurz vor Kriegsende, die Zahl der amerikanischen Gefangenen. Vier Wochen später, am 27. Januar 1973, blieb den USA nichts anderes übrig, als den so gut wie unverändert gebliebenen Text des Friedensabkommens feierlich zu unterzeichnen und auch ihre Saigoner Vasallen dazu zu zwingen – unter der Drohung, sonst auch jede

Waffenhilfe für sie einzustellen. Naiv wäre es, anzunehmen, Kissinger und Nixon hätten dies alles nicht vorher gewusst. Aber es ging ihnen wohl darum, ihren republikanischen Wählern militärische Stärke zu demonstrieren und so ihre Niederlage zu verschleiern – und vielleicht auch noch darum, durch die angerichteten Schäden die »Dezenzfrist« bis zur Übernahme des ganzen Südens durch die Revolutionäre Regierung und den Norden zu verlängern – von der jedenfalls war während der Verhandlungen in der Presse immer wieder die Rede gewesen.

2.

Wenige Wochen vor diesen letzten Luftangriffen des amerikanischen Krieges gegen Vietnam, in den letzten Novembertagen 1972, war Adalbert mit einer kleinen Delegation deutscher Kriegsgegner nach Hanoi geflogen. Dorothee Ritterley, inzwischen durch ihr *Politisches Nachtgebet* in der ganzen BRD bekannt geworden, war auf Adalberts Drängen dabei sowie mehrere Mitarbeiter der »Hilfsaktion Vietnam« – einer Wohltätigkeitsorganisation, die Spenden für humanitäre Zwecke sammelte und in verschiedene, meist medizinische Projekte investierte. Für die Vietnamesen am wichtigsten war aber, dass Uta Ranke-Heinemann der Delegation angehörte, die Tochter des damals amtierenden Bundespräsidenten.
Sie logierten alle im Thong Nhut, dem »Metropol« der französischen Kolonialzeit, immer noch der internationale Treffpunkt der Stadt, dessen angestaubte Eleganz der zwanziger Jahre jetzt, wo es vor allem von osteuropäischen Parteifunktionären bewohnt wurde, fehl am Platze und sogar etwas komisch wirkte. Es lag im Herzen der Stadt, nur drei Minuten Fußweg vom kleinen See mit seiner Strandpromenade entfernt, und trotz seiner pompösen Altväterlichkeit genossen seine Gäste den höchsten Komfort, den die Stadt mitten im Krieg noch aufbieten konnte. Frau Ranke-Heinemann aber war das nicht genug: Sie mäkelte am Essen, an den Betten, an fast allem herum – wahrscheinlich meinte sie, auch hier stünde ihr Pariser oder Londoner Fünf-Sterne-Qualität zu. Den Vogel schoss sie ab, als sie an einem kalten Regentag die Ruinen des von Bomben zerstörten Haiphong besichtigten und die wei-

ßen Strümpfe der auch ansonsten blütenweiß gekleideten Dame ein paar Dreckspritzer abbekommen hatten, woraufhin sie von den Vietnamesen unverzüglich ein neues Paar ebenso weißer Strümpfe forderte und, als diese hilflos zögerten, damit drohte, den Besuch abzubrechen und am nächsten Tage nach Deutschland zurückzufliegen. Die Strümpfe wurden schließlich irgendwoher beschafft, der Eklat vermieden.

Den deutschen Mitreisenden war während dieser Auseinandersetzungen die Spucke weggeblieben – aber nur Dorothee hatte es gewagt, der Präsidententochter auf ihr ansprüchliches Gejammer zu entgegnen: »Sie benehmen sich hier wie ein Filmstar, ich schäme mich für Sie.«

Gruppenbild mit Dame, rechts Ministerpräsident Pham van Dong, Nachfolger Ho Chi Minhs, Hanoi, November 1972

Sie sahen während der zehn Tage, die sie im Land waren, noch viele zerbombte Städte, viele zerstörte Kirchen, Pagoden und Krankenhäuser, aber auch die unberührt gebliebene Landschaft des nördlichen Berglandes mit ihren bewaldeten Zuckerhutbergen, die sich aus lichtgrünen Reisfeldern erhoben, mit den grauen Wasserbüffeln, die kleine Hüterkinder auf ihrem Rücken trugen, mit den hinter Bambusgehölzen verborgenen Dörfern. Die Sehenswürdigkeiten Hanois, die sie besuchten, kannte Adalbert schon. Aber er konnte in der Stadt auch seine Freunde wiedersehen: Ton That Tung, den Chirurgen, und seine zwei Assistenten, von denen er zweieinhalb Jahre vorher betreut worden war, Tran Duy Hung, den Oberbürgermeister der Stadt, früher Ho Chi Minhs Arzt, und dessen Neffen Dao, neben dem Adalbert 1970 unterwegs von Hanoi nach Moskau und von dort nach Berlin lange Stunden im selben Flugzeug gesessen hatte. Und zum Abschied wurden sie alle von Pham van Dong empfangen, dem Premierminister. Adalbert war nicht ganz sicher, ob der ihn überhaupt wiedererkannte. »Die Amerikaner werden es noch einmal mit ihren Bomben versuchen«, hörten sie ihn sagen, »es wird sie aber nicht weiterbringen, in ein paar Monaten müssen sie doch unterschreiben.« Und so kam es dann auch.

Ob er recht daran getan hat, ins *Hanoi Hilton* mitzugehen, ein großes Haus inmitten der Stadt, in dem Piloten der abgeschossenen amerikanischen Bomber gefangen gehalten wurden, wohl auch, um die US-Luftwaffe von Angriffen auf das Zentrum Hanois abzubringen, kann Adalbert nicht mehr entscheiden. Ihm war klar, dass solche Visiten es nicht erlaubten, sich über die Lage der Gefangenen ein Bild zu machen, und er hat deshalb darüber auch nichts geschrieben – aber deren Äußerungen, sie würden korrekt und wie die Genfer Konvention es fordert behandelt, hat er sich trotzdem angehört, ohne zu wissen, ob sie ganz freiwillig zustande gekommen waren. Wenn er freilich an die Tigerkäfige denkt, in die die Saigoner Regierung und ihre amerikanischen Dienstherren ihre des Kommunismus verdächtigten Gegner einsperrten, von denen jeder Einzelne auch noch gefoltert wurde, dann fragt er sich allerdings, ob er sich über die moralische Berechtigung dieses Besuches überhaupt den Kopf hätte zerbrechen sollen.

Im Gespräch mit dem Dichter und stellvertretendem Ministerpräsidenten To Huu, Frankfurt am Main, 1977

3.

Im Januar 1973 hatten Marina und Adalbert eine Wohnung in Marburg bezogen, ihre erste eigene. Sie lag in der Südstadt nicht weit von den Lahnwiesen. Der Südbahnhof war in fünf Minuten zu Fuß zu erreichen, sodass ihn der Weg in die Gießener Klinik nur etwas mehr als eine halbe Stunde kostete.
Vier große Zimmer nannten sie nun ihr eigen, aber sie besaßen an Mobiliar außer einem Bett und einem großen Bücherregal vorerst fast nichts. Die Hauseigentümer, beide 80-jährig, er pensionierter Oberst, wohnten in der Etage über ihnen – Adalberts Professortitel hatte sie wohl veranlasst, ihnen die Wohnung zu überlassen. Als sie Marina sahen, dunkelhaarig und mediterran, bekamen sie jedoch schon verkniffene Lippen, und als dann noch Post da lag, adressiert an Madame Toubiana, war das Maß voll: »Sie haben uns in die Irre geführt, als Sie sagten, Sie seien verheiratet, Herr Professor«, empörte sich der alte Herr in eiskaltem, etwas verächtlichem Tonfall. Das Familienbuch veranlasste ihn zwar zu einer verklemmten Entschuldigung, vermochte aber das Misstrauen nicht völlig zu beseitigen. So begannen die kleinen Ärgernisse mit dem Treppenputz und der Musik nach 22 Uhr, und Adalbert und Marina lernten daraus, dass man als Mieter niemals mit dem Ei-

gentümer im selben Haus wohnen sollte. Aber der Ärger hielt sich doch in Grenzen. Von 30 Tagen im Monat fühlten sie sich 29 in ihrem neuen Heim ziemlich wohl.
Marina zog mit ihren früheren WG-Mitbewohnern über die Dörfer von einem Trödler zum anderen und so hatten sie binnen kurzem drei ihrer Zimmer und ihre Küche eingerichtet – das vierte diente als Werkstatt zum Abbeizen und Restaurieren der Möbelstücke, die meist aus der Zeit der Jahrhundertwende stammten. Und bald schon wurden in der Wohnung die ersten Feste gefeiert, zu denen sich die Marburger und die Gießener Freunde trafen.
Anderthalb Jahre verbrachten sie dort. Adalbert war von montags bis freitags tagsüber zumeist in Gießen. Viele Sitzungen und politische Veranstaltungen und psychiatrische Vorträge erforderten seine Anwesenheit aber auch andernorts, sodass Marina nicht selten allein blieb. In der Zeit lebte sie ihr Studentenleben weiter. Sie hatte jetzt viele Freunde und Bekannte in der Stadt und lernte ständig neue kennen – dass Adalbert zu der linken Prominenz des Städtchens gehörte, erleichterte für sie beide alle Kontakte. Mehrmals in der Woche gab es abends etwas Interessantes: eine Musikgruppe, eine politische Veranstaltung, ein Fest, sodass Langeweile gar nicht aufkommen konnte – und selbst wenn nichts los war, lief doch meistens in einem der Kinos ein aufregender Film. Dass im Haus nebenan vor 20 Jahren Wibke gewohnt hatte, dass nicht weit weg, in der Cappeler Anstalt, noch sein letztes Elternhaus stand und auf dem Friedhof hoch über der Stadt sein Vater begraben lag, davon ging jetzt kaum mehr ein Schmerz aus. Ihm war, als ob das alles ihn gar nicht beträfe, sondern jemanden, der lange vor ihm gelebt hatte.
Nur dass Marina immer noch nicht schwanger geworden war, beeinträchtigte die Vollkommenheit ihres Glücks. Marina ging deswegen zum Frauenarzt, aber es fand sich bei ihr keine Beeinträchtigung. Auch Adalbert ließ sich untersuchen, sein Spermiogramm erwies sich zwar als leicht verändert, aber er war trotzdem noch zeugungsfähig. Die Experten schlugen zunächst eine Beschränkung des Beischlafes auf den Zeitpunkt des Eisprunges Marinas vor, dann aber, als das auch nichts half, eine künstliche Befruchtung bei einem Spitzenfachmann in Hanau. Sie fuhren dorthin und übernachteten in einem aus dem Telefonbuch herausgesuchten Hotel, das sich als rosaplüschene Absteige erwies. Mit großer Mü-

he produzierte Adalbert in der Chefarzttoilette am frühen Morgen – das war angeblich die günstigste Zeit –, was ihm abverlangt wurde. Es wurde Marina implantiert, aber das Ergebnis blieb negativ. Schließlich beschlossen sie, all diese Anstrengungen aufzugeben und wieder zu einem der Spontaneität überlassenen Sexualleben zurückzukehren.

4.

An einem Maiabend 1974 gastierten in Marburg die *Inti-Ilimani*, eine von der Pinochet-Junta ins Exil vertriebene chilenische Songgruppe, eingeladen vom antiimperialistischen Solidaritätskomitee, dessen Sprecher Adalbert war. Er sollte die Gruppe einführen. Marina, Liebhaberin lateinamerikanischer Musik, begleitete ihn zu dieser Veranstaltung. Den Text dieser Einführung hat er bis heute aufbewahrt, und weil es eine seiner besten politischen Reden war, gehört er in diese Erinnerungen hinein:

»Chilenische Volksmusikgruppen«, so begann er im voll besetzten Audimax, »sind für uns deshalb so wichtig, weil sie dazu beitragen, die internationale Solidaritätsbewegung zu stärken. Sie können mithelfen, Menschen dazu zu bringen, sich für die Sache des chilenischen Volkes einzusetzen, die vorher nur beteiligte Zuschauer geblieben waren, und sie geben den anderen, die für die Arbeit der Solidaritätsbewegung schon gewonnen sind, neue Kraft, wenn sie ihre Lieder hören oder gar mitsingen können ... Zugleich zeigen solche Songgruppen uns aber auch eine andere Kultur als diejenige, die uns in den kapitalistischen Industrieländern angeboten wird. Die Volkskultur, die sie verkörpern, ist keine nostalgische Folklore, die ihren Konsumenten eine heile Welt intakter Naturbeziehungen und menschlicher Verhältnisse vorgaukelt, eine Welt, die in Wirklichkeit nur die ideologische Verklärung der vielfältigen Knechtschaften des Feudalismus war. Sie ist aber auch nicht die Kultur des vereinsamten Individuums im Kapitalismus, die vom Kunstmarkt unter dem Gesichtspunkt der Verwertbarkeit ihrer Produkte gesteuert wird und wo die Verkäuflichkeit darüber entscheidet, was bekannt werden darf und über diesen Mechanismus auch darüber, was zu produzieren sich lohnt.

Die Volkskultur Chiles, Kubas, Vietnams hat eine andere Zielsetzung. Sie ist vorwärts gerichtet. Selbst wo sie die Vergangenheit aufgreift, tut sie dies, um in ihr die Keime in die Zukunft gerichteter Entwicklungen freizulegen. Wenn sie zum Beispiel, wie die *Inti-Ilimani*, auch den Kampf um die eigene Unabhängigkeit gegen die spanischen Kolonialisten zu ihrem Thema macht, so deshalb, weil ein solcher Kampf nun gegen einen anderen Gegner, den US-Imperialismus,geführt werden muss, der auch ein Kulturimperialismus ist und die eigenständige Kultur vieler Völker zu vernichten droht ... Diese Volkskunst kondensiert aber auch die gegenwärtige Realität im Wort, im Bild und im Lied, und sie spricht aus, was getan werden muss, um diese Realität im Interesse der Menschen zu verändern.
In Vietnam habe ich in einem Dorf einen ungeheuer ausdrucksvollen Freskenzyklus über Schweinezucht gesehen, an die weiß getünchten Wände der Lehmhütten gemalt. Dort wurden die Probleme der Bauern dargestellt, ihre Angst vor Neuem, ihre Halsstarrigkeit, die sich in Stärke, in treibende Kraft verwandelt, wenn sie einmal überzeugt worden sind, aber auch die Erfolge der neuen Zuchtmethode und das dadurch ermöglichte bessere Leben auf dem Lande: das Ganze voll Kraft, aber auch voll Humor und etwas ironischem Optimismus, dargestellt mit den Stilmitteln dessen, was die bürgerliche Kultur »naive Malerei« nennt.
Wie ich aus vielen Fotos gelernt habe, gibt es diese Malerei auch in Chile, und eine Volkskultur dieser Art ist auch in den Liedern dieses Landes gegenwärtig, wenn auch heute nur im Exil ... In einer solchen Malerei, aber auch in der Volksmusik Chiles, wie wir sie heute hören werden, wird der Widerspruch zwischen der elitären, »schöpferischen« Künstlerpersönlichkeit und dem passiven Kunstkonsum der Massen tendenziell aufgehoben. Nicht nur einige wenige Stars produzieren – und produzieren dabei vor allem sich selbst, wie das im Kunst- und Kulturbetrieb des Kapitalismus die Regel ist –, sondern viele Menschen gehen neben ihrer Arbeit künstlerischer Tätigkeit nach. Sie singen, malen, dichten, wo ihnen in einer sozialistischen Gesellschaft die Gelegenheit dazu gegeben wird: in den Betrieben, auf Straßen und Plätzen.
Damit soll keiner platten Amateurideologie das Wort geredet

werden. Auf der Basis einer solchen Massenkultur können sich Gruppen oder einzelne Künstler profilieren, denen auf Grund ihrer überragenden Begabung die Möglichkeit geboten wird, ihre ganze Arbeitskraft in der künstlerischen Tätigkeit auszuleben. Solche Künstler, wie unsere hier anwesenden chilenischen Freunde, wie Victor Jara, wie Violetta, Isabel und Angel Parra, bleiben aber auch dann noch der Massenkultur verbunden, aus der ihre eigene künstlerische Produktion erwachsen ist ...
Im Kampf für eine bessere Welt hat die Kunst nämlich auch ihren Auftrag: die Menschen für diesen Kampf, der kein romantisches Husarenstück ist, sondern jahrelange geduldige Arbeit, zu stärken, ihnen auf eingängige Weise im Wort, im Lied, im Bild ihre eigene Aufgabe als etwas Schönes, Würdiges, Trauriges, Heiteres in ihrer ganzen komplexen Realität und Widersprüchlichkeit zu zeigen, die Menschen im künstlerischen Produkt zusammenzuführen, sie durch es zu begeistern. Diese Aufgabe haben unsere chilenischen Freunde – Victor Jara noch im Tode – auf für uns alle vorbildliche Weise zu erfüllen gewusst. Und für ihren Beitrag zur internationalen Solidarität, den wir jetzt hören werden und den wir nötig brauchen, danken wir ihnen. Ihr Sieg ist der unsere. Venceremos!«

Und dann ertönten die Stimmen, begleitet von den Ziegenfelltrommeln, Panflöten und Xylophonen. Adalbert wird heute weh ums Herz, wenn er daran denkt, was ihm, was den Seinen, ja was der Welt mit diesen Hoffnungen alles verloren gegangen ist, und er hat nicht die geringste Vorstellung davon, wie man heute aus dem Konglomerat von eiskalter Marktlogik und wirrem Emotionschaos herausfinden kann, das die Mondialisierung der Kapitalherrschaft über sie alle verhängt hat. Damals aber bebte sein Herz, als er im Audimax diese Rede über Volkskultur hielt, und er bekam dafür tosenden Beifall – die über tausend Zuhörer erhoben sich und hauchten dem schon abgehalfterten Spruch »Hoch die internationale Solidarität!« neues Leben ein.

Während der Pause kam Marina auf ihn zu und machte ihm, wie es ihre Art ist, wenn ihr etwas gefallen hat, ein leicht ironisches Kompliment. Dann wollte sie sich eine Zigarette anzünden – aber zum ersten Mal schmeckte sie ihr nicht, ja sie ekelte sich vor dem Tabak- und Teergeruch, drückte sie aus und warf sie weg – eine Woche später wussten sie beide, dass sie schwanger war.

5.

Nicht nur die Zigaretten wurden Marina zuwider, sie konnte auch das deutsche Essen, den Kohl, die Schnitzel, die Würste, nicht mehr riechen – aber auf Artischocken bekam sie plötzlich einen unbezähmbaren Appetit. In Marburg gab es etwas so Exotisches nur in einem einzigen Geschäft, ziemlich weit weg in Bogenhausen. Sooft er konnte, pilgerte Adalbert dorthin, um ein paar frische Artischocken zu holen, zu zwei Mark das Stück. Er hörte sogar mit seiner Arbeit in Gießen früher auf, um noch vor Geschäftsschluss zurück zu sein. Natürlich waren sie beide verrückt vor Glück – aber diese so spät zustande gekommene Schwangerschaft erschien ihm wie auch ihr nicht nur als etwas unendlich Kostbares, sondern auch als etwas Gefährdetes, das beschützt werden musste – und so machte er sich Sorgen darüber, dass sie nur so wenig aß. Aber 24 Stunden, nachdem Marina ihrer Mutter am Telefon von ihren Abneigungen und Appetiten erzählt hatte, stand diese plötzlich vor der Tür, von einer entfernten Cousine im Auto mitgenommen, die zufällig selbst von Paris nach Marburg musste, und sie hatte mindestens fünfzig frische Artischocken vom Marché de l'Aligre mitgebracht, wo sie für »'n Appel und `n Ei« zu haben waren, und außerdem noch Unmengen von Couscous .
Diese vertraute nordafrikanische Kost, von der Mutter zubereitet und auf den Tisch gebracht, versöhnte Marinas durch die Schwangerschaft etwas widerspenstig gewordenen Körper. Als die Mutter wieder zurückfahren musste, konnte sie erneut fast alles essen – nur die Idiosynkrasie gegen Tabak blieb ihr gottlob bis heute erhalten.
Die letzten Monate in Marburg lebten sie fröhlich dahin. Marinas Schwestern und ihr kleiner Bruder Eric, heute Mathematikprofessor in Paris, kamen nacheinander zu Besuch und die Schwangerschaft machte ihr und Adalbert nur noch Freude. Im Dezember 73 hatte dieser aus heiterem Himmel den Ruf auf die neu geschaffene sozialpsychiatrische Professur an der Hannoveraner Medizinischen Hochschule erhalten und die war mit der Leitung einer Abteilung des Hochschulkrankenhauses verbunden. Er hatte dort zwar vor Jahren, 1971 schon, auf Aufforderung des Rektors »vorgesungen«, sich aber formal niemals um diese Stelle beworben. Später hörte er, es seien um ihre Besetzung heftige Kämpfe

entbrannt, und als keinerlei Nachricht über ihren Ausgang gekommen war, hatte er seine Aussichten auf sie irgendwann abgeschrieben.
Nun lag aber plötzlich, kurz vor Weihnachten, das vom niedersächsischen Kultusminister Peter von Oertzen unterzeichnete Berufungsschreiben auf dem Tisch – durch den Hinweis ergänzt, mit dem Rektor der Hochschule über die Ausstattung seiner künftigen Abteilung zu verhandeln. Im Januar oder Februar ist er, um das zu tun, mit Marina nach Hannover gefahren: einer damals fast ebenso gesichtslosen Stadt wie Gießen, nur etwas größer und beamtisch anspruchsvoller, von ihren Hochschulen, die nicht zu einer einzigen Universität zusammengefasst waren, kaum geprägt, ohne jedes akademische Flair und auch ohne die untergründige Kraft, die man manchmal in Arbeiterstädten zu spüren bekommt. Marina zögerte entsprechend, aber Adalbert wusste genau, dass dies die für ihn letzte Gelegenheit war, beruflich sein eigener Herr zu werden. Alle anderen universitären Aufstiegsmöglichkeiten waren ihm durch sein politisches Engagement mit ziemlicher Sicherheit verstellt, die Vincenner Gastprofessur blieb jederzeit kündbar und er war inzwischen, 16 Jahre älter als seine Frau, auch 47 Jahre geworden, bald war er über das akademische Berufungsalter hinaus. Zudem war in Hannover der größte Teil seiner DGSP-Verbündeten versammelt und sein künftiges Pendant, der Leiter der Abteilung klinische Psychiatrie, Karl Peter Kisker, hatte sich von denen breitschlagen lassen, es mit einem Pflichtversorgungsgebiet zu versuchen, mit einer Sektorpsychiatrie also wie in Paris, in die auch Adalberts Abteilung eingebunden werden sollte. Einen interessanteren Arbeitsplatz gab es in der BRD für ihn somit nirgends. Das überzeugte auch Marina. Als ihm für seine Abteilung auch noch fast die Hälfte der Räumlichkeiten und des Personals der bislang von Kisker allein geleiteten psychiatrischen Gesamtklinik zugesagt wurde und eine alle zwei Jahre mit Kisker abwechselnde geschäftsführende Direktion, da erklärte er, er werde den Ruf annehmen, wenn auch das Ministerium diesen Vereinbarungen zustimme.
Eine Woche später übersandte Kisker ihm einen ihnen genau entsprechenden Text zur Unterschrift, den er postwendend zurückschickte. Dann vergingen aber wieder Monate, ohne dass aus Hannover irgendeine Nachricht kam. Erst im April oder Mai erreichte

ihn ein weiterer Brief Kiskers mit der Mitteilung, er trete von den schon schriftlich fixierten Vereinbarungen zurück, soweit diese die Geschäftsführung der Gesamtklinik beträfen – die wolle er vorerst allein behalten, jedenfalls bis neue hochschulgesetzliche Regelungen in Kraft träten – was erst 1978 der Fall sein sollte. Adalbert blieb nichts anderes übrig, als diesen Bruch der durch Handschlag besiegelten und bereits schriftlich von Kisker selbst formulierten Abmachungen zähneknirschend hinzunehmen. In den nächsten Monaten standen in Niedersachsen Landtagswahlen bevor, ein Sieg der CDU stand durchaus zu befürchten, und dann, das wusste Adalbert wie Kisker, würde aus der Berufung nie eine Ernennung werden.

Nie hat Adalbert erfahren, ob das noch ein letzter Versuch Kiskers und der Enquete-Fraktion der DGSP war, sein Kommen nach Hannover zu verhindern – war Adalbert doch gegen Kiskers Votum vom zweiten Listenplatz aus berufen worden. Auf den ersten hatte die Hochschule Gregor Bosch gesetzt, einen kompromissbereiteren rechten sozialdemokratischen Versorgungsepidemiologen, von dem gesellschaftskritische Äußerungen, die den Politikern Angst machten, nicht zu erwarten standen.

Aber auch nach Adalberts Kapitulation hinsichtlich der geschäftsführenden Direktion blieb ihm noch ein Hindernis zu umschiffen: Inzwischen hatte die CDU nämlich eine parlamentarische Anfrage zu seiner Berufung in den niedersächsischen Landtag eingebracht und der sozialdemokratische Ministerpräsident Kubel daraufhin eine ministerielle Anhörung zur Überprüfung von Adalberts Verfassungstreue angeordnet. Die Zeit der Berufsverbote hatte begonnen, der »Verfassungsschutz« spähte jeden, der links von der SPD stand, manchmal sogar deren eigene Parteilinke aus. Telefone wurden dazu abgehört, Briefe geöffnet, Vertrauensleute in alle der politischen Polizei verdächtig erscheinenden Gruppierungen eingeschleust – vor allem aber wurden Flugblätter, Zeitungsartikel und anderes Schriftmaterial gesammelt, aus denen sich die Namen der politisch Aktiven und ihre öffentlichen Äußerungen ablesen ließen.

Peter von Oertzen, der damalige Kultusminister, den Adalbert später, als die verfassungspolizeiliche Überwachungsintensität etwas nachgelassen hatte, auf vielen Hannoveraner Partys traf, hat ihm in einer feuchtfröhlichen Stunde einmal erzählt, seine Verfassungsschutzakte, durch die er sich habe durchquälen müssen, sei »mehrere Meter hoch« gewesen. Das habe ihn aber nicht beeindruckt, Adalberts Veröffentlichungen, vor allem ihr unkonventioneller Stil, hätten ihm die Sicherheit gegeben, dass er kein organisierter Kommunist sein könne – so schrieb eben kein DKP-Mann. Bei dieser Durchsicht muss von Oertzen auch die Liste der Unterschriften gegen die Berufsverbote in der BRD in die Hand gekommen sein, die Marina und Adalbert in Paris gesammelt hatten: Jean-Paul Sartre, Simone de Beauvoir, Gerard Horst, Robert Castel und Stanislaw Tomkiewicz hatten sich an dieser Aktion beteiligt. Da der Minister Adalbert trotzdem auf alle Fälle berufen wollte, gab er seinem Staatssekretär und späteren Nachfolger Grolle den Auftrag, die von Kubel verfügte Anhörung selbst anstelle der Verfassungspolizisten und so sanft wie nur möglich vorzunehmen. Ein persönlicher Referent Oertzens rief Adalbert an und informierte ihn darüber, dass die Fragen, die gestellt werden würden, sich aufdie offiziellen Verlautbarungen des ASK beschränken würden, dessen Briefbögen alle seinen Namen als Sprecher trugen.

Die Anhörung fand im Rahmen eines Festes in der Wohnung von Mark Richartz statt, eines der Mitgründer der DGSP. Mark hatte als Kind einer jüdischen Mutter mit dieser in Amsterdam versteckt den Krieg überlebt und war mit 17 Jahren nach Deutschland zurückgekehrt. Inzwischen war er Oberarzt an der MHH-Psychiatrie und sollte in Adalberts Abteilung arbeiten. Als Grolle kam, stand Adalbert schon, ein Sektglas in der Hand, inmitten der Festgäste. Der Staatssekretär lehnte strengen Blickes zunächst jede Erfrischung ab und verschwand mit ihm in Marks kleinem schlauchartigen Arbeitszimmer, in dem unter einem großen Bücherregal nur das schon für Adalbert aufgeschlagene Bett stand, mit seinem Koffer darauf, und am Fenster ein Schreibtisch mit Stuhl. Adalbert weiß nicht mehr, wer von ihnen beiden auf diesem einzigen Stuhl und wer auf dem Bett Platz nahm: Die Situation war jedenfalls grotesk, der äußere Rahmen der Anhörung ebenso wie diese selbst. Adalbert konnte darauf hinweisen, dass jede Verlautbarung des ASK auch von seiner sozialdemokratischen Mitgliedsorganisation, den »Falken«, abgesegnet war, die auch im Sekretariat einen Sitz hatten – seiner Meinung nach eine ausreichende Garantie gegen jede »Verfassungsfeindlichkeit«.

Sie brachten es in einer halben Stunde hinter sich, Grolle seine Fragen, Adalbert seine Antworten – beide wussten, dass es nur eine Formalität war, aber gleichwohl gefährlich, vom vereinbarten Drehbuch abzuweichen, also zwischendurch mal spontan und authentisch zu reden. Dennoch war es kein bloßes Theaterspiel. Es ging vor allem wohl um eine Probe aufs Exempel, ob Adalbert in der Lage war, eine halbe Stunde lang durchgehend über explosive, kritische Themen angepasst zu sprechen und sich dabei nicht zu verraten – und diese Prüfung bestand er. »Jetzt ist es genug«, sagte Grolle schließlich, »jetzt gehen wir rein und trinken zusammen ein Glas.«

Damit war das Ergebnis klar und es ging nur noch um das Datum, zu dem Adalbert seinen Dienst in Hannover antreten sollte – die vom Minister unterzeichnete Ernennungsurkunde musste bis dahin beim Rektorat der MHH eingetroffen sein. Auch das dauerte noch ein Weilchen, aber am 5. August 1974 war es schließlich so weit. Er wurde in Gießen angerufen, fuhr nach Hannover, nahm das Papier vom Rektor in Empfang und begann mit seiner neuen Arbeit.

6. Kapitel: An der Leine

1.

Innerhalb weniger Tage hatten sie eine Wohnung gefunden – in der List, einem einstmals großbürgerlichen Stadtviertel der Gründerjahre, das die alliierten Bombenangriffe des Zweiten Weltkrieges nahezu unversehrt überstanden hatte. Das vierstöckige Haus in der Richard-Wagner-Straße lag abseits der Verkehrsströme, noch nicht einmal 100 Meter entfernt von der Eilenriede, dem Hannoveraner Stadtwald, durch den sich Adalberts Hochschulklinik auf dem Fahrrad in 15 Minuten bequem erreichen ließ.
Die Wohnung bestand aus fünf hohen, großen Räumen und einem völlig überdimensionierten Flur. In den Etagen über und unter ihnen hatten sich WGs etabliert und die seitab der hochherrschaftlichen Räume gelegenen Dienstbotenquartiere waren alle von Studenten belegt. Nur in der Beletage wohnte eine gutbürgerliche Arztfamilie: so diskret, dass Adalbert sich nicht erinnert, jemanden von ihnen je bewusst zu Gesicht bekommen zu haben, ansonsten war das Haus fest in den Händen der 68er-Generation. Damals vermietete man in Hannover, Altbauten kamen gerade erst in Mode, die Zeit der luxussanierten Eigentumswohnungen war noch nicht angebrochen.

2.

Dass ihre Kinder in Frankreich geboren werden sollten, stand für Adalbert und Marina fest, seit sie beschlossen hatten, beieinander zu bleiben, denn das Staatsbürgerrecht wurde dort vom Territorialprinzip regiert, vom »droit du sol«, und nicht, wie in der BRD noch immer und dies seit der Nazi-Zeit, vom »droit du sang«, dem Prinzip der Abstammung und des Blutes. So würden ihre Kinder von vornherein Franzosen und Deutsche zugleich sein. Für Marina spielte bei dieser Entscheidung wohl auch ein Anflug von Angst eine Rolle, vor all dem, was sie als Jüdin mit Deutschland verband – und vielleicht auch die von einem Schuss Magie mitbestimmte Erwartung, die Geburt der Kinder in Frankreich und deren französischer Pass würden es schon verhindern, dass sie ganz in ihrer deutschen Umgebung aufgingen.

Aber es gab auch einen ganz handfesten Grund: Adalbert wollte während der Geburt bei Marina bleiben, vom Anfang bis zum Ende, und das akzeptierten zu jener Zeit nur wenige Entbindungskliniken, in Hannover überhaupt noch keine. In der Pariser »Maternité des Lilas« hatten sie eine solche Einrichtung gefunden, von der die Frauen überdies auf eine schmerzfreie, natürliche Geburt, ohne Kurznarkose, ohne Inzisionen, vorbereitet wurden – eine Einrichtung, die sie informierte und während der letzten Schwangerschaftswochen auch zu Gruppengesprächen zusammenführte, die werdenden Mütter also nicht zu bloßen Objekten ärztlicher Eingriffe machte, sondern dazu ermutigte, selbst die Akteure des Geschehens zu bleiben. Dort sind ihre drei Kinder zur Welt gekommen.

Zehn Tage vor dem errechneten Entbindungstermin war Marina schon in Paris, um ja keine Risiken einzugehen. Nur Adalbert wäre zum großen Ereignis beinahe zu spät gekommen. Er traf in Paris ein, als Marina schon die ersten Wehen bekam. In den »Lilas« erfuhren sie aber, es sei noch zu früh. Die Wartezeit verbrachten sie bei Freunden, die in der Nähe der Maternité wohnten: in der Rue des Partants, einer bergauf gradwegs zum Himmel abkippenden kurzen Straße des 20. Arrondissements, wo die Pariser Mythen – Einsamkeit, Freundschaft, Liebe und Tod –, vom poetischen Realismus der dreißiger Jahre immer wieder filmisch in Szene gesetzt, noch in die Schatten der Häuser gebannt waren. Heute ist von diesen Kulissen nur noch Verfall übrig geblieben, Warten auf Abriss, eingekreist von kurz nach ihrer Fertigstellung schon verschlissenen 15-stöckigen Wohntürmen, die ähnlichen Winkeln der Stadt schon zehn Jahre vorher den Garaus gemacht hatten.

Als sie schließlich erneut in der Maternité ankamen, dauerte es aber doch noch bis zum nächsten Morgen. Adalbert machte sich deswegen viel mehr Sorgen als seine Herzallerliebste. Natürlich drückte er, wenn die Wehen kamen, Marinas Hand, aber eher, wie er sich heute sagen muss, auch um seine eigene Angst zu verscheuchen. Um halb 10 Uhr, am 27. Januar 1975, dem Geburtstag Mozarts, aber leider auch Kaiser Wilhelms des Zweiten, war es schließlich so weit: In seinen Ohren läuteten alle Glocken, denn bei ihnen angekommen war, in nur zwei gleitenden Bewegungen, und, wie es sich gehört, den Kopf voran, Jonathan Boris, ihr erster Sohn. Adalbert schnitt die Nabelschnur durch, das kleine rot verschrumpelte Geschöpf wurde gewaschen, gecremt und kam dann, wegen der Anstrengung, die es hatte aufbringen müssen, um sich seiner warmen Höhle zu entwinden, für zwei Stunden in den Brutkasten – dann erst bekam seine Mutter es wieder.

An Jonathans zehntem Lebenstag entschlossen sie sich, ihn beschneiden zu lassen. Klaus Loewald, ein emigrierter, völlig unreligiöser Berliner Jude, mit dem Adalbert sich in Vietnam angefreundet hatte, war gerade in diesen Tagen in Paris – er hatte Marina noch in den »Lilas« besucht und ihnen bei dieser Gelegenheit erzählt, in Australien, wo er jetzt wohnte, würden 80 Prozent der neugeborenen Kinder dieser Prozedur unterzogen: aus medizinischen Gründen, weil das die Krebshäufigkeit senke. Das gab im Für und Wider ihrer Überlegungen schließlich den Ausschlag: Sie ließen die kleine Operation in einer chirurgischen Privatklinik durchführen, feierten dann im Hause der Eltern das Beschneidungsfest und ein angeheirateter Vetter der Familie, ein Cohen, wie es der Ritus verlangte, sprach den dazugehörigen Segen.

Bei Manuel, ihrem zweiten Sohn, der dreiundzwanzig Monate später bei ihnen eintraf, stellte sich die Frage schon nicht mehr: Es war ganz selbstverständlich, dass sein Glied nicht anders aussehen durfte als das seines Bruders. Sie waren zu der Zeit auch imstande, sich einzugestehen, dass die hygienischen Gründe für die Beschneidung Jonathans nur vorgeschoben gewesen waren, bestenfalls eine Brücke, die sie sich selbst über ihre Zweifel geschlagen hatten. Marina war es nicht nur darauf angekommen, ihren Eltern unnötigen Kummer zu ersparen, vielmehr war es ihr um die jüdische Identität ihrer Kinder wie auch um ihre eigene gegangen, und Adalbert hatte das stillschweigend akzeptiert. Seine Kinder sollten zwar nicht in einer das Übernatürliche zum Lebensziel aufblähenden Religion aufwachsen – dergleichen war ihm damals und ist ihm heute noch genauso zuwider –, aber doch in einer Tradition, eingebunden in Feste und Riten, und die evangelische hat außer Weihnachten und Ostern in dieser Hinsicht nicht viel zu bieten.

3.

Ob es richtig war, dass er sich hatte breitschlagen lassen, zur Tagung der Internationalen Chilekommission für fünf Tage nach Mexiko zu fliegen? Er wusste Marina und Jonathan bei ihren Eltern und Geschwistern in bester Obhut. Marina hatte auch keinerlei Einwände gehabt, auf seine Nachfrage sogar ihr ausdrückliches Einverständnis mit dieser Reise bekundet und dabei noch nicht einmal ihre verbal geäußerte Zustimmung durch einen kritischen Blick oder durch eine leichte Hebung der Stimme zugleich als nur halbherzig gewährte Konzession kenntlich gemacht: So war er ohne allzu schlechtes Gewissen gefahren.
Es erschien ihm zwar absurd, aber sie mussten alle zuerst nach Moskau, wo eine Aeroflot-Maschine sie aufnehmen und über Havanna an ihren Bestimmungsort bringen sollte – mit einer Zwischenlandung ausgerechnet in Frankfurt, von wo aus viele von ihnen 24 Stunden vorher gerade erst losgeflogen waren. Ob es dabei wirklich nur darum ging, Devisen zu sparen – wer in Frankfurt einstieg, musste in konvertierbarer Währung zahlen – oder ob auch noch andere Gründe eine Rolle spielten, etwa dass man alle Komiteemitglieder von vornherein beisammen und unter Kontrolle haben wollte, darüber konnte Adalbert nur mutmaßen.
Drei Szenen aus Moskau sind ihm in Erinnerung geblieben, alle drei gleich grotesk: wie er morgens im *Rossia*, einem hässlichen, bunkerähnlichen Hotelkubus am Flussufer, von einem Frühstücksraum in den anderen geschickt wurde. Zwar aßen überall Gäste, aber man musste der richtigen Gruppe angehören, um überhaupt bedient zu werden. Schließlich fand er in einem abgelegenen Zimmer die seine – durch Zufall eigentlich nur, weil er Gerhard Stuby, das zweite westdeutsche Kommissionsmitglied, einen Bremer Völkerrechtler, von weitem schon an seinem, alle anderen überragenden hellblonden Schopf erkannte.
Die zweite Szene: mit Gerhard und ein paar anderen zu einem Besuch der in Museen verwandelten Kreml-Kathedralen. An der Tür einer jeden saß eine freundliche Angestellte, aber nur um die Tickets abzureißen, kaufen konnte man sie bei ihr nicht, dazu musste man sich in der Eiseskälte an eine riesige Schlange anstellen, die zu einem kleinen Kiosk führte – in dem war der Billetverkauf für alle Kreml-Museen an einem einzigen Schalter zentra-

lisiert. Offenbar war das Vertrauen dosiert, das die Behörde in ihre Bediensteten setzte. Bei einigen reichte es dazu aus, sie Geld für die Tickets entgegennehmen, bei den anderen nur dazu, sie entwerten zu lassen. Oder ging es nur darum, mehr Menschen in Arbeit und Brot zu halten und ihnen das Gefühl zu geben, etwas Sinnvolles und Notwendiges zu tun?
Und dann noch, als Drittes, die Ausreise. Jedem von ihnen hatte man für den ganzen Tag einen Dolmetscher oder eine Dolmetscherin zur Seite gestellt. Die seine war freundlich und liebenswert, er nutzte die Gelegenheit, ein paar Worte Russisch mit ihr zu wechseln, und er erfuhr dabei, dass sie und alle ihre Kollegen, dreißig an der Zahl, ihren Sonntag ohne jede Vergütung für die Komiteemitglieder hatten opfern müssen – mit der strengen Auflage, ihre Schützlinge erst zu verlassen, wenn sie sie durch die Passkontrolle geschleust hätten. Er hatte vergeblich versucht, seine Übersetzerin nach Hause zu schicken, mit dem Hinweis, dass seine Russisch-Kenntnisse ausreichten, um sich allein damit durchzuschlagen, aber am Kontrollschalter musste er einsehen, dass die Anordnung nicht völlig sinnlos gewesen war: Es dauerte länger als drei Stunden, bis alle dreißig ihn passiert hatten. Immer wieder entdeckte einer der Grenzpolizisten angebliche Mängel in den Pässen oder den Visen. Mancher, dem das zustieß, wäre ohne seinen dolmetschenden Schutzengel einfach zurückgeschickt worden. Sogar die Dolmetscher musste ab und zu jemanden aus ihrer Behörde, wohl dem Außenministerium, ans Telefon holen gehen.
Kaum war einer durch, so begannen beim nächsten Kommissionsmitglied die Schikanen aufs Neue: Probleme konnten nur von Fall zu Fall, nicht ein für alle Mal geregelt werden, auch wenn es sich, wie bei ihnen, um eine hochoffizielle Reise handelte, die die Sowjetmacht wünschte und für die sie auch zahlte. Offenbar waren die Kontrolleure selbst außer Kontrolle geraten – vielleicht weil man versäumt hatte, der Kommission einen Antibürokratiespezialisten mit allen nötigen Vollmachten beizugesellen, oder weil an diesem Sonntag ein solcher nicht zur Verfügung stand. Als sie schließlich abflogen, hatte die Maschine ihretwegen eine dreistündige Verspätung.
In Mexiko quartierte man sie in einem älteren, sehr vornehmen Hotel ein, das Adalbert schon während des psychiatrischen Weltkongresses 1971 beherbergt hatte. Die Wände des Foyers zierten

die revolutionären Fresken Ribeiros, des Ehemanns Frida Kahlos. Adalbert traf dort auch Julio und Juliette.
Die Sitzungen nahmen ihren vorhersehbaren Verlauf: Nichts Unerwartetes wurde gesagt, mehr als auf die Wirkung kam es offenbar darauf an, dass die vorgeschriebenen Worte und keine anderen fielen. Die örtliche Presse berichtete ausführlich, die großen internationalen Zeitungen brachten nur ein- oder zweispaltige Meldungen auf der dritten Seite. Warum man ausgerechnet Adalbert, einen blutigen Laien, aufgefordert hatte, etwas über die monetaristische Wirtschaftspolitik Pinochets zu sagen, blieb ein Geheimnis. Damals war Chile noch eines der ersten Versuchsfelder der neoliberalen Ideologie, für sie frei geräumt von den Bajonetten des putschenden Militärs – das Elend, das ihre Experimente über die ärmeren Bevölkerungsschichten brachten, erschreckte sogar noch die europäische Sozialdemokratie. Heute ist die gleiche Politik nahezu überall, auch dort, wo die gemäßigte Linke selbst an den Hebeln der Macht sitzt, zu einer alternativlosen Selbstverständlichkeit geworden, gar nicht mehr von Grundsatzentscheidungen, sondern nur noch von vorgeblichen Sachzwängen regiert.
In ihrer Freizeit organisierte Julio einen Besuch im Museum für präkolumbianische Kunst: einem der architektonisch gelungensten Museen der Welt, in dem jedem Exponat so viel Platz eingeräumt wird, dass seine Wirkung auf den Zuschauer sich nicht mit der des benachbarten stößt. Sie wurden von Carlos Fuentes umhergeführt, einen mit Julio befreundeten mexikanischen Romancier.
Aber auch Fuentes Erklärungen konnten Adalbert diese Kunst nicht viel näher bringen. Die Schlangengötter und Sonnenvögel fanden keinen Anschluss an seine eigene Geschichte, nicht an die steinerne von Sakkara und Ur, nicht an die von Angkor und Samarkand, nicht an die von Mykene und Theben, nicht an die seiner Bücher und Lieder – und so auch nicht an seinen Kopf und sein Herz. Ihm war eher, als hätten Außerirdische hier etwas hinterlassen, etwas, dessen Geheimnisse man zwar entschlüsseln kann, doch nur wie eine mathematische Aufgabe, Zahl um Zahl, Zeichen um Zeichen: Irgendwann erkennt man dann Bedeutungen und Verweisungen, aber das Ganze gewinnt keinen Herkunftsort, überall und nirgends könnte es sein. Erst später gingen ihm die Gründe für dieses Gefühl von Orts- und Geschichtslosigkeit auf: Der

Welt dieser Bilder war mit dem Jahr 1492 ihre ganze Zukunft mit einem Schlag abgeschnitten, ertränkt worden in lauter Blut – und als sie noch lebte, hatte es außer den Mördern keine Boten gegeben, die darüber hätten berichten können, wie ihr Alltag und ihre Götter zusammengehörten. Aber nicht nur fremd, auch etwas unheimlich blieben sie, diese Fabelwesen, die hier ausgestellt waren, als ob sie nach Menschenfleisch röchen, das ihre Adepten, nach Auskunft der Eroberer, auch ständig verzehrt hätten. Sicher war, dass man nichts von dem, was sie gleich machen würden, antizipieren konnte. So lag es nahe, dass ein Fantast wie von Däniken auf die Idee von Raumschifflandeplätzen im mexikanischen Hochland und in den Anden gekommen war und sein Buch darüber auch viele Käufer fand.

Erst als Adalbert die Fresken Siqueiros und Orozcos gesehen hatte, die präkolumbianische Formen in die Darstellung Leger-ähnlich abstrahierter aktueller Geschehnisse hineinversetzten, so als sollten sie diese von Zeit zu Zeit unterbrechen – erst da begriff er, dass man mit diesem Erbe auch anders als durch seine Ausklammerung ins Außerirdische umgehen kann: indem man es als das unerklärlich Eigene annimmt und integriert.

Auf dem Rückflug machten sie für 24 Stunden Station in Havanna, aber es blieb ihnen dort nur Zeit für einen kurzen Besuch der halb verfallenen Altstadt und einer ästhetisch ansprechenden, blitzsauberen Arbeitersiedlung am Meer. Zu ihrer freudigen Überraschung machten die kubanischen Grenzer am Flughafen keinerlei Anstalten, mit den Sicherheitsstandards ihrer sowjetischen Kollegen zu konkurrieren. Im Verein mit den übrigen »Westlern« konnte Adalbert beim Abflug sogar durchsetzen, dass man sie mit ihrem Gepäck in Frankfurt aussteigen lassen würde statt in Moskau.

Ein paar Stunden nach der Landung dort war er wieder in Paris, bei den Seinen, und 14 Tage später kehrten sie, nunmehr zu dritt, nach Hannover zurück. Dass dort die meisten achtlos am Kinderwagen ihres Lieblings vorübergingen und die Kellner in den Gaststätten ein strenges, unnahbares Gesicht aufzogen, wenn er einmal zu weinen begann, löste ein verständnisloses Kopfschütteln in ihnen aus, und es bestärkte Marina in der Überzeugung, bei der Mehrzahl der Bewohner dieses Landes handele es sich um nichts anderes als um wandelnde Eiszapfen.

4.

Die Hochschule in Hannover war das erste moderne Großklinikum in der Bundesrepublik, ganz in grauem Beton, das neunstöckige Bettenhaus durch eine Vielzahl von Verbindungsgängen mit den Polikliniken, den Forschungstrakten und den Lehrgebäuden verbunden. Im Erdgeschoss führte eine Ladenstraße mit überteuerten Cafés, einem kleinen Supermarkt, einem Friseurladen und einer Buchhandlung geradwegs auf die so genannte »Leiterzone« der Psychiatrie, mit der das Gebäude nach hinten abschloss. Es handelte sich um einen langen Flur, von dem die Zimmer der beiden Abteilungsvorsteher abzweigten, die Räume ihrer Stellvertreter und die der Leiter der sonstigen Dienste: der Beschäftigungs- und Arbeitstherapie, der Sozialarbeiter und des Krankenpflegepersonals. Von dieser »Leiterzone« führte ein Gang zum Komplex der an das Bettenhaus angeschlossenen, zweigeschossigen Psychiatriepavillons: auf der Erdgeschossebene zu den Stationen der Kisker'schen Abteilung, eine Treppe tiefer zu Adalberts Stationen, zur Tagesklinik, zu den zahlreichen Therapiezimmern und zu dem großen Gemeinschaftsraum, in welchem gymnastische Übungen für die Patienten, Mitarbeiterversammlungen, aber auch Fortbildungsveranstaltungen und Klinikfeiern stattfanden. Dieser Raum war fünf Meter hoch und hieß deshalb »die Kapelle«.
Lieblich begrünte Innenhöfe mit Wasserspielen lagen dazwischen, in denen Therapeuten und Patienten sich im Sommer zu Gesprächsrunden zusammenfanden oder sich auch einfach sonnten. Noch weiter unten, tief im Keller, waren zu der Zeit noch Arbeitswerkstätten untergebracht: Holz und Metall, in denen poliklinische Patienten ganz- oder halbtägig tätig waren, manche von ihnen auch mit einem regulären Arbeitsvertrag.
Adalbert verirrte sich in der ersten Zeit immer wieder in diesem Labyrinth. Die Hochschule erschien ihm wie der Frankfurter Flughafen, manchmal auch wie ein überdimensionales Raumschiff, eine moderne Arche Noah, ein Gebilde jedenfalls, das gerade dabei war, von der Erde und ihrem Alltagsgeschehen abzuheben.
Auch sein Unterricht lief völlig anders ab, als er es in Gießen gewohnt gewesen war. Vorlesungen gab es nicht mehr. Mit nur zwanzig Studenten, ein, zwei Krankenschwestern, einem Sozialarbeiter, einem Assistenzarzt und dem Patienten, um den es ging, saßen

sie alle an einer quadratisch angeordneten Tischformation zusammen und strengten ihre Beobachtungsgabe und ihr Denken gemeinsam an – und es war durchaus nicht immer er, der Professor, von dem die überzeugendsten Einfälle kamen. Vier bis fünf Stunden täglich, von Montag bis Freitag, wurde so unterrichtet, dafür aber nur einen Monat lang, denn dann war der Psychiatriekurs beendet. Nicht nur Krankheitsbilder, nicht nur die häuslichen und beruflichen Herkunftsräume der Patienten, auch gruppendynamische Zusammenhänge und die eigenen Empfindungen konnten bei einem solchen Intensivunterricht im kleinen Kreis den Studenten nahe gebracht werden – und gelegentlich übernahm der Patient auch selbst die Lehrfunktion. Die rapide anschwellenden Studentenzahlen setzten diesem Unterricht allerdings schon nach zwei Jahren ein Ende.

Die meisten Einrichtungen, die außer Klinik und Ambulanz noch zu einem psychiatrischen Vollversorgungssektor gehören, fand Adalbert bei seiner Ankunft in Hannover bereits mehr oder weniger fertig vor. Sie hatten sie im DGSP-Vorstand gemeinsam geplant, Manfred Bauer und Mark Richartz, jetzt Adalberts Oberärzte, hatten sie, unter Kiskers Schirmherrschaft, schon 1972 ins Leben gerufen. Ein Wohnheim, die Arbeitswerkstätten, ein gemeinnütziger Hilfsverein, der beides betrieb, gehörten dazu, ebenso ein Gesprächskreis mit Vertretern des Arbeitsamtes und des Sozialamtes, wo schwierige Probleme der Arbeitsplatz- und Wohnungsbeschaffung für zur Entlassung anstehende Patienten besprochen wurden und nicht selten auch eine Lösung gefunden wurde. Eine zwanzigjährige Phase der Vollbeschäftigung ging damals gerade zu Ende, das Versprechen, mittels einer modernisierten psychiatrischen Versorgung neue Arbeitskräfte zu mobilisieren, ließ die verschiedensten öffentlichen Geldquellen sprudeln. Keynesianisches Deficit-Spending war noch herrschende Lehre und es kam nur darauf an, die Ausgaben durch eine progressive Auslegung der Sozialgesetzgebung und ein geschicktes Hineindefinieren der eigenen Klientel in Ansprüche begründende sozialrechtliche Begriffe als unumgänglich hinzustellen – eine Kunst, in der Manfred Bauer und Kisker unübertrefflich waren.

So blieb für Adalbert gar nicht mehr sehr viel zu tun übrig. Er fand für Neues nur noch einen begrenzten Gestaltungsspielraum und bekam allmählich das Gefühl, als Psychiatriereformer hierher nach

Hannover zu spät gekommen zu sein – ja manchmal sogar, man habe ihn nur geholt, damit er mit seinem basaglianischen Revoluzzerimage die sozialdemokratische Verteilungspolitik absegnete und damit für deren geordneten Ablauf sorgen half.

Dieses Gefühl, nur die Reform-Routine und -Rhetorik in Gang zu halten, ansonsten aber, außer für ein paar Patienten vielleicht, ziemlich überflüssig zu sein, hat ihn in der Hannoveraner Hochschule nie ganz verlassen. Zurück trat es lediglich während der kurzen Jahre Ende der Siebziger, in denen ihm doch noch einige etwas weiterführende Neuerungen gelangen. So initiierte er den Arbeitskreis Gemeindepsychiatrie – ein Gremium, in dem sich die Leiter aller psychiatrischen Einrichtungen des Großraumes Hannover, der Sozialdezernent der Stadt, verschiedene Amts- und Krankenkassenvertreter und einige niedergelassene Nervenärzte trafen – und setzte mit dessen Hilfe die Sektorisierung ganz Hannovers sowohl für die ambulante als auch die stationäre Versorgung durch. Und er brachte die Stadt dazu, ein Haus in der List für eine Poliklinik seiner Abteilung unentgeltlich zur Verfügung zu stellen und erreichte in der Hochschule, dass jede der beiden psychiatrischen Abteilungen einen eigenen Subsektor selbstständig versorgen konnte und die seine dafür auch eine Akutstation mit dem nötigen Personal bekam. Damit hatte sich das Modell Hochschulpsychiatrie zum »Modell Hannover« erweitert, zum ersten flächendeckenden Sektorversorgungsmodell einer großstädtischen Region in der BRD, und dessen Einrichtungen wurden, für etwa ein knappes Jahrzehnt, zu einem bevorzugten Ziel psychiatrischer Pilgerreisen.

Es war kein Zufall, dass er sich zu diesen Veränderungen erst stark genug fühlte, als das Niedersächsische Hochschulgesetz von 1978 auch noch die letzte Abhängigkeit seiner Professur vom Kisker'schen Lehrstuhl beseitigt hatte und er nicht nur faktisch – das hatte Kisker ihm nie bestritten –, sondern auch in aller Form sein eigener Herr war.

Gleichwohl verstand er sich in beruflichen Fragen mit Kisker so gut, dass sie die gemeinsame Leitung der Gesamtklinik noch beibehielten, als das Hochschulgesetz sie als institutionelle Struktur längst schon beseitigt hatte. Sie versuchten kommende Konflikte vorauszusehen und zusammen vorweg die Lösungsvorschläge zu erarbeiten, die sie der Arbeitskonferenz der Klinik dann vortragen würden. Das hatte manchmal etwas von einem politischen Trickkistenrepertoire an sich. Als Adalbert nach Hannover gekommen war, hatte diese Arbeitskonferenz nämlich nicht nur beratende Funktionen – sie bildete vielmehr so etwas wie ein souveränes Klinikparlament, in dem Mehrheitsentscheidungen gefällt wurden, auch wenn diese im Prinzip immer noch einem Veto der Abteilungsleiter unterworfen blieben.

Zusammengesetzt war diese Konferenz aus der gleichen Zahl von Leitern wie von gewählten Vertretern der verschiedenen Berufsgruppen und Arbeitsbereiche. Für alle Beschlüsse, die sie durchsetzen wollten, mussten Kisker und Adalbert eine Mehrheit der stimmberechtigten Vertreter finden, wenn sie ihr Veto nicht ständig strapazieren und die Arbeitskonferenz dadurch völlig entwerten wollten. Alle Beschlüsse wurden in minutiös geführten Protokollen festgehalten, auf die sich jeder später berufen konnte. Erwies sich das zu lösende Problem als zu kompliziert oder ging es um Personalfragen, so berief die Arbeitskonferenz eine Kommission, die ebenfalls paritätisch besetzt sein musste, ihre eigenen Protokolle führte und der Konferenz 14 Tage später ihre Vorschläge vortrug.

Alfred Drees, damals Leiter der berufsübergreifenden sozialpsychiatrischen Zusatzausbildung, auch eine Hannoveraner Innovation, hatte lange vor Adalberts Kommen Kisker und die Mehrzahl der Mitarbeiter auf diese parlamentarische Klinikverfassung eingeschworen. Wenn auch die meisten Entscheidungen zügig und einhellig gefällt wurden, gab es doch Sitzungen mit scharfen Rededuellen, die sich bis in den späten Abend hineinzogen – und Kisker und Adalbert kamen sich dabei manchmal wie Löwenbändiger vor. Die drohende Peitsche war natürlich ihr Vetorecht – aber es gehörte zu den Anstandsregeln der Konferenz, sie nicht zu schwingen. Adalbert erinnert sich nur an ein einziges Mal, bei dem er darauf zurückgriff: als nämlich sein Subsektor-Poliklinikprojekt am Widerstand der damals kommunistisch dominierten ÖTV-Gruppe zu scheitern drohte.

So mühselig solche Verhandlungen zuweilen waren, meistens führten sie zu Kompromissen, die allen tragbar erschienen und denen die meisten zustimmen konnten – mit ihnen ließ sich besser arbeiten als dort, wo nur angeordnet wurde und blind gehorcht werden musste. Nicht immer ging es dabei ohne Verletzungen ab:

Kisker war einmal so gekränkt, dass er die Sitzungen der Arbeitskonferenz monatelang boykottierte.
Die Notwendigkeit, sich über alle etwas weitergehenden Planungen mit Kisker vorweg zu einigen und sie der Konferenz als ihren gemeinsamen Vorschlag zu präsentieren, brachte es aber auch mit sich, dass für die Mitarbeiter oft unerkennbar blieb, von wem eine Idee stammte und wem sie besonders am Herzen lag – sie konnten sich bei ihren Entscheidungen darüber deshalb auch nicht mit einem von ihnen identifizieren und den anderen zurückweisen. Zum Abarbeiten ihrer Beziehung zur Leitung stand nur die doppelköpfige und damit immer etwas abstrakte, nie ganz fassbare Konstruktion »der zwei Chefs« zur Verfügung. Vielleicht lag es auch daran, dass im Laufe der Jahre das persönliche Engagement für das »Modell Hannover« allmählich versickerte. Als schließlich das Hochschulgesetz im Zentrumsvorstand ein Gremium eingeführt hatte, in dem die Mitarbeiter über ein erstmals auch juristisch verbrieftes Mitspracherecht verfügten, sackte das Interesse an dem Parlamentarismus der Arbeitskonferenz immer stärker ab – und diese löste sich Anfang der achtziger Jahre selbst auf.

5.

Im März 1975 begann die letzte große Offensive der Befreiungsfront und der nordvietnamesischen Armee – diesmal nur noch gegen das Saigoner Regime, denn die Amerikaner waren bis auf 20.000 zurückgelassene »Berater« inzwischen aus dem Land abgezogen. Während Marina und Adalbert zu Besuch in Marburg weilten, um den knapp zwei Monate alten Jonathan seinen Pateneltern Helga und Gundolf vorzuführen, fielen Danang und Hué. Aber es kamen doch noch einige Tage des Bangens: Die Amerikaner hatten die Saigoner Luftwaffe vor den Toren der Hauptstadt noch mit ihrem letzten Teufelswerk, der Erstickungsbombe, experimentieren lassen. Am 30. April, in Paris angekommen, hörten Adalbert und Marina morgens im Radio endlich die erlösende Nachricht, Duong van Minh, der letzte südvietnamesische Regierungschef, habe bedingungslos kapituliert.
Wieso war dies am Ende so schnell gegangen? Natürlich gab es dafür Erklärungen: Nixon hatte ein Jahr zuvor, vom Watergate-

Skandal zur Strecke gebracht, zurücktreten müssen. Sein geschwächter Nachfolger, Gerald Ford, fand dann im Kongress für eine erneute Intervention amerikanischer Bomber keine Mehrheiten mehr. Zudem waren die Gelder für die Waffen- und Munitionslieferungen an Saigon von den Abgeordneten empfindlich gekürzt worden und das hatte sich natürlich auf die Moral der Söldnerarmee ausgewirkt, die sich von ihrem Brotherren im Stich gelassen fühlte.

Aber trotz solcher einleuchtender und vernünftiger Gründe: Wie kam es, dass die Sache, für die sich Adalbert entschieden und für die er sich eingesetzt hatte, diesmal den Sieg davongetragen hatte, obwohl es über Jahre doch bestenfalls nach einem einigermaßen ehrenvollen Remis aussah? Es erschien wie ein Wunder und Wunder machten ihn misstrauisch. So schlich sich in den Triumph, den auch er empfand, als er sich mit Marina am nächsten Tag, dem ersten Mai, beim großen Demonstrationszug den Vietnamesen anschloss, ein leises Gefühl, dass die Sache mit diesem Sieg noch nicht ganz ausgestanden sein konnte. Und zudem – was war in diesen Jahren, in diesen Tagen aus seinen Freunden, was aus Huan, was aus Tuong geworden?

6.

Ein Jahr nach dem Sieg wurde Vietnam wiedervereinigt und kurz danach auch die Deutsch-Vietnamesische Freundschaftsgesellschaft gegründet. Frank Werkmeister, seit Mitte der sechziger Jahre im Auftrag der DKP in der Vietnam-Solidarität tätig, hatte dazu die Initiative ergriffen. Anders als im ASK, in dessen Sekretariat kommunistisch und sozialdemokratisch orientierte politische Gruppierungen vertreten waren und aufeinander Rücksicht zu nehmen hatten, bestand die Freundschaftsgesellschaft aus in der Mehrzahl kommunistischen oder doch mit den Kommunisten sympathisierenden Einzelmitgliedern – und es wurde bald klar, dass nur die DKP dort das Sagen hatte, trotz der finanziellen Unabhängigkeit, die die Neugründung auf Grund der in die Tausende gehenden Beitritte besaß.

Bei der Bezeichnung fing es schon an: »Deutsch-Vietnamesisch« durfte die Gesellschaft nicht heißen, das hätte zu der Annahme verleitet, sie maße sich an, auch im Namen der DDR zu sprechen. Auseinandersetzungen gab es auch, als eine Münchener K-Gruppe, der »Arbeiterbund«, sich an der Gründung beteiligen wollte. Die DKP bangte um die Reputation ihrer neuen Bündnisorganisation, sollten mit ihr doch möglichst viele neue Vietnam-Freunde aus kirchlichen und gewerkschaftlichen Kreisen gewonnen werden – und diese, fürchteten sie, könnten sich durch die linksradikale Rhetorik der Münchener abschrecken lassen. Schließlich wurde Adalbert, von allen Beteiligten als einigermaßen Neutraler akzeptiert, zum Vorsitzenden gewählt, und neben Kommunisten und Parteilosen kam auch einer der Münchner in den Vorstand.

Aber richtig ernst wurden die Konflikte erst, als es um die Boat people, um die Verurteilung der Untaten der Roten Khmer und um die Berechtigung des vietnamesischen Truppeneinmarsches in Kambodscha ging: Hier musste um jedes Wort gefeilscht werden. Immerhin gelang es Adalbert, einen Bruch zu vermeiden, wenn auch um den zeitaufwendigen Preis, jeden Resolutionsentwurf der Gesellschaft selbst schreiben zu müssen.

Dass die Kommunisten im Vorstand im Parteiauftrag handelten, war Adalbert von Anfang an klar. Dieser Auftrag ging dahin, das wurde immer deutlicher erkennbar, jeden Satz, der mit der Parteilinie in Konflikt geriet, möglichst wegzulassen, wenn man ihn schon nicht im Sinne der eigenen Positionen abändern konnte. Vor Beginn der Sitzungen oder in der Mittagspause führte Frank Werkmeister Vier-Augen-Gespräche mit Adalbert und mit einigen anderen Vorstandsmitgliedern, um sie von seinem Standpunkt zu überzeugen, aber auch um ihnen, wenn ihm das nicht auf Anhieb gelang, entgegenzuhalten, dass die Vietnamesen es auf alle Fälle genauso wollten. Zu verifizieren war das nicht. Fragte Adalbert selbst einmal bei den Vietnamesen nach, bekam er unweigerlich zur Antwort, in die Entscheidungen der Gesellschaft wolle man sich nicht einmischen. Wie alle, die nicht dem Parteiapparat angehörten, blieb er aus jedem etwas vertraulicheren Meinungsaustausch ausgeschlossen, der über diplomatische Floskeln hinausging. So konnte er Werkmeisters Waffe (»Die Vietnamesen wollen das so.«) auch nicht entschärfen.

Nach seiner Wahl zum Vorsitzenden der Freundschaftsgesellschaft war Adalbert zum ersten Mal in die vietnamesische Botschaft nach Bad Godesberg eingeladen worden. Inzwischen hatte er erfahren,

dass sein Freund Huan in den letzten Apriltagen 1975 seine schwangere Frau und seine zwei Kinder mit einem der letzten Flüge in die USA geschickt hatte, selbst aber in Saigon geblieben war. Er hatte sich von Duong van Minh, Saigons letztem, nur drei Tage regierenden Staatschef zum stellvertretenden Ministerpräsidenten und Verteidigungsminister machen lassen, um die Stadt und das Mekongdelta, mehr war vom US-amerikanischen Vasallenstaat nicht übrig geblieben, ohne weiteres Blutvergießen der Befreiungsarmee zu übergeben. Dass diese Übergabe gelang, die bedingungslose Kapitulation des Staates, den Huan fast bis zuletzt noch hatte erhalten wollen, erschien Adalbert als die einzig wirklich große politische Tat seines Freundes, als der historische Dienst, den er, gemeinsam mit Minh, seinem Lande erwies: Zehntausende von Menschenleben hatte er damit zu retten geholfen.
Aber zwei oder drei Monate nach dem Sieg der Befreiungsarmee musste er sich in einem Umerziehungslager melden, und dort war er noch immer. Adalbert erzählte dem Botschafter alles, was er von Huan wusste, er unterstrich, dass dieser nie eine Marionette der Amerikaner gewesen war, sondern ein Parteigänger der Buddhisten, eines Elementes der »dritten Kraft« also, die dem Programm der Befreiungsfront zufolge an der politischen Erneuerung des Landes unter der Führung der Kommunisten beteiligt werden sollte. Der Botschafter versprach, sich zu informieren und Adalbert Nachricht zu geben. Aber Jahre gingen dahin, ohne dass aus Hanoi eine Antwort kam, und Huan wurde schließlich, ohne Adalberts Zutun, von *amnesty international* als Gewissensgefangener adoptiert.

7.

Anfang 1979 sollte in Hanoi eine Präsidiumstagung der AAPSO, der Solidaritätsorganisation für die Völker Asiens und Afrikas, stattfinden, und Adalbert wurde als Sprecher des bundesdeutschen antiimperialistischen Solidaritätskomitees dazu eingeladen. Meist war es der kommunistische Sekretär des Komitees, der an seiner statt zu solchen Tagungen fuhr. Aber weil der Veranstaltungsort in Vietnam lag, wollte Adalbert sich diesmal nicht vertreten lassen, er wollte das Land und seine Freunde wiedersehen. Mit einiger Mühe erreichte er es, dass ihm anschließend an die Tagung noch eine fünftägige Reise in den Süden das Landes, nach Saigon und Hué, zugestanden wurde.

Auf dieser Reise traf er zuerst Nghi, seinen damaligen Kontaktmann zur Befreiungsfront in Saigon, auf einem Empfang ihrer Delegation durch die »Vaterländische Front« wieder, eine Bündnisorganisation der Kommunisten. Nghi stellte ihm seine Frau Hoa vor, eine Saigoner Kinderärztin, von 1969 bis zur Wiedervereinigung des Landes, 1976, Gesundheitsministerin der Provisorischen Revolutionären Regierung Südvietnams und zudem Patenkind des Politbüromitglieds und nunmehrigen Innenministers Pham Hung. Beide luden Adalbert noch am selben Abend zum Essen zu sich nach Hause ein. Aber um ihn dorthin zu bringen, mussten sie ihn in ihrem Wagen regelrecht entführen, denn die Polizisten im Hotel, von denen die Delegationsmitglieder bewacht wurden, wollten ihn zunächst gar nicht in das Auto einsteigen lassen. Einer von den Bewachern fuhr schließlich mit, aber gottlob verstand er kein einziges Wort Französisch.

Bei Hoa und Nghi erfuhr Adalbert erstmals etwas über die Machtkämpfe, die nach dem Sieg in der Partei entbrannt waren, über Intrigen und willkürliche Verhaftungen, über die linksradikale Kollektivierungspolitik aller Wirtschaftszweige, die zu einem totalen Zusammenbruch der Versorgung der Bevölkerung geführt hätte und von Le Duc Tho, Kissingers Pariser Verhandlungspartner und dem Rivalen Pham Hungs, erzwungen worden war: Diese katastrophale Politik, sagten Nghi und Hoa, hätte auch die Fluchtbewegung von Zehntausenden von »Boat people« über das Meer in Gang gesetzt. Ja, das stimmte mit Adalberts eigenen ersten Eindrücken in Saigon überein: mit dem leer gefegt anmutenden Stadtzentrum, mit den vielen geschlossenen Läden, mit der Angst eines seiner Bekannten, des Sängers Trinh Cong Son, den er zufällig auf der Straße getroffen hatte, mit ihm länger als zwei Minuten zu sprechen.

Adalbert fragte Hoa und Nghi auch danach, was er für Huan tun könne. Sie rieten ihm zu einer Petition bei Pham van Dong, dem Ministerpräsidenten, den Adalbert von seinen beiden Reisen 1970 und 1972 ja kannte. Er sei der Einzige, der die Macht und das Ansehen hätte, sich auch über Entscheidungen der politischen Polizei hinwegzusetzen, und es gelang Adalbert ein paar Tage später auch, bei der Abschlusssitzung der AAPSO, den inzwischen alt und gebrechlich gewordenen Regierungschef anzusprechen und ihm ein Dossier mit allen Huan betreffenden Daten und der Bitte um seine Entlassung aus dem Umerziehungslager zuzustecken. Wenige Monate später kam Huan tatsächlich frei und er zog zu seinem Schwager Huong. Der war bis zu seiner Pensionierung stellvertretender Vorsitzender des Hanoier Obersten Gerichtshofes gewesen, ein hoher Staats- und Parteifunktionär, und hatte sich danach in einem der Familie gehörenden Haus in Saigon niedergelassen.

Dieses Eingekreistsein von Bewachern, die Unmöglichkeit, auch nur einen einzigen Schritt allein zu tun, der Versuch, andere als die offiziell genehmigten Informationen gar nicht an ihn heranzulassen, wo er doch seit Jahren für die Sache der Vietnamesen eingetreten war, das alles empfand Adalbert als massive persönliche Kränkung. Dass es ihm bei Hoa und bei Nghi trotzdem gelungen war, an unverstellte Informationen heranzukommen, versöhnte ihn nicht, sondern machte ihm vielmehr Angst: Fast kam er sich wie ein Spion vor, der plötzlich Staatsgeheimnisse mit sich herumtrug, Geheimnisse, die nicht über die Grenze gelangen durften.

Adalbert vor dem Krankenhaus in Hué, 1979

In Hué war es dann nicht mehr ganz so erstickend. Er bekam bei einem offiziellen Abendessen seine Freunde zu sehen und mit Tuong, der neun Jahre Kampf in den Bergen um Hué unverletzt überstanden hatte und gerade seinen ersten Roman schrieb, durfte er schließlich ohne Aufsicht spazieren gehen – der Parteibeauftragte, ein Mitstreiter Tuongs aus den Tagen des Krieges, hatte gegen den Rat des sonst allgegenwärtigen leitenden Sicherheitsbeamten der Stadt die Verantwortung dafür übernommen. Auch Tuong sah natürlich die Fehler und die Ungerechtigkeiten, die nach dem Sieg begangen worden waren. Aber zu jener Zeit glaubte er, anders als Hoa und Nghi, noch daran, die Partei werde sie in ganz kurzer Zeit korrigieren. In Hué sah es, was die Versorgung anging, nicht viel anders aus als in Saigon: Die meisten Läden waren geschlossen und die Lebensmittel auf dem Kolchosenmarkt unerschwinglich für die meisten Bewohner. Das Krankenhaus durfte Adalbert besuchen, in offizieller Begleitung natürlich. Aber die Medizinische Fakultät und den von ihm errichteten psychiatrischen Pavillon bekam er nur von weitem zu sehen: Man hatte vergessen, die zu einem Besuch durch Ausländer erforderliche Genehmigung aus Hanoi einzuholen, und jetzt, nachträglich und innerhalb der zwei Tage, die Adalbert in der Stadt war, war sie nicht zu beschaffen.

Diese Erfahrungen, vor allem aber seinen eigenen Seelenzustand während dieser Reise legte Adalbert in seinem Suhrkamp-Bändchen *Eine Reise nach Vietnam* nieder.

Er beschrieb darin die bedrückenden Versuche der Behörden, alle unbeaufsichtigten Kontakte zu alten Freunden zu unterbinden; die Angst vor Sanktionen, wenn es ihm doch einmal gelungen war, der Überwachung zu entkommen und etwas über die Machtkämpfe im Staat und in der Partei zu erfahren; seine Zweifel an dem Versuch einer totalen »Vergesellschaftung« des Handwerks und des Handels, und zwar bis zum letzten Zigaretten- und Suppenverkäufer auf der Straße – und das noch bevor ein staatliches Verteilungssystem an die Stelle des privaten getreten war. Es war ein Buch, das die neostalinistische Verunstaltung des vietnamesischen Sozialismus in jenen Jahren beschrieb, so wie sie sich im Blick eines befreundeten Besuchers spiegelte, aber gleichzeitig auch zur Geduld, ja zur Verstärkung der Solidaritätsanstrengungen mit Vietnam aufrief.

Die vietnamesische Botschaft, die das Manuskript von Adalbert schon vor der Drucklegung vorgelegt bekam, hatte versucht, ihm die Veröffentlichung auszureden. Aber auch seine Vorstandskollegen wiegten bedenklich den Kopf und einige von ihnen forderten ihn nach dem Erscheinen des Buches sogar auf, von allen seinen Ämtern in antiimperialistischen und friedenspolitischen Bündnisorganisationen zurückzutreten, um, so begründeten sie es, »klare Verhältnisse wiederherzustellen«. Adalbert tat dies nicht: Wenn sie kein Vertrauen zu ihm mehr hätten, sollten sie ihn doch abwählen. Damit brachte er die Kommunisten in eine Zwickmühle: Ihn abzusetzen hätte erneutes unliebsames Aufsehen verursacht; weiter mit ihm zu arbeiten bedeutete aber, ihr manichäisches Weldbild durcheinander zu bringen, dem zufolge es neben ein paar nützlichen Idioten nur bedingungslos gläubige Anhänger geben durfte, die auf jede Kritik verzichteten – oder aber Todfeinde, die darauf warteten, dem Sozialismus zu schaden und letztlich seine Vernichtung anvisierten.

Zu Adalberts Lasten ging freilich, dass er Rückfalltäter war. Ein Jahr zuvor hatte er einen kritischen Aufsatz über den politischen Missbrauch der Psychiatrie in der Sowjetunion veröffentlicht, alle verfügbaren Dokumente darüber zusammengetragen und zwei der Opfer, die Übersetzerin Natalia Gorbanevskaja und den Mathematiker Leonod Pljusc, auch persönlich kennen gelernt, und zwar durch Vermittlung seines Freundes Piotr in Paris, wohin man sie schließlich ausgewiesen hatte. Adalbert war zu dem Ergebnis gekommen, dass eine größere Zahl von Systemkritikern in der UdSSR tatsächlich ohne Grund in psychiatrische Anstalten eingesperrt worden war, diese Praxis allerdings auch der vorherigen des Stalinismus gegenüber, wo sie kurzerhand umgebracht oder ins sibirische Gulag gesteckt worden waren, einen ersten Schritt auf dem Weg zu einer sozialistischen Rechtsstaatlichkeit signalisiere. Denn, so schrieb Adalbert damals, »auf den Aus- und Abweg der Psychiatrie wird nur eine Staatsgewalt kommen, die sich im Regelfalle gezwungen sieht, bei Verstößen gegen Gesetze ordentliche Gerichtsverfahren durchzuführen und nicht mehr ohne weiteres auf administrative Strafen zurückgreifen kann«. Gleichzeitig mahnte er in seinem Aufsatz mehr Mut auf diesem Weg in den Rechtsstaat an: nicht nur aus moralischen Gründen, sondern auch weil die Fortsetzung des Missbrauchs der Psychiatrie dem

Ansehen der Sowjetunion in der ganzen Welt nur schaden und ständig neue Munition bereitstellen würde für eine »Menschenrechtskampagne«, die sich zum Ziel gesetzt habe, den Sozialismus zu vernichten.
Aber er schilderte auch Fälle politisch oder geschäftlich motivierter psychiatrischer Internierungen in den USA, vereinzelte sogar in der BRD, und betitelte seinen Aufsatz deshalb mit: »Politischer Missbrauch der Psychiatrie in Ost und West«, in der Hoffnung, diesen »Aus- und Abweg« als Versuchung jeglicher Psychiatrie und nicht ausschließlich als Problem eines bestimmten politischen Systems sichtbar zu machen. Obwohl somit der ganze Aufsatz im Geiste einer solidarischen Kritik mit der Sowjetunion und aus der Perspektive einer universellen Psychiatriekritik geschrieben war, hatten Adalberts kommunistische Freunde in ihm nur die Gefahr der Ausschlachtung dieser Kritik durch den politischen Gegner erblickt und anlässlich eines Abendessens, zu dem er eingeladen wurde, den Versuch gemacht, ihn zu einer selbstkritischen Revision seiner Analysen zu bewegen – wenn irgend möglich sogar zu einem öffentlichen Widerruf.

8.

Das hatte er 1978 nicht getan, und jetzt, ein Jahr später, nach seinem zweiten Vietnambuch, wäre ein solcher Widerruf völlig unsinnig gewesen. War es doch in der *Reise* nicht so sehr um Fakten und auch nicht um deren Interpretation gegangen, sondern um innere Erfahrungen des beinahe Verrücktwerdens in einer unbestreitbaren, ihn selbst betreffenden polizeilichen Überwachungssituation. Er hatte sogar die größenwahnsinnige Hoffnung gehegt, der Eklat um sein Buch könne dazu beitragen, die vietnamesischen Entscheidungsträger zur Besinnung zu bringen, damit sie den Bewohnern des Landes wieder etwas mehr Luft zum Atmen ließen – und ein Jahr später setzten die ersten Kurskorrekturen zu mehr Bewegungsfreiheit und einer vorsichtigen Reliberalisierung des Kleinhandels sowie der landwirtschaftlichen Produktion auch tatsächlich ein.
Adalbert blieb also bei seiner Kritik und seine deutschen kommunistischen Freunde entschieden sich schließlich dazu, mit ihm wei-

terzuarbeiten und seine kritische Widerborstigkeit zu tolerieren. Manchmal hatte er allerdings den Eindruck, einige von ihnen, die ihm Wohlgesonneneren, würden ihn wie einen immer noch Kranken behandeln, den man vor allzu viel Belastungen schützen muss und auf dessen allmähliche Genesung man hofft – während andere ihr Misstrauen – war er nicht doch ein Agent der Gegenseite? – nicht völlig verbergen konnten. Und natürlich spielten sich diese Auseinandersetzungen nicht in einem politisch luftleeren Raum ab: Das Gespenst des Eurokommunismus ging in jener Zeit um, von Italien und Frankreich aus suchte es in die anderen kommunistischen Parteien Einlass zu finden, mit einem Kopf voller vorzeitiger Perestroika- und Glasnost-Ideen unterm Arm.

Adalbert erinnert sich an eine Lesung seiner *Reise* im Audimax der Berliner FU, von der Hochschulgruppe der SEW und dem *Argument* gemeinsam veranstaltet – den Mut dazu mussten einige kommunistische Freunde mit ihrem Parteiausschluss büßen. Aber an ihn selbst traute man sich nicht heran. Man ließ ihn reden und nach einiger Zeit sah die DKP wohl auch ein, dass eine solche kritische Solidarität ihr nicht schaden, sondern eher neue Verbündete bringen konnte – aus der eigenen Partei versuchte sie allerdings solche Ideen weiterhin herauszuhalten.

Auch bei den vietnamesischen Freunden war die Reaktion auf sein Buch alles andere als einhellig. Einige Botschaftsbeamte behandelten Adalbert ein paar Jahre lang nur noch mit eisiger Höflichkeit. Aber einer von ihnen, Ly, zeigte sich nun plötzlich betont freundschaftlich, bot ihm das Du an und stellte sich bei Empfängen demonstrativ an seine Seite und half ihm, die Zeit der Kälte zu überstehen.

Bald nachdem diese vorüber war, brach freilich um sie herum alles zusammen: die DDR, die übrigen Ostblockländer, die Sowjetunion – und Adalbert fragte sich danach, ob die Angst der Dogmatiker auch vor der leisesten Kritik damals nicht doch gerechtfertigt, er ihnen gegenüber also im Unrecht war, weil die Macht der Arbeiterklasse – nur noch ein Kartenhaus, das bei jedem stärkeren Windzug einstürzen konnte – vor jeder, auch der kleinsten Erschütterung zunächst einmal hätte gestärkt werden müssen. Aber für die Rigidität der bundesdeutschen Kommunisten gab es auch eine viel banalere, egoistischere Erklärung: Die gegen sie ausgesprochenen Berufsverbote, 1972 unter Mitwirkung Willy Brandts beschlossen, auch um seine Öffnung nach Osten innenpolitisch abzusichern, hatten dazu geführt, dass kommunistische Intellektuelle nur noch in der Partei und in den von diesen finanzierten Bündnisorganisationen Arbeit und Brot fanden. Jede Äußerung etwas abseits von der Parteilinie barg für sie die Gefahr in sich, mittellos dazustehen – eine Situation, die zu kritischem Denken nicht gerade ermutigt. Für viele von ihnen war die Partei zudem noch zur einzigen Heimat geworden und somit drohte bei allzu offenen Augen nicht nur Existenzverlust, sondern auch totale Verlassenheit.

Sie alle in der Freundschaftsgesellschaft haben sich damals sehr wichtig genommen, nachträglich betrachtet sicher zu Unrecht. Anders als während der letzten Kriegsjahre, als Tausende zu Vietnam-Veranstaltungen auf die Straße gingen, das Fernsehen regelmäßig darüber berichtete und sie so auf die politischen Entscheidungen Einfluss nehmen konnten, waren sie nun froh, wenn zweihundert, ja auch nur hundert oder fünfzig Leute kamen. Jetzt konnte es nur noch darum gehen, das Interesse an Vietnam überhaupt wach zu halten. Es ging um Erklärungsarbeit und um einzelne Sachprobleme: zunächst darum, die von den USA in den Pariser Verträgen zugesagte Milliardenhilfe für Vietnam einzufordern; als die Boat people zu Hunderten in die deutschen Städte geschwemmt wurden, die Proportionen zwischen wirtschaftlicher Not und politischer Verfolgung in der Öffentlichkeit richtig zu stellen; und schließlich, nach dem Einmarsch der Vietnamesen in Kambodscha, verständlich zu machen, dass dies auch ein humanitärer Akt gewesen war – die Rettung hunderttausender Menschen vor den Massenexekutionen der Roten Khmer.

Die USA versuchten Vietnam damals durch eine Blockadepolitik wie gegen Kuba auszuhungern und hatten ihre europäischen Verbündeten, einschließlich der BRD, auf diesen Kurs gebracht – das galt es bekannt zu machen und wenigstens einige liberale Intellektuelle dagegen zu mobilisieren. Eine sehr aktive Gruppe vietnamesischer Studenten half ihnen dabei, aber zahlreich waren auch die Gegner, die ihre Veranstaltungen immer wieder zu stören versuchten, nicht selten unter Einsatz von körperlicher Gewalt. Solange die Freundschaftsgesellschaft noch Kontroversen provozieren konnte, bis in die Mitte der achtziger Jahre, ließ sich auch das noch als kleiner Erfolg verbuchen – später hatte Adalbert immer

mehr das Gefühl, nur noch Pflichtaufgaben zu erledigen, die auf kein großes Echo mehr stießen.
Als die Aufregung über die Boat people und über die militätische Intervention Vietnams in Kambodscha sich gelegt hatte, der von China angezettelte Grenzkrieg gegen Vietnam zu Ende und es im Land selbst wirtschaftlich wieder aufwärts ging, als auch die Kontroverse um sein Buch verstummt, wenn auch noch nicht völlig ausgestanden war, da meinte Adalbert, es sei an der Zeit, ins zweite Glied zurückzutreten – und so übergab er den Vorsitz der Gesellschaft an seinen Marburger Freund Günter Giesenfeld, den er bereits 1968 an die Vietnamarbeit herangeführt hatte.

9.

Zum ersten Fest, das sie nach Jonathans Geburt gaben, war Wolfgang Müller zu ihnen ins Haus gekommen. Einer der Assistenten Adalberts hatte ihn mitgebracht und er und seine Frau Ludmilla wurden bald zu den ersten Freunden ihrer Familie, in der ihnen sonst noch immer ziemlich fremd gebliebenen Stadt. Wolfgang war Altphilologe, hatte aber zur Politologie übergewechselt und war ungefähr zur gleichen Zeit wie Adalbert nach Hannover berufen worden. Sie stellten rasch eine Parallelität ihrer Lebensläufe fest: wie Adalbert in Estland, so hatte Wolfgang seine Kindheit in Japan verbracht, in einer noch vorindustriellen Gesellschaft, in der persönliche Bindungen mehr galten als reibungslose Funktionalität – und beide waren sie fasziniert von den ostasiatischen Kulturen, in denen sie über Jahre gelebt hatten.
Wolfgang blieb, bis er 1998 nach Freiburg zog, einer von Adalberts wichtigsten Gesprächspartnern. Obwohl sie mit der Zeit meist schon vorweg wussten, was der andere zu sagen hatte und sich in vielem auch einig waren, tat ihnen beiden eine solche gegenseitige Bestätigung ihrer Weltsichten wohl. Aber es gab auch Fragen, über die sie uneins blieben. *Geld und Geist* hieß Wolfgangs großes Buch, in welchem er klargelegt hatte, wie abstrakter Logos und abstrakter Tauschwert in der griechischen Klassik auseinander hervorgegangen waren – und wenn sie auch die Sehnsucht nach einer Zeit verband, wo die Herrschaft des Geldes noch in Grenzen gehalten wurde, hing Adalbert, anders als Wolfgang, noch immer dem

Marx'schen Traum nach, den Geist in einer absehbaren Zukunft aus seiner Fesselung an das Geld ganz zu befreien.

Später gesellten sich neue Freunde in Hannover hinzu, so Hans Klaus Rose, Kiskers Oberarzt, und seine Frau Gisela – während Mark Richartz, Adalberts Weggenosse seit dem Hamburger Kongress 1970, die Stadt und das Land verlassen hatte, um ein Ordinariat in Maastricht anzutreten, in seiner alten Fluchtheimat Holland. Und in den ersten Anfängen bahnte sich damals, 1978/79, auch schon die Freundschaft zu den Eisenbergs an.

Marina hatte in ihrem fünften Zimmer – bis dahin eine Spielwiese für Jonathan und Manu– eine Krabbelstube für Anderthalb- bis Zweijährige eingerichtet. Die Eltern hatten gemeinsam eine Erzieherin zu deren Beaufsichtigung eingestellt und zu den fünf Kleinen, die von Montag bis Freitag für den Vormittag von ihren berufstätigen Eltern dorthin gebracht wurden, gehörte auch die Eisenbergtochter Sonja. Es verstand sich von selbst, dass die Eltern dieses Kreises linken Erziehungskonzepten anhingen – gemäßigten allerdings, denn die unter vielen Achtundsechzigern damals gängige These, die Familie, ganz gleich welche, sei zwangsläufig eine Brutstätte des autoritären Charakters, nahm keiner von ihnen so ganz ernst.

Adalbert bekam von dem, was da vormittags in ihrer Wohnung ablief, nur wenig mit. Er war natürlich in dieser Zeit zumeist in der Klinik. Aber er erinnert sich noch genau daran, dass Peter Eisenberg – damals noch Privatdozent für Sprachwissenschaften an der Hannoveraner Universität – Adalbert an der Haustür bestürmte, doch seinen Berliner Freund Fritz Tomberg, einem der SEW nahe stehenden marxistischen Philosophen, in seinem Konflikt mit Wolf Haug in der *Argument*-Redaktion beizustehen. Ohne es zu wissen, war er dabei an den Falschen geraten, denn die eurokommunistische Parteinahme der Zeitschrift, gegen die Tomberg anging, hatte Adalbert mit seinem gerade erschienenen kritischen Aufsatz über die sowjetische Psychiatrie ja selbst anzuzetteln geholfen. Darüber allerdings kamen sie in ein Gespräch, das sich im Laufe der nächsten Jahre auf immer mehr Themen ausdehnte, auch auf ihre Arbeit und ihre wissenschaftlichen Projekte, wobei sich ihre politischen Positionen, unmerklich zuerst, ein Stück weit gegeneinander verschoben. Aber noch bevor dies geschah, waren ihre Frauen schon zu Busenfreundinnen geworden.

Noch etwas später fügten sich Oskar Negt und Christine Morgenroth in ihren Freundeskreis ein. Christine kannten Adalbert und Marina schon länger. Sie war mit Klaus Meschkat befreundet gewesen, der Berlin und das *Argument* inzwischen verlassen hatte und Soziologieprofessor in Hannover geworden war. Oskar, Adorno- und Habermas-Schüler, undogmatischer Marxist und wie Adalbert Vor-Achtundsechziger, galt als der einflussreichste Hochschullehrer der geisteswissenschaftlichen Fakultät. Sein Wort war dort Gesetz, weil er ebenso klar wie überzeugend zu argumentieren wusste, und er unterhielt auch enge Verbindungen zum niedersächsischen SPD-Kulturestablishment.

Adalbert lernte ihn auf einer der Hannoveraner Partys kennen. Sie seien danach so schnell Freunde geworden, weil der eine im anderen unter dessen professoraler Verkleidung die gleichen anarchischen Rebellionen und Wunschträume entdeckt hätte, die ihn selbst auch bewegten – das schrieb Oskar in Adalberts Festschrift zu dessen 60. Geburtstag. Adalbert und Marina wurden Oskars und Christines Trauzeugen. Mit diesem neu gewonnenen Freund, dem Kriminologen Fritz Sack und Hans Pfefferer-Wolf, seinem eigenen Assistenten, hielt Adalbert in der MHH eine viersemestrige Lehrveranstaltung über Persönlichkeitsbildung und Persönlichkeitsstörungen ab – zuerst in einem brechend vollen Hörsaal, später, als höhere Arbeitsanforderungen an die Studenten gestellt wurden, mit etwa 30 Teilnehmern. Oskar und Adalbert tauschten ihre Manuskripte und Veröffentlichungen aus. Diese Arbeitsbeziehungen gaben ihrer Freundschaft, die sich zunächst nur darauf berufen konnte, dass sie aus ähnlich kantigem Holz geschnitzt waren, einen verlässlichen Hintergrund.

10.

Sooft es seine Zeit ihm erlaubte, ging Adalbert mit seinen beiden Söhnen in die Eilenriede, wo die Kleinen sich auslaufen und stundenlang im Sandkasten spielen konnten. Als es immer häufiger vorkam, dass die Kinder nach draußen wollten, aber er und Marina zu beschäftigt waren, um mitgehen zu können, begannen sie von einem Haus mit großem Garten zu träumen – und natürlich gingen auch Adalberts diverse verlorene Paradiese in diesen Traum ein.

Ende 1979 fanden sie ein von einer mannshohen Hecke umgebenes Anwesen in der Groß-Buchholzer Straße, ein zweigeschossiges Fachwerkhaus aus dem Jahre 1858 mit mehreren Nebengebäuden in einem großen, von hohen Bäumen bestandenen Grundstück – diesmal in Fußgängerdistanz zur Hochschule. Sie hatten sofort das Gefühl, genau das hätten sie gesucht. Aber das Haus war zu groß und zu teuer für sie allein, und deshalb taten sie sich mit den Strocklohs zusammen, einem mit ihnen locker befreundetes Ehepaar mit ebenfalls zwei Kindern. Im März 1980 war der Kaufvertrag unterschrieben und am 1. Juni zogen sie ein. Adalbert, Marina und ihre Kinder bewohnten die ebenerdige Etage. Jetzt konnten Jonathan und Manu jederzeit in den Garten, ohne dass man auf sie aufpassen musste: Gleich hinter dem Haus lag ein Park mit vielen Spielplätzen, und davor, über die Straße allerdings, eine verwilderte große Wiese, ideal für alle möglichen Ballspiele.
Dieter Strockloh war Krankenpfleger, in seiner Arbeit so kompetent, dass Kisker und Adalbert ihm die Leitung der Tagesklinik anvertraut hatten. Den Problemen gegenüber, die auftreten können, wenn der Chef mit einem Mitarbeiter Haus und Garten teilt und mit ihm auch noch in komplizierte finanzielle Verwicklungen gerät, waren sie damals, wie die meisten Linken, noch blind. Vorgesetzte und Untergebene gab es für sie nicht, arbeiteten sie doch alle für die gleiche Sache: dass der eine etwas mehr, der andere etwas weniger verdiente, durfte dabei keine Rolle spielen.
Vieles am Haus musste von Grund auf erneuert werden und aus einem der Nebengebäude sollte vollwertiger Wohnraum entstehen. An den Wochenenden, aber auch an den langen Sommerabenden, wenn sie aus der Klinik zurück waren, zogen Adalbert und Dieter jetzt ihre neu gekauften Blaumänner an und verwandelten sich in Bauarbeiter – hier war Dieter der Chef und Adalbert der Gehilfe. Oft kamen Freunde, manchmal auch Marinas Geschwister aus Paris und halfen mit. Adalbert lernte von Dieter, der eine Tischlerausbildung hinter sich hatte, auszumessen, zu markieren und zu sägen, Beton zu mischen und zu graben. Dort, wo es nur um körperlichen Einsatz ging, kam er auch einigermaßen zurecht. Wo er aber eine Span- oder Rigipsplatte zersägen sollte, maß er fünf- oder sechsmal nach, bevor er etwas Unabänderliches tat. Trotzdem musste er sich jedes Mal dazu erst überwinden: aus Angst vor einem abschätzigen Blick Dieters, wenn er es wieder einmal falsch

gemacht hatte und sie das teure Stück dann in den Container werfen mussten. Mit dieser Übervorsicht geriet er in eine Zwickmühle: Er hielt nämlich die Arbeit auf und riskierte nun deshalb Dieters Verärgerung. War er nicht auch Klinikdirektor geworden, damit keiner mehr das Recht haben sollte, ihm brüsk und unfreundlich zu kommen? Wieso passierte ihm das plötzlich wieder in ihrem neuen Haus?
Ein solches Zusammenleben und -arbeiten konnte nicht gut ausgehen. Den Ärger, der Dieter aus Adalberts Ungeschicklichkeit, Adalbert wiederum aus Dieters Ungeduld über diese erwuchs, konnten sie zwar zunächst noch bis zum nächsten Morgen vergessen. Dennoch kam es immer häufiger zu Konflikten, auch auf Grund der Ungleichheit ihrer Einkünfte. Die Spannungen zwischen beiden Familien wuchsen ins Unerträgliche an und vergifteten die Stimmung – es gab also keine andere Lösung als sich zu trennen. Für den Strockloh'schen Hausanteil fand sich nach einem quälenden halben Jahr ein Käufer, sodass nun alle Renovierungs- und Ausbauarbeiten auf einen Schlag durch Handwerker ausgeführt werden konnten. Nach zwei Monaten war alles fertig und die feierabendliche Bauwerkelei fand damit ihr Ende. Jedes der Kinder bekam jetzt sein Zimmer und Adalbert und Marina hatten hinfort jeder einen eigenen Arbeitsraum. Mit ihren neuen Wohnpartnern sind Adalbert und Marina jetzt schon seit 15 Jahren in freundlicher Nachbarschaft verbunden – wohl weil sie es diesmal alle fertig gebracht haben, die nötige Distanz für ein so enges Zusammenleben zu wahren.

11.

Drei Jahre zuvor, am 3. April 1981, war Noemi angekommen. Mit ihr erst waren sie vollständig, niemand fehlte mehr. Marina erkämpfte sich eine unkündbare Lektorenstelle am Romanischen Seminar der Universität. Die Klinik lief fast von selbst und einiges von den Plänen, die Adalbert mit Klaus Dörner und den anderen Freunden von der DGSP geschmiedet hatte – die Sektorisierung –, war inzwischen zur Grundlage der Psychiatriepolitik geworden. Anderes, wie das Recht auf Arbeit auch für psychisch Behinderte, blieb vorläufig unerreichbar.

Für den Juni 1981 bereitete Adalbert, unterstützt von der DGSP und dem BdWi, an der MHH eine Tagung über die Ermordung der psychisch Kranken im Nationalsozialismus vor. Es war die erste überhaupt in Deutschland an einer psychiatrischen Hochschuleinrichtung. Die damit einhergehenden Aufregungen, der von Noemis Hunger immer wieder unterbrochene Schlaf, die Erschöpfung durch die Bauarbeit waren aber doch wohl zu viel für ihn gewesen: Eines Sonntagmorgens wurde es ihm beim Frühstück schummerig, alles um ihn herum sackte weg und er kam wenige Tage vor seinem Kongress mit einer Bluthochdruckkrise auf die kardiologische Intensivstation der Hochschule. Nach vier, fünf Stunden im Bett und mit einer kräftigen Valiumdosis in seinen Adern, hatte er sich schon wieder einigermaßen erholt. Die vielen Untersuchungen ergaben sonst nichts Besorgniserregendes und am Eröffnungstag schmückte ein Foto von ihm die Lokalseite der Hannoveraner Zeitung mit der Unterschrift: »Vom Krankenbett direkt zum Kongress«. Es war das erste Mal in seinem Erwachsenenalter, dass ihn sein Körper ohne jede Vorwarnung im Stich gelassen hatte.
Die Tagung, ganz ohne finanzielle Unterstützung der Pharmaindustrie veranstaltet, versammelte mehrere Hundert Teilnehmer. Psychiatriereformer und Linke blieben allerdings unter sich, außer der Lokalpresse interessierte sich niemand für sie und mit Ausnahme von Jan Gross erschien kein einziger Psychiatrieordinarius. Schwierig wurde auch die Veröffentlichung der auf ihr gehaltenen Vorträge: Nur aus dem von Benno Müller-Hill wurde ein Bändchen von *rororo aktuell*, mit dem Titel *Tödliche Wissenschaft*. Sonst war kein größerer Verlag bereit, die Vorträge der Tagung zu übernehmen, sodass sie schließlich in ihrem Hannoveraner Haustraktätchen, den *Sozialpsychiatrischen Informationen*, publiziert wurden.
Erst später, im Schlepptau der amerikanischen Holocaustserie, wurde die Ermordung der psychisch Kranken auch hierzulande zu einem Thema mit öffentlicher Resonanz.

12.

Im Jahr 1982 wurde Adalbert von der japanischen Gesellschaft für Psychiatrie zu einer Regionaltagung des Weltverbandes für Psychiatrie nach Kyoto eingeladen. Fast 20 Jahre zuvor, nach seiner Ausweisung aus Vietnam durch das Diem-Regime, hatte er schon einmal diese Stadt besucht und dort mehrere interessante Leute kennen gelernt, so den französischen Ostasien-Soziologen Paul Mus und durch Zufall auch Gary Snyder und Allen Ginsberg, zwei amerikanische Dichter der Beat-Generation, mit denen er einige Tage lang durch die vielen in die Hügellandschaft verstreuten Holz- und Bambustempelchen herumgestreunt war. In Erinnerung geblieben ist ihm von diesen diskreten, auf den ersten Blick unscheinbaren Bauten, dass die Umrahmungen ihrer Fensteröffnungen die Natur draußen regelrecht eingefangen und in ein Rollbild mit dessen klassischen Motiven verwandelt hatten – Wegen, Bächlein, Brücken, Bambushecken, einem kleinen bewaldeten Berg. Man brauche hier für so etwas gar keinen Shit mehr, hatte Ginsberg ihm erklärt, als sie staunend davor standen.

Jetzt, 19 Jahre später, blieb Adalbert für diese Tempel gar keine Zeit. Dafür hörte er von seinen japanischen Kollegen anderes genauso Aufregende, dass nämlich den linken Reformern gelungen war, was sie in der BRD mit der DGSP 1970 vergeblich versucht hatten: durch Masseneintritte die Vorstandsposten im offiziellen nationalen Psychiaterverband zu besetzen und diese Position auch zu halten. Inzwischen waren sie schon etwas grauköpfig, diese zum Präsidenten und Vizepräsidenten aufgestiegenen ehemaligen Radikalen. Allerdings, ein Parallelverband der konservativen Psychiater hatte sich inzwischen auch etabliert, aber einen gewissen Einfluss schien der alte, immer noch offizielle weiterhin behalten zu haben. Diesem verdankte Adalbert seine Einladung und auch, dass *Psychiatrie und Klassengesellschaft*, sein erstes Fachbuch, inzwischen in Japan erschienen war.

Noch mit einem anderen Relikt der 68er Jahre wurde er ein paar Tage später in der Hauptstadt bekannt gemacht: Die Psychiatrie der staatlichen Tokyoer Universität stand noch immer unter der Leitung eines Assistentenrates, dessen Mitglieder ebenfalls schon in die Jahre gekommen waren. Der seinerzeitige professorale Direktor war nämlich während der unruhigen Zeiten zurückgetreten und keiner hatte damals gewagt, sich an seiner Stelle ernennen zu lassen. Danach hatte die Staatsgewalt vergeblich versucht, die alte Ordnung durch Mittelkürzungen wiederherzustellen – die Klinik glich deshalb zwar einem ärmlichen Hospiz, hatte sich aber ihre demokratisierte Leitungsstruktur ebenso wenig nehmen lassen wie ihre überall offenen Türen. Und so war es für den staatlichen Träger wohl einfacher gewesen, diese aufmüpfige Einrichtung links liegen zu lassen, als sie mit Gewalt zurückzuerobern, denn es gab in der Stadt genug andere Hochschulkliniken, die sich nur ganz langsam zu reformieren versuchten und die Autorität ihrer Leitungen niemals in Frage stellten.

Während der Tagung selbst traf Adalbert in einer der Pausen den einzigen Vertreter der Sowjetunion: Professor Vartanian von der sowjetischen Akademie der Wissenschaften. Er sprach ihn höflich und vorsichtig unter vier Augen auf die Internierung von Dissidenten in psychiatrischen Anstalten an, nicht um ihn oder sein Land anzuklagen, sondern um zu sondieren, was er von seiner eigenen Deutung hielt, es handele sich um einen versuchten Abweg unter dem Druck einer allmählich sich auch in der Sowjetunion durchsetzenden Rechtsstaatlichkeit. Aber schon nach Adalberts ersten Sätzen brach Vartanian das Gespräch mit dem Ausruf, das alles sei Lüge und kalte Kriegspropaganda, verärgert ab und tat in den nächsten Tagen so, als ob er Luft wäre.

An seinem letzten Abend in Kyoto luden Adalberts japanische Gastgeber, der Präsident und der Vizepräsident, ihn zu einem intimen Abendessen ein. Nichts an dem Holzhaus in der Kyotoer Altstadt wies darauf hin, dass es ein Restaurant beherbergte. Eine winkelige Treppe führte sie über einen winzigen Flur in einen leeren, mit Bastmatten ausgelegten, diskret mit Lampions beleuchteten Raum, wo sie auf dem Fußboden Platz nehmen sollten. Bissenweise wurde das Essen aufgetragen, von kimonobekleideten trippelnden Elfen, die sich vor demjenigen, dem es zugedacht war, verneigten und dann wieder davonschwebten. Jedes Mal war es ein Kunstwerk, das sie zurückließen: eine pastellfarbene Kleinplastik auf einer Porzellanschale, Formen, Düfte und Farben perfekt aufeinander abgestimmt. Adalbert hatte Hemmungen, dieser Vollkommenheit zwischen seinen Zähnen ein barbarisches Ende zu bereiten, aber es war jemand da, der ihm über diese Schwelle hinweghalf: eine Geisha, die mit ihren Elfenbeinfingern über seine Lippen strich und dann die Kunstwerke in seinen Mund gleiten ließ – als erteile sie ihm damit Absolution für deren Zerstörung. Dazwischen machte sie ihm Komplimente, die der Präsident übersetzte, berührte für einen Augenblick, nie für länger, seine Hände, seine Augenlider oder seine Stirn.

Das hatte nichts Aufreizendes und auch nichts zielgerichtet Erotisches an sich, es führte lediglich dazu, sein Interesse am zunächst noch stockenden Gespräch mit den beiden japanischen Kollegen zu wecken, es lebendiger und spontaner zu gestalten, ihm selbst mehr Vitalität, mehr Lebenskraft einzuflößen und er erinnerte sich auf einmal wieder daran, was Tante Marta seiner Mutter in Hapsal über die geheimnisvollen Wohltaten japanischer Massagen erzählt hatte – Geschichten für Erwachsene, die er eigentlich gar nicht hätte mithören sollen.

13.

Auf der Rückreise von Kyoto hatte Adalbert für eine Woche Station in Vietnam machen wollen, da aber der Parteitag der KP in dieser Zeit stattfand, sei es unmöglich, noch weitere Gäste zu empfangen, war ihm eröffnet worden, als er der Botschaft seinen Wunsch nach einem Besuch vorgebracht hatte.

Ein Jahr später, 1983, wurde ihm die ersehnte Einladung übermittelt. Diesmal hatte er etwas mehr Bewegungsfreiheit als 1979, das Überwachungsnetz war nicht mehr so straff gespannt, es schlotterte eher um seine Glieder. Die Zeit der schlimmsten Entbehrungen schien ebenfalls vorüber, Kleinhandel und Handwerk funktionierten einigermaßen, eine NEP wurde vorsichtig reinstalliert, allerdings auch mit ihren zwangsläufigen Begleiterscheinungen: soziale Ungerechtigkeit, Profitgier und Korruption.

Auf diese Reise hatte Adalbert vor allem deshalb gedrungen, weil er auf ihr Huan wiederzusehen hoffte. Dieser hatte ihm nach seiner Entlassung aus dem Umerziehungslager mehrere Briefe zukommen lassen und ihn gebeten, seinen Ausreiseantrag in die USA, zu seiner Familie, durch eine Petition bei der vietnamesischen Botschaft zu unterstützen. Adalbert hatte das getan, er hatte an den für Ausreisen zuständigen Minister Xuan Thuy geschrieben und nochmals an den Regierungschef Pham van Dong. Nichts geschah!

Der Botschafter wurde ausgetauscht, der nächste wusste von nichts, wollte alles wieder von Anfang an hören und gab dann die gleichen Ratschläge: abwarten, Geduld haben, alle Anträge würden in der Reihenfolge ihres Eingangs bearbeitet. Adalbert musste bei solchen Auskünften an die Entschädigungsanträge der Nazi-Verfolgten denken, wo die gleichen Grundsätze galten und wo nach oft über zehnjähriger Bearbeitungszeit erst die Erben der Opfer in den Genuss der Geldzahlungen kamen. Allerdings ging es bei Huan nicht um Geld, sondern um Lebenszeit.

Nach seiner Ankunft in Hanoi erzählte Adalbert auch seinem Gastgeber, dem Generalsekretär des vietnamesischen Solidaritätskomitees, noch einmal Huans Geschichte. Der war der Erste, der sich unterrichtet zeigte, er nickte wohlwollend und erklärte, die Entscheidung des Volkskomitees von Ho Chi Minh-Stadt – so hieß Saigon mittlerweile – stünde unmittelbar bevor, und, unter dem Siegel der Verschwiegenheit, sie werde positiv ausfallen. Er versicherte Adalbert auch, dass er diesmal alle seine Freunde werde sehen dürfen, auch Huan, sich allerdings zwischen einem Flug nach Saigon oder Hué entscheiden müsse. Das fiel ihm schwer, aber das Wiedersehen mit Huan in Saigon hatte für ihn Priorität.

Seinen Besuchen in Hoas und Nghis Haus wurden, anders als 1979, keine Hindernisse in den Weg gestellt und sie konnten sich auch problemlos mehrfach in der Stadt treffen, um zusammen in einem Restaurant essen zu gehen. Alle anderen Freunde, die Adalbert bei der Bonner Botschaft und nochmals in Hanoi auf seine »Wunschliste« gesetzt hatte, ja auch Huan, so versicherte ihm Pham van Ba, der Vorsitzende der »Vaterländischen Front«, der ihn auf dem Flughafen in Empfang genommen hatte, würden aber »der Einfachheit halber« an seinem letzten Saigoner Nachmittag zu einem Empfang zu seinen Ehren zusammengerufen. Das machte Adalbert etwas stutzig und er suchte deshalb bei Hoa und bei Nghi Rat. Diese erkundigten sich nach Huans Adresse und versprachen ihm, ihn noch an seinem ersten Abend in der Stadt unauffällig dorthin zu bringen, in einem der Rettungsautos des von Hoa geleiteten Saigoner Kinderkrankenhauses.

Als der stockdunkle Kasten des Krankenwagens, in dem man ihn verborgen hatte, nach der zwanzigminütigen, rumpeligen Fahrt schließlich aufsprang – Nghi hatte das Gefährt an der offenen Tür des ebenerdigen Pavillons so kunstgerecht angedockt wie eine

Weltraumfähre an der Raumstation Mir –, da sah Adalbert Huan, wie immer in blütenweißem Hemd, mit seiner ältesten Schwester und seinem Schwager Huong sowie ein paar Freunden an einer gedeckten, von Kerzen beleuchteten Festtafel sitzen. Die Unvermitteltheit, mit der dieses Bild vor ihm erstand, strahlend aus einem schwarzen Nichts, erinnerte ihn an seine Revaler Kinderweihnachten. Aber auch dass er Huan gleich danach in die Arme schließen konnte, nach zwölf Jahren Trennung, vier Jahre Umerziehungslager inbegriffen, kam ihm zunächst unwirklich vor: Hoa und Nghi, die das zustande gebracht hatten, erschienen ihm deshalb auch wie Zauberer oder wie Engel, wie Wesen jedenfalls, die sich über die Ablaufgesetze der Zeit hinwegsetzen konnten.

Nghi und Hoa unterhielten sich mit Huong, seiner Frau und den übrigen Gästen, während Huan sich mit Adalbert in einen Nebenraum zurückzog. Huan erzählte Adalbert von seinen vier Lagerjahren. Im ersten Jahr hatte es sehr wenig zu essen gegeben, er hatte deshalb alle Zähne verloren und trug jetzt ein Gebiss. Aber nein, gefoltert war er nicht worden, es war eher eine Art Kriegsgefangenschaft. Borniert waren die Wächter, aber nicht willentlich grausam. Das Schlimmste sei gewesen, nicht zu wissen, was mit einem geschehen würde und ob man je wieder herauskäme.

Huan war überzeugt davon, dass er seine Freilassung der Intervention Pham van Dongs zu danken hatte. Aber er erzählte Adalbert auch, was dessen spätere Petitionen in Sachen Ausreise zur Folge gehabt hätten. 14 Tage sei er von der politischen Polizei verhört worden, die ihm das Bekenntnis abringen wollte, sein deutscher Freund sei ein Agent der CIA. Das sei in ganz zivilem Tone geschehen, sie hätten ihn nicht angeschrien und auch nicht mit einer Wiedereinsperrung bedroht und natürlich schon gar nicht geschlagen, auf seine hartnäckige Weigerung hin hätten sie die ganze Sache auch fallen gelassen. Aber die ständige Wiederholung dieser absurden Fragen habe ihm dennoch Angst gemacht.

Von den angeblichen Fortschritten bei der Bearbeitung seines Ausreiseantrages wusste Huan nichts. Wenn nichts anderes helfen würde, so war seine Idee, dann sollte an seinem Beispiel in den europäischen Ländern eine Kampagne gestartet werden, die darauf dränge, dass die vietnamesische Regierung das den Vereinten Nationen gegebene Versprechen einhielte, allen eine legale Ausreise zu ermöglichen, die das wollten. Adalbert musste ihm klar machen, dass das Interesse der Medien an Vietnam, selbst an den »Boat People«, seit längerem auf null abgesunken war und eine solche Kampagne deshalb kaum Aussicht auf Erfolg hatte. Dass dem wirklich so war, entlastete Adalbert natürlich gleichzeitig auch, entband es ihn doch vorläufig von der Notwendigkeit, zwischen seinen Freundschaftspflichten zu Huan und seiner Loyalität zur vietnamesischen Revolution zu wählen. Aber er wusste auch, dass er aus dieser Zwickmühle nur für kurze Zeit heraus war, jedenfalls solange noch Hoffnung bestand, durch weitere Petitionen Huans Ausreise voranzutreiben.

Im Nu war die eine Stunde vorüber und länger durfte Adalbert auf keinen Fall bleiben. Ausländer zu Haus zu empfangen war den Vietnamesen noch immer verboten. Und sie durften auch nicht zugeben, wenn ein Bekannter von früher unangemeldet in der Tür stand. Für kurze Zeit einlassen, bewirten, dann aber einen unaufschiebbaren Termin vorschützen und den Besuch am nächsten Tag der Miliz melden, so lauteten für einen solchen Fall die polizeilichen Weisungen. Zu viel unangemeldeter Besuche erweckte zudem trotz nachträglicher Meldung natürlich immer Verdacht. Sie umarmten sich zum Abschied, wieder für eine ungewisse Zeit. Am nächsten Nachmittag, zum Empfang der Vaterländischen Front, war Huan aber, wie von den Organisatoren versprochen, zugegen und sie mussten allen anderen eine rührende Wiedersehensszene vorspielen. Auch wenn Adalberts Besuch von irgendjemandem der Miliz gemeldet worden war, galt es, nach oben hin das Gesicht zu wahren, auf keinen Fall sich öffentlich zur Missachtung eines Verbots zu bekennen.

Zu diesem Empfang waren auch Phan, Tuongs Bruder, und Trinh Cong Son, der Protestsänger der sechziger Jahre gekommen. Dieser erzählte Adalbert jetzt, man habe ihm 1979 jeglichen Kontakt mit ihm verboten, deshalb sei er, als sie sich zufällig auf der Straße getroffen hätten, so kurz angebunden gewesen. Diesmal durften beide mit ihm ohne Bewachung durch die Stadt spazieren gehen und er erfuhr von ihnen einiges über das Schicksal gemeinsamer Bekannter. Allen ging es seit ein, zwei Jahren besser, sie hatten wieder Arbeit, genug zu essen und konnten sich im Land seit einiger Zeit wieder frei bewegen. Aber von der Hoffnung, sich eine neue Welt aufzubauen, war nicht mehr viel übrig geblieben.

Am letzten Abend in Saigon lud Pham van Ba Adalbert zum Es-

Hanoi 1983

sen in eines der gerade erst zugelassenen privaten Restaurants ein und er sagte ihm, das Volkskomitee von Ho Chi Minh-Stadt habe Huans Ausreiseantrag positiv beschieden. Jetzt läge er auf dem Schreibtisch des Innenministers Pham Hung. Adalbert schrieb noch in der Nacht an diesen einen Brief, den er Hoa übergab, die am nächsten Morgen, vor der Abfahrt zum Flughafen, gekommen war, um Abschied zu nehmen. Aber er hörte bei dieser Gelegenheit von ihr, dass die offiziell ihrem Patenonkel unterstellte Geheimpolizei in Wirklichkeit eher seinem Rivalen Le Duc Tho ergeben war und ihre Briefe an ihn manchmal abfing und einfach vernichtete. Jedenfalls bekam Adalbert auf diesen Brief ebenso wenig wie auf seine anderen Petitionen für Huan je eine Antwort. Nicht lange danach wurde Pham Hung, als Pham van Dongs Nachfolger, Premierminister, aber nur für ein paar Monate, dann starb er, vollkommen unerwartet.

14.

In diesen frühen achtziger Jahren war die politische Landschaft der BRD aufs Neue in Bewegung geraten. Die FDP hatte die seit 1969 regierende sozialliberale Koalition verlassen und so der CDU und ihrem damals noch etwas unbedarft erscheinenden Vorsitzenden

Helmut Kohl zu einer unverhofften Kanzlerschaft verholfen. Die Ostverträge mit Polen, der Sowjetunion und mit der DDR, von Willy Brandt abgeschlossen, konnten zwar nicht mehr rückgängig gemacht werden, aber das Tempo der Öffnung zu den sozialistischen Ländern hin wurde doch merklich gedrosselt. Gleichzeitig wurde Helmut Schmidts amerikahörige Militärpolitik, die Stationierung modernster, auf Moskau gerichteter Atomraketen, von der die Sowjetunion entweder zur politischen Kapitulation oder zum Sich-Totrüsten und damit zur Senkung ihres ohnehin prekären Lebensstandards gezwungen werden sollte, von der neuen CDU-dominierten Koalition verschärft und nun ohne jeden Skrupel weitergeführt.

Europa und die BRD riskierten jetzt, als Erste zum Zielgebiet von Atomraketen zu werden. Und auf dem wirtschafts- und sozialpolitischen Feld begann man, in Anlehnung an den Reaganismus und den Thatcherismus, das keynesianische Modell zugunsten einer allmählich immer rigoroser werdenden monetaristischen Sparpolitik endgültig zu verabschieden.

Das führte zu Umschichtungen auch auf Seiten der Linken. Es entstand eine von den Kommunisten unabhängige, mancherorts christlich gefärbte Friedensbewegung, die Hunderttausende von Menschen zu ihren Demonstrationen gegen die Stationierung der Nato-Raketen auf deutschem Boden versammelte. Und schon in den späten siebziger Jahren hatten sich die Grünen als damals noch zum politischen und wirtschaftlichen System alternative, außerparlamentarische Kraft zu etablieren begonnen – in ihnen fanden sich jetzt vernunftgeleitete Umweltschützer, technologiekritische Ökochonder und jugendbewegte Naturanbeter mit heimatlos gewordenen Maoisten, mit Feministinnen, Schwulen- und Lesbengruppen und anderen Vertretern unkonventioneller Lebensformen wie den Hausbesetzerszenen zusammen. Wie weit dieses Spektrum unterschiedlichster Tendenzen und Lebensanschauungen reichte, belegt eine inzwischen in Vergessenheit geratene politische Forderung der Grünen aus ihren ersten politischen Lebensjahren, nämlich gewaltlose pädophile Handlungen ebenso zu entkriminalisieren wie dies mit der männlichen Homosexualität Erwachsener bereits geschehen war.

Wolf Haug, der diese Entwicklung vielfältiger alternativer Lebensformen und ihrer politischen Willensbildungen aufmerksam ver-

folgt und im *Argument* wohlwollend kommentiert hatte, suchte nach Wegen, sie mit den noch lebendigen Kräften der traditionellen kommunistischen und sozialdemokratischen Linken zusammenzuführen, sie mit ihr zu bündeln und zu »vernetzen«. Von Gramsci inspiriert war er zur Erkenntnis gelangt, nur so werde eine zwar unhierarchische, aber machtvolle hegemoniale Kraft entstehen, endlich auch befähigt zu gesellschaftlichen Veränderungen. Als intellektuelles Forum und zugleich als embryonale Vorform für sie schuf er die Berliner »Volksuni«, die ab 1980 alljährlich zu Pfingsten tagte. Hier kamen für einige Tage fast alle alternativen Geister und Gruppierungen zusammen und diskutierten mit offenem Visier miteinander.
Pfingsten löste die Zungen, als ob man vom heiligen Geist benetzt worden wäre, meinten alle sich zu verstehen, gerade aus ihren Widersprüchen heraus – aber nach einiger Zeit formierten sich auch hier die Redner der verschiedenen Gruppen mit ihren eigenen Klientelen und Zuhörerschaften, die mehr oder weniger unter sich blieben: die kommunistischen, die gewerkschaftlich orientierten, die ökologischen, die kritisch-psychologischen und die feministischen. Und selbst wo es intellektuelle Diskursknoten mit einem Kern Einverständnis auch über einen längeren Zeitabschnitt gab: Der Schnitt zwischen Kommunisten, Sozialdemokraten, Grün-Alternativen und Feministinnen ließ sich auf der Ebene des politischen Handelns durch solche Debatten nicht überbrücken. Adalbert war von Anfang an mit dabei, zuerst jedes Jahr mit einem eigenen Referat oder in einer Podiumsdiskussion, nach seinem Herzinfarkt seltener und in unregelmäßigen Abständen, zum Schluss mehr aus Treue als aus der Überzeugung, die Volksuni könne eines Tages doch noch eine gebündelte Kraft der bislang zersplitterten Linken gebären.

15.

Von 1980 bis 1984 klopfte der Tod viermal bei ihnen an, der Tod naher Freunde. Im Sommer 1980, in der Pariser Wohnung seiner Schwiegereltern, fand Adalbert eine kurze Notiz in *Le Monde*, Franco Basaglia sei plötzlich am Krebs gestorben. Er konnte es nicht glauben, denn kaum drei Monate zuvor hatten sie sich beim ersten Berliner Gesundheitstag wiedergesehen. Franco war kurz zuvor zum Psychiatriekoordinator in Rom bestellt worden und hatte Adalbert gefragt, ob er ihm nicht ein Jahr lang bei dieser Arbeit helfen wolle. Allerdings fiel ihm jetzt ein, dass seinem Freund schon während der Tagung ein schwerer Migräneanfall zu schaffen gemacht hatte, der aber bald vergessen war, weil er sich mit ein paar Tabletten vertreiben ließ. Später stellte sich heraus, dass sich in ihm schon ein inoperabler Hirntumor angekündigt hatte. Adalbert schrieb noch in Paris ein kurzes Gedenkwort fürs *Argument* und er fragte sich, wie die italienische, ja die gesamte europäische emanzipative Psychiatrie ohne Franco zurechtkommen sollte – war er doch sowohl der Motor als auch das einigende Band ihrer auseinander strebenden Kräfte gewesen, der einzige Garant gegen Chaos und bürokratische Vereinnahmung, in jedem seiner Worte, in jeder seiner Gesten eine sanfte, disziplinierte, aber ständig neu angefachte psychiatrische »Kulturrevolution«. An Francos Denken und Tun wurde ihm klar, was dieser vom Maoismus zu Grunde gerichtete Begriff hätte bedeuten, ja was er hätte bewirken können. Aber in den darauf folgenden Jahren begriff er auch, dass in bestimmten historischen Situationen ein Mensch unersetzlich ist: niemand vermochte es, Franco Basaglias Platz einzunehmen.

Noemi war noch nicht ein Jahr alt, als eines Sonntagmorgens im Herbst 81 das Telefon klingelte und sie von Gundolf Twelsiek vom plötzlichen Tod Helga Koppels erfuhren – sie war bei einem ihrer Asthmaanfälle erstickt.

Ihr war es zu danken gewesen, dass der Bund demokratischer Wissenschaftler, dessen Geschäftsführung sie in den Endsiebzigern übernommen hatte, unter den Spannungen zwischen seinen sozialdemokratischen, liberalen, kommunistischen und diversen linksradikalen Fraktionen nicht völlig auseinander gebrochen war – aber diese Spannungen hatte sie auch pausenlos auszuhalten gehabt. Die letzten Jahre war zudem noch ihr geschiedener Mann, finanziell ziemlich am Ende, zu ihrem Freund Werner in dessen Wohnung mit eingezogen. Sie selbst wohnte gegenüber und hatte nun zwei alte Männer zu versorgen, zu unterhalten, zu trösten und zu beraten, die auch noch um ihre Gunst rivalisierten. Das war zu viel für sie, aber weil sie sich den beiden Männern, ihren Kindern, dem BdWi, der Partei, der italienischen wie der deutschen, ihren Freun-

den, ja fast allen verpflichtet fühlte, denen sie etwas näher verbunden war, hatte sie es nicht fertig gebracht, an irgendeiner Stelle einen Schnitt zu legen – und so war ihr am Ende die Luft ausgegangen. Adalbert hielt zum Begräbnis, zu dem Hunderte von Menschen kamen, eine stockende Abschiedsrede, er konnte seine Tränen dabei nicht zurückhalten.
Nicht lange danach starb Helgas Lehrer Wolfgang Abendroth, dem Adalbert seit seiner Rückkehr aus Hué freundschaftlich verbunden gewesen war. Abendroth war auch nach seiner Übersiedlung nach Frankfurt der geistige Mittelpunkt der Marburger akademischen Linken geblieben, die nach seinem Tod allmählich zerfiel.

16.

Bald danach, 1982, erschoss sich Piotr nach einer mehrmonatigen, schweren depressiven Verzweiflung – mit einem Jagdgewehr, das eine in Paris lebende junge deutsche Adelige ihm besorgt hatte. Ein halbes Jahr zuvor hatte er Adalbert zu einem Krankenbesuch bei seiner Frau Anna mitgenommen, die mit einem rätselhaften Leiden in der Klinik des Pariser Blutspezialisten Jean Bernard lag. Adalbert hatte Anna vorher nur ein einziges Mal zu Gesicht bekommen, bei einer Lesung des sowjetischen Poeten Wosnessensky. Sie waren nachher zu viert in ein Café in einer Seitenstraße der Champs Elysées essen gegangen und ihm war aufgefallen, dass Piotr mit seiner Frau nicht nur galant und fürsorglich umging, wie immer mit weiblichen Wesen, sondern dazu noch behutsam, ja fast ehrfurchtsvoll, sie hingegen dabei ziemlich unbeteiligt erschien.
Sie wussten, dass Piotr ihr im Verlaufe der letzten Jahre wieder näher gekommen war, mit ihr verreiste und sich auch manchmal für ein paar Wochen in ihre Wohnung am Boulevard Saint Michel zurückzog, und das hatte ihr Interesse an Anna geweckt – aber jetzt, wo sie sie sahen, hatten sie Mühe, ihre Enttäuschung zu verbergen. Vielleicht will sie nicht nur von den Frauen, sondern auch von den Freunden nichts wissen, mit denen Piotr die letzten 15 oder 18 Jahre zugebracht hat, ohne sie, und hat deshalb einfach ihr Magnetfeld abgeschaltet – so versuchten sich Marina und Adalbert ihre fehlende Ausstrahlung zu erklären. Als sein Freund ihm kurz danach von Annas schwerer, lebensbedrohlicher Krankheit erzähl-

te, einem Blutkrebs oder einer Knochenmarkslähmung, die die Abwehrkräfte des Körpers bedrohte, musste er sich sagen, dass sie wahrscheinlich damals schon von diesem Leiden gezeichnet war. Anna hatte allein in einem der kleinen, schon etwas abgeschabt aussehenden Krankenzimmer gelegen. Sie erschien Adalbert freundlicher als bei ihrer ersten Begegnung, sogar eine Spur Herzlichkeit mischte sich in ihre Stimme. Aber unverkennbar war auch ihre Besorgnis, ja ihre Angst – und die Hoffnung, dieser mit Piotr hereingeschneite Arzt könne ihr diese Angst vielleicht nehmen. Er versuchte sein Bestes: Vielleicht handele es sich nur um eine vorübergehende, infektiös oder toxisch bedingte Funktionsstörung des Knochenmarkes, sagte er, und selbst im schlimmeren Falle einer Leukämie gäbe es heute Erfolg versprechende Behandlungsmöglichkeiten.

Als sie nachher gemeinsam zur Metro gingen, sagte Piotr zu Adalberts größter Verwunderung, wenn Anna stürbe, wolle auch er nicht mehr leben.

Weil Adalbert wusste, dass Piotr über so schwer wiegende Dinge nicht leichtfertig redete und zu Übertreibungen seiner Empfindungen nicht den geringsten Hang besaß, nahm er diese Äußerung ernst. Aber einen Grund für sie vermochte er nicht zu erkennen, war seine Frau doch über fast zwei Jahrzehnte für ihn kaum einer Erwähnung wert gewesen. Natürlich würde Piotr um sie trauern, wenn das Schlimmste doch eintrat: Immerhin hatte er doch in den letzten Jahren, in denen er sich auf einmal alt und krankheitsanfällig fühlte, angefangen sich bei ihr einen Winkel der Geborgenheit aufzutun, einen Winkel, in den er sich später ganz zurückziehen konnte – und genau den hätte er mit ihr verloren. Nach einiger Zeit jedoch, sagte er sich, würde Piotr auch über diesen Verlust hinwegkommen – Adalbert meinte so etwas aus eigener Erfahrung zu kennen. Erst nach Piotrs Tod ist ihm klar geworden, um wie vieles labiler das Gleichgewicht ist, das jemand nach Auschwitz in seinem Leben noch herstellen kann: Paul Celan, Jean Améry und Primo Levi haben sich, wie Piotr, Jahrzehnte danach eben doch umgebracht.

Anna war kurze Zeit nach diesem Krankenhausbesuch gestorben, und schon am Telefon bat Piotr Adalbert, ihm Schlaftabletten mitzubringen, damit er ihr folgen könne. Auch jetzt dachte Adalbert immer noch, Trauer und Schmerz würden allmählich nachlassen.

Aber von Juliette erfuhr er, dass ihr gemeinsamer Freund kaum eine Nacht richtig schliefe, an nichts mehr Freude zeige, nur noch vom Sterben rede und alle seine Freunde anflehe, ihm ein Mittel für einen sanften, schmerzlosen Tod zu besorgen, übrigens durchaus in ihrem eigenen Interesse, damit sie ihn nicht eines Tages aufgehängt fänden. Juliette, die zwei oder drei Abende in der Woche bei ihm blieb, um ihn, nein, nicht zu trösten, das war unmöglich, sondern nur etwas abzulenken versuchte, wusste schließlich auch keinen Rat mehr und bat Adalbert zu kommen.
Der ließ in Hannover alles stehen und liegen und flog sofort nach Paris ab. Piotr erwartete ihn in Annas Wohnung, von der er sich nicht hatte trennen können. Er hatte etwas Geld von ihr geerbt und Adalbert durch Juliette ausrichten lassen, ja, auch er bäte ihn zu kommen, stelle aber die Bedingung, dass Adalbert sich die Fahrtkosten von ihm ersetzen lasse. Dieser hatte das zunächst nicht für bare Münze nehmen wollen, aber da Piotr eigensinnig darauf bestand, war ihm nichts anderes übrig geblieben, als es schließlich zu akzeptieren. Geld hatte in ihrer fast zwanzigjährigen Freundschaft nie eine Rolle gespielt. Doch jetzt kam es ihm plötzlich vor, als erkaufe sich Piotr damit das Recht, auf Adalberts Überredungsversuche zum Leben überhaupt nicht mehr hinzuhören – und auch von Annas Totenhand, von der ja das Geld stammte, fühlte er sich plötzlich berührt. Auch hier weiß Adalbert nicht ganz genau, was davon er bereits damals so empfunden hat und was im Laufe der Monate und Jahre hinzugetreten ist. Aber er hat immer noch Piotrs verzweifelte Stimme im Ohr, das Leben sei nur noch eine einzige, unerträgliche Last, Adalbert möge ihm doch helfen, dem ein Ende zu setzen. An keinem anderen Thema hatte er noch Interesse, und wenn sie, nach ein paar Gläsern Wein, doch ins Gespräch kamen, über Juliette, über irgendein Buch, über den Lauf der Welt, unterbrach Piotr es nach zehn Minuten in fast ritualisierter Form: Du solltest sie mir besorgen, diese Tabletten.
Adalbert erzählte von Patienten, von Freunden, die über ähnlich schwere Verluste hinweggekommen waren, davon, wie sich die Trauer im Laufe der Wochen, Monate und Jahre zu einem Gedenken gewandelt hatte, das auch vergangene Freuden in sich aufnehmen konnte. Er sprach, zum ersten Mal, von seiner eigenen Verzweiflung über den Tod seiner Mutter und seines Vaters, ja er schreckte sogar nicht vor etwas erpresserischen Formulierungen

zurück, dass Piotrs Freunde ihn dringend bräuchten und er sie nicht im Stich lassen dürfe. Piotr hörte ihm höflich, aber vollkommen unbeteiligt zu und sagte: »Gut, vielleicht hast du Recht, aber das hier ist etwas völlig anderes, selbst wenn es nur drei weitere Monate so anhält, ist es nicht zu ertragen. Besser, ich wäre tot.«
Jedes Wort, jeder Versuch, ihn zu trösten oder auch nur seine Hand zu halten, glitt an ihm ab. Spätabends gingen sie noch zu Goldenberg essen, eine Zeit lang saßen sie mit Simon Wiesenthal am Tresen. Piotr betrieb mit dem Nazi-Jäger, den er gut kannte, etwas Konversation. Aber kaum war der gegangen, flehte er Adalbert wieder an, ihm sterben zu helfen, jetzt in einem vollkommen resignierten Ton, der klang, als ob ein schon Toter zu ihm spräche, der auf gar nichts mehr, noch nicht einmal auf diese Hilfe hoffte. Irgendwann, gegen drei Uhr, hielt Adalbert es nicht länger aus. Er brachte Piotr nach Hause, fuhr zu Marinas Eltern, wo er sich vorsorglich einen Schlafplatz reserviert hatte, und flog am nächsten Morgen zurück nach Hannover – das Gefühl in der Kehle, völlig versagt zu haben, als Freund ebenso wie als fachkundiger Mitmensch. Die wenigen Telefongespräche, die er in den Wochen danach mit Piotr führte, blieben lakonisch: Schlecht, sehr schlecht ginge es ihm, hörte er jedes Mal, und: »Dich brauche ich wohl nicht mehr zu fragen?«
Juliette, die ihn weiterhin regelmäßig besuchen ging, konnte nichts ausrichten, meinte aber, er werde sich nichts antun und eines Tages doch aus seiner melancholischen Versteinerung erwachen. Die Anregung, sich von einem Psychiater, zu Anfang vielleicht sogar in einer Klinik behandeln zu lassen, hatte Piotr gleich schon beiseite geschoben: Er sei nicht krank, sondern verzweifelt. Eine zwangsweise Internierung hatten sie, Adalbert und Juliette, bei ihm, dem ehemaligen Auschwitz-Häftling, nicht in Erwägung gezogen – sie wussten, er würde daran zerbrechen, während er so, aus eigener Kraft, vielleicht doch eine Chance besaß.
Als anderthalb Monate nach diesem Wochenende Juliette anrief und vom tödlichen Schuss in den Mund berichtete, voller Wut auf die kleine Komtesse, die ihm durch ihre Waffenlieferung die Chance zur Genesung genommen habe, da begann es erneut in Adalberts Kopf zu rumoren: Vielleicht hätte er ihm doch die Tabletten mitbringen sollen, die ihm den brutalen und auch noch verunstaltenden Tod durch die Kugel erspart hätten; vielleicht aber

hätten umgekehrt auch zwei Monate Psychiatrie mit Antidepressiva oder schlimmstenfalls sogar einigen Elektroschocks ausgereicht, um den alten, wenn auch weiterhin leicht schwermütigen, aber sonst voller Witz, Intelligenz und Einfühlungsvermögen steckenden Piotr aus dieser Hölle wieder hervorzuholen. Und: Warum war es ihm nicht gelungen, Piotr schon vor dem Tod Annas über die Krise, in der er steckte, zum Reden zu bringen – ihn, der sonst immer die anderen anhörte, wenn es ihnen schlecht ging. Adalbert hatte doch gewusst, dass es eine Krise war, in die ein unbewältigtes Älterwerden ebenso eingegangen war wie der Umstand, dass Piotr nach dem *Blut des Himmels* kein zweites vergleichbares Werk mehr hatte zustande bringen können, trotz der zehn Seiten, die er jeden Vormittag mit eiserner Regelmäßigkeit schrieb. Aber selbst wenn es Adalbert gelungen wäre, ihn in letzter Minute noch zum Sprechen zu bringen: Was hätte er antworten können, wenn Piotr hinzugefügt hätte, nach der Versperrung der Zukunft, dem Verschleiß von Manneskraft, Gesundheit und Ruhm drohe ihm mit seiner Frau auch die Vergangenheit genommen zu werden – wozu dann noch weiterleben? Aber nein, das sind faule Ausreden: Nicht die unzureichenden Argumente waren es, sondern dass er Piotr eine Präsenz jenseits aller Worte an diesem Wochenende in Paris nicht hatte anbieten können, eine Präsenz, die ihm das Gefühl gegeben hätte, dass es trotz aller Gegenbeweise doch noch zu leben lohne.

So ist sein Tod für Adalbert bis heute eine offene Wunde geblieben und an dieses letzte Wochenende mit ihm mag er überhaupt nicht zurückdenken. Wenn er es trotzdem tut, überfällt ihn ein Gefühl von Hilflosigkeit und Scham, denn wenn er seine eigene Handlungsunfähigkeit analysiert, muss er den Verdacht äußern, dass nicht nur Freundschaft, Mitgefühl und vernünftige Überlegung ihn abgehalten haben, Piotr Tabletten zu besorgen oder ihn, zu seiner eigenen Rettung, in die Psychiatrie bringen zu lassen, sondern auch die Angst eines Deutschen, für den Tod oder auch nur für die Einsperrung eines Auschwitz-Überlebenden in irgendeiner Weise verantwortlich zu sein – eine Angst, über die sich die junge Gräfin hinweggesetzt hatte.

17.

Julio starb zu Anfang des Jahres 1984 und schon 1978 oder 1979 hatte er Juliette verlassen. Sie befand sich zu der Zeit in einer schlimmen Krise: Julios wachsender Ruhm, dessen Architektin sie, in Frankreich jedenfalls, selbst mit gewesen war, strahlte zwar auch auf sie aus – allerdings eben doch nur auf sie als »la Compagne de Cortazar«. Von fast allen ihre Freunden waren inzwischen Bücher erschienen, die zumindest eine Zeit lang von sich reden gemacht hatten, manche davon wären ohne ihr Zutun gar nicht erschienen – sie selbst war bislang jedoch über Zeitschriftenbeiträge und Rundfunkvorträge nicht hinausgekommen. Den meisten ihrer Autoren an Intelligenz und Einfallsreichtum sicherlich überlegen, hatte sie sich an den Roman über das Paris der fünfziger Jahre, über den sie oft sprach, nach wie vor nicht herangewagt. Zu viel Lektoratsarbeit, zu viel Verlagsempfänge, zu viel politisches Engagement und in der letzten Zeit auch zu viel Repräsentation an der Seite von Julio – sie wollte das alles, ja wahrscheinlich brauchte sie es sogar, aber es hielt sie davon ab, selbst etwas in die Welt zu setzen, wofür sie in eigenem Namen Anerkennung fand. In der Öffentlichkeit immer nur als Julios ständige Begleiterin angesprochen zu werden, verletzte sie tief, deshalb und wegen des andauernden Arbeitsstresses bei Gallimard wurde sie ihm gegenüber schließlich so unleidlich, dass Julio keinen anderen Rat mehr wusste, als sich von ihr zu trennen.

Inzwischen hatte er sich mit Carol angefreundet, einer francokanadischen Schriftstellerin, in ihrem Charakter Juliettes Gegenbild: behutsam, sanft und berechenbar und ohne eigene himmelsstürmende literarische Ambition. Im Herbst 1980 flatterte zu Marina und Adalbert eine Postkarte von Julio aus Berkeley ins Haus, auf der auch Carol mit unterschrieben hatte – sie belegte, dass die Trennung von Juliette unwiderruflich geworden war. Marina, die Kinder und Adalbert haben das junge Paar, Julio war inzwischen 66, Carol erst 38 Jahre alt, einige Male in ihrer weiträumigen, einfach und übersichtlich eingerichteten Wohnung in der Rue Martel besucht, nicht weit von der Republique. In dem ehemaligen Fabrikgebäude musste man drei oder vier Treppen in einem ziemlich verwahrlosten Flur hochsteigen, wurde, oben angekommen, dafür aber von einer Atmosphäre des Friedens und der

Gelassenheit empfangen, die Carols Werk war und in der Julio sich sichtlich gut aufgehoben fühlte – sie hatten den Eindruck, dass er hier ein ruhiges Glück gefunden hatte.
1982 aber starb Carol ganz plötzlich an einer Nierenkrankheit und von diesem Schlag hat Julio sich nicht mehr erholt. Er, der mit 65 noch wie ein Jüngling ausgesehen hatte, begann, als wäre er Dorian Gray, rapide zu altern. 1984 musste er wegen einer Blutkrankheit in die Klinik und dort starb er eines Sonntags, an dem kein erfahrener Arzt erreichbar war, an einem Herzinfarkt.
Juliette, die nach der Trennung von Julio tief in Gram versunken war und ihre viel beneidete Position bei Gallimard aufgegeben hatte, raffte sich nach seinem Tode allmählich wieder auf, ganz aus eigener Kraft. Sie wandte ihr Interesse auf einmal ihrer Vaterstadt Kaunas zu, schrieb ihren ersten Roman nicht über Paris, sondern über ihre litauischen Kindheitsjahre und brachte es schließlich zur UNESCO-Botschafterin ihres Heimatlandes in Paris.

18.

Im Mai 1988 erfuhr Adalbert, ohne jede Vorwarnung, von Huans plötzlichem Tod: In einem Saigoner Krankenhaus sei er drei Wochen nach seiner Einlieferung an einer schweren Krankheit gestorben. Seinem Schwager Huong zufolge hätte es sich um Tuberkulose, Hoa zufolge um Lungenkrebs gehandelt. Wenige Tage vor dem Ende sei die Ausreiseerlaubnis schließlich doch gekommen, aber zu spät, um sie noch nutzen zu können.
Während der vergangenen fünf Jahre hatte er mit Huan nur über europäische Vietnamreisende korrespondieren können, und so erreichte Adalbert nur selten ein Brief von ihm. Noch schwieriger war es gewesen, ihm zu antworten. Zwar hatte sich das Verbot, Ausländer zu Hause zu empfangen, etwas gelockert, aber Adalbert wusste nicht, ob deutsche Besuche, selbst wenn es Vorstandsmitglieder ihrer Freundschaftsgesellschaft waren, nicht doch den Argwohn der politischen Polizei weckten und Huans Ausreisechancen noch weiter verminderten. Die Stunde bei ihm in Saigon war zu kurz gewesen, um alle Eventualitäten ihrer künftigen Kontakte vorweg zu planen. Zudem hatte Adalbert Estland wiedergefunden und seine Heimatgefühle wieder dort andocken

können. So hatte er auch seltener an Vietnam und an Huan gedacht. Und schließlich hatte ihn die Vergeblichkeit seiner Anstrengungen bei seiner letzten Reise auch etwas resignieren lassen.
Aus dieser Resignation war er ein halbes Jahr vor Huans Tod allerdings noch einmal aufgeschreckt. Als Antwort auf eine kurze Botschaft, in der Adalbert seinem Freund von seiner letzten Petition berichtet hatte, kam ein in Paris frankierter Brief von ihm an. »Du bist ein wahrer Freund«, schrieb Huan, »das ist alles, was ich Dir sagen kann. Als Deine Worte kamen, war ich zu Tränen gerührt ... Du hast alles für mich getan, was nur möglich war, und ich im Gegenzug nichts. Natürlich, das Einzige, womit ich Dir Freude gemacht hätte, wäre gewesen, dass ich es geschafft hätte, mein Ausreisevisum zu bekommen ... nicht, dass ich es nicht mit allen meinen Kräften versucht hätte ... wenn es von mir abgehangen hätte, wäre ich längst, wie Odysseus, heimgekehrt nach einer wunderbaren Reise ... Aber weißt Du, man gewöhnt sich an alles. Ans Unglück wie ans Glück. Und langsam wird man empfindungslos. Wenn man mir gesagt hätte, dass mir nur 12 Jahre Glück mit Phuong zugemessen sind, und das ist alles, dann hätte ich aufgeschrien, dass ich das niemals ertragen kann. Und doch, siehst Du, so ist es gekommen. Ich habe es ertragen. Freude und Trauer, das sind nur Stimmungen, Seelenzustände ... Ich rede Blödsinn, natürlich, lauter Binsenwahrheiten. Aber früher redete ich von solchen Wahrheiten, heute lebe ich sie. Und da es nur Seelenzustände sind, also leer, ohne solide Begründung, das heißt nichts, was andauert, so bringt es nichts, sich mit ihnen zu befassen. Ich glaube, dass ich hier ein bisschen in Deinem Terrain wildere, aber das ist keine Psychoanalyse, es ist Zen. Und doch, so sehr man dem Zen anhängen mag, man erinnert sich doch mit Wehmut der alten Zeiten, mit Dir, mit den Zwirners, mit Phuong. Ich umarme Euch. Dich, Edith und die Kinder. Umarme Ruppi, und vor allem Barbara. Ich sehe sie noch immer, so schön, wie sie war, in ihrem graublauen Kostüm in Hué, auf dem Flur ihrer Wohnung, als Du uns miteinander bekannt machtest. Sie war zum Anbeißen. Küsse für Euch alle. Huan.«
Unter dem Eindruck dieses Briefes schrieb Adalbert wenige Tage später an den neuen Generalsekretär der vietnamesischen kommunistischen Partei, Nguyen van Linh. Noch einmal fasste er Huans Lebensweg zusammen, aber auch alle seine bisher vergeblichen

Demarchen, und er schloss mit den Sätzen: »Ich will nicht wählen müssen zwischen der Hälfte meines Lebens, die der Kampf für Vietnam war, und der brüderlichen Liebe, die ich Huan schulde. Und doch werde ich eines Tages dazu gezwungen sein. Ich flehe Sie an, ersparen Sie mir diese Zerreißprobe. Lassen Sie Huan, der bald 65 wird und von schwächlicher Gesundheit ist, ohne weitere Verzögerungen zu seiner Familie nach Boston ausreisen, ohne dass noch Jahre der Überprüfung seines Antrages vergehen. Wenn Sie es für nötig halten, bin ich bereit, ihn selbst aus Vietnam abzuholen.«

Bevor Hoa und Nghi diesen Brief an Linh übergeben konnten, war Huan gestorben. Adalbert ließen seine Schuldgefühle nicht los, und er hat versucht, sie sich in einem *Requiem für einen vietnamesischen Freund* von der Seele zu schreiben, das nicht lange danach im *Argument* veröffentlicht wurde. Seine letzten Seiten lauten:

> »Wie immer, wenn ein Freund stirbt, wird der schneidende Schmerz langsam nachlassen. Mehr als 20 Jahre musste ich schon ohne Dich auskommen, mich zufrieden geben mit den wenigen Lebenszeichen, die bei mir anlangten, so zufällig und unbeeinflussbar wie eine Flaschenpost. Aber ich wusste noch, Du bist da, Du atmest und fühlst, Du hörst, siehst, handelst und denkst, und das alles ist bei Dir aufgehoben, eingekellert, ein Vorratslager an Erfahrungen, Gefühlen, Empfindungen, das eines Tages vielleicht auch für mich offen steht – so wie ich auch für Dich eines angelegt habe. Die Stecker dieser Truhe sind jetzt herausgezogen, niemand, der es nicht schon getan hat, wird die Erfahrungen Deiner letzten Jahre in sich aufnehmen können. Und die meinen wirst Du nicht mehr teilen. Ich weiß noch, was für ein Glück es war, Tante Tassja, nach fast 50 Jahren, in Riga noch wiedergesehen zu haben, kurz bevor sie, 82 geworden, dort starb. Vergessene Kindheitserinnerungen hat sie mir noch übergeben, die Jahre der Deportation in sibirischen Dörfern, wo sie verkleidet als Wahrsagerin, ihre zwei Söhne, Gaston und Marion, vor dem Hungertod bewahrte, sind als Bilder in mein Leben mit eingezogen. Die viereinhalb Jahrzehnte, die ich fort war, hat sie auch für mich weitergelebt, und als ich kam, mit ihnen die Wunde der Trennung geschlossen. – Uns beiden war nur jene Stunde geblieben, den Wächtern entrissen, als ich mich

wie ein Dieb in Dein Haus geschlichen hatte. Wie wenig ließ sich in dieser Zeit sagen; wie viel für mein Leben, für meine weiteren Entscheidungen Belangvolles, wurde für immer mit Dir begraben. Und dabei waren wir beide nur Freunde, wichtig füreinander, aber doch wohl ersetzbar. Deine Erfahrungen, Du hast sie außer für Dich selber vor allem für Phuong, für Deine Kinder gemacht, sie für sie aufbewahrt – so wie sie es für Dich getan haben, in Erwartung der Stunde, diese Geschenke austauschen zu können. Euch war noch nicht einmal die kleine Zeitspanne zugemessen, die ich für uns beide, durch List und durch freundschaftliche Hilfe loseisen konnte. Ich brauche nur an Edith und meine drei Kinder zu denken, um mir auszumalen, was man Euch angetan hat. Ich weiß: nicht nur Euch. Wenn ich mit vietnamesischen Beamten über Deinen Fall sprach, machten sie mich unfehlbar darauf aufmerksam, dass es im Krieg unzähligen Familien nicht anders, ja noch schlimmer ergangen ist – Ihr konntet Euch wenigstens schreiben, Euch etwas mitteilen, wenn auch nur durch die Filter einer antizipierten Zensur. Die ersten Jahre nach dem Krieg habe ich solche Argumente auch noch gelten lassen – aber der Krieg ist lange zu Ende, vermeidbares und unvermeidbares Unglück sind zwei unvergleichliche logische und moralische Kategorien. Werden die im Krieg unvermeidbaren Einschränkungen und Opfer dem Zusammenleben der Menschen auch im Frieden, wo sie unnötig geworden sind, vorsätzlich weiterhin auferlegt, dann wird auch dieser Krieg nachträglich bis zu einem gewissen Grade sinnlos, dann, so erweist es sich, wurde er im Ergebnis für nicht viel anderes als für die Eitelkeit des Sieges und das Machtstreben der Sieger geführt. Wohlgemerkt, ich will damit nicht sagen, dass nach dem Krieg alle Einschränkungen fallen können, keine Opfer mehr gebracht werden müssen. Ich betone dies deshalb, weil mir auch vorgehalten worden ist, meine Kritik bezeuge nur, ich sei unfähig, das Ausmaß der Nachkriegsprobleme in Vietnam zu erkennen. Aber ergibt sich aus der Notwendigkeit, auf viele Konsumgüter verzichten, über viele weitere Jahre noch hart arbeiten zu müssen, auch diejenige, fast alle Kontakte zwischen den Menschen zu kontrollieren und viele von ihnen – so alle privaten Kontakte zu Ausländern – zu unterbinden? Und diejenige, Dich, mit bald 65 Jahren, ohne dass Du Arbeit in

Deinem eigenen Lande hättest, dort zurückzuhalten? Du wärest der Letzte gewesen, der notwendige Härten nicht hätte auf sich nehmen wollen. Weil Du ein Wuchern der überschüssigen, unnötig gewordenen vorausahntest, Verbote, die ausschließlich dem Zweck dienen, ihre eigene Einhaltung kontrollieren zu können, fürchtetest Du auch den Sieg der Befreiung, für den ich mit all meinen Kräften einzutreten versuchte. Aber ist es nicht noch schlimmer gekommen: War nicht eine Zeit lang, 1979, lange nach dem Krieg, nahezu alles in Deinem Lande genehmigungspflichtig geworden, alles verboten, was nicht ausdrücklich erlaubt, alles verwehrt, was nicht ausdrücklich freigegeben war, so dass die Einhaltung dem Erlass der Vorschriften weit vorauslief, und, bevor überhaupt etwas gesagt oder getan, ja gedacht werden durfte, die Behörden erst gebeten werden mussten, es zu autorisieren? Mussten nicht sogar solche ›Bitten‹ von den Behörden selbst angeregt und damit überhaupt erst freigegeben werden? Für jeden Handschlag, für jeden einzelnen Schritt, gleich ob vorwärts oder zurück, ja letztlich für jeden Gedanken müsste eigentlich – und auch dies immer nur auf Anregung der Behörden – ein Antrag gestellt, eine Akte angelegt, eine Kommission zusammengerufen, ein Entscheidungsbefugter, ein Kontrolleur des Vollzuges ernannt werden. Linh und seine Freunde haben es bislang verhindert, dass Bürokratie sich in Deinem Lande auf diese Weise vollenden konnte – aber sie haben nicht verhindern können, dass Du mit vielen anderen zum Opfer ihres sinnblinden Argwohnes wurdest. Wenn es denn Krebs war, woran Du schließlich starbest (und nicht Deine Tuberkulose): – vielleicht hat er zu wuchern begonnen, als Du alle Hoffnung aufgabst, als Deine Gedanken, Deine Wünsche, Deine Pläne, Deine Fantasie, Deine Gefühle, Deine Energien kein Ziel mehr hatten, an das sie sich heften konnten. So blieb ihnen nur noch der Weg nach innen, gegen Dich selbst.

Dabei hätte Dein Land Menschen wie Dich gebraucht – Deinen scharfen Verstand, Deine beißende Ironie, aber auch Deine Gelassenheit und Deine Güte, Deine Anspruchslosigkeit, Deine Direktheit. Mit manchen anderen, die im Krieg dazwischen standen, hattest Du Mittler sein können zwischen den Siegern und denen, die gedankenlos, zum eigenen Vorteil, irregeführt oder aus Überzeugung den Amerikanern gefolgt waren: als Teil

jener dritten Kraft, die nicht so sehr zum Sieg, als vielmehr nach dem Sieg so dringend benötigt wurde und deren Bereitschaft, zum Wiederaufbau des Landes beizutragen, die Sieger leichtfertig zum Abfall geworfen haben. Hätten sie Euch, hatten Sie Dich genutzt, so sähe es in Deinem Lande heute vielleicht anders aus. Ihm wären vielleicht die anderthalb Jahrzehnte der Resignation erspart geblieben, die es – nach dem Sieg – wahrscheinlich noch mehr geschwächt haben als der Krieg selber. Du warst nicht unnütz – man hat Dich nur unnütz gemacht, man hat Dich sinnlos vergeudet.
Ich weiß, ich könnte noch lange mit Dir so zusammenbleiben. Solange ich Dich anrede, solange meine Stimme, wie ein brüchiger Steg, die Schlucht des Vergessens überspannt, kommt es mir vor, als hätte der Tod Dich mir noch nicht völlig entrissen, als führte ein Faden der Ariadne aus dem Labyrinth, in dem wir anderen zurückgeblieben sind, noch hinüber in die fahle Dämmerung, in die Du entschwunden bist. Er kann Dir nicht mehr wehtun, der Faden, auch wenn ich ihn anzuspannen suche wie eine Sehne, um ihm noch einen Ton zu entlocken. Es ist auch mein eigener Tod, den ich, solange ich noch mit Dir rede, von mir fortscheuchen kann. Doch ich weiß, ich kann Dich auch damit nicht halten. Das Schweigen ist stärker.«

19.

Ihre Sommerferien hatten sie, seit Noemis Geburt, mehrere Jahre hintereinander bei Tilo Held und dessen Frau Christina von Braun in den Cevennen verbracht. Tilo hatte das Pariser dreizehnte Arrondissement inzwischen verlassen und war Direktor des Bonner Psychiatrischen Landeskrankenhauses geworden. Er arbeitete an einer Habilitationsschrift über Familienpflege Schizophrener, die Adalbert und Kisker an der MHH durchbringen wollten. Christina schrieb an einem Buch, in welchem Hysterie und Magersucht als Revolte des weiblichen Körpers gegen die Herrschaft des seit der Erfindung der Schrift dominierenden männlichen Prinzips des Geistes gedeutet wurden, als unbewusste Widerstandshandlungen gegen das Patriarchat. Hauptberuflich machte sie damals Dokumentarfilme für den WDR, bis man sie Anfang der neunziger Jahre

auf eine medienwissenschaftliche Professur an der Humboldt-Universität in Berlin berief.
Das Anwesen der Helds, »Le Baralet« genannt, lag einsam auf einer bewaldeten Bergkuppe, fast 20 Kilometer von Sumene, dem nächsten kleinen Ort entfernt. Es war ein ehemaliger Bauernhof mit einem Nebengebäude für Gäste, aus rissigen grauen Steinen, aber ausgestattet mit modernem Komfort. Eingemeißelt in das Berggestein war eine kleine »Piscine«, in der alle drei Kinder von Adalbert und Marina das Schwimmen gelernt haben. An den Abenden saßen sie auf der Terrasse oder stiegen auf die nur 50 Meter weiter hingestreuten, anderthalb Meter hohen bemoosten Felsbrocken, um die Sonne hinter dem Mont Aegual, dem höchsten Berg der Cevennen, untergehen zu sehen. Vor allem aber redeten und redeten sie Rotwein trinkend bis in die Nacht hinein, über Christinas feministische Thesen, über Adalberts Theorie des Wahnsinns, über Franzosen, Deutsche und Juden – nie ging ihnen der Gesprächsstoff aus. Die Helds hatten selbst zwei Kinder im Alter der ihren. Zu fünft bildeten sie eine kleine Bande, die sich oft schon allein durch das Gelände schlug und aufpassender Eltern von Jahr zu Jahr weniger bedurfte. Tagsüber schrieb Christina, während Tilo, Marina und Adalbert sich rund um das Schwimmbad in Liegestühlen oder Hängematten ansiedelten und die Bücher lasen, für die sie das Jahr über keine Zeit gefunden hatten. Ab und zu kamen noch andere Freunde oder Verwandte der Helds zu Besuch und das ruhige Gespräch abends verwandelte sich dann manchmal in eine hitzige Diskussionsrunde. Alles in allem war es wieder einmal ein kleiner Vorgeschmack vom Paradies, und so kehrten sie Jahr um Jahr wieder dorthin zurück.
Im Sommer 1989 aber, nachdem Tilos Habilitation nach einem aufreibend langen Verfahren auf Grund unwürdiger Manipulationen im Senat der MHH unter den fadenscheinigsten, geradezu jesuitischen Begründungen gescheitert war, wurde ihre Freundschaft einer schweren Zerreißprobe ausgesetzt. Obwohl Adalbert alles in seiner Kraft stehende für Tilo getan hatte, fühlte er sich trotzdem schuldig, in dieser Freundschaft nur genommen, ohne etwas dafür gegeben zu haben. In den Jahren danach bemühten sie sich, die ganze Sache zu vergessen, und zum Glück konnte sich Tilo bei dem neuen Bonner Psychiatrieordinarius bald komplikationslos habilitieren.

7. Kapitel: Wiederanknüpfungsversuche

1.

Zu Anfang der achtziger Jahre, während eines Besuches in Berlin bei Gerty Blacher, hatten sie eines Abends über Hapsal gesprochen und dabei mit dem Gedanken gespielt, eine Familienreise ins Baltikum zu unternehmen. Ganz langsam hatte dieser Plan konkretere Formen angenommen: Adalberts Bruder Peter wollte mit seiner Freundin Evi mitkommen, Romana und Andrej, die beiden ältesten und schon lange erwachsenen Blacher-Kinder, schlossen sich an und eine aus Estland stammende Kollegin Adalberts an der MHH, Dorothee von Ekesparre, stieß auch noch dazu. Damals waren von der Sowjetregierung für Touristen nur Gruppenreisen zugelassen, auf die ein »Baltisches Reisebüro« in München sich spezialisiert hatte. Es dauerte noch zwei oder drei Jahre, bis ein für sie alle annehmbarer sommerlicher Reisetermin gefunden werden konnte, aber im August 1985 war es schließlich so weit.
Ivy hatte nicht mitkommen wollen. Sie fühlte sich den Strapazen der Reise nicht mehr gewachsen und fürchtete zudem, die Bilder einer sorglosen, glücklichen Kindheit könnten durch neue, unangenehme Eindrücke in einem seit Jahrzehnten kommunistischen Land verwischt, wenn nicht gar ausgelöscht werden. Adalbert ging es ganz anders. Seit der Reisetermin feststand, verspürte er eine ähnliche Spannung wie vor der Abreise aus Estland, fast 46 Jahre zuvor, nur dass anstelle von Beklemmung eine ungebrochen freudige Erwartung getreten war. Am brennendsten wünschte er sich, Hapsal wiederzusehen, und er schrieb an den Vorsitzenden des Tallinner Komitees für die Beziehungen zu Auslandsesten einen Brief, strich in dem Brief seine Funktionen in verschiedenen antiimperialistischen Organisationen und im Weltfriedensrat etwas hervor und bat ihn, ihm eine Sondererlaubnis für den Besuch seines Kinderparadieses zu besorgen, das noch immer als für Ausländer verbotenes militärisches Sperrgebiet galt.

2.

Schließlich waren sie auf dem Schiff und lernten dort auch die übrigen Mitglieder ihrer Reisegruppe kennen: Die meisten waren im Baltikum groß gewordene ältere Leute, manche mit Adelsnamen, die meisten von ihnen militant antisowjetisch, einige ganz offen immer noch dem Dritten Reich zugetan. Die Reiseleiterin, Mitte der Fünfziger, aus Riga gebürtig, platinblond, hyperaktiv und durchsetzungsstark, bereitete sie auf die Gefahren im Feindesland vor: Um mitgebrachte Geschenke würden sich die Zöllner gewöhnlich nicht kümmern, die Behauptung, alles sei eigener Reisebedarf, hätten sie wohl Anweisung widerspruchslos hinzunehmen – Bücher und Tonbandkassetten könnten hingegen zu unvorhersehbaren Verzögerungen beim Grenzübergang führen. Vor allem aber: Bei den Kontrollen solle nur ja kein Wort Russisch gesprochen werden, denn wer diese Sprache spräche, gelte von vornherein als Spion. In Riga, so fuhr sie mit ihren Belehrungen fort, solle man seine Angehörigen und Bekannten besser vom Münzfernsprecher aus anrufen, denn die Hoteltelefone würden alle abgehört. Dort werde ihre lettische Kollegin vom »Intourist« ihnen auch den Besuch des Konzentrationslagers Salgapils ans Herz legen, aber sie gehe doch davon aus, dass niemand diese kommunistische Gräuelpropaganda über sich ergehen lassen wolle. Bevor irgendjemand etwas erwidern konnte, war die Lehrstunde auch schon beendet.

Frühmorgens fuhren sie nach Helsinki ein, durch ein Gewirr von winzigen braungrünen Felsinseln, die »Skären« heißen. »Scheren«, so hatten die Eltern dieses Wort ausgesprochen, wenn von den Segeltouren die Rede gewesen war, die die Mutter, manchmal auch ohne den als Arzt oft unabkömmlichen Vater mit Freunden dorthin unternommen hatte. Etwas Geheimnisumwittertes, ja Bedrohliches war davon in Adalberts Kinderohr hängen geblieben, dass die Yachten nämlich im Nebel auf ihnen stranden könnten, dass es von dort keine Wiederkehr gab. Oder war da sonst noch etwas, das er damals noch nicht richtig verstand? Scheren, die zukniffen und nicht wieder losließen, hatten ja auch die Krebse, das Leibgericht ihrer Mutter, das sie sich manchmal verbotenerweise auch zur Schonzeit zubereiten ließ. An einem Junitag in Hapsal waren sie, noch lebendig, der Köchin aus ihrem Korb entkommen und krochen überall in der Wohnung herum. Nirgends, so war es Adalbert damals vorgekommen, war man vor ihnen sicher, zumal sie, wie es hieß, auch den Rückwärtsgang einschalten konnten. Jetzt sahen die grün bewachsenen, meist auch von ein paar Kiefern bestandenen Felsbrocken, die den Namen mit dem gefährlichen Kneifwerkzeug teilten, allerdings ganz harmlos aus. Von manchen führte ein schmaler Steg hinaus aufs Meer, auf manchem stand auch ein rot, grün oder gelb gestrichenes Holzhaus, nur halb so groß wie ihre Hapsaler Datscha. Aber diese Bilder verflogen und mit ihnen auch die Erinnerungen und die Empfindungen, die sie geweckt hatten. Am Hafen angekommen gab es nur noch Großstadt und da wartete auch schon der Bus, der ihre Gruppe nach Leningrad bringen sollte. Im Nieselregen stiegen sie ein und rollten gen Osten.

An der Grenze stand vor ihnen nur ein einziges weiteres Reisefahrzeug, sodass sie schon hofften, schnell über sie hinwegzugelangen, aber um die vielleicht fünfzig Passagiere des ersten Busses zu kontrollieren, brauchten die Sicherheitsbeamten und Zöllner gut zwei Stunden – jeder Koffer, jede Tasche musste vollständig ausgepackt werden. Eine füllige, grell geschminkte Frau grölte in rheinischem Tonfall: »Ihr kriegt sie nicht«, als ihr eröffnet wurde, sie dürfe ein Kilogramm mitgebrachter Orangen nicht in die Sowjetunion einführen: Bevor sie ihre Sachen zusammenraffte, schnitt sie eine nach der anderen durch und versuchte möglichst viel vom Saft aufzuschlürfen, der ihr dabei über das ganze Gesicht troff. Da niemandem etwas weggenommen wurde, begriff Adalbert gar nicht, wonach, außer nach Obst, überhaupt von diesen vielen Beamten gesucht wurde.

Bevor für sie selbst die Pass- und Zollformalitäten begannen, kam ein Offizier auf sie zu, einen leise tuckernden viereckigen Kasten in der Hand, blieb vor jedem von ihnen kurz stehen und schickte dann, mit einer herrischen Handbewegung, einen nach dem anderen an die Tische der Zöllner – bis nur noch Adalbert übrig geblieben war. Dieser wurde in ziemlich barschem Ton in ein Hinterzimmer gewiesen, das genauso aussah wie eine Filmkulisse von einem Verhörsraum der GPU, der Stalin'schen politischen Polizei: düster, abgeschilferte Wände, ein Tisch, leer bis auf eine angerostete scheinwerferartige Bürolampe, zwei wackelige Stühle. Dort musste er sich nackt ausziehen und die Kleider weit weg von sich legen. Der Mann mit dem Kasten ging erst auf das Kleiderpaket zu, sodann auf ihn selbst und verließ am Ende wortlos den Raum. In Adalberts Kopf lief das Filmdrehbuch weiter, alle seine Kinderängste vor den Bolschewiken, vor den Kellern der GPU, waren wie auf einen Knopfdruck wieder angefacht: Er sah sich verhört, gefoltert, durch einen nächtlichen Genickschuss liquidiert und das alles, so meinte er, weil ihm vorhin ein paar russische Worte entfahren waren. Doch da ging die Tür wieder auf und ein offenbar höherer, ebenfalls junger Offizier begrüßte ihn mit nahezu amerikanischer Nonchalance: »Hallo Sir, please put your clothes on.« Er setzte ihm auseinander, dass zwar nicht von seinem Gepäck oder seinen Kleidern, aber von seinem Körper eine unerklärlich radioaktive Strahlung ausgehe. Gottlob fiel Adalbert gleich ein, dass er eine Woche vor ihrer Abreise einer nuklearmedizinischen Herzuntersuchung unterzogen worden war. Er konnte das dem Offizier auch erklären, dieser verstand es und ein paar Minuten später durfte er sich der Schlange anschließen, an der Marina, die Kinder, Evi, Peter, Gerty und die Blachers immer noch standen. Von ihnen ebenso wie von den übrigen Reiseteilnehmern wurde er wie ein von den Toten Wiederauferstandener begrüßt. Der Rest der Kontrolle, sie war weiterhin sehr gründlich, erschien ihm danach nur noch eine Formalität.

3.

Bevor sie nach Leningrad einfuhren, passierten sie einen Gürtel von Kiefernwäldern mit vielen Datschen. Selbst wenn er es noch nicht sah, so spürte er doch schon das Meer – am gelbrosa Lichtschein, der zwischen den Häusern und Baumstämmen hervorschimmerte, an der inzwischen leicht salzig schmeckenden Luft. Sie durchquerten die Stadt gerade noch rechtzeitig, um die Sonne auf der anderen Seite des Flusses niedergehen zu sehen: hinter der Festung Peter und Paul, dem berüchtigtsten Kerker der Zarenzeit. Einquartiert wurden sie außerhalb des bebauten Stadtgebiets im Hotel Prebaltiskaja, einem 20-geschossigen Betonklotz direkt am Ostseeufer, dessen jedem zugänglicher Strand mit spitzen Steinen, Glassplittern, leeren Konservenbüchsen, benutzten Präservativen und verrosteten Fahrzeugresten übersät war – während der nächs-

ten drei Tage ein Abenteuerparadies für die Kinder. Die Temperatur betrug, gegen Mitternacht, immer noch 29 Grad.
Als sie am Morgen danach mit dem Linienbus in die Stadt fuhren, war es schon unerträglich heiß, und sie mussten sich ihren Stehplatz erdrängeln. Träge vor sich hin dösten der Newskij Prospekt, das Winterpalais, Smolny und die unzähligen Kanäle. In den Parks spielten alte Männer und kleine Jungen Schach. Wagten Marina und Adalbert sich in die Seitenstraßen, so stürzte allerdings Schmutz und Verfall auf sie ein und es konnte ganz plötzlich unheimlich werden, sodass sie schnell wieder zu den Hauptstraßen zurückkehrten.
Dort standen sie unversehens vor einem bezaubernden Jugendstilhaus, in dem ein Fischgeschäft untergebracht war. Wie auf einem Schild zu lesen war, befand es sich dort bereits seit 1912, und auch drinnen waren Theke, Regale und Wanddekorationen vollkommen stilecht. Die Fische hatte man alle in Eisblöcke eingefroren, die für die Käufer mit dem Beil in mehr oder weniger große Stücke zerteilt wurden – egal ob der Hieb nun den Kopf, den Schwanz oder den halben Fisch abtrennte, das Gesamtgewicht musste bezahlt werden. So war es eine Art Glücksspiel, welche Menge verzehrbarer Substanz und welche an gefrorenem Wasser man dabei abbekam. Wie ein Symbol der Breschnew'schen Planwirtschaft, des Versuchs der Gerechtigkeit mit dem Hackebeil kam ihm diese Verteilungsschlacht vor.
Irgendwelche Spuren der Kindheit seines Vaters, der Jugendjahre seiner Mutter in dieser Stadt fanden sie nicht: nichts, was Adalbert mit den vergilbten Fotografien, nichts, was er mit den Erzählungen der Eltern und Tante Lenis hätte in Zusammenhang bringen können. Die goldene Pracht der Schlösser, die sie besuchten, war damals nur dem Großvater noch zugänglich gewesen, wenn der gerufen wurde, die Zähne seiner großfürstlichen Patienten in Augenschein zu nehmen – und dieser sein Namensgeber Adalbert Wulff war schon zehn Jahre vor seiner Geburt gestorben und hatte ihm davon nichts mehr erzählen können. Dennoch schwebte ein Bekanntheitsgefühl in der Luft, ein Hauch von déjà vu, von déjà respirée, eine nicht genau bestimmbare Vertrautheit: Irgendwo hier in dieser großen, wunderschönen Stadt, in diesem etwas abgeschilferten Venedig des Nordens liegt auch ein Teil deiner Wurzeln, sagte er sich, mit jedem Atemzug sickert etwas davon in dei-

ne Lungen. Und als ein Straßenverkäufer die wohlschmeckendsten Piroschki, die er seit seiner Kindheit gegessen hatte, für nur drei Kopeken feilbot, war die Liebe zur Stadt auch durch den Magen gegangen, und er fühlte sich trotz der Fremdheit der Bauten in Leningrad schon etwas zu Hause.

4.

Im Nachtzug nach Riga gab es als Gratisdienstleistung der Schlafwagenschaffnerin in versilberten Glashaltern Tschai, geräucherten russischen Tee mit einem riesigen Zuckerstück – nach ihrer Rückkehr nach Hannover kaufte Marina einen ganzen Satz solcher Teegläser und bald dazu auch noch einen Samowar. Hier und, wie er später hörte, auch in allen anderen sowjetischen Langstreckenzügen wurde also etwas angeboten, das niemand bezahlen musste – vielleicht ein erster Anfang von Sozialismus, sagte er sich. Wenn es auch nicht viel ist, werden die Menschen so doch schon daran gewöhnt.

Das Riga der Reisen seiner Kindheit erkannte er nicht wieder, nur dasjenige der Postkartenfotos mit dem Panorama der Kirchen, die sich über das Ufer der Düna erhoben. Im Latvia, einem 22-stöckigen Hotelturm, bekamen sie zwei Zimmer mit Blick über die ganze Stadt und, nach den Ungenießbarkeiten im Leningrader Prebaltiskaja, ein fürstliches Frühstück. Bei den kleinen Quarkpfannkuchen kam wieder das Gefühl auf: »diesen Geschmack kennst du doch«, aber dorthin, wo er sie einstmals gegessen hatte, konnte seine Erinnerung nicht durchdringen.

Nach diesem Frühstück, das die Müdigkeit verscheuchte und reines Behagen hinterließ, rief er Tante Vilma an, seiner Mutter jüngste Schwester, die im Herbst 1944 ein paar Monate beim Vater in Poznan gewohnt hatte. Im Januar 45 war sie mit Ivy von dort aus nach Mecklenburg geflohen, aber bald danach, zusammen mit den von den Deutschen Verschleppten, wieder nach Riga zurückgekehrt. Ivy hatte die Jahre über den brieflichen Kontakt mit ihr aufrechterhalten und ihr jetzt auch Adalberts Besuch angekündigt. »Kommt alle her«, sagte sie ohne zu zögern, als sie seine Stimme erkannte – ihr Zimmer, in einer Kollektivwohnung, läge nur wenige Straßen von dem Hotel entfernt.

Dort angekommen hatten sie Mühe, alle Platz zu finden, so eng war es. Tante Vilma machte sich über Adalberts Vorsicht lustig, vom öffentlichen Fernsprecher und nicht vom Hotel aus angerufen zu haben: Auf Verwandtenbesuche würde der KGB schon lange nicht mehr achten. Auch wenn einige Gespräche mitgeschnitten würden, bekäme niemand dadurch Ärger. Dann liefen ihr die Tränen: Zu lange hatte sie auf Ivy, auf Adalbert und ihre Kinder gewartet, da Reisen aus Deutschland nun doch schon seit fast zwanzig Jahren wieder gestattet waren. Sie besahen Tante Vilmas Fotoalben, fanden auch ein paar Bilder der 1939er Reise darunter und ließen sich von ihr etwas über die letzten vierzig Jahre erzählen. Die ersten zehn seien die schwersten gewesen, sagte sie. Allein war sie da, bis 1955 Tassja, Onkel Karls frühere Frau, mit ihren beiden Söhnen aus der Deportation nach Zentralasien zurückkehrte. Aber sie könne sich nicht beklagen, Arbeit, zu essen und ein Dach über dem Kopf habe sie immer gehabt, und bis vor ein paar Jahren auch einen Partner. Einmal in der Woche ginge sie immer noch in die Poliklinik, wo sie als Bürokraft in der Aufnahme arbeite – seit ihrer Pensionierung habe sie sich aussuchen können, wie viel Stunden am Tag. So habe sie keinerlei Geldsorgen. Damit allerdings, Küche und Bad in der Kollektivwohnung mit anderen teilen zu müssen, komme sie immer noch nicht zurecht.

Wiedersehen in Riga 1985: Adalbert, Tante Vilma, Bruder Peter

Adalbert hatte zuerst etwas Mühe, sein Erinnerungsbild von Tante Vilma, einer rebellischen jungen Frau, die sich seinerzeit über alle bürgerlichen Konventionen hinweggesetzt hatte, zur Deckung zu bringen mit der ihm nun in Fleisch und Blut gegenübersitzenden 79-jährigen, eher etwas pingelig wirkenden alten Dame mit ihren Runzeln, mit ihrem schlurfenden Gang, mit ihrer Alterswehleidigkeit – aber nach einiger Zeit gelang es ihm doch. Allerdings, Tante Vilma war inzwischen wohlanständig geworden, zur Alterswehleidigkeit war auch ein Schuss Altersprüderie getreten.
Keine Welten lagen hingegen zwischen dem jungen und alten Gesicht von Tante Tassja, Onkel Karls erster Frau. Sie besuchten auch sie noch am selben Nachmittag und es bedurfte keinerlei Anstrengung, um beides zusammenzubringen. Die Jahre hatten Tante Tassjas Zauber nichts anhaben können, aus einer Jugendschönheit war eine Altersschönheit geworden. Mit Marina war Tante Tassja sofort ein Herz und eine Seele, sie tuschelte den ganzen Abend mit ihr – nur von Zeit zu Zeit bedurfte es Adalberts, um die paar russischen Worte zu übersetzen, die sie zwischen die immer noch grandiosen poetischen Bruchstücke ihres Deutsch einstreuen musste. Und sie enthüllte Marina auch das von den Eltern Ivy und Adalbert verschwiegene Familiengeheimnis: dass sie nämlich litauische Jüdin war. Adalbert konnte sich nun besser erklären, weshalb seine Mutter immer nur zögernd und mit einer leichten, ihm damals unverständlich erscheinenden Abneigung von dieser wunderschönen angeheirateten Tante gesprochen hatte. Die Deportation nach Sibirien und anschließend nach Kasachstan, 14 Tage vor der »Operation Barbarossa«, vom Vater und von Ivy als typische bolschewistische Barbarei dargestellt, war für sie und ihre Söhne zugleich auch die Rettung gewesen.
Sie hatte nach 1941 zweimal geheiratet, noch im Krieg einen sowjetischen Offizier, der ein Jahr später schon fiel, und in Kasachstan dann die Liebe ihres Lebens, einen jüdischen Musiker, der sie 1955 nach Riga begleitete – auch er nun seit Jahren schon tot. Um wieder eine Ehe schließen zu können, habe sie Onkel Karl für tot erklären müssen, erklärte sie lachend, und der hätte in Amerika das Gleiche mit ihr getan: sodass heute zwei administrativ lange schon Verstorbene ab und zu Briefe miteinander wechselten. Aber es war ihr anzumerken, dass ihr an diesem ersten, dem einzigen Überlebenden unter ihren drei Männern, nicht mehr viel lag.

Tanta Tassjas Söhne aus erster Ehe, Gastons und Marions, lebten mit ihren Familien ebenfalls äußerst beengt, aber wenigstens brauchten sie ihre Wohnungen nicht mit Fremden zu teilen. Der eine war Automechaniker, der andere Ingenieur in einer Fabrik, die Radios herstellte. Beide besaßen ein kleines Auto und verfügten zudem noch über eine Datscha. Ihre Kinder hatten alle ein Studium abgeschlossen. Dass sie danach Arbeit fanden, war selbstverständlich. Zum Essen, zum Anziehen war genug da. Eine große Auswahl gab es zwar nicht, und wie in allen sozialistischen Ländern, außer in Ungarn, mangelte es auch mal an diesen, mal an jenen Gegenständen des täglichen Bedarfs, aber ein Netz von Verwandten, Freunden und Arbeitskollegen sorgte dafür, dass man das Nötige meist doch, oft über Tausch, bekam. Unterhaltungselektronik war allerdings nur in Devisenläden erhältlich. Sie symbolisierte für die Jugend die westliche Freiheit: die Freiheit, wenn einem der Sinn danach stand, sich alles kaufen zu können, was immer es auf der Welt gab. Dafür war Arbeitsstress vollkommen unbekannt – wenn ein Familienfest vorbereitet werden musste oder die Kinder krank waren, ging man einfach eine Woche nicht in seinen Betrieb. Marion erläuterte ihm, wie die Produktion trotzdem funktionierte: Für das, was einer bewältigen konnte, waren vier oder fünf Leute eingestellt. Aber es wurde auch in Kauf genommen, dass trotzdem mal irgendetwas stillstand. Als Adalbert in einem großen Kaufhaus einen Hut suchte und den Kopfbedeckungsrayon trotz voller Regale geschlossen fand, wurde ihm erklärt, es sei Pilzzeit, eine Verkäuferin sei in den Wald gegangen, und die andere hätte plötzlich eine Grippe bekommen: Er möge doch nächste Woche wiederkommen.

Nirgends schien also Not zu herrschen, überall ein bescheidener Wohlstand. Diesen erreichte man zwar schnell, aber über ihn ging es auch nicht hinaus. So wurden viele in dem Gefühl groß, nach dem Ende ihrer Ausbildung gar nichts mehr für sich selbst tun zu können – außer zur Stelle zu sein, wenn gerade irgendetwas Rares verteilt wurde. Und da kaum einer mehr an gesellschaftliche Ziele glaubte – daran, durch gemeinsame Anstrengung die Lebensbedingungen für alle besser gestalten zu können –, war eine solche Stagnation für die Jugend ein unerträglicher Zustand und »Business«, selbstständig viel Geld zu verdienen, zum einzigen Traum geworden. Der blieb einstweilen unerfüllt, denn damals, im

Sommer 1985, war Gorbatschow gerade erst zum Generalsekretär der KPdSU gewählt, der Kalte Krieg noch im Gange, der Eiserne Vorhang noch dicht und für private Initiativen in Handel und Dienstleistung waren äußerst enge Grenzen gesetzt.
Zwei Jahre später, bei Adalberts nächstem Besuch anlässlich der Hochzeit von Marions Tochter Dita, zeigten sich schon die ersten Sprünge: Die Grenzen zwischen Traum und Wirklichkeit wurden durchlässiger, die findigsten jungen Leute machten sich bereits selbstständig, allerdings nicht nur sie, auch vorausblickende Funktionäre, die über die nötigen Mittel verfügten – bis nach der Wende »Business« die Wirklichkeit völlig besetzte und die Gleichheitsutopie der sozialistischen Verteilungswirtschaft zurückverbannte an ihren Herkunftsort, je nach politischer Einstellung den eines Wunsch- oder eines Alptraumes. Aber bei diesem ersten Besuch war es noch nicht so weit, noch nicht einmal die Worte Perestroika und Glasnost waren erfunden. Zu spüren war gleichwohl da schon der erste Hauch eines neuen Winds: Als sie am KGB-Gebäude vorbeischlenderten, sagte Gastons: »Alles wird anders werden, nur ob zum Besseren oder zum Schlimmeren, das wissen wir nicht.«

5.

Die Blachers und die Wulffs hatten, zum Erstaunen der Rigaer Intourist-Reiseleiterin, doch darauf bestanden, zur Gedenkstätte an die Ermordung der Juden im Vernichtungslager Salgapils hinauszufahren. Die Landschaft kannten sie schon aus Bergen-Belsen und aus Claude Lanzmanns Shoah-Film: die Stille und Einkehr der Wälder schien als Kontrapunkt für den Blutgeruch des Massenmords unentbehrlich zu sein. Adornos Wort, nach Auschwitz gäbe es keine Lyrik mehr, bekam so für Adalbert eine neue Bedeutung: Wie sollte er sich je wieder ungebrochen an »Über allen Wipfeln spürest du kaum einen Hauch«, an »der Wald steht da und schweiget« erfreuen – war doch auch die Vernichtung der Juden von den Nazis als symbolträchtiges Gesamtkunstwerk nach einem ästhetischen Kanon inszeniert worden.
Aber die lettischen Architekten hatten sich doch etwas einfallen lassen, um den aufkommenden Eindruck seeleninniger Waldeinsamkeit zu brechen: Um zur Gedenkstätte zu gelangen, musste

man unter einem schrägen, riesigen Betonblock hindurch, so niedrig aufgehängt, dass man dabei meinte von ihm erdrückt zu werden – und auf dem waren die Worte »Hier stöhnt selbst die Erde« eingraviert. Dann erst öffnete sich der Blick zur Erschießungsstätte, zu den Barackenfundamenten und zu den sechs oder sieben halbabstrakten Zementstatuen der Häftlinge. Die sahen aus, als ob sie gerade dem blutgetränkten Boden entsprossen wären: wie schnell wachsende Pilze, wieder auferstanden zwar von den Toten, aber auch so immer noch an den Ort ihrer Qual festgebannt. Am Fundament der Kinderbaracke hatten die Besucher, wie an einem Opferschrein, Spielzeug und Süßigkeiten niedergelegt, all das, wonach die Kinder sich in den Tagen vor ihrer Ermordung noch gesehnt hatten. Adalbert hat bislang keine so würdige, so wenig bombastische Gedenkstätte gesehen. Und Manu, mit seinen sechs Jahren, sagte zu der lettischen Intourist-Dame, die sie hierher begleitet hatte, selbst eine Jüdin: »Weißt du, wenn ich damals gelebt hätte, dann hätten sie auch mich hierher gebracht und ich wäre schon lange tot.«

6.

Im Bus ging es nach vier Tagen Riga weiter nach Estland. Die Grenze, an der sie zum Fotografieren anhielten, war nur durch einen großen Stein mit den hineingemeißelten Lettern »Eesti NSV« markiert. Natürlich gab es keinerlei Schlagbaum, keine Kontrolle – in der ganzen Sowjetunion, vom Baltikum bis zum japanischen Meer, herrschte damals freie Fahrt –, wenn man diejenigen militärischen Sperrbezirke umfuhr, die auch die eigenen Bürger ohne Genehmigung nicht betreten durften. In Pärnu gab es im Kurhaus ein Mittagessen und sie hatten zwei Stunden Zeit zum Baden. Aber nur am flachen, spiegelglatten Wasser, das einem nach hundert Metern immer noch nur bis zur Brust reichte, wurden Erinnerungen wach – und im Restaurant an einen Geschmack von Rinderbouillon. Immer ungeduldiger, immer aufgeregter wurde Adalbert: Was würde er von seiner Kindheit noch wiederfinden? Mit einer älteren Krankenschwester ihrer Reisegruppe – einem Fräulein Samson von Himmelsstjerna, sie machte die Fahrt zum sechzehnten Mal – übte er einige estnische Worte. Wenn ihm welche einfielen, sagte er sie ihr laut auf, damit sie sie auf ihre Richtigkeit überprüfte. Noch waren sie nebelhaft und glitten von seiner Zunge, wenn er sie nicht gleich in einem Ton, in einer Bewegung der Lippen festmachen konnte, und kamen zunächst noch vereinzelt und stockend. Aber als sie in Tallinn angekommen waren und die Bilder von damals und heute ihn überfluteten, da schossen ganze Sätze und Redewendungen wie ein Schwall Blut aus ihm hoch und fast von einer Minute zur anderen sprach er, der eben noch kaum etwas verstanden hatte, zum Erstaunen seiner Mitreisenden fließend Estnisch.

Als Erstes durchfuhren sie Nömme. Immer noch waren die Villen, Holzhäuser die meisten, in den Wald hineinversteckt, nur waren viele neue hinzugekommen. Die estnische Reiseführerin erklärte ihnen, dass es seit zehn Jahren erlaubt sei, sich Eigenheime zu bauen, und Nömme sei dafür der beliebteste Standort. Mehrfach meinte Adalbert, das Tbc-Sanatorium seines Vaters wiederzuerkennen, wenn sie an einem zwei- oder dreistöckigen Gebäude der Jahrhundertwende vorbeifuhren – aber es ging zu schnell, um ganz sicher zu sein. Dann, schon in der Stadt, schrie er plötzlich auf: »Ja, hier links, das mit der etwas runden Fassade, das fünfstöckige graue, das ist unser Haus!« Der Freiheitsplatz, die Karl-May-Bibliothek, der »Rahvaülikooli«-Laden, in dem er seine Schulhefte gekauft hatte, das Deutsche Theater, die Estonia-Oper, der Marktplatz flogen gleich danach so schnell an ihm vorüber, dass er den immer noch aufgesperrten Mund nicht mehr zubekam. Am Viru-Hotel, dem einzigen Neubau weit und breit am russischen Markt, hielten sie schließlich. Eine Viertelstunde später waren sie in ihrem Zimmer in der zehnten Etage, das einen Ausblick auf die Dächer der Altstadt eröffnete, wie er ihn damals, vor beinahe 50 Jahren, nur vom Domberg herab gekannt hatte. Ja, er war wieder zu Hause.

Mittlerweile war es sechs Uhr geworden. Sie duschten sich, zogen ihre Italiengarderobe an, denn das Thermometer zeigte immer noch 30 Grad, und machten sich auf den Weg. Nicht nur die historischen Monumente, die Olai- und Nikolaikirche, die Kirche vom Heiligen Geist und das Rathaus, der Dom und der Lange Herrmann waren noch an ihrem Ort. Auch Adalberts Schulen, die große Domschule und die kleine, die Tennisplätze, der Sportplatz, der winters zur Schlittschuhbahn wurde, die Cafés Feischner, Eka

und Kultas, vormittägliche Pilgerorte der Mutter, die Buchhandlungen in der Pikktänav und die Schuhgeschäfte in der Viru – fast alles stand noch genau so da, nichts hatte sich wegbewegt, nichts war verschwunden. Adalbert geriet darüber immer mehr in Ekstase: Es kam ihm vor, als sei er es selbst, der hier über sechsundvierzig Jahre die Zeit angehalten hatte, nur um jetzt seine Kindheit wiederzufinden. Als er wieder etwas nüchterner geworden war, blieb ein Gefühl der Dankbarkeit übrig: Irgendjemand hatte ihm dies alles erhalten und verhindert, dass es sich durch Bodenspekulation, Abrisse und sterile Musealisierung in Luft auflöste. Aber nicht davon sprach er – er zeigte nur leuchtenden Auges auf die Gebäude, auf die Straßen und Parks und sagte: »Hier, dieses Fenster, das war mein Zimmer, da am Balkon das von Ivy, hinter dem Erker hat Tante Leni gewohnt.« Oder: »Von der Schule nach Hause, das dauerte damals eine halbe Stunde.«
Jetzt, jetzt erst spürte er, dass dies alles einmal wirklich gewesen war und nicht bloß ein Traum. Marina und die Kinder lauschten gebannt Adalberts Worten, Manu, der Traditionswahrer unter seinen Kindern, wollte alles genau wissen – aber natürlich konnte keiner von ihnen seine Empfindungen ganz teilen. Er musste ihnen vorkommen, als sei er verrückt geworden oder völlig berauscht. Am Ende ihres Rundgangs tönten vom Rathaus Mozart-Klänge zu ihnen herüber, eine Engelsstimme sang, von einer Geige und einer Flöte begleitet, eine Arie aus dem Don Juan. Ein paar junge Leute verteilten Zettel, auf denen am Wallgraben unter dem Domfelsen ein nächtliches Jazzkonzert angekündigt wurde. Das allerdings war neu, aber es durchstrich keines von seinen Kindheitsbildern, es setzte dem Wiederfinden vielmehr noch die Krone auf, dass die Stadt nun bis in die Nacht hinein voller Leben war – auch voller künstlerischer Überraschungen, für die niemand zu zahlen brauchte. Marina sagte, sie fühle sich hier gar nicht wie im Norden, sondern fast wie in Italien. Und tatsächlich, er hatte es im ersten Überschwang übersehen: Die gotischen Fassaden der Häuser waren von den polnischen Restaurateuren mit Pastellfarben übermalt worden, das Sturmgrau hatte einem Rosa, Ocker, Weinrot und Gelb Platz machen müssen, die Stadt war also noch schöner als damals, vor 46 Jahren, selbst ihre Steine waren zu Blumen geworden. Als sie vor dem Schwarzhäupterhaus standen, wo seine Eltern sich kennen gelernt hatten, überfiel Adalbert ein

Schwindel. Die Konturen begannen zu verschwimmen und er musste sich rechts und links stützen lassen, um wieder ins Hotel zu kommen. Damals meinte er, es sei der Gefühlsüberschwang, der ihm diesen Schwächeanfall beschert hatte, aber im Nachhinein muss er sich sagen, dass es wohl doch schon sein angegriffenes Herz war.

Am nächsten Morgen suchte er den Verein zur Pflege der Beziehungen mit den Auslandsesten auf, an dessen Vorsitzenden er von Deutschland aus geschrieben hatte, um eine Sondererlaubnis zu einer Fahrt nach Hapsal zu bekommen. Er wurde freundlich empfangen, der Vorsitzende spazierte mit ihn durch die Stadt und erzählte ihm dabei seine Lebensgeschichte: Als uneheliches Kind aus ärmlichen Verhältnissen musste er sich mühsam bis zum Abitur durchschlagen, danach Lokalreporter beim *Paevaleht*, bis im Juni 1940 die Kommunisten die Macht übernahmen. Er schenkte Adalbert ein paar estnische Romane: Vladimir Beekmanns *Korridor*, in dem er den Namen seines Vaters verzeichnet fand, Jaan Krossens *Balthasar Russow* sowie einen unbezahlbaren Schatz, ein dickbäuchiges estnisch-deutsches Wörterbuch. Für die Reise nach Hapsal aber, sagte er, könne er leider nichts tun, ein sowjetischen Kriegsschiff läge im nahe gelegenen Hafen Rohuküll und während der Zeit gäbe es keine Ausnahmegenehmigungen.

Adalbert kam gerade noch rechtzeitig zum Mittagessen im Hotel an. Wie die Augen fanden auch Nase und Gaumen Vertrautes wieder: die Piroschki, den Gurkensalat mit Sahne und Dill, den Schweinebraten mit »fettigem Braunen«, wie im Baltikum die Kruste genannt wurde – fast den ganzen Küchengeruch in ihrer damaligen Wohnung. Marina und die Kinder wollten gleich nach dem Essen mit dem Bus nach Piirita an den nur wenige Kilometer entfernten Strand, sie hatten ihr Badezeug schon in den Speisesaal mitgebracht. Adalbert aber kam nicht mit, er nahm sich stattdessen vor, die Stätten seiner Erinnerung am Nachmittag noch einmal, jetzt allein, ohne Fremdenführerverpflichtungen zu durchstreifen, zu einer Art stillem Dankgebet. Als er aber in sein Zimmer zurückkehrte, traf er vor seiner Tür einen Mann in den Fünfzigern, der ihn in Estnisch mit den Worten: »Ich bin dein Verwandter Ants aus Viljandi«, begrüßte und hinzufügte, er sei mit seiner Frau Hilda gekommen, um ihn mit seinem Auto nach Hapsal zu bringen. In ein paar Minuten kam heraus, dass er ein Vetter

Tante Käthes war, einer in der DDR lebenden älteren Cousine, die von Ivy über Adalberts Reisepläne unterrichtet worden war und auch über seinen Wunsch, dabei Hapsal wiederzusehen. Das Risiko sei denkbar gering, sagte Ants, er sei in 20 Jahren kein einziges Mal von der Miliz kontrolliert worden – allerdings dürfe das Auto nicht mit Passagieren überladen sein, weshalb er für die Fahrt nur zwei Plätze anbieten könne. Wie durch ein Wunder konnten sie Marina, die Kinder, Peter und Evi und die Blachers noch an der Bushaltestelle in Piirita abfangen. Peter verzichtete zugunsten Gertys auf die Mitfahrt, diese bekam die Anweisung, in Hapsal kein Wort zu sagen, damit sie nicht gleich als Ausländerin erkannt würde – und zehn Minuten später hatten sie die Stadtgrenzen schon hinter sich gelassen.

Die Entscheidung, ob er Ants' Angebot annehmen sollte, hatte so schnell gefällt werden müssen, dass für Überlegungen gar keine Zeit geblieben war. Wie hätte er auch ablehnen können: Dieser ihm fremde Vetter war ja eigens, über eine Strecke von 250 Kilometern, nach Tallinn gekommen, um Adalberts Wunsch zu erfüllen – nicht mit ihm zu fahren hätte bedeutet, ihn unverrichteter Dinge wieder nach Hause zu schicken, den Gipfel also der Undankbarkeit. Dazu kam die unverhoffte Chance, sein Kinderparadies allen Verboten zum Trotz wiederzusehen. Aber jetzt im Wagen kochten die alten Ängste doch wieder hoch: Was wird, wenn Gerty und er festgenommen und der Spionage verdächtigt werden? Er wusste zwar, dass es selbst dann meist nicht so heiß zugeht und Ausländer, die außerhalb der erlaubten Orte und Straßen angetroffen wurden, nach zwei bis drei Tagen Vernehmungen gewöhnlich in ihr Heimatland abgeschoben wurden, aber wie würde es dann Ants und seiner Frau Hilda ergehen, sowjet-estnischen Bürgern, die sich der Beihilfe zumindest zu einem Regelverstoß schuldig gemacht hätten? Und, wer wusste das schon, vielleicht brauchte der KGB jetzt gerade zum Austausch einen deutschen Spion. Er versuchte möglichst nicht daran zu denken, aber wenn er es wegdrängte, zogen ihm Angst und Beklemmung die Kehle noch enger zusammen. So hatte er auch nicht viel von der Fahrt durch die Wälder. Er nahm zunächst nur wahr, dass auch die kleineren, kaum befahrenen Straßen asphaltiert und in einem hervorragenden Zustand waren, aus militärischen Gründen wahrscheinlich. Erst nachträglich registrierte er, dass die alten, schilf- oder strohgedeckten Einzelgehöfte aus der Landschaft wegradiert und an ihre Stelle Dörfer mit ein- oder höchstens zweietagigen Steinpavillons getreten waren. Genau solche, wie er sie auch in den anderen sozialistischen Ländern, in Bulgarien oder der DDR, von den Kolchosebauern bewohnt gesehen hatte.

7.

In etwas mehr als einer Stunde waren sie in Hapsal angekommen. Sie ließen den alten Kaiserbahnhof hinter sich, der so vereinsamt dastand wie zumeist schon in seiner Kindheit, und stellten ihr Fahrzeug am einzigen offiziellen Parkplatz gegenüber der Schlossruine ab. Gott sei Dank, auch einige andere Besuchergruppen, sowjetische Touristen wohl, schweiften wie sie durch die Stadt. Aber bevor sie genauso herumschlenderten, wollte er ihr Haus am Meer wiedersehen, wollte er in der Väike Liiva 4 von ihrem Garten aus wie damals auf Paralepp, Pullapae, Hästholm und Worms hinüberblicken – ja, er war jetzt genauso gierig darauf wie ein Junkie, der seinen Stoff schon gekauft hat und nur noch auf die Gelegenheit wartet, sich den erlösenden Schuss zu setzen.
Und dann standen sie davor, in der kurzen menschenleeren Straße, die am Morgen ein Gewitterguss aufgeweicht hatte. Ihre Datscha war jetzt blassgrün angestrichen, nicht cremegelb wie damals, als sie von ihnen bewohnt worden war, und die Farbe blätterte auch schon ab. Verwahrlost der Garten, die Mauer zum Wasser hin völlig zerfallen, mit Brettern zugenagelt die Veranden, Blumen nur auf einem einzigen, winzigen Beet, das den Eindruck erweckte, als habe es sich zufällig in dies Chaos verirrt. Aber die drei Fliedersträucher, längst abgeblüht, mit ihrer gealterten, rissig gewordenen Rinde, standen noch da – und die Linde, der Ahorn, an denen seine Hängematte befestigt gewesen war, hatten ebenfalls dem Verfall und den Jahren getrotzt. Einen Zaun gab es nicht mehr und so trauten sie sich, obwohl davor ein Auto stand – wie Ants meinte, das eines sowjetischen Offiziers – doch für einen Augenblick hinein bis ans Wasser. Die Paralepper Bucht war über fünfzig Meter ins Meer hinein völlig verschilft – nirgends mehr Stege mit Booten, nirgends ein Segel, nur der Wald gegenüber, die Inseln Worms und Hästholm, sie lockten wie früher. Adalbert fotografierte al-

les, dann aber mahnte Ants sie zu gehen, damit die Bewohner nicht unnötig aufmerksam würden. Sie fanden auf dem Rückweg noch sein »kleines Kino« wieder, den Strandpark mit der Musikmuschel und dem Kurhaus, Ivys Tennisplatz, ein halb abgerissenes Haus am Meer, das vielleicht ihr Yachtclubgebäude gewesen war. Aber das Wasser der Stillen Promenade – er hatte sie, mit ihren schon damals etwas verwahrlosten Gärten, besonders geliebt, weil sie Winde und Wellen nicht an sich heranließ – war irgendwohin abgeflossen, an seiner Stelle gähnte nur noch ein stinkiges schlammschwarzes Loch. Alles war unbelebt, unbenutzt, ja die ganze Stadt wirkte wie die aus Versehen stehen gebliebene Kulisse eines Films, dessen Dreharbeiten schon lange zu Ende sind. Nur im riesigen Park der Schlossruine regte sich etwas – aber es waren augenscheinlich nur Tagestouristen, die wie sie dort spazieren gingen.
Sie blieben in der Stadt nicht viel länger als anderthalb Stunden – dann hatten sie alles gesehen. Nach Paralepp konnten sie nicht, der Wald war auch für sowjetische Bürger verbotenes militärisches Territorium; man munkelte von Atom-U-Booten etwas weiter weg, im Rohuküller Hafen – aber, wie es sich später, nach der Wende herausstellte, waren es nur verrostete Radaranlagen auf der Halbinsel Pullapae, die vor neugierigen Blicken geschützt werden sollten. Sie stiegen in der Wagen und fuhren nach Tallinn zurück. Jetzt, wo die Angst vorbei war, stieg trotz mancher deprimierender Bilder das Glück in Adalbert hoch. Er hatte Hapsal wiedergesehen: verfallen, halb leer, im Grundriss aber immer noch unversehrt, und so den Anschluss wiedergewonnen auch an seine verlorenen Sommer. Seit sie Estland verlassen mussten, hatte ihn öfter der gleiche Traum heimgesucht, dass sie wieder in Hapsal sind, er sein Fernrohr aus Tante Lenis Rotholzsekretär holt und übers Meer Ausschau hält, ihm dann aber Zweifel kommen: Gleich erwache ich und es ist alles verflogen. Die zunehmende Deutlichkeit, mit der das Meer, die Inseln, das Haus der Beerenfrau in Pullapae sich daraufhin vor seinen Augen abzeichnen, scheint diese Annahme aber zu widerlegen – bis er, zu viel ist zu viel, als Probe aufs Exempel, nun auch noch die vertrauten Stimmen des Vaters und der Mutter hören wollte, so doch aus dem Programm purzelte, nach heftigem Widerstreben verschwitzt und enttäuscht erwachte. Nach dieser Reise sollten ihn ein solcher Traum – und ein solches Erwachen – nie mehr überfallen.

Mit Hapsal, dieser verbotenen Frucht, hatten sich alle Wünsche, die er an diese Reise geknüpft hatte, weit über seine Erwartungen hinaus erfüllt. Dankbar schied er von Hilda und Ants, die ihm zum Abschied noch 80 Rubel zusteckten. Es ginge ihnen gut, erzählten sie noch, sie sei Verwalterin eines Konsumladens, er Bürgermeister von Abja Paluoja, des kleinen Ortes im Kreise Viljandi, wo sie auch lebten. Mit Marina, Peter und den Blachers schlenderte er noch einen Tag durch Tallinn. Sie besuchten ein paar Ausstellungen, die wie ein Nachhilfekurs in allen modernen, bis zu Stalins Tod verbotenen Kunstrichtungen anmuteten. Adalbert unterhielt sich, um sein Estnisch in Gang zu halten, mit vielen Passanten, und die Frage einer alten Frau, warum er nicht nach Estland zurückkehren wolle, erschien ihm auf einmal gar nicht völlig absurd. Am Abend des vierten Tages bestiegen sie die *Georg Ots*, ein Schnapsschiff, das am Freitag regelmäßig finnische Säufer von Helsinki nach Tallinn brachte und sie am Sonntag sturzbetrunken wieder auflud. Die Silhouette der Stadt verschwand in der untergehenden Sonne – aber diesmal wusste er, dass er jederzeit wiederkommen konnte. Die Zeit der unwiderruflichen Abschiede schien vorbei, nur noch der Tod konnte ihn für immer vom Land seiner Kindheit fernhalten.

8.

Schon zwei Jahre später kehrte er erneut dorthin zurück, mit seinem Bruder Peter und zwei Nichten, Katharina und Lütte, allerdings nur nach Riga und Tallinn. Diesmal lernte er Jaan Kross kennen, den großen alten Mann der estnischen Literatur, mit dem er sich auch bei allen folgenden Besuchen in dessen verwinkelter und von Büchern überladener Wohnung in der Harjutänav traf. Kross hatte Adalberts Vater gekannt und sagte ihm plötzlich ihre seinerzeitige Telefonnummer auf: 458-75 – welch Wunder, das war sie wirklich –, dann gestand er jedoch breit grinsend, dass er sie gerade erst aus einem Vorkriegstelefonbuch herausgesucht hatte. Nicht weit von seinem Haus sahen sie, wie aus einem Keller in privater Arbeit das erste private Restaurant der Stadt entstand: ein handfester Beleg für die Auswirkungen der Perestroika.
In Riga wurden sie, ein paar Stunden vor ihrer Abreise, noch Zeu-

gen eines weltgeschichtlichen Ereignisses, das sie damals freilich nicht so zu deuten wussten. An diesem heißen Sommertag im August, dem Unabhängigkeitstag der 1940 annektierten bürgerlichen Republik Lettland, fand in der Sowjetunion die erste gegen sie selbst gerichtete Demonstration statt, die von der Polizei nicht auseinander getrieben wurde: Tausende und Abertausende von Menschen legten am Unabhängigkeitsdenkmal in Zentrum der Stadt Blumen nieder, und die Beamten regelten nur den Verkehr. Es war ein erstes Zeichen, dass Gorbatschow es ernst mit der Demokratisierung der sowjetischen Gesellschaft meinte – aus der Rückschau betrachtet allerdings gleichzeitig auch schon ein Wetterleuchten des Zusammenbruchs. Adalbert hatte sich mit Peter, Katharina und Lütte gerade im Stadtpark gesonnt, als sie den Menschenauflauf am gleich daneben gelegenen großen Boulevard bemerkten, dann, zuerst noch etwas ängstlich, waren sie als Zaungäste am Straßenrand den erstaunlichen Begebenheiten gefolgt. Ein Kriegsveteran mit vielen Orden am Rockaufschlag sprach Adalbert auf Russisch an und sagte empört: »Die wollen uns hier wohl heraushaben und Moskau lässt dies Spektakel zu.« Das war erst der Anfang und eine eher beiläufige Erfahrung.

Seine nächsten Besuche, 1989 und 1991, standen dann schon ganz im Zeichen der Auseinandersetzungen um die Wiedererringung der Unabhängigkeit der baltischen Staaten.

1985, bei seiner ersten Reise, hatte Adalbert von diesen Bewegungen noch nicht einmal die Vorzeichen erkannt. Bei der jüngeren Generation, bei seinen lettischen Neffen und Nichten, spürte er zwar einen abgrundtiefen, gegen den Kommunismus gerichteten Hass, den er aber nur halbwegs und gegen viele eigene Widerstände verstand. Ihre Eltern und Großeltern waren vor 1940 privilegiert gewesen, sie hatten zu der herrschenden Klasse gehört und manche von ihnen hatte die Sowjetmacht für ein Jahrzehnt nach Sibirien oder Zentralasien deportiert. Jetzt, nach ihrer Rückkehr, gab es keine Dienstboten mehr und die vorher weiträumigen Behausungen waren, bestenfalls, auf zwei winzige Zimmer mit Küche und Bad zusammengeschrumpft oder, schlimmer noch, sogar nur auf einen Anteil an einer Kollektivwohnung. Aber um sich auszubreiten hatten die Familien ihre Datschen, zu denen sie jederzeit in ihren kleinen Autos hinfahren konnten; um ihren Arbeitsplatz brauchten sie nicht zu bangen, nicht einmal Arbeitsstress gab

es und für Reisen stand immerhin fast die halbe Welt, die östliche, ihnen offen.
Anders als Ants und Hilda, die in ihren Ferien bis nach Wladiwostok gekommen waren, die all diese Vorzüge auch genossen und erst in den Jahren der Auseinandersetzungen um Autonomie und Unabhängigkeit eine Abneigung gegen die Russen entwickelt hatten, schien diesen jungen Letten das, was sie schon besaßen, überhaupt nichts wert zu sein – oder sie nahmen es für so selbstverständlich, dass sie meinten, das alles gäbe es im goldenen Westen einfach gratis dazu. An den Kommunisten wollten sie sich jedenfalls dafür rächen, dass sie ihnen die Glitzerwelt des Konsums, die Glückspielmöglichkeit, schnell reich zu werden, über ein halbes Jahrhundert hinweg vorenthalten hatten, und dazu noch alle Attribute der westlichen Jugendkultur. Adalbert hingegen fühlte sich gerade in diesem anspruchslosen, nur langsam in die Zukunft hineinwachsenden Sowjetbaltikum wohl. Es hatte ihm die Stätten der Kindheit aufbewahrt, es hatte die Beschleunigung abgebremst, der sie im Kapitalismus schon lange zum Opfer gefallen wären: so wie das anderswo, zum Beispiel mit dem Stadtbild Lippstadts in seiner Jugend, tatsächlich geschehen war, von dem er bei einem »Club«-Treffen, dreißig Jahre nach ihrem Abitur, außer zwei abgeschleckten, kosmetisch operierten romanischen Kirchen gar nichts mehr vorgefunden hatte. Und er mochte diese Menschen im Osten, denen ihr Gesellschaftssystem nur wenig Grund dazu gab, miteinander zu konkurrieren, äußere Zeichen ihres Prestiges anzusammeln oder überall mit dem gefrorenen Lächeln des Winners herumzustolzieren – Menschen die viel mehr Zeit füreinander und für sich selbst hatten und es sich viel häufiger als im Westen auch leisten konnten, so zu reden und so zu handeln, wie es ihnen ums Herz war – wenn sie die Politik dabei ausklammerten.
Natürlich wusste er, dass dies vorerst nur Eindrücke waren, die entstanden, wenn man eine Negativfolie des Kapitalismus über diese ganz andere Gesellschaft legte, und dass tief unter der Oberfläche des Kommunismus noch dessen eigene Tücken lauerten wie der Mangel an frei zugänglicher Information und an selbstbestimmten öffentlichen Äußerungsmöglichkeiten. Aber damals war er doch glücklich mit dem, was er zu sehen meinte, Sowjetestland nahm für ein paar Jahre den Platz einer wiedergewonnenen und zugleich zukunftsöffnenden Heimat ein. Er hatte dort

liegen gebliebene Lebensfäden mit seinem gegenwärtigen Gesellschaftsprojekt, in gewissem Ausmaß auch mit seinem heutigen Alltag verknüpfen können, und diese Eindrücke trugen dazu bei, dass er bei seiner Rückkehr einen neuen Elan auch für seine antiimperialistische Arbeit mitbrachte.

9.

Die nächste große Reise, die sie mit ihren Kindern unternahmen, führte sie im Sommer 1988 nach Algerien. Sie hatten sich ziemlich unvermittelt zu ihr entschlossen, denn eine in Algier lebende Familie hatte sich bereit gefunden, für sie in der Ferienkolonie Tipaza am Meer einen Pavillon zu mieten und sich während der vier Wochen, die sie im Land bleiben wollten, um sie zu kümmern. Marinas Eltern hatten nicht einmal in Erwägung gezogen, sie zu begleiten. Algerien war für sie ein abgeschlossenes Kapitel ihres Lebens, und wie Ivy fürchteten sie um ihre Erinnerungen, wenn sie sie einer Konfrontation mit einer Gegenwart aussetzten, die ihnen, wie sie meinten, bestenfalls beziehungslos gegenübertreten konnte.

Am Flughafen wurden sie von Marzak abgeholt, einem vielleicht vierzigjährigen, schlanken, drahtigen Mann, der sie in seinem Wagen zunächst zu sich nach Hause brachte – einem zwei- oder dreistöckigen Pavillon in Hydra, einem der vornehmen Viertel der Stadt, das auch viele Diplomaten und Regierungsbeamte beherbergte. Wie sie zu sechst mit ihren vielen Koffern und Taschen in Marzaks Kleinwagen Platz gefunden hatten, ist Adalbert heute noch ein Rätsel. Es war ein Symbol dafür, dass man sich in diesem Land mit unzureichenden Mitteln irgendwie durchbringen musste und dies oft genug auch gelang. Sie wurden wie sehr gute Freunde empfangen.

Marzak, am Wirtschaftsministerium tätig, und seine Frau Safia, Zahnärztin, beide Kabylen, gaben ihnen gleich einen Überblick über die Lage im Land. Der Öl- und Erdgasboom, der die Ausschöpfung und Pflege anderer Ressourcen wie der Landwirtschaft über 25 Jahre lang hatte unnötig erscheinen lassen, war am Ende, die Devisen sprudelten nicht mehr, viele staatliche Projekte hatten deshalb aufgegeben oder in ihrem Umfang reduziert werden

müssen. Das, aber auch die dem Frieden und dem Aufbau des Gesundheitswesens geschuldete demografische Entwicklung – die Hälfte der Bevölkerung war unter 25 Jahre – hatten zu Arbeitslosigkeit und Unterbeschäftigung vor allem der Jugend geführt. Gleichzeitig waren die Preise in die Höhe geschossen und dort, wo der Staat sie noch regulierte, fehlten die Waren. Stundenlang fielen Elektrizität und Wasserversorgung aus, und das staatliche Schul- und Gesundheitswesen, in den Jahren nach der Unabhängigkeit der Stolz des Landes, verfügte über immer weniger Mittel. Von Saudi-Arabien und den Emiraten finanzierte islamistische Gruppen hatten sich diese Notlage zunutze gemacht und eigene Schulen, eigene Ambulanzen gegründet und in letzter Zeit großen Zulauf gefunden, bei der ärmeren Bevölkerung ebenso wie bei arbeitslosen oder schlecht bezahlten Lehrern und Angehörigen anderer intellektueller Berufe. Auch Fremdenfeindlichkeit, jetzt religiös artikuliert, mache sich zunehmend breit. Sogar ihr zwölfjähriger Sohn bringe aus der Schule fundamentalistische Sprüche heim. Und der Militärkaste ginge es nur darum, sich an der Macht zu halten; sie sei im Laufe der Jahre immer korrupter geworden. Durch eine zunehmende Entrechtung der Frauen versuche sie den Islamisten Wind aus den Segeln zu nehmen, aber auch durch eine rabiate Arabisierungspolitik gegenüber den Berbern, die immerhin ein Viertel der Bevölkerung ausmachten und in ihrer Mehrzahl für einen liberalen, gemäßigten Islam einträten.
Auf den ersten Blick war für Fremde davon nicht viel erkennbar. Vielleicht wurden sie bei dem Gedränge an den Autobushaltestellen etwas heftiger als die Einheimischen angerempelt und mit unverständlichen Schimpfwörtern bedacht, vielleicht sprach aus den Augen einiger Passanten auch Hass. Aber vielerorts kam man ihnen freundlich und hilfreich entgegen. Im Schnitt unterschieden sich ihre Erfahrungen mit den Menschen hier nicht so sehr von denen, die sie in der Sowjetunion oder in Bulgarien gemacht hatten: Wenn jemand sie sympathisch empfand, setzte er sich weit über das von ihm zu erwartende Maß hinaus für sie ein; war dies nicht der Fall, so war überhaupt nichts zu machen. Allenthalben herrschte eine etwas verdächtige Ruhe – in jeder Ortschaft sahen sie Polizei oder Militär patrouillieren.
Drei Monate nach ihrer Rückkehr nach Hannover, im November 1988, kam es zu den ersten blutigen Unruhen seit der Unabhän-

gigkeit – das Militär schoss auf damals noch friedlich demonstrierende Studenten, und etwa ein Jahr später begannen die Morde islamistischer Banden an Ausländern, laizistischen Intellektuellen, Künstlern und emanzipierten Frauen, gefolgt von Massenschlächtereien und Entführungen ganzer Dorfbevölkerungen, gefolgt vom Vergeltungsterror des Militärs.
Am nächsten Morgen brachte Marsak sie nach Tipaza in eine Ferienkolonie, die vor ihrer Verstaatlichung dem *Club Med* gehört hatte. Weiß strahlende Pavillons hoben sich ab vom Lila der Bougainvillois, vom Himmel, von den Palmen, von den Orangen- und Granatapfelbäumen und natürlich auch vom tiefblauen Meer. Drinnen war allerdings alles ziemlich verwahrlost, seit Jahren nicht nachgestrichen, und das etwas salzige, nicht trinkbare Wasser kam nur irgendwann nachts für eine halbe Stunde aus der Leitung – sie hörten es gurgeln und sprangen dann aus dem Bett, um sich wenigstens einmal am Tag duschen zu können. Der Teil der Anlage, in der auch sie wohnten, war sonst ausschließlich mit algerischen Großfamilien belegt, und nur in den Pavillonreihen, in denen man französische und italienische Pauschaltouristen untergebracht hatte, lief eine allerdings auch dort ungenießbare Flüssigkeit den ganzen Tag aus den Wasserhähnen. Die Kinder störte das alles nicht sehr. Sie fanden auch gleich ihre Spielgefährten und wurden ab und zu sogar in die benachbarten Pavillons zum Couscous eingeladen. Eines Abends, unterwegs zum Café, das Mineralwasser führte und Brot verkaufte, hörten sie ein Schaf blöken, das vor einer Pavillontür an einem Pflock festgebunden war. Am Morgen danach schon hing es geschlachtet und abgezogen da: Es hatte, zum Gedenken an das Sohnesopfer, das Abraham von Jahwe – oder Allah – im letzten Moment erspart worden war, stellvertretend sein Leben lassen müssen und würde an den nächsten Abenden nach Sonnenuntergang, es war Ramadan, die Mägen seiner Eigentümer füllen. Um aus der Ferienkolonie herauszukommen, waren sie völlig auf Besuche Marzaks und seiner Frau angewiesen. Nach einer Woche dieser etwas stumpfsinnig werdenden Badeeinöde beschlossen sie, die geplante Autoreise durchs ganze Land vorzuverlegen.
Marzak hatte ihnen einen R4 besorgt und telefonisch auf allen Stationen ihres Weges Hotelzimmer für sie reserviert. Ihr Weg führte sie rasch in das Landesinnere. Nachdem sie die Kabylei mit ihren grün bewaldeten Bergen hinter sich gelassen hatten, zogen

grandiose Felslandschaften mit spärlicher Trockenvegetation an ihnen vorüber. Als sie sich Constantine näherten, wurde die Straße immer schlechter, an einer Stelle löste sie sich in ein fußballplatzgroßes Schottergelände auf, um auf der anderen Seite, zu ihrer Verblüffung, aus diesem wieder hervorzugehen. Kurz vor der Einfahrt in die Stadt, es war schon stockdunkel, kam ihnen ein unbeleuchteter Lastzug entgegen.

Das Flughafenhotel, in dem sie gebucht hatten, erwies sich als eine ziemlich schmuddelige und laute Absteige, Hundegebell, Hähnekrähen und Motorenlärm wetteiferten darin, ihnen den Schlaf zu rauben. So zogen sie am nächsten Mittag schon um in das *Panorama* im Herzen Constantines, das sie entgegen einer Marzak gegebenen telefonischen Auskunft doch aufnehmen konnte, als Marina sich dort als Kind dieser Stadt vorgestellt hatte. Hier war alles, wie sie es sich wünschten: zwei saubere Zimmer mit Blick auf die gähnende Schlucht, die die Stadt in zwei ungleiche Hälften zerriss, und die berühmte, waghalsig anmutende Hängebrücke, von der sie verbunden wurden, eine Aussicht, die sie von vielen Postkarten bereits kannten. Gut war das Essen hier und die Bedienung freundlich.

Wenig später brachen sie auf, um Marinas Geburtshaus zu suchen. Ihren Wagen ließen sie am Stadtgefängnis stehen, denn nicht allzu weit entfernt davon sollte »Bellevue« liegen, das Stadtviertel, das sie mit den Eltern bewohnt hatte, bis sie 1952 das Land verließen – Marina war damals neun Jahre alt. Bellevue, Camp des Oliviers, Cité Laloum, all diese ihr wohl vertrauten Worte gingen ihr durch den Kopf, Wegmarken der Erinnerung, die sie an die Stätten der Kindheit heranführen sollten. Aber die Straßen und Bauten weigerten sich vorerst zu antworten, die kalte Schulter zeigten sie ihr – bis sie eine Frau auf einem Balkon gerade über ihnen nach dem Weg dorthin fragte, diese, mit ausgestrecktem Finger, auf den zufällig daherkommenden Briefträger wies, Marinas Blick dieser Fluchtlinie folgte und sie, als ob sie aus einem verwirrenden Traum erwacht wäre, schlagartig wieder wusste, wo sie war: Ja, da war die Treppe, auf der sie sich mit ihrer kleinen Schwester gestritten hatte, dort ging es zum Haus der Tante Matira, und das flache Haus mit dem gekachelten Eingang, das war ihre Schule gewesen. Sie ging also ihren Schulweg zurück nach Hause und aus einem Gewirr von Straßen, Plätzen und kleinen Gärten ergab sich,

Straßenecke um Straßenecke, allmählich die Richtung, die dorthin führte: Plötzlich standen sie tatsächlich vor der Cité Laloum, in der sie geboren war.

Die war ein HLM, ein Sozialbau vor der Zeit, gelbweiß gekalkt, mit hellblauen Türen und Fensterrahmen. Hier hinter diesem Fenster lag das Schneideratelier ihres Vaters, hinter jenem das Zimmer, in dem sie selbst das Licht der Welt erblickt hatte. Sie stiegen die Treppe hinauf, standen an der Eingangstür der Wohnung im düsteren Flur, aber Marina wollte nicht klopfen: Ein unfreundlicher Empfang oder auch nur das Unvermögen, sich den neuen Wohnungsinhabern verständlich zu machen, hätten die scheuen Bilder, die sich nur zögernd hervorgewagt hatten, vielleicht wieder vertrieben. Stattdessen umkreisten sie noch einmal das Haus und Marina fand die paar Stufen wieder, die sie damals heruntergesprungen war auf die kleine Terrasse mit dem Blick auf die unter ihr liegenden Gärten, der dem Viertel seinen Namen »Bellevue« gegeben hatte.

Später am Abend schlenderten sie durch die Kasbah, wo sie in einer Seitengasse unweit des Bey-Palastes von Kindern mit Steinen beworfen wurden, das erste und einzige Mal in diesem Land allerdings. Und an der Place de la Breche, dem kolonialen Zentrum der Stadt, auf einem ihrer Hügel errichtet, sahen sie die Sonne in das Blau der Aurès abtauchen, einer wilden Berglandschaft, die die Franzosen in ihrer hundertdreißigjährigen Herrschaft nie ganz in ihre Gewalt gebracht hatten. Auf der Place de la Breche, erzählte Marina, hatte es am Samstagabend manchmal ein Eis gegeben, dann, wenn der Vater grad etwas besser verdient hatte, und so setzten sie sich in das große Café und aßen, zur Erinnerung daran, jeder einen ganz großen Becher davon.

Am nächsten Morgen waren sie nach Batna unterwegs, wo Marinas Mutter bis zu ihrer Heirat gewohnt hatte: ein damals kleines Städtchen, dessen Einwohnerzahl seit der Unabhängigkeit auf über 200.000 hochgeschnellt war. Sie versuchten die Straße zu finden, in der das Haus ihrer Großeltern gestanden hatte; das Café, das vom Großvater geführt worden war; die seinerzeitige Wohnung der Urgroßmutter, Mazbida genannt, die im ganzen Stadtviertel bekannt gewesen sein soll. Aber anders als in Constantine stellten sich bei Marina überhaupt keine Erinnerungen ein. Das Stadtbild hatte sich durch Abrisse und Neubauten völlig verändert, die Kirche und die Synagoge, von Marinas Mutter angegebene Orientierungspunkte, gab es nicht mehr. Als sie gerade das Polizeipräsidium ansteuern wollten, um zu erkunden, wie die Straße jetzt auf Arabisch hieß, überfuhr Marina eine durchgezogene Spurbegrenzung. »Linne contenüü!!«, hämmerte der Polizist, der sie anhielt, auf sie ein und forderte herrisch ihren Führerschein, was das Ende ihrer Reise bedeutet hätte. Aber als er begriff, dass sie das Haus ihrer Mutter suchte, ließ er sich erweichen und zeigte ihnen den Weg zu einer meldeamtsähnlichen Behörde, die ihnen vielleicht weiterhelfen könne. Die Auskunft über die Straße, die sie dort erhielten, erwies sich jedoch als unbrauchbar. Sie gaben ihre Suche also auf und machten sich auf nach Timgad.

Bis nach Timgad waren auch die Römer vorgedrungen, dort hatte Trajan ihre südlichste Provinzhauptstadt in Afrika errichtet – ihr »guide bleu« widmete diesem Ort fast 10 Seiten. Auf dessen Abbildungen entdeckten sie einen riesigen Wald hoch aufragender korinthischer Säulen, mehrere Triumphbögen, eine Bibliothek, ein großes Theater und rechtwinklig aufeinander treffende Straßen mit ihren oft noch bis zur Brusthöhe erhaltenen Häusermauern. Diese Bilder zeugten von der einstigen Bedeutung der Stadt, deren moderner, bewohnter Teil heute nur aus drei oder vier Sträßchen und einem kleinen Marktplatz bestand, und dort suchten sie zunächst auch ihr Hotel. Aber sie fanden es ganz woanders, gleich gegenüber vom Eingang zu dem als Freilichtmuseum genutzten antiken Ruinenfeld nämlich.

Zuerst staunten sie über die vielen voll besetzten Tische in dem – wie es ihnen schien – für diesen winzigen Ort überdimensionierten Speisesaal. Aber als sie Platz gefunden hatten, erfuhren sie, dass die Bewohner der ganzen Umgebung – nur die Männer natürlich – mittags und abends hierher fuhren, mit Bussen oder Privatwagen, weil das Hotelrestaurant als Einziges weit und breit über eine Lizenz für Alkoholausschank verfügte. Wer sich besaufen oder nur zum Mittagessen ein Glas Wein trinken wollte, kam eben an Timgad nicht vorbei. Aber Adalbert und Marina hatten zunächst andere Sorgen als die betrunkenen Männer, die sie anstarrten, aber kein Wort an sie richteten, denn im Marzipanfüßchen ihrer kleinen Noemi hatte sich ein Seeigelstachel entzündet und der sorgte für Fieber. Gerade an diesem Tag hielt ein Arzt in der Ortsambulanz Sprechstunde ab, zog den Stachel heraus und desinfizierte die Wunde, aber sie durfte 24 Stunden lang nicht viel laufen. So blieb sie mit ihren Brüdern auf der inzwischen leer gewordenen Hotelterrasse zurück und alle drei spielten dort mit den Gastwirtssöhnen Poker, während Marina und Adalbert sich die antike Stadt ansehen gingen – sie hatten den Museumswächter überreden können, sie trotz der späten Stunde noch einzulassen. Dort waren sie die einzigen Besucher. So weit das Auge reichte nur Ruinen, Wüste und die im Abendlicht verdämmerten Bergkuppen – für einen Augenblick kamen sie sich vor wie die letzten Bewohner, die nach einem Erdbeben oder einer Brandschatzung in ihre Behausungen zurückgekehrt waren und nichts anderes mehr als Steine dort vorfanden.

Zur Abendessenszeit füllte sich der Saal wieder mit Betrunkenen und sie zogen sich in ihre Zimmer zurück. Die starrten vor Dreck, im riesigen Badezimmer tummelten sich die Kakerlaken in der pompösen Wanne mit ihren vergoldeten Wasserhähnen, die Leitungen waren wahrscheinlich schon seit Urzeiten, seit dem Ende des Kolonialregimes, tot. Von unten drang der Lärm der immer mehr in Stimmung kommenden Gäste hoch. Die Horden betrunkener Männer, die zudem noch gegen die Gebote ihrer eigenen Religion verstießen, machten Marina und Adalbert schon etwas Angst – aber als gegen Mitternacht mit einem Schlag alles verstummte, wohl wegen der Polizeistunde, wurde ihnen noch unheimlicher zumute. Sie waren jetzt die einzigen Gäste im Haus, und als sie feststellten, dass die Lampen in keinem der Zimmer angingen und ihre Räume auch nicht abschließbar waren, waren sie fast sicher, sie seien unter die Räuber gefallen, in einer algerischen Abart der »Auberge rouge« oder des »Wirtshauses im Spessart«. Sie holten die Kinder in ihr Zimmer, errichteten dort ein Matratzenlager für sie alle und verbarrikadierten mit dem Kleiderschrank die Tür.

Während Jonathan, Manu und Noemi wie kleine Engel schliefen, hielten die Angst vor den Mördern und die Hitze die Eltern wach, und es war für sie eine Erlösung, als sie die ersten Hähne krähen hörten und es endlich hell wurde. Am Morgen sahen sie nichts anderes als eine ländliche Idylle. Zum Frühstück wurden sie von den Gastwirtssöhnen fröhlich begrüßt und gegen 9 Uhr waren sie schon auf der Straße, die über das Aurèsgebirge nach Biskra führte, einer Oase mitten in der Wüste, dem südlichsten Punkt ihrer Route. In seinem Reiseführer las Adalbert etwas über den 100.000 Hektar großen Wald, den das algerische Militär gegen das Vordringen der Sahara gepflanzt haben sollte, aber sie bekamen ihn nicht zu Gesicht.

Biskra lag regungslos hingestreckt in der gleißenden Mittagshitze, die Straßen schattenlos leer gefegt. Das ganze Leben schien auf den überdachten Markt konzentriert, den größten Gewürzmarkt des Landes, wenn nicht der ganzen Welt, dessen tausend Gerüche sich im quadratischen Bau durchmischten. Neugierig schlenderten sie an den Säcken und Kisten vorbei, merkten aber, wie erschöpft sie waren, und kehrten in ihre Zimmer zurück, legten sich hin und schliefen bis zum Abend, zum ersten Mal froh darüber, dass die Klimaanlage funktionierte. Als sie, schon bei angebrochener Dunkelheit, aus der Tür traten, um ein Restaurant zu suchen – das ihres Hotels war geschlossen –, wurden sie, wie von einem Föhn, von einem glühend heißen Wind angeweht, der sogar Sandkörner mitführte. Das war der Schirokko, vor dem Marinas Eltern, ebenso wie vor der im ganzen Land berüchtigten Biskraer Hitze, sie vor ihrer Reise gewarnt hatten. Das einzige, was ihnen Erleichterung verschaffte, war der heiße Thé à la menthe in den kleinen, bunt bemalten Gläsern, die man zum Trinken zwischen die Kuppen von Daumen und Mittelfinger nahm.

Am nächsten Tag, auf der Straße nach Bou Sadaa, nichts als eine richtungslose Einöde, die sich bis ans Ende der Welt fortzusetzen schien: mal wellige Dünen, mal kahle, staubige Steinbrocken, von Zeit zu Zeit einige verblichene Tierknochen, etliche vertrocknete Kakteen. Einmal kreuzte eine Kamelkarawane ihren Weg und für dreißig Sekunden nahm ihnen eine Sandböe jegliche Sicht. Sie waren nicht mehr als 200 Kilometer über eine perfekt ausgebaute asphaltierte Straße gefahren und wurden doch das Gefühl nicht los, sie hätten ein erregendes, ja gefährliches Abenteuer bestanden.

Bou Saada, das sie auch wieder um die Mittagszeit erreichten, war anders als Biskra voller Leben, die Hitze erschlug sie dort nicht, sondern hüllte sie wohltuend ein. Ihre Zimmerfenster öffneten sich zum Dattelpalmenwald der Oase – und die Tür zum schattigen Schwimmbad, umstanden von Oleanderbäumen, wurde ihnen von einem freundlichen Angestellten sogleich aufgeschlossen, obwohl es in der Siestazeit sonst niemandem zugänglich war. Zwei Tage erholten sie sich hier, bei vorzüglichem Essen und unbegrenzt flie-

ßendem, kristallklarem Quellwasser, von dem sie ein paar Kanister sogar nach Tipaza mitnahmen. Auf dem Markt kaufte Manu einen handgeschmiedeten, rasiermesserscharfen Dolch, der nach Auskunft des Händlers eigentlich dazu diente, Schafen die Kehle mit einem einzigen Schnitt zu durchtrennen.
Zurück in Tipaza erschien ihnen ihre Ferienkolonie auf einmal erträglich: Jetzt, da sie ein Auto hatten, fühlten sie sich nicht mehr in ihr gefangen. Im nahe gelegenen Blida, das sie besuchten, einem der Zentren islamischer Strenggläubigkeit, spürten sie allerdings die Feindseligkeit der Menschenmenge an den stechenden Blicken, am herrischen Abwenden der Gesichter – aber sie war noch eher zu ertragen als die beflissene Unterwürfigkeit, die Adalbert ein paar Jahre später im Nachbarland Tunesien kennen lernen sollte. Für die düstere Stimmung wurden sie zudem zehn Kilometer außerhalb der Stadt entschädigt, und zwar in einem kleinen Restaurant, das seine zahlreiche Kundschaft den Affenfamilien in den über ihm steil aufragenden Felsen verdankte. Sahen die nämlich einen Bus oder auch nur ein paar Wagen halten, so kamen sie mit ihrem Nachwuchs herunter und führten den Gästen ihre Kunststückchen vor, wofür sie von diesen allerhand Leckerbissen zugesteckt bekamen. Die gegenseitige Neugier war groß, die Verwandtschaft nicht zu übersehen und die Tiere – konnte man sie überhaupt noch so nennen? – zeigten ihren menschlichen Vettern gegenüber keine Spur von Angst oder Aggressivität, sie ließen sich sogar anfassen.
Abends saßen sie jetzt fast täglich im kleinen Tipazaer Restaurant am Eingang zu den römischen Ruinen, die es auch hier gab, tranken ein Glas Rotwein und aßen eine Scheibe frischen Schwertfisches oder auch mal eine Pizza. Diese zweite antike Stadt Algeriens hatte nicht das Ausmaß von Timgad. Dafür aber lag sie auf zwei Hügeln am Meer und mitten im Grün, man fühlte sich in ihr nicht am Ende, sondern inmitten der Welt, der mediterranen. Indem sie sie abschritten, ihren Blick auf ihr ruhen ließen, ihre Steine berührten, machten sie sich ihre Geschichte zu Eigen und in den Nächten danach sickerte sie ein in das Reservoir ihrer Träume.
So klangen diese Ferien allmählich aus und am Ende des Monats kehrten sie zurück in ihre Hannoveraner Provinz – über Paris, wo sie Marinas Eltern und Geschwistern über alles berichten mussten, was sie unterwegs zu sehen bekommen hatten.

10.

Mit der jüdischen Gemeinde Hannover nahm Marina erstmals Mitte der achtziger Jahre Kontakt auf, ein Hebräisch-Lehrer für Jonathans »Bar Mitzwa«-Vorbereitungen hatte gefunden werden müssen. Mit den Kindern besuchten auch Marina und Adalbert ab und zu die Synagoge, zu besonderen Gedenktagen wie an die Shoah, die Staatsgründung Israels oder die Pogromnacht 1938. Zu der Zeit hatte die Gemeinde nicht viel mehr als 300 Mitglieder, zum größten Teil ältere Leute und fast alle osteuropäische Juden, die zu Kriegsende aus einem deutschen KZ, die meisten aus Bergen Belsen, befreit worden und aus irgendwelchen Gründen dann doch im Land ihrer Verfolger hängen geblieben waren. Von den Hannoveraner Vorkriegsmitgliedern hatten überhaupt nur ganz wenige die Deportation in die Rigaer Vernichtungslager überlebt. Adalbert, der vom Judentum als Religion so gut wie nichts wusste, war verwundert über den großen Raum, den in den Reden des Rabbiners Dr. Brandt die Vernunft einnahm: die Überzeugung durch Argumente, der Verzicht auf jegliche Spekulationen über ein Leben nach dem Tod – das Übernatürliche schien in diesem Glauben hauptsächlich als Paradox vorzukommen, dort wo die Vernunft sich an ihren eigenen Voraussetzungen stieß. Aber es blieben vorerst flüchtige Eindrücke.
Erst als auch Manu auf seine Bar Mitzwa vorbereitet werden musste und Dr. Brandt sie darauf aufmerksam machte, dass solche Dienstleistungen ausschließlich Mitgliedern vorbehalten seien, trat Marina in die Gemeinde ein, und danach gingen sie öfter alle zusammen auch zum Shabatt-Gottesdienst, zunächst nur, um ihre Kinder in der Gemeinde nicht als Außenseiter dastehen zu lassen. Nach den Gottesdiensten gab oft ein Gemeindemitglied einen Kiddosh, das heißt, er lud alle anderen zu einem Imbiss oder auch einem Mittagessen in den gleich neben der Synagoge gelegenen Gemeindesaal ein. Zusammen zu essen und zu trinken schien in dieser Religion fast ebenso wichtig zu sein wie zusammen zu beten. Ihr Gott wurde nach seiner Lobpreisung im Gebet zum überzähligen Gast bei diesem Mittags- oder Abendmahl, das so auf eine mitmenschliche Ebene zurückgefahren wurde – und von der aus gesehen erschien die Transmutation von Brot in Fleisch, von Wein in Blut in einer »heiligen Kommunion« nur als rückstän-

diger Aberglaube. Dieses Neben- und Miteinander von Intellektualität, mitmenschlicher Wärme und, in den Grenzen des Erlaubten, auch von Genuss und Lebensfreude faszinierte Adalbert. Die Riten zu den Festen und zu den wichtigsten Lebenseinschnitten wie Geburt, Erwachsenwerden, Heirat und Tod, die er ja schon im Haus der Pariser Schwiegereltern kennen gelernt hatte, ohne viel über sie nachzudenken, erschienen ihm nun als Figuren des Gedenkens und der Verbundenheit, die den Gestus der Beschwörung völlig vermissen ließen. Eine Zeit lang, vor allem kurz nach seinem Infarkt, hatte Adalbert sogar mit dem Gedanken gespielt, zum Judentum überzutreten, um Marina und den Kindern näher zu sein – und auch, um mit Marina am gleichen Ort begraben werden zu können. Aber mit der Zeit wurde er sich immer sicherer, dass dies nicht der richtige Weg sein konnte, nicht nur, weil er argwöhnte, er wolle sich damit von der Seite der Täter auf die der Opfer hinübermogeln, sondern wohl auch, weil er schon lange in einem Leben ohne Gott und nur mit den Menschen beheimatet war und sich dort auch am richtigen Ort fühlte.

Jonathans Bar Mitzwa wurde wie von vornherein vorgesehen in Paris gefeiert, in der großen Synagoge Rue des Tournelles, deren Gemeinde Marinas Eltern, die zahlreiche Verwandtschaft und Tausende algerischer Juden, die meisten aus Constantine, angehörten. Die Gesänge, die Adalbert dort zu diesem Anlass zum ersten Mal hörte, schienen aus grauer Vorzeit hervorzubrechen – anders als in der aschkenasischen synagogalen Musik hatten die barocken Töne der Kirchenorgeln in ihnen keinerlei Spur hinterlassen. Da stand nun sein Sohn, zum ersten Mal den Talid, den Gebetsschal, um die Schultern geworfen und las mit noch dünner, aber sicherer Stimme seinen Thoratext von der großen Rolle. Adalbert war stolz auf seinen Ältesten. Aber gleichzeitig spürte er, dass ihn dabei auch etwas verließ. Jetzt schickte er das erste seiner Kinder hinaus in ein Abenteuer, das er selbst nicht bestehen wollte, und nach seinem Tod würden die Wulffs eine nur noch jüdische Familie sein. Mittags saßen sie alle in der Wohnung der Toubianas im Faubourg St. Antoine zusammen und verzehrten ein köstliches Mahl. Ivy und Dieter waren gekommen, zwei ihrer Töchter mit ihren Partnern, Juliette, einige andere Freunde und die weit ausgedehnte Pariser Verwandtschaft. Piotr und Julio, die dazugehört hätten, waren seit Jahren schon tot.

Zwei Jahre später wiederholte sich für Manu das gleiche Ritual und wieder gab es ein großes Familienfest.

Für Mädchen sah die traditionalistische sephardische Synagoge in Paris keine Bat-Mitzwa-Feier vor, in rituellem Sinne erwachsen wurden für sie eben nur Jungen. In Hannover hingegen war der Rabbiner Dr. Brandt gerade dabei, die Gemeinde, die durch viele Einwanderer aus der Sowjetunion rasch anwuchs, ganz vorsichtig zu mehr Gleichberechtigung der Geschlechter auch in religiösen Angelegenheiten hinzuführen – das drückte sich zunächst darin aus, dass auch für Mädchen eine Feier religiösen Erwachsenwerdens ausgerichtet wurde, die sich kaum mehr von der für die Jungen unterschied. Damit war klar, dass Noemis Bat-Mitzwa-Fest in Hannover stattfinden sollte, und die ganze nähere Pariser Verwandtschaft mit Großeltern, Tanten und Onkel, Cousins und Cousinen, reiste dazu an. Mit glockenklarer Stimme sang seine Tochter ihre Thoraverse und sagte danach zu ihren Eltern, ihren Freunden und zur ganzen Gemeinde ein paar Worte darüber, was sie unter Judentum verstand: Toleranz, Friede, Solidarität und Gerechtigkeit. Wie alle Väter von Bar- oder Bat-Mitzwa-Kindern hielt auch Adalbert im Gemeindesaal, bevor mit dem Essen begonnen wurde, eine kleine Ansprache an die Gäste, vor allem aber an seine Tochter:

»Meine Noemi,

heute bist Du ein verantwortliches Mitglied der jüdischen Glaubensgemeinschaft geworden und damit in religiöser Hinsicht erwachsen. Das ist auch für mich, Deinen religiös ungebundenen, immer noch – manche sagen gegen alle Vernunft – vernunftgläubigen Papa ein wichtiger Tag. Einmal weil ich seit nunmehr bald 22 Jahren an den religiösen Festen Deiner Großeltern in Paris habe teilnehmen können und so selbst schon halb dazugehöre. Mich hat von Anfang an beeindruckt, dass es fröhliche Feste ohne jede Bigotterie waren, Feste, die die Familie zusammen brachten und zusammenhielten. Aber es sind auch Feste, die Euch – und mich mit Euch – mit der jüdischen Vergangenheit verbinden, bis zu der Zeit, in der die Bibeltexte geschrieben wurden, die Du heute vorgelesen hast.

Da klingt auch in meiner Erinnerung etwas an: ›biblische Geschichten‹, die zunächst durchaus erfolgreich mit den Sagen aus dem griechischen und römischen Altertum um einen Platz in

meiner kindlichen Fantasie konkurrierten. Mit 13 Jahren, als der Krieg uns zwang, Estland zu verlassen, und meine Mutter bald darauf starb, wandte ich mich allerdings von allem Religiösen ab: Ich wollte von einem Gott nichts mehr wissen, der Derartiges zulässt. Jetzt kehren diese Geschichten mit Euch, unseren Kindern, wieder zu mir zurück. Dazu gehört auch die Geschichte von Noemi und Ruth, die Du uns gerade vorgelesen hast, eine Geschichte der Solidarität von Menschen verschiedener Kulturen. Wie Du weißt, habe ich über Jahre versucht, für eine solche Solidarität zu arbeiten, und so knüpft sich auch von Deinem Text wieder ein Band zu meiner eigenen Lebensgeschichte.
Aber noch wichtiger scheint mir heute Folgendes zu sein: Deine Brüder und Du, ihr habt Euch entschlossen, bewusst Juden zu sein, diesen Teil Eurer Herkunft nicht nur zu akzeptieren, sondern ihn zu bejahen, zu wollen. Auch dieses Fest ist ein solches Bekenntnis. Wie unzerreißbar solche Bande selbst für diejenigen waren, die sich von ihnen nicht mehr gebunden gefühlt hatten, das hat die Geschichte des Holocausts für jedermann auf schreckliche Weise erwiesen. Ihr wollt nun sein, was ihr seid, nämlich Juden, und ihr wollt Euch das von niemandem mehr nehmen lassen. Das aber geht auch mich an, Euren Vater: Was Euch zustößt, stößt ja auch mir, Eurem Vater, zu. Denn neben ein paar Fetzen nur begrenzt interessantem Papiers seid ihr es, meine Kinder, was überleben wird, wenn ich eines Tages, wie es alle Eltern trifft, nicht mehr werde da sein können. Diese Empfindung, die wohl alle Eltern haben – dass das, was sie selbst sind, zunehmend auf ihre Kinder übergeht –, hat bei mir aber auch ein Bewusstsein geschaffen dafür, dass es für Euch einen geschützten Raum geben muss, ein Refugium, wenn die Verhältnisse hier eines Tages unerträglich werden sollten. Besonders während der kürzlichen Pogrome gegen andersfarbige Ausländer, bei uns mitten in Deutschland, nagten solche Gedanken an mir.
Das hat auch meine Beziehung zu Israel verändert, das ich im vergangenen Sommer mit Marina, Manuel und Dir kennen und lieben gelernt habe. Die Sorge um ein Israel, das in Frieden leben kann und auch leben will, ist so zunehmend auch zu meiner eigenen Sorge geworden, ebenso wie ich in Nationalismen, Fundamentalismen und Integrismen dort und hier immer

größere Gefahren erkenne, denen entgegengearbeitet werden muss. Deshalb habe ich auch eine so große Freude daran, wenn Du, Noemi, Dich für den Frieden in Israel, aber auch für die entrechteten, unterdrückten, arm gemachten und arm gehaltenen Menschen überall in der Welt einsetzt, mit einer Gefühlsintensität, wie sie vielleicht nur Kinder und Jugendliche aufbringen. Und besonders schön finde ich es, dass Du es fertig bringst, als kleine Jüdin, die Du bist, in der Schule, bei Deinen zahllosen Freizeitaktivitäten ebenso selbstverständlich Freundschaften zu nicht jüdischen deutschen, türkischen, jugoslawischen Mädchen und Jungen zu knüpfen, dass also die jüdische Gemeinde für Dich wohl ein Ort der Zugehörigkeit ist, aber kein selbst gewähltes Ghetto, dass Du Dich also ebenso frei wie im jüdischen Rahmen auch in der Welt der Gojim zu bewegen weißt, zu denen ja auch Dein Vater gehört.

So bin ich glücklich, Dein Fest mitfeiern zu dürfen, das Deine Mutter, Deine Großeltern, Deine Tanten und Onkel, die Freunde und die jüdische Gemeinde für Dich ausgerichtet haben ...«

Abends, das Wetter zeigte sich gnädig, kamen Noemis Freunde, aber auch diejenigen Marinas und Adalberts sowie die ihnen Näherstehenden aus der Gemeinde zu ihnen nach Hause. Im Schuppen wurde die halbe Nacht lang getanzt und Jonathan und Manu spielten für ihre kleine Schwester die Diskjockeys.

Damals konnte es noch keiner absehen – aber dieses Fest wurde für lange Zeit eines der letzten, bei dem Jungen wie Mädchen beinahe gleichberechtigt ihre Bar- bzw. Bat Mitzwa in der Hannoveraner Synagoge feierten. Zu Shimha Thora – dem Fest der Thorarollen, bei dem diese in der Synagoge von einigen Gemeindemitgliedern singend und tanzend durch die Gänge getragen werden und die anderen sie küssen, einem der fröhlichsten Gedenktage des Jahres – hatte Dr. Brandt nämlich eine der Rollen auch einer Frau in die Arme gelegt, woraufhin einige streng gläubige Synagogenbesucher demonstrativ den Raum verließen. Nach diesem »Skandal« wurden Forderungen laut, die Frauen während der Gebete wieder auf die Empore zu verbannen: In den letzten Jahren waren die Barrieren, die die Geschlechter während des Gottesdienstes voneinander geschieden hatten, etwas durchlässiger geworden. Der Rabbiner suchte nach Kompromissen, die in einer Einheitsge-

meinde unabdingbar sind. Aber der Vorsitzende des Landesverbandes, ein aalglatter Rechtsanwalt mit Verbindungen bis in die höchsten Sphären der Politik, nahm die Konflikte zum Anlass, den Vertrag Dr. Brandts, den er wohl als Konkurrenten empfand, nicht mehr zu erneuern. So verlor Hannover einen der einstweilen noch wenigen brillanten jüdischen Glaubenslehrer in Deutschland. In der Synagoge setzte sich wieder eine strikte Geschlechtertrennung durch und die Liberalen gründeten schließlich ihre eigene Gemeinde und ihren eigenen Landesverband.
Marina hatte in diesem Konflikt gleich Partei ergriffen. Obwohl selbst nicht eigentlich gläubig, machte sie die religiöse Gleichberechtigung der Frau zu ihrer Herzensangelegenheit – und manche, die bis dahin nur ihre entfernten Bekannten gewesen waren, wurden als Mitkämpferinnen und Mitkämpfer in diesem Streit zu nahen Freunden. So waren bei den Familienfesten der Wulffs seither auch, außer den Angehörigen, immer drei Gruppen von Gästen zugegen: Adalberts Hochschulkollegen, Freunde von der Universität und die »Liberalen« der jüdischen Gemeinde. Und Marina hatte sich damit wieder fester in das Zeichensystem ihrer Herkunftskultur verwoben, ohne sich von der geistigen Welt und deren Freiheiten zu lösen, die sie sich als junge Erwachsene erobert hatte.

11.

In den Achtzigern wurde Adalbert nach längerer Zeit wieder zum Wahlkämpfer. Das erste Mal kandidierte er 1984 für die »Friedensliste«, eine neu gegründete Bündnisorganisation der DKP, die sich als Speerspitze der damals viel Zulauf erhaltenden Friedens- und Anti-Atomwaffenbewegung zu etablieren versuchte. Adalbert und seine Freunde von der Friedensliste wussten, dass mehr als ein Achtungserfolg nicht zu erwarten war: Die Berührungsangst mit den Kommunisten blieb auch in den Teilen der von ihnen unabhängigen Friedensbewegung ungebrochen. Aber in den zwei, drei Monaten, die der Wahl vorausgingen, wurden sie zu ihrer eigenen Überraschung doch von linken Sozialdemokraten und den Grünen umworben. Adalbert und einige Funktionäre der DFU, einer der DKP nahe stehenden Friedensorganisation, die die Friedensliste unterstützte, führten längere, wenn auch am Ende doch ergebnislose Gespräche mit Gerhard Schröder und Jürgen Trittin, die sie zu überreden suchten, auf eigene, ohnehin aussichtslose Kandidaturen zu verzichten und stattdessen eine Wahlempfehlung für die SPD respektive die Grünen auszusprechen. Von diesen Gesprächen ist zwar, außer ihrem Thema, bei Adalbert nicht mehr viel hängen geblieben, aber er sieht noch Gerhard Schröder mit seiner damaligen Frau Hiltrud an der Tür ihres Sitzungsraumes im *Lister Turm* stehen, einem Jugendfreizeitzentrum am Rande der Eilenriede, sowie einen verräucherten Gaststättenraum in der Nordstadt, in dem sie sich mit Jürgen Trittin trafen. Dass sie sich alle duzten, war damals ganz selbstverständlich. Bei der Europawahl kamen sie immerhin über die Ein-Prozent-Marke, was der DKP allein bis dahin niemals gelungen war.

Zur nächsten Landtagswahl erlitten sie jedoch eine Schlappe, obwohl ihre Wahlplakate witziger und instruktiver waren als die aller anderen Parteien – sie blieben unter einem halben Prozent. Trotzdem interessierten sich bei den kurz darauf folgenden 86er Bundestagswahlen die Grünen wieder für sie. Wohl weil ein sehr knappes Ergebnis vorausgesagt worden war, wurde diesmal eine gemeinsame Wahlempfehlung ernsthaft von ihnen in Erwägung gezogen. Aber, im Gegenzug für diese Unterstützung, einen Friedensliste-Kandidaten in ihre eigene Landesliste aufnehmen, das wollten die Grünen auch dieses Mal nicht. Jeder, der wie Adalbert auch mit sowjetnahen Kommunisten paktierte, galt in Westdeutschland immer noch als Aussätziger, an dessen Seite man sich auf keinen Fall zeigen durfte, wollte man seine eigenen Wahlchancen nicht beeinträchtigen. Nur ein einziger Kreisverband der Grünen, Hannover Land, hielt sich nicht an diese ungeschriebene Regel und wählte ihn zu seinem Direktkandidaten – auf die Landesliste kam er trotzdem nicht, der Bundestagsabgeordnete Lippelt, ein gewiefter Taktiker, wusste das bei der Landesdelegiertenkonferenz zu verhindern.

Immerhin, bei den Wahlveranstaltungen konnte Adalbert nun als gemeinsamer Kandidat der Grünen und der Friedensliste auftreten und schon das machte die Letztere in der Öffentlichkeit etwas hoffähiger. Den Grünen geschadet hat seine Kandidatur nichts, denn er fuhr sogar einen etwas höheren Prozentsatz von Erst- und Zweitstimmen für sie ein als der Durchschnitt ihrer eigenen niedersächsischen Kandidaten. Das war fast ein Wunder – bei den Wahlveranstaltungen war er nämlich der einzige Dilettant unter lauter politischen Professionellen. Die Kandidaten der CDU, der SPD und der FDP hatten alle einen Mitarbeiterstab im Rücken, der sie mit neuestem Zahlenmaterial und Statistiken versorgte. Das hatten ihm die Grünen versagt. Er hatte nur, was in seinem Kopf war, zu seiner Verfügung, und das war bei vielen Themen nicht genug. Die Auseinandersetzungen mit den »Kollegen« der CDU und FDP überstand er noch ganz gut. Aber es gelang ihm nicht recht, sich gegen die Umarmungsstrategien der Sozialdemokraten zur Wehr zu setzen, die schlichtweg behaupteten, ihre Partei sei die sozialistischste von allen, auch sie wolle aus der Produktion von Kernenergie langsam aussteigen und auch sie sei nicht unbedingt für eine Nachrüstung.

So verließ er diesen Wahlkampf mit dem etwas schalen Geschmack der Ohnmacht im Munde.

8. Kapitel: Zu spät: das Zeichen an der Wand

1.

Im Frühjahr 1989 erhielt Adalbert eine Einladung, an der Tartuer Universitätspsychiatrie Gastvorlesungen zu halten. Vermittelt worden war sie ihm von Stefan Leder, einem Warschauer Psychotherapeuten, den Adalbert 1973 bei einem Kongress in der DDR kennen gelernt hatte. Stefan, kleinwüchsig, kurzsichtig, kahlköpfig, Jude und Kommunist, in fast allen europäischen Sprachen zu Hause, war Sohn eines von Stalin bei der großen 37er »Säuberung« liquidierten internationalen Komintern-Funktionärs – als Marina und Adalbert ihn 1977 in Warschau besuchten, konnten sie ihn auf alten Fotos auf den Knien Lenins und seinen Vater an der Seite von Rosa Luxemburg bewundern. Bei irgendeiner Tagung, in Moskau oder in Leningrad, hatte Stefan Professor Mehilane, den Tartuer Lehrstuhlinhaber getroffen, sich dabei an Adalberts Sehnsucht nach seiner alten Heimat erinnert und ihn dem estnischen Kollegen empfohlen. Einige Wartejahre verstrichen – bis Perestroika und Glasnost Einladungen von westlichen Ausländern in die Sowjetunion einfacher und vor allem unverdächtiger gemacht hatten. Erst als Adalbert schon nicht mehr daran glaubte und inzwischen schon zweimal privat nach Estland und Lettland gereist war, kam der über Jahre vergeblich erwartete Brief.

2.

Adalbert hatte einen schweren Koffer auf die Reise mitgenommen, Geschenke für Hilda und Ants, für seinen Gastgeber und viele Psychiatriebücher für die Tartuer Klinik. Immer noch musste man über Moskau fliegen, wenn man in die baltischen Staaten wollte, direkte Verbindungen nach Tallinn oder Riga gab es noch nicht. Aber mehr als fünf Stunden Transit, das hatte ihm auch die sowjetische Botschaft versichert, würde er nicht brauchen, um bequem

Immigration und Zoll zu passieren sowie von Scheremetewo I, dem internationalen Flughafen, nach Scheremetewo II zu gelangen, von wo es nach Tallinn weitergehen sollte. Dieser Auskunft hatte er auch vertraut – zumal bereits bei seiner 1987er Reise, nach zwei Jahren Perestroika, die Grenzformalitäten, damals allerdings im Zug, verhältnismäßig gnädig abgewickelt worden waren. So machte er sich auch keine großen Sorgen, als sie mit einer geringfügigen Verspätung in Moskau landeten. Als sein Koffer jedoch nach anderthalb Stunden immer noch nicht auf dem für das Gepäck seines Fluges vorgesehenen Fließband vorbeirollte und die Markierung seiner Flugnummer darüber erlosch, suchte er, schon stark beunruhigt, einen Reklamationsschalter. Eine freundliche russische Dame gab ihm ein Formular und half es ihm ausfüllen, nahm es ihm jedoch wieder ab, als sie erfuhr, dass er mit Lufthansa und nicht mit Aeroflot angekommen war. Die Lufthansa-Dame sei schon weg, sagte sie, sie käme morgen erst wieder. Als er, verzweifelt, schon auf seinen Koffer verzichten wollte, sah er ihn plötzlich, völlig vereinsamt, auf dem Fließband für das Gepäck eines Fluges aus London dastehen.

Durch den Zoll kam er dann, heftig gestikulierend und seine Einladung schwenkend, zwar ziemlich rasch, aber nur um auf ein weiteres Hindernis zu stoßen: Er brauchte dringend ein paar Rubel für den Bus oder ein Taxi zum fünf Kilometer entfernten Inlandsflughafen, aber zum Geldwechseln gab es nur einen einzigen Schalter, vor dem eine schier endlose und nur zentimeterweise vorrückende Schlange stand – bis er drankam, musste er vermuten, war seine Maschine nach Tallinn längst ohne ihn abgeflogen. Welchen Ausweg gab es aus diesem Dilemma? Geld schwarz zu tauschen traute er sich nicht – es waren ganovenhafte Gestalten, die einen dazu aus dem Gebäude herauslocken wollten, in wer weiß was für dunkle Ecken. Aber es blieb ihm schließlich nichts anderes übrig, als doch mit einem solchen Mann mitzugehen, der ihm einen Transport nach Scheremetewo II in seinem »Taxi«, einem klapprigen Privatwagen, anbot. Der geforderte Preis betrug zunächst 100 Dollar, dann 100 DM – erst als sich eine ganze Traube von solchen »Taxi«-Chauffeuren um Adalbert sammelte, konnte er ihn auf 20 DM herunterhandeln.

Unterwegs war er nicht ganz sicher, ob es wirklich auf den Inlandsflughafen zuging. Verdächtig nahe fuhren sie an einem Waldstück

vorbei und Adalbert fürchtete schon, gleich werde er ausgeraubt und seine Leiche aus dem Wagen geworfen, so mafios muteten ihn die Zustände an: Wurden einige Koffer vielleicht absichtlich auf ein falsches Fließband gestellt, und zwar gerade diejenigen, deren Besitzer einen Anschlussflug gebucht hatten und deshalb besonders eilig waren? Gab es nur einen einzigen Wechselschalter, weil man die Leute zwingen wollte, schwarz umzutauschen oder wenigstens die Taxis mit Devisen hoch zu bezahlen? Dieser Flughafen, in dem während der siebziger Jahre, auf seinen Vietnam-Reisen, auf seiner Mexiko-Fahrt, alles bürokratisch überkorrekt, manchmal freilich auch schikanös zugegangen war, roch diesmal nach Fäulnis und Verfall. Alles, was über Jahrzehnte in verborgene Winkel gekehrt und dort unter Kontrolle gehalten worden war, schien jetzt aus ihnen hervorzuquellen, und nicht mehr vor einer übermächtigen Staatsgewalt, sondern vor Verbrechen und Chaos bekam der Besucher Angst.
Aber natürlich geschah ihm überhaupt nichts – sein Chauffeur fuhr ihn in atemberaubender Geschwindigkeit an sein Ziel und half ihm sogar, seine Koffer zum Eincheckschalter zu tragen. Dort sagte man ihm, dass die Maschine nach Tallinn Verspätung habe, er hätte sich gar nicht so zu beeilen brauchen. Eine Stunde später kam die Nachricht, sie fiele ganz aus, aber die für sie gebuchten Passagiere würden auf einem Nachtflug in die estnische Hauptstadt mitgenommen. Dies war, wie er später erfuhr, dem Umstand zu danken, dass der frühere estnische Ministerpräsident von der Annullierung mitbetroffen gewesen war und seine alten Verbindungen hatte spielen lassen. Adalbert war trotzdem in Angst: Würde sein Gastgeber von der Verspätung Kenntnis erhalten und noch auf ihn warten, denn ohne ihn würde er in der Stadt des Nachts nie eine Unterkunft finden. Aber auch diese Sorge erwies sich als überflüssig. Am Ausgang wartete Professor Mehilane mit einem Schild, auf dem sein Name stand, und gegen halb vier Uhr morgens konnte sich Adalbert zu Bett legen: in seinem geliebten *Viru*, wieder mit Altstadt- und Meeresblick.

3.

Ein paar Stunden später war er mit Mehilane schon in die Stadt unterwegs und hatte dabei Gelegenheit, seinen Gastgeber etwas besser kennen zu lernen. Er war ein vielleicht fünfzigjähriger, großer, schlanker Mann, schweigsam, mit einem etwas fahrigen Blick, der sich aber rührend um ihn kümmerte und ihn, nachdem sie das Frühstück im *Viru* verschlafen hatten, ins Café Kultas am Freiheitsplatz mitnahm, in den Künstlerclub der oberen Etage, den Adalbert schon aus Jaan Kross' Roman *Väljakaevamised*, Ausgrabungen, kannte und wo es ausgezeichneten Kaffee und Piroschki gab. Mehilane machte keinen Hehl daraus, dass er Anhänger der estnischen »Volksfront« war, die eine vollständige Autonomie des Landes zu erringen suchte – unter vorläufiger Aussparung der Verteidigungs- und Außenpolitik. Er zeigte Adalbert voller Stolz die blauschwarzweiße Fahne der alten Republik, die an Stelle der sowjetestnischen wieder auf dem »Langen Herrmann« wehte, dem siebenhundertjährigen Wahrzeichen der Stadt. Die neue, von der Volksfront dominierte Regierung hätte das rot besternte, unten mit einem welligen blauen Streifen versehene Symbol Sowjetestlands in einer offiziellen Zeremonie einholen und dem historischen Museum übergeben lassen. Adalbert beschlichen dabei immer zwiespältigere Gefühle: Einerseits war die Kulisse seiner Kindheit so bis ins letzte Detail wiederhergestellt und dabei wurde ihm natürlich warm um das Herz. Andererseits aber schien ihm der Weg in die Zukunft versperrt. Die Fahne der bürgerlichen Republik der zwanziger und dreißiger Jahre wies nur noch zurück in eine Enge, die er weder seiner Heimat noch sich selbst wünschen konnte – in diesem Augenblick fühlte er sich schon wieder als Teil von ihr. Sie gingen dann in das auf dem Domberg gelegene Gesundheitsministerium, wo Mehilane völlig zu Hause schien, und riefen von dort Jaan Kross an, um sich zu einem kurzen Besuch bei ihm anzusagen. Adalbert hatte von einem Bundestagsabgeordneten der Grünen Briefe auf die Reise mitbekommen, mit deutschem Geld zur Finanzierung politischer Aktivitäten der Volksfront, und die sollten vom Romancier Marie Lauristin übergeben werden, ihrer Präsidentin und Tochter eines alten Bolschewiken, der die 37er Säuberungen überlebt hatte. Wie in Vietnam schon, so war Adalbert auch hier wieder zum Botengänger einer politischen Sache geworden, diesmal aber in einer, der höchstens sein halbes Herz gehörte. Und seine letzten Illusionen fielen, als Jaan Kross ihm unverblümt erklärte, die Losung der Autonomie hätte die Volksfront nur aus taktischen Gründen gewählt, um Repressionen durch Moskau zu vermeiden – auf längere Sicht jedoch ginge es um nichts anderes als um die staatliche Unabhängigkeit und den Austritt Estlands aus der Sowjetunion.

Am frühen Nachmittag waren sie in Mehilanes Wagen auf der Straße nach Tartu, dem Dorpat seiner Kindheit. Adalbert erfuhr unterwegs von seinem Kollegen, dass in der Medizin und den Naturwissenschaften alle Vorlesungen zweimal gehalten werden müssten, einmal auf Estnisch und einmal auf Russisch. In fast allen anderen Disziplinen sei die Unterrichtssprache aber Estnisch geblieben, auch der Lehrkörper bestünde zum größten Teil aus estnischen Professoren. Natürlich gebe es von dieser Regel auch Ausnahmen, so für einige bedeutende Gelehrte, die aus der übrigen Sowjetunion nach Tartu berufen worden seien und die Landessprache noch nicht beherrschten. Manche von ihnen, so etwa der weltberühmte Slavist Juri Lotman, hätten in Leningrad oder Moskau Probleme mit den politischen Überwachungsinstanzen bekommen und das liberalere Klima in Tartu einem Lehrstuhl in einer der beiden Metropolen vorgezogen. Aber am Prinzip des landessprachlichen Unterrichts sei während der ganzen Zeit der Sowjetherrschaft niemals gerüttelt worden und jetzt, mit der Glasnost, seien auch noch alle Schranken der Zensur gefallen.

Auf halber Strecke hielten sie an einem Weggasthaus. Zementbaracken hatten hier die alten klassizistischen Postkutschenkrüge seiner Kindheit verdrängt: Selbstbedienung, ein einziger großer Raum, der auch die Küche einschloss, eher eine Kasernenkantine als ein Restaurant, das Essen lauwarm und fade, allerdings auch nur für wenige Kopeken. »Armeleutefraß«, fuhr es Adalbert durch den Kopf, aber er korrigierte sich sogleich, denn hier war dieser »Fraß« vom sozialen Stigma der Armut befreit, auch sie, die Professoren, bekamen ihn zu essen.

4.

Abends kamen sie in Tartu an und Adalbert erhielt dort ein schönes Zimmer zugewiesen, im Gästehaus der Universität, das mitten in einem großen Park lag – sicherlich eine frühere Adelsbehausung. Die Engels- oder die Teufelsbrücke lag in unmittelbarer Nähe, er erkannte das steile Viadukt wieder, als er noch einen kleinen Spaziergang in der Dämmerung machte. Im Zentrum der Stadt mit seinen klassizistischen Gebäuden und auch an der Universität blieb jedoch alles stumm –Adalbert fiel nur wieder ein, dass sie 1932, zu ihrem dreihundertsten Jubiläum, die estnischen Briefmarken geschmückt hatte.
Am nächsten Morgen war er immer noch erschöpft von den Reiseanstrengungen und mehr noch von dem unvernünftigen Moskauer Flughafenstress. So trank er vier oder fünf Tassen Kaffee, ohne zu merken, wie stark der war. Sein Vorlesungstext musste immer noch verbessert und für den Übersetzer, den zweiten Psychiatrieprofessor am Ort, lesbar abgeschrieben werden. Kaum war er damit fertig, wurde er schon von Mehilane zur Fahrt in die Klinik abgeholt.
Für die europäische Psychiatrie war Tartu ein historischer Ort. Von dessen Universität hatte Kraepelin seinen ersten Ruf auf einen psychiatrischen Lehrstuhl erhalten – und erst vor kurzem war die Klinik aus dem Bau ausgezogen, der seinerzeit, in der achtziger Jahren des 19. Jahrhunderts, eigens für ihn errichtet worden war. Fünf Jahre war er geblieben, bis ihn sein Ruhm an andere, akademisch bedeutendere Orte, nach Heidelberg und nach München, verschlagen hatte – ein mehr als zweifelhafter Ruhm, befleckt von elitären, rassistischen und sozialen Vorurteilen, die ihn zum Wegbereiter einer Erblichkeitspsychiatrie, -psychologie und -pädagogik werden ließen, von Lehren, die den Nazis zur Rechtfertigung der Ermordung von mehr als 100.000 psychisch Kranken gedient hatten. Diesen deutschtümelnden wilhelminischen Gipskopf hatte Adalbert in vielen Arbeiten von seinem Sockel zu stürzen versucht, und jetzt sollte er selbst von dessen erster Lehrkanzel aus sprechen, als erster Deutscher seit über 50 Jahren, und dazu noch als einer, der hier in Estland geboren war.
Die neue Klinik hatte nichts von der Düsterkeit der alten an sich, die an ein deutsches Gymnasium von 1900 erinnerte und nun ir-

gendeine Verwaltung beherbergte. Sie war luftig gebaut und umgab als dreistöckiger Quader einen blumen- und sträucherbestandenen Innenhof, moderne estnische Kunst hing in den Fluren, in hellen Farben erstrahlten Wände und Decken. Mehilane stellte seine Mitarbeiter Adalbert vor, der wies den Dolmetscher in sein Manuskript ein, danach gingen sie in den Vortragssaal, in dem sie rund 40 Hörer erwarteten.

Adalbert richtete zunächst ein paar Worte auf Estnisch an die Anwesenden. Er entschuldigte sich dafür, dass seine Sprachkenntnisse nicht ausreichten, um einen wissenschaftlichen Vortrag in dieser Sprache zu halten, und ging dann auf Deutsch über zu seinem Thema, der Psychotherapie der Psychosen. Am Ende seines Vortrages zog sich aber in seiner Brust etwas zusammen: Ein dumpfer Schmerz breitete sich aus, kalter Schweiß trat auf seine Stirn und er hatte Mühe, sich aufrecht zu halten. Zwar redete er noch zu Ende, er beantwortete auch ein paar Fragen der erstaunten Hörer, für die Psychosen bis dahin als nicht psychotherapierbar gegolten hatten, sagte dann aber seinen Gastgebern, sie müssten ihn in die Kardiologie bringen, denn er hätte wohl einen ziemlich schweren Angina-Pectoris-Anfall. Dort angekommen hieß es Verdacht auf Infarkt, eine Diagnose, die, als heftige Schmerzen und Fieber sich einstellten, immer wahrscheinlicher schien und am nächsten Morgen auch durch das EKG bestätigt wurde.

5.

So lag er nun auf der kardiologischen Intensivstation der Tartuer Universitätsklinik, einem Krankenhaus, dem es, bis auf eine Routineausstattung aus den frühen sechziger Jahren, an allem fehlte. Einen Herzkatheter zu legen und Bypass zu operieren sei lediglich eine finnische Privatklinik in Tallinn imstande, musste er hören, hier in Tartu könne nur konservativ behandelt und rehabilitiert werden – es sei wohl am besten, wenn er sich nach Hannover ausfliegen lasse. Als die Diagnose endgültig feststand und er diese Informationen bekam, am Tage nach seinem Infarkt, hatte er Marina die Situation gleich telefonisch klarlegen können. Das war an einem Donnerstagnachmittag gewesen und die Verbindung hatte, welch Wunder, sofort funktioniert.

Während der drei Tage, die er in der Tartuer Klinik lag, wurde er liebevoll umsorgt: von den Krankenschwestern, von den Ärzten, von Mehilane, der ihm jeden Tag hausgemachtes Essen ans Bett brachte, und aus Abja Paluoja kam Ants angereist – keinen Augenblick lang musste er sich verlassen fühlen. Am Freitagmorgen waren Fieber und Schmerzen fast weg, die Unregelmäßigkeiten des Herzschlages hatten sich vollständig normalisiert, sodass Mehilane sogar die Diagnose der Kardiologen in Frage stellte und sie von einem gemeinsamen Besuch in Hapsal noch vor seiner Abreise zu träumen begannen. Aber das EKG ließ für solche Zweifel weiterhin keinen Raum und am Abend rief der ADAC auch schon an und kündigte die Landung eines Rettungsflugzeuges für den nächsten Morgen an.
Mehilane und der Leiter der Kardiologie, Professor Ounapuu, brachten Adalbert in einem Ambulanzwagen zum Flughafen. Kaum standen sie dort, sahen sie die kleine zweistrahlige Maschine aus Deutschland schon landen. Der Pilot erzählte, ein Visum sei so schnell nicht zu haben gewesen – aber die sowjetische Luftüberwachung hätte sich vorbildlich kooperativ gezeigt. Unter der Bedingung, in Vilnius einen Offizier als Lotsen mitzunehmen und ihn auf dem Weg zurück dort wieder abzusetzen, hätte sie ihnen den Flug nach Tartu auf diesen Militärflughafen gestattet: als erster Maschine eines westlichen Landes.
Adalbert wurde ins Flugzeug gehievt und drei Stunden später landeten sie, ohne jede flugtechnische, militärpolitische oder gesundheitliche Komplikation, schon in Hannover-Langenhagen, wo Marina ihn in die Arme schloss.
Hatte er in Tartu eigentlich Angst gehabt? Natürlich wusste er, dass ein Infarkt letal ausgehen kann, und er wusste auch, dass die Tartuer Klinik weder über Operationsmöglichkeiten für den Notfall noch über Geräte verfügte, mit denen man ein stehen gebliebenes Herz wieder zum Schlagen bringen konnte. Aber der Ernst seiner Lage ging ihm wohl erst in dem Augenblick auf, als alles nur Denkbare schon getan war, um die Risiken so weit es ging herunterzuschrauben. In der wirklich kritischen Zeit, den ersten 24 Stunden, war die Diagnose ja noch etwas unsicher gewesen oder die Ärzte hatten ihn, um ihn nicht unnötig aufzuregen, über sie noch im Unklaren gelassen. Nur einmal, als der Herzrhythmus sich grundlos beschleunigte, er lag völlig ruhig im Bett, da hatte

ihn Angst überfallen. Aber war das wirklich Angst oder nur der unbezähmbare Drang gewesen, sich aufzusetzen, sich zu bewegen, wenn nötig sogar loszulaufen, jedenfalls irgendetwas zu tun, was ein solches Herzjagen rechtfertigte und seine bedrohliche Aufdringlichkeit so zum Verschwinden brachte? Der Zustand war damals zu schnell abgeklungen, um über die Gefahr nachzudenken, die mit ihm einherging. Und später? Da jagten sich die Telefongespräche um seinen Abtransport, viele praktische Fragen mussten in sehr kurzer Zeit beantwortet werden, sodass seine Lage ihm auch da nicht richtig bewusst wurde.

6.

In den fast vier Wochen Wartezeit bis zu der Operation kam Adalbert erst richtig ins Grübeln. Würde er den Eingriff überleben, würde er danach wieder arbeiten, reisen, spazieren gehen, Marina und den Kindern eine Stütze sein können? Ernst Sello, Piotrs Freund, fiel ihm ein, der nach einem Infarkt notfallmäßig einige Bypässe angelegt bekommen hatte und trotzdem bis zu seinem ein halbes Jahr später eingetretenen Tod nie mehr als die paar Schritte von seinem Bett zur Toilette und der kleinen Küche zurücklegen konnte, ohne dass ihm die Luft ausging und er dabei blau anlief. Das war so schlimm anzusehen gewesen, dass Adalbert ihn in der letzten Zeit auch nur selten besucht hatte und deswegen natürlich Schuldgefühle bekam. Würde es ihm genauso ergehen und war das dann die gerechte Strafe dafür? Um seine Ängste zu bezwingen, aber auch um Marina und den Kindern, wenn es schief ging, etwas von ihrem gemeinsamen Leben zu hinterlassen, ließ er sich die zu Hause in einem chaotischen Durcheinander irgendwo abgelegten Fotos der letzten 28 Jahre bringen und klebte sie, mit Kommentaren versehen, in Alben ein: eines über seine Vietnamaufenthalte, eines über die Baltikumreisen, eines über die Algerienfahrt und eines über Jonathans Bar Mitzwa, die gerade ein knappes Dreivierteljahr zurücklag. Erst danach bekam er das Gefühl, er habe seine Angelegenheiten geregelt.
Die Hannoveraner Freunde, die Müllers, die Eisenbergs, die Negts, machten ihm Krankenbesuche, brachten Bücher und Blumen – auch Wolf Haug kam wenige Tage vor der Operation aus Berlin

angereist. Und am Abend vor dem Eingriff waren natürlich Marina und die Kinder bei ihm. Es war wie ein Abschied vor einer längeren Reise und zugleich eine Generalprobe für eine, von der es keine Wiederkehr gibt.

7.

Am Operationsmorgen selbst, in der Medizinischen Hochschule Hannover, als er die Betäubungsspritze bekam, unter der er ins Nichts versank, hatte er merkwürdigerweise keinerlei Angst mehr. Er war schon ein paar Mal operiert worden, an Leistenbrüchen und an einer Nebenhodengeschwulst, und kannte das ganze Ritual der Anästhesisten schon. Erst später machte er sich klar, dass sich der Vorgang von dem einer Exekution durch die Todesspritze nur dadurch unterschied, dass der Ausgang bei ihm immer noch offen blieb und seine Chancen diesmal angeblich 90 zu 10 standen. Der Tod, das war eben nichts anderes, als danach nicht mehr aufzuwachen.

Er wachte auf, zunächst allerdings nur für ein paar Sekunden, als ein Arzt sich über ihn beugte und er ihn »der zentrale Zugang funktioniert« sagen hörte – um sofort wieder zurückzusinken in einen Zustand, der nicht mehr das Nichts, aber auch noch nicht richtiger Schlaf war. Besorgte Gesichter, als die Nieren noch zögerten, Erleichterung, als der Harn wieder lief. Nicht das mindeste Zeitgefühl bei diesem Auf- und Untertauchen, allenfalls das einer zerfaserten, durchlöcherten Ewigkeit. Erst einen Tag später, in seinem Krankenzimmer, war er ganz da.

Dann allerdings wurde es richtig unangenehm: leichtes Fieber, Atemnot, Husten. Die Lunge, an der natürlich herumgezurrt worden war, entfaltete sich nicht vollständig, sodass sich im Brustfellraum ein Erguss bildete. Die Behandlung lief nach einem starren postoperativen Schema: Die Ärzte schauten aufmerksam auf die Fieberkurve, seine Beschwerden und Klagen aber nahmen sie kaum zur Kenntnis, sie schienen sie eher zu belästigen. Natürlich musste er vom ersten Tag an aus dem Bett, er wusste, das war nötig, um der Bildung von Blutgerinnseln vorzubeugen. Aber man gab ihm nicht die geringste Hilfe. Als ihm eine Tablette auf den Fußboden gerollt war und er, zu schwach, um sie aufzuheben, die

Schwester gebeten hatte, es für ihn zu tun, erntete er nur ein höhnisches: »Und was machen wir jetzt?« Die Haltung des überlasteten Pflegepersonals den Patienten gegenüber war auf dieser postoperativen Privatstation der Hochschule, von Ausnahmen abgesehen, überhaupt von Häme und Ressentiment geprägt, vor allem die der jüngeren Schwestern. Obwohl er 38,5 Grad Fieber hatte, wollte zum Beispiel eine von ihnen ihn, im Hemd und ohne Decke, im Rollstuhl sitzend zum Röntgen schieben – durch einen Flur, dessen Fenster gerade repariert wurden, sodass der kalte Oktoberwind durch die Gänge pfiff. Die einzige ältere Pflegekraft dieser Schicht, die das sah, machte die Order zum Glück rückgängig und veranlasste einen Transport im Bett. Auch hier konnte Adalbert nicht unterscheiden, ob es sich um Trägheit und Inkompetenz gehandelt hatte, um versteckte Bosheit oder um ein allzu wörtliches, unbedachtes Befolgen der Leitlinie der Station, nämlich die Patienten möglichst früh schon zu »aktivieren«, die teueren Liegezeiten so zu verkürzen und Platz für die nächsten Operationskandidaten zu schaffen.

Aber schlimmer als diese Unannehmlichkeiten, mit denen schon einiges von der späteren Budgetierung von Gesundheits- und Pflegeleistungen eingeübt wurde, war der Umstand, dass ihm sein ganzer Körper nach dem Aufwachen aus der Narkose irgendwie fremd vorkam, ja ihn sogar leicht anwiderte – etwas auch nur Ähnliches hatte er nach den kleineren Eingriffen früherer Jahre niemals verspürt. Das galt für sein Gesicht, seine Hände, seine Füße, aber mehr noch für sein Inneres: für die Organe in seiner Bauchhöhle, den Magen, die Leber, den Darm und sogar für sein Herz. Es kam ihm so vor, als ob sein ganzer Körper zu einer Prothese geworden wäre, die er sich erst aneignen müsse, ihn einfügen in das Bild seiner selbst – ja als ob es darum ginge, dies Bild überhaupt erst neu zu entwerfen. Erst sehr viel später, als dies Gefühl längst verflogen war, ging ihm auf, dass man während der Operation seinen Körper hibernisiert, ja tatsächlich für Stunden »abgestellt« hatte, dass sein Kreislauf und seine Organe während dieser Zeit nicht mehr an seinem Herzen, sondern an einer Herz-Lungen-Maschine hingen und von dieser mit Blut und mit Sauerstoff versorgt wurden – bis man sie an ihr inzwischen repariertes Zentrum wieder anschließen konnte.

8.

So war Adalbert einerseits erleichtert, als er am neunten Tag nach der Operation zur Rehabilitation nach Bad Oeynhausen verlegt wurde, aber gleichzeitig war er besorgt, denn sein Allgemeinzustand hatte sich nur wenig gebessert. Die Organe funktionierten zwar alle wieder, aber er hatte noch erhöhte Temperatur und im Brustraum befand sich immer noch Wasser. Hinzu kam, dass Marina und die Kinder ihn in Bad Oeynhausen höchstens zweimal in der Woche besuchen konnten. Trotzdem fühlte er sich von der ersten Stunde an in diesem Reha-Krankenhaus wohl. In der MHH hatte der operierte Patient spätestens in zehn Tagen verlegungsfähig zu werden, sonst brachte er die Statistik durcheinander und machte den Chirurgen, denen er sein Leben verdankte, ihr Konzept kaputt. Die konnten dann ganz schön ruppig werden und gaben ihren Unmut an die unteren Chargen weiter, von denen ihn schließlich am Ende der Kette die Patienten zu spüren bekamen. Alles musste zügig vorangehen, »gestern« eigentlich schon geschehen sein. Hier, in Oeynhausen, war Eile völlig unangebracht, mit dem Gesundwerden konnte man sich die nötige Zeit lassen. Man durfte sich bei allen aussprechen, bei den Ärzten, den Schwestern, den Krankengymnastinnen. Begann eine Behandlung, so bekam man sie erklärt, und Fragen wurden von niemandem als Zumutung oder gar als Majestätsbeleidigung empfunden. Und was noch wichtiger war: Er spürte, dass er gemocht wurde und fast alle ein Herz für ihn hatten.
Natürlich fragte er sich, ob ihm diese Zuneigung nur deshalb galt, weil er selbst Professor an der medizinischen Hochschule war, die ihn und viele andere Operierte hierher zur Weiterbehandlung geschickt hatte. Aber was seine Mitpatienten ihm erzählten, auch solche aus einfachsten Verhältnissen, ließ den Schluss zu, dass dies nicht so war, sondern eben der Geist dieses Hauses. Das Stationszimmer hatte nichts von einem unbetretbaren Heiligtum an sich, in das sich Priesterinnen mittleren Ranges zu ihren Kulthandlungen zurückzogen, im Gegenteil, von den Dienst habenden Schwestern wurde man ermutigt, sich zu einer Tasse Tee zu ihnen zu setzen und zu erzählen, wie einem zumute war. Aber das entsprang auch keiner Verpflichtung, keinem abzuarbeitenden Gesprächsprogramm, keiner wissenschaftlich begründeten oder gar vom

Kostenträger geforderten emotionalen Zuwendung – es war überschüssig und ergab sich von selbst. Ebenso kam es vor, dass eine Krankengymnastin nach den verordneten Übungen ihre Pause verkürzte und mit einem Patienten im Park eine Viertelstunde spazieren ging. Kurz, jeder Mitarbeiter, jede Mitarbeiterin verfügte über genug Zeitnischen und sie, die Patienten, profitierten am meisten davon. Ein weiteres Zeichen der Rücksicht auf die noch Schwachen waren die alle 20 Schritte auf den Fluren hingestellten Sessel, in denen sich ein erschöpfter Kranker für einen Augenblick ausruhen konnte, bevor er seinen Weg fortsetzte – die Strecke vom Speisesaal bis ins Zimmer, von der Ergometrie bis zur Gymnastikhalle erschien vielen zu Beginn ihrer Behandlung noch endlos und unüberwindbar. All diese Extras an Zeit und an bescheidenem Komfort übten eine beträchtliche Heilwirkung aus: Sie stärkten die Motivation, wieder gesund zu werden.

Adalbert erfasst Schmerz und Wut, wenn er sich vergegenwärtigt, dass »Qualitätssicherung«, Budgetierung und Zeitmessung in Pflege und Therapie ein solches Vorgehen heute kaum mehr einer Institution gestatten.

In den ersten Tagen ging es Adalbert noch sehr schlecht. Er bekam kaum Luft, aß fast gar nichts und konnte sich nur im Rollstuhl fortbewegen. Der Chefarzt schüttelte den Kopf darüber, dass man ihn in diesem Zustand zur Reha verlegt hatte, sagte aber auch: »Sie werden sehen, Sie werden es trotzdem hier schaffen.« Als Ursache seiner Schwäche und Kurzatmigkeit wurden schließlich Ergüsse nicht nur in den Pleuren, sondern auch im Herzbeutel festgestellt.

Am nächsten Morgen fragte ihn der Chefarzt bei der Visite, ob er sich eine Pferdekur zutraue: eine rabiate Entwässerungsbehandlung, die Chancen biete, die Ergüsse auf einen Schlag loszuwerden, aber 24 Stunden lang sehr unangenehm und auch nicht völlig risikolos sei. In seinem Zustand war Adalbert alles recht, was ihn vorwärts bringen konnte, und die Behandlung erwies sich nicht nur als höchst wirkungsvoll, sondern auch als weniger peinvoll, als er befürchtet hatte. Nach wenigen Tagen waren die Ergüsse resorbiert, er bekam wieder Luft und auch die Kräfte und der Appetit kehrten allmählich zurück. Er konnte jetzt im Speisesaal essen, er konnte mit den vielen Freunden und Verwandten, die ihn besuchen kamen, und natürlich auch mit Marina und den Kindern in das 500 Meter entfernte kleine Café gehen, in dem es eine herrliche Maulwurfstorte gab, luftig und sahnig, die nun auch ihm schmeckte. Jetzt erst konnte die Rehabilitation wirklich beginnen, das Fahrradtreten in der Ergometrie, die Ballspiele, das Treppentraining, die Schwimmübungen im heißen Quellbad. Und jetzt erst bekam er auch mit einigen Mitpatienten Kontakt.

9.

Die meisten Patienten waren Männer um die siebzig und somit fünf bis zehn Jahre älter als Adalbert. Wie er hatten auch sie fast alle eine Bypass-Operation hinter sich – einigen waren neue Herzklappen eingesetzt worden und einem, der wie ein Weltwunder bestaunt wurde, sogar ein neues Herz. Mit einem Industriemanager der Oetker-Werke aus Bielefeld freundete Adalbert sich ein bisschen an. Dieser hatte in seiner Jugend linken Idealen angehangen und konnte bis heute schrille nationalistische Töne nicht ab. Die aber gab es reichlich zu hören. Insbesondere bei den Abendmahlzeiten wurden die Kommentare zu den politischen Tagesereignissen abgegeben. Helmut Kohl besuchte gerade Polen, wo kürzlich die erste nichtkommunistische Regierung eines Ostblockstaates durch Wahlen zumindest einen Zipfel der Macht in die Hände bekommen hatte – er nahm das zum Anlass, öffentlich auf alle territorialen Forderungen der BRD zu verzichten und darüber hinaus großzügige materielle Hilfe zu versprechen. Das stieß im Esssaal auf heftigen Widerspruch: Die polnischen »Dreckschweine« ließen ohnehin alles verkommen, das könne man ja in Schlesien am besten sehen, schon im Krieg sei das genauso gewesen, aber da habe man ihnen ein Mindestmaß an Ordnung und Sauberkeit noch aufzwingen können.

Adalbert hörte sich das eine Weile an, dann erwähnte er die deutschen Kriegsverbrechen, mit denen die Nazis während seiner Poznaner Schuljahre ganz öffentlich herumgeprahlt hatten. Das brachte die alten Kameraden zwar zum Schweigen, aber er wurde hinfort von ihnen auch gemieden: Wenn er irgendwo auftauchte, verstummten alle politischen Gespräche.

Eine Szene machte ihn vollends zum Aussätzigen. In der Klinik gab es zwei Fernsehräume: ein Zimmer für Zuschauer, die das

ARD-Programm sehen wollten, das andere für solche, denen das ZDF lieber war. Als eines Abends im ARD Louis Malles Film *Auf Wiedersehen, Kinder* lief, eine feinsinnige, nuancenreiche Geschichte über die fehlgeschlagene Rettung jüdischer Kinder in einem katholischen Internat während des Zweiten Weltkrieges, fielen Sprüche, wie Adalbert sie auf der *Finnjet* schon von einigen seiner balterdeutschen Landsleute vernommen hatte, als es um den Besuch des Rigaer Vernichtungslagers gegangen war, allerdings noch unverblümter und kruder: Eine solche jüdische Hetze werde man sich nicht gefallen lassen und stattdessen auf das ZDF umschalten. Adalbert protestierte, er wolle den Film sehen und außerdem sei dieser Raum der Hausordnung zufolge für das erste Programm bestimmt, gerade um solchen Streit zu vermeiden. Eine Regel sei eben eine Regel. Das leuchtete seinen Kontrahenten ein, ihre Autoritätsfixierung erwies sich als noch stärker als ihre antisemitischen und nationalistischen Emotionen und sie verließen geschlossen den Raum, in welchem außer ihm nur noch ein einziger Patient zurückblieb.
Seit Kriegsende hatte Adalbert sich zumeist unter Menschen seines eigenen Milieus aufgehalten, in dem spätestens nach 1968 antisemitische und die Nazis rechtfertigende Äußerungen tabuisiert gewesen waren. Hier in Oeynhausen aber hörte er seit Jahren zum ersten Mal wieder Volkes Stimme, und die schien sich jetzt durch nichts mehr von ihrem dümmlichen Rumposaunen abhalten zu lassen, auch durch ihre eigene schmutzige Vergangenheit nicht. Es half ihm dabei nicht viel, sich zu sagen, dass diese keifende Stimme in Wirklichkeit nichts anderes war als das von der Erinnerung an gloriose Kriegserlebnisse verstärkte Echo der Boulevardpresse.

10.

Aber es sollte noch schlimmer kommen. Ein weltgeschichtliches Ereignis verschlug ihm schon wenige Tage später vollends die Sprache: der Fall der Berliner Mauer am 9. November 1989. Der 9. November: die von rechten Sozialdemokraten und Freikorps erstickte Revolution 1918; Hitlers Münchener Putschversuch fünf Jahre später; 1938 die brennenden Synagogen der Pogromnacht und 1939 der missglückte Anschlag eines vereinsamten Anarchisten, der den

»Führer« in die Luft sprengen wollte, um den zwei Monate alten Krieg so doch noch im letzten Moment abzuwürgen – Tage es Schreckens und der hilflosen Versuche, ihn zu beenden, waren es, auf die sich dieser Augenblick aufpfropfte, verklärt von einem trügerischen Schein der Befreiung. Wie die meisten Deutschen begriff Adalbert zunächst noch gar nicht die Tragweite dessen, was da vor sich ging.

Zuerst kamen die Fernsehbilder von den Berliner Grenzübergängen und der Ankündigung des SED-Politbüromitglieds Schabowski, das geordnete Verlassen der DDR werde hinfort jedem gestattet – sie hatte zur Öffnung der Mauer geführt. Das Gedränge an den Wachhäuschen, der vergebliche Versuch, den Ansturm wenigstens mit einem Genehmigungsstempel unter Kontrolle zu bringen – und dann nur noch das Durchwinken. Natürlich hatte das eine Vorgeschichte: die Montagsdemonstrationen in Leipzig; die Hunderte, die über eine Zuflucht in den BRD-Botschaften in Budapest, Warschau und Prag ihre Ausreise zu erzwingen suchten, sowie seit einigen Wochen zuvor die Öffnung der ungarischen Grenze nach Österreich. All diese Szenen: Die von der Nikolaikirche losmarschierenden Leipziger, die in den Botschaftsgärten kampierenden Ausreisewilligen und die von ungarischen Zöllnern und Polizisten bis nach Österreich geschleusten Republikflüchtlinge hatte das bundesdeutsche Fernsehen detailverliebt aufgenommen und in der ganzen Welt verbreitet.

Der politische und moralische Druck der Medien, aber auch der westlichen Politiker, die von der DDR-Regierung eine schnelle Lösung dieses Problems verlangten, wurde für diese immer unerträglicher – und auf eine Unterstützung durch ihre Verbündeten oder ihre frühere Schutzmacht, die Sowjetunion, konnte sie nicht mehr zählen. So blieb ihr nur die Alternative, selbst auf die Demonstranten schießen zu lassen und ihre Grenzen, auch die nach Polen und der Tschechoslowakei, ebenso dichtzumachen wie die zu der Bundesrepublik – oder aber sie alle zu öffnen und den bisher gewaltlosen Protest weiterhin zuzulassen. Die erste Alternative hätte die DDR auch im inzwischen perestroikainfizierten Ostblock völlig isoliert und der BRD irgendwann den Vorwand zu einer militärischen Intervention gegeben: Sie kam also wohl von vornherein nicht in Frage. Vor der zweiten hatte Erich Honecker lange zurückgeschreckt – nicht zuletzt deswegen war er vom Po-

litbüro der SED entmachtet und durch Egon Krenz ersetzt worden, nur wenige Wochen vor diesem 9. November.
Einiges von dieser Vorgeschichte hatte Adalbert in den Wochen vor seiner Operation mitbekommen, aber er hatte während dieser Zeit so viel andere Aufgaben und Sorgen, dass er sich über ihre Folgen keine großen Gedanken gemacht hatte. Die Teilung der Welt in einen kapitalistischen und einen sozialistischen Machtblock war so fest in seinen Kopf eingestanzt, dass er sich, seit Gorbatschows Glasnost und Perestroika, zwar ihre vorsichtige gegenseitige Öffnung vorstellen konnte – sie war ja sogar zwischen der BRD und der DDR schon im Gange –, nicht aber die Aufgabe der DDR und noch weniger den Zusammenbruch der Sowjetunion. Er glaubte also auch nach diesem 9. November noch immer, dass es sich um Reformversuche handelte, die das sozialistische Gebäude auf lange Sicht festigen helfen würden. Dass solche Reformen mit Unruhe, ja zeitweise mit Chaos einhergingen, verschreckte ihn nicht. Dort, wo sie vorzeitig erstickt worden waren – in Polen, in der CSSR –, war es genau so gewesen, aber diesmal bestand vielleicht zum ersten Male die Aussicht, dass der Atem der Herrschenden wie der Beherrschten lang genug sein würde, das auszuhalten, bis es sich auszuzahlen begann. Auch die Bundesrepublik schien ja inzwischen, seit 1953, einiges hinzugelernt zu haben: Die Bilder, wie Honecker, 1988 in Bonn als Staatsgast empfangen, an der Seite Kohls unter den Klängen von *Auferstanden aus Ruinen* eine Ehrenkompanie von Bundeswehrsoldaten abschreitet, blätterten sich als Beleg dafür in Adalberts Gedächtnis auf. Vielleicht konnte man also doch darauf hoffen, dass die BRD sich zurückhielt und in die inneren Auseinandersetzungen im anderen Teil Deutschlands nicht einmischte?
Als er in den nächsten Tagen Trabi auf Trabi durch die Hauptstraße von Bad Oeynhausen auf Osnabrück zutuckern sah, während er wieder einmal zu seiner geliebten Maulwurfstorte unterwegs war, wurde ihm sogar etwas warm ums Herz, kündigte das doch normale Verhältnisse und ein baldiges Ende des Kalten Krieges an. Wer weiß, vielleicht würde sich nun die westdeutsche Glitzerwelt sogar etwas an solch einen einfachen, gebrauchswertnäheren und deshalb auch humaneren Komfort angleichen? Solange er im Krankenhaus war, ließ er es bei solchen Träumereien bewenden. fühlte er sich doch eher als neugieriger Zuschauer denn als einer, der von

diesen Ereignissen selbst betroffen war, sie streiften nur eine Aura, die ihn umgab, ohne ihn wirklich in Mark und Kern zu berühren. Er – das war hauptsächlich immer noch dieser Körper, der wieder bergaufgehen, Treppen steigen, ruhig atmen, ein paar Stunden hintereinander lesen lernen musste, ohne dabei gleich einzudösen, und der seit der Operation Mühe hatte, sich der Namen vieler seiner engsten Mitarbeiter zu erinnern.

11.

Erst als er Anfang Dezember wieder zu Hause war, wurden ihm die Folgen klar, und er musste sich von all diesen Illusionen trennen. Marina erzählte ihm von den Kommentaren einer gemeinsamen Hannoveraner Freundin zur Maueröffnung: Er wusste, dass die einer begüterten Dresdener Familie entstammte und 1959 mit ihrer Mutter und ihren Geschwistern in die BRD geflüchtet war, aber auch, dass sie später, nach 68, als Berliner Studentin mit einer der SEW eng verbundenen Hochschulgruppe sympathisiert hatte. Wieso erschien ihr das Ende der DDR und ihre Einverleibung in die BRD nicht nur unvermeidlich, sondern stürzte sie darüber hinaus auch noch in einen ekstatischen Freudentaumel, ebenso wie die Frau eines jungen Leipziger Kollegen Adalberts, die zufällig während dieser Tage bei den Wulffs auf Logierbesuch war? Beim Jubel der beiden Frauen hatte Marina sich von dieser Freude ausgeschlossen, ja sogar leise geängstigt vor dem nun bald wiedervereinigten, zu seiner doppelten Größe aufgeblähten Deutschland, einem Deutschland, das sich jetzt legitimiert fühlen könnte, endgültig einen Schlussstrich unter seine Vergangenheit zu setzen, unter den Zweiten Weltkrieg, unter Treblinka und Auschwitz.
Auch Adalbert ließ eine solche Begeisterung verstört zurück. Dass bei manchen, die als Jugendliche die DDR verlassen mussten, nicht der Sieg über die Kommunisten, sondern die Wiederannäherung der Heimat sie ausgelöst hatte, die irrationale Hoffnung, durch den Fall der Mauer könnten alle Wunden, die der Verlust der Kindheit gerissen hatte, auf einmal geschlossen werden, daran dachte er damals noch nicht. Stattdessen fiel ihm eine Auseinandersetzung mit polnischen Jugendlichen im Nachtzug von Berlin nach Han-

nover ein – 1986 oder 87 hatte er sich, erschöpft und verschlafen, auf der Rückreise von einer Redaktionssitzung des *Arguments* mit ihnen im selben Abteil gefunden. Sie waren Vertreter ihres nationalen Studentenverbandes auf offizieller Delegationsreise nach Köln und Paris, schimpften aber so heftig über die korrupten Funktionäre und das ineffiziente Gesellschaftssystem in ihrem Land, dass er ihnen von einigen kommunistischen Freunden in Vietnam, aber auch in Warschau erzählte, die trotz schlechter Bezahlung ihre ganze Kraft für eine Sache einsetzten, an die sie noch immer glaubten. Die jungen Leute schüttelten nur den Kopf – so jemanden hätten sie niemals gesehen – und sie hielten ihm den bösen alten Witz entgegen, dass niemand zugleich Kommunist, aufrichtig und intelligent sein könne. Was Adalberts Freunde beträfe, könne er es sich ja aussuchen, welche zwei Kennzeichnungen für sie zuträfen und welche nicht. Die Episode hatte er, nachdem er Marina von ihr berichtet hatte, schnell wieder verdrängt, weil diese fatale Wahl von den Polen unausgesprochen ja auch ihm selbst angetragen worden war. Jetzt dämmerte ihm, dass es entscheidend sein würde, wie viele kluge und ehrliche Menschen in der DDR, in Vietnam und in den anderen Ostblockländern, vor allem aber in der Sowjetunion, weiter bereit wären, für die Sache eines erneuerten Sozialismus einzustehen.

Für die DDR hatte sich das bald schon entschieden: Es waren zu wenige. Noch nach der Maueröffnung grölte es in Leipzig weiter, aber nun nicht mehr »Wir sind das Volk!«, sondern plötzlich »Wir sind ein Volk!«. War auch die erste Losung, gelinde gesagt, schon übertrieben, war die in Leipzig aufmarschierte kirchenzentrierte Opposition, solange das mit einer letzten Spur von Risiko behaftet war, trotz ihrer Zehntausende immer noch eine Minderheit gewesen angesichts einer schweigenden Mehrheit von Millionen, so hatte sie sich ihren Slogan doch wenigstens selbst ausgedacht – und der hätte vollends den Tatsachen entsprochen, wenn ihm ein »auch« vorangestellt gewesen wäre. Das schlüpfrige Hinübergleiten vom bestimmten Artikel zum Zählwort war aber, wie später – wenn er sich recht erinnert, durch den *Spiegel* – bekannt wurde, nicht ein eigener Einfall der Demonstranten gewesen, sondern einer von bundesdeutschen Public-relation-Fachleuten, die im Auftrag der Bonner Regierung in der DDR tätig geworden waren. Sie hatten unversehens anstelle der Forderung nach demokratischer

Mitbestimmung der DDR-Politik die nach schleuniger Wiedervereinigung mit der BRD gesetzt. Und da ging es bald schon nicht mehr so sehr um Meinungsfreiheit und politische Rechte als vielmehr um die D-Mark: »Kommt die D-Mark, bleiben wir, kommt sie nicht, gehen wir zu ihr«, reimte und kreischte die Menge jetzt, und diese Ungeduld brachte Zehntausende dazu, ihre Drohung auch wahr zu machen. Im Fernsehen erschienen die Wohncontainer, die die Behörden in vielen westdeutschen Städten für sie aufstellen mussten.

Die Fluchtbewegung in den Westen ging also weiter, ja sie schwoll sogar noch an während der kurzen Periode der Modrow-Regierung, als in der DDR eine so totale Freiheit und eine so lebendige Demokratie herrschte, wie man sie auch in Westdeutschland nur selten zu sehen bekommen hatte. Sprach also nicht vieles dafür, dass auch in der Vergangenheit die Mehrzahl der Flüchtlinge vor der »kommunistischen Schreckensherrschaft« »Wirtschaftsflüchtlinge« gewesen waren?

Auf einmal begriff Adalbert, was ihm zuvor als papierene Nebensächlichkeit vorgekommen war: weshalb die DDR so hartnäckig auf die formale Anerkennung ihrer Staatsbürgerschaft auch durch die BRD bestanden und diese die ihr ebenso hartnäckig versagt hatte – auch noch beim feierlichen Empfang Honeckers in Bonn. Wären die beiden deutschen Staaten diesen letzten Schritt der Normalisierung ihrer Beziehungen nämlich noch gegangen, so hätten DDR-Flüchtlinge in Westdeutschland nicht mehr Rechte gehabt als Asylbewerber oder Immigranten aus anderen europäischen oder außereuropäischen Ländern: Sie hätten als Staatenlose von Sozialhilfe leben, jedes Examen vor einer Ausübung ihres bisherigen Berufs wiederholen und schlimmstenfalls, wenn sie eine politische Verfolgung nicht nachweisen konnten, sogar mit ihrer Ausweisung rechnen müssen – das allein schon hätte den Flüchtlingsstrom rasch versiegen lassen. Damit wäre die DDR aber auch aus der Zwickmühlensituation herausgekommen, in der sie während dieses 1989er Herbstes schließlich erstickt war. Das konnte natürlich nicht im Interesse derer liegen, die dem kommunistischen »Reich des Bösen« durch ein ganzes Repertoire geschickter Schachzüge den Garaus zu machen suchten und dazu bei seinen aus ganz unterschiedlichen Gründen schwächsten Gliedern den Anfang gemacht hatten: bei Polen und bei der DDR.

Aber die Bedrohung kam nicht nur von außen. Gorbatschows Erneuerungspolitik hatte den Sozialismus besonders verwundbar und, zumindest während der Umbruchzeit, für alle kapitalistischen Sirenengesänge empfänglich gemacht. Das Wachs war noch nicht erfunden, das der neu gekürte Generalsekretär wie Odysseus seinen sozialistischen Mitbürgern in die Ohren hätte stopfen können – und vielleicht hatte der es auch versäumt, sich selbst an den Mast seines Staatsschiffes anbinden zu lassen, bis der Strom der Geschichte es aus den gefährlichsten Gewässern herausgetragen hätte.
Schon in diesen Wochen zeichnete sich ab, was im Frühjahr 1990 zur Gewissheit wurde: dass Gorbatschow die DDR Kohl zum Geschenk machen würde. Das Fernsehen zeigte beide in trauter Altmännerfreundschaft angelnd am Terekufer vereint – dem tschetschenischen Grenzfluss ausgerechnet, den Lermontow in seinem imperialistischen Wiegenlied, einem der schönsten Gedichte russischer Sprache, so herzergreifend besungen hatte. Des Kanzlers nur ein knappes Jahr zurückliegender Vergleich des Generalsekretärs mit Joseph Goebbels schien jedenfalls von einem der vielen Gedächtnislöcher verschlungen worden zu sein, die als Abfalleimer der Geschichte überall in das diplomatische Parkett jener Jahre eingesenkt worden waren.

12.

Dann ging es Schlag auf Schlag: In der Tschechoslowakei und in Bulgarien kam es zu einer friedlichen Ablösung der kommunistischen Herrschaft; die kommunistischen Parteien mutierten in sozialistische oder sozialdemokratische und gingen in die Opposition; in Rumänien wurden Ceaucescu und seine Frau Elena auf der Flucht aus ihrem Palais festgenommen, von einem Standgericht in einer halbstündigen Verhandlung zum Tode verurteilt und erschossen; in der DDR kündigte Modrow, ein Reformkommunist, Wahlen zum 17. März 1990 an. Die großen bundesdeutschen Parteien, CDU wie SPD, setzten Millionenbeträge ein, um die Wahlen zu gewinnen, und Kohl trat in jeder größeren ostdeutschen Stadt als Wahlredner auf. Niemanden schien das mehr zu verwundern, obwohl es eigentlich nichts anderes war als wenn Mitterrand, Kreisky, Reagan oder Gorbatschow sich angemaßt hätten, den bundesdeutschen Wahlkampf zu führen – denn offiziell handelte es sich bei der DDR ja immer noch um einen eigenen Staat. Aber Modrow war erpressbar, sein Land hatte durch die Ereignisse seine bis dahin immer noch beträchtliche Bonität verloren und er selbst war, um einem Staatsbankrott zu entgehen, jetzt ganz auf den guten Willen Bonns angewiesen. Kohl wiederum war jedes Mittel recht, um die sofortige Wiedervereinigung zu erzwingen – auch mittels der »Blockflöten«-Partei Ost-CDU als aufnahmebereites organisatorisches Sammelbecken für die von ihm erhofften mehrheitsbeschaffenden Wählerstimmen.

Natürlich gewann die CDU haushoch. Die SPD, ohne ein solches Korsett, blieb weit abgeschlagen liegen, die SED, in PDS umbenannt, brachte es immerhin auf ein zweistelliges Ergebnis – ihr Anteil nahm später von Wahl zu Wahl zu und sie etablierte sich mit über 20 Prozent schließlich als linke ostdeutsche Regionalpartei. Die neue CDU-Regierung der DDR unter ihrem Ministerpräsidenten de Maizière war nichts anderes als ein von Bonn an ihren Strippen gezogenes Marionettentheater. Im Juni kam die D-Mark und mit ihr der kapitalistische Wettbewerb, der die ostdeutsche Industrie abwürgte und die Landwirtschaft ruinierte. Im Oktober setzte Bonn einen anschlussartigen »Beitritt« der DDR zu der Bundesrepublik durch, zum »Geltungsbereich« des unverändert gebliebenen Grundgesetzes – anstelle einer Wiedervereinigung, zu der *beide* deutsche Staaten etwas hätten beitragen können. Kurz danach machten sich auch die großen und die kleinen Aasgeier auf den Weg ostwärts: die in den Westen geflüchteten ehemaligen Grund- und Immobilienbesitzer, die Spekulanten und Goldgräber, etwas später auch die in der BRD auf mittleren Positionen sitzen gebliebenen Beamten und Richter, die arbeitslosen Privatdozenten – fast überall gab es etwas zurückzuholen, etwas zu übernehmen, jemanden »abzuwickeln« und sich an seine Stelle zu setzen.

Für Klaus Weise konnte Adalbert, gemeinsam mit Klaus Dörner und einigen anderen westdeutschen Psychiaterfreunden, durch eine Petition noch erreichen, dass er im Amt bleiben konnte, wenn auch nur unter erniedrigenden Bedingungen. Helmut Späte, dem Psychiatrieordinarius in Halle, einem Landarbeitersohn, der über die Arbeiter- und Bauernfakultät seinen Weg gemacht hatte, aber auch

Achim Thom, mittlerweile einem der anerkanntesten Medizinhistoriker im deutschen Sprachraum, wurden, wie vielen anderen, mittelmäßig begabte westdeutsche Wissenschaftsadepten als neue Klinik- bzw. Institutsdirektoren vor die Nase gesetzt. Hinfort mussten sie sich mit untergeordneten Positionen und nur geringfügigen Rentenansprüchen begnügen. Aber auch sie hatten noch Glück, denn viele DDR-Professoren, -Richter und -Lehrer wurden wegen ihrer SED-Mitgliedschaft oder auch bösartigen und unüberprüften Denunziationen von westdeutsch dominierten »Evaluierungs«kommissionen als politisch untragbar erklärt und fristlos entlassen.
Die Verbitterung über ein solches Besetzerregime brachte Adalbert schließlich dazu, bei den Bundestagswahlen im Dezember 1990, als immer noch Parteiloser, für die PDS zu kandidieren: in Braunschweig, wo die Partei über keinen eigenen Bewerber für das Mandat verfügte. Natürlich wusste er, dass dies nur eine symbolische Kandidatur war, sie sollte zeigen, dass nicht alle westdeutschen Linken zu Wendehälsen geworden waren – und so bekümmerte es ihn auch nicht allzu sehr, dass er über die 0,5 Prozent nicht hinauskam.

13.

Das Ende der DDR und wenig später auch der Sowjetunion nahm auch einem Projekt seine Sprengkraft, an dem Adalbert und Achim Thom seit fünf oder sechs Jahren gemeinsam gearbeitet hatten: ein Buch, das eine Bestandsaufnahme des Wandels der Psychiatrie in Ost und West werden sollte. Anlässlich eines von Adalberts Leipzig-Besuchen war ihnen der Gedanke gekommen zu überprüfen, wo und wie sich die »Landkarte der Schande« der siebziger Jahre inzwischen verändert hatte. Aber die Herausforderung hatte nicht so sehr darin bestanden, Franco Basaglias Vorhaben 15 Jahre später doch wieder aufzunehmen, als vielmehr in dem Versuch, den gleichen Text in einem ostdeutschen und in einem westdeutschen Verlag zu veröffentlichen und so auf dem Gebiet der Psychiatrie fachbedingte Ähnlichkeiten und systembedingte Unterschiede sichtbar zu machen. *Psychiatrie im Wandel* sollte das Buch heißen und es gelang Achim nach zwei oder drei Jahren, die Parteiin-

Erich A. Wulff und
Achim Thom 1990
bei der Buchvorstellung

stanzen davon zu überzeugen, dass ihr Vorhaben der DDR nicht schaden, sondern nur nützen könne – strebte deren Politik doch eine allmähliche Normalisierung nicht nur der Handels-, sondern auch der Kultur- und Wissenschaftsbeziehungen mit der BRD an. Kleinere ideologische Unkorrektheiten fielen gegenüber diesem Ziel nicht mehr so stark ins Gewicht und die Namen Achims und Adalberts bürgten dafür, dass sie sich in Grenzen halten würden. Schwieriger war es gewesen, die Autoren zu einer einigermaßen zeitgerechten Abgabe ihrer Manuskripte und danach zu den nötigen Kürzungen und Korrekturen zu bewegen. Als ungefähr drei Viertel der Texte druckfertig vorlagen, fiel die Mauer, und zumindest ein kleiner Kommentar zu diesem Ereignis und der heranrückenden Wiedervereinigung musste von den ostdeutschen Autoren in ihre schon abgelieferten Aufsätze eingefügt werden. Zudem hatte es nun auch keinen Sinn mehr, das trotz dieser Verzögerungen doch noch vollendete Werk von zwei verschiedenen Verlagen herausbringen zu lassen.
So konnten sie ihr Buch, im Psychiatrie-Verlag erschienen, erst am 2. Oktober 1990, am Tag vor dem offiziellen Ende der DDR, in Leipzig der Fachöffentlichkeit vorstellen, und da hatte es den Sta-

chel verloren, der in einer gleichzeitigen Überbrückung und Respektierung der Grenzen zwischen den beiden deutschen Staaten und ihren Gesellschaftssystemen hatte bestehen sollen.

14.

Mit dem Zusammenbruch der DDR musste der größte Teil der den Kommunisten nahe stehenden Bündnisorganisationen ihre Tätigkeit einstellen – ihre finanzielle Abhängigkeit von der SED wurde so für jedermann offensichtlich. Auch das ASK löste sich in den Monaten nach dem Mauerfall allmählich auf. Als Erste traten die sozialdemokratischen Gruppen aus, die ihm über 15 Jahre lang angehört hatten: die *Falken* und die *Naturfreundejugend*. So blieb es den übrig gebliebenen kommunistischen Gruppierungen vorbehalten, im Juli 1990 die Liquidation zu erklären. Adalbert war nach seinem Infarkt von seiner Sprecherposition zurückgetreten, weil er die Kraft und die Motivation nicht mehr hatte, weiter Konflikte zwischen den politischen Gruppen, aber auch den beiden hauptamtlichen Mitarbeitern zu schlichten. Während der eine immer noch den Weisungen seiner Hierarchie folgte, unterstützte der andere seit etwa einem Jahr vor dem Mauerfall die Grünen und die Sozialdemokraten. Ähnliches geschah in der Freundschaftsgesellschaft: Frank Werkmeister, bislang dem Parteivorstand in vorauseilendem Gehorsam ergeben, versuchte plötzlich ihren Kurs um 180 Grad zu drehen, ihn weg von politischer Solidarität nahezu ausschließlich auf Vermittlung zwischen deutschen und vietnamesischen Wirtschaftsunternehmen festzulegen – und alle, die Vietnam im Krieg unterstützt hatten, waren ihm dabei im Weg. Adalbert fragte sich nachher, weshalb er diese Warnzeichen, die schon den Zusammenbruch ankündigten, nicht zeitig genug wahrgenommen hatte.
Andere, die aufrichtiger an ihrer Sache gehangen hatten, zogen sich einfach zurück: wie Jürgen und Maria Rietzel, die Freunde, mit denen Adalbert und Marina 1973 nach Bulgarien und nach Istanbul gefahren waren. Jürgen war der erste ASK-Sekretär und später für die Auslandsarbeit der DKP mitverantwortlich gewesen. Er machte seine Partei nach ihrer Schrumpfung zu einem winzigen, macht- und mittellosen Häuflein nicht schlecht, sondern sagte nur,

dass er Zeit zum Nachdenken brauche. Jetzt, da es ein politisches Konfliktfeld zwischen ihm und Adalbert nicht mehr gab, kamen sie sich auch menschlich wieder näher, und zweimal haben die Wulffs ihre Ferien mit den Kindern bei den Rietzels in deren Sommerhaus auf Rhodos verbracht. Beide waren sie zu politischen Waisen geworden, daher wohl das Bedürfnis, wieder näher aneinander zu rücken. Die meisten seiner früheren politischen Freunde versuchten ihre humanistischen Grundsätze nun im Kleinen, in der Familie, in der Nachbarschaft oder am Arbeitsplatz doch noch zur Geltung zu bringen: jetzt, wo alle Hebel, sie im Weltmaßstab verwirklichen zu helfen, ihnen aus den Händen gewunden waren.
Nur von einem, ihrem Marburger Freund Hellmuth, inzwischen Professor in Bremen – er war bis zum Mauerfall einer der dogmatischsten Kommunisten geblieben –, hörten sie, dass er allem abgeschworen habe und vorbehaltlos zum früheren Gegner übergelaufen sei. Adalbert fällt es immer noch schwer, solche schlagartige Kehrtwendungen bei einem erwachsenen Menschen zu verstehen: Kann man ein halbes Leben so einfach von sich werfen, ist es nicht so, als ob man dann plötzlich ohne Arme, ohne Beine, ja ohne sein eignes Herz und Gesicht dastünde? Aber für einige scheint es eher so gewesen zu sein, als ob sie von einer Automarke zur anderen umstiegen oder nur einen abgetragenen Anzug wechselten. Dass sie sich selbst dabei als Kleiderpuppe definierten, haben sie nicht bemerkt – schon eher, dass es eine äußerst nützliche Vorübung für die bald nötig werdende totale Flexibilisierung im siegreichen Neoliberalismus war.

15.

Im Sommer 1991 trat Mehilane nochmals an Adalbert heran und bat ihn, in seiner Klinik wieder über dasselbe Thema, nämlich die Psychotherapie der Psychosen, zu sprechen. Er könne, wenn er wolle, mit seiner Frau kommen, und es gäbe jetzt auch eine direkte Flugverbindung über Stockholm, sodass das Moskauer Chaos ihn nicht mehr zu scheren brauche.
Zunächst schien auch alles völlig reibungslos zu verlaufen. Dann aber ließ das sowjetische Visum für Marina und ihn auf sich warten und die telefonische Verbindung nach Estland riss ab. Die

Nachricht vom Moskauer Putsch der Traditionalisten gegen Gorbatschow am 19. August erklärte das. Sie wollten ihre Reisepläne schon aufgeben, als ausgerechnet am Putschtag die Bonner sowjetische Botschaft in der Hochschule anrief, um Adalbert mitteilen zu lassen, ihre Pässe mit den wunschgemäß ausgestellten Visen seien zu ihnen unterwegs. Wenig später brach der Komplott zusammen, das Fernsehen zeigte Jelzin vor dem russischen Parlament, nicht wie Lenin 1917 auf einer Tonne, sondern auf irgendeinem Militärfahrzeug eine zündende Rede an die Armee halten, die er beschwor, den Putschisten nicht zu gehorchen. Die wurden kurz danach von ihm ergebenen Truppen auch verhaftet – soweit sie es nicht vorgezogen hatten, sich selbst zu erschießen. Dass Jelzin Gorbatschow seit jenem Tag immer mehr von seiner Macht abnahm und dies für die Sowjetunion das Totenglöckchen einläutete, begriff Adalbert erst in den Wochen danach. Vorläufig war für ihn das Wichtigste, dass in die Telefonleitungen wieder Leben kam und er Mehilane einen Tag vor seinem Abflug noch mitteilen konnte, mit welcher Maschine er in Tallinn ankam.
Diesmal stand sein Kollege begleitet von seiner Frau und mit einem Strauß Blumen im Arm in der Ankunftshalle. Die Pässe wurden achtlos abgestempelt, eine Gepäckkontrolle fand überhaupt nicht mehr statt. Für eine Mark gab es jetzt in jeder Bank 30 Rubel, statt wie früher nur 30 Kopeken, also hundertmal mehr. Die estnische Regierung hatte diesen Schwindel erregenden Kurs ohne Moskau zu fragen auf ihrem Territorium festgelegt – mit ihrem deutschen Geld in der Tasche hätten Marina und Adalbert das halbe Land aufkaufen können.
Immer noch fuhren, außer den kleinen grauen Moskowitschs und den großen schwarzen Wolgas, viele Oldies aus den dreißiger Jahren in der Stadt herum, abenteuerlich repariert: Für einen Augenblick blitzte ein Flash in Adalberts Kopf auf, dass er Millionär werden könnte, wenn er eine Schiffsladung von ihnen aufkaufen und nach Deutschland verfrachten lassen würde. Am nächsten Morgen fuhren sie mit den Mehilanes nach Hapsal, wo sie im Yachtclubhaus der immer noch immens reichen Fischereikolchose untergebracht wurden. In der Stadt war das Leben wiedererwacht. An der Stillen Promenade nisteten aufs Neue die Wildenten, sodass es sich damals, 1985, als ihr Wasser abgelaufen war, wohl nur um eine gigantische Reinigungsaktion gehandelt hat. Auch Segelboote

schwärmten wieder aus und an zwei Augusttagen erschien, wie zu seiner Kindheit, die »weiße Dame«, eine Mondspiegelung im Fenster der Schlosskirche: der örtlichen Überlieferung zufolge der Geist eines estnischen Mädchens, das sich als Chorknabe verkleidet ins Mönchskloster eingeschlichen hatte, um ihrem deutschen Liebsten nahe zu sein, und zur Strafe dafür lebendig eingemauert worden war.

Diesmal konnte er ohne jede Gefahr überallhin, auch nach Paralepp und nach Pullapae. Die dort noch stationierten Russen, sagte ihr Gastgeber, der freundliche Kolchosepräsident, würden Besucher nicht mehr kontrollieren – sie würden sich vielmehr verstecken und überhaupt kein Wort mehr sagen. So konnte er Marina völlig unbehelligt und angstfrei die Stätten seiner Kindheit zeigen. Als sie in der Väike Liiva im Garten ihrer früheren Datscha standen, kam ein alter, ziemlich abgerissen angezogener Mann aus dem Haus – Adalbert sagte ihm, er hätte hier mit seinen Eltern vor über 50 Jahren alle seine Kindheitssommer verbracht. Der Alte bemerkte dazu nur: »Jetzt wollen Sie das Haus sicher wiederhaben«, und er war auch noch nicht völlig beruhigt, als Adalbert ihm versicherte, daran hätte er keinerlei Interesse, er wolle nur die Erinnerungen an seine Kindheit ein bisschen auffrischen. Die Angst dieses gebrechlichen Bewohners hielt sie davon ab, um Einlass in das Innere des Hauses zu bitten – und so kann er immer noch tagträumen, das Fernrohr seines Großvaters läge drinnen in irgendeinem Schrank.

Sie blieben nur knapp 24 Stunden in Hapsal, dann ging es in Mehilanes Wagen über Pärnu weiter nach Tartu, auf derselben Straße, über die Adalbert mit seinen Eltern 1939 gefahren war – nur war aus dem rostbraunen Schotterweg eine betonierte Rollbahn geworden. Biedermeierische Szenen an diesem Tag des Schuljahrsbeginns in Pärnu: fein angezogene Eltern mit ihren Zöglingen, die über die Hauptstraße flanieren und in die mittlerweile zahlreichen Cafés der Stadt Kuchen essen gehen. Dazwischen, in bunten Lappen, ein paar dickliche Frauen: »Russinnen«, wie Lea Mehilane etwas abschätzig murmelte. Drei Stunden später, in Tartu, waren sie die fast einzigen Gäste in einem von einem finnischen Konzern aufgekauften Hotel. Erst diesmal lernte Adalbert die Stadt richtig kennen: ein beschauliches baltisches Tübingen.

Für die Vorlesung hatte er einen fertigen Text. Mehilanes Ängste,

ein Zwischenfall wie vor zwei Jahren könne sich wiederholen, erwiesen sich gottlob als unbegründet. Aber für Marina waren es schwere Tage: Sie verstand von den meist estnisch geführten Gesprächen kein Wort und war auf Adalberts Übersetzungen angewiesen, das ertrug sie nur schwer und machte sie unleidlich. Am dritten Tartuer Tag holte Ants sie beide nach Abja Palioja ab und brachte sie anschließend nach Tallinn ins *Viru*. Auch er und Hilda schimpften jetzt über die Russen: Sie seien verkommen und dumm, und Ants sagte, die estnischen Rekruten würden in der Roten Armee so sehr misshandelt, dass die neue sowjetestnische Regierung keinen mehr dorthin gehen ließe. Zu Hause zeigte er ihnen aber Fotos aus seiner eigenen Militärzeit, 1955 in Batum, auf einem war er Arm in Arm mit einem Georgier, einem Osseten und einem Russen zu sehen – Angehörige von Völkern, die inzwischen angefangen hatten, sich blutig zu befehden. Adalbert fragte seinen Cousin, ob es Quälereien von Esten oder anderen Minderheitenangehörigen damals auch schon gegeben hätte. Der lachte daraufhin auf und sagte: »I wo, es war eine schöne Zeit, wir waren alle ein Herz und eine Seele.« Die ethnischen Konflikte waren also Folge des schon beginnenden Zerfalls – wo das Band eines gemeinsamen Wegs in die Zukunft abgerissen war, wachten eingeschläferte Monster der Vorzeit wieder auf, denen nichts Besseres einfiel, als wie einst übereinander herzufallen.
Die paar Stunden in Jaan Kross' Tallinner Wohnung halfen Adalbert und Marina wieder ein bisschen auf. Der Nationalismus sei gegenwärtig unverzichtbar, wo es um die Wiedererringung der Unabhängigkeit gehe, sagte der Romancier – aber er werde sich rasch verlieren, die Esten seien ein friedfertiges Volk.
Am langen Domberg, aber auch auf seinem früheren Schulweg, vorbei am mittelalterlichen Festungsturm *Kiek in die Kök* standen noch die Barrikaden: gewaltige Granitblöcke, die die Esten während der Putschtage dorthin gerollt hatten, um ihr Parlament und ihre Regierung vor einem Angriff des Ormon, der Spezialtruppen des sowjetischen Innenministeriums, zu schützen – eine Vorsichtsmaßnahme, die sich glücklicherweise als überflüssig erwiesen hatte. Am Abend vor ihrem Abflug hatte die Sowjetunion die völlige staatliche Unabhängigkeit der baltischen Staaten anerkannt.

16.

Rund ein Jahrzehnt ist seit diesen Ereignissen verstrichen. Immer wieder hat Adalbert sich den Kopf darüber zerbrochen, ob der Versuch, den Sozialismus als Gesellschafts- und Staatsform zu verwirklichen, wie er von der Oktoberrevolution unternommen worden war, überhaupt je eine Chance gehabt hat oder ob er, wie andere grandiose Gesellschafts- und Weltentwürfe – wie derjenige Echnatons, der Albigenser oder der Hussiten – von vornherein zum Scheitern verurteilt war. Und wenn es anfangs noch für ihn eine Chance gegeben hatte: Ab wann war er in einer Sackgasse stecken geblieben? Wolf Haug, der kurz vor der Wende noch ein hoffnungsvolles Buch über Gorbatschow und eines über die Perestroika veröffentlicht hatte, sah jetzt im ganzen Staatssozialismus des Ostens nur noch abzuräumenden Schutt, der das Denken Marx', Gramscis, Brechts und Rosa Luxemburgs erstickt hätte – jetzt gelte es, dieses Denken, koste es, was es wolle, den kommenden Generationen zugänglich zu erhalten, damit es irgendwann wieder als Geschichtsmacht wirksam werden könne. Und Oskar Negt sagte zu Adalbert, es sei unsinnig, der DDR und der Sowjetunion auch nur eine einzige Träne nachzuweinen.

Aber was untergegangen war, waren ja nicht nur ein paar Staaten mit ihren gemeinschaftlichen Eigentumsformen – und selbst um einige von diesen, die Kolchosen und die LPGs, schien es ihm trotz ihrer allzu großen Staatsabhängigkeit doch schade zu sein, denn Einübungsstätten in den Sozialismus waren sie allemal gewesen. Zum Tode verurteilt war auch die Herzlichkeit, das natürliche Selbstbewusstsein der Menschen, wie er es auf seinen Reisen in den Osten kennen gelernt hatte – von Menschen, die sich nicht als Verkaufskataloge von Werbeagenturen überall ausstellen mussten wie zunehmend hierzulande, die ihren Empfindungen Raum geben konnten, ohne gleich fragen zu müssen, was ihnen das einbringe oder sie koste. Aber natürlich wusste er nicht, was daran Erbe einer vorkapitalistischen Rückständigkeit gewesen war und was daran wirklich auf die neuen Gemeinschaftsformen zurückging, so unentwickelt, ja so verkrüppelt diese auch immer noch gewesen sein mochten. Anders als Wolf Haug, anders als Oskar Negt hatte er also Trauerarbeit zu leisten, und er musste nach den fatalen Abzweigungen suchen, die schließlich ins Unheil führten.

Mit dieser Arbeit hat Adalbert kaum erst begonnen und er weiß, dass er allein davon überfordert ist. Wenn er seine eigenen Erfahrungen vorläufig zusammenfasst, dann, muss er sich sagen, ist es nicht erst 1985, zu Beginn der Perestroika, sondern wahrscheinlich schon 1968 zu spät gewesen. Nach Stalins Tod, während des Chruschtschow'schen Tauwetters in der zweiten Hälfte der fünfziger Jahre, hatten noch viele der freigekommenen Gulag-Opfer Hoffnungen in einen erneuerten Kommunismus gesetzt. Breschnews Rebürokratisierung, die Zerschlagung des Prager Frühlings, die Wiederauffüllung der Lager, die Stagnation im Denken und Wirtschaften haben diese Hoffnungen Jahr um Jahr vollständiger abgewürgt, – sodass, als Gorbatschow kam, kaum einer mehr an einen humaneren, allen Bürgern durchsichtigen und von ihnen selbst getragenen Sozialismus glaubte, der eines Tages auch in der Produktion Früchte tragen und ihr eigenes Leben leichter machen würde. Einige fürchteten sogar, das Ganze werde, wie Chruschtschows Tauwetter, wieder als ein Aprilscherz enden. Die meisten aber sahen in der Perestroika nur eine Situation, die es möglichst rasch und möglichst vollständig zum eigenen Vorteil auszuschlachten galt, und manche von ihnen benutzten sie auch als willkommenen Hebel, um mit dem Sozialismus ganz aufzuräumen. Jedenfalls war mit ihr eine höchst instabile Lage entstanden, die weder den wenigen aufrichtigen Reformern des Sozialismus noch den nicht viel zahlreicheren aufrichtigen Konservativen einen Ausweg ließ: Was immer sie auch taten, was immer sie unterließen, nichts mehr hätte die gewünschte Wirkung erreicht, sondern alles den Verfall, gegen ihren erklärten Willen, nur noch befördert. Eine Chance der Erneuerung gab es vielleicht nur bis zu einem bestimmten Zeitpunkt: Wurde sie da nicht ergriffen, war sie für immer vertan, und niemand glaubte mehr daran.
Wer zu spät kommt, den bestraft das Leben: Das Verdikt dieses Ausspruches hat nicht nur Gorbatschow selbst getroffen, sondern alle, die mit ihm an einem effizienteren, humaneren, demokratischeren Sozialismus hatten arbeiten wollen.

9. Kapitel: Ende der Geschichte

1.

Jonathan, Manu und Noemi wuchsen heran und beendeten nacheinander die Schule. Weil sie die soziale Durchmischung auf der Gesamtschule politisch für richtig hielten, hatten Marina und Adalbert die beiden Älteren in den verhältnismäßig nahe gelegenen Roderbruch gegeben, die einzige Gesamtschule der Stadt, die auch über eine Primarstufe verfügte. Die Lehrer waren alle liebenswürdig und den Kindern gegenüber geradezu kumpelhaft. Sie sprachen sich während der Elternsprechtage fast immer lobend über ihre Schüler aus, aber Manu konnte in der zweiten Klasse noch nicht richtig lesen – während eines einzigen Wochenendes hat sein zehnjähriger Bruder es ihm besser beigebracht als seine Lehrerin in zwei Jahren.

Die ganze Familie beisammen: Manuel, Noemi, Adalbert, Marina, Jonathan

Im ersten halben Jahr schien Lernen auf dieser Schule überhaupt verpönt zu sein: stattdessen organisierten die Lehrer Gruppenspiele, um die Kinder aneinander und an die neue Umgebung zu gewöhnen. Deren natürliche Neugier auf Buchstaben, Worte und Zahlen kam so gar nicht zum Zuge. Auch später bekamen sie so gut wie keine Rückmeldungen. E = erreicht, te = teilweise erreicht, ne = nicht erreicht, so stand es unter den spärlichen Tests, wobei damit die Lernziele gemeint waren. Man beließ die Kinder in der Überzeugung, schon »te« sei ein ziemlich gutes Ergebnis.

Nach Abschluss der vierten Grundschulklasse verließen viele Kinder, deren Eltern wie Marina und Adalbert aus politisch-pädagogischer Überzeugung gehandelt hatten, den Roderbruch, um an die renommiertere Gesamtschule Linden zu gehen. Die frei gewordenen Plätze wurden von Kindern aus Problemfamilien besetzt, die während des Unterrichts lärmten, sich schlugen und von denen einige sich noch im zweiten Schuljahr die Hosen voll machten. Jonathan hatte mit den Lehrern, die ihm zugeteilt wurden, noch verhältnismäßig viel Glück, und in seiner Klasse blieb es bei einem einigermaßen ausgeglichenen Verhältnis zwischen Kindern sozial integrierter und randständiger Familien. In Manuels Unterricht herrschte hingegen meistens das Chaos. Die Lehrer, fast alles Achtundsechziger-Softies, waren dem rüden Gebaren ihrer Unterschichtszöglinge nicht gewachsen.

Nach Abschluss des sechsten Schuljahres wollte Manuel um jeden Preis ins Gymnasium überwechseln. Adalbert und Marina konnten ihn in der Käthe-Kollwitz-Schule unterbringen und ein halbes Jahr später folgte ihm Jonathan. Noemi hatte ihren Eltern von vornherein und mit großer Entschlossenheit erklärt, sie wolle nicht in die Gesamtschule gehen, sondern in die nur wenige Minuten entfernte Grundschule ihres Viertels, und das erwies sich als richtige Wahl. Bald wusste sie besser als ihre Eltern und Brüder, wer in welchem Haus wohnte, kannte jede Katze und jeden Hund in ihrer Nachbarschaft und konnte die kurzen Wege zu ihren Freundinnen und Freunden ebenso wie ihren Schulweg allein zurücklegen. Im Unterricht wurde ihr beigebracht, was sie bis dahin noch nicht gekonnt hatte, und genau das machte ihr Spaß: Wenn sie mit ihren Eltern spazieren ging und sie an einem Hinweisschild vorbeikamen, versuchte sie es gleich zu entziffern. Zu einer Musterschülerin wurde sie nicht, aber sie hatte Spiel und Lernen voneinander unterscheiden gelernt und auch, dass beides Vergnügen bringen konnte.

2.

Nach dem Ende der DDR und nach dem der Sowjetunion herrschte unter vielen Alt-Linken und Alt-Achtundsechzigern ein Klima der Resignation – und das griff auch auf diejenigen sozialdemokratisch oder liberal eingestellten Kollegen über, die lediglich an Reformprojekten wie der Humanisierung der Psychiatrie beteiligt gewesen waren. Nicht nur, dass sie alle immer mehr in eine sterile und aufreibende Verteidigungshaltung des bislang Erreichten hineingerieten, auch der Begriff »Reform« selbst wurde ihnen aus der Hand gewunden – er zielte fast nur noch auf Einsparungen öffentlicher Gelder ab, auf den Abbau von Tarifansprüchen und sozialen Rechten. Dadurch, so die ideologische Begleitmusik, solle die Eigenverantwortung des Einzelnen gestärkt sowie der Wirtschaftsstandort Deutschland attraktiver und konkurrenzfähiger gemacht werden. Jetzt erst zeigte sich, dass vor 1989 die halbe Welt, die sozialistische, stillschweigend hinter ihnen und ihren Projekten gestanden hatte; dass der Regierung und der Wirtschaft der soziale Friede, ja sogar ein gemächlicher sozialer Fortschritt wichtig genug gewesen war, Milliardensummen dafür auszugeben, um auch auf diesen Feldern der Systemkonkurrenz zu bestehen. Eine solche Notwendigkeit war jetzt weggefallen, nicht nur machtpolitisch, auch in den Köpfen der Menschen gab es zur Entfesselung der Kräfte des Marktes, zum Prozess der Deregulierung, zur Alleinherrschaft der Kapitallogik keine Alternative mehr. Hinhaltender, verzögernder Widerstand war das Einzige, was noch versucht werden konnte, die Suche nach den wenigen vom Verwertungsprozess noch nicht angetasteten Restbeständen und ein moralischer Appell an das Gute im Menschen, trotz alledem.
Auch an der Hochschule setzten sich immer stärker betriebswirtschaftliche Überlegungen durch, für die das Wohl der Patienten nur noch ein Spielball war. So ging es ein Jahr lang darum, möglichst viele Betten ständig belegt zu halten, also notfalls Patienten noch nicht zu entlassen, bei denen eine ambulante Betreuung schon ausgereicht hätte. Dann kam die Budgetierung: Nun sollten in den letzten Monaten des Jahres möglichst viele Betten leer stehen, weil das für die Pflege und Behandlung zugemessene Geld schon verbraucht war, und die Aufnahmen hatten auf Notfälle, sprich Zwangseinweisungen, beschränkt zu werden. Der Knüppel, mit

dem die Klinikleiter zur Befolgung solch therapeutisch widersinniger Anordnungen gebracht werden sollten, waren Stellenkürzungen, und wenn das nicht half, auch die Drohung mit persönlichem Regress.

Solange Adalbert noch im Amt war, bis in den März 1994, blieb es bei einem bloßen Rechenspiel. Mit den Drohungen wurde an der Hochschule noch nicht ernst gemacht, und die Psychiatrie-Personalverordnung (Psych-PV), eine letzte Reform alten Stils, die die Ressourcen an die tatsächlichen Bedürfnisse anzugleichen versucht hatte, verschaffte ihnen für eine Weile sogar etwas mehr Luft. Die Personalansprüche der Krankenhäuser wurden nun berechnet nach Zeitminuten von Ärzten, Krankenpflegepersonal, Beschäftigungstherapeuten, Sozialarbeitern etc., die jeder Patientenkategorie pro Tag als unabdingbar zugebilligt wurden, und die waren zunächst großzügig bemessen. Diese Zeiten standen den Patienten per gesetzlicher Verordnung zu, die Krankenkassen konnten sie von den Krankenhausträgern sogar einklagen. Das hatte allerdings auch die Kehrseite, dass nun unaufhörlich dokumentiert werden musste, was man alles gemacht hatte, und solche Rechtfertigungsanstrengungen mal den Krankenkassen, mal den Krankenhausträgern gegenüber verschlangen manchmal fast ebenso viel Arbeitszeit wie durch die Psych-PV neu verfügbar geworden war. Mit dieser war erstmals auch ein Instrument geschaffen worden, das es nachzuprüfen gestattete, etwa durch den Einsatz von Taschencomputern, ob jeder Patient die ihm zustehenden Therapiezeiten wirklich bekommen hatte. Aber die Sollzahlen ließen sich jederzeit auch herabschrauben auf ein Niveau, das ein festes Budget vorgab – und dann würden die elektronischen Werkzeuge zur »Qualitätskontrolle« dazu dienen, im Bedarfsfall alle Zeitnischen gnadenlos auszukehren.

Im Kern hat es sich bei der Psych-PV um eine erste Rationierung von Behandlungs- und Pflegeleistungen gehandelt, ähnlich wie die der Lebensmittel im Krieg – auch da konnten ja in den ersten Jahren die Bedürfnisse aller mit den zugeteilten Marken mühelos befriedigt werden, erst später verknappten die Rationen und dann kam der Hunger auf. Die neuen Bestimmungen hatten bald zur Folge, dass die Durchmischung einer Station mit verschiedenen Patientenkategorien, auch da, wo sie therapeutisch angezeigt war, von den Kostenträgern ungern gesehen wurde, denn sie konnten dann nicht so genau kontrollieren, ob Pflege- und Behandlungsleistungen nicht von höher berechtigten auf weniger berechtigte Kranke verschoben wurden. Stellte man das fest, kam es hier und da auch zur Androhung von Regressforderungen der Kassen an den Klinikleiter.

Auch wenn vorerst mit der Verknappung der Ressourcen noch nicht ganz ernst gemacht wurde: Die betriebswirtschaftliche Logik setzte sich allmählich doch in den Hirnen der Therapeuten fest. Die Klinikleiter wurden mit entsprechenden Fragebögen und Verordnungen der Verwaltung bombardiert, sie mussten sie an die Oberärzte und Stationsleiter weitergeben und sie ihnen erklären. Irgendwann begann jeder seine eigene berufliche Existenz nur noch als Bündel berechenbarer Dienstleistungen zu begreifen, die alle mit einem Preisschild ausgezeichnet werden konnten. Aus »Patienten« wurden »Klienten« und bald schon »Kunden« – eine Augenwischerei, da die eigentlichen Kunden die Kostenträger waren – und aus den Therapeuten die von den Krankenhausträgern angestellten Verkäufer ärztlicher und pflegerischer Dienstleistungen. Im Laufe der Jahre wurde das immer selbstverständlicher. Das ins Denken eingefräste Vokabular brachte anfängliche Proteste oder doch innere Widerstände dagegen zum Erliegen. Ende der neunziger Jahre hatte das eindimensionale Denken, »la pensée unique« des Neoliberalismus, sich auch in der Psychiatrie fast überall durchgesetzt. Es in Zweifel zu ziehen schien genauso abseitig wie nicht daran zu glauben, dass zwei mal zwei vier ergab. Melancholisch erinnert sich Adalbert daran, dass er vor 30 Jahren in seinem *Argument*-Aufsatz *Der Arzt und das Geld* die damals verleugnete und tief verdrängte Abhängigkeit ärztlicher Tätigkeit vom Kapital überhaupt erst ins Bewusstsein von Arzt und Patient zu rufen versucht hatte – heute hat sie, als unentrinnbarer Sachzwang verkleidet, fast alles andere daraus verdrängt.

Diese düsteren Perspektiven, die sich schon 1990 abzuzeichnen begannen, führten bei Kisker zu selbstironischer Resignation und bei Adalbert zu so etwas wie einer Trotznostalgie. Beiden ging es jetzt darum, in Würde ihren Abschied vorzubereiten und ihr Haus so gut wie möglich zu bestellen, was vor allem in der Aufgabe bestand, den ambulanten Hochschulsektor und die Selbstständigkeit der Abteilung Sozialpsychiatrie zu erhalten sowie für annehmbare Nachfolger auf ihren Lehrstühlen zu sorgen.

Beides erwies sich als schwierig. Die Hannoveraner Psychiatrie hatte nach ihrem Boom in den siebziger und anfänglichen achtziger Jahren in der letzten Dekade eher ein Eremitendasein in der Abgeschiedenheit und Isolierung gefristet, ihre Beispielwirkung war verpufft. Andernorts war man sogar in der Krankenversorgung weiter, zum Beispiel was die Betreuung allein oder zusammen wohnender Patienten, aber auch was selbstbestimmte Arbeitsmöglichkeiten in Patienten- und Zuverdienstfirmen anging – Reformbereiche, in denen sich nun die Gütersloher mit Klaus Dörner die größten Erfolge zuschrieben. Auf der anderen Seite war die Verbindung zur akademischen Psychiatrie der meisten anderen Universitäten abgerissen: Kisker und Adalbert traten auf den Kongressen der DGPPN – der traditionellen Psychiatergesellschaft – oder in Baden-Baden nur noch ganz sporadisch auf. Was aber noch bedenklicher war: Sie hatten beide auch den Kontakt zum neuen Mainstream der Psychiatrie, der biologischen Forschung, verloren. Natürlich wussten sie alles Nötige über die neuen Medikamente, die von der pharmazeutischen Industrie auf den Markt gebracht wurden, und sie kannten auch die wesentlichen Ergebnisse der Neurophysiologie und der Neuroradiologie über die Lokalisation von differenzierten psychischen Funktionen im Gehirn – aber in ihren Kliniken hatte sich niemand an deren Erforschung beteiligt. So spielte Hannover keine Rolle mehr in der internationalen Wissenschaftlergemeinschaft, die sich inzwischen fast ganz auf biologische Forschung verlegt hatte – seine Psychiatrie, zehn Jahre zuvor noch die Speerspitze des Fortschritts, wurde nun von vielen als veraltet und unzeitgemäß verlacht. Sie trösteten sich damit, dass psychiatrische Moden kommen und gehen, dass auch Ende des 19. Jahrhunderts die Hirnpathologie alle anderen psychiatrischen Orientierungen über den Haufen geworfen hatte und schließlich doch so leer gelaufen war, dass diese in den zwanziger Jahren in anderem Gewand, als anthropologische oder daseinsanalytische Schulen, wieder auferstehen konnten.
Adalbert, der seit Anfang der Achtziger Jahre Anschluss an die Kritische Psychologie Klaus Holzkamps und an die Tätigkeitstheorien der sowjetischen kulturhistorischen Schule gewonnen hatte, meinte mit diesen historisch-materialistischen Subjekttheorien wenigstens noch eine Karte im Ärmel zu haben, die biologische und historische Sichtweisen versöhnen könnte. Er versuchte

eine von diesen Lehren inspirierte Deutung des schizophrenen Wahnsinns als Aufspaltung, ja als gegenseitige Durchkreuzung von persönlichem Sinn und gesellschaftlich verallgemeinerbarer Bedeutung zu schreiben, etwas, das aus biologischer Sicht auch als Entkoppelung der kognitiven von den emotional-voluntativen Funktionen bestimmt werden konnte. Aber eine subjektorientierte Darstellung des Wahnsinns aus den lebens- und gesellschaftsgeschichtlichen Widersprüchen zwischen Wünschen und Fühlen auf der einen, Denken und Registrieren in verallgemeinerbaren Kategorien auf der anderen Seite konnte nur dort ein Echo finden, wo ein gezielter gesellschaftlicher Veränderungsprozess durch Menschen überhaupt noch denkbar erschien – und das war nach 1989 immer seltener der Fall. Am Beispiel seines eigenen Denkens wurde ihm vorgeführt, was er abstrakt schon lange gewusst hatte, dass wissenschaftliche Ergebnisse eine Resonanz finden müssen in Forschergruppen, die unter ähnlichen Prämissen arbeiten, auf deren Tagungen, in deren Zeitschriften und in deren Vereinigungen, aber die dünnten in der zweiten Hälfte der neunziger Jahre zunehmend aus, verloren ihre universitären Verwurzelungen und auch ihre Publikationsorgane. Mehr noch: Führte man vor der Wende, wenn man in historisch-materialistischen Begriffen dachte, noch einen Dialog mit der halben Welt, wie verbogen durch ideologische Tabuisierungen auch immer, so blieben heute nur wenige vereinzelte Adressaten, die einen noch hörten. In Deutschland hatte Klaus Holzkamps Tod und die Streichung seiner Berliner Professur in dieser Hinsicht die größte Wunde gerissen. So erschien es Adalbert nur schwer vorstellbar, wie aus oft ungehört verhallenden Einzelstimmen eines Tages wieder ein Chor werden könnte.

Einen Anfang damit machte Oskar Negt, der zu Beginn der neunziger Jahre das »Montagsgespräch« ins Leben rief, eine Runde aus Universitätslehrern, Theater- und Museumsdirektoren, Journalisten und hohen Ministerialbeamten. Sie waren fast alle Linke, die meisten von ihnen mit sozialdemokratischen Sympathien. Günter Grass und Wolfgang Thierse, Gerhard Schröder und Sigmar Gabriel, Rolf Wernstedt und manchem niedersächsischen Minister konnte man dort begegnen. Es war so etwas wie ein politisch-literarischer Salon, der in einem Intellektuellencafé seine Treffen abhielt, und da jeder Teilnehmer sich verpflichtete, über den Inhalt der gefallenen Äußerungen nichts öffentlich zu machen, wurde dort auch sehr frei geredet. Die Kehrseite war allerdings, dass die prominenten Politiker sich so darstellen konnten, wie sie annahmen, dass es diesem linken Auditorium gefiel, und wie es vielleicht auch ihren eigenen Wunschträumen entsprach, ohne dafür nachteilige Konsequenzen in Kauf nehmen zu müssen. Das brachte natürlich eine gewisse Unverbindlichkeit ihrer Erklärungen mit sich. Aber trotz dieser Einschränkungen: Die Montagsgespräche wurden für Adalbert und Marina zu einer der intellektuell anregendsten Veranstaltungen jener Jahre im sonst eher tumben Niedersachsen.

3.

Der letzte große Konflikt in seiner Abteilung, den Adalbert ausgerechnet mit seiner Lieblingsstation, der Tagesklinik, in seinem letzten Amtsjahr durchzustehen hatte, kreiste um das Modethema der späten achtziger und der frühen neunziger Jahre: den sexuellen Missbrauch der Töchter durch ihre Väter. Ein jüngerer, im Übrigen sehr tüchtiger Kollege – er leitete damals die Tagesklinik – hatte dieses Thema, nein, nicht bloß zu seinem Hobby, sondern zu seinem alles andere überwuchernden Lebensinhalt gemacht. Er war groß, bärtig, ausgestattet mit einer dichten braunen Haarpracht und einem sehr intensiven, ja etwas hypnotischen Blick, der väterlichen Schutz versprach, dafür aber auch zu bedingungsloser Unterordnung unter seine Ideen aufforderte. Eine leichte Ähnlichkeit mit Rasputin war nicht von der Hand zu weisen. Dieser Kollege, ein fertig ausgebildeter Kinder- und Jugendpsychiater, der in Adalberts Abteilung seine Qualifikation auch zum Erwachsenenpsychiater erwerben wollte, hatte in eigener Regie eine Fortbildung für nichtärztliche Mitarbeiter in diesem seinem Lieblingsthema organisiert. Vor allem den weiblichen Teammitgliedern erschien er wie St. Georg, der Drachentöter, der die Welt jetzt von noch schrecklicheren Bestien, den inzestuösen Vätern, befreien wollte. Wie seinerzeit in Freiburg Professor Faust überall Porphyrie, so witterte er – nennen wir ihn hier Volker – bei einer Patientin nach der anderen als Ursache ihrer psychischen Störungen einen irgendwann erfolgten Missbrauch durch ihren Vater, Großvater, Onkel oder einen älteren Vetter. Natürlich kam inzestuöser Missbrauch tatsächlich vor, und nicht nur in sozial randständigen Familien mit ständig alkoholisierten Vätern, sondern auch in der »besseren« Gesellschaft, aber Volker hatte ihn als ständiges Phantasma überall vor Augen. Pädophilie, kommerzieller Kindsmissbrauch, Inzest, das alles verschwamm für ihn zu einer einzigen ekelhaften Soße, die aus tausend Verstecken hervorquoll, wenn man diese nur zu öffnen wusste. Mutismus, Selbstverstümmelungen, Essstörungen, nächtliche Ängste, paranoide Befürchtungen, ja jede psychotische Episode wurde für ihn zu einem Verdachtsmoment, um nach Inzesten zu suchen: Einige zumeist aus den USA herübergeschwappte Publikationen, die er ständig zitierte, hatten ihm das vorgemacht. Ein Grundpfeiler dieser Theorie bestand in der Prämisse, dass die Opfer über den Missbrauch nicht sprachen, ja bei ersten Befragungen von ihm nichts zu wissen vorgaben: man musste sie also erst dazu bringen, sich an ihn zu erinnern. Und um das zu erreichen, hatte man sich seiner Sache vollkommen sicher zu sein. Mit Zuckerbrot und Peitsche, Liebesversprechen und Drohung mit Liebesentzug versuchte Volkers Team die vergessene, verdängte, verleugnete Wahrheit aus den jungen Frauen herauszuholen – ältere gerieten seltsamerweise kaum je in den Verdacht, Missbrauchsopfer gewesen zu sein. Je hartnäckiger eine das abstritt, desto wahrscheinlicher wurde die Annahme, dass dem wirklich so war: gerade das Fehlen jeder Erinnerung war der sicherste Beweis dafür. Gestand eine schließlich, wurde alles gut: nun erst konnte ihr wirksam geholfen werden. Die Verwandtschaft mit Hexenprozessen erschien Adalbert unverkennbar: Nur dass beim Inzestverdacht es die vorgeblichen Opfer waren, die gestehen und so Hinweise auf die Täter geben sollten. Sich als Opfer zu bekennen brachte aber auch Gratifikationen: eine offiziell, von kompetenten Experten anerkannte Begründung für alle späteren Fehlschläge im Leben war gefunden, eine, die von aller Mitverantwortung dafür entlastete und zugleich den Schuldigen präsentierte, der jetzt für Äußerungen des Hasses und der Wut und für gesellschaftliche Ächtung freigegeben war. Und als Missbrauchsopfer hatte man nicht nur Anspruch auf eine besonders liebevolle Fürsorge durch den ärztlichen Therapeuten und das Team, sondern auch auf Nachsicht und Verständnis, wenn man deren Erwartungen nicht gleich entsprach: sich also wieder einen kleinen Hautschnitt beibrachte, sein Essen erbrach, von einem Ausgang nicht zurückkehrte und so die Besorgnis aufrechterhielt, man könne sich umgebracht haben. Daraus wurden sofort auch Belege dafür, wie schwer das Inzesttrauma gewesen sein musste. So bekamen die Missbrauchsopfer am Ende auch noch die Würde des »Survivors« zuerkannt, einen Titel, der bis dahin nur den Überlebenden des Holocaustes zugestanden hatte. Genauso schrecklich, das war die These, mussten die Untaten gewesen sein, genauso schwer, ja letztlich unheilbar die Schäden.

Nicht nur wegen dieser Usurpation fremden Leides, wegen dieses schamlosen Angebots parasitärer Trittbrettfahrerei geriet Adalbert in Wut. Er sah zudem, dass es sich um ein lückenloses, geschlossenes Argumentationssystem handelte, das die Widerlegung der eigenen Annahme – hier des Missbrauchs – gar nicht mehr zuließ. Jeder einzelne Umstand – aber genauso auch sein Gegenteil – wurden von vornherein als Schuldbeweis gewertet, und wo Informationen zu befürchten standen, von denen die angeblichen Inzesterinnerungen widerlegt werden könnten, zum Beispiel durch frühere Krankengeschichten, da wurden diese einfach nicht eingeholt. In ihrer Struktur unterschied sich diese Argumentationsweise kaum mehr von der eines paranoiden Wahnes, und wer ihr nicht folgte, wurde sogleich der heimlichen Komplizenschaft mit den Tätern geziehen. Das war nicht nur bei den dilettantischen Traumatherapeuten seiner Tagesklinik so, die sein Oberarzt Hans Stoffels vergeblich zu etwas kritischer Distanz anzuhalten versucht hatte und die Adalbert selbst schließlich durch ein Machtwort zur »Vernunft« bringen musste – übrigens eines der ganz wenigen, die er als Chef je gesprochen hat. Nein, selbst eine kluge und Adalbert wohlgesonnene Frau wie Ute Osterkamp, Klaus Holzkamps Witwe, stellte ihm, etwas verklausuliert allerdings, die Frage, ob die inhaltlichen Argumente eines kritischen Aufsatzes *Sind wir alle Kinderschänder?* nicht doch »mit seinem Mann-Sein zumindest partiell zusammenhängen mögen«, und warf ihm vor, dass er als Beispiel normaler väterlicher Zärtlichkeiten nur die zu seiner Tochter und nicht die zu seinen Söhnen angeführt hatte.

Auch politisch erschien ihm die wortgewaltige Kampagne gegen den Eltern-Kind-Inzest verhängnisvoll: In ihr hatte sich die Prüderie des US-amerikanischen puritanischen Fundamentalismus mit von links kommenden radikalfeministischen Strömungen vernetzt, für die jeder heterosexuelle Geschlechtsverkehr, der mit Penetration einherging, schon als eine Vergewaltigung der Frau galt. Für diese Strömungen waren eben alle Männer »geile Böcke«, die nahmen, was ihnen »vor die Flinte« kam, auch wenn das ihre eigenen kleinen Töchter waren.

4.

Adalbert gelang es, im Senat der Hochschule und beim Ministerium die Berufung von Hinderk Emrich auf den Kisker'schen Lehrstuhl durchzusetzen. Hinderk, schon mit 29 Jahren zur Elite neurophysiologischer Forschung gehörig, hatte sich in den letzten zehn Jahren immer mehr philosophischen und psychoanalytischen Sichtweisen der Psychiatrie zugewandt und war in Deutschland der Einzige, der auf allen diesen Gebieten gleich kompetent war. Adalbert fand in seinem Buch *Psychiatrische Anthropologie* viele Fragen wieder, die er sich selbst gestellt hatte, die von Hinderk aber unter kritischer Berücksichtigung der neuesten biopsychiatrischen Forschungsergebnisse zu beantworten versucht wurden. Und er war davon fasziniert, wie klar, aber auch wie lebendig dieser Kandidat seine Schizophrenietheorie bei seinem »Vorsingen« vor der Berufungskommission erläutern konnte. Als dann noch Daniel Gloop, dessen Schüler Hinderk gewesen war, für ihn sprach und warb, gab es für Adalbert keinen Zweifel mehr: Das war der einzig würdige Nachfolger auf Kiskers Lehrstuhl. Als er in der Berufungskommission aber doch überstimmt wurde, schrieb er ein Sondervotum an den Senat, dem dieser, ebenso wie die Landesregierung, folgte. Widerstände regten sich nur noch bei vielen Mitarbeitern der Klinik, denn Hinderk fehlte der sozialpsychiatrische Stallgeruch und er kam aus München, dem Hort der biologischen Psychiatrie.

Adalbert hat diese Entscheidung niemals bedauert. Hinderk respektierte das außenorientierte gemeindepsychiatrische Versorgungsmuster, das sich in Hannover über zwei Jahrzehnte bewährt hatte. Aber es wehte auch ein frischer Wind durch die Klinik, denn er inspirierte biopsychiatrische Forschungsvorhaben, über Synästhesien zum Beispiel oder über Sucht, deren Mechanismen er gleichwohl immer als subjektgetragene Tätigkeiten zu verstehen suchte. Und einmal wöchentlich fand nun eine große, basisdemokratische Brainstorming-Runde statt, an der alle Mitarbeiter, vom Professor bis zum Zivildienstleistenden, teilnehmen konnten, und wo alle sich gemeinsam den Kopf über besonders schwierige Patienten zerbrachen.

Adalbert führte Hinderk in sein seit einigen Jahren schon angelaufenes Theorieseminar ein, das Grenzfragen zwischen Psychopathologie und Philosophie thematisierte, und nach einigen Semestern überließ er seinem neuen Kollegen und Freund ohne Bedauern dort die Führung. Ob es nun um Lacan, um Deleuze und Guattari, um Derrida, um Heidegger, Nietzsche oder um Psychoanalyse und Marxismus ging, sie spielten sich gegenseitig die Bälle zu, und es gelang ihnen gemeinsam, auch in die schwierigsten Texte Einlass zu finden. Bald hatte sich herumgesprochen, dass dies eine der interessantesten, aber auch anspruchsvollsten fachübergreifenden Lehrveranstaltungen der Hochschule war, und die kreativsten Studenten stießen nun zu ihnen, junge Leute, die mit ihnen auf Abenteuer- und Entdeckungsreisen gehen wollten, manche von ihnen etwas extravagant und verschroben – aber sie führten ihm die Bilder seiner eigenen Freundeskreise aus den fünfziger Jahren wieder vor Augen. Adalbert lebte in diesen anderthalb Jahren, in denen er mit Hinderk gemeinsam die Klinik zu leiten hatte, wissenschaftlich noch einmal auf. Unter dem Zustrom neuer Gedankenwelten brachte er seine *Wahnsinnslogik* zu einem guten Ende. Durch Hinderks Vermittlung wurde er zu dem Internationalen Hegel-Kongress in Stuttgart und zum Internationalen Fichte-Kongress in Jena zu Vorträgen eingeladen, und so fand er sich am Ende seines Berufslebens noch einmal im fröhlichen und anregenden Niemandsland zwischen Psychiatrie und Philosophie vor.

Er selbst machte sich keine Illusionen darüber, dass auch die von Hinderk neu geprägte Hannoveraner Psychiatrie eine isolierte Enklave des Geistes war, ein kleiner Unterstand, den sie nur für eine begrenzte Zeit gegen die anstürmenden Wogen des neoliberalen Denkens würden verteidigen können. Wie bei Blankenburgs Marburger und wie bei Jan Gross' Hamburger Klinik handelte es sich um »Restbestände«, nur dass Hannover vielleicht doch eine kleine Chance hatte zu überwintern, bis wieder bessere Zeiten kamen, und zwar auf Grund des Umstandes, dass Hinderk mit

einem Teil seiner beruflichen Existenz auch in den gegenwärtigen Mainstream der Psychiatrie eingetaucht blieb.
Auch um Adalberts eigene Nachfolge musste gekämpft werden. Ein Damoklesschwert hing über der Abteilung Sozialpsychiatrie: Die Hochschule hätte sich gerne dieses unbequemen Anhängsels entledigt, das Abflauen der öffentlichen Resonanz auf die Reformanstrengungen wäre die Gelegenheit gewesen Mittel zu sparen. Schließlich verzichtete der Senat aber auf ihre Streichung, wohl auch deshalb, weil Gerhard Schröder selbst erkennen ließ, dass er einem solchen Einschnitt nicht zustimmen würde, und nach einem langen Tauziehen wurde Adalberts früherer Oberarzt Wielant Machleidt, inzwischen stellvertretender Direktor der Kölner Universitätspsychiatrie, als sein Nachfolger berufen.

5.

Am 1. April 1994 übergab Adalbert sein Amt an Wielant. Ein Adieu auf Raten war es gewesen. Schon bald nach seinem 65. Geburtstag die Abschiedsvorlesung vor den Studenten zum Thema »Psychiatrie im Wandel«; zwei Jahre später das von seinen beiden Oberärzten, Hans Stoffels und Hans Pfefferer-Wolf, veranstaltete internationale Symposion, zu dem neben den deutschen Kampfgenossen befreundete oder doch zumindest geistesverwandte Psychiater aus Österreich und der Schweiz, aus Italien, Frankreich, Holland und Polen gekommen waren, unter ihnen Agostino Pirella, Stanislaw Tomkiewicz, Claude Louzoun, Ambros Uchtenhagen, Asmus Finzen, Mark Richartz, Heinz Katschnig und Stefan Leder. Am Abend hatte Marina für die Gäste eine ihrer in Hannover schon renommierten Partys in ihrem Haus gegeben. Und zehn Tage, bevor er nun endgültig ging, hatten Hinderk und Wielant noch einmal alle ihre Mitarbeiter in der Klinik-»Kapelle« versammelt und Adalberts Lebensstationen in einer Fotoserie an ihm und an ihnen vorüberziehen lassen. Bei der Gelegenheit konnte dieser sich noch einmal bei ihnen allen bedanken, ein paar Worte über die vergangenen zwanzig Jahre mit ihren Erfolgen, aber auch Fehlschlägen und Konflikten sagen, aber auch darüber, wie er sich die Zukunft der Hannoveraner Psychiatrie wünschte: frei von trendbedingten Einseitigkeiten, offen nicht nur fürs Wissen, sondern auch für das Denken – und in ihren therapeutischen Bemühungen konzentriert auf die Schwierigsten und Schwächsten. Die letzten Tage in der Klinik verbrachte er damit, seine Bücher und seine Papiere zusammenzupacken, von vielem, was inzwischen überflüssig geworden war, musste er sich jetzt trennen.

Jetzt war er also wirklich Pensionär, so wie er es schon längere Zeit herbeigesehnt hatte. Die betriebswirtschaftliche Wende auch in der Hochschulpsychiatrie, in der Mogelpackung »Haushaltsautonomie« verkauft, hatte ihm in den vergangenen Jahren den letzten Spaß an seiner Leitungstätigkeit genommen. Es hatte ihn geradezu angewidert, dass man angemessene Mittel nur dann bekam, wenn man geschickt verstand, sie anderen wegzunehmen – ein Konkurrenzprinzip, das zu aufgeblasenem Imponiergehabe und getürkter Statistik geradezu einlud. Aber auch die Last der Verantwortung für seine Patienten war er nun los – und jetzt erst spürte er, wie sie ihn vorher bedrückt hatte. Er musste sich nicht mehr den Kopf darüber zerbrechen, was über Nacht, übers Wochenende, während seines Urlaubs alles passiert war, ob jemand sich umgebracht oder sein Bett angezündet hatte, welche Streitigkeiten es schon wieder zu schlichten gab. Und er hatte endlich auch wieder Zeit zum Nachdenken und zum Schreiben.

Aus seinem Berufsleben vermisste er eigentlich nur seine Sekretärin, Frau Schuldig, eine hübsche, freundliche und außerordentlich tüchtige junge Frau, die seinen Terminkalender geführt, seine Papiere in Ordnung gehalten, alles für ihn geschrieben und sogar ungeduldige Patienten am Telefon therapiert sowie Mitarbeiter und Kollegen beruhigt hatte. Es dauerte zwei Jahre, bis er die Verwaltung seiner Papiere gelernt hatte, und noch länger, bis er auf einem Computer wenigstens seine eigenen Texte schreiben konnte.

6.

Soll ich noch ein letztes Mal nach Vietnam fahren, mit der ganzen Familie dieses Mal? Seit zwei, drei Jahren fragt Adalbert sich das alle paar Monate wieder, zumeist wenn eine Ferienplanung ansteht. Er weiß, er hatte Marina versprochen, ihr dort alles zu zeigen, schon bald nachdem sie sich Anfang 1971 kennen gelernt hatten. Und doch war er danach noch drei Mal allein nach Vietnam aufgebrochen: weil es damals aussichtslos gewesen wäre, auf eine gleichzeitige Einladung seiner Frau zu dringen. Später hatten sie sich selbst lange gescheut, eine solche Reise zu unternehmen, weil immer noch zu befürchten stand, dass sie sich ohnehin nicht völlig frei im Land würden bewegen, seine Freunde in deren Wohnungen nicht ohne Sondererlaubnis würden besuchen können. Und in den letzten Jahren trat noch eine andere Angst hinzu, davor nämlich, was er heute in Vietnam vorfinden würde. Über die Jahre, durch lange Briefe, an der Zensur vorbei, hatte Hoa ihn darüber einigermaßen auf dem Laufenden gehalten. Hoa und Nghi hatte er nach seiner 83er Reise in Paris auch wiedergesehen. Sie gehörte ihres internationalen Renommés wegen, aber sicherlich auch, weil sie Pham Hungs Patenkind war, zu den Privilegierten, die reisen durften, sogar in Begleitung ihres Mannes. Was gegenwärtig in Vietnam geschah, hatten sie beide Mühe zu verkraften. Wie sie in den Jahren nach 1975 die Unfreiheit angeprangert hatten, das Fehlen jeglicher Rechtsstaatlichkeit und die horrende Misswirtschaft – sie hatten deswegen damals sogar die Partei verlassen –, so erregten sie sich jetzt über die skrupellose neoliberale Geldmacherei, den Verfall der sozialistischen Errungenschaften, die dem Land immerhin über Jahre ein funktionierendes Gesundheits- und Erziehungswesen beschert hatten. Womit sie aber am wenigsten zurechtkamen, war das Fehlen jeglicher Zukunftsperspektive. Deshalb war es auch schwieriger, von ihnen zu erfahren, was ihrer Meinung nach verändert, was getan werden musste. Pham Hung, er sei auf dem richtigen Wege gewesen, meinten sie, eine gemäßigte NEP, aber so besteuert, dass eine sozialistische Entwicklung daraus finanzierbar gewesen wäre, diesen Mann aber hätte der stalinistische Clan um Le duc Tho, Kissingers Partner in den Pariser Friedensverhandlungen 1968–73, umbringen lassen. Allzu shakespearisch klang das in Adalberts Ohr, was daran Wahrheit, was Legendenbildung war, konnte er nicht unterscheiden. Ihm fiel aber ein, dass ihm 1970 die österreichische Frau eines hohen osteuropäischen Parteifunktionärs von ähnlich blutigen Clankriegen im Politbüro des Balkanstaates erzählt hatte, dessen Bürgerin sie durch Heirat geworden war.

Und wie sah das Alltagsleben im Vietnam jener Zeit aus? Hoas und Nghis Berichten konnte er entnehmen, dass die Bilder sich denen von 1961 wieder anglichen: der Zeit also vor dem großen Krieg, den die Amerikaner angezettelt hatten. Bettler und Prostituierte bevölkerten aufs Neue die Straßen, viele Ärzte kümmerten sich nur um Patienten, die sie extra bezahlten, Kinder mussten arbeiten und gingen deshalb nicht mehr zur Schule, sodass der vorher nahezu ausgerottete Analphabetismus wieder auf dem Vormarsch war. Die Frage lag Adalbert auf der Zunge, weshalb dann der ganze Krieg, die Millionen Toten, die Verwüstungen der Dörfer und Städte, die Vergiftung des Bodens, das Auseinanderreißen der Familien – aber er traute sich nicht, sie auszusprechen, weil er genau wusste, dass Hoa und Nghi sie sich längst selbst gestellt hatten und es nicht seine Sache sein konnte, in einer offenen Wunde herumzustochern.

7.

Auch Tuong, seinem Huéer Dichterfreund, hatte er diese Frage nicht gestellt, als der ihn im Sommer 1998 unvermutet besuchen kam. Immer wieder, jedes Mal vergeblich, hatte Adalbert versucht ihn über die Freundschaftsgesellschaft mit Vietnam, deren Vorsitzender er ja viele Jahre gewesen war, zu einem Vortrag in die BRD einzuladen. Wie Frank Werkmeister es ihm damals erklärt hatte, der kommunistische Schriftführer, über den vor der Wende alle Verbindungen zu den politischen Entscheidungsinstanzen in Vietnam liefen, schlügen die Vietnamesen selbst Namen von »Persönlichkeiten aus dem Wissenschafts- und Kulturleben« vor, die für Einladungen in die BRD in Frage kämen. Nur unter diesen hätte die Freundschaftsgesellschaft eine Wahl, und auf dieser Liste sei Hoang phu ngoc Tuong eben nicht verzeichnet. Dabei war Tuong selber Parteimitglied. Schon seit Anfang der sechziger Jahre arbeitete er mit seinem Bruder Phan in Hué für die Befreiungsfront und 1966 waren beide aus der Stadt in die Berge zu deren Kämpfern gegangen. Nach dem Sieg hatte er einen Roman und Gedichte veröffentlicht und später, Anfang der achtziger Jahre, in Hué die literarische Zeitschrift *Song Huong* gegründet, die allerdings bald schon in Konflikte mit der Zensur geriet und verboten wurde – vielleicht war das einer der Gründe, weshalb die ominöse Reisekaderliste seinen Namen nicht enthielt.
Kim Lan, einer in München ansässigen vietnamesischen Philoso-

phin, seit ihrer gemeinsamen Studentenzeit in Hué mit Tuong befreundet, war es nach langen Jahren aber dennoch gelungen, Tuongs Ausreise zu Vorträgen in dem von ihr geleiteten »Asia Center« durchzusetzen. Da es nach der Wende 1989 keinerlei Parteiverbindungen nach Deutschland mehr gab, kam es fast nur noch darauf an, dass die einladende ausländische Institution die Reise- und Aufenthaltskosten übernahm. Einige Tage nach Tuongs Vortragsveranstaltung in München konnte Adalbert seinen Freund und seinerzeitigen Kampfgenossen auf dem Hannoveraner Bahnhof abholen.

Etwas älter war auch Tuong inzwischen geworden, aber an seinem brennenden Blick, an seinen gemessenen Bewegungen, an seinem aufrechten, immer noch elastischen Gang hatte sich in den letzten 19 Jahren gar nichts geändert. Zwei Tage blieb er in ihrem Haus, unaufdringlich und verlässlich wie ein Schatten. In seinem fehlerhaften, aber wohlklingenden Französisch fragte er Manu und Noemi nach ihren Lehrern, ihren Freunden, ihren Interessen und Vorlieben aus und erzählte ihnen stolz von seinen eigenen Töchtern – eine von ihnen hatte mit ihren 17 Jahren bereits den vietnamesischen Lyrikpreis gewonnen. Die Kinder wussten, das war ihr »Onkel Viet Cong«, von dem ein Tuschportrait in Adalberts Arbeitszimmer hing – und über dem Esstisch ein halb abstraktes Ölgemälde Dinh Cuongs, des bedeutendsten vietnamesischen Malers, aus dem Kriegsjahr 1967, auf dem man Tuong, tiefblau in traditioneller vietnamesischer Tracht, unter einer schmalen Mondsichel Wache halten sieht: in schwarzer Nacht, die, eben noch bloßer Zwischenraum, wie in einem Wechselbild plötzlich die Form einer an ihn geschmiegten weiblichen Silhouette annimmt. Jetzt war er dabei, auch durch seine leibhaftige Gegenwart eine Erinnerungsspur in ihrem Haus zu hinterlassen.

Es war vor allem auf ihren Spazierwegen, auf denen sie über das heutige Vietnam redeten. Wie Hoa, wie Nghi, so war auch Tuong entsetzt über das Pendeln zwischen den Extremen, zwischen der totalen Vergesellschaftung und der dazugehörigen polizeilichen Kontrolle jeder Lebensäußerung und der auf sie folgenden rücksichtslosen Wirtschaftsliberalisierung. Das könne nicht der Kommunismus sein, für den er über zehn Jahre lang sein Leben in die Waagschale geworfen habe, sagte er, wie viel Chancen wurden in den siebziger und achtziger Jahren vertan. Aber ob es nach dem

Besuch von Hoang phu ngoc Tuong in Hannover, mit Marina und Noemi, 1997

Zusammenbruch der Sowjetunion und dem Abdriften Chinas unter die Herrschaft des Weltmarktes eine Alternative zu dem heutigen Weg Vietnams, dem einer kapitalistischen Modernisierung mit gleichzeitiger Ein-Parteien-Herrschaft, gab, das wusste auch er nicht. Auf eines jedoch beharrte er eigensinnig: Das Land hätte durch den Befreiungskampf sein Schicksal in die eigenen Hände genommen, die Fehler und Irrtümer, die sie begangen, ja die Schuld, die sie auf sich geladen hätten, seien nun ihre eigenen Fehler und Irrtümer, ihre eigene Schuld. Sie handelten nicht mehr im Schlepptau kolonialer oder neokolonial-imperialistischer Mächte, sondern seien selbst für alles, was ihnen zustoße, verantwortlich.
Wie gerne wäre Adalbert seinem Freund hierin gefolgt, wie gerne hätte er diese letzte, verzweifelte Sinngebung eines dreißigjährigen Kampfes und der von ihm hinterlassenen Schneisen von Tod und Vernichtung akzeptiert. Er konnte es nicht. Aber er wusste auch, es war nicht an ihm, Tuong in dieser Frage zu widersprechen. So rumorte es weiter in seinem Kopf: Auch wenn man sich

keiner fremden Macht, sondern aus freien Stücken den Bewegungsgesetzen des Kapitals unterwirft, gerät man dann nicht in die Fänge der noch viel schlimmeren, nunmehr unabwerfbaren Knechtschaft, die von den internationalen Finanzströmen über einen verhängt wird? Und was wird aus dem blutig erkämpften Recht auf Selbstbestimmung, was wird aus der nationalen Befreiung, wie sie es damals nannten, wenn sie nicht mehr in einem Völker verbindenden Gesellschaftsentwurf wie dem proletarischen Internationalismus aufgehoben werden kann? Bleibt dann nicht nur noch die Alternative zwischen der gegenseitigen nationalen Zerfleischung wie im ehemaligen Jugoslawien und der mondialisierten neoliberalen Barbarei oder, präziser, die Gleichzeitigkeit dieser beiden?

Weil auch Adalbert keinen Ausweg aus diesen Dilemmata wusste, schwieg er. Sie gingen dann zu weniger umfassenden Themen über. Adalbert erzählte Tuong von den Nachforschungen, die Raimund Kaufmann, sein gerade verstorbener Huéer Weggenosse aus den Zeiten des 63er Buddhistenaufstandes, angestellt hatte, über den Tod seiner deutschen Kollegen Krainick, Discher und Alteköster, die nach der Tet-Offensive 1968 erschossen aufgefunden worden waren. Raimund hatte nämlich auf seiner letzten Reise nach Hué 1996 den Ort ihrer Hinrichtung durch Befreiungssoldaten ausmachen können, eine kleine Pagode am Stadtrand von Hué, aber nichts über deren Gründe erfahren. Tuong hingegen wusste gerade über diese Gründe genau Bescheid: Der damalige Parteichef von Hué, ein Bauer aus einem benachbarten Dorf, hätte den Befehl dazu gegeben, als die eingeschlossenen Soldaten der Befreiungsfront sich unter dem Druck der amerikanischen Gegenoffensive aus der Umgebung der Stadt hätten zurückziehen müssen. Von Gefangenen begleitet den Belagerungsring zu sprengen sei unmöglich gewesen und die Zeit zu kurz, um deren Identität – handelte es sich nicht doch um amerikanische Geheimdienstler? – zu klären. Der Mann sei wegen dieser Fehlentscheidung später abgesetzt worden, heute lebe er als Pensionär in der Stadt – sogar an seinen Namen, Hoang Lau, konnte Tuong sich erinnern. Das war nun die dritte Version, die Adalbert über den Tod seiner Kollegen zu hören bekam, aber sie klang von allen am wahrscheinlichsten.

Im Nu waren die zwei Tage vorüber. Tuong fuhr noch für eine Woche nach Paris; es war seine erste Reise ins westliche Ausland, danach würde er nach Hué zurückkehren. Zum Abschied schrieb er für Adalbert noch ein Gedicht mit einem dicken blauen Filzstift auf ein großes leeres Blatt, auf Französisch und in seiner eleganten kalligraphischen Schrift – die vielen grammatischen Fehler konnten der Poesie nichts anhaben, die in diesen Versen pulsierte. Ein Jahr später, auf einer Berliner Tagung im *Haus der Kulturen* über Vietnam, der ersten wieder seit mindestens zehn Jahren in Deutschland, erfuhr er von Kim Lan, dass ihr gemeinsamer Freund nach einer überstandenen Hirnblutung halbseitig gelähmt und gleichzeitig auch sprachbehindert sei.

8.

Jonathan war gerade dabei, sein Abitur zu machen, nach dem anschließenden Zivildienst würde er mit seinem Studium beginnen; Manu und Noemi würden ihm auf diesem Weg folgen. Für die daraus erwachsenden Kosten reichte Adalberts Pension auch zusammen mit Marinas Lektorengehalt nicht aus – dann zumindest nicht, wenn sie ihren jetzigen Lebensstil aufrechterhalten wollten, zu dem ja nicht nur gutes Essen und Feste, sondern auch teure und weite Reisen gehörten. Adalbert beschloss deshalb, weiterhin Gerichtsgutachten zu erstellen, sofern er die entsprechenden Aufträge bekam, und diese Tätigkeit nach Möglichkeit noch auszuweiten – bislang hatte er sie wegen seiner dienstlichen Verpflichtungen nur in bescheidenem Ausmaß ausüben können. Neue Patienten nahm er hingegen nicht mehr an. Interessiert hätte ihn ohnehin nur die Psychosenpsychotherapie, bei ihr aber müsste er sich wohl über Jahre engagieren, und das traute er sich auf Grund seines prekären Gesundheitszustandes nicht mehr zu.
Durch einen Zufall war er kurz vor seiner Emeritierung an das Landgericht Osnabrück geraten und hatte sich dort binnen kurzer Zeit den Ruf eines auch praktisch brauchbaren Forensikers erwerben können. Das Schwurgericht, aber auch die Jugendkammer dort legten bei allen Verfahren, an denen Adalbert beteiligt war, eine Sorgfalt und Gründlichkeit zutage, die er in Hannover nur selten gesehen hatte. Es gab keine Hau-Ruck-Prozesse und auf einen Verhandlungstag mehr oder weniger kam es nicht an, wenn es um wichtige Beweisfragen ging. Von ihm als Gutachter wurden

nicht nur Ergebnisse hinsichtlich der Schuldfähigkeit und der zu treffenden Maßnahmen der Besserung und Sicherung erwartet, sondern auch eine psychologische Rekonstruktion der Tatmotivation aus der Lebensgeschichte und aus der Lebenssituation zum Geschehenszeitpunkt. Es musste nicht alles von vornherein klar sein – in Osnabrück konnte er dem Gericht auch die Unsicherheiten der eigenen Untersuchungsergebnisse offenbaren. Der Hannoveraner Schwurgerichtsvorsitzende hingegen hatte darauf eher immer mit leicht gereizter Ungeduld reagiert. So fühlte er sich an diesem neuen Gerichtsort bald schon heimisch.
In den ersten Jahren hatte er viel mit Angeklagten aus der früheren Sowjetunion zu tun, unter anderen einem jungen litauischen Landwirtschaftsingenieur, der sich als Autoschmuggler durchschlug, einem Offizier der Roten Marine, der als Matrose auf deutschen Frachtern Dienst tat, einem ehemaligen Soldaten des Afghanistan-Krieges, der eine Russlanddeutsche geheiratet hatte und sich so unversehens in Ostfriesland wiederfand. Diese jungen Leute hatten bis zum Ende der achtziger Jahre fast alle in bescheidenen, aber gesicherten Verhältnissen gelebt, in der Mehrzahl brave, artige Jungen, denen immer ganz klar gewesen war, wo in ihrem Lande die Grenzen des Erlaubten verliefen, was als erstrebens-, was als verdammenswert galt. Schon die Perestroika hatte diese Grenzen aufgeweicht, durch sie hatte sich eine breite Zone gebildet, in der vieles zwar nicht förmlich gestattet war, aber gleichwohl schon toleriert wurde: Zu dieser Zone gehörten Auslandsbeziehungen, aber auch jede Art von privaten Geschäften, von »business«, wie das neue Zauberwort hieß. War das noch Schmuggel oder schon freier Warenverkehr, Spekulation oder gesundes Gewinnstreben? Der Staat, früher mit Ausnahme des Allerprivatesten der alleinige, allmächtige Eigentümer aller Reichtümer im Lande, ließ zu, dass man ihm immer mehr Wirtschaftstätigkeiten aus der Hand nahm, warum sollte man sich da nicht auch mal selbst bedienen? Auch auf sein Gewaltmonopol schien er nicht mehr so ausschließlich wie früher zu bestehen, ja er war gar nicht mehr in der Lage, die Sicherheit eines jeden zu garantieren und jedem sein Recht zu verschaffen, der sich an seine Spielregeln hielt – was war also dagegen einzuwenden, wenn man sich selbst die Mittel beschaffte, sich zu verteidigen, zumal viele Soldaten ihre Waffen verscherbelten? Kurz, es war ein Zustand der Anomie, der Begriffs- und Re-

gellosigkeit eingetreten, in welchem diese jungen Sowjetbürger sich nicht mehr zurechtfanden – wie Pubertierende mussten sie erst ausloten, wo sie an Grenzen stießen, und das war allenfalls dort der Fall, wo sie erwischt und bestraft wurden.

Der Landwirtschaftsingenieur, ein zarter, braver, unschuldig wie ein Engel aussehender Junge, vor der Perestroika Staatsstipendiat, hatte zunächst aus Jugoslawien im Tausch gegen Wodka Textilien eingeschmuggelt, später mit anderen zusammen Autos aus Deutschland nach Litauen verschoben. Sein Kumpan, von dem er »business« erst gelernt hatte, begann ihn nach einiger Zeit zu erpressen: Wenn er nicht zahlte, würde er die Verlobte des jungen Mannes in Kaunas von zehn seiner Leute vergewaltigen lassen. Der wieder sah keine andere Lösungsmöglichkeit, als den Erpresser, der über zahlreiche Protektionen im Heimatland verfügte, umzubringen, bevor dies geschah. Der Leiche hackte er Kopf und Hände ab, um ihre Identifikation zu erschweren, und nur dadurch, dass er ein Portemonnaie des Opfers mit dessen Ausweispapieren am nächtlichen Tatort verloren hatte, kam man ihm schließlich auf die Spur. Nach der Tat hatten sich Eltern und Verlobte von ihm abgewandt.

Er geriet in eine schwarze Melancholie und hängte sich am Morgen der vorgesehenen Urteilsverkündung in seiner Zelle auf, obwohl das Gericht angedeutet hatte, es werde wohl nur auf Totschlag unter verminderter Schuldfähigkeit erkennen.

Dem zum Matrosen deklassierten Marineoffizier war vorgeworfen worden, die gesamte übrige Mannschaft seines Schiffes umgebracht und über Bord geworfen zu haben, um an im Schiffstresor befindliche 60.000 Dollar heranzukommen. Wie der Fliegende Holländer durchfuhr er, als alle anderen tot waren, allein das graue Nordmeer und verließ in einem Rettungsboot schließlich das Schiff, das danach steuerlos in der See trieb. Erfolglos hatte versucht, es anzuzünden. In diesem Prozess, so schien es Adalbert, marschierte wie in einem Brecht'schen Lehrstück die halbe ehemalige Sowjetunion auf: der stellvertretende Interpolchef aus Moskau; das tugendsame Mütterchen des Angeklagten als Leumundszeugin; ein ehemaliger militärischer Ausbilder, der jetzt mit Souvenirs handelte; als Vertreterin der toten Angehörigen eine frühere Staatsanwältin aus Minsk; und schließlich der russische Kapitän eines Seelenverkäufers, auf dem der Angeklagte ein Jahr vor der Tat kurz angeheuert hatte: wie es sich bei der Angabe der Personalien herausstellte, ein ehemaliger Mathematikprofessor der Kaliningrader Universität und korrespondierendes Mitglied der sowjetischen Akademie der Wissenschaften, dessen Bezüge zum Leben nicht mehr ausreichten und der deshalb auf sein in der Jugend erworbenes Kapitänspatent hatte zurückgreifen müssen. Die meisten dieser Zeugen waren hochgebildete Menschen – kaum einer hatte sich in seinem alten Beruf halten können, fast alle waren gezwungen gewesen sich untergeordneten, manchmal auch als entwürdigend erlebten Tätigkeiten zuzuwenden. Nie wieder hat Adalbert den Zusammenbruch einer Gesellschaft so handgreiflich und symbolträchtig vor Augen geführt bekommen wie damals 1994 in diesem Osnabrücker Prozess. Es war eine Abfolge von Tragödien, bei denen Chor und Handelnde sich nicht mehr unterscheiden ließen.

Der Angeklagte musste schließlich vom Tötungsvorwurf freigesprochen werden. Er hatte dem Gericht nämlich eine alternative Geschehensvariante präsentiert, die sich durch die gefundenen Spuren nicht widerlegen ließ: dass zwei Meuterer die gesamte Mannschaft außer ihn umgebracht hätten, er die beiden Mörder in Notwehr erschlagen musste und nur aus der Angst, als Täter verurteilt zu werden, auf die Idee gekommen war, alle Leichen über Bord zu werfen, das Schiff anzuzünden und dann zu verlassen. Die Brillanz, mit der er sich verteidigte, die Professionalität und Eiseskälte, mit der er selbst, nach seinem Anwalt, noch einmal fast alle Zeugen vernahm, ließ in Adalbert allerdings den Verdacht aufkommen, dass er dies nicht zum ersten Mal tat, ja vielleicht in der Sowjetunion der Spionageabwehr oder gar dem KGB angehört hatte – Adalbert jedenfalls war von seiner tatsächlichen Unschuld alles andere als überzeugt, auch wenn die kompromisslose Rechtsstaatlichkeit der Entscheidung, »im Zweifel für den Angeklagten«, ihm höchsten Respekt abverlangte. Während des Prozesses hatte der, wie viele andere des Mordes angeklagte Häftlinge, aus dem In- und Ausland eine Unmenge Briefe von jungen Frauen erhalten, die ihm ihre Freundschaft, ja ihre Liebe antrugen.

Der Afghanistan-Soldat war wegen Erpressung angeklagt. Er hatte einen Landsmann mit Gewalt dazu zwingen wollen, Gewinne zurückzugeben, die dieser durch betrügerische Versicherungsgeschäfte mit seinen Verwandten gemacht hatte. Von diesem Mann erfuhr Adalbert zum ersten Mal aus authentischer Quelle etwas über die Schrecken dieses Krieges, vor allem über die Untaten der von den USA finanzierten Moslem-Rebellen gegen die damalige kommunistische Regierung: wie er etwa mit seiner Einheit in wiedereroberten Dörfern Hunderte von erschlagenen Frauen daliegen gesehen hatte; alle diejenigen, die keinen Schleier trugen, die über Schulbildung verfügten oder irgendeiner Tätigkeit außerhalb des Hauses nachgegangen waren. Den Schwangeren unter ihnen waren die Bäuche aufgeschlitzt und die ungeborenen Kinder herausgerissen worden. Sergei, der junge Erpressungstäter, erzählte ihm auch, dass er nach einem solchen Fund beim nächsten Angriff in einen regelrechten Killerrausch geraten sei und niemandem Pardon gegeben hätte, auch den verwundeten, wehrlosen Gegnern nicht. Er selbst hätte keine Erinnerung mehr daran gehabt und sein Kommandeur hätte ihn danach heim in ein Nervensanatorium geschickt. Für seine militärische Bravour hätte er einen Orden, für seine berserkerhafte Unbarmherzigkeit gleichzeitig aber auch einen Verweis erhalten.

Auf Grund seiner Russisch-Kenntnisse konnte Adalbert fast alles verstehen, was seine Probanden berichteten, und er konnte ihnen die meisten Fragen auch ohne den gleichwohl immer zugegenen Dolmetscher stellen. Dieser direkte Kontakt brachte ihm das Vertrauen der Angeklagten ein. Eine erheblich verminderte Schuldfähigkeit – so lautete der Gesetzestext – konnte er der Mehrzahl von ihnen nicht attestieren, dem Gericht aber, durch eine Rekonstruktion ihrer Lebenssituation, eine mit dem Gesetz trotzdem noch vereinbare Milderung nahe legen. Der Zusammenbruch einer Gesellschaft und die daraus erwachsende Außerkraftsetzung ihrer Maßstäbe, ohne dass die neuen sich bereits herausgebildet hätten, die Verwirrung der Gefühle und Wünsche, der Verlust der Ordnungen und der gesicherten Zukunftsaussichten – bei all dem handelte es sich ja um ein Kollektivschicksal, das, in unterschiedlichem Ausmaß, alle in ihrem Lande getroffen hatte und in einen medizinisch-psychiatrischen Sachverhalt nicht zu fassen war. Kein Gericht hätte sich bereit erklärt, eine ganze Generation ehemaliger Sowjetbürger, wenn auch nur für die Zeit solcher Wirren, als vermindert schuldfähig zu erklären. Und doch empfand Adalbert gerade das als eine schreiende Ungerechtigkeit.

Etwas später wurden ihm Prognosegutachten über verurteilte oder

im Psychiatrieknast – den Sonderabteilungen für psychisch kranke Straftäter – untergebrachte Sexualdelinquenten abverlangt. Vom harmlosen Exhibitionisten oder Spanner über pädophile, inzestuöse Väter und Onkel bis zu brutalen Vergewaltigern war die gesamte Palette von unappetitlichen bis hochgefährlichen geschlechtlichen Handlungen vertreten. Obwohl er es bereits aus der Literatur wusste, erstaunte ihn doch die Durchschnittlichkeit, ja außerhalb ihrer sexuellen Exzesse augenscheinliche Normalität der Täter. Auf den ersten Blick waren es Menschen »wie du und ich«, was im Übrigen auch für die meisten Mörder galt.
Bei näherem Hinsehen wurde bei den meisten Sexualtätern allerdings erkennbar, dass sie diese Normalität und Unauffälligkeit im Alltagsleben nur durch ihre periodischen devianten Exzesse aufrechtzuerhalten vermochten, diese also so etwas wie einen »abscès de fixation«, eine Plombe für eine sonst offen liegende psychische Wunde abgaben. In gewissen Abständen musste wieder ein neuer Verband, sprich eine neue deviante Befriedigung her. Das hervorstechendste Beispiel dafür war ein hochbegabter Psychologe mit einem IQ von 150, früher in einer Beraterposition eines Großunternehmens, verheiratet mit einer schönen und klugen Frau, die ihm zwei Kinder geschenkt hatte. Dieser Mann hatte plötzlich damit begonnen, in verschiedenen Gegenden Deutschlands auf einsamen Waldwegen Frauen zu überfallen und zu vergewaltigen und war dabei so geschickt vorgegangen, dass nur ein dummer Zufall zu seiner Entlarvung geführt hatte. Hier wie in den meisten anderen Fällen konnte Adalbert Schritt für Schritt den Weg nachzeichnen, der schließlich in die erste Tat eingemündet hatte, und so auch den psychosexuellen Mechanismen nahe kommen, die ihr Motor gewesen waren.
Aber zuverlässige Prognosen abzugeben war nur in den seltensten Fällen möglich. Hatten die Probanden sich bei den Erstgutachtern, die zur Schuldfähigkeit Stellung nehmen mussten, oft als krank und abseitig dargestellt, so versuchten sie jetzt, da es um die Rückfallgefahr ging, möglichst normal zu erscheinen. Manche gaben sogar an, damals, vor Jahren, stark übertrieben zu haben, um dadurch zu einer milderen Strafe zu kommen. So bestimmte schon die Fragestellung eines Gutachtens die Tendenz der von den Probanden gegebenen Antworten. Häufig blieb Adalbert deshalb nichts anderes übrig, als sie durch das Raster laufen zu lassen, das

die führenden Forensiker für prognostische Gutachten erarbeitet hatten. Dazu gehörten die Lebenssituation bei früheren Straftaten und vor allem bei der Bezugstat, der psychische Befund damals wie heute, die psychische Entwicklung während der Haft oder Unterbringung, die Tatverarbeitung sowie die Zukunftsperspektiven bei der Entlassung. Aber auch wenn er jedes dieser Kriterien gewissenhaft abhakte und am Ende alle zusammen gewichtete, blieb das aus dieser Summe gezogene Ergebnis doch oft unsicher, und manchmal widersprach es auch dem Gefühl, das er selbst angesichts des Täters zwar hatte, aber durch Fakten nicht weiter begründen konnte. Dann blieb ihm nichts weiter übrig, als auch den Gerichten diesen Widerspruch zuzumuten.

Einfacher war es bei Tötungsdelikten, sofern es sich bei den Opfern um nahe stehende Bezugspersonen handelte. Hier galt es nur darauf zu achten, dass die Konstellation sich nicht wiederholen konnte, die den Täter seinerzeit, auf Grund einer besonderen lebensgeschichtlichen Verwundbarkeit, überfordert hatte, und die war zumeist einzigartig und einmalig gewesen. Praktisch unmöglich war es ihm, ebenso wie fast allen anderen Prognosegutachtern, über die eigene Voraussagegenauigkeit ein Bild zu gewinnen. Der Datenschutz machte katamnestische Studien, ja auch nur die Einholung von Informationen über spätere einschlägige Vorstrafen und Haftzeiten der eigenen Probanden so umständlich und kompliziert, dass nur eine mit reichlich Forschungsmitteln ausgestattete Institution sie hätte durchführen können. Dabei hätte jeden Gutachter die Stichhaltigkeit gerade seiner eigenen prognostischen Empfehlungen interessiert, nur so würde er aus seinen eigenen Irrtümern lernen und sie in Zukunft vermeiden können.

Auch mit Entschädigungsgutachten bei Nazi-Verfolgten bekam Adalbert wieder zu tun. Er hatte solche Expertisen Mitte der siebziger Jahre schon in größerer Anzahl gefertigt, damals war es um die erstmalige Anerkennung eines gesundheitlichen Verfolgungsschadens gegangen. Jetzt rollte eine Welle von Verschlimmerungsanträgen an. Damals wie heute bekam er die Betroffenen nur in den seltensten Fällen persönlich zu sehen. Die meisten von ihnen lebten in Israel oder in den USA, wurden dort von einheimischen Ärzten untersucht und er musste aus dem Akteninhalt allein die endgültige Entscheidung treffen. Damit hatte er große Probleme. Er war der Überzeugung, dass eigentlich jeder der Holocaustüberlebenden vom deutschen Staat unterstützt werden sollte, der unter gesundheitlichen Störungen litt und in eine finanzielle Notlage geriet, und zwar ohne kleinkarierte und oft entwürdigende Ursachenüberprüfung. Die Schuld der Deutschen war so groß, dass dies schon der einfachste Anstand geboten hätte.

Aber die Rechtslage ließ das nicht zu und Adalbert musste die gesetzlichen Regelungen und die Rechtsprechung der Obergerichte berücksichtigen, wenn er überhaupt eine Chance haben wollte, dass seine Gutachten ernst genommen wurden. Dank einiger verständnisvoller Experten hatte sich in der Verfolgtenpsychiatrie im Laufe der letzten drei Jahrzehnte eine herrschende Lehre entwickelt, die den Interessen der Opfer ziemlich weit entgegenkam. So traten bei der Ursachenbestimmung einige gesetzliche Annahmen an die Stelle materieller Beweise, so wurden bei den Nachfolgeanträgen die innere Leere nach der Aufgabe des Berufslebens, der Verlust naher Angehöriger, Krankheiten, die mit Todesangst oder verkürzter Lebenserwartung einhergingen, aber auch Ereignisse wie die Scud-Raketenangriffe als mögliche Konstellationen für eine Verschlimmerung eines seelischen Verfolgungsleidens gewertet. Als Belege dafür, dass diese Verschlimmerung tatsächlich erfolgt war, konnte auch ein verstärktes Wiederaufflackern von Verfolgungserinnerungen oder eine Häufung von Alpträumen mit Holocaustinhalten gelten. Dass solche Zusammenhänge tatsächlich bestanden, hatten zunächst Untersuchungen auch außerhalb von Gutachtensituationen ergeben, und sie waren bei dem von Adalberts Oberarzt Hans Stoffels an der MHH organisierten Kongress der Verfolgtenpsychiatrie 1989, während dessen Adalbert bypassoperiert worden war, zum ersten Mal gesammelt vorgetragen worden.

Trotzdem blieb die Arbeit schwierig. Die Anwälte der Antragsteller wussten natürlich schon bald, welche Symptome im Verein mit welchen biografischen Konstellationen die besten Aussichten für die Anerkennung eines Verschlimmerungsschadens boten. Der Aktengutachter hatte kein einziges Mittel in der Hand, einen eigenen Eindruck darüber zu gewinnen, ob diese Angaben dem tatsächlichen Erleben der Probanden entstammten oder diesen von irgendjemandem nahe gelegt worden waren. Er konnte auch hier nur abhaken, ob sie in den Explorationsniederschriften der israelischen oder amerikanischen Untersucher überhaupt aufgezeichnet waren. Natürlich gab es auch einige etwas härtere Kriterien wie etwa die Behandlungsfrequenzen und Medikamentenverordnungen. Aber die Unterlagen waren zumeist schlecht lesbar, ungenau übersetzt und nachträgliche Gefälligkeitsangaben in ihnen schienen keine Seltenheit zu sein. Wer ganz ehrlich war und sich von niemandem beraten ließ, kam also am schlechtesten weg.

Hinzu trat die katastrophale Qualität der meisten vor Ort erstellten vertrauensärztlichen Gutachten, in denen Vorgeschichte, Befunde des gegenwärtigen Zustandes sowie Schlussfolgerungen und Beurteilungen oft hoffnungslos durcheinander gewürfelt waren, manchmal so sehr, dass in Adalbert der Verdacht aufkam, es sei absichtlich geschehen, um eine drohende Widerlegung des Verschlimmerungsantrages auf alle Fälle zu verhindern. Adalbert blieb trotzdem gutwillig. Er versuchte aus den Akten die bis dahin noch unentdeckten, die Verschlimmerungsthese stützenden Argumente herauszufinden, beispielsweise das zeitliche Zusammentreffen von höheren Behandlungsfrequenzen und höheren Medikamentendosierungen mit als gefährdend anerkannten biografischen Konstellationen.

Aber manchmal musste er auch den Schluss ziehen, dass nach den geltenden Kriterien eine Verschlimmerung des Verfolgungsleidens nicht nachweisbar war. Das machte ihm jedes Mal Skrupel, ja sogar Schuldgefühle. Und natürlich fragte er sich auch, weshalb die verhältnismäßig großherzigen Beweisregeln der Verfolgtenpsychiatrie und deren traumapsychologische Forschungsergebnisse nicht auch auf die Unfall- und Rentenbegutachtung hierzulande Anwendung fanden, wo es sich doch um allgemeine wissenschaftliche Erkenntnisse handelte. Die Antwort lag auf der Hand: weil das zu enormen Kosten für die Unfall- und Rentenversicherungen führen würde, mit darauf folgenden Beitragserhöhungen und damit auch erhöhten Lohnnebenkosten, die Gesetzgebung und Rechtsprechung den »Arbeitgebern« – den Kapitaleignern also – nicht zumuten wollten.

Nicht zuletzt wegen dieser Zweifel und Skrupel sehnte Adalbert die Stunde herbei, in der er seine Begutachtungsarbeit einschränken und es bei einigen wenigen forensischen Fällen, die ihn wirklich interessierten, bewenden lassen konnte.

9.

Mit 75 Jahren, so hatte er sich gesagt, wollte er sich wirklich zur Ruhe setzen. Später hatten Marina und er diesen Termin noch etwas verschoben, bis Ende 2002, dem frühesten Zeitpunkt also, an dem auch sie sich berenten lassen konnte. Dann planten beide sich in Paris niederzulassen. Anfang 1995, ein dreiviertel Jahr nach Adalberts Emeritierung, begannen sie dort nach einer Wohnung zu suchen und verkauften ihr Hannoveraner Haus, in welchem sie fortan nur noch zur Miete wohnten. Mindestens fünfundzwanzig Immobilien mussten sie besichtigen, bis sie, nur fünf Minuten Fußweg von Marinas Eltern entfernt, in einem Altbau der Rue du Dahomey, eine schon renovierte helle Drei-Zimmer-Wohnung fanden, die ihnen auf Anhieb gefiel: Ja, hier würden sie gerne leben. Die Quadratmeterpreise in Paris waren zwar auf einem historischen Tiefstand angelangt, im Vergleich zu denen Hannovers aber immer noch sündhaft teuer, sodass sie für den Erlös ihrer dortigen Haushälfte gerade noch diese 86 qm erwerben konnten – aber auch die ergaben für Pariser Verhältnisse schon eine ziemlich große Wohnung. Marina handelte vom Kaufpreis noch 125.000 Francs ab, die Verkäufer brauchten drei Monate, bis sie dem schließlich zustimmten, und Adalbert zitterte in der Zeit vor Angst, sie hätten zu hoch gepokert und dieses Traumobjekt könnte ihnen entgehen. Aber am Ende lief alles wie geschmiert: der Vorkaufsvertrag bei dem Notar, der Geldwechsel zu einem für sie unerhofft günstigen Kurs, die Übereignung per Urkunde – und sogar die Räumung der Wohnung durch die Vorbesitzer mit nur vierwöchiger Verspätung.

Das 11. Arrondissement, in dem sie sich niederließen, hatte sich im letzten Jahrzehnt allmählich verändert: die rebellische Arbeiter- und Handwerkervorstadt, von der 1789 der Sturm auf die Bastille ausgegangen war, begann sich zu einem bildungsbürgerlichen Viertel zu mausern. Die Möbelfabriken und die Werkstätten standen jetzt oft leer, Buchhandlungen, Boutiquen, Antiquitätengeschäfte, viele kleine Restaurants, sogar ein Theater etablierten sich, und um die Bastille herum war ein Vergnügungsviertel mit Diskos und Clubs entstanden, das St. Germain des Près inzwischen den Rang abgelaufen hatte. Die älteren Leute, die noch über Altbauwohnungen mit über Jahrzehnte festgeschriebenen

Mieten verfügt hatten und dort unkündbar gewesen waren, starben allmählich weg. Ihre Nachkommen besaßen diese Rechte nicht mehr, sie mussten in billigere Gegenden ausweichen – so entstanden viele luxussanierte Eigentumswohnungen, in die Ärzte, Lehrer, Angestellte, aber auch einige halbwegs reüssierte Künstler einzogen. Gottlob lief dieser Prozess ziemlich langsam ab. Vor allem in der unmittelbaren Nähe ihrer Wohnung, in den Straßen vom »Marché de l'Aligre«, dem volkstümlichen Gemüse- und Flohmarkt bis zur Place de la Nation, blieb es einstweilen noch bei einer ethnischen, sozialen und altersmäßigen Durchmischung. Immer noch gab es die billigen Lädchen; die nordafrikanischen Arbeiter und Verkäufer; die Studenten des »Centre Universitaire Hospitalier St. Antoine«, der Wohnung von Marinas Eltern genau gegenüber; die alten Leutchen auf den Straßen- und Parkbänken. Natürlich wussten Marina und Adalbert, dass es nur eine Galgenfrist war – aber sie hofften, es würde sich noch ein bis zwei Jahrzehnte hinziehen, bis auch aus ihrem lebendigen, immer noch pittoresken Quartier ein teures und langweiliges Luxusviertel würde. Am 1. Dezember 1995 konnten sie in ihre neue Wohnung einziehen. Jonathan, der schon einen Führerschein besaß, beförderte die ersten Möbel in einem Kleintransporter dorthin. Adalbert schliff den großen Bauernschrank und den ausziehbaren, handgedrechselten Massivholztisch im Wohnzimmer ab, beides hatten sie vor fast zwei Jahrzehnten für fast nichts auf dem Hannoveraner Flohmarkt erstanden – er polierte sie mit Bienenwachs, sodass sie in völlig ungewohntem Glanze erstrahlten und dazu noch angenehm dufteten. Sie brachten Regale an, die sich rasch mit Büchern und Erinnerungsstücken füllten, und hängten Bilder an die Wände: Aquarelle von Dinh Cuong, Tuschzeichnungen von Beky, einer vietnamesischen Zeichnerin, Lithographien von Adalberts alter Freundin Dorothee Bouchard, einer Düsseldorfer Künstlerin, die lange in Paris gelebt und sie in den letzten Jahren oft in Hannover besucht hatte. Als sie mit ihrem eigenen Auto auch noch ein zwei Meter breites Buchenholzbett mit großen Nachttischen und den dazugehörigen Lampen angeschleppt hatten und ein riesiger syrischer Patchworkwandteppich, aus dessen vielfarbigen Stickereien man eine ganze orientalische Märchenwelt zusammenfantasieren konnte, die Frontwand des Schlafzimmers zierte, fühlten sie sich in ihrer neuen Wohnung vollends zu Hause.

10.

Aber ihr wirkliches Leben spielte sich zumeist immer noch in Hannover ab und am 5. Oktober 1997 feierten sie dort ihre Silberhochzeit. Noch einmal waren fast alle ihre Verwandten und Freunde gekommen, und es gab, wie zu Noemis Bat Mitzwa, zu Marinas 50. und zuletzt zu Adalberts 70. Geburtstag in ihrem Haus ein großes Fest. Marina hatte ihren Kochkünsten freien Lauf gelassen und der Wein floss in Strömen. Adalbert hielt eine seiner Partyreden, er ließ die wichtigsten Stationen ihrer Ehe an den Gästen vorüberziehen und schloss mit einer Laudatio auf Marina ab. Diesmal erlebte er eine Überraschung: Ihre Gegenrede, spontan, herzlich und voller Humor, stellte die seine völlig in den Schatten. Gerührt und dankbar, nicht bloß für diese Rede, für dieses Fest, sondern für die fünfundzwanzig Jahre, die sie ihm geschenkt hatte und denen drei wunderbare Kinder entsprossen waren, nahm er sie in den Arm.

Bald nach diesem feierlichen Ereignis wurde die Hannoveraner Luft zunehmend dünner. Wolfgang und Ludmilla Müller waren nach Freiburg gezogen und Gaby und Peter Eisenberg etwas später nach Berlin. Peter hatte eine Professur in Potsdam bekommen, er stand jetzt auf dem Gipfel seines Ruhmes, galt als einer der bedeutendsten deutschen Grammatiker und war zum Mitglied der »Deutschen Akademie für Sprache und Dichtung« berufen worden. Gabi unterrichtete an einer Berliner Schule. Öfter verbrachten sie jetzt ein Wochenende in der neuen Wohnung der Eisenbergs in Lichterfelde West. Bei ihren Spaziergängen musste Adalbert sich zur Wehr setzen gegen die Stimmung festlicher Erregung, die ihn jedes Mal überkam, wenn er die geteilte Stadt an ihren Narbenflächen im neuen Berlin-Mitte weiter zusammenwachsen, wenn er am Kopf der S-Bahnen entfernte Zielorte weit im Osten der Stadt angegeben sah und ohne jede Überprüfung »Unter den Linden« oder am »Alex« aussteigen konnte. Berlin war wieder eine Weltmetropole; wider Willen fühlte er sich darauf auch etwas stolz und er musste sich schon dazu zwingen, daran zu denken, was sie wieder alles unter sich begraben hatte.

Adalbert bei einer Geburtstagsrede

11.

Im Februar 2000 starb Alphonse, Marinas Vater, an einem Bauchspeicheldrüsenkrebs. Schon in den letzten zwei Lebensjahren war es gesundheitlich mit ihm bergab gegangen, ein Altersparkinson hatte ihm zunehmend zu schaffen gemacht. Es war schließlich nicht mehr gelungen, eine angemessene Dosierung der Dopa-Medikation zu finden: entweder erstarrten seine Bewegungen oder aber das unwillkürliche Grimassieren des Gesichts und des Mundes war nicht mehr zu beherrschen. Im letzten Jahr hatte sich das noch weiter verschlimmert, die Blasenentleerung ließ sich oft nicht kontrollieren, er magerte ab, verlor fortlaufend an Kraft und konnte schließlich auch in Begleitung das Haus nicht mehr verlassen. Das alles nahm ihm, der immer auf ein gepflegtes Äußeres Wert gelegt hatte und in seiner Jugend ein außergewöhnlich schöner, später auch noch ein sehr eindrucksvoll aussehender Mann gewesen war, all seinen Lebensmut. Es schien, als ob er sich schon aufgegeben habe, und vielleicht geriet in diesem Augenblick auch die zelluläre Ordnung seines Körpers außer Kontrolle. Als der Krebs festgestellt wurde, im November 99, konnten nur noch entlastende, schmerzlindernde Maßnahmen getroffen werden. Sechs Monate hätte er noch zu leben, sagte der Professor vom Hospital St. Antoine, aber es wurden dann doch nur noch drei.

Marinas Vater stellte keine Fragen nach der Art seines neuen Leidens und nach der Prognose. Zum Shabatt kam er meist noch an den Tisch und sprach die Gebete. Sooft sie konnte, fuhr Marina nach Paris, um ihrer Mutter und ihren Geschwistern in der Pflege des Vaters beizustehen, und Weihnachten verbrachten sie, zum ersten Male alle fünf, ebenfalls dort. Voller Sorge flog Manu in den letzten Dezembertagen zu seinem Hebräischkurs in seinem Kibbuz nach Israel ab, mit dem Versprechen, man werde ihn, wenn es mit dem Großvater zu Ende ginge, rechtzeitig zurückrufen. Aber sein ihm eingeborener Optimismus brachte ihn dazu, gegen alle Vernunft doch noch an ein Wunder zu glauben.

Die schlimmsten Schmerzen konnten Marinas Vater erspart werden. Die französischen Ärzte gerieten nicht in panische Angst, als Drogendealer verdächtigt zu werden, wenn sie auch nur eine einzige Ampulle Morphium verordneten, wie das bei nicht wenigen deutschen immer noch der Fall war – sie teilten für Krebskranke Schmerzmittel in der nötigen Stärke und Menge aus. Und das Hospital St. Antoine stellte eine in Deutschland nahezu unbekannte Behandlungs- und Pflegeform für die letzten Lebenswochen und -monate seiner Patienten, auch für chronisch Schwerkranke, zur Verfügung: die Krankenhausbehandlung zu Hause. Mehrmals täglich kamen Ärzte, Pfleger und Schwestern in die Wohnung, betteten den Kranken um, legten ihm Infusionen an, gaben ihm Spritzen, versuchten mit ihm einige Schritte zu gehen. Trat ein Notfall ein, waren sie wenige Minuten später schon zur Stelle. Für solche Schwerkranke wurden auch die Grenzen zwischen öffentlichem und privatem Behandlungssektor durchlässig. Die langjährige Hausärztin der Toubianas wurde in diese häusliche Krankenhausbehandlung mit einbezogen, ihre Besuche wurden weiterhin bezahlt und sie bekam sogar das Recht, dem Vater Krankenhausmedikamente wie Morphium zu verordnen.

Natürlich fragte sich Adalbert, warum eine solche Flexibilität, die es Schwerkranken erlaubte, noch lange daheim zu leben, und Sterbenden, ohne unnötig Schmerzen zu leiden und zu Hause die Augen zu schließen, in Deutschland undenkbar erschien. Ein Grund dafür war sicherlich die in Frankreich einheitliche Kosten-

trägerschaft: die Securité Sociale musste ohnehin alles bezahlen. Aber vielleicht hatte der Budgetierungswahn dort auch noch nicht auf alle Institutionen mit der gleichen Rigidität und Unbarmherzigkeit übergegriffen, wie dies in Deutschland der Fall gewesen war. Zudem hatte Adalbert den Eindruck, dass die Neid- und Hetzkampagne gegen die Älteren, die Rentner und Pensionäre, die seit einigen Jahren in den deutschen Medien tobte und die beklagenswerte Langlebigkeit der Senioren zum Sündenbock für die knappen Staats- und Rentenkassen zu machen versuchte, hier kräftig mitspielte, eine Kampagne, an der sich schändlicherweise auch die immer stärker neoliberal imprägnierten deutschen Grünen beteiligten. In Frankreich konnte eine solche Hetze nicht den gleichen Erfolg verbuchen wie in dem Land, das im Hitler-Faschismus einen uneinholbaren Vorsprung in der Kunst gewonnen hatte, sich populistische Ausgrenzungskampagnen auszudenken und sie »erfolgreich« zu Ende zu führen. Man war zum Glück noch nicht überall so weit, die Sorge für die älteren Mitbürger hinzuopfern auf dem Altar des neuen Götzen des Kapitals, des wirtschaftsstarken Elektronenyuppies.
Anfang Februar waren Marina und Adalbert wieder zu einem ihrer verlängerten Wochenenden in Paris. Am Donnerstagabend hatten sie Marinas Vater zwar körperlich noch weiter geschwächt, aber noch im vollen Besitz seiner geistigen Kräfte vorgefunden. Am nächsten Morgen war er verwirrt, und als sein ältester Sohn morgens zur Arbeit gehen wollte, hielt er ihn an seinem Mantel fest und gab so zu erkennen, er solle bleiben. Der ganzen Familie war klar, dass der Vater den Tod nahen fühlte und nun auf die ständige Gegenwart seines Sohnes bestand, damit dieser im entscheidenden Augenblick das traditionelle Sterbegebet »Shmah Israel« für ihn sprechen konnte. Zwei Stunden später sagte ihnen die herbeigerufene Ärztin, nun werde es tatsächlich dringlich, alle Angehörigen herbeizurufen, es würde nur noch wenige Tage dauern. Jonathan konnten sie sofort telefonisch benachrichtigen, er traf noch am selben Abend in Paris ein. Wie durch ein Wunder erreichte Manuel auch noch den letzten Bus von Eilat nach Tel Aviv und am Samstagnachmittag war auch er in der großelterlichen Wohnung angekommen. Für ihn war es ein Wettrennen mit dem Tode des Großvaters gewesen: Nie hätte er, der Repräsentant der familiären Traditionen unter Adalberts Kindern, es sich selbst, aber

auch seinen Eltern verziehen, wenn er zu spät gekommen wäre. Als dann am Sonntagmorgen auch noch Tonton Clement, der in Ashdot, einer israelischen Kleinstadt, ansässige jüngere Bruder des Kranken, unvermutet in der Tür stand und von diesem freudig begrüßt wurde, und auch die näher an Paris lebenden Angehörigen ihren Abschiedsbesuch gemacht hatten, da löste sich bei allen die Spannung – was nötig und möglich gewesen war, das war getan, jetzt konnte man nur noch warten.

Am Montagnachmittag ließ Marinas Vater sich noch einmal in das Wohnzimmer tragen und blieb für eine Viertelstunde dort im Rollstuhl sitzen. Noch einmal nahm er den Raum in Augenschein, in dem alle Familienfeste, aber auch Pessah, Hanukka, Purim, Rosh ha Shana, Yom Kipur und allwöchentlich Shabatt gefeiert worden waren und wo er die Gebete gesprochen hatte. Es war ein schweigender, aber völlig bewusster Abschied von all den Jahren – noch ein letztes Mal war er, für einen Augenblick, für sie alle der Patriarch. Den Tag über dämmerte er nur noch vor sich hin und gab nur ab und zu noch ein Zeichen des Erkennens. Er hatte anscheinend starke Schmerzen, sodass die Morphium-Dosis erhöht werden musste. Jetzt warteten alle nur noch auf den Tod als Erlösung für ihn selbst, aber auch für die Kinder des Sterbenden und vor allem für Marinas Mutter. Ihr sehnlichster Wunsch in den letzten zwei Jahren war es gewesen, ihren Mann zu überleben, ihn nicht allein und hilflos zurückzulassen, und, so schmerzlich es war, der stand jetzt vor seiner Erfüllung.

Aber sein Körper wehrte sich noch, bis zum Dienstagnachmittag. Da wurde die Atmung unregelmäßig und alle näheren Verwandten kamen noch einmal, um bei dem Ende zugegen zu sein. Bevor die Atmung ganz aussetzte, schlug der Sterbende noch einmal die Augen auf und nahm die Hand seiner Frau: Adalbert wird den brechenden Blick nicht vergessen, den er in diesem Augenblick auf sie alle warf. Die Söhne des Sterbenden, Hervé und Eric, die Enkel, Tonton Clement und Tonton Memé stimmten das Shmah Israel an, Marina vergrub ihr Gesicht an Adalberts Brust. Dann hörte der Sterbende auf zu atmen, Tonton Memé, der für die Totenriten zuständig war und das Sistieren der Atmung mit einem Spiegelchen verifizierte, wies sie alle aus dem Zimmer, nachdem sie den augenscheinlich Verstorbenen noch einmal geküsst hatten, denn bei der Waschung und der Einwicklung in das Totenlaken durften laut jüdischem Ritus Frau und Kinder und auch die übrigen Anverwandten nicht mehr zugegen sein, nur diejenigen, die für diese zeremoniellen Handlungen verantwortlich waren. Aber, schon halb in seinem Laken eingewickelt, begann der Totgeglaubte plötzlich zu stöhnen und in ganz großen Abständen wieder nach Luft zu schnappen, diesmal allerdings, ohne die Augen zu öffnen. So kehrten alle zu ihm zurück und die Totengesänge begannen von neuem. Erst nach einer halben Stunde war alles wirklich zu Ende. Marinas Mutter sagte ein paar Tage später, das hätte sie, mitten im tiefsten Schmerz, an Szenen erinnert, in denen ein Toter sich noch einmal aus seinem Sarg erhebt.

Eine halbe Stunde später lag die Leiche in ihrem weißen Laken auf dem Wohnzimmerfußboden und die Totenwache mit ihren Gebeten begann, die bis zum Abtransport auf den Friedhof am Donnerstagmorgen andauerte. Die Männer mussten sich in den Gesängen abwechseln, Jonathan, Manuel, Noemi und alle anderen Enkel hielten fast die ganze Zeit durch und die Synagoge hatte einen Vorbeter geschickt, der sie anleitete. Auch die entfernteren Angehörigen und die Freunde der Familie kamen noch einmal, um von dem Toten Abschied zu nehmen. Er war ein außergewöhnlicher Mensch gewesen, auf den sie alle sich hatten verlassen, den sie immer hatten um Rat fragen können und der in seinen letzten Lebensjahrzehnten niemandem gegenüber auch nur eine Spur von Intoleranz erkennen ließ. Adalbert war, als hätte er seinen eigenen Vater noch einmal verloren.

Das Begräbnis, auf dem kalten, windigen, baumlosen Friedhof, hat Adalbert nicht mehr so stark berührt. Danach, beim gemeinsamen Essen, wurde über das nicht allein mühevolle, sondern auch reiche Leben des Toten gesprochen, das sie alle, der eine in diesem, der andere in jenem Abschnitt, mit ihm geteilt hatten. Das Schwerste – das wusste Adalbert vom Tod seiner eigenen Eltern – stand Marina, ihrer Mutter und ihren Geschwistern jedoch noch bevor: die Erfahrung der Leere überall dort, wo der Verstorbene gestanden, wo er gesessen, wo er gesprochen und wo er gebetet hatte, die Erfahrung, dass er fehlte, einfach nicht mehr da war. Das ganze Alltagsgewebe, in dem sie zu Hause gewesen waren, hatte unzählige Risse bekommen, es musste erst wieder neu zusammenwachsen, bevor man des Toten auch wieder freudig gedenken konnte.

12.

Eine Woche später flog Manu nach Israel, Jonathan fuhr nach Marburg, seinem Studienort, und mit Noemi kehrten Marina und Adalbert nach Hannover zurück. Der Alltag zog wieder in ihr Leben ein. Im Mai bestand Noemi ihr Abitur, wenig später tauchte zu Hause ihr erster Freund auf. In den letzten Augusttagen war auch Manuel wieder da und er sprach tatsächlich fließend Hebräisch. Bald nach dem Tod seines Großvaters hatte er im Kibbuz seine erste große Liebe gefunden, eine äthiopische Jüdin, Ur-Ur-Ur-Urenkelin also der Königin von Saba. Auch Jonathan, der nach einer Liebesenttäuschung einige Jahre allein geblieben war, war plötzlich immer öfter bei einem Palästinensermädchen aus Noemis früherer Schule zu finden, die nun wie er in Marburg dem Rechtsstudium nachging. Familien der nächsten Generation ließen sich also schon am Zukunftshorizont erahnen, wenngleich es natürlich höchst unsicher war, ob die Kinder dann immer noch mit denselben Partnern und Partnerinnen zusammen sein würden.
Adalbert selbst fühlte sich jetzt oft alt und müde: er beneidete seinen Freund Wolf Haug um die Überzeugung, das von diesem begonnene *Historisch-kritische Wörterbuch des Marxismus*, ein Jahrhundertwerk, werde dies Denken, das auch zu seinem eigenen geworden war, über die nun kommenden dürren Jahrzehnte hinüberretten. Auch mit der Liebe war es bei ihm schon lange vorbei und wegen seines Herzleidens traute er sich nicht, es mit Viagra zu versuchen. Außerdem kam er sich seit seiner Operation entstellt und durch die Altersschlaffheit von Haut und Muskeln so wenig appetitlich vor, dass er sich niemandem, auch Marina nicht mehr zumuten wollte. Die, mit ihren nun bald 58 Jahren, hatte sich nur wenig verändert, immer noch zog sie die bewundernden Blicke der Männer auf sich. Natürlich fürchtete er, sie jetzt, in seinem Alter, noch zu verlieren: Tagsüber gestand er sich das nur selten ein, aber des Nachts jagten sich Alpträume, in denen er sie vergeblich suchte. So würde ihn seine Urangst, allein stehen gelassen zu werden, wohl bis an sein Lebensende begleiten.
Einstweilen allerdings waltete noch familiäre Wärme und Zärtlichkeit zwischen ihnen, und Marina schien sich immerhin so stark an seine Gegenwart gewöhnt zu haben, dass sie ihn doch vermisste, wenn er für ein paar Tage irgendwohin fort war. Er wusste, dass

er einiges dafür tun musste, um sie zu halten: mit ihr etwas unternehmen, ins Kino, ins Theater, in Konzerte, zu Gesellschaften bei Freunden und Bekannten gehen, ihr immer wieder eine Überraschung eine kleine Freude bereiten – auf alle Fälle nicht, wie es zunehmend seine Neigung war, sich abends nur noch in seinen Sessel zurückzulehnen. Er war niemals ein besonders gut aussehender Mann gewesen – seine Hauptanziehungskraft hatte eher in seiner Neugier gelegen, in seinem immer auch mit einem Schuss Abenteuerlust gepaarten Erkundungsdrang. Würde er sich den erhalten, ja ein neues Feld für ihn auftun können, zwar nicht mehr in der Ferne, sondern im Nahraum ihrer Familie und ihrer Freundschaften, in Bildern und Büchern, wie es seinem heutigen Lebensalter – bald wurde er 75 – entsprach? Waren diese Erinnerungen, die aufzuschreiben ihn über drei Jahre gekostet hatte, ein Schritt auf diesem Weg gewesen oder im Gegenteil ein Versuch, sich in sich selbst zu vergraben und Marina ebenso wie alle anderen Gestalten seiner Lebensgeschichte, bis hin zu seinen potenziellen Lesern, in seiner Eremitenhöhle um sich zu versammeln? Oder wollte er sich mit diesem Buch gar des ewigen Lebens versichern, sich in ihm einbalsamieren, wie es einst die Pharaonen in ihren Mumien getan hatten? Vielleicht würde aus dem Buch aber auch nur eine Art Fotoalbum für seine Kinder, damit die ihn so schnell nicht vergaßen.

Sowohl Onkel Wolja als auch sein Vetter Borja Blacher hatten in ihren letzten Lebenswochen noch damit begonnen, ihre Lebenserinnerungen aufzuzeichnen, waren aber beide über das erste Kapitel nicht mehr hinausgekommen. Adalbert hingegen hatte sie abschließen können. Jetzt musste er auf alle Fälle aus diesem süchtig machenden Meer der Vergangenheit wieder auftauchen.

Epilog: Adalbert geht

Mit dem Ende der Geschichte verabschiedet sich auch Adalbert: der Name und die mit diesem verbundene dritte Person. Aber die Frage harrt einer Antwort, warum ich mir auf diesen ganzen fast 1000 Schreibmaschinenseiten unaufhörlich selbst aus dem Weg gegangen bin.

Zunächst wohl, weil mir so manches Bekenntnis in Ich-Form zu peinlich gewesen wäre. Manches hätte eitel und prahlerisch geklungen, anderes verklemmt und verzerrt, Drittes hätte ich wahrscheinlich weggelassen: aus der Sorge, es würde mir als Schwäche ausgelegt. Wenn aber in dritter Person gesprochen wird, verdünnt sich der Eindruck von Selbstlob oder Selbstkasteiung, aber auch der von Selbstentblößung und Voyeurismus, und die berichteten Schwächen werden, halbwegs wenigstens, zu denen eines anderen. Als Ich-Autor hätte ich dieses Buch wahrscheinlich nicht über die ersten Seiten hinweg und mit Sicherheit niemals zu Ende gebracht.

Aber es gibt noch einen weiteren Grund für diese Verkleidung: Je länger die Erinnerungen zurückliegen, desto fremder, desto ferner wird einem die Person, die man früher einmal war. Manches von ihr ist verblasst, manches davon hat sich inzwischen bis zur Unkenntlichkeit verändert. Geblieben sind einige widersprüchliche Gefühlsregungen, die sich an die Erinnerungsbilder geheftet haben und bestenfalls mit diesen ein bisschen hochkommen, aber sie genügen nicht, um das Ganze unter dem Etikett »Ich« zusammenzuhalten, das ja eine unverrückbare Identität mit sich selbst vorzugeben sich anheischt. Das Ich nimmt, je weiter man in seiner Lebensgeschichte zurückgeht, immer fiktivere Züge an. Ein Name ist da schon dehnbarer, in unserer Kultur jedenfalls – aber es existieren andere Zivilisationen, wie die der Bru an der laotischen Grenze Vietnams, in denen der Name mit jedem größeren Lebensabschnitt ausgetauscht wird – und der zweite Vorname und die dritte Person deuten in diesem Text eine solche Selbstentfremdung wenigstens an.

Hinzu treten die Unsicherheiten des Gedächtnisses und die Nei-
ng, die eigenen Erinnerungen wunschbiografisch umzucodieren,
Bedürfnis, das von vielen Autobiografen gar nicht wahrgenom-

men, von manchen sogar aktiv verleugnet wird. Anders als ad hoc gefertigte Tagebuchaufzeichnungen, wie das Monumentalwerk Victor Klemperers, fallen deshalb auf Rückerinnerung sich gründende autobiografische Berichte von vornherein halb in den Bereich der Fiktion, des Romans also – und ich habe versucht, dieser Tatsache auch durch die äußere Form Rechnung zu tragen.
Und die vielen von mir – von Adalbert – benutzten Pseudonyme für andere Personen? Ich wollte denjenigen, über die Intimes, manchmal vielleicht auch sie Kränkendes berichtet wird, die Wahl lassen, ob sie sich in den Figuren dieser Erzählung wiedererkennen wollen oder nicht. Ebenso wollte ich denjenigen Leser, der auf eine ihm persönlich oder aus Büchern, Zeitungen oder Fernsehsendungen bekannte Gestalt zu stoßen meint, in einer letzten Ungewissheit über deren wirkliche Identität belassen.
Ist es mir mit diesen Hilfskonstruktionen gelungen, vorbehaltlos offen zu bleiben? Von meiner frühen Kindheit an bis zu der Abreise nach Vietnam habe ich fast alles, was mir aus dieser Zeit in den Kopf kam, in das Buch aufnehmen können. All das liegt schon so lange zurück, manche der dargestellten Personen sind tot, andere, wie ich selbst, nicht mehr dieselben, fast schon so etwas wie historische Gestalten, sodass ich mich verhältnismäßig frei fühlen konnte, über sie zu berichten. Und die Gesamtzahl der Erinnerungen aus jenen Lebensperioden war zudem ohnehin beschränkt. Als ich mich aber der Gegenwart näherte, wurde ich von einer Flut von Bildern überschwemmt, sodass eine bewusste Auswahl unvermeidlich wurde. Und auch die Gefahr, jemanden mir nahe Stehenden zu sehr zu kränken, wurde immer größer, weil nun ja von ihm so die Rede sein musste, wie er »jetzt« und nicht irgendwann früher mal war. Das gilt natürlich auch von mir selbst. Und so trat zur bewussten Auswahl auch noch ein kleiner Schuss Selbstzensur hinzu.
Ich hoffe, dass daraus dennoch ein lesbares Buch geworden ist, denn sein Thema ist ja nicht nur meine Lebensgeschichte, sondern auch ein Stück Alltagsgeschichte des 20. Jahrhunderts.
Zu danken habe ich Edith Marina Toubiana, meiner Frau, [illegible]
Kindern Jonathan, Manuel und Noemi, aber auch unser[illegible]
den und Bekannten für die Geduld, einen Gesprä[illegible]
ertragen, der sich drei Jahre lang fast nur noch für [illegible]
interessierte: Gabi und Peter Eisenberg, M[illegible]

Klaus und Gisela Rose, Frigga Haug, Dorothee Sölle, Fulbert Steffensky, Dorothee von Ekesparre, Oskar Negt, die Teilnehmer des Hannoveraner Montagsgespräches und natürlich auch Edith und die Kinder haben das Manuskript in seinen verschiedenen Fassungen gelesen oder einzelne seiner Kapitel angehört, mich beraten und vor noch viel schlimmeren Irrtümern, Stil- und Geschmacklosigkeiten bewahrt, als es wahrscheinlich noch immer enthält. Herbert Claas, Benno Müller-Hill und Ugne Karvelis, die es Seite für Seite, Wort für Wort durchgesehen haben, verdanke ich unzählige Verbesserungsvorschläge und, was für mich genauso wichtig war, die Ermutigung dazu, weiterzuschreiben. Im Wiehler Haus meiner Schwester Eva Fuchs und ihres Mannes Dieter habe ich, liebevoll umsorgt, schwierige Kapitel niederschreiben und das Buch dann abschließen können – auch das bleibt unvergessen. Danken möchte ich aber auch York Bieger, meinem Verleger, der sich auch von den ersten noch unbeholfenen Manuskriptfassungen nicht davon abhalten ließ, an das Buch zu glauben.

Und Dank gebührt schließlich all den Gestalten, den lebenden und den toten, die mich zweimal durch mein Leben begleitet haben: einmal durch das wirklich geschehene und jetzt noch einmal durch das der Erinnerung.

